敦煌文獻合集

敦煌經部文獻合集

張涌泉 主編 審訂

羣經類論語之屬

羣經類孝經之屬

羣經類爾雅之屬

許建平 撰

第四册

中華書局

羣經類論語之屬

論語

論語（一）（述而—鄉黨）

伯三七八三（底卷）　斯六〇二三（甲卷）　俄敦二一四四（乙一）
斯五七五六（乙二）　斯九六六（乙三）

【題解】

底卷編號爲伯三七八三，起《述而》『不善不能改，是吾憂也』之『改』，至《鄉黨》末，存《述而》、《泰伯》、《子罕》、《鄉黨》四篇，尾題『論語卷弟五』，共一百八十二行。卷末有題記『文德元年正月十三日燉煌郡學士張圓通書』一行。卷背爲乙丑年五月十四日袁苟子『祭押衙哥哥文』。《索引》著録此卷云：『論語白文（存《述而》第七至《鄉黨》第十）。』乃據内容而定名。考敦煌通行者爲鄭玄《論語注》與何晏《論語集解》，據《隋書·經籍志》，兩者皆爲十卷本，即《論語》二十篇，每兩篇爲一卷。然在敦煌吐魯番地區流行之鄭玄《論語注》則爲四卷本。此卷尾題作『論語卷第五』，則所據者乃何晏《論語集解》本也（伯二五四八《論語（先進、顔淵）》在篇題『先進第十一』下有『何晏集解』四字）。《論語集解》中，卷四爲《述而》、《泰伯》，卷五爲《子罕》、《鄉黨》，今《泰伯》篇末無『論語卷第四』字樣，已遭删削也。兹依例擬名爲《論語（述而—鄉黨）》。寫卷前二十行字體與後不同，蓋後一百六十二行乃張圓通接抄也。

甲卷編號爲斯六〇二三，起《泰伯》『危邦不入』之『入』，至《子罕》『入則事父兄』之『則』，共三十八下半行。字體惡劣，蓋學童所書。《翟目》首先比定其名，兹依例擬名爲《論語（泰伯、子罕）》。寫卷前十八行與後二十行所書行款不同，後者每行字多於前者，墨色亦有濃淡之異，然考其字體，則爲一人所書，或者所書時間不同，並非同時所寫。李方《敦煌〈論語集解〉校證》（江蘇古籍出版社一九九八）據『民』字缺筆定爲唐寫本。

乙卷編號爲俄敦二一四四（乙一）＋斯五七五六（乙二）＋斯九六六（乙三）。乙一起《子罕》『四十、五十而無聞焉』之『焉』，至《鄉黨》『黄衣狐裘』之『狐』，共二十七上半行，第一行殘存半邊。《俄藏》定名『論語子罕第九、鄉黨第十』。乙二起《鄉黨》『長一身有半』之『長一身』，至『寢不尸，居不容』之『寢』，共十九行，存上半截。《翟目》首先比定其名。乙三起《鄉黨》『寢不尸，居不容』之『寢』（此字寫卷作『寑』，乙二與乙三各存其半），至篇末，尾題『論語卷第五』，存七行。《翟目》已比定其名。《英藏》於乙二定名《論語卷第五（鄉黨）》，並括注『參斯九六六』諸字，當是以此兩卷爲一卷之裂也。乙一與乙二雖然在内容上不能直接綴合，但根據行款，我們可以肯定乙二正緊接乙一之後，只不過因爲下半截殘缺，在文字上不能直接連接。

三卷綴合後，起《子罕》『四十、五十而無聞焉』之『焉』，至《鄉黨》末，共五十二行，書法拙劣，蓋學童習書。兹擬名爲《論語（子罕、鄉黨）》。

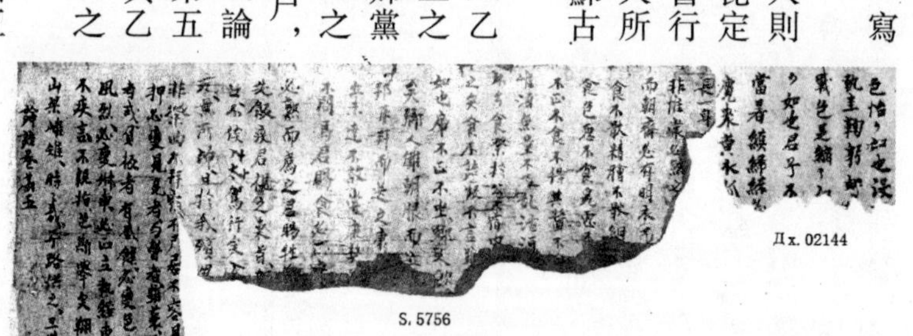

乙一、乙二、乙三綴合圖（局部）

陳鐵凡《敦煌論語異文彙考》（《孔孟學報》第一期，一九六一年四月。簡稱『陳鐵凡』）對甲卷、乙二、乙三作有校記，李方《敦煌〈論語集解〉校證》（簡稱『李方』）對底卷及甲卷、乙二、乙三作有校記。

今據縮微膠卷録文，以甲卷、乙卷及中華書局影印阮元刻《十三經注疏・論語注疏》爲校本（後者簡稱『刊本』），校録於後。

（前缺）

□▨（改）〔一〕，是▨（吾）憂〔二〕。』

子□〔三〕▨（如）〔四〕也，夭夭▨▨（如也）〔五〕。

子曰：『甚矣，▨（吾）衰〔六〕！久矣，□〔七〕▨（見）〔八〕周公。』

子曰：『志於道，據於德，依於□〔九〕

子曰：『自行束脩以上，則吾未甞〔一〇〕無誨焉。』

子曰：『不憤不啓，不悱不發，舉一隅而示之〔一一〕，不以三隅反，則吾不復〔一二〕。』

子食於喪者〔一三〕之側，未甞飽也。

子於是▨（日）〔一四〕哭，則不歌。

子謂顔淵曰：『用之則行，捨〔一五〕之則藏，唯我与尒〔一六〕有是夫！』子路曰：『子行三軍則誰與？』子曰：『暴虎憑〔一七〕河，死而無悔者，吾不与也。必也，臨事而懼，好謀而成者乎〔一八〕。』

子曰：『富而可求〔一九〕，雖執鞭之事〔二〇〕，吾亦爲之矣〔二一〕。如不可□（求）〔二二〕，從吾所好。』

子之所慎：『齊〔二三〕，戰，疾。子在齊聞《韶》，▨（三）〔二四〕月不知肉味，曰：『不圖爲樂之至於斯〔二五〕。』

冉有曰：『夫子爲衛君乎？』子貢曰：『諾，吾將問之。』入，曰：『伯夷、叔齊何人也？』子[二六]曰：『古之賢人也。』曰：『怨乎？』曰：『求仁而得仁，又何怨乎[二七]？』出，曰：『夫子不爲也。』

子曰：『飯疏食飲水，曲肱而枕之，樂亦在其中矣。不義而富且貴，於我如浮雲。』

子曰：『加我數年，年至[二八]五十以學《易》，可以無大過矣。』

子所雅言，《詩》，《書》，執《礼》[二九]，皆雅言[三〇]。

葉[三一]公問孔子於子路，子路不對。子曰：『汝[三二]奚不曰：其爲人也，發憤忘食，樂以忘憂，不知老之將至云尒。』

子曰：『我非生而知之者，好古，敏以求之者[三三]。』

子不語恠[三四]、力、乱、神。

子曰：『我[三五]三人行，必有我師焉，擇其善者而從之，其不善者而改之。』

子曰：『天生德於予，桓魋其如予何！』

子曰：『二三子以我爲隱子[三六]乎？吾無隱乎尒。吾無行而不与二三子者，是丘也。』

子以四教：文，行，忠，信。

子曰：『聖人，吾不得而見之矣。得見君子者，斯可矣。』子曰：『善人，吾不得而見之矣。得見有恒者，斯可矣。亡而爲有，虛而爲盈，約而爲泰，難乎有恒矣。』

子釣而不綱[三七]，弋不射宿。

子曰：『盖有不知而作之者，我無是也。多聞，擇其善者而從之，其不善者而改之[三八]；多見而識之，知之者[三九]次也。』

互鄉難与言，童子見，門人或〔四〇〕。子曰：『与其進，不与其退〔四一〕，唯何甚？人潔〔四二〕己以進，与其潔〔四三〕，不保其往也。』

子曰：『仁遠乎哉？我欲仁，斯仁至矣。』

陳司敗問：『昭公知礼乎？』孔子對〔四四〕曰：『知礼。』孔子退，揖巫馬期而進之，曰：『吾聞君子不黨，君子亦黨乎？君娶〔四五〕於吴，爲同姓，謂之吴孟子。君而知礼，孰〔四六〕不知礼？』巫馬期以告。子曰：『丘也幸，苟有過，人必知之。』

子与人歌而善之〔四七〕，必使反之，而後和之。

子曰：『文莫吾猶人也。躬行君子，則吾未之有得也〔四八〕。』

子曰：『若聖与人〔四九〕，則吾豈敢？抑爲之不厭，誨人不倦，則可謂之云尒〔五〇〕。』公西華曰：『正唯弟子不能學〔五一〕。』

子疾病，子路請禱。子曰：『有諸？』子路對曰：『有之。《誄》曰：「禱尒於〔五二〕上下神祇。」』子曰：『丘之禱久矣。』

子曰：『奢則不遜〔五三〕，儉則固。与其不遜〔五四〕，寧固。』

子曰：『君子坦〔五五〕蕩蕩，小人長戚戚。』

子温而厲，威〔五六〕而不猛，恭而安。

泰伯弟八

子曰：『泰伯，其可謂至德也已矣。三以天下讓，民〔五七〕無得而稱焉。』

子曰：『恭而無礼則勞，愼而無礼則葸，勇而無礼則乱，直而無礼則絞。君子篤於親，則民興於仁，故舊不遺，則民不偷。』

曾子有疾，召門弟子〔五八〕：『啓余〔五九〕足，啓余手。《詩》云：「戰戰兢兢，如臨深泉〔六〇〕，如履薄氷〔六一〕。」而今而後，吾知免夫。小子！』

曾子有疾，孟武子〔六二〕問之。曾子言曰：『鳥之將死，其鳴也哀。人之將死，其言也善。君子所貴乎道者三：動容皃〔六三〕，斯遠暴慢矣；正顔色，斯近信矣；出辤〔六四〕氣，斯遠鄙倍矣。邊〔六五〕豆之事，則有司存。』

曾子曰：『以能問於不能，以多問於寡，有若無，實若虚，犯而不挍〔六六〕，昔者吾友常〔六七〕從事於斯矣。』

曾子曰：『可以託六尺之孤，可以寄百里之命，臨大節而不可奪〔六八〕，君子人余〔六九〕？君子人也。』

曾子曰：『士不可以不弘毅，任重而道遠。仁以爲己任，［不］〔七〇〕亦重乎？死而後已，不亦遠乎？』

子曰：『興於《詩》，立於礼，成於樂。』

子曰：『民可使由之，不可使知之。』

子曰：『好勇▨（疾）貧，乱〔七一〕。人而不仁，疾之以〔七二〕甚，乱。』

子曰：『如有周公之才美〔七三〕，使驕且悋〔七四〕，其餘不觀〔七五〕。』

子曰：『三年學，不至於穀，不易得乎〔七六〕。』

子曰：『篤信好學，守死善道。危邦不入〔七七〕，乱邦不居。天下有道則見，無道則隱。邦有道，貧且賤焉，耻也。邦無道，富且貴焉，耻也。』

子曰：『不在其位，不謀其政。』

子曰：『師摯之始，《關雎》之乱，洋洋乎盈耳哉！』

子曰：『狂而不直，侗而不愿，空空[七八]而不信，吾不知之[七九]矣。』

子曰：『學如不及，猶恐失之。』

子曰：『巍巍乎，舜、禹之有天下[八〇]而不与焉。』

子曰：『大哉，堯之爲君[八一]！巍巍乎，唯天爲大，唯堯則之。蕩蕩乎，民無能名焉。巍巍乎，其有成功。焕乎，其有文章。』

舜有臣五人而天下理[八二]。武王曰：『予有乱臣十人。』孔子曰：『才難，不其然乎？唐、虞之際，於斯爲盛。有婦人焉，九人而已。三分天下有其二，以服事殷。周之德，其[八三]可謂至德也已矣。』

子曰：『禹，吾無閒[八四]然矣。菲飲食[八五]而致孝乎鬼神，惡衣服而致美乎黻冕，卑宫室而盡力乎溝洫。禹，吾無閒[八六]然矣。』

子罕弟九

子罕言利与命与仁。

達[八七]巷黨人曰：『大哉孔子！博學而無〔所〕成名[八八]。』子聞之，謂弟子[八九]曰：『吾何執？執御乎？〔執射乎〕[九〇]？吾執御矣。』

子曰：『麻冕，礼也。今也純，儉，吾從衆。拜下，礼[九一]。今拜乎上，泰也。雖違[九二]衆，吾從下。』

子絶四：毋意，毋必，毋固，毋我。

子畏於匡，曰：『文王既没，文不在兹乎？天之將喪斯文也，後死者不得与於斯文〔九三〕。天之未喪斯文也，匡人其如予何？』

太〔九四〕宰問於子貢曰：『夫子聖者与？何其多能〔九五〕？』子貢曰：『固天縱之將聖，又多能。』子聞之，曰：『太宰知我乎！吾少也賤，故多能鄙事。君子多乎哉？不多也。』

牢曰：『子云：「吾不試，故藝。」』

子曰：『吾有知乎哉？無知也。有鄙夫來〔九六〕問於我，空空如也〔九七〕。我叩其兩端而竭焉。』

子曰：『鳳鳥不至，河不出圖，吾已矣夫！』

子見齊衰者、冕衣裳者与瞽者〔九八〕，見之，雖少，必作；過之，必趍〔九九〕。

顔淵喟然歎曰：『仰之弥〔一〇〇〕高，鑽之弥堅。瞻之在前，忽焉在後。夫子循循然善誘人，愽我以文，約我以礼，欲罷不能。既竭吾才〔一〇一〕，如有所立卓尔〔一〇二〕，雖欲從之，末由也已。』

子疾病，子路使門人爲臣。病間，曰：『久矣哉，由之行也詐〔一〇三〕！無臣而爲有臣。吾誰欺？欺天乎？且予与其死於臣之手〔一〇四〕，無寧死於二三子之手乎！且予縱不得大葬，予死於道路乎？』

子貢曰：『有美玉於斯，韞櫝〔一〇五〕而藏諸？求善賈而沽諸？』子曰：『沽之哉！沽之哉！我待賈者〔一〇六〕。』

子欲居九夷。或曰：『陋，如之何？』子曰：『君子居之，何陋之有？』

子曰：『吾自衛反魯，然後樂正，《雅》、《頌》各得其所。』

子曰：『出則事公卿，入則〔一〇七〕事父兄，喪事不敢不勉，不爲酒困，何有於我哉？』

子在川上曰：『逝者如斯夫！不舍晝夜。』

子曰：『吾未見好德如好色〔一〇八〕。』

子曰：『譬如爲山，未成一簣，止，吾止也。譬如平地，雖覆一簣，進，吾往也。』

子曰：『語之而不墮〔一〇九〕者，其回也与！』

子謂顏淵，曰：『惜乎！吾見其進〔一一〇〕，未見其止〔一一一〕。』

子曰：『苗而不秀者有矣夫！秀而不實者有矣夫！』

子曰：『後生可畏，焉知來者〔一一二〕不如今也？卌、五十而無聞焉〔一一三〕，斯亦不足畏也已矣〔一一四〕。』

子曰：『法語之言，能無從乎？改之爲貴。遜〔一一五〕与之言，能無悦〔一一六〕乎？繹之爲貴。悦而不繹，從而不改，吾末如之何也已矣。』

子曰：『主忠信，無〔一一七〕友不如己者，過則勿憚改。』

子曰：『三軍可奪帥〔一一八〕，匹夫不□(可)奪志。』

子曰：『衣弊〔一一九〕緼袍，与衣狐狢〔一二〇〕者立而不恥者，其由也与？「不忮不求，何用不臧？」』子路終身誦之。子曰：『是道也，何足以臧？』

子曰：『歲寒〔一二一〕，然後知松栢之後彫〔一二二〕。』

子曰：『智者不或〔一二三〕，仁者不憂，勇者不懼。』

子曰：『可与共學，未可与適道；可与適道，未可与立；可与立，未可与權。』『唐棣之華，偏其反而。豈不尔思？室是遠而。』子曰：『未之思也，夫何遠之有！』

鄉黨第十

孔子於鄉黨，恂恂如也，似不能言者。其在宗廟朝廷，便便言，唯謹尒。朝，与下大夫言，侃侃〔一二四〕如也；与上大夫言，誾誾如也。君在，踧踖如也，与与如也。

君召使擯，色勃如也，足躩〔一二五〕如也。揖所与立，左右手，衣前後，襜如也。趍進，翼如也。賓退，必復命曰：『賓不顧〔一二六〕矣。』

入公門，鞠躬如也，如不容。立不中門，行不履閾。過位，色勃如也，［足躩如也］〔一二七〕，其言似不足者。攝齋〔一二八〕升堂，鞠躬如也，屏氣似不息者。出，降一等，逞其〔一二九〕顔色，怡怡如也。没階，趍進，翼如也。復其位，踧踖如也。

執圭，鞠躬如也，如不勝。上如揖，下如授。勃如戰色，足縮縮〔一三〇〕如有循。享礼，有容色。私覿，愉愉如也〔一三一〕。

君子不以紺緅餝〔一三二〕，紅紫不以爲褻〔一三三〕服。當暑，縝絺綌〔一三四〕，必表而出之。緇衣，羔裘。素衣，麑裘。黄衣，狐〔一三五〕裘。褻〔一三六〕裘長，短右袂。必有寢〔一三七〕衣，長一身〔一三八〕有半。狐狢之厚以居。去喪，無所不佩。非帷〔一三九〕裳，必煞〔一四〇〕之。羔裘玄冠不以弔。吉月，必朝服而朝。齋〔一四一〕，必有明衣，布。

齋必變食，居必遷坐。食不猒〔一四二〕精，膾不猒細。食饐而餲，魚餒而肉敗〔一四三〕，不食。色惡，不食。臰〔一四四〕惡，不食。失飪〔一四五〕，不食。不時，不食。割不正，不食。不得其醬，不食。肉雖多，不使勝食氣。唯酒無量，不及乱。沽酒市脯不食。不徹〔一四六〕薑食，不多食。祭於公，不宿肉。祭肉不出三日。出三日，不食之矣。食不語，寢不言。雖蔬食菜羹苽〔一四七〕，祭，必齋如也。

廗〔一四八〕不正，不坐。鄉人飲酒，杖者出，斯出矣。

鄉人儺，朝服而立於阼階。

問人於他邦，再拜而送之。

康子饋藥，拜〔一四九〕而受之。曰：『丘未達，不敢嘗。』

廄焚。子退朝，曰：『傷人乎？』不問馬〔一五〇〕。

君賜食，必正席先嘗之。君賜腥，必熟而薦之。君賜牲〔一五一〕，必畜之。侍食於君，君祭，先飯。

疾，君視之，東首，加朝服，拖紳。

君命召，不俟駕行矣。

入太廟，每事問。

朋友死，無所歸〔一五二〕，曰：『於我殯。』

朋友之饋，雖車馬，非祭肉，不拜。

寑〔一五三〕不尸，居不容。

見齋衰者，狎〔一五四〕，必變。見冕者与瞽〔一五五〕者，雖褻〔一五六〕，必以皃〔一五七〕。凶服者式之。式負板〔一五八〕者。有盛饌，必變色而作。迅雷風烈必變。

升〔一五九〕車，必正立執綏。車中不内顧〔一六〇〕，不疾言，不親指。

色斯舉矣，翔而後集。曰：『山梁雌雉，時哉！時哉！』子路供〔一六一〕之，三嗅〔一六二〕而作。

論語卷弟五

【校記】

〔一〕改，底卷殘存左下角，兹據刊本擬補。『改』字之上底卷該行殘缺約七字。以下底卷中凡殘字、缺字補出者，均據刊本，不復一一注明。

〔二〕吾憂，底卷「吾」殘存左上角，刊本「憂」下有「也」字。
〔三〕「子」下至行末底卷殘缺約五字，刊本作「之燕居申申」。
〔四〕「如」字底卷殘存左半殘畫。
〔五〕「如也」二字底卷殘存左半。
〔六〕吾衰，底卷「吾」存上半「五」，刊本末有「也」字。
〔七〕「久矣」下至行末底卷殘缺約四字，刊本作「吾不復夢」。
〔八〕見，底卷存右下角殘畫。
〔九〕「依於」下至行末底卷殘缺約四字，刊本作「仁遊於藝」。
〔一〇〕則吾未甞，刊本無「則」，「甞」作「嘗」，「甞」爲「嘗」之别體。下「甞」字同，不復出校。
〔一一〕而示之，刊本無，阮元《論語校勘記》云：「皇本、高麗本『隅』下有『而示之』三字。案《文選・西京賦》注引有此三字，又晁公武《蜀石經考異》云：『舉一隅下有而示之三字，與李鶚本不同。』據此則古本當有此三字也。」案斯八〇〇《論語集解》亦有此三字。
〔一二〕則吾不復，刊本無「吾」，「不復」下有「也」字，案斯八〇〇、伯二六七七E《論語集解》亦有「吾」字。
〔一三〕喪者，刊本作「有喪者」，案《禮記・檀弓上》述此文云：「食於有喪者之側，未嘗飽也。」《史記・孔子世家》引此文亦云：「食於有喪者之側，未嘗飽也。」斯八〇〇、伯二六七七E《論語集解》亦作「有喪者」，疑底卷脱「有」字。
〔一四〕日，底卷右上部略有殘泐。
〔一五〕捨，底卷原作「狳」，刊本作「舍」，案「舍」「捨」古今字，「狳」應是「捨」字形誤，伯三七〇五、伯二六七七E《論語集解》即作「捨」，兹據以録正。
〔一六〕与尒，刊本作「與爾」，案「与」、「與」二字古混用無别，敦煌寫本多用「与」字，後世刊本多改作「與」。《敦煌俗字研究》云：『「爾」「尒」古本非一字，後世則合二而一，字多寫作「爾」。』（下編第七頁）下凡『与』、『尒』均不復出校。

〔一七〕 憑，刊本作『馮』，《説文·馬部》：『馮，馬行疾也。』徐鉉注：『本音皮冰切，經典通用爲依馮之馮，今別作憑，非是。』『憑』乃『馮』之後起增旁字。

〔一八〕 乎，刊本作『也』。

〔一九〕 『可求』下刊本有『也』字。

〔二〇〕 事，刊本作『士』，斯八〇〇、伯三七〇五《論語集解》亦作『士』，李方云：『據鄭本注「執鞭之士，士之卑者」。此當作「士」，作「事」誤。』案李方所謂鄭本，即伯二五一〇鄭玄《論語注》。

〔二一〕 矣，刊本無。

〔二二〕 求，底卷殘泐。

〔二三〕 齊，刊本作『齋』，『齊』『齋』古今字。

〔二四〕 三，底卷殘去上端一横。

〔二五〕 不啚爲樂之至於斯，刊本『啚』作『圖』，末有『也』字，《干禄字書》：『啚、圖，上俗下正。』

〔二六〕 子，刊本無，斯八〇〇、伯三七〇五、伯二六九九諸《論語集解》寫卷亦有『子』字。陳鐵凡云：『依《論語》文例，此以有「子」字爲是。』

〔二七〕 乎，刊本無。

〔二八〕 年至，刊本無，李方云：『恐爲衍字。』

〔二九〕 礼，刊本作『禮』，『礼』爲古文『禮』字，敦煌寫本多用此字，後世刊本則多用『禮』字。下凡『礼』均不復出。

〔三〇〕 『雅言』下刊本有『也』字。

〔三一〕 菜，刊本作『葉』，『菜』爲『葉』之諱改字。

〔三二〕汝，刊本作『女』，『女』『汝』古今字。

〔三三〕『者』下刊本有『也』字。

〔三四〕恠，刊本作『怪』，『恠』爲『恠』的訛俗字，而『恠』與『怪』則爲篆文隸變之異，説見《敦煌俗字研究》下編三七六頁。

〔三五〕我，刊本無，案惠棟《九經古義·論語》云：『何晏注云：「言我三人行，本無賢愚。」依注當有「我」字。』阮元《論語校勘記》云：『《唐石經》、皇本「三」上有「我」字……觀何晏自注及邢昺疏竝云「言我三人行」，即朱子《集注》亦云「三人同行，其一我也」，當以皇本爲是。』《定州漢墓竹簡論語》作『我三人行』，正與底卷同。

〔三六〕子，刊本無，案斯八〇〇、伯二六九九、伯三一九四、伯三七〇五號諸《論語集解》寫卷及《定州漢墓竹簡論語》皆有『子』字。

〔三七〕綖，刊本作『綱』，『綖』爲『綱』之俗字。

〔三八〕其不善者而改之，刊本無此句。

〔三九〕者，刊本無。

〔四〇〕或，刊本作『惑』，『或』『惑』古今字。

〔四一〕与其進不与其退，刊本『進』、『退』下均有『也』字。

〔四二〕潔，刊本作『絜』，《玉篇·冫部》：『潔，俗絜字。』下句『潔』字同。

〔四三〕『与其潔』下刊本有『也』字。

〔四四〕對，刊本無，伯三七〇五、伯二六九九《論語集解》亦有『對』字。陳舜政《論語異文集釋》云：『按照《論語》的體例來看，凡孔子與國君及大夫應答的話，《論語》都作「對曰」，所以此處問話的既然是魯昭公，則應該有「對」字比較妥當。』

〔四五〕娶，刊本作『取』，『取』『娶』古今字。

〔四六〕熟，刊本作『孰』，『熟』爲『孰』之借字。

〔四七〕之，刊本無，案伯三一九四、伯三七〇五《論語集解》亦有『之』字。《史記·孔子世家》云：『使人歌，善，則使復之，然後和之。』司馬遷所見《論語》似亦無『之』字。

〔四八〕也，刊本無。

〔四九〕人，刊本作『仁』，『人』爲『仁』之借字。

〔五〇〕謂之云尒，刊本無『之』，末有『已矣』二字。

〔五一〕『不能學』下刊本有『也』字。

〔五二〕於，刊本作『于』，二字古多通用。

〔五三〕遜，刊本作『孫』，『孫』『遜』古今字。下句『遜』同。

〔五四〕『不遜』下刊本有『也』字。

〔五五〕坦，底卷原誤作『怛』，兹據刊本改正。

〔五六〕戚，底卷原作『戚』，李方認爲『戚』是誤字，兹據刊本改正。

〔五七〕民，底卷原缺末筆，避諱缺筆字，兹據刊本録正。下『民』字皆同此，不再出校説明。

〔五八〕『門弟子』下刊本有『曰』字，伯三一九四、伯三七〇五、伯二六九九諸《論語集解》寫卷亦皆有『曰』字，此蓋誤脱。

〔五九〕余，刊本作『予』，作爲第一人稱代詞，二字同用。下句『余』字同。

〔六〇〕泉，刊本作『淵』，案作『泉』者避唐高祖李淵之諱而改。

〔六一〕氷，刊本作『冰』，《字彙·水部》：『氷，俗冰字。』

〔六二〕孟武子，『武』字刊本作『敬』，它本亦未見作『孟武子』者，『武』字當誤。

〔六三〕皃，刊本作『貌』，據《説文》，『皃』爲小篆隸定字，『貌』爲籀文隸定字。

〔六四〕辤，刊本作『辭』，『辤』爲『辭』之借字。

〔六五〕邊，刊本作『籩』，『籩』正字，『邊』同音借字。

〔六六〕挍，刊本作『校』，錢大昕《十駕齋養新録》卷三『陸氏釋文多俗字』條云：『《説文・手部》無「挍」字，漢碑木旁字多作手旁，此隸體之變，非別有「挍」字。』案敦煌寫卷亦扌、木混用。

〔六七〕常，刊本作『嘗』，『常』爲『嘗』之借字。

〔六八〕『不可奪』下刊本有『也』字。

〔六九〕余，刊本作『與』，『余』爲『與』之借字。

〔七〇〕不，底卷無，李方云：『當係誤脱。』兹據刊本補。

〔七一〕疾貧乱，底卷『疾』字殘存上下兩端之殘畫，刊本末有『也』字。下句『乱』下刊本亦有『也』字。

〔七二〕以，刊本作『已』，二字古多通用。

〔七三〕之才美，刊本作『之才之美』，《定州漢墓竹簡論語》亦與刊本同，疑底卷脱『之』字。

〔七四〕丞，刊本作『吝』，『丞』爲『𠫤』之變體，『𠫤』則爲『吝』之俗字。

〔七五〕不觀，刊本作『不足觀也已』。

〔七六〕乎，刊本作『也』。

〔七七〕入，甲卷起於此。

〔七八〕空空，刊本作『悾悾』，案伯三五三四《論語集解》亦作『空空』，錢大昕《經典文字考異》云：『空、悾本一字。』

〔七九〕知之，底卷原作『之知』，因唐五代西北方音二字同音，故抄寫者誤倒，兹據刊本乙正。

〔八〇〕『天下』下刊本有『也』字，案伯三一九四、伯三七〇五、伯三五三四諸《論語集解》寫卷無『也』字，《定州漢

〔八一〕墓竹簡論語》亦無，此爲倒裝句，「舜、禹之有天下而不与焉」乃「巍巍乎」的主語，無「也」字義長。

〔八二〕「堯之爲君」下刊本有「也」字，案伯三一九四、伯三七〇五、伯二六九九諸《論語集解》寫卷亦無「也」字。下「其有成功」句同。

〔八三〕理，甲卷、刊本作「治」，「理」爲「治」之諱改字。

〔八四〕其，刊本無，案斯八〇〇《論語集解》有「其」字，《定州漢墓竹簡論語》亦有「其」。

〔八五〕閒，底卷原誤作「聞」，刊本作「間」，然底卷下句作「閒然」，此當同，故據以改正。

〔八六〕飲食，底卷原作「衣食」，案此句言「飲食」，下句言「衣服」，此作「衣食」則與下句有重複，茲據刊本改正。

〔八七〕閒，甲卷、刊本作「間」，「閒」「間」古今字。

〔八八〕達，底卷原誤作「遠」，茲據刊本改正。

〔八九〕博學而無所成名，底卷原無「所」字，案此所字結構作名詞，不可無「所」，《史記·孔子世家》云：「達巷黨人曰：『大哉孔子，博學而無所成名。』」茲據甲卷、刊本補，刊本「愽」作「博」，《干禄字書·入聲》：「愽、博，上通下正。」下「愽」字同。

〔九〇〕弟子，刊本作「門弟子」。

〔九一〕執射乎，底卷原無，李方云：「係誤脱。」茲據甲卷、刊本補。

〔九二〕拜下礼，甲卷同，刊本末有「也」字，案前作「麻冕礼也」，前後相對，此句亦應有「也」字。

〔九三〕雖違，底卷原作「難爲」，「爲」是「違」之音誤字，又李方謂作「難」誤，故據刊本改正。

〔九四〕「斯文」下刊本有「也」字。

〔九五〕太，刊本作「大」，「大」「太」古今字。下「太」字同。

〔九六〕「多能」下刊本有「也」字，下句「又多能」下刊本亦有「也」字。

〔九六〕來，刊本無，伯三三〇五《論語集解》有，陳舜政《論語異文集釋》云：「《集解》引孔注云：『有鄙夫來問於我，其意空空然……。」這樣看來，古本似是「問」上有「來」字。」

〔九七〕也，刊本同，甲卷無。

〔九八〕子見齊衰者冕衣裳者与瞽者，底卷「瞽」原作「醬」，案「瞽」俗寫作「瞽」（《正字通·皮部》：「皷，俗鼓字。」），《尚書·堯典》「瞽子，父頑，母嚚，象傲」，北敦一四六八一《古文尚書傳》「瞽」即寫作「瞽」，「醬」應是「瞽」之訛體，兹據以改正；刊本作「瞽」，正字。甲卷「子」下衍「曰」字。

〔九九〕趍，刊本作「趨」，「趍」爲「趨」之俗字，説見《廣韻·虞韻》。下「趍」字同。

〔一〇〇〕弥，刊本作「彌」，「弥」爲「彌」之俗字。下同。

〔一〇一〕才，刊本同，甲卷誤作「在」。

〔一〇二〕尔，底卷及甲卷皆作「尔」，刊本作「爾」，《敦煌俗字研究》云：「『爾』『尒』古本非一字，後世則合二而一，字多寫作『爾』。」（下編第七頁）「尔」爲「尒」之手寫變體，宋以後則多寫作「尔」形，「尔」旁同此；爲方便排版，今依宋以後通行體録作「尔」。下同。

〔一〇三〕行也詐，刊本作「行詐也」。

〔一〇四〕臣之手，甲卷同，刊本下有「也」字。

〔一〇五〕櫝，甲卷同，刊本作「匵」，伯三三〇五、斯三九九二《論語集解》亦作「櫝」，案《説文·匚部》：「匵，匱也。」又木部：「櫝，匱也。」段注：「此與匚部匵音義皆同。」

〔一〇六〕「賈者」下刊本有「也」字。

〔一〇七〕入則，甲卷止於此。

〔一〇八〕「如好色」下刊本有「者也」二字。

〔一〇九〕墮，刊本作「惰」，「墮」爲「惰」之借字。

〔一一〇〕「其進」下刊本有「也」字。

〔一一一〕『其止』下刊本有『也』字。

〔一一二〕來者，刊本下有『之』，案伯三三〇五、斯三九九二《論語集解》寫卷與底卷同，然《定州漢墓竹簡論語》與刊本同。

〔一一三〕卌五十而無聞焉，刊本『卌』作『四十』，案『卌』爲『四十』之合文；乙一起於『焉』（存左半）。

〔一一四〕矣，刊本無。

〔一一五〕遜，刊本作『巽』，案《説文・丌部》：『巺，具也。巽，篆文巺。』段玉裁注云：『孔子説《易》曰：「巽，入也。」「巺」乃「愻」之假借字。愻，順也。順故善入。許云「具也」者，「巺」之本義也。』又《説文・心部》：『愻，順也。从心，孫聲。《唐書》曰：「五品不愻。」』段玉裁注云：『訓順之字作「愻」，古書用字如此。凡愻順字从心，凡遜遁字从辵，今人「遜」專行而「愻」廢矣。』是訓『順』之字當爲『愻』，作『巽』與『遜』，均爲『愻』之借。

〔一一六〕悦，乙二同，刊本作『説』，『説』『悦』古今字。下『悦』字同。

〔一一七〕無，刊本作『毋』，《説文・毋部》：『毋，止之詞也。』段注：『古通用無。』

〔一一八〕『奪帥』下刊本有『也』字。後『奪志』下刊本亦有『也』字。

〔一一九〕弊，乙一同，刊本作『敝』，『弊』爲『敝』之俗字，見《玉篇・㡀部》。

〔一二〇〕狢，刊本作『貉』，『狢』爲『貉』之後起换旁字，《干禄字書・入聲》：『狢、貉，上通下正。』下同。

〔一二一〕寒，底卷原誤作『衰』，兹據刊本改正。

〔一二二〕刊本『後彫』下有『也』字。

〔一二三〕智者不或，乙一同，刊本『智』作『知』，『或』作『惑』，案知、智與或、惑並古今字。

〔一二四〕偘偘，刊本作『侃侃』，《干禄字書・去聲》：『偘、侃，上俗下正。』

〔一二五〕躩，底卷原作『躍』，乙一同，李方云『當以作「躩」爲是』，案『躍』即『躩』字訛省，兹據刊本改正。

〔二六〕顧，乙一同，刊本作「顧」，《玉篇·頁部》「顧」條下云：「顧，同上，俗。」

〔二七〕足躩如也，底卷原無，伯三三〇五《論語集解》有此四字，俄敦一三九九《論語集解》有「足躩如」三字，茲據刊本補。

〔二八〕齋，刊本作「齊」，「齊」「齋」古今字。下「齋」字同。

〔二九〕其，刊本無，伯二五一〇鄭玄《論語注》寫卷有「其」字。

〔三〇〕縮縮，乙一同，刊本作「蹜蹜」，劉寶楠《論語正義》云：「《玉藻》作『縮縮』，《説文》無『蹜』字，『縮』下云：『一曰蹴也。』『蹴』與『蹙』一字。《詩》『蹙蹙靡所騁』鄭箋：『縮小之貌。』縮小亦不敢自肆意。」

〔三一〕愉愉如也，刊本同，乙一少一「愉」字，誤脱重文符號也。

〔三二〕餝，底卷作「餝」，刊本作「飾」，案「飾」俗字作「餝」，「餝」即「飾」「餝」交互影響的結果，茲從俗録作「餝」。

〔三三〕褻，底卷原誤作「藝」，茲據刊本改正。

〔三四〕縝絺紘，「縝」刊本作「袗」，馮登府《論語異文考證》云「縝，俗字」；又「紘」字乙一作「紭」，案「紭」爲「綌」之俗字，「紘」則爲「紭」字訛省。

〔三五〕狐，乙一止於此（存右半「瓜」）。

〔三六〕褻，底卷原誤作「藝」，茲據刊本改正。

〔三七〕寑，刊本作「寢」，案「寑」爲「寢」之俗字，「寢」則爲「寑」的隸變字。下「寑」字同。

〔三八〕长一身，乙二起於此。

〔三九〕帷，底卷原作「惟」，敦煌寫卷忄旁、巾旁常混，茲據刊本録正。乙二亦寫作「惟」。

〔四〇〕煞，乙二同，刊本作「殺」，「煞」即「殺」的俗字。

〔四一〕齋，乙二作「齋」，刊本作「齊」，案「齊」「齋」古今字，作「齋」者誤。

〔四二〕猒，乙二同，刊本作「厭」，「猒」「厭」古今字。下句「猒」字同。

〔一四三〕魚餧而肉敗，底卷「肉」原誤作「内」，茲據刊本改正；又「餧」字刊本作「餒」，錢大昕《經典文字考異》云：「餒，《説文》作『餧』。」則「餒」爲「餧」之後起別體，改換聲符也。

〔一四四〕臰，乙二同，刊本作「臭」，《玉篇·自部》「臭」條下云：「臰，同上，俗。」

〔一四五〕餁，刊本作「飪」，「餁」爲「飪」之後起別體。

〔一四六〕徹，刊本作「撤」，阮元《論語校勘記》云：「《説文》無『撤』字，『撤』乃『徹』之俗字。」

〔一四七〕苽，刊本作「瓜」，《干禄字書·平聲》：「苽、瓜，上俗下正。」

〔一四八〕廗，乙二、刊本作「席」，《干禄字書·入聲》：「廗、席，上俗下正。」下「廗」字同。

〔一四九〕拜，底卷原誤作「邦」，茲據刊本改正。

〔一五〇〕不問馬，底卷在「不」下加點，似其句讀作「不，問馬」。

〔一五一〕牲，乙二同，刊本作「生」，馮登府《論語異文考證》云：「《左氏》莊公三十二年傳注『生曰餼』（馮氏所引者乃《左傳·僖公三十三年》杜預注），服虔曰：『腥曰餼。』生、腥易混，當作『牲』爲是。」案《經典釋文·論語音義》云：「生，魯讀生爲牲，今從古。」故臧琳《經義雜記》云：「《古論語》『君賜生』，《魯論語》『君賜牲』。」鄭玄以《魯論》爲底本，此字改從《古論》作「生」，伯二五一〇鄭玄《論語注》作「牲」，與《釋文》所引矛盾，然其注文云「君賜生」，知經文已被篡改，馮説誤。

〔一五二〕㱕，乙二同，刊本作「歸」，據《説文》，「㱕」爲籀文隸定字，「歸」爲小篆隸定字。

〔一五三〕「非祭肉不拜寑」六字乙二存右半，乙三存左半，二卷正好綴合。

〔一五四〕狎，乙三同，刊本前有「雖」字。

〔一五五〕瞽，乙三同，刊本作「瞽」，「瞽」爲「瞽」之俗字。

〔一五六〕褻，底卷原誤作「藝」，茲據乙三、刊本改正。

〔一五七〕皃，乙三同，刊本作「貌」，「皃」爲小篆隸定字，「貌」爲籀文隸定字。

〔一五八〕板，乙三同，刊本作『版』，《説文》有『版』無『板』，『板』爲後起字。

〔一五九〕升，底卷原作『𠦃』，乙三略同，此形通常爲『叔』字俗寫，兹據刊本改正。

〔一六〇〕頋，乙三同，刊本作『顧』，《玉篇·頁部》『顧』條下云：『頋，同上，俗。』

〔一六一〕供，乙三同，刊本作『共』，阮元《論語校勘記》云：『皇本作「供」，注同。《釋文》出「共之」，云：「本又作供。」案共、供古字通。』

〔一六二〕嗅，乙三同，刊本作『嗅』，『嗅』爲『嗅』之俗字。

論語（二）（先進、顏淵）

伯二五四八

【題解】

底卷編號爲伯二五四八，存《先進》、《顏淵》二篇，首題及尾題均爲『論語卷第六』五字，共一百三十四行。寫卷之天頭殘損，故從第十二至一百三十三行每行之上端往往殘缺一至三字。第二行子目『先進第十一』下有『何晏集解』四字。字體拙劣，蓋學童習書。《伯目》著録爲『《論語何晏集解》卷六』，此乃綜合首題及子目中『何晏集解』四字而定名也。其實這是白文本《論語》，只是它所據本爲何晏《論語集解》而已。今依例擬名爲《論語（先進、顏淵）》。尾題『論語卷第六』下細書『經二千六十四字』諸字，當爲《先進》、《顏淵》二篇之總字數。今注疏本則爲二千零四十三字，若計入前後卷題及子目的字數，則爲二千零六十三字，與寫卷之統計字數僅一字之差。寫卷『治』字不諱，然『民』字皆缺末筆，『淵』多寫作『渁』、『㳺』、『渆』，亦避諱缺筆字（『淵』偶亦有不缺筆者，參看校記〔九〕）。李方《敦煌〈論語集解〉校證》（簡稱『李方』）（江蘇古籍出版社，一九九八）定爲唐寫本。

今據縮微膠卷録文，以中華書局影印阮元刻《十三經注疏·論語注疏》爲校本（簡稱『刊本』），校録於後。

論語卷第六　何晏集解

先進第十一

子曰：『先進於禮樂，野人也。後進於禮樂，君子也。如用之，則吾從先進。』

子曰：『從□（我）〔二〕於陳、蔡者，皆不及門也。』

德行：顔淵[二]，閔子騫，冉伯牛，[仲]弓。言語：宰我，子貢。▨（政）[三]事：冉有，季路。文學：子游，子夏[四]。

子曰：『回也，非助我者也，於吾言無所不説。』

子曰：『孝哉，閔子騫！人[不]間於其父母昆弟▨（之）言[五]。』

南容三復白圭，孔子以其兄之子妻之。

季康子問：『弟子孰爲好斈[六]？』孔子□□（對曰）：『有顔回者好斈，不幸短命死矣。今也□□（則亡）。』

顔淵死，顔路請子之車以爲之椁。子□（曰）：『▨（才）[七]不才，亦各言其子也。鯉也死，有棺而□（無）椁。吾不徒行以爲之椁。以吾從[八]大夫之□□（後，不）可徒行也。』

顔淵死。子曰：『噫！天喪予！天喪□（予）！』

顔淵[九]死，子哭之慟。從者曰：『子慟矣！』曰：『有□□（慟乎）？非夫人之爲慟而誰爲？』

顔淵[一〇]死，門人□□（欲厚）葬之。子曰：『不可。』門人厚葬之。子曰：『□□（回也）視予猶[父也，予不得視猶]子也。非我也，夫二三子也。』

季□（路）問事鬼神。子曰：『未能事人，焉能事鬼？』□（曰）：『▨（敢）[一一]問死。』曰：『未知生，焉知死？』

閔子侍側，誾誾□（如）也；子路，行行如也；冉有、子貢，侃侃[一二]如也。□▨（子樂）[一三]，『若由也，不得其死然』。

魯人爲長府。□□（閔子）騫曰：『仍舊貫，如之何？何必改作？』子□□（曰：『夫）人不言，言必有中。』

子曰：『由之瑟，奚爲□□▨（於丘之）[一四]門？』門人不敬子路。子曰：『由也升堂□□（矣，未）入於室也。』

子貢問：『師與商也孰賢？』□□（子曰）：『師也過，商也不及。』曰：『然則師愈與？』子□□□（曰：『過猶）不及。』

季氏富於周公，而求也爲之□□□（聚斂而）附益之。子曰：『非吾徒也。小子鳴□□（鼓而）攻之可也。』

柴也愚，參也魯，師也辟，由□□（也喭）。子曰：『回也，其庶乎！屢空。賜不受命，而□□（貨殖）焉，億則屢中。』

子張問善人之道。□□□□（子曰：『不踐）迹，亦不入於室。』子曰：『論篤是與，□□（君子）者乎？色莊者乎？』

子路問：『聞斯▭▨（有）[一五]父兄在，如之何其聞斯行之？』冉有□□▨（問：『聞斯）[一六]行諸？』子曰：『聞斯行之。』公西華曰：『由□□（也問）聞斯行諸，子曰「有父兄在」。求也問□▨（聞斯）[一七]行諸，子曰「聞斯行之」。赤也惑，敢問。』□□（子曰）：『求也退，故進之。由也兼人，故退之。』

子□□▨（畏於匡）[一八]，顔淵後。子曰：『吾以女爲死矣。』曰：『子□□□（在，回何敢死？』

季子然問：『仲由、冉求可謂［大］臣與？』□□（子曰）：『吾以子爲異之問，曾由與求之問。

所□□(謂大臣)者，以道事君，不可則止。今由與求也，□▨(可謂)〔一九〕具臣矣。』曰：『然則從之者與？』子曰：『弑父與□□(君，亦)不從也。』

子路使子羔爲費宰。子□□▨(曰：『賊夫人)〔二〇〕之子。』子路曰：『有民〔二一〕人焉，有社稷□□□(焉，何必)讀書，然後爲學？』子曰：『是故惡□□(夫佞)者。』

子路、曾皙、冉有、公西華侍坐。子□□(曰：『以)吾一日長乎爾，毋吾以也。居則曰〔二二〕：「不吾知□□(也。」如)或知爾，則何以哉？』子路率爾而對，曰：『□□▨(千乘之)〔二三〕國，攝乎大國之間，加之以師旅，因□□▨(之以饑)〔二四〕饉，由也爲之，比及三年，可使有勇，□□(且知)方也。』夫子哂之。『求，爾何如？』對曰：『方六□□(七十)，如五六十，求也爲之，比〔二五〕及三年，可使□□(足民)。▨(如)〔二六〕其禮樂，以俟君子。』『赤，爾何如？』□□(對曰)：『▨(非)〔二七〕曰能之，願學焉。宗廟之事，□□(如會)同，端章甫，願爲小相焉。』『點，爾何□□(如？』鼓)瑟希，鏗爾，舍瑟而作，對曰：『異乎□□(三子)者之撰。』子曰：『何傷乎？亦各言其志□□(也。』曰)：『▨(莫)〔二八〕春者，[春]服既成，冠者五六人，童子□□(六七)人，浴于〔二九〕沂，風乎舞雩，詠而歸。』夫子□□(喟然)歎曰：『吾與點也！』三子者出，曾皙後。曾□▨(皙曰)〔三〇〕：『夫三子者之言何如？』子曰：『亦各言其志也□▨(已矣)〔三一〕。』曰：『夫子何哂由也？』曰：『爲國以禮，其言不□□(讓，是)故哂之。』『唯求則非邦也與？』『安見方六□□▨(七十如)〔三二〕五六十而非邦也者？』『唯赤則非邦也□□(與？』『宗)廟〔三三〕會同，非諸侯而何？赤也爲之小，□▨(孰能)〔三四〕爲之大？』

顏淵第十二〔三五〕

□▨（顏淵）〔三六〕問仁。子曰：『克己復禮爲仁。一日克己□（復）禮，天下歸仁焉。爲仁由己，而由人乎□（哉）？』▨（顏）〔三七〕淵曰：『請問其目。』子曰：『非禮勿視，非□□（禮勿）聽，非禮勿言，非禮勿動。』顏淵曰：『回雖□□（不敏），請事斯語矣。』

仲弓問仁。子曰：『出門□▨（如見）〔三八〕大賓，使民如承大祭。己所不欲，勿施□□（於人）。在邦無怨，在家無怨。』仲弓曰：『雍雖□▨（不敏）〔三九〕，請事斯語矣。』

司馬牛問仁。子曰：『仁□（者），其言也訒。』曰：『其言也訒，斯謂之仁已□（乎）？』子曰：『爲之難，言之得無訒乎？』

司馬□□□□（牛問君子）。子曰：『君子不憂不懼。』曰：『不憂□▨（不懼）〔四〇〕，□□（斯謂）之君子已乎？』子曰：『內省不疚，□（夫）何憂何懼？』

司馬牛憂曰：『人皆有兄弟，▨（我）〔四一〕獨亡。』子夏曰：『商聞之矣：死生有命，富□□（貴在）天。君子敬而無失，與人恭而有□□▨（禮，四海）〔四二〕之內皆兄弟也。君子何患乎無□（兄弟也？』

子張問明〔四三〕。子曰：『浸潤之譖，膚受□（之）愬，不行焉，可謂明也已矣。浸潤之譖，▨（膚）〔四四〕受之愬，不行焉，可謂遠也已矣。』

子貢□▨（問政）〔四五〕。子曰：『足食，足兵，民信之矣。』子貢曰：『必□（不）得已而去，於斯三者何先？』曰：『去兵。』子貢□（曰）：『必不得已而去，於斯二者何先？』曰：『去食。自□□（古皆）有死，民無信不立。』

棘子成曰：『君□（子）質而已矣，何以文爲？』子貢曰：『惜乎，□□▨（夫子之）〔四六〕說君子也！駟不及舌。文猶質也，質□（猶）文也。虎豹之鞟，猶犬羊之鞟。』

哀公問□（於）有若曰：『年饑，用不足，如之何？』有若對曰：『□（盍）徹乎？』曰：『二，吾猶不足，如之何其徹也？』對曰：『□□（百姓）足，君孰與不足？百姓不足，君孰與□（足）？』

□（子）張問崇得〔四七〕辨惑。子曰：『主忠信，徙義，崇□（德）也。愛之欲其生，惡之欲其死。既欲其生，□（又）欲其死，是惑也。誠不以富，亦祇〔四八〕以異。』

齊□□（景公）問政於孔子。孔子對曰：『君君，臣臣，▨（父）〔四九〕父，子子。』公曰：『善哉！信如君不君，臣不臣，□▨（父不）〔五〇〕父，子不子，雖有粟，吾豈〔五一〕得而食諸？』

子□□（曰：『片）言可以折獄者，其由也與？』子路無宿□（諾）。

□□（子曰）：『聽訟，吾猶人也。必也，使無訟〔五二〕！』

子張□（問）政。子曰：『居之無倦，行之［以］忠。』

子曰：『博學於□（文），約之以禮，亦可以弗畔矣夫。』

子曰：『君子□▨（成人）〔五三〕之美，不成人之惡。小人反是。』

季康子問□（政）於孔子。孔子對曰：『［政］者，正也。子帥以正，孰□▨（敢不）〔五四〕正！』

季康子患盜，問於孔子。對曰〔五五〕：『□□（苟子）之不欲，雖賞之不竊。』

季康子問政□□（於孔）子曰：『如殺無道，以就有道，何如？』孔子□□（對曰）：『子爲政，焉用殺？子欲善而民善□（矣）。▨（君）〔五六〕子之德風，小人之德草。草上之風，必偃。』

□□（子張）問：『士何如斯可謂之達矣？』子曰：『何哉，□▨（爾所）〔五七〕謂達者？』子張對曰：『在邦必聞，在家□（必）聞。』子曰：『是聞也，非達也。夫達也者，質直□（而）好義，察言而觀色，慮以下人。在邦必達，□▨（在家）〔五八〕必達。夫聞也者，色取仁而行違，居之不□（疑）。在邦必聞，在家必聞。』

樊遲〔五九〕從遊於舞□（雩）之下，曰：『敢問崇德、脩慝、辨惑。』子曰：『善哉□□（問！先）事後得，非崇德與？攻其惡，無攻人之惡，□（非）脩慝與？一朝之忿，忘其身，以及其親，非惑□（與）？』

樊遲問仁。子曰：『愛人。』問知。子曰：『知人。』樊遲未□（達）。子曰：『舉直錯諸枉，能使枉者直。』樊遲退，□（見）子夏曰：『鄉也吾見於夫子而問知，子曰：「舉□（直）錯諸枉，能使枉者直。」何謂也？』子夏曰：『富□（哉）言乎！舜有天下，選於衆，舉臯陶，不仁□（者）遠矣。湯有天下，選於衆，舉伊尹，不仁者遠□（矣）。』

子貢問友。子曰：『忠告而善道之，不可則□□（止，毋）自辱焉。』

曾子曰：『君子以文會友，以友輔仁。』

論語卷第六　　經二千六十四字

【校記】

〔一〕我，底卷殘泐，兹據刊本擬補。以下底卷中凡殘字、缺字補出者，均據刊本，不復一一注明。

〔二〕淵，底卷作『浂』，乃『淵』字俗寫的避諱缺筆字，兹據刊本録正。下『淵』字未出校記者皆同此。

〔三〕政，底卷殘存右半。

〔四〕夏，底卷原作『頁』，李方謂底卷誤，兹據刊本改正。

〔五〕人不閒於其父母昆弟之言，底卷脱『不』字，『之』殘存下半，皆據刊本補。

〔六〕斈，刊本作「學」，「斈」爲「學」之俗字。下「斈」字同。

〔七〕才，底卷殘存下半。

〔八〕從，底卷原誤作「徒」，兹據刊本改正。

〔九〕淵，底卷作「渕」，乃「淵」的俗字，此爲底卷「淵」之俗字唯一一例未缺筆避諱者，兹據刊本録正。

〔一〇〕淵，底卷作「㳄」，乃「淵」字俗寫的避諱缺筆字，兹據刊本録正。

〔一一〕敢，底卷殘存右下角。

〔一二〕侃侃，刊本作「侃侃」，《干禄字書·去聲》：「侃、侃，上俗下正。」

〔一三〕樂，底卷殘存下截「木」。

〔一四〕之，底卷脱左上角。

〔一五〕「有」字底卷殘存下端殘畫，據下「父兄在」，故據刊本補「有」字；「有」前底卷殘泐，根據行款，似殘缺兩個字，然刊本作「行諸子曰」，疑底卷無「子曰」兩字。

〔一六〕斯，底卷殘存下半。

〔一七〕斯，底卷存左右兩側殘畫。

〔一八〕匡，底卷殘去左上角。

〔一九〕謂，底卷殘存下部三分之一。

〔二〇〕人，底卷殘存下半。

〔二一〕民，底卷原缺末筆，避諱缺筆字，兹據刊本録正。下「民」字皆同此，不再出校説明。

〔二二〕曰，底卷原誤作「白」，兹據刊本改正。

〔二三〕之，底卷右上角殘去。

〔二四〕饑，底卷殘存下半。

〔二五〕比，底卷原誤作「此」，兹據刊本改正。
〔二六〕如，底卷殘存下半。
〔二七〕非，底卷殘存右下角。
〔二八〕莫，底卷殘去上半，旁有手民旁注字「暮」，「莫」「暮」古今字。
〔二九〕于，底卷原寫作「乎」，塗去而旁改「于」，刊本作「乎」，案于、乎二字古多通用。
〔三〇〕曰，底卷殘存下半。
〔三一〕矣，底卷殘存下部「天」。
〔三二〕如，底卷殘存左邊「女」。
〔三三〕「廟」下底卷衍一重文符號，兹據刊本删。
〔三四〕能，底卷殘存下半。
〔三五〕淵，底卷作「渁」，乃「淵」俗寫的避諱缺筆字，兹據刊本録正。
〔三六〕淵，底卷存右下部，據殘形，原字似本作「渆」，乃「淵」俗寫的避諱缺筆字，兹據刊本録正。
〔三七〕顔，底卷殘存左下角。
〔三八〕見，底卷殘存下半。
〔三九〕敏，底卷殘存左半。
〔四〇〕懼，底卷殘存左半。
〔四一〕我，底卷殘存下半。
〔四二〕海，底卷殘存下半。
〔四三〕明，刊本作「明」，「眀」「明」異體。下「明」字不復出校。
〔四四〕膚，底卷殘存下半。

〔四五〕政，底卷殘存左邊「正」。

〔四六〕之，底卷殘存右下角。

〔四七〕得，刊本作「德」，「得」爲「德」之借字。

〔四八〕祇，刊本作「祇」，阮元《論語校勘記》云：「『祇』當作『祇』，《唐石經》作『祇』。」錢大昕《十駕齋養新録》卷一「祇」字條有詳考，認爲當作「祇」。

〔四九〕父，底卷殘存右下角。

〔五〇〕不，底卷殘脱左上角。

〔五一〕豈，底卷小字旁注，刊本無，阮元《論語校勘記》云：「皇本、高麗本『吾』下有『豈』字，《釋文》出『吾焉得而食諸』，云：『本亦作焉得而食諸。焉，於虔反，本今作吾得而食諸。』案《史記·仲尼世家》及《漢書·武五子傳》竝作『豈』，與皇本合。《太平御覽》二十二引『吾惡得而食諸』。豈、焉、惡三字義皆相近，疑今本『吾』下有脱字。」今案亦有可能原文本作「焉得而食諸」或「豈得而食諸」，今本作「吾得而食諸」，「吾」實「焉」或「豈」字之訛；「焉」或「豈」既訛作「吾」，其義未安，故傳抄者臆增一「豈」或「惡」字以彌縫其罅漏，其實謬也。

〔五二〕「無訟」下刊本有「乎」字。

〔五三〕人，底卷殘存右下角。

〔五四〕不，底卷脱左上角。

〔五五〕對曰，刊本前有「孔子」，疑底卷脱漏重文符號。

〔五六〕君，底卷殘存下半。

〔五七〕所，底卷殘存左下角「尸」。

〔五八〕家，底卷殘去上部「宀」。

〔五九〕遟，刊本作「遲」，「遟」爲「遲」之俗字，慧琳《音義》卷三《大般若波羅蜜多經》第三三二卷音義：「遟鈍，犀音西，從尾從牛，經文從尸從羊，俗字也。」下「遟」字同。

論語注

鄭玄

論語注（一）（八佾）

斯三三三九

【題解】

底卷編號爲斯三三三九，起《八佾》『然則管仲知礼乎』，至篇末，二十一行，殘破甚。經文大字，小注雙行，大字每行約十五字。《翟目》以此爲《論語》寫卷，然不知爲鄭玄《論語注》。《向目》定名爲《論語鄭箋》，雖已知其性質，而定名則誤；《敍録》定爲鄭玄《論語注》，極是。今依例擬名爲《論語注（八佾）》。

《翟目》以此爲七世紀寫本，而石塚晴通《〈唐抄本鄭氏注論語集成〉に寄せて——邊境文化論の試み》（《月刊百科》一三九期一一頁，一九七四年四月）則認爲應是八世紀初期寫本。

陳鐵凡《敦煌論語鄭注三本疏證》（《大陸雜誌》第二十卷第十期，一九六〇年五月。簡稱『陳鐵凡』）對寫卷中每條注文作了詳细考證。

今據中國國家圖書館國際敦煌項目網站上的照片録文，經文以中華書局影印阮元刻《十三經注疏·論語注疏》（簡稱『刊本』）對校，校録於後。

（前缺）

『然則管仲知礼[一]乎？』曰：『▨▨▨▨（邦君樹塞）[二]□□（門，管）氏亦有[三]樹塞門。邦君爲兩▨□□，□□（君之好，有反）[四]坫[五]，管氏亦有反坫。管氏▭[六]禮？ 或人見孔子云焉得儉，則

□(以爲知礼。□塞)〔七〕猶蔽。礼：天子外屏，諸侯內□(屏。返坫，返爵之坫，在兩楹)〔八〕之間，人君辨〔九〕內外，於門樹□(屏以弊之。若与隣國爲好)〔一〇〕會，其獻酢之礼，更酌，酌□(畢則各反爵受於坫上。今管仲奢)〔一一〕，僭爲之。如是，是不知礼也〔一二〕。

子語魯太□〔一三〕太師，樂官名也。始〔一四〕作，翕如〔一五〕；始▨(作)，□〔一六〕聲，▨(皆)□〔一七〕。□(從)之，純如也，皦〔一八〕如也，▨(繹)□(如也以成。從讀曰縱)，縱謂既奏〔一九〕，八音皆作。純如，咸□〔二〇〕；繹如，志意條達之皃。四者□〔二一〕。《書》云：『簫韶九成，鳳凰來儀。』

儀封人請見，曰：『君子之至於斯者〔二二〕，吾未嘗不得見〔二三〕。』儀，盖衛邑。封人，官名。掌爲圻〔二四〕封而樹之，此人賢者，聞孔子之德而來至此，欲見之。言未堂(嘗)不得見者，敬日達〔二五〕以爲賢也。從者見之。出曰：『二三子何患於喪乎？天下之無道〔二六〕久矣，天將以夫子爲木鐸。』從者謂弟子從孔子行者，以爲此人皆入告而出納之，何患於喪乎？言不憂道德之喪亡。木鐸，施政教時所振，言天將命孔子制作法度，以號令於天下也。

子謂《韶》：『盡美矣，又盡善也。』《韶》，舜樂名，美舜以聖德受禪於堯。又盡善者，謂致太平也。謂《武》：『盡美矣，未盡善也。』《武》，周武王樂，美武王以武功定天下。未盡者，謂未▨▨□(致太平)〔二七〕。

子曰：『居上不寬，爲禮不敬，臨喪▨(不)□〔二八〕觀之哉！』居上不寬則下無▨▨(所容)〔二九〕。礼主於敬，喪主□□□(於哀也)〔三〇〕。

論▨(語)▨▨□〔三一〕

【校記】

〔一〕礼，刊本作『禮』，『礼』爲古文『禮』字，敦煌寫本多用此字，後世刊本則多用『禮』字。

〔二〕『邦君樹塞』四字底卷僅存左部，茲據刊本擬補。以下底卷中凡經文之殘字、缺字補出者，均據刊本，不復一一注明。

〔三〕有，刊本無，陳鐵凡云：『《集解》於此經下引鄭注曰：「樹屏以弊之」，《太平御覽》卷一百八十五《居處部》十三「屏」下引此經「鄭玄注曰：樹，屏也」，是「樹」爲動詞甚明，其上自不必再加「有」字。此當涉下文而衍。』

〔四〕君，底卷殘存右上角。

〔五〕玷，刊本作『坫』，陳鐵凡云：『「玷」爲「坫」之誤。《集解》此經鄭注、《禮記・郊特牲》「臺門而旅樹反坫」鄭注俱作「坫」。』蔡主賓《敦煌寫本儒家經籍異文考》云：『坫、玷同音，故通叚。』下『玷』字同。

〔六〕『管氏』下底卷殘泐，刊本作『而知禮孰不知』。

〔七〕『以爲知礼』及『塞』底卷殘泐，茲據阿斯塔那三六三號墓唐景龍四年卜天壽抄本（以下簡稱『卜抄本』）補。

〔八〕『屏返玷返爵之玷在兩楹』十字底卷殘泐，茲據卜抄本補；刊本『返』作『反』，『反』『返』古今字。

〔九〕辨，刊本作『別』，案『辨』、『別』同義。

〔一〇〕『屏以弊之若与隣國爲好』十字底卷殘泐，茲據卜抄本補，刊本『弊』作『蔽』，『与』作『與』，案『弊』爲『敝』之俗字，『蔽』正字，『敝』借字；『与』、『與』二字古混用無別，敦煌吐魯番寫本多用『与』字，後世刊本多改作『與』，下凡『与』字均不復出校。

〔一一〕『畢則』以下十三字底卷殘泐，『畢則各反爵』五字據刊本補，『受於玷上今管仲奢』八字據卜抄本補；刊本無『受』字，『奢』作『皆』，案此釋反坫之禮，僅一儀規，不必用『皆』字，此處言管仲生活奢侈，遂有此反坫之僭禮，故應以作『奢』爲是。

〔一二〕也，刊本無。

〔一三〕『魯太』後底卷殘泐，刊本作『師樂曰樂其可知也』；刊本『太』作『大』，『大』『太』古今字。

〔一四〕始，底卷原作「如」，陳鐵凡云：「「如」字殆爲「始」字之誤。注文尚存殘字「始」字可證。」兹據刊本改正。

〔一五〕「翕如」下刊本有「也」字，案卜抄本亦無「也」字。

〔一六〕作，底卷殘存上端殘畫，兹據卜抄本補；「作」下底卷殘泐，卜抄本作「渭今奏之時仁聞今奏之」，王素《唐寫本論語鄭氏注及其研究》以「渭」爲「謂」之借，「今」爲「金」之借，「仁」爲「人」之借。

〔一七〕皆，底卷殘存上端殘畫，兹據卜抄本補；「皆」下注文底卷殘泐，卜抄本作「翕如，變之狠」，「狠」爲「貌」之俗訛字。

〔一八〕曒，刊本作「皦」，陳鐵凡《敦煌論語異文彙考》云：「曒爲《説文》所無，《集韻》始見之，蓋後起之字。此當以作「皦」爲是。」

〔一九〕繹，底卷殘存左上角，「繹」下底卷殘泐，其下經文刊本作「如也以成」四字；注文「謂」前的「縱」字底卷本爲重文符號，陳鐵凡云：「此二「~」號雖非緊接「從之」之下，尋繹文意，當爲重複「從之」二字之符。」案若如陳説，則此「~」爲「之」的省代符，其注文乃作「~~謂既奏」，即殘泐之注文僅一「~」也，然據行款，「繹」下殘泐處應有七個大字的位置，今經文僅缺「如也以成」四字，則其下必更有注文，卜抄本注文作「從讀曰縱，~之謂既奏」，《太平御覽》卷五六四引作「從讀曰縱，縱之謂八音皆作」，足證注文必有「從讀曰縱」四字，而底卷「謂」前之重文符號，必指「縱」字，故據以擬補如上。

〔二〇〕「咸」下底卷殘泐，卜抄本有「和之皃。　㬈如」諸字，「皃」爲「貌」之俗字，「㬈」爲「皦」之訛字；《太平御覽》卷五六四云：「純如，咸和之貌；皦如，使清別之貌也；繹如，志意條達。」卜抄本「皦如」下有脱漏。

〔二一〕「四者」下底卷殘泐，卜抄本作「皆應而樂以成成由終」。

〔二二〕者，刊本作「也」，陳鐵凡云：「尋繹文意，此似以作「者」爲審。」

〔二三〕未嘗不得見，底卷「嘗」原誤作「堂」，兹據刊本改正，注中「嘗」字同；刊本末有「也」字。

〔二四〕圻，卜抄本作「畿」，《集韻・微韻》以「圻」爲「畿」字或體，此二字古通用。

〔二五〕敬日達，王素《唐寫本論語鄭氏注及其研究》改「日」爲「自」，並引月洞讓説，以「敬」爲「欲」字之誤。

〔二六〕「無道」下刊本有「也」字，案卜抄本無「也」字。

〔二七〕致太平，底卷「致」殘脱左下角，「太」存右側殘畫，「平」字殘脱，《御覽》卷五六四有「致太平」三字，此據陳金木《唐寫本論語鄭氏注研究》之説補。

〔二八〕底卷「不」字殘存右邊殘畫，「不」下底卷殘缺約四字，刊本作「哀吾何以」。

〔二九〕所容，底卷殘存右半，茲據卜抄本擬補。

〔三〇〕「於哀也」三字底卷殘泐，茲據卜抄本擬補。

〔三一〕底卷「語」字殘存右半「吾」，「語」後二字存右邊殘筆，不知爲何字之殘。

論語注（二）（雍也—鄉黨）

斯六一二一（底一甲）　斯一一九一〇（底一乙）　俄敦五九一九（底二甲）

伯二五一〇（底二乙）　北臨八三（甲卷）

【題解】

底一編號爲斯六一二一（底一甲）+斯一一九一〇（底一乙）。底一甲起《雍也》『堯、舜其猶病諸』之『其』，至『遊於藝』注『六藝』之『六』，九個上半行。經文大字，小注雙行。按經文大字計，每行約抄二十六字。《向目》疑其爲『論語鄭注』，中國科學院考古研究所資料室《唐景龍四年寫本〈論語鄭氏注〉殘卷説明》（《考古》一九七二年第二期）始確定其爲鄭玄《論語注》。王素《敦煌文書中的第四件〈論語鄭氏注〉》一文（《文物》一九八四年第九期）將該卷的注文與吐魯番出土鄭玄《論語注》寫本及傳統輯佚本對勘，對此卷爲鄭氏注之説予以定讞，并且考定寫卷爲唐抄本。《英藏》定名爲『論語鄭氏注（雍也第六、述而第七）』，即已吸收了新的研究成果。底一乙起《述而》『誨人不倦』之『倦』，至『唯我與爾有是夫』注『有用』，十行，上下端均殘泐，僅存中段。《榮目》首先比定其名，《英藏》據以定名爲『論語鄭氏注（述而第七）』。

底一甲與底一乙爲一卷之裂，考詳榮新江《〈唐寫本論語鄭氏注及其研究〉拾遺》（《文物》一九九三年第二期）。兩卷綴合後，共十四行，起《雍也》『堯、舜其猶病諸』之『其』，至《述而》『唯我與爾有是夫』注『有用』，經文大字，小注雙行。今依例擬名爲《論語注（雍也、述而）》。

底二編號爲俄敦五九一九（底二甲）+伯二五一〇（底二乙）。底二甲起《雍也》『能近取譬，可謂仁之方也已』注『々欲立身成名』，至《述而》『吾未嘗無誨焉』注『臣無境外之交，弟』，存十一下半行。第二行有『鄭氏注』三字，《俄藏》定名爲『論語鄭氏注』。底二乙起《述而》『暴虎馮河，死而無悔者，吾不與也』注『馮河，徒涉』之『涉』，至《鄉黨》末，尾題『論語卷第二』，共二百二十三行，行有界欄。尾題後有題記『維龍紀二年二月燉煌縣』一行，字體與正文不類，當是後閲者所加。《伯目》首先比定其名。

底二甲與底二乙爲一卷之裂，然兩卷並不能直接綴合，中間約缺十行，説詳許建平《俄藏敦煌文獻儒家經典類寫本的定名與綴合》（《姜亮夫、蔣禮鴻、郭在貽先生紀念文集》三一三頁，上海教育出版社二〇〇三）。兩卷共二百三十四行，經文大字，小注雙行，按經文大字計，每行約十八至二十二字，涉及《雍也》、《述而》、《泰伯》、《子罕》、《鄉黨》五篇的内容，今依例擬名爲《論語注（雍也—鄉黨）》。

《伯目》認爲題記所載時間即寫卷抄寫時間，後人多讚同其説。左景權《論語鄭氏注——敦煌古圖書蠡測之一》（《敦煌文史學述》九頁，新文豐出版公司二〇〇〇）從避諱、字體與紙質三方面詳論其非龍紀抄本，認爲是唐初抄本。雖然其唐初之説未可驟信，但龍紀説之誤，已可據此定讞。

甲卷編號北臨八三，係一小殘片，起《述而》『子貢曰：「諾，吾將問之」』至『入，曰：「伯夷、叔齊何人也」』之『伯』，共二殘行，據其殘存注文，知爲鄭玄《論語注》，考詳許建平《中國國家圖書館藏未刊敦煌寫本殘片四種的定名與綴合》（《浙江與敦煌學——常書鴻先生誕辰一百周年紀念文集》三二〇—三二一頁，浙江古籍出版社二〇〇四）。

S.6121

S.11910

底一甲與底一乙綴合圖

據《榮目》與《方目》之著録，斯七〇〇三B 亦爲鄭玄《論語注》殘卷，存《雍也》、《述而》兩篇内容，然殘碎較甚，難以復原，故不作爲異本收入。

熊谷尚夫《敦煌出土唐抄本鄭注論語殘卷校勘記》（《横濱國立大學人文紀要》第二類『語學、文學』七號，一九五八。簡稱『熊谷尚夫』）將底二乙與十個版本的《論語集解》對校，作了詳細的校記。孔仲温《從敦煌伯二五一〇號殘卷論論語鄭氏注的一些問題》（《中山人文學報》第五期，一九九七年一月。簡稱『孔仲温』）亦對底二乙有幾條札記。

陳鐵凡《敦煌論語異文彙考》（《孔孟學報》第一期，一九六一年四月。簡稱『陳鐵凡』）、金谷治《唐抄本鄭氏注論語集成》（東京平凡社，一九七八年。簡稱『金谷治』）、王素《唐寫本論語鄭氏注及其研究》（文物出版社一九九一年。簡稱『王素』）、陳金木《唐寫本論語鄭氏注研究——以考據、復原、詮釋爲中心的考察》（文津出版社一九九六。簡稱『陳金木』）對底一甲、底二乙有校記。

姬秀珠《敦煌寫本〈論語・鄭氏注〉卷二殘卷校考》（高雄師範大學國文學系研究所《問學》第四期，二〇〇二）、周文《敦煌寫本斯六一二一〈論語鄭注〉輯考》（《咸寧學院學報》二〇〇六年第二期）分別對底二乙與底一甲有校札，然無可取者。

本篇先後以底一與底二乙爲底本。底一據《英藏》録文，底二乙據縮微膠卷録文，以甲卷及中華書局影印阮元刻《十三經注疏・論語注疏》（後者簡稱『刊本』）爲校本，校録於後。

（前缺）

其猶病諸！□人乃能然。唐▨▨▨[一]□達而達人。能近取譬，可謂仁之方□己。己[二]欲立身成名，故亦立人，己欲居官行道，故亦達人，皆以己所欲而爲之也。

〔述而第七〕〔三〕

子曰：『述而不作，信而好古，竊比於我老▨（彭）。』□〔四〕。比於此二人者謙。

子曰：『默而識之，學而不厭，誨人不倦，□（何有於我哉！人無有是行，於我，我獨有之。』子）〔五〕曰：『德之不脩也〔六〕，學之不講也〔七〕，聞義不能徙也〔八〕，不□（善不能改，是吾憂也）〔九〕。』德，謂六德。

子之燕居，申申如也，夭夭如也。申申減視聽，夭夭安容皃。子曰：『□（甚矣，吾衰！久矣，吾）〔一〇〕不夢見〔一一〕周公。』孔子昔時庶幾於周公之▨（道）〔一二〕，汲汲然常夢見之。未年□□（已來）〔一三〕，聖道既偹〔一四〕，不復夢見之。今▨（發）此言者〔一五〕，懼倦志道自▨□〔一六〕。

□德〔一七〕，依於仁，遊於藝。』道謂師儒之所以教誨者〔一八〕。藝，六藝〔一九〕。

子曰：『自行束□□□（脩以上），□□□□□□（吾未嘗無誨焉）〔二〇〕。』〔始行束脩，謂年十五之時〕〔二一〕。□▨（傳）及《孝經説》曰：『臣無境外之交，弟』〔二二〕□有恩好者以施遺焉。詩▨（傳）〔二三〕□曰常有所教誨忠信之道。魯讀□〔二四〕

□不以三隅反〔二五〕，則不▨（復）〔二六〕。』□（孔子與人言，必待其人心憤憤，口悱悱，乃後啓發爲説之，如此則識思之深也。説則舉一隅以語之，其）人〔二七〕不思其□（類，則不復重教之。不以三嵎返，是學而）〔二八〕不思也。』

子食於▨（有）□〔二九〕。□（一）日之□□□□（中，或哭或）歌，是▨（褻）□□□□（於礼容也）〔三〇〕。

□□（言）俱道藝□□□□（是，但時）有用□□□（不用也）〔三一〕。

（中缺）

□涉〔三二〕。

子▨（曰）〔三三〕：□〔三四〕□▨▨▨（執鞭之士）□〔三五〕而，如〔三六〕也。孔子應聘〔三七〕諸國，莫能▨

（見）□□□〔三八〕知道終不可行，故發此言。執鞭之士，士之卑者〔三九〕。▨□（如不）〔四〇〕可求，從吾所好也〔四一〕。』▨▨□（所好者），古人▨□（之道）〔四二〕。

□（子）〔四三〕之所慎：『齊，戰，疾。』慎齊，尊祖考；慎戰，重民命；慎疾，愛性命。

子在齊聞《韶》，三月不知宍味〔四四〕：『不啚爲樂之至於斯〔四五〕。』《韶》，舜樂名。魯荘（莊）公廿二年，陳公子完以奔齊，故齊有焉。三月不知宍味，思之深也。昔時不啚舜作韶樂之美乃至於此也。

冉有曰：『夫子爲衛君乎？』子貢曰〔四六〕：『諾，吾將問之。』爲猶助〔四七〕。衛君者，謂輒也。靈公逐太子烝聵〔四八〕，至卒〔四九〕而立孫輒。後晉趙鞅納烝聵于戚〔五〇〕，衛石曼沽帥師〔五一〕圍之，孔子時在衛〔五二〕，故問其意助輒否乎也〔五三〕。』入〔五四〕，曰：『伯夷〔五五〕、叔齊何人也？』子〔五六〕曰：『古之賢人也。』曰：『怨乎？』曰：『求仁而得仁，有何怨乎〔五七〕？』出，曰：『夫子不爲〔五八〕。』父子争國，行惡〔五九〕。孔子以伯夷、叔齊爲賢且仁，君子成人之美，不成人之惡〔六〇〕，故知不助衛君明矣也〔六一〕。』

子曰：『飯疏食飲水，曲肱而枕之，樂亦在其中矣。疏之言麁（麤），肱之言臂。不義而富且貴，於我如浮雲。』浮雲無閏〔六二〕澤於万物，人之欲富貴道行以爲名譽，不以其道得之，於我身有損，故不居。《礼記》曰『德潤身，富潤屋』也〔六三〕。

子曰：『加我數年，五十以學《易》，可〔六四〕無大過矣。』加我數年，年至五十以學此《易》，其義理可無大過。孔子時年卌五六，好《易》，翫讀不敢懈倦，汲汲然自恐不能究竟其意，故云然也。

子所雅言〔六五〕，《詩》，《書》，執《禮》，皆雅言〔六六〕。雅者，正也。讀先王典法〔六七〕，不可有所避諱〔六八〕。礼不誦，故言執也〔六九〕。』

葉公問孔子於子路，［子路］〔七〇〕不對。葉公，楚縣公也，名諸梁，字子羔。問孔子者，驥得可法行也。子曰：『汝〔七一〕奚不曰：其爲人也，發憤忘食，樂以忘憂，不知老之將至云尔〔七二〕。』奚，何也。汝何不云，我樂堯舜之道，思六藝之文章，忽然不知老之將至云尔也。

子曰：『我非生而知之者，好古，敏而〔七三〕求之者也。』言此者，勉〔七四〕人學。

子不語恠〔七五〕、力、乱、神。爲淺識者將爲之，有精氣不脩其德而徒祈福祥，以或世沮功。恠力謂若右立社移，乱神謂神降于莘之屬也。

子曰：『我〔七六〕三人行，必有我師焉，擇其善者而從之，其不善者而改之。』

子曰：『天生德於予者〔七七〕，桓魋其如予何！』天生德於予者，謂授我以聖性，欲使我制作法度。桓魋，宋大夫，司馬牛之兄，疾孔子，欲煞〔七八〕之。孔子時在宋也。

子曰：『二三子以我爲隱子〔七九〕乎？吾無隱乎尔。二三子者，謂諸弟子。聖人知道廣大，弟子學之不能及，以爲有所懷侠要術，見於顏色，故解之：二三子以我有所隱於汝乎？我無所隱於汝也。吾無行而不與二三子者，是丘也。』我每有所爲，皆与汝共爲之，是之本心。言此者，勉勵之也。

子以四教：文，行，中〔八〇〕，信。行謂六行：孝、友、睦、因、任、恤。

子曰：『聖人，吾不得而見之矣。得見君子者，斯可矣。』疾世無明君也。子曰：『善人，吾不得而見之矣。得見有恒者，斯可矣。恒，常也。人而有常，則其教令可行也。亡而爲有，虛而爲盈，約而爲泰，難乎有恒〔八一〕。』時人皆侉華而無實，求此有恒者，難得也。

子釣而不綱〔八二〕，弋不射宿。綱謂大索，横流之屬。弋，繳射。宿鳥將宿，不綱不射宿，皆爲長養万物。

子曰：『蓋〔八三〕有不知而作之者，我無是也。疾時人多穿鑿妄作篇藉〔八四〕也。多聞，擇其善者而從之，多聞而識之，知之者次〔八五〕。』

互鄉難与〔八六〕言，童子見，門人或〔八七〕。互鄉，鄉名〔八八〕。其鄉人言語自專，不達於〔八九〕時宜，而有童子來見孔子，門人恠孔子見之。』子曰：『与其進〔九〇〕，不与其退，唯何甚？教誨之道，与其進，不与其退。恠我見此童子，惡惡何一甚。』人潔〔九一〕己以進，与其潔〔九二〕，不保其往。』往猶去〔九三〕。人虛己自潔而來，當与之進，亦何能保其去後之行也〔九四〕。

子曰：『仁遠乎哉？我欲人〔九五〕，斯仁至矣。』人道不遠，行時則是。

陳司敗問：『照〔九六〕公知礼乎？』孔子對〔九七〕曰：『知礼。』陳司敗，齊大夫，盖名御寇。昭公，魯君之謚。孔子謂之知礼，爲其隱耳也〔九八〕。孔子退，揖巫馬期而進之，曰：『吾聞君子不黨〔九九〕，君子亦黨乎？君娶〔一〇〇〕於吴，爲同姓，謂之吴孟子。君而知礼，孰不知也〔一〇一〕？』巫馬期，孔子弟子，名施。司敗揖之而言此者，非孔子謂之知礼〔一〇二〕。吴孟子爲同姓，故不言吴姬之也〔一〇三〕。巫馬期以告之〔一〇四〕。子曰：『丘也幸，苟有過，人必知之。』人知己過，則得以自改。礼：臣事君，有犯無隱也。

子与人歌而善之〔一〇五〕，必使返〔一〇六〕之，而後和之。使復爲之而後和之，重樂聲也。

子曰：『文莫吾猶人〔一〇七〕。莫，無也。猶，若也。文章之事，無我若人，言我寅〔一〇八〕与才等也。躬行君子，則吾未之有德〔一〇九〕。』德猶等也。躬行君子之道，則我未有与之等者，謙也。

子曰：『若聖与人〔一一〇〕，則吾豈敢？吾豈敢者，不敢自比方古之人賢也。抑爲之不厭，誨而〔一一一〕不倦，則可謂之云〔一一二〕尔。』言我之行可謂如是。公西華曰：『正唯弟子不能學〔一一三〕。』孔子之行正尔。弟子不學及，况于聖人乎？

子疾病，子路請禱。禱謂謝過於鬼神乎〔一一四〕？子曰：『有諸？』觀子路曉禱礼不也。子路對曰：『有之。《誄》曰：「禱乎〔一一五〕上下神祇。」』《誄》，六祈之辞。子路見誄辞云尔。謂孔子今疾，亦當謝過於鬼神。子曰：『丘之禱久矣。』孔子自知無過可謝，云禱久矣，明素恭肅，敬於鬼神，且順子路之言也。

子曰：『奢則不遜〔一一六〕，儉則固。与其不遜〔一一七〕，寧固。』俱失之。奢不如儉，奢則僭上，儉則不及礼。

子曰：『君子坦蕩蕩，小人長戚戚〔一一八〕。』坦蕩蕩，寬廣狠〔一一九〕。長戚戚，多憂懼。

子温[而]〔一二〇〕厲，威而不猛，恭而安。厲謂自嚴正皃。

太伯篇第八〔一二一〕

孔氏本　鄭氏注

子曰：『太伯，其可謂至德也已矣。三以天下讓，民無以〔一二二〕得而稱焉。』太伯，周大王之太子。次仲雍，次叔不見，次季歷。三以天下讓者，見季歷賢，又生文王，又聖人之表，欲以讓焉。以爲無大王之命，將不見聽。大王有疾，因過吴越採藥，大王没而不返。季歷爲喪主，一讓；季歷赴之，不來奔喪，二讓也；勉喪之後，遂断髮文身，倮以爲餝〔一二三〕，三讓。讓之美，皆蔽隱不著，故人無得而稱之。三讓之德，莫大於此。

子曰：『恭而無礼則勞，慎而無礼則葸，勇而無礼則乱，直而無礼則絞。』言此四者雖善，不以禮節之，亦不可行。葸，慤；絞，急也。

子曰〔一二四〕：『君子篤於親，則民〔一二五〕興於仁；故舊不遺，則民不偷。』舊，厚；偷，苟且。君子厚於骨宍之親，則民効爲之，多仁恩。故舊無大故，不相遺棄，則民不相与、不苟且也。

曾子有疾，召門弟子曰：『啓予足，啓予手。啓，開也。曾子以爲孝子受身體於其父母〔一二六〕，當完全之，今有疾，或恐死〔一二七〕，故使諸弟子開衾而視之〔一二八〕。』《詩》云：「戰戰兢兢，如臨深淵，如履薄氷〔一二九〕。」言此詩者，喻己常戒慎，恐有所毁傷。而今而後，吾知勉〔一三〇〕夫。小子！』今日而後，我自知勉於患難矣。言小子者，呼之欲使聽識其言也。

曾子有疾，孟敬子問之。孟敬子，魯卿仲孫捷之謚。曾子言曰：『鳥之將死，其鳴也哀。人之將死，其言也善。欲戒敬子，故先言此以入之也。君子所貴乎道者三：動容狠（貌），斯遠暴慢矣；正顔色，斯近信矣；出辞〔一三一〕氣，斯遠鄙倍矣。此道謂礼也。動容狠，能濟濟鏘鏘〔一三二〕，則人不敢暴慢輕蔑〔一三三〕之；正顔色，能矜庄嚴慄〔一三四〕，則人不敢欺誕〔一三五〕之；出辞氣，能順而説之，則無悪戾之言入於耳也〔一三六〕。籩豆之事，則有司存。』言敬子於礼當親行此三事，其則有司將存自理之，不須親爲之也。

曾子曰：『以能問於不能，以多問於寡，有若無，實若虚，犯而不效〔一三七〕，昔者吾友常〔一三八〕從事於斯矣。』效，報也。言人見侵犯不報。顔淵、仲弓、子貢等也。

曾子曰：『可以託六尺之孤，可以寄百里之命，臨大節而不奪〔一三九〕，君子仁〔一四〇〕与？君子仁也。』六尺之孤，謂年十五以下；百里之命，謂一国之政令。《周礼》：『小国百里。』大節，謂廢立之事。

曾子曰：『士不可以[不]〔一四一〕弘毅，任重而道遠。弘，大也。毅，強而能斷也。仕當寛大强斷決，以其所任者重，而行之又久遠。仁以爲己任，不亦重乎？死而後已，不亦遠乎？』

子曰：『興於《詩》，立於礼，成於樂。』興，起也。起於《詩》者，謂始發志意。志意既發，乃〔一四二〕有法度，然後心平性正也。

子曰：『民可使由之，不可使知之。』由，從也。民者，冥也。以天道教之，必從。如知其本末，則暴者或輕而不行。

子曰：『好勇疾貧，乱也。乱行自此上〔一四三〕也。人而不仁，疾之以〔一四四〕甚，乱也。』不仁之人，當有以風化之。疾之甚，是又使之若乱行也。

子曰：『如有周公之才之美，使驕且悋〔一四五〕，其餘不足觀也已。』驕而悋嗇，使行鄙也。

子曰：『三年學，不至於槃〔一四六〕，不易得也。』槃，禄也。人學者，必志於得禄。三年久矣，而心不念禄，不易得。言是人好學難得也。

子曰：『篤信好學，守死善道。危邦不入，乱邦不居。天下有道則見，無道則隱。』言篤信好學，守死善道，行當然也。危邦不入，始欲往也。乱邦不居，今欲去。

子曰〔一四七〕：『邦有道，貧且賤焉，恥也。邦無道，富且貴焉，恥也。』

子曰：『不在其位，不謀其政。』

子曰：『師摯之始，《關雎》之乱，洋洋乎盈耳哉！』師摯，魯太師之名也〔一四八〕。始猶首也。周道既衰〔一四九〕，鄭、衛之音作，正樂廢而失節。魯太師摯識《關雎》之聲，而首理其乱，洋洋乎盈耳哉〔一五〇〕，聽而美之。

子曰：『狂而不直，侗而不愿，空空〔一五一〕而不信，吾不知之矣。』侗，慤也。愿，善也。空空，信慤皃也。

言人有此三者，必有其行。

子曰：『學如〔一五二〕不及，猶恐失之。』言此者，勉人學。

子曰：『巍巍乎，舜有天下〔一五三〕而不与焉。』美其有成功，能擇任賢臣。

子曰：『大哉，堯之爲君也！巍巍乎〔一五四〕，民無能名焉。巍巍乎，其有成功也。焕乎，其有文章。』民無能名者，不知其所以然。

舜有臣五人而天下治。武王曰：『有〔一五五〕乱臣十人。』五人者，禹、稷、契、睾（皐）陶、伯益也。乱猶理也。武王言我有治理政事者十人，謂文母、周公、邵公、太公、畢公、榮公、太巔、宏夭、散宜生、南宫括。孔子曰：『才難，不期〔一五六〕然乎？唐、虞之際，於斯爲盛。有一〔一五七〕婦人焉，九人而已。言人有才者難得，豈不如其言乎？周自大王、王季、文王、武王賢聖相承四世，唐虞二聖相承，期運之謹〔一五八〕於周最爲盛矣。然而可以治理政事者十人，尚有一婦人焉，餘適九人而以已也〔一五九〕。三分天下有其二，以服事殷。周之德，可謂至德也已矣。』周王之德，乃能以多事寡，故可謂至德。

子曰：『禹，吾無閒〔一六〇〕然矣。菲飲食而致孝乎鬼神，惡衣服而致美乎黻冕，卑宫室而盡力乎溝洫。禹，吾無閒然矣。』閒，非；菲，薄也。致孝乎鬼神，祭祀豊（豐）潔。黻，祭服之衣；冕，其冠也。方里爲井，井閒有溝，溝廣四尺、深四尺。十里爲城，城閒有洫，洫廣八尺，深八尺也。

子罕第九　　孔氏本　　鄭氏主〔一六一〕

子罕言利與命與仁。罕，希也。利有貨之殖否，命有受之長短，仁有行之窮達。孔子希言利者，爲其傷行也。希言命與仁者，爲民不可使知也。

達巷黨人曰：『大哉孔子！博學而無所成名。』達巷者，黨名也。五百家爲黨。此黨之仁〔一六二〕，美孔子博學道藝，不成一名而已。言其無不明達也〔一六三〕。子聞之〔一六四〕，謂門弟子曰：『吾何執？執御乎？執射乎？吾執御矣。』聞人美之，承之以謙。吾於所名，當何所執乎〔一六五〕？吾執御者〔一六六〕，欲名六藝之褻事〔一六七〕。

子曰：『麻冕，禮也。今也純，儉，吾從衆。純當爲緇，古之緇字，以才爲聲。此緇謂黑繒也。儉猶約也。績〔一六八〕麻卅升以爲冕，其功難成。今人用繒，其功約，故從衆。冕者，卿大夫助祭於君之服也。拜下，禮也。今拜乎上，泰也。雖違衆，吾從下。』臣祭於君，相酬酢受爵，當拜於堂下。時臣驕泰，故拜於堂上。

子絶四：毋億〔一六九〕，毋必，毋固，毋我。億謂以意，意有所疑度。必，謂成言未然之事。固，謂已事因然之。我謂已言必可用。絶此四者，爲其陷於事愚也。

子畏於匡，曰：『文王既没，文不在兹乎？天之將喪斯文也，後死者不得與於斯文也。匡，衛下邑也。靈公問陳於〔一七〇〕孔子，孔子去衛〔一七一〕之陳，匡人以兵遮而脅之。兹，此也。孔子自此其身。後死者，亦孔子自謂。後死，文王先也。孔子見兵來，恐諸弟子驚怖〔一七二〕，言以此言照之，文王雖已死，其所已爲文者，其道不在我身乎？天若將喪此文王之道，我本不當得與知之也。天之未喪斯文也，匡人其如予何？』既言，遂微服而去，兵亦不追也。

太〔一七三〕宰問於子貢曰：『夫子聖者與？何其多能〔一七四〕？』太宰，吴大夫，名嚭，問夫子聖人德〔一七五〕大道，於褻事何其多能，多能者則必不聖。問此以魯哀公十二年冬會吴於素睪之時。子貢曰：『固天縱之將聖，又多能〔一七六〕。』言天縱大聖人之心，既使之聖，又使之多所能。子聞之，曰：『太宰知我者〔一七七〕！吾少也賤，故多能鄙事。君子多乎哉？不多也。』知我者，知我不當多能。吾少也賤，少更苦也。鄙事，家人之褻事。

牢〔一七八〕曰：『子云：「吾不試，故藝。」』牢，孔子弟子子牢〔一七九〕。試，用也。藝，伎藝也〔一八〇〕。言我少不見用〔一八一〕，故多伎藝也〔一八二〕。

子曰：『吾有知乎哉？無知也。有鄙夫問於我，空空如也。我叩其兩端〔一八三〕焉。』言我無知者，誘人也。空空，信慤貇〔一八四〕。叩猶動發。兩端猶本末。有鄙誕之人問事於我，空空如，我語之，動發本末而盡知之。况賢者之問事乎？誘人者，必卑之，漸以進之也。

子曰：『鳳鳥不至，河不出啚〔一八五〕，吾已矣夫！』有聖人受命則鳳鳥至，河出啚。今天無此瑞。『吾已矣』者，傷不得見用也。

子見衺〔一八六〕衰者、弁衣常者〔一八七〕與瞽者，見之，雖少，必作；過之，必趍〔一八八〕。衺衰者，基〔一八九〕服。弁，爵弁，仕〔一九〇〕祭於君之服。瞽人，樂也。作，起也。孔子哀喪者，敬君礼樂之人，坐見之，必爲之起；行見之，必爲之趍。趍，今時吏步也。魯讀弁爲［絻］〔一九一〕，今從古。

顔淵喟然歎曰：『仰之弥〔一九二〕高，鑽之弥堅。瞻之在前，忽焉在後。夫子循循然善誘人，博我以文，約之〔一九三〕以礼，欲罷不能。忽謂如恍惚之惚〔一九四〕。誘，進也。顔淵初學於孔子，其道若卑，將可及；若濡，將可入。其後日高而堅，瞻之堂堂在我目前，忽焉復在我後，言其廣大而近。夫子之容狠（貌）循循然，善於教進人。一則博我以文章，一則約我以礼法。乃使我蹔欲罷倦而心不能。既竭吾才，如有所立卓尒〔一九五〕，雖欲從之，末由也已。』竭，盡也。立謂立言也。此言聖人不可及。卓尒，絶望之辞也。既，已也。我學才力已盡矣。雖欲復進，猶登天之無階〔一九六〕。

子疾病，子路使門人爲臣。病，謂病益困也〔一九七〕。子路欲使諸弟子以臣礼葬大夫，君之礼葬孔子。病間，曰：『久矣哉，由之行詐也！無臣而爲有臣。間，瘳也。久矣哉，言子路久有是心，非但今日，孔子昔時爲〔一九八〕魯司寇有臣，今退去無臣之也〔一九九〕。吾誰欺？欺天乎？吾嘗欺誰？今欲使我欺天乎也〔二〇〇〕。且予與其死於臣之手〔二〇一〕，無寧死於二三子之手乎！毋寧，寧也。孔子以爲臣之恩不如弟子之恩至也。且予縱不得大葬，予死於道路乎？』大葬，大夫礼葬也。我死於道路乎？言我亦有親昵，將以士礼葬我，何必以大夫礼葬也？凡大夫退，葬以士礼；致仕，乃以大夫礼葬也。

子貢曰：『有美玉於斯，韞櫝〔二〇二〕而藏諸？求善價〔二〇三〕而沽諸？』緼〔二〇四〕，裹也。櫝，匣也。沽，衒匱〔二〇五〕也。子貢見孔子有聖德而不見用，故發此言，以視觀其意。有美玉於此，裹匣而藏之，可求善價而衒賣之也。子曰：『沽之哉！沽之哉！我待價者也。』寧有自衒賣此道者乎？我坐而待價者。魯讀『沽之哉』不重，今從古也。

子欲居九夷。或曰：『陋，如之何？』九夷，東方之夷，有九種。［孔子］〔二〇六〕疾世，故發此言，欲往居之。子曰：『君子居之，何陋之有？』云能化也。

子曰：『吾自衛反於〔二〇七〕魯，然後樂正，《雅》、《頌》各得其所。』反魯，魯哀公十二年冬也〔二〇八〕，是時道衰樂廢，孔子來還，乃正之，故《雅》、《頌》之聲，各應其節，不相奪倫〔二〇九〕。

子曰：『出則事公卿，入則事父兄，喪事不敢不免〔二一〇〕，不爲酒困，何有於我哉？』酒困，困於酒，謂酖（耽）乱。魯讀『困』爲『魁』，今從古。

子在川上曰：『逝者如斯夫！不舍晝夜。』逝，往也。言人年往，如水之流行，傷有道而不見用也。

子曰：『吾未見好德如見〔二一一〕好色者也。』疾時人薄於德而厚於色，故發此言。

子曰：『譬如爲山，未成一匱〔二一二〕，止，吾止也。匱，盛土器（器）也。以言有人君爲善政者少，未成匱而止，雖來〔二一三〕求我，我止不往也。何者？人之解倦，日日有甚也。譬如平地，雖覆一匱，進，吾往也。』覆猶寫也。以言有人君爲善政者，昔時平地，今而日益。雖少行進，若來求我，我則往矣。何者？君子積小以成高大也。

子曰：『語之而不惰者，其回也歟〔二一四〕！』惰，懈惰也。

子謂顔淵，曰：『惜乎！吾見其進也，未見其退〔二一五〕也。』顔淵病，孔子往省之，故發此言，痛惜之甚。

子曰：『苗而不秀者有矣夫！秀而不實者有矣夫！』不秀論項託，不實論顔淵。

子曰：『後生可畏，焉知來者之不如今也？後生謂幼稚，斥顔淵也。可畏者，言其才美服人也。《孟子》曰：『吾先子之所畏。』是時顔淵死矣，故發〔此〕〔二一六〕言。何知來世將無此人？卌〔二一七〕、五十而無聞焉，斯亦不足畏也已。』言年如此而才德不聞，此不足畏也。

子曰：『法語之言，能無從〔二一八〕乎？改之爲貴。人有過行，以正道告之，口無不順從之者，能必改，乃爲貴。選〔二一九〕与之言，能無説乎？繹之爲貴。選讀爲詮。詮，言之善者。繹，陳也。人心有所達，發善言以告之，無不解説者，能必陳而行之，乃爲貴也。説而不繹，從而不改，吾末如之何〔二二〇〕已矣。』末，無也。言人操行如此，我無柰之何也。

子曰：『主忠信，無〔二二一〕友不如己者，過則勿憚改。』

子曰：『三軍可奪帥〔二二二〕，匹夫不可奪志也。』言匹夫之守志，重於三軍之死將也。

子曰：『衣弊〔二二三〕緼袍，與衣狐狢〔二二四〕者立而不恥者，其由也歟〔二二五〕？言此者，矯時奢也。褚〔二二六〕以故絮曰緼袍，今時襺也。狐狢，謂裘也。「不忮不求，何用不臧？」』忮，害也。求謂刺〔二二七〕人之過惡。臧，善也。作詩之意，言人之行不有此二者，何用焉？不善，言其直者之也〔二二八〕。子路終身誦之。子曰：『是道也，何足以臧？』子路於詩士〔二二九〕太簡略，故抑之，云不支（忮）〔二三〇〕不求之道，何足以爲善也。

子曰：『歲寒，然後知松栢之後彫〔二三一〕。』彫，傷也，病也。論賢者雖遭困厄，不改其操行也。

子曰：『智〔二三二〕者不惑，仁者不憂，勇者不懼。』仁者不憂，通於窮達。

子曰：『可與共學，未可與適道；可與適道，未可與立；可與立，未可与權。』言人雖俱學問，或時未必能行人義〔二三三〕之道；能行人義之道者，或時未必能立德立功；能立德立功者，或時未必能知權；能知權者，返於經，合於義，尤難知也。「唐棣之華，翩其反〔而〕〔二三四〕。豈不尔思？室是遠而。」』子曰：『未之思也，夫何遠之有哉〔二三五〕！』唐棣，移也，其華翩翩，順風而返。此其光色盛時，以諭有美女顏色如此，我豈不思與之爲夫婦乎？其室家之道遠耳。孔子言此詩者，但不思之耳。誠能思之，則可以礼使〔二三六〕媒氏往求之，何有遠乎？引此詩者，以言權道，亦可思而得之也。

鄉黨篇第十〔二三七〕　孔氏本　鄭氏注

孔子於鄉黨，恂恂如也，似不能言者。恂恂，恭順狠（貌）也。似不能言者，所以接凡人。其在宗廟〔二三八〕朝廷，便便言，唯謹尔也〔二三九〕。便便，辯狠（貌）〔二四〇〕。朝，與下大夫言，侃侃如〔二四一〕；與上大夫言，誾誾如也。君在，踧踖如也，與與如也。朝，与卿大夫以礼會於君之朝也。侃侃，和樂狠（貌）也。与上大夫言，誾誾，中正狠（貌）也。踧踖，謙讓狠（貌）也。與與，温和狠（貌）也。君在，視朝也。礼，群臣別色而入，君日出而視朝。

君召使擯，色勃如也，足躩如也。揖所與立，左右手，衣前後，襜如也。趨進，翼如也。賓退，必復命曰：『賓不顧〔二四二〕矣。』君召使擯〔二四三〕，有賓客使之〔二四四〕迎之。色勃如，矜庄貇〔二四五〕。足躩如，逡巡狠（貌）也。揖所與立人，偶同位也。揖右人，右其手；揖左人，左其手〔二四六〕。將揖，必磬折。磬折，則衣前垂；小仰，則衣後垂。故曰襜如也〔二四七〕。翼如，股肱舒張之貇（貌）。賓退礼畢，出復命，白君曰：『賓已去。』〔二四八〕

入公門，鞠窮〔二四九〕如也，如不容。立不中門，行不履閾。過位，色勃如也，足躩如也，其言似不足者。攝齊〔二五〇〕升堂，鞠躬如〔二五一〕，屏氣似不息者。出，降一等，逞其〔二五二〕顏色，怡怡如也。没階，趨進，翼如也。復其位，踧踖如也。此謂君燕見，與之圖事之時。鞠窮，自翕斂之狠（貌）也。入公門如不容，自卑小也。立不中門，行不當棖，闑〔二五三〕之中央。閾，門限也。過位，位揖也。入門，北面，時君揖進之，必避逡，故言足躩如也。其言似不足者，謙以待君問也。自此已上，謂啚事於庭。攝齊升堂，謂啚事於堂。降階一等，申其顏色。怡怡如，悦懌狠（貌）也。没，盡也。階即庭。翼如，股肱舒張之狠（貌）也。復其位，向時揖處。踧踖如，讓君爲之降也。

執珪〔二五四〕，鞠躬如也，如不勝。上如揖，下如授。勃如戰色，足蹜蹜如有循〔二五五〕。享礼，有容色。私覿，愉愉如也。執珪，謂以君命聘於隣国。執珪如不勝者，敬慎之至，執輕如執重。上如揖，授玉宜敬也〔二五六〕。下如授，不敢忘礼也〔二五七〕。勃如戰色，恐辱君命〔二五八〕。足蹜蹜如有循，舉前曳踵，圈豚而行〔二五九〕。享，獻。聘礼：既聘而享，享用珪璧〔二六〇〕，有庭實，皮馬相間也。覿，見也。既享，以私禮見〔二六一〕，用束帛乘馬。

君子不以紺緅餝〔二六二〕，紅紫不以爲褻服。紺緅，紫者玄之類，紅者纁之類也。玄纁所以爲祭服者，尊其類也。紺緅，石染，不可以爲衣餝；紅紫染，不可以爲褻服餝。謂純緣也。褻衣，袍襗也。當暑，縝絺綌〔二六三〕，必表而出之。縝，單也。暑月單衣，以葛爲之。爲其形褻，必加表之而後出之者，若今單衣。緇衣，羔裘。素衣，麑裘。黄衣，狐裘。褻求〔二六四〕長，短右袂。緇衣，諸侯視朝之服也，亦卿大夫、士祭於君之服也。素衣，諸侯視朔之服。黄衣，大蜡〔二六五〕息民之服也。凡裘，所以爲温，皆象其衣色。褻裘，私處之服也。長之至者，主温；短右袂，便於事。必有寢〔二六六〕衣，長一身有半。今時卧被。狐貉〔二六七〕之厚以居。在家所〔二六八〕接賓客。去喪，無所不佩。去猶除也。喪服既除，復吉時所服，無所佩，佩以象德也。非帷裳，必煞之。帷裳，謂朝祭服之服，其制正幅〔二六九〕。非帷裳者，謂染衣也。煞之者，削其幅，使縫衺倍署（腰）。羔裘玄冠不以弔。此視朝之服也。吉凶不相干，弔自有服。大夫皮弁錫縗，當事則弁經。玄冠，委貌（貌）。吉月，必朝服而朝。吉月，月朔也。朝服，皮弁服。齋，必有明衣，布也〔二七〇〕。明衣，親身之衣，所以自潔清也。其物以布爲之。

齋〔二七一〕必變食，居必遷坐。食不厭精，膾不厭細。食饐而餲，魚餒〔二七二〕而肉敗，不食。色惡，不食。臭〔二七三〕惡，不食。失飪〔二七四〕，不食。不時，不食。割不正，不食。不得其醬，不食。肉雖多，不使勝食氣。唯酒無量，不及乱。沽酒市脯不食。不徹〔二七五〕薑食，不多食。凡此皆齋爲言也。齋者，致肅敬於鬼神，故不可同於平時也。變食，改膳；遷坐，移居。饐謂之餲。失飪，失生熟之節。不時，非〔二七六〕朝、夕、日中時也。不得其醬不食，謂韮、葅、醓、醢、醢、梅、魚、膾、芥、醬之屬也。亂，困；徹，去。齋禁薰物，嫌物，嫌去薑食，故記之耳。薑食，謂敖埵牛羊宍〔二七七〕爲之，屑桂與薑，以纚其上，乾而食之。施羊、施麋、施鹿、施麈亦如之。不去此物，以其芬香故。祭於公，不宿宍。助祭施〔二七八〕君，所得牲體（體），歸即班賜，不留神惠。祭宍不出三日。出三日，不食之矣。自其家祭肉也〔二七九〕，過三日不食，是褻鬼神之餘。食不語，寢不言。爲其不敬。雖蔬［食］〔二八〇〕菜羹，苽〔二八一〕祭，必齋〔二八二〕如也。齋，莊敬貌也。三物雖薄，祭之必敬。《礼記》曰：『瓜祭，上環也〔二八三〕。』

席不正，不坐。坐必正方。鄉人飲酒，杖者出，斯出矣。鄉人飲酒，謂鄉黨正飲酒於序，以正齒位。礼，六十杖於鄉，正齒位之礼。主於老者，礼畢出，孔子從而後出也。

鄉人儺〔二八四〕，朝服而立於阼階。鄉人儺者，謂駈（驅）疫。朝服而立於阼階者，爲鬼神或驚恐，當依人。《周礼》，十二月方相氏帥百隸而儺，以索室中駈（驅）疫。

問人於他邦，再拜而送之。拜送使者，敬也。

康子饋藥，拜而受之。曰：『丘未達，不甞之〔二八五〕。』饋，遺也。拜受，敬也。丘未達，言不服之意也。藥從中制列〔二八六〕，不嘗者，慎之至。

廐〔二八七〕焚。子退朝，曰：『傷人乎？』不問馬。重人賤畜。退朝，自君之朝來歸。

君賜食，必正席先嘗之。敬君之惠。既嘗，乃以班賜。君賜腥，必熟而薦之。進於宗廟也。人未享，故可進也。君賜牲〔二八八〕，必畜之。君賜生，不敢煞，畜養之。侍食於君，君祭，先飯。於君祭，則先飯〔二八九〕，若爲君嘗食然。

疾，君視之，東首，加朝[服]〔二九〇〕，絁〔二九一〕紳。不忘敬也。朝服者，玄冠緇衣素裳〔二九二〕緝帶鞸素，紳則帶也〔二九三〕。疾時寢室中北墉下也。

君命召，不俟駕行矣。急趍君命也〔二九四〕，行出而車駕隨之。

入太廟〔二九五〕，每事問。謂助祭於周公之廟。

朋友死，無所歸，曰：『於我殯。』重朋友之恩。無所歸，無親昵。

朋友之饋，雖車馬，非祭宍，不拜。車馬雖重，猶不拜。朋友有通財之義，故不拜之。

寢不尸，爲其可惡。居不容。室家之道難久。

子見衺縗〔二九六〕者，雖狎，必變。雖仍見之，猶爲改容皃，哀喪也。見弁〔二九七〕者與瞽者，雖褻，必以貌。弁，爵弁也，士祭於君之服。瞽，樂人也。敬君礼樂之人，雖素〔二九八〕與之褻，今見之，必爲改容貎(貌)，礼之至。

凶服者式之。式負板〔二九九〕者。凶服，大功已下。負板者胥，胥徒負公家板也。式此人者，亦哀喪敬君礼法也。《礼記》曰『式視路馬』〔三〇〇〕之屬也。有盛饌，必變色而作。申其志意。作，起也。迅雷風烈必變。敬天之怒。《尔雅》曰〔三〇一〕：『風疾雷爲烈。』

升車，必正立執綏。正立執綏而升，慎至也。車中不內顧，不疾言，不親指。爲其奄後人傛〔三〇二〕，且或衆也。疾言，謂聲急。

色斯舉矣，翔而後集。見君之異志見於顔色，則去。迴翔審觀而後下止也。曰：『山梁雌雉，時哉時哉！』

子路共之，三臭[三〇三]而作。孔子山行，見雌雉食其粱粟，無有驚害之志。故曰『時哉時哉』，感而自傷之言也。子路失其意，謂可捕也。乃捕而煞之，烹而進之。三臭之者，不以微見人之過。既嗅之而起，不食之。

論語卷第二

【校記】

〔一〕此三字中第一字脱去右下角，可辨爲『虞』字，後二字殘存左邊殘畫，不知何字。

〔二〕己，底二甲起於此。

〔三〕述而第七，底一甲原無，茲據刊本擬補；底二甲已殘泐，然下有『鄭氏注』三字。

〔四〕彭，底一甲殘存上半，此據底二甲補；『彭』下底一殘缺約九至十字（按正文大字計，下同），底二甲作『老，老聃也。彭，彭祖，皆周之太史』十二字，似尚不足底一缺字之數，存疑。

〔五〕上段『倦』字右部在底一甲，左側在底一乙（底一乙起於此）。『倦』下底一殘缺約十字，其中下段首『子』字據底二甲擬補。『倦』下經文刊本作『何有於我哉』。注文底二甲存『無有是行』、『獨有之』七字；《集解》（據中華書局影印阮刻本）引作『無是行。於我，我獨有之』，則『獨有之』上當有『於我我』三字；又鄭静若《論語鄭氏注輯述》（學海出版社，一九八一）引元刊本《集解》『無』前有『人』字，並謂元刊本是，金谷治據皇侃《論語義疏》、正平本《論語集解》補『人』字；今考斯八〇〇《論語集解》引鄭玄注亦有『人』字，正與元刊本同，故據以擬補如上。

〔六〕也，底二甲、刊本無。

〔七〕也，刊本無。

〔八〕也，刊本無。

〔九〕『不』下底一約殘缺八字，底二甲有『能改是吾憂也』六字，刊本『能』前有『善不』二字，故據擬補如上。

〔一〇〕『子曰』下底一約殘缺八字，兹據刊本擬補『甚矣吾衰久矣吾』七字，底二甲有『甚矣吾衰久矣』六字。

〔一一〕不夢見，刊本『不』下有『復』字，《經典釋文·論語音義》（下簡稱『釋文』）出『不復』，云：『本或無「復」字，非。』臧琳《經義雜記》卷二『吾不夢見周公』條云：『《集解》載孔注云：「孔子衰老，不復夢見周公。」據陸氏所見本，知經無「復」字，乃後人援注所增。以經云「久矣吾不夢見」，明先時曾夢見，故注云「不復夢見」，「復」字正釋「久矣」字。陸氏反以無「復」字爲非，不審之至。』

〔一二〕道，底一甲左半殘缺，此據底二甲補。

〔一三〕『未年』以下底一殘缺，阿斯塔那一八四號墓出土《唐寫本〈論語〉鄭氏注〈雍也〉、〈述而〉篇殘卷》（後簡稱『阿甲卷』）此處有『已來』二字，兹據擬補。

〔一四〕既脩，底二甲『既』作『已』，案二字義同；『脩』爲『備』之俗字，《玉篇·人部》『備』條下云：『脩，同上，俗。』下凡『脩』字不復出校。

〔一五〕『發』字底一殘存左側殘畫，此據底二甲補；底二甲無『者』字。

〔一六〕『自』下缺字底一僅存上端，不識何字；其下底一殘缺，比照右行，此處所缺注文的位置僅可抄一個半字，故暫擬定一缺字符號。

〔一七〕上條注文之下底一約殘缺七字，刊本有經文『子曰志於道據於』七字。

〔一八〕之所以教誨者，『所』字上部一筆在底一甲，下部在底一乙；底二甲無『以』字，『誨』作『訓』。

〔一九〕藝六藝，底一甲止於『六』字，『六』字右部大半在底一甲，左部小半在底一乙。

〔二〇〕『束』以下底一乙殘泐約九字，兹據刊本補『脩以上』三字，據底二甲補『吾未嘗無誨焉』六字。

〔二一〕『始行束脩謂年十五之時』十字底一乙原無，此據底二甲補。

〔二二〕『傳及孝經説曰臣無境外之交弟』十三字底一乙原無，此據底二甲補；底二甲『傳』字脱去左邊『亻』；底二甲止於此。

〔二三〕傳，底一乙殘存上半截。

〔二四〕『讀』字下底一乙約殘缺八字。

〔二五〕『不以三隅反』之上底一乙殘缺約十字，刊本此前經文爲『子曰不憤不啓不悱不發舉一隅』。

〔二六〕復，底一乙殘存右上角。

〔二七〕『復』下底一乙約殘缺八字，『人』上底一乙約殘缺十一字，茲據《集解》擬補如上，其中『與人言』阿甲卷作『之教』，『深』下阿甲卷有『復重』二字。

〔二八〕『類則不復重教之不以三嵎返是學而』十五字底一乙殘泐，『類則不復重教之』七字據《集解》所引擬補，『不以三嵎返是學而』八字據阿甲卷擬補，阿甲卷『類』下有『比方而來』四字。

〔二九〕『有』字底一乙殘存上半，『有』下底一乙殘缺約八字，次行『一日』之上底一乙殘缺約十二字，刊本『子食於有』下經文作『喪者之側，未嘗飽也』，其下注文阿甲卷作『喪亡哀戚，飽食於其側，是無惻隱之心』（刊本亦有此注，唯『亡』字作『者』，但未有主名，似爲何晏自注。然據阿甲卷，知此亦鄭玄注）。

〔三〇〕注文『日』字之上底一乙殘缺一字，『褻』字僅存上部『亠』形構件，『日之』在雙行注文的右行，『歌是亠』在雙行注文的左行，『之』下『亠』下底一乙殘缺，按此注前所缺經文爲『子於是日哭則不歌』，注文阿甲卷作『一日之中，或哭或歌，是褻於礼容也』，與底一乙存字行款吻合，因據以擬補如上。

〔三一〕上段注文之下底一乙殘缺約九字，次行注文『俱道藝』底一乙在雙行注文的右行，『有用』在雙行注文的左行，其上底一乙殘缺約十二字，刊本本段經文作『子謂顔淵曰用之則行舍之則藏唯我與爾有是夫』，阿甲卷注文作『言俱道藝□是，但時有用不用也』，與底一乙存字行款吻合，因據以擬補如上。底一乙止於『有用』二字。

〔三二〕涉，此字乃『暴虎馮河死而無悔者吾不與也』句之注，注文阿甲卷作『疾子路好勇，故以此言抑之。暴虎，徒搏。馮河，徒涉也』，末有『也』字。底二乙起於此，以下以底二乙爲底本。

〔三三〕曰，底二乙存左上角，茲據刊本擬補。

〔三四〕「子曰」下底二乙殘泐，刊本作「富而可求也雖」。

〔三五〕執鞭之士，「執鞭之」三字底二乙僅「鞭」存「革」旁下端及「之」的左上角殘畫，茲據羅振玉《鳴沙石室佚書》之摹寫本補；「士」字羅本殘存右上角，茲據刊本擬補；「士」下底二乙殘缺約七字，刊本作「吾亦爲之」。

〔三六〕如，底二乙原誤作「知」，茲據阿甲卷改正。

〔三七〕𨉷，《玉篇·身部》：「𨉷，俗聘字。」下「𨉷」字皆同。

〔三八〕見，底二乙殘存上半「目」，下半模糊，王素、陳金木均録作「見」；「見」下底二殘缺，茲比照雙行注文的左行擬補三個缺字符。

〔三九〕此條注《集解》所引作「富貴不可求而得之，當修德以得之。若於道可求者，雖執鞭之賤職，我亦爲之」。

〔四〇〕如不，底二乙「如」字存左端殘畫，「不」字殘泐，茲據刊本擬補。

〔四一〕也，刊本無，阿甲卷亦無。

〔四二〕所好者古人之道，底二乙「所」存左半，「好」存左上角殘畫，「之」存上半，「者」、「道」均殘泐，茲據阿甲卷補。阿甲卷「所」前有「吾」字。

〔四三〕子，底二乙殘泐，茲據刊本擬補。

〔四四〕宍味，刊本「宍」作「肉」，《干禄字書·入聲》：「宍、肉，上俗下正。」下凡「宍」字皆同。又刊本下有「曰」，案阿甲卷無，與底卷同。

〔四五〕不啚爲樂之至於斯，刊本「啚」作「圖」，末有「也」，《干禄字書·平聲》：「啚、圖，上俗下正。」注中「啚」字同。

〔四六〕子貢曰，甲卷起於此；甲卷「曰」字殘存上半。

〔四七〕爲猶助，《集解》所引下有『也』字。

〔四八〕靈公逐太子蒯聵，《集解》所引前有『衛』字，『蒯聵』作『蒯聵』，案斯八〇〇、伯三七〇五《論語集解》無『衛』字，『蒯聵』作『蒯聵』，『蒯』爲『蒯』之訛字，『聵』爲『聵』之訛字，《説文》有『聵』無『聵』，《集解》所引之『聵』亦誤字。下『蒯聵』同。

〔四九〕至卒，《集解》所引作『公薨』，熊谷尚夫云：『敦煌本非也，疑「公卒」之誤。』案《集解》作『薨』者，後人所改，《左傳·哀公二年》云：『夏，衛靈公卒。』是諸侯死亦可謂『卒』。

〔五〇〕于戚，《集解》引作『於戚城』，于、於古多通用；『戚』爲『戚』之俗字；阮元《論語校勘記》云：『皇本無「城」字是也。』

〔五一〕衛石曼沽帥師，《集解》所引『沽』作『姑』，案『沽』應是『姑』之借字，阿甲卷亦作『姑』；甲卷『帥』誤作『師』。

〔五二〕孔子時在衛，《集解》所引無此句。

〔五三〕問其意助輒否乎也，甲卷『意助』二字殘存左半，甲卷、《集解》所引『否』作『不』，無『也』字，案阿甲卷與刊本同，不、否同義；『也』當是爲雙行對齊而添。

〔五四〕入，底二乙原作『子』，刊本作『入』，陳鐵凡云：『尋繹文意，作「入」爲是。上文曰：「子貢曰：諾，吾將問之。」則此語自屬子貢之問，而非孔子之言甚明。』兹據正。

〔五五〕伯夷，甲卷止於『伯』字。

〔五六〕子，刊本無，陳鐵凡云：『依《論語》文例，此以有「子」字爲是。』案阿斯塔那二十七號墓《唐寫本〈論語〉鄭氏注〈雍也〉、〈述而〉殘卷》（下簡稱『阿乙卷』）及斯八〇〇、伯三七〇五、伯二六九九《論語集解》寫卷均有『子』字。

〔五七〕有何怨乎，刊本『有』作『又』，無『乎』字，陳鐵凡云：『有、又古多通用。』阮元《論語校勘記》云：『皇本、高麗本「怨」下有「乎」字。案《左氏・哀三年傳》正義、《史記・伯夷列傳》索隱、《文選・江淹雜體詩》注引竝有「乎」字，疑古本如此。』案阿乙卷亦有『乎』。

〔五八〕『不爲』下刊本有『也』字，案阿乙卷無『也』字。

〔五九〕行惡，底二乙原作『惡行』，旁加乙字符，則當録作『行惡』，然《集解》所引作『惡行』，阿斯塔那二十七號墓《唐開元四年寫本〈論語〉鄭氏注〈雍也〉、〈述而〉、〈泰伯〉、〈子罕〉、〈鄉黨〉殘卷》（下簡稱『阿丙卷』）亦作『惡行』，案父子争國，是一種醜惡的行徑，當作『惡行』爲是。

〔六〇〕君子成人之美不成人之惡，《集解》所引無此句。

〔六一〕也，《集解》所引無，阿乙卷亦無，此應是爲雙行對齊而添。

〔六二〕閏，阿乙卷作『潤』，『閏』爲『潤』之借字。

〔六三〕注文《集解》所引作『富貴而不以義者，於我如浮雲，非己之有』，與此不同。

〔六四〕『可』下刊本有『以』字。

〔六五〕言，底二乙原抄脱，旁補於『詩』與『書』中間，案當置於『雅』與『詩』中間，兹據刊本正之。

〔六六〕『雅言』下刊本有『也』字，案阿乙卷無『也』字。

〔六七〕典法，《集解》所引下有『必正言其音然後義全』九字，熊谷尚夫云：『敦煌本似脱此句。』案阿乙卷無此九字，熊谷氏之疑未是。

〔六八〕不可有所避諱，《集解》所引作『故不可有所諱』，案阿乙卷與底二乙同。

〔六九〕也，《集解》所引無，案阿乙卷有『也』字。

〔七〇〕子路，底二乙原無，當是脱漏重文符號，兹據刊本補。

〔七一〕汝，刊本作『女』，『女』『汝』古今字。

〔七二〕尔，刊本作『爾』，《敦煌俗字研究》云：『「爾」「尒」古本非一字，後世則合二而一，字多寫作「爾」。』（下編第七頁）「尔」爲「尒」之手寫變體。（下編第八頁）下「尔」字同。

〔七三〕而，刊本作「以」，案伯三一九四、伯三七〇五、伯二六九九《論語集解》寫卷均作「而」。

〔七四〕勉，《集解》所引作「勸」，案伯三一九四、伯三七〇五《論語集解》作「勉」。

〔七五〕恠，刊本作「怪」，案「恠」爲「恠」的訛俗字，而「恠」與「怪」則爲篆文隸變之異，説見《敦煌俗字研究》下編三七六頁。下凡「恠」字同。

〔七六〕我，刊本無，案惠棟《九經古義·論語》云：「何晏注云：『言我三人行，本無賢愚。』依注當有『我』字。」阮元《論語校勘記》云：「《唐石經》、皇本『三』上有『我』字……觀何晏自注及邢昺疏竝云『言我三人行』，即朱子《集注》亦云『三人同行，其一我也』，當以皇本爲是。」

〔七七〕者，刊本無。

〔七八〕「煞」爲「殺」之俗字。下「煞」字同。

〔七九〕子，刊本無，案伯三七八三白文《論語》及斯八〇〇、伯二六九九《論語集解》寫卷有「子」字，《定州漢墓竹簡論語》亦有「子」字。

〔八〇〕中，刊本作「忠」，「中」爲「忠」之借字。

〔八一〕「有恒」下刊本有「矣」字。

〔八二〕綗，刊本作「綱」，「綗」爲「綱」之俗字。注中「綗」字同。

〔八三〕盖，刊本作「蓋」，「盖」爲「蓋」之俗字。下「盖」字同。

〔八四〕藉，當作「籍」，敦煌寫卷艹、⺮常混用。

〔八五〕多聞而識之知之者次，刊本「聞」作「見」，「者次」作「次也」。陳舜政《論語異文集釋》云：「敦煌鄭玄注本『見』作『聞』，這必是涉上文『聞』字而衍的。」（平案：「衍」應作「誤」）案：《定州漢墓竹簡論語》作「多聞而志之，智之次也」，《漢書·溝洫志》云：「孔子曰：『多聞而志之，知之次也。』」兩漢時之本均作「聞」。

案《季氏》篇云：『孔子曰：「生而知之者，上也。學而知之者，次也。困而學之，又其次也。」』『學而知之者，次也』即此之『多聞而識之，知之者次』，何晏《集解》引孔安國曰：『如此者，次於天生知之。』得之。改『聞』作『見』者，乃將『多聞，擇其善者而從之』與『多聞而識之，知之者次』作爲并列句式考慮，故以爲後句作『聞』則與前句重複。其實此前後兩句當作一句讀。此乃孔子就某些『不知而作』之人所發表之看法，認爲應該『多聞』而『擇其善者而從之』，並將這些『善者』記下來，這是第二等的『知之』。

〔八六〕与，刊本作『與』，二字古混用無別，敦煌寫本多用『与』字，後世刊本多改作『與』。下凡『与』者不復出。

〔八七〕或，刊本作『惑』，『或』『惑』古今字。

〔八八〕鄉名，《集解》所引下有『也』字。

〔八九〕於，《集解》所引無。

〔九〇〕『其進』下刊本有『也』字。下句『其退』下刊本亦有『也』字。

〔九一〕潔，刊本作『絜』，《玉篇・氵部》：『潔，俗絜字。』下『潔』字同。

〔九二〕『其潔』下刊本有『也』字。下句『其往』下刊本亦有『也』字。

〔九三〕往猶去，《集解》所引下有『也』字。

〔九四〕也，《集解》所引無。

〔九五〕人，刊本作『仁』，『人』爲『仁』之借字。注文『人』字同。

〔九六〕照，刊本作『昭』，陳鐵凡云：『昭、照古今字。』

〔九七〕對，刊本無，陳鐵凡云：『依《論語》文例，孔子與邦君、大夫言，多作「對曰」。』

〔九八〕『也』應是爲雙行對齊而添。

〔九九〕君子不黨，底二乙此句重出，陳鐵凡云：『此作複句無意義，當是衍文。』茲據刊本刪其一。

〔一〇〇〕娶，底二乙原作『聚』，金谷治、陳鐵凡均以『聚』爲『娶』之誤字，茲據以改正；刊本作『取』，取、娶古今字。

〔一〇二〕熟不知也，刊本作『孰不知禮』，『熟』爲『孰』之借字。

〔一〇三〕司敗揖之而言此者非孔子謂之知礼，底二乙原作『司敗揖而進之此言者孔』，當有脱誤，故據阿斯塔那二七號墓《唐景龍二年寫本〈論語〉鄭氏注〈雍也〉、〈述而〉、〈泰伯〉、〈子罕〉、〈鄉黨〉殘卷》（下簡稱『阿丁卷』）改。

〔一〇四〕之也，阿丁卷無，此乃手民為雙行對齊所添。

〔一〇五〕之，刊本無，案『之』當是衍文。

〔一〇六〕之，刊本無，案《史記·孔子世家》云：『使人歌，善，則使復之，然後和之。』則司馬遷所見《論語》亦無『之』字。

〔一〇七〕返，刊本作『反』，『反』『返』古今字。

〔一〇八〕『猶人』下刊本有『也』字，案阿丁卷亦無『也』字。

〔一〇九〕『寂』爲『最』之俗字。

〔一一〇〕德，刊本作『得』，阿丁卷作『得』，『德』爲『得』之借字。注中『德』字同。

〔一一一〕人，刊本作『仁』，『人』爲『仁』之借字。

〔一一二〕而，刊本作『人』，『而』當是『人』之誤字。

〔一一三〕謂之云尔，刊本無『之』，末有『已矣』二字。

〔一一四〕『不能學』下刊本有『也』字。

〔一一五〕乎，金谷治以爲衍文，案阿丙卷亦無，金説是也。

〔一一六〕乎，刊本作『于』，前有『爾』字，案『乎』、『于』通用，疑底二乙脱『尔』字。

〔一一七〕遜，刊本作『孫』，阮元《論語校勘記》云：『依《説文》當作「愻」，《論語》多假「孫」爲之，「遜」乃遜遁字。』下句『遜』字同。

〔一一七〕「不遜」下刊本有「也」字。

〔一一八〕傶傶，刊本作「戚戚」，「傶」爲「戚」之俗字。注中「傶」字同。

〔一一九〕狠，《集解》所引作「貌」，「狠」爲「貌」之俗字「貇」的訛變。下凡「狠」字皆然，徑括注正字「貌」，不再出校説明。

〔一二〇〕而，底二乙原無，陳鐵凡云：「此當誤書。」茲據刊本補。

〔一二一〕太伯篇，刊本「太」作「泰」，無「篇」字，「太」「泰」古今字。下「太伯」之「太」均同。

〔一二二〕以，刊本無，王素云：「諸本均無，據注文，應是衍字。」

〔一二三〕「餝」爲「飾」之俗字。

〔一二四〕子曰，刊本無，案有此兩字，則當另爲一章，與《集解》合爲一章異。

〔一二五〕民，底二乙原缺末筆，避唐諱缺筆字，茲據刊本録正。下凡「民」字皆同。

〔一二六〕孝子受身體於其父母，底二乙「孝」下原有重文符號，金谷治以爲衍字，今删；《集解》所引無「孝子」、「其」三字。

〔一二七〕當完全之今有疾或恐死，《集解》所引作「不敢毁傷」。

〔一二八〕故使諸弟子開衾而視之也，《集解》所引無「諸」，末有「也」字。

〔一二九〕氷，刊本作「冰」，《字彙·水部》：「氷，俗冰字。」

〔一三〇〕勉，刊本作「免」，陳鐵凡云：「此以作「免」爲正。《説文》無「免」字，段氏以爲當補。」注中「勉」亦當作「免」。

〔一三一〕辞，刊本作「辭」，《干禄字書·平聲》：「辝、辤、辭，上中竝辝讓；下辭説，今作辝，俗。」是「辝」爲「辭」之混用字，此作「辞」，又爲「辝」的訛變俗字（説見《敦煌俗字研究》下編六〇三頁）。底二乙「辞」字因換行而誤重，今删其一。注中「辞」字同。

〔一三二〕鏘鏘，《集解》所引作「蹌蹌」，阮元《論語校勘記》云：「依《説文》當作『蹩』，『蹌』假借字，『鏘』俗字。」

〔一三三〕輕蔑，底卷「蔑」原作「薨」，孔仲温云：「此『薨』係『蔑』字之形誤。」兹據以改正。《集解》所引無此二字。

〔一三四〕矜荘嚴慄，《集解》所引「矜」作「矜」，「荘」作「莊」，「慄」作「栗」，案作「矜」是也，凡經典「矜」字皆「矜」之訛，説詳《説文・矛部》「矜」篆下段注、臧庸《拜經日記》卷五「矜」字條；「荘」爲「莊」之俗字；「栗」「慄」古今字。

〔一三五〕誕，《集解》所引作「詐」，義同。

〔一三六〕也，《集解》所引無。

〔一三七〕效，刊本作「校」，陳鐵凡云：「《集解》引包曰：『校，報也。言見侵犯而不報。』此卷注亦曰：『效，報也，言人見侵犯而不報。』蓋《集解》誤以鄭注爲包注，又改『效』爲『校』也。《説文・木部》云：『校，木囚也。』支部云：『效，象也。』段氏注云：『彼行之而此效之，故俗云報效、效力、效驗。』是鄭所見本作效。」

〔一三八〕常，刊本作「嘗」，「常」爲「嘗」之借字。

〔一三九〕不奪，刊本作「不可奪也」。

〔一四〇〕仁，刊本作「人」，「仁」爲「人」之借字。下句「仁」字同。

〔一四一〕不，底二乙原無，金谷治謂脱「不」字，兹據《集解》所引及阿丙卷補。

〔一四二〕乃，底二乙原誤作「万」，兹據阿丙卷改正。

〔一四三〕上，阿丙卷作「生」，疑「上」爲「生」之誤。

〔一四四〕以，刊本作「已」，二字古通用。

〔一四五〕恡，刊本作「吝」，「恡」爲「悋」的俗字，「悋」則爲「吝」的後起增旁字。注中「恡」字同。

〔一四六〕槃，刊本作「穀」，《干禄字書・入聲》：「槃、穀，上俗下正。」注中「槃」字同。

〔一四七〕子曰，刊本無；案有此二字，則當另爲一章，與《集解》合爲一章異。

〔一四八〕魯太師之名也，《集解》所引「太」作「大」，無「也」；「大」「太」古今字。

〔一四九〕既衰，《集解》所引作「衰微」。

〔一五〇〕洋洋乎盈耳哉，《集解》所引作「有洋洋盈耳」。

〔一五一〕空空，刊本作「悾悾」，錢大昕《經典文字考異》云：「空、悾本一字。」注中「空空」同。

〔一五二〕如，底二乙其前有「而」字，應是與「如」同音而誤衍，茲據刊本删。

〔一五三〕舜有天下，刊本作「舜、禹之有天下也」。

〔一五四〕巍巍乎，刊本下有「唯天爲大唯堯則之蕩蕩乎」十一字。

〔一五五〕「有」前刊本有「予」字。

〔一五六〕期，刊本作「其」，陳鐵凡云：「此以作「其」爲是。」

〔一五七〕一，刊本無，陳鐵凡云：「此以有「一」字爲勝。」

〔一五八〕謹，阿丁卷作「隆」，王素云：「疑作「隆」是，作「謹」係避唐玄宗李隆基諱改。」

〔一五九〕而以已也，阿丁卷作「而已」，「以」、「已」通用，「以已」二字中衍一字。

〔一六〇〕閒，刊本作「間」，「閒」「間」古今字。本章中「閒」字同。

〔一六一〕「主」當作「注」。

〔一六二〕仁，《集解》所引作「人」，「仁」爲「人」之借字。

〔一六三〕言其無不明達也，《集解》所引無。

〔一六四〕「子聞之」下底二乙原有「曰」，刊本無，陳鐵凡云：「曰、謂連用不辭，當是誤衍。」熊谷尚夫云：「敦煌本「謂」上有「曰」字，非也。」茲據刊本删。

〔一六五〕吾於所名當何所執乎，《集解》所引無。

〔一六六〕者，《集解》所引無，阿丁卷有。

〔一六七〕褻事，阿丁卷同，《集解》所引作「卑也」。

〔一六八〕績，金谷治以爲「績」之誤字。

〔一六九〕億，刊本作「意」，陳鐵凡云：「此注云：『億謂以意，意有所疑度。』據此，則本文自以『意』爲正，『億』乃借字也。」

〔一七〇〕陳於，底二乙原作「於陳」，當是誤倒，兹據阿丁卷乙正。

〔一七一〕衛，底二乙原作「御」，金谷治以「御」爲「衛」之誤字，是，阿丁卷正作「衛」，兹據正。

〔一七二〕悕，金谷治認爲「怖」之誤字。

〔一七三〕太，刊本作「大」，「大」「太」古今字。

〔一七四〕「多能」下刊本有「也」字。

〔一七五〕「德」爲「得」之借字。

〔一七六〕「多能」下刊本有「也」字。

〔一七七〕太宰知我者，刊本「太」作「大」，「者」作「乎」，案「大」「太」古今字。

〔一七八〕窂，刊本作「牢」，「窂」爲「牢」之俗字。

〔一七九〕孔子弟子子牢，《集解》所引無「孔子」，末有「也」字。

〔一八〇〕藝伎藝也，《集解》所引無。

〔一八一〕言我少不見用，《集解》所引作「言孔子自云我不見用」。

〔一八二〕故多伎藝也，《集解》所引「伎」作「技」，無「也」字；「伎」爲「技」之借字。伯三三〇五《論語集解》寫卷與底二乙同。

〔一八三〕「兩端」下刊本有「而竭」二字。

〔一八四〕「貇」爲「貌」之俗字。

〔一八五〕啚，刊本作『圖』，《干禄字書・平聲》：『啚、圖，上俗下正。』

〔一八六〕衺，刊本作『齊』，陳鐵凡云：『「衺」爲許書所無，疑爲「齋」之或體。』

〔一八七〕弁衣常，刊本作『冕衣裳』，《釋文》云：『冕，音免。鄭本作「弁」，云：「魯讀弁爲絻，今從古。」《鄉黨篇》亦然。』阮元《論語校勘記》云：『《説文》：「冕，大夫以上服也，從曰免聲。絻或從糸。」據此則今之作「冕」者，蓋魯論也。』金谷治以『常』爲『裳』之誤字，案金氏誤也，《説文・巾部》：『常，下帬也。裳或从衣。』『裳』爲『常』之或體。

〔一八八〕趍，刊本作『趨』，『趍』爲『趨』之俗字，説見《廣韻・虞韻》。下凡『趍』字皆同，不復出校。

〔一八九〕基，《儀禮・士虞禮・記》『朞而小祥』鄭注：『古文朞皆作基。』是『基』爲『朞』之借字。

〔一九〇〕『仕』爲『士』之借字。

〔一九一〕絻，底二乙原無，當是誤脱，兹據《釋文》所引補。

〔一九二〕弥，刊本作『彌』，『弥』爲『彌』之俗字，説見《敦煌俗字研究》下編二〇八頁。下『弥』字同。

〔一九三〕之，刊本作『我』，案阿丁卷、上博二四《論語注》均作『我』。

〔一九四〕忽謂如恍惚之惚，『謂』字阿丁卷、上博二四作『讀』，義長；『恍』下底二乙原有『之』字，王素云：『「之」恐爲衍字。』兹據阿丁卷、上博二四删。

〔一九五〕尒，刊本作『爾』，《敦煌俗字研究》云：『「爾」「尒」古本非一字，後世則合二而一，字多寫作「爾」。』（下編第七頁）

〔一九六〕階，底二乙原作『諧』，金谷治認爲『諧』爲『階』之誤字，兹據上博二四改正。

〔一九七〕謂病益困也，上博二四『病』作『疾』，無『也』字，金谷治據《左傳・桓公五年》正義所引，以『病』爲『疾』字之誤。案金谷是也，《説文・疒部》：『病，疾加也。』

〔一九八〕爲，底二乙原作『焉』，金谷治認爲『焉』是『爲』之誤字，兹據阿丁卷、上博二四改正。

〔一九九〕今退去無臣之也，底二乙「退」原誤作「追」，茲據阿丁卷、上博二四改正；「之也」二字應是爲雙行對齊而添。

〔二〇〇〕今欲使我欺天乎也，底二乙「欲」下本有「我」字，應是衍文，茲據上博二四删；「乎也」不能連文，上博二四無「也」字，是也。

〔二〇一〕「臣之手」下刊本有「也」字。

〔二〇二〕櫃，刊本作「匱」，陳鐵凡云：「『櫃』爲《説文》所無，殆『匱』之後起字。」

〔二〇三〕價，刊本作「賈」，「賈」「價」古今字。下文「我待價者也」之「價」同。

〔二〇四〕緼，經文作「韞」，此當是「韞」之誤。

〔二〇五〕匱，上博二四作「賣」，是也。

〔二〇六〕孔子，底二乙原無，茲據阿丁卷、上博二四補。

〔二〇七〕於，刊本無，案伯三三〇五、斯三九九二《論語集解》寫卷均有「於」。

〔二〇八〕魯哀公十二年冬也，《集解》所引無「魯」、「也」二字，「十二」作「十一」，熊谷尚夫云：「據《春秋左氏傳》哀公十一年冬有『魯人以幣召之，乃归』之句，又《史記·孔子世家》有『康子乃召孔子，而孔子归魯』，實哀公十一年丁巳語，敦煌本誤明也。」

〔二〇九〕故雅頌之聲各應其節不相奪倫，《集解》所引作「故雅頌各得其所」。

〔二一〇〕免，刊本作「勉」，陳鐵凡云：「此以作『勉』爲正。」

〔二一一〕見，刊本無，金谷治以「見」爲衍字，陳鐵凡云：「尋繹文意，似以無『見』字爲是。此疑涉上『見』字而衍。」

〔二一二〕匱，刊本作「簣」，陳鐵凡云：「匱、簣俱爲求位切，古多通用。《漢書·王莽傳》、《後漢書·班固傳》注引『簣』均作『匱』，疑古代凡方形盛物之器，皆曰匱、曰匣、曰匵。後以制作取材不同，用途各異，乃分別增造從木之樻、櫃，從竹之簣，從艸之蕢。」下句「匱」字同。

〔三一三〕來，底二乙原誤作「未」，兹據上博二四改正。

〔三一四〕歟，刊本作「與」，二字古通用。

〔三一五〕退，刊本作「止」，《定州漢墓竹簡論語》亦作「止」。

〔三一六〕此，底二乙原脱，兹據上博二四補。

〔三一七〕卌，刊本作「四十」，「卌」爲「四十」之合文。

〔三一八〕從，底二乙原作「悦」，陳鐵凡云：「此「悦」字當涉下文而譌。」兹據刊本改正。

〔三一九〕選，刊本作「巽」，陳鐵凡云：「《説文·丌部》云：「巽，具也。」又言部云：「詮，具也。」此注云：「選，讀爲詮。」是鄭本亦作「巽」也。選从巽聲，故可互通。」

〔三二〇〕「如之何」下刊本有「也」字。

〔三二一〕無，刊本作「毋」，《説文·毋部》：「毋，止之詞也。」段注：「古通用無。」

〔三二二〕「奪帥」下刊本有「也」字。

〔三二三〕弊，刊本作「敝」，「弊」爲「敝」之俗字，見《玉篇·㡀部》。

〔三二四〕狢，刊本作「貉」，阮元《論語校勘記》云：「《汗簡》引《古論語》「貉」作「貈」，《釋文》出「狐貉」，云：「依字當作貈。」案《史記·弟子列傳》作「狢」。按「貈」正字，「貉」假借字，「狢」俗字。」

〔三二五〕歟，刊本作「與」，二字古通用。

〔三二六〕褚，《龍龕·衣部》：「褚，俗；褚，正。」

〔三二七〕剌，底二乙原作「則」，應是誤字，兹據阿丁卷、上博二四改作「剌」；「剌」爲「刺」之俗字。

〔三二八〕之也，當爲雙行對齊而添。

〔三二九〕士，陳金木認爲「事」之借。

〔三三〇〕支，陳金木校爲「忮」，兹據校讀。

〔三三二〕『後雕』下刊本有『也』字。

〔三三三〕智，刊本作『知』，『知』『智』古今字。

〔三三三〕人義，阿丁卷作『仁義』，『人』爲『仁』之借字。下句『人義』同。

〔三三四〕翩其反而，底二乙原脱『而』字，兹據刊本補；『翩』刊本作『偏』，陳鐵凡云：『此注云：「其華翩翩，順風而返」，是翩翩爲狀唐棣之花飄動之詞也。《集注》云：「偏，《晉書》作翩」，然則反亦當與翻同，言華之摇動也。」是也。《詩·小雅·角弓》：「翩其反矣。」句法與此同。後世因其同音芳連切，借爲偏，從而釋爲偏頗，以附會反經合道，失之。』

〔三三五〕哉，刊本無。

〔三三六〕使，底二乙原作『伎』，據句意改；陳金木録作『使』，非原形。

〔三三七〕鄉黨篇，刊本無『篇』字。

〔三三八〕庿，底二乙原作『厝』，刊本作『廟』，熊谷尚夫云：『敦煌本「庿」誤「厝」，今改正。』案《説文》以『庿』爲『廟』之古字，兹據以改正。

〔三三九〕也，刊本無。

〔三四〇〕便便辯狠，《集解》所引作『便便辯也雖辯而謹敬』，『狠』爲『貌』之俗字『貇』的訛變。

〔三四一〕侃侃如，刊本『侃侃』作『侃侃』，末有『也』字，《干禄字書·去聲》：『侃、侃，上俗下正。』

〔三四二〕頋，刊本作『顧』，《玉篇·頁部》『顧』條下云：『頋，同上，俗。』

〔三四三〕使擯，《集解》所引下有『者』字。

〔三四四〕之，《集解》所引無。

〔三四五〕荘貇，『荘』爲『莊』之俗字，『貇』爲『貌』之俗字。下『貇』字同。

〔三四六〕揖右人右其手揖左人左其手，《集解》所引作『揖左人左其手揖右人右其手』。

〔二四七〕『將揖』至『故曰襜如也』一段《集解》所引作『一俛一仰，衣前後襜如也』。

〔二四八〕『賓退』至『賓已去』《集解》所引作『復命，白君：賓已去矣』。

〔二四九〕窮，刊本作『躳』，阮元《論語校勘記》云：『《儀禮・聘禮・記》：「執圭入門鞠躳焉，如恐失之。」《釋文》作「窮」，云：「劉音弓，本亦作躳。」《羣經音辨》云：「鞠躳，容謹也。鄭康成説禮：孔子之執圭，鞠窮如也。」是鄭、陸所據本作「窮」。』金谷治以『窮』爲『躳』之誤字，以不誤爲誤也。

〔二五〇〕衺，刊本作『齊』，參校記〔一八六〕。

〔二五一〕『鞠躳如』下刊本有『也』字。

〔二五二〕其，刊本無，伯三七八三白文《論語》有『其』字。

〔二五三〕闑，底二乙略模糊，中間『臬』字似『亥』又似『真』，鄭靜若《論語鄭氏注輯述》據《儀禮・士相見禮疏》改此字爲『闑』，今從之。

〔二五四〕珪，刊本作『圭』，《説文・土部》以『珪』爲『圭』之古文。

〔二五五〕如有循，孔仲温云：『敦煌本「循」下有「〻」重文符號，然從別本與敦煌本注文知此重文符號衍羡，今删。』

〔二五六〕也，《集解》所引無。

〔二五七〕也，《集解》所引無。

〔二五八〕勃如戰色恐辱君命，阿丁卷同，《集解》所引作『戰色敬也』。

〔二五九〕舉前曳踵圈豚而行，阿丁卷同，《集解》所引無『圈豚而』三字，熊谷尚夫云：『《禮記・玉藻》云：「圈豚行，不舉足，齊如流。」敦煌本似是。』案《玉藻》鄭注云：『豚之言若有所循。不舉足，曳踵則衣之齊如水之流矣。孔子執圭則然。此徐趨也。』正以《論語》爲例也，則鄭玄注《論語》時，亦以《禮記》爲證也。

〔二六〇〕既聘而享享用珪璧，《集解》所引不重『享』字。

〔二六一〕以私禮見，《集解》所引前有『乃』，阿丁卷亦有『乃』字。

〔二六二〕 餙，刊本作「飾」，《玉篇·食部》「飾」條下云：「餙，同上，俗。」

〔二六三〕 縝絺綌，刊本「縝」作「袗」，「綌」作「絡」，馮登府《論語異文考證》云：「縝，俗字。」案「絡」俗或寫作「紘」，「綌」乃「紘」之訛變。

〔二六四〕 求，刊本作「裘」，陳鐵凡云：「『求』爲『裘』之本字。」

〔二六五〕 蜡，底二乙原作「踖」，案《禮記·玉藻》「狐裘，黄衣以裼之」鄭玄注：「黄衣，大蜡時臘先祖之服也。」則「踖」爲「蜡」之形誤，兹據阿丁卷改正。

〔二六六〕 寑，刊本作「寢」，案「寑」爲「寖」之俗字，「寖」「寢」古異體。

〔二六七〕 狢，刊本作「貉」，「狢」爲「貉」之後起換旁字，《干禄字書·入聲》：「狢、貉，上通下正。」

〔二六八〕 所，《集解》所引作「以」，金谷治云：「『所』下脱落『以』字。」王素云：「脱一『以』字。」案阿丁卷正作「所以」。

〔二六九〕 幅，底二乙原作「塭」，當是「幅」之形誤，邢昺《論語疏》云：「其制正幅如帷，名曰帷裳。」今據以改正。

〔二七〇〕 齋必有明衣布也，刊本「齋」作「齊」，「明」作「明」，無「也」字，「齊」「齋」古今字，「明」「明」異體。

〔二七一〕 齋，刊本作「齊」，「齊」「齋」古今字。

〔二七二〕 餧，刊本作「餒」，《説文·食部》：「餧，飢也。一曰：魚敗曰餧。」錢大昕《經典文字考異》云：「餒，《説文》作『餧』。」則「餒」爲「餧」之後起別體，改換聲符也；「餧」亦後起別體，改换意符也。

〔二七三〕 臰，刊本作「臭」，《玉篇·自部》「臭」條下云：「臰，同上，俗。」

〔二七四〕 餁，刊本作「飪」，「餁」爲「飪」之後起别體。

〔二七五〕 徹，刊本作「撤」，阮元《論語校勘記》云：「《説文》無『撤』字，「撤」乃「徹」之俗字。」

〔二七六〕 非，《集解》所引作「非」，熊谷尚夫云：「敦煌本『非』作『菲』，誤也。」

〔二七七〕 「宍」为「肉」之俗字。下「宍」字同。

〔二七八〕施，金谷治云：『「施」爲「於」之誤字。』案《集解》所引周生烈注作『於』，『施』爲『於』之形誤字。

〔二七九〕也，《集解》所引無。

〔二八〇〕食，底二乙原無，陳舜政《論語異文集釋》謂其脱漏，兹據刊本補。

〔二八一〕苽，刊本作『瓜』，《干禄字書·平聲》：『苽、瓜，上俗下正。』

〔二八二〕齋，刊本作『齊』，『齊』『齋』古今字。

〔二八三〕也，《禮記·玉藻》無。

〔二八四〕『儺』前底二乙有『飲酒杖者出斯出矣』八字，陳鐵凡云：『此八字當涉上文而衍。』兹徑删。

〔二八五〕不甞之，刊本作『不敢嘗』，『甞』爲『嘗』之别體。

〔二八六〕列，金谷治據《太平御覽》卷四七八所引以爲『外』之誤字。

〔二八七〕廐，刊本作『廄』，《玉篇·广部》『廄』條下云：『廐，俗。』

〔二八八〕牲，刊本作『生』，説詳《論語》（一）校記〔一五二〕。

〔二八九〕先飯，《集解》所引下有『矣』。

〔二九〇〕服，底二乙原脱，兹据刊本補。

〔二九一〕絁，刊本作『拖』，《説文·衣部》『袉』篆下段注：『今《論語》作「拕」作「拖」，即手部「拕」字。……許所據作「袉」，假借「袉」爲「拕」也。』馬宗霍《説文解字引經考》云：『《説文》無「絁」字，或又「拖」字轉寫之異耳。』陳鐵凡云：『《唐石經》「絁」作「拖」，其他各本作「拖」。此作「絁」，音義俱不洽，疑誤。「絁」或爲「紽」之譌。』陳舜政《論語異文集釋》云：『敦煌鄭玄注本作「絁」，《説文》没有此字，但它必是《詩經》所謂「素絲五紽」的「紽」字的或體。……从系或从糸有一樣的意思，並且也、它、㐌三字，在古文字裏，根本是一個字。』

〔二九二〕裳，底二乙誤作『甞』，今改正。

〔二九三〕玄冠緇衣素裳緝帶韠素紳則帶也，金谷治認爲「緝」是「緇」之誤，「則」爲「大」之誤，「韠素」誤倒。

〔二九四〕也，《集解》所引無。

〔二九五〕廇，底二乙原作「廇」，應是「廇」之訛俗字，刊本作「廟」；《説文》以「廇」爲「廟」之古字，故據以改正。注中「廇」字原亦作「廇」。

〔二九六〕子見衮縗，刊本無「子」，「衮縗」作「齊衰」，「衮」爲「齋」之别體，「齊」「齋」、「衰」「縗」皆古今字。

〔二九七〕弁，刊本作「冕」，説見校記〔一八七〕。

〔二九八〕素，底二乙原作「索」，金谷治云：「「索」爲「素」之誤字。」案阿丁卷作「素」，茲據以改正。

〔二九九〕板，刊本作「版」，《説文》有「版」無「板」，「板」爲「版」之後起字。

〔三〇〇〕式視路馬，王素云：「此注出於《禮記·曲禮》，原文作「式路馬」，無「視」字是也。」

〔三〇一〕尔雅曰，《集解》所引無，然阿丁卷存一「曰」字，是其前必有「爾雅」二字，《集解》所引有删削。

〔三〇二〕後人偹，金谷治認爲「偹」前脱「不」字。

〔三〇三〕臬，刊本作「嗅」，《玉篇·自部》「臭」條下云：「臬，同上，俗。」注中「嗅」又爲「臬」的增旁俗字。「臬」「嗅」文中皆用同「嗅」，「臭」「嗅」古今字。

論語注（三）（顔淵、子路）

中村一三三

【題解】

底卷編號中村一三三，起《顔淵》「哀公問於有若曰」，至《子路》首章「請益」，共三十三行，按正文大字計，每行抄二十字左右。此卷其實是由兩片組成，第一片十行，起《顔淵》「哀公問於有若曰」，至「吾豈得而食諸」注「景公」；第二片二十三行，起《顔淵》「子帥以正，孰敢不正」之「敢」（殘存左半），至《子路》首章「請益」。兩片中間殘缺了大約六行的内容。寫卷經文大字，小注雙行，涉及《顔淵》、《子路》兩篇的内容，今依例擬名爲《論語注（顔淵、子路）》。

中村不折著録此卷云：「鄭注論語殘卷，長三尺。存三十三行，隸書。出土地不詳。含《顔淵篇》三十一行、《子路篇》二行，爲鄭氏注無疑。《鄭氏注論語》不是世傳刊本。敦煌發現爲伯希和氏所獲。此本雖殘缺，但書法勁健，比其它寫經大異其趣。初唐人之筆，故可爲珍。」（《禹域出土墨寶書法源流考》一四五頁，中華書局，二〇〇三）中村氏雖擁有該卷，但並不知其來歷。陳邦懷在民國時期曾見到過此卷的照片，並於《唐寫本論語鄭氏注殘卷》一文中記述此事：「唐人寫本《論語鄭氏注》殘卷，存三十三行，而破爛殊甚……此卷原本有「歙許芚父斿隴所得」朱文印章，知亦出於敦煌石室也。」（《敦煌寫本叢殘跋語》，《史學集刊》一九八四年第三期）

金谷治《唐抄本鄭氏注論語集成》（東京平凡社一九七八。簡稱「金谷治」）、王素《唐寫本論語鄭氏注及其研究》（文物出版社一九九一。簡稱「王素」）、陳金木《唐寫本論語鄭氏注研究——以考據、復原、詮釋爲中心的考察》（臺北文津出版社一九九六。簡稱「陳金木」）對底卷作有校記。

今據《中村不折舊藏禹域墨書集成》（日本文部科學省科學研究費特定領域研究總括班發行）之彩色照片

録文，經文以中華書局影印阮元刻《十三經注疏・論語注疏》（簡稱『刊本』）對校，校録於後。

（前缺）

哀公問於有若▨（曰）：□〔一〕若對曰：『盍徹乎？』周礼〔二〕：十一〔三〕而税謂之徹。徹，通〔四〕，爲天下之通法。□▨（穀）〔五〕不熟，制國用而計不足。哀公憂國，有若憂人〔六〕，故令徹焉者也〔七〕。曰：『二，吾猶不足，如之何其徹也？』對曰：『百姓足，君孰〔八〕與不足？百姓不足，君孰與足？』二謂十二而税。孰，誰。

子張問崇德辨惑。崇猶曾〔九〕，辨猶別。子曰：『主忠信，徙義，崇德〔一〇〕。愛之欲其生，惡之欲其死。既欲其生，又欲其死，是惑〔一一〕。徙義，見義事，徙意而從之。愛惡當有常，於一人之身，一欲生之，一欲死之，是惑。誠不以富，亦祇〔一二〕以異。』此《詩・小雅・我行其野》之勾（句）〔一三〕。祇，適也。言此行誠不可以致富，適可見其心志，与人有▨（異）而□之〔一四〕。』

齊景公問政於孔子。孔子對曰：『君君，臣臣，▨▨（父父），▨▨（子子）〔一五〕。』公曰：『善哉！信如君不君，臣▨▨（不臣）□〔一六〕，吾豈得而▨▨（食諸）〔一七〕？』景▨（公）□〔一八〕

（中約殘缺六行）

▨▨▨（敢不正）！』〔一九〕□〔二〇〕，諸臣之帥者〔二一〕也。

季康子患▨（盜）〔二二〕。□□（問於）孔子。孔□□□（子對曰）：『苟）子之不欲，雖賞之不竊。』患，憂也。▨（苟）〔二三〕，比且也。竊，小盜。且使子□□▨〔二四〕嗜欲，人雖賞之使盜，猶不爲之。人化於上，不從其令，從其所好也。

孔子對曰〔二五〕：『子爲政，焉用煞〔二六〕？子欲善而人〔二七〕善矣。君子之德風，小人之德草。草上之風，必偃。』亦欲使康子先自正也。偃，仆也。草上加之以風，無不偃仆也。猶人之化於上也。

子張問：『仕[二八]何如斯可謂之達矣？』子曰：『何哉，爾▨▨▨□(所謂之達)者[二九]？』知其有懷俠而問之，故何以却之也。　子張對曰：『在□□□□□(邦必聞，在家)[三〇]必聞。』言仕▭，▨(皆)▭[三一]。　子曰：『是聞也，非達也。夫達者[三二]，□(質)[三三]直而好義，▨▭[三四]，慮以下人。在▨(邦)[三五]必達，在家必達。觀色者▨▭常將謙▨▭[三六]以得名譽爲達者也。　夫聞者[三七]，色取人[三八]而行違，居之不疑。在▨(邦)▭[三九]聞。』言以顔色取人之名譽，而行与之相違，居之不疑，虚若真也。

樊遲從遊於舞雩之▨(下)[四〇]，□□□(曰：『敢問)[四一]崇德、脩慝、辨惑。』舞雩之處有壇墠樹木，故下可遊也(也底卷似作焉)。脩，理也。慝，惡也。　子曰：『善哉▨□□▨(問！先事而)[四二]後得，非崇德與？攻其惡，無攻人之惡，非脩慝與？一朝▨▨□□(之忿，忘其)[四三]身，以及其親，非惑與？』先事後得，先施功勞而後受禄。

樊遲問仁。子曰：▭▨(曰)[四四]：『知人。』▨(樊)遲未▨(達)[四五]。未達，知▭[四六]。□(子)[四七]曰：『舉直措[四八]諸枉，能使▨□□(枉者直)[四九]。』□▨(説)[五〇]知人爲智之意。　樊遲退，見子夏曰：『鄉也吾見於夫子而問智[五一]，□▨(子曰)[五二]：「舉▨(直)[五三]措諸枉，能使枉者直。」何謂[五四]？』孔子再爲説之，猶未達，故就子夏而問之。　子夏曰：『富哉□(言)[五五]乎！舜▨□(有天)[五六]下，選於衆，舉臯[五七]陶，不仁者▨▨(遠矣)[五八]。湯有天下，選於衆，舉伊尹，不仁者遠矣。』富，俻[五九]也。　臯陶爲仕師，號□(曰)[六〇]庭堅。　伊尹相湯，號曰阿衡。

子貢問友。問与朋友會居之道。　子曰：『忠告□▨(而善)道[六一]，否[六二]則止，無[六三]自辱焉。』朋友義合之輕者，凡義合者有絶道，忠言以告之，不從則止也。

曾子曰：『君子以文▨▨(會友)[六四]，以友輔仁。』輔仁，輔成己之仁也。

論語子▨▭[六五]　鄭氏注

□▨由之，又勞来□敬勞之也。〔六六〕請▨（益）〔六七〕。

（後缺）

【校記】

〔一〕曰，底卷存左上角，兹據刊本擬補；『曰』下底卷約殘缺十三字（按正文大字計，下同），經文刊本作『年饑用不足如之何有』九字，底卷『如之何』下應另有若干小字注文。

〔二〕周礼，『礼』爲古文『禮』字，敦煌寫本多用此字，後世刊本則多用『禮』字；何晏《集解》所引作『周法』。下凡『礼』均不復出。

〔三〕十一，《集解》所引作『什一』；『十』『什』古今字。

〔四〕『通』下《集解》所引有『也』字。

〔五〕□穀，底卷『穀』字殘存下半，金谷治、王素、陳金木均作『穀』，兹從之；『穀』前一字殘存左下角殘筆，不知何字，金谷治據邢昺《論語疏》『年穀不熟，國用不足』句而疑爲『年』字，陳金木從之。

〔六〕人，王素據《周禮·考工記·匠人》孔穎達《正義》『哀公憂國，有若憂民故也』句認爲『人』爲『民』之諱改字，陳金木從之。

〔七〕『者也』二字應是抄手爲雙行對齊而添。

〔八〕熟，刊本作『孰』，『熟』爲『孰』之借字。下句及注『熟』字同。

〔九〕曾，金谷治懷疑爲『尊』之誤，王素、陳金木從之。

〔一〇〕『德』下刊本有『也』字。

〔一一〕『惑』下刊本有『也』字。

〔一二〕祇，刊本作『祇』，阮元《論語校勘記》云：『「祇」當作「祇」，《唐石經》作「祇」。』錢大昕《十駕齋養新録》卷一『祇』字條有詳考，認爲當作『祇』。注中『祇』字同。

〔一三〕此詩小雅我行其野之勾，《集解》所引作『此詩小雅也』，有删节：『勾』爲『句』之俗字，《干禄字書·去聲》：『勾、句，上俗下正。』

〔一四〕適可見其心志与人有異而□之，《集解》所引作『適足以爲異耳，取此詩之異義以非之』，底卷『異』字殘存下部『八』，金谷治認爲是『異』，兹據擬補。

〔一五〕父父子子，底卷前一『父』、『子』各殘存右半，後字作省書符號，兹據刊本擬補。

〔一六〕不臣，底卷『不』存右半，『臣』存右上角，兹據刊本擬補，『不臣』下底卷殘缺約九字，刊本作『父不父子不子雖有粟』。

〔一七〕吾豈得而食諸，底卷『食諸』二字殘存右半，兹據刊本擬補，刊本無『豈』字，阮元《論語校勘記》云：『皇本、高麗本「吾」下有「豈」字，《釋文》出「吾焉得而食諸」，云：「本亦作焉得而食諸，焉，於虔反，本今作吾得而食諸。」案《史記·仲尼世家》及《漢書·武五子傳》竝作「豈」，與皇本合，《太平御覽》二十二引「吾惡得而食諸」。豈、焉、惡，三字義皆相近，疑今本「吾」下有脱字。』

〔一八〕『公』字底卷僅存右上角殘畫，『公』下底卷殘泐。

〔一九〕敢不正，『敢不』二字底卷殘存左邊小半，『正』殘存左下角殘畫，兹據刊本擬補；『敢不正』之前一段經文刊本作『季康子問政於孔子。孔子對曰：「政者，正也；子帥以正，孰」』。

〔二〇〕『敢不正』下底卷存雙行注文的左行，右行殘泐，刊本所引《集解》作『康子魯上卿』。

〔二一〕者，《集解》所引無。

〔二二〕盜，底卷殘存右半，兹據刊本擬補；下『問於』及『子對曰苟』六字亦據刊本擬補。

〔二三〕苟，底卷殘脱右下角。

〔二四〕『且使子』下底卷約殘缺三字，其中後一字存下部。

〔二五〕「孔子對曰」之前刊本有「季康子問政於孔子曰如殺無道以就有道何如」十九字，金谷治謂此十九字底卷脱落，王素云：「此僅指經文而言，恐怕还脱有注文。」

〔二六〕煞，刊本作「殺」，「煞」爲「殺」之俗字。

〔二七〕人，刊本作「民」，「人」爲「民」之諱改字。

〔二八〕仕，刊本作「士」，「仕」爲「士」之借字。下「仕」字同。

〔二九〕爾所謂之達者，底卷「所」殘脱左下角，「謂」「之」存右半，「達」字殘缺，刊本此句作「爾所謂達者」，無「之」字，「之」蓋涉上文而衍。

〔三〇〕「邦必聞在家」五字底卷殘泐，兹據刊本擬補。

〔三一〕注文「言仕」「皆」分别在雙行注文的右行、左行之首（「皆」字底卷殘存右半），其下殘缺約三至四字，《集解》所引作「言士之所在，皆能有名譽」，兹據以擬補「皆」字。

〔三二〕達者，刊本作「達也者」。

〔三三〕質，底卷殘泐，兹據刊本擬補。

〔三四〕「義」下一字底卷存上部殘畫，該殘字下約殘缺四字，刊本作「察言而觀色」。

〔三五〕邦，底卷殘存上半，兹據刊本擬補。

〔三六〕注文「觀色者」「常將謙」分别在雙行注文的右行、左行之首，「觀色者」下一字存右側殘畫，「常將謙」下一字存左上角殘畫，其下至行末各殘缺約五字。

〔三七〕聞者，刊本作「聞也者」，案伯二六八七A《論語集解》寫卷無「也」字，與此卷同。

〔三八〕人，刊本作「仁」，「人」爲「仁」之借字。

〔三九〕邦，底卷殘存左上角，兹據刊本擬補；「邦」下底卷殘缺約五字，刊本作「必聞在家必」。

〔四〇〕樊遲從遊於舞雩之下，底卷「下」殘存上半，兹據刊本擬補；刊本「遲」作「遲」，「遲」爲「遲」之俗字，慧琳

《音義》卷三《大般若波羅蜜多經》第三三二卷：「遲鈍，犀音西，從尾從牛，經文從尸從羊，俗字也。」下「遅」字同。

〔四一〕「曰敢問」三字底卷殘泐，茲據刊本擬補。

〔四二〕問先事而，底卷「問」存上半，「而」字殘脱右下角，「先事」殘缺，茲據刊本擬補。

〔四三〕之忿忘其，底卷「之」殘存上半，「忿」殘存右上角一捺，「忘其」二字殘缺，茲據刊本擬補。

〔四四〕「曰」字底卷僅存左下角殘畫，茲據刊本擬補；「曰」上底卷殘缺約五字，刊本作「愛人問知子」。

〔四五〕樊遲未達，底卷「樊」存左邊殘畫，「達」殘脱右下角，茲據刊本擬補。

〔四六〕「未達知」三字在雙行注文的右行，其左行殘缺，據右行，可推定「知」下所缺應爲二至三字。

〔四七〕子，底卷殘泐，茲據刊本擬補。

〔四八〕措，底卷原作「楷」，乃扌、木混用所致，伯三四〇二、伯三一九二、伯三四四一諸《論語集解》寫卷作「措」，可證，故據以改正。刊本作「錯」，乃「措」之借字。下「措」字同此。

〔四九〕枉者直，底卷「枉」殘存右上角，「者直」殘泐，茲據刊本擬補。

〔五〇〕說，底卷存左側大部，王素、陳金木均録作「説」，茲據擬補。

〔五一〕嚮也吾見於夫子而問智，刊本「嚮」作「鄉」，阮元《論語校勘記》云：「嚮，俗字；曏，正字；鄉，假借字。」又刊本「智」作「知」，「知」「智」古今字。

〔五二〕子曰，底卷「子」殘泐，「曰」殘存左半，茲皆據刊本擬補。

〔五三〕直，底卷殘脱上部，茲據刊本擬補。

〔五四〕「何謂」下刊本有「也」字。

〔五五〕言，底卷殘泐，茲據刊本擬補。

〔五六〕有天，底卷「有」存上部「ナ」，「天」殘泐，茲皆據刊本擬補。

〔五七〕睪，刊本作「臯」，「睪」爲「臯」之俗字。注中「睪」字同。

〔五八〕遠矣，底卷「遠」殘存上半，「矣」殘存右下角捺筆，茲皆據刊本擬補。

〔五九〕偹，《玉篇·人部》「備」條下云：「偹，同上，俗。」

〔六〇〕曰，底卷殘缺，茲比照下文「號曰阿衡」句擬補。

〔六一〕而善道，底卷「而」字殘泐，「善」殘存下部，茲皆據刊本擬補；刊本末有「之」字，伯三一九二、伯三四四一《論語集解》無。

〔六二〕否，刊本作「不可」，斯七八二《論語集解》亦作「否」。

〔六三〕無，刊本作「毋」，二字義同。

〔六四〕會友，底卷「會」殘脱左下角，「友」殘存下端殘畫，茲皆據刊本擬補。

〔六五〕「子」下一字底卷存右側殘畫，應爲「路」字；「路」下底卷殘缺，所缺應爲「第十三」或「篇第十三」諸字。

〔六六〕「由」上一字底卷存殘畫，此殘字及下「由之又勞来」在雙行注文的右行，「敬勞之也」在雙行注文的左行，其上底卷殘缺大半行（按正文大字計，可抄十五字左右），所注經文爲「子路問政子曰先之勞之」。

〔六七〕益，底卷殘脱左下角，茲據刊本擬補。

論語集解　何晏

論語集解(一)(序、學而、爲政)

伯二六八一(底一)　伯二六一八(底二)　伯三一九三(甲卷)
伯二七六六(乙一)　伯三九六二(乙二)　伯四八七五(丙卷)
斯五七八一(丁卷)　中村一三四(戊卷)　英印一〇三(己一)
伯二六〇一(己二)　伯四六八六碎二(庚卷)　散六六五(辛一)
天理本(辛二)　伯二六〇四(壬卷)　斯四六九六(癸卷)
俄敦一一〇八二(子一)　俄敦一八九四四R(子二)　俄敦一一〇八一(子三)
伯二六七七B(丑一)　伯二六七七C(丑二)　俄敦一八二八六(寅卷)
俄敦一四六〇(卯卷)

【題解】

底卷編號爲伯二六八一(底一)+伯二六一八(底二)。底一起卷題『論語卷弟一并序』，至《學而》『而好犯上者』(寫卷此五字殘存右半)，共二十三行，末行殘存右半，行二十字左右，存何晏《論語集解序》及《學而》篇前三行。卷首有雜寫數行，其中有「維大唐乾符三年三月廿四日沙州燉煌縣歸義軍學士張喜進書記之也」、「維大唐乾符三年叄」、「論語卷弟一并序」三行；又卷題下有「維大唐乾符三年叄月廿五日燉煌」字樣。《伯目》著録此卷云：「首爲《論語》何晏集解序。」《索引》著録此卷云：「論語集解卷第一殘卷。存《序》及《學而》篇開端三行。」其敘述較《伯目》爲詳。《黄目》定名「論語集解學而卷第一並序」，混淆了篇目與卷題。底二起《學而》「人不知而不愠，不亦君子乎」之「乎」，至《爲政》末，尾題「論語卷弟一」，共七十四行。尾題下有「乾符三年　學士張喜進念」諸字，後又有「沙州靈圖寺上座隨軍弟子索庭珍寫記」、「沙□敦煌縣歸義□學士張喜進□」二行。《伯目》著録此卷云：「《論語》卷一之末，有注。」底一之末行存右半，底二之首行存左半，兩者正可綴合，可知這是一卷撕裂而成。底卷綴合圖如下所示：

兩卷綴合後，共九十六行，存《論語集解》第一卷全部，包括何晏《論語集解序》、《學而》、《爲政》，經文大字，小注雙行，兹定名爲《論語集解（序、學而、爲政）》。

甲卷編號伯三一九三，起《論語集解序》，至《爲政》「居其所而衆星共之」之「而」，首題「論語序」，共五十七行，經文大字，小注雙行。卷首「論語序」三字下有「咸通四年三月二日孝生王文川」題記一行，咸通四年（八六三）應是寫卷抄寫時間。《伯目》著録此卷云：「《論語》殘文。有注。極殘損。惟存《何晏序》及卷一之首。」《索引》云：「論語集解卷第一殘卷。存何晏等進表及《學而》第一。」案：寫卷末二行是《爲政》篇内容，姑當擬其名爲《論語集解（序、學而、爲政）》。

P.2618　P.2681

底一與底二綴合圖（局部）

乙卷編號爲伯二七六六（乙一）+伯三九六二（乙二）。乙一起《論語集解序》，至《學而》「巧言令色，鮮矣仁」《集解》「善其顔色」之「善」，二十四行，第十四至二十二行上端有殘損。《伯目》著録此卷云：「《論語何晏集解序》及起端。」《索引》云：「論語集解卷第一。存《敘》及《學而》篇開端五行。」乙二起《學而》「子曰「巧言令色，鮮矣仁」」，至『夫子至於是邦也，必聞其政』《集解》『亢怪孔子所至之邦必與聞其國政』之『亢』，共十四行，殘損嚴重，末行僅存《集解》文四字。卷背有咸通十二年紀事及殘詩一首。《索引》云：『論語集解（存學而篇十二行）。』

乙一與乙二兩卷正可前後綴合，說見許建平關於李方《敦煌〈論語集解〉校證》的書評（《敦煌吐魯番研究》第五卷三四二頁，北京大學出版社二〇〇一），綴合後共三十七行，存《論語集解序》及《學而》篇，經文大字，小注雙行，兹擬其名爲《論語集解（序、學而）》。李方《敦煌〈論語集解〉校證》（江蘇古籍出版社一九九八）據卷背咸通十二年（八七一）文書，推斷此爲唐懿宗時期寫本。案背面寫本只能幫助斷定正面文字抄寫時代之下限，不能作爲正面文字抄寫之時間。

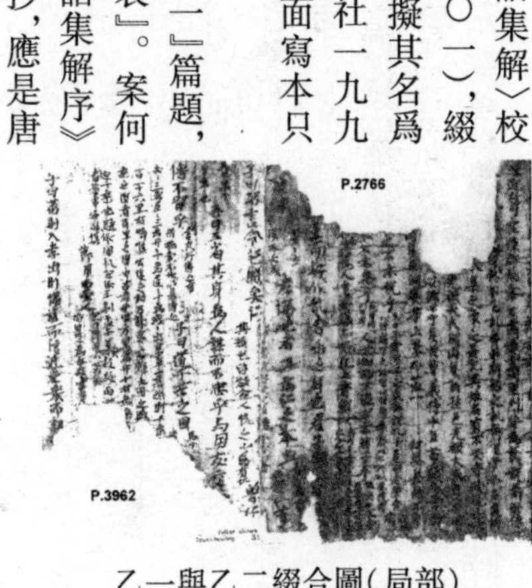

乙一與乙二綴合圖（局部）

丙卷編號爲伯四八七五，起《論語集解序》『得古文論語』至『學而第一』篇題，共十三個下半行，前四行下部亦殘。《索引》定名『何晏等上論語集解表』。案何晏《上論語集解表》，又稱《論語序》，亦稱《論語集解序》，本書則以《論語集解序》稱之。故擬其名爲《論語集解（序、學而）》。此卷字體拙稚，乃學子所抄，應是唐後期的抄本。

丁卷編號爲斯五七八一，起《論語集解序》『中間爲之訓解』之『之』，至《學而》『而好犯上者鮮矣』《集解》『欲犯其上者少也』，共十行，前三行下截殘，經文大字，小注雙行。《翟目》著録此卷云：『《論語》第一篇第一—二章「鮮矣」。何晏集解。』兹擬其名爲《論語集解（序、學而）》。陳鐵凡《敦煌論語異文彙考》以爲令狐進明所抄（《孔孟學報》第一期二四四頁，一九六一年四月），不知然否？李方《敦煌〈論語集解〉校證》認爲是唐寫本。

戊卷編號中村一三四，起《學而》『而好作乱者，未之有也』之『未之有也』，至『敏於事而慎於言』之『慎』，共二十九行，首行存上端，末行存下端，經文大字，小注雙行。《中村不折舊藏禹域墨書集成》誤爲《鄭注論語殘卷》，今依例擬名爲《論語集解（學而）》。卷中諱『治』字，則爲唐寫本。

己卷編號爲英印一〇三（己一）+伯二六〇一（己二）。己一起《學而》『道千乘之國』《集解》『唯公侯之封乃能容之』，至『如琢如磨』之『琢』，凡二十八行（該卷裂成A、B兩片，A片十七行，B片十一行），殘損嚴重，末行僅存兩個殘字。該卷收藏於英國原印度事務部圖書館，榮新江《英倫印度事務部圖書館藏敦煌西域文獻紀略》一文所附《印度事務部圖書館藏敦煌漢文寫本目録》定名爲《論語集解·學而第一》（《敦煌學輯刊》一九九五年第二期七頁）。己二起《學而》『子貢曰：詩云「如切如磋，如琢如磨」』之『貢』，至《爲政》『慎行其餘，則寡悔』，共三十二行，亦嚴重殘破，下半截多有缺損。《伯目》著録此卷云：『《論語》殘文，《爲政篇》（第二篇）何晏集解，極殘損。』己一之末行正可與己二之首行綴接（説見許建平關於李方《敦煌〈論語集解〉校證》的書評，《敦煌吐魯番研究》第五卷三四二頁，北京大學出版社二〇〇一），兩卷綴合後，共五十行，存《學而》、《爲政》兩篇内容，經文大字，小注雙行。兹依例擬名爲《論語集解（學而、爲政）》。李方《敦煌〈論語集解〉校證》據卷中『民』字缺筆，定爲唐寫本。

CH.73.viii
(IOL.C.103B)
P.2601

己一與己二綴合圖（局部）

庚卷編號爲伯四六八六碎二（據《索引新編》），起『子貢曰：夫子温、良、恭、儉、讓以得之』之『良』，至『《詩》云「如切如磋，如琢如磨」』之『詩』，共十二行，上下端均殘泐，行殘存二至九字不等。殘片之特點是《論語》經文與何晏《集解》文不以大小字區别，而是同大連寫，這種書寫方法在敦煌經部殘卷中絶無僅有。今依例定名爲《論語集解（學而）》。

辛卷編號爲散六六五（辛一）+天理本（辛二）。辛一起《學而》『其諸異乎人之求之與』之『乎』，至《爲政》篇末，尾題『論語卷第二』，共五十一行。末有題記二行：『大中五年五月一日學生陰惠達受持讀誦書記』、『貞明九年癸未歲六月一日莫高鄉』，前一行字體與正文同，當是抄者題記，後一行則讀者所爲。字體稚拙，學子所書。此卷羅振玉印入《貞松堂藏西陲秘籍叢殘》，定名爲《論語何氏集解殘卷》，王重民據《貞松堂藏西陲秘籍叢殘》編爲《羅振玉藏敦煌卷子目録》，編此卷爲散六六五號，並定名爲《論語集解殘卷（存卷一、開端殘）》。辛二藏日本天理大學圖書館，收入編號爲二二二—ィ四七的《敦煌石室遺珠》册子本，王三慶在《日本天理大學天理圖書館典藏之敦煌寫卷》一文中曾著録此卷（《第二屆敦煌國際研討會論文集》八〇頁，臺北漢學研究中心一九九一）。辛二起《學而》『可謂好學也已』之『學』，至《爲政》『齊之以禮』之『齊』，共十殘行，存下截，經文大字，小注雙行，此殘片正好是辛一第八至十七行殘去之下截，兩者正可綴合。今依例擬名爲《論語集解（學而、爲政）》。

壬卷編號爲伯二六〇四，起《學而》『《詩》云「如切如磋，如琢如磨」』《集解》『富而好禮者，能自切磋琢磨』之『而』，至《爲政》末，尾題『論語卷第一』，共四十九行。經文大字，小注雙行，行有界欄。卷末有題記『大中七年正月十八日伯明書記』一行。《伯目》著録此卷云：『《論語》卷一第二篇《爲政》，有注。』《索引》著録此卷云：『論語集解殘卷。存《爲政》篇第二。』茲依例擬名《論語集解（學而、爲政）》。此卷乃僧人伯明抄寫於唐宣宗大中七年（八五三），字迹惡劣，錯訛百出。

癸卷編號爲斯四六九六，起《學而》『始可與言《詩》已矣』之『矣』，至《爲政》『葬之以禮，祭之以禮』，共十二行，存上截，經文大字，小注雙行，行有界欄。字體惡劣，蓋學童所書。卷背有『千字文』及『張文富』雜寫。《翟目》著録此卷云：『《論語》第二篇第一—五章，何晏集解。』《索引》定名《論語集解爲政篇第二何晏》，乃據

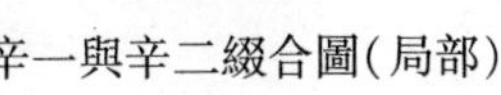

辛一與辛二綴合圖（局部）

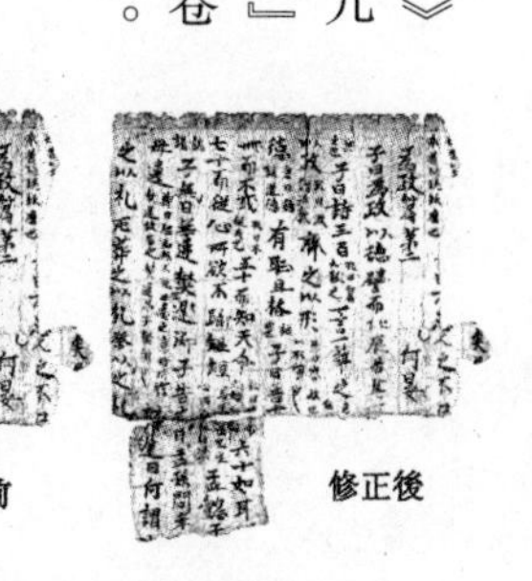

癸卷修正前後對比圖

子目定名，未能反映全卷内容。《英藏》定名《論語集解（學而篇第一、爲政篇第二）》，甚佳，兹依例擬名爲《論語集解（學而、爲政）》。殘片斷成兩截，左下角一小片應綴接於大片的第八至十一行之下端，縮微膠卷與《英藏》的圖版誤綴於第九至十二行之下端，不確，致有一行之錯。李方《敦煌〈論語集解〉校證》據其書法定爲唐寫本。

子卷編號爲俄敦一一〇八二（子一）+俄敦一八九四四R（子二）+俄敦一一〇八一（子三）。子一起《爲政》『六十而耳順』《集解》『耳聞其言』之『言』，至『温故而知新』《集解》『又知新者』，共十四殘行，字迹惡劣，當是學童習書。卷背爲『社司轉帖抄』。子二起《爲政》『吾與回言終日』之『終日』，至『子曰君子不器』之『子曰』，共五殘行，存下截。子三起《爲政》『吾與回言終日，不違，如愚』《集解》『於孔子之言，默而識之』之『之』，至『行寡悔』，十四殘行。此三殘片可以綴合，説詳許建平《〈俄藏敦煌文獻〉儒家經典類寫本的定名與綴合》（《姜亮夫、蔣禮鴻、郭在貽先生紀念文集》三一二頁，上海教育出版社二〇〇三）。

三片綴合後，起《爲政》『六十而耳順』《集解》『耳聞其言』之『言』，至『行寡悔』，共二十四殘行，經文大字，小注雙行，兹依例擬名爲《論語集解（爲政）》。

丑卷編號爲伯二六七七B（丑一）+伯二六七七C（丑二）。伯二六七七號由五個殘片組成，第一片殘詩集，徐俊已定名爲《唐詩叢鈔》（《敦煌詩集殘卷輯考》二〇一頁，中華書局二〇〇〇）；第二、三兩片爲《論語集解（爲政）》之内容；第四、五兩片爲《論語集解（述而）》之内容。爲便於表述，今將此號重新編號如下：伯二六七七A《唐詩叢鈔》、伯二六七七B《論語集解（爲政）》、伯二六七七C《論語集解（爲政）》、伯二六七七D

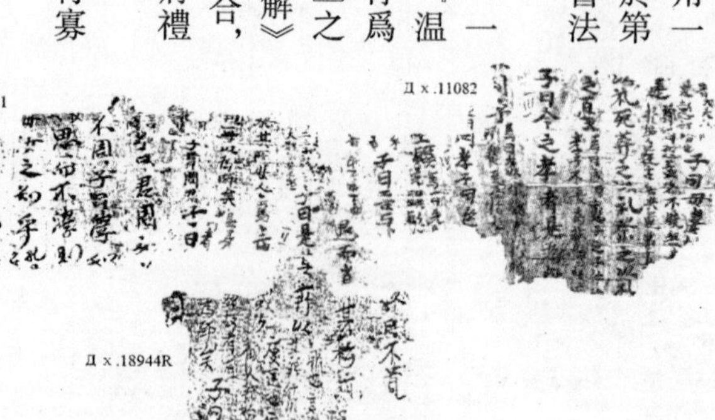

子一、子二、子三綴合圖

《論語集解（述而）》、伯二六七七E《論語集解（述而）》。丑一起《爲政》「七十而從心所欲不踰矩」之「從心」，至「有酒食，先生饌」《集解》「饌，飲食也」之「食」，存九殘行。丑二起《爲政》「曾是以爲孝乎」之「孝」（殘存下半），至篇末，尾題「論語卷第一」五字，存二十五殘行。丑一與丑二爲一卷之裂，兩者可以綴合。

兩片綴合後，共三十四行，起《爲政》「七十而從心所欲不踰矩」之「從心」，至篇末。經文大字，小注雙行，兹依例擬名爲《論語集解（爲政）》。殘片背面有「咸通十一年十月廿日」及「咸通十年」字樣，李方《敦煌〈論語集解〉校證》因而認爲是唐懿宗時期寫本。案此是抄寫時代之下限。

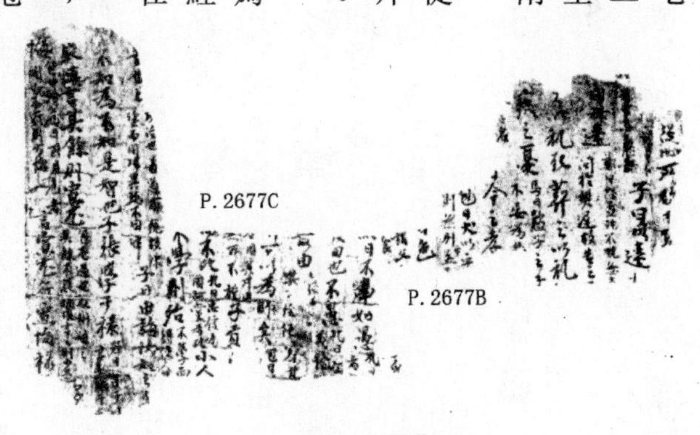

丑一與丑二綴合圖

寅卷編號爲俄敦一八二八六，起《爲政》「曾是以爲孝乎」《集解》「乃爲孝乎」之「孝」，至「君子不器」之「子」（存右上角殘畫），共六行，存上截。經文大字，小注雙行，字體拙劣，當是學童所書。《俄藏》定名爲「論語爲政」（在彩頁十），兹依例擬名爲《論語集解（爲政）》。

卯卷編號爲俄敦一四六〇，起《爲政》「非其鬼而祭之者，諂也」之「者」，至篇末，尾題「論語卷第一」，共二行，經文大字，小注雙行。《孟目》著録此卷云：「論語卷第一。」《俄藏》據以定名《論語卷第一》，兹依例擬名爲《論語集解（爲政）》。《孟目》以之爲九至十世紀抄本。

伯二六六四背爲《論語》内容的雜寫，只有「爲政以得北辰居其」八字，故不作爲異本收入。

陳鐵凡《敦煌論語異文彙考》（簡稱「陳鐵凡」）對底一、辛一、癸卷作有校記，李方《敦煌〈論語集解〉校證》（簡稱「李方」）對底卷及甲、乙、丙、丁、己、辛一、壬、癸、丑、卯作有校記。

今據縮微膠卷録文，以甲、乙、丙、丁、戊、己、庚、辛、壬、癸、子、丑、寅、卯諸卷及中華書局影印阮元刻《十三經注疏·論語注疏》爲校本（後者簡稱『刊本』），校録於後。

論語卷弟一 并序〔一〕　**何晏集解**

敘曰：漢［中］壘挍尉劉向言《魯論語》廿篇〔二〕，皆孔子弟子記諸〔三〕善言也。太子太傅〔四〕夏侯勝、前將軍蕭望之、丞相韋賢及子玄成等傳之。《齊論語》廿二篇，其廿篇中章句〔五〕頗多於《魯論》。瑯耶〔六〕王卿及膠東庸生、昌邑中尉王吉皆以教授。故有《魯論》，有《齊論》。魯恭〔七〕王時，甞〔八〕欲以孔子宅爲宮，壞，得〔九〕《古文論語》。《齊論》有《問王》、《知道》，多於《魯論》二篇。《古論》〔一〇〕亦無此二篇，分《堯曰》下章《子張問》以爲一篇，有兩《子張》，凡廿一篇。篇次不与〔一一〕《齊》、《魯論》同。安昌侯張禹〔一二〕本受《魯論》，兼講《齊》説，善者從之，号〔一三〕曰《張侯論》，爲世所貴。包〔一四〕氏、周氏章句出焉。《古論》唯博士孔安國爲之訓説〔一五〕，而世〔一六〕不傳。至順帝時，南郡太守馬融亦爲之訓解〔一七〕。漢末，大司農鄭玄就《魯論》篇章，考之《齊》、《古》〔一八〕，而爲之注〔一九〕。近故司空陳群〔二〇〕、太常王肅、博士周生烈皆爲義説。前世傳受〔二一〕師説，雖有異同，不爲訓解。中間爲之〔二二〕訓解，至于今多矣。所見不同，互有得失。今集諸〔二三〕家之善，記其姓名，有不安者，頗爲改易，名曰《論語集解》。

光禄大夫、關内侯臣孫邕〔二四〕，光禄大夫臣鄭冲〔二五〕，散騎常侍、中領軍、安鄉亭侯臣曹羲〔二六〕，侍中臣荀顗〔二七〕，尚書附〔二八〕馬都尉、關内侯臣何晏等上。

學而弟一〔二九〕

子曰：『學而時習之，不亦悦〔三〇〕乎？馬曰：『子者，男子之通稱〔三一〕，謂孔子也〔三二〕。』王曰：『時者，學以時誦習之〔三三〕。誦習以時，學無廢〔三四〕業，所以爲悦懌〔三五〕。』有朋〔三六〕自遠方來，不亦樂乎？包曰：『同門曰朋。』人不知而不愠〔三七〕，不亦君子乎〔三八〕？』愠，怒也。凡人有所不知，君子不怒也〔三九〕。

有子曰〔四〇〕：孔子弟子有若也〔四一〕。『其爲人也孝悌〔四二〕，而好犯▨▨（上者）〔四三〕，鮮矣〔四四〕。鮮，少也。上謂凡在己上者。言孝悌〔四五〕之人必恭順，好欲犯其上者少也〔四六〕。不好犯上，而好作乱（亂）者，未之有也〔四七〕。君子務本，本立而道生。本，基也〔四八〕。基立而後可大成也〔四九〕。孝悌〔五〇〕也者，其爲人之本歟〔五一〕！』先能事父兄〔五二〕，然後仁道可大成。

子曰〔五三〕：『巧言令色，鮮矣仁！』包曰：『巧言，好其言語。令色，善其顔色。皆欲令人悦之，少能有仁〔五四〕。』

曾子曰：馬曰：『弟子曾參也〔五五〕。』『吾日三省其身〔五六〕：爲人謀而不忠乎？与朋友交而不信乎？傳不習乎？』言凡所傳之事，得素不講習而傳之者乎〔五七〕。

子曰：『導〔五八〕千乘之國，馬曰：『導謂爲之政教。《司馬法》：「六尺爲步，步百爲畝，畝百爲夫，夫三爲屋，屋三爲井，井十爲通，通十爲城〔五九〕，城出革車一乘。」然則千乘之賦，其地千城，居地方三百一十六里有畸，唯公侯〔六〇〕之封乃能容之，雖大國之賦亦不是過焉。』包氏〔六一〕曰：『導，里〔六二〕也。千乘之國者，百里之國也。古者井田，方里爲井。十井爲乘，百里之國，適千乘也〔六三〕。』融依《周礼》〔六四〕，包依《王制》、《孟子》，義疑，故兩存焉也〔六五〕。敬事而信，包曰：『爲國者，舉事必敬慎，与人必誠信也〔六六〕。』節用而愛民〔六七〕，包曰：『節用，不奢侈。國以民爲本〔六八〕，故愛養之。』使民〔六九〕以時。』孔〔七〇〕曰：『作使人〔七一〕，必以其時，不妨奪農務也〔七二〕。』

子曰：『弟子入則孝〔七三〕，出則悌，謹而信，汎愛衆而親仁。行有餘力，則可以學文矣〔七四〕。』馬曰：『文者，古〔七五〕之遺文。』

子夏曰：『賢賢易色，孔曰：『子夏，弟子卜商〔七六〕。言以好色之心好賢則善〔七七〕。』事父母，能竭其力；事君，能致其身；包曰：『盡忠節，不愛其身〔七八〕。』与朋友交，言而有信。雖曰未學，吾必謂之學矣。』

子曰：『君子不重則不威，學則不固。孔曰：『固，敝〔七九〕也。』一曰：『言人不能〔八〇〕敦重，既無〔八一〕威嚴，學〔八二〕又不能堅固，識其義理也〔八三〕。』主忠信，無有〔八四〕不如己者，過則勿憚改。』鄭曰：『主，親也。憚，難也。』曾子曰：『慎終追遠，民〔八五〕德歸厚矣。』孔曰：『慎終者，喪盡其哀。追遠者，祭盡其敬。君能行此二者，民〔八六〕化其德，皆歸於厚矣〔八七〕。』

子禽問於子貢曰：『夫子至於是邦〔八八〕，必聞其政。求之歟〔八九〕？抑与之歟？』鄭曰：『子禽，弟子陳亢〔九〇〕。子貢，弟子〔九一〕，姓端木，名賜。亢恠孔子所至之邦必与聞其政〔九二〕，求而得之耶〔九三〕？抑人君自願与之爲理也〔九四〕？』子貢曰：『夫子溫、良〔九五〕、恭、儉、讓以得之。夫子之求〔九六〕，其諸異乎人之求之歟〔九七〕！』鄭曰：『言夫子行此五德而得〔九八〕之，与人求之異〔九九〕，明人君自願〔一〇〇〕与之。』

子曰：『父在觀其志，父没觀其行，孔曰：『父在，子〔一〇一〕不得自專，故觀其志而已。父没，乃〔一〇二〕觀其行。』三年無改於父之道，可謂孝矣〔一〇三〕。』孔曰：『孝子在喪，哀慕，猶若父存〔一〇四〕，無所改於父之道〔一〇五〕。』

有子曰：『礼之用，和爲貴。先王之道，斯爲美。小大由之，有所不行。知和如和〔一〇六〕，不以礼節之〔一〇七〕，亦不可行也〔一〇八〕。』馬〔一〇九〕曰：『人知礼貴和，而每事從和，不以礼爲節，亦不可行之〔一一〇〕。』

有子曰：『信近於義，言可復〔一一一〕。復猶覆也。義不必信，信非義也〔一一二〕。言可反覆〔一一三〕，故曰近義〔一一四〕。恭近於礼，遠恥辱〔一一五〕。恭不合礼，則非礼也〔一一六〕。以其能遠恥辱，故曰近義〔一一七〕。因不失其親，亦可宗也〔一一八〕。』孔曰：『因，親也。言所親不失其親，亦可宗敬。』

子曰：『君子食無求飽，居無求安，鄭曰：『學者之志，有所不暇〔一一九〕。』敏於事而慎〔一二〇〕於言，就有道而正〔一二一〕焉，可謂好學也已矣〔一二二〕。』孔曰：『敏，疾也。有道〔一二三〕，有道德者。正，謂問事是非也〔一二四〕。』

子貢曰：『貧而無諂，富而無驕，何如？』子曰：『可也。孔曰：『未足多也。』〔一二五〕未若貧而樂道〔一二六〕，富而好礼者〔一二七〕。』鄭曰：『樂謂至〔一二八〕於道，不以貧賤爲憂苦也〔一二九〕。』子貢曰〔一三〇〕：『《詩》云「如切如瑳〔一三一〕，如琢〔一三二〕如磨」，其斯之謂歟〔一三三〕？』孔曰：『能貧而樂道，富而好〔一三四〕礼者，能自切瑳琢磨〔一三五〕。』子曰：『賜也，始可与言《詩》已矣〔一三六〕，告諸往而知來者。』孔曰：『諸，之也。子貢知引《詩》以成孔子義〔一三七〕，善取類〔一三八〕，故然之。往告之以貧而樂道〔一三九〕，來荅以切瑳琢磨也〔一四〇〕。』

子曰：『不患人之不己知〔一四一〕，患己不知人也〔一四二〕。』王曰：『徒患己之無能〔一四三〕。』

爲政篇第二〔一四四〕　【何晏集解】〔一四五〕

子曰：『爲政以德〔一四六〕，譬如〔一四七〕北辰，居其所而〔一四八〕衆星共之。』包曰：『德者無爲，猶北辰之不移而衆星共之〔一四九〕。』

子曰：『《詩》三百，孔〔一五〇〕曰：『篇之大數〔一五一〕。』一言以敝〔一五二〕之，包曰：『敝猶當也〔一五三〕。』曰「思無邪〔一五四〕」。』包曰：『歸於政也〔一五五〕。』

子曰：『道之以政，孔曰：『政謂法教。』齊之以刑〔一五六〕，孔曰〔一五七〕：『齊愸之以刑罸〔一五八〕。』人〔一五九〕免而無恥。孔曰：『免，苟免也〔一六〇〕。』道之以德，包曰：『德謂道德。』齊之以礼〔一六一〕，有恥且格。』格，正〔一六二〕。

子曰：『吾十有五而至於〔一六三〕學，卅〔一六四〕而立，有所成立〔一六五〕。卌而不惑〔一六六〕，孔曰：『不疑惑〔一六七〕。』五十而知天命〔一六八〕，知天命之終始〔一六九〕。六十而〔一七〇〕耳順，鄭曰：『耳聞其言〔一七一〕，而知其微旨也〔一七二〕。』七十而從心所欲不踰矩〔一七三〕。』馬曰：『矩〔一七四〕，法也。從心所欲無非法〔一七五〕。』

孟懿〔一七六〕子問孝。孔曰：『魯大夫仲孫何忌。懿，謚也〔一七七〕。』子曰：『毋〔一七八〕違。』樊遲〔一七九〕御，子告之曰：『孟孫問孝於我，我對曰：毋〔一八〇〕違。』鄭曰：『恐孟孫不曉無〔一八一〕違之意，將問於樊遲，故告之。樊遲，弟子樊須也〔一八二〕。』樊遲曰：『何謂也？』子曰：『生，事之以礼。死，葬之以礼，祭之以礼〔一八三〕。』

孟武伯〔一八四〕問孝。子曰：『父母唯其疾之憂。』馬曰：『武伯〔一八五〕，懿子之子仲孫彘〔一八六〕。武〔一八七〕，謚也。言孝子不妄〔一八八〕爲非，唯疾病然後使父母憂耳〔一八九〕。』

子游問孝。孔曰：『子游，弟子，姓言名偃〔一九〇〕。』子曰〔一九一〕：『今之孝者，是謂能養。至〔一九二〕於犬馬，皆能有養。不敬，何以别乎？』馬曰〔一九三〕：『犬以守御〔一九四〕，馬以代勞〔一九五〕，皆〔一九六〕養人者。一曰：「人之所養，乃至於犬馬〔一九七〕，皆能有養〔一九八〕，不敬，何以别乎〔一九九〕。」《孟子》曰：「食而不愛〔二〇〇〕，豕畜之。愛而不敬，獸畜之〔二〇一〕。」』

子夏問孝。子曰：『色難。色難，謂承順父母顔色乃爲難〔二〇二〕。有事，弟子服其勞；有酒食，先生饌，馬曰：『先生謂父兄〔二〇三〕。饌，飲食也〔二〇四〕。』曾是以爲孝乎〔二〇五〕？』孔子喻子夏〔二〇六〕，服勞、先食，汝謂此爲孝乎？未孝也〔二〇七〕。承順父母顔色，乃爲孝也〔二〇八〕。

子曰：『吾与回言終日〔二〇九〕，不違〔二一〇〕，如〔二一一〕愚。孔〔二一二〕曰：『回，孔子弟子〔二一三〕，姓顔名回，字子淵〔二一四〕，魯人也。不違〔二一五〕者，無所恠〔二一六〕問。於孔子之言，默而識之〔二一七〕，如愚也〔二一八〕。』退而省其私〔二一九〕，亦足以發，回也〔二二〇〕不愚。』察其退還，与二三子説釋道義〔二二一〕，發明大體，知其不愚〔二二二〕。

子曰：『視〔二二三〕其所以，以，用也。言視其所行用也〔二二四〕。觀其所由，由，經也〔二二五〕。言觀其所經從〔二二六〕。察其所安，人焉廋〔二二七〕哉？人焉廋哉〔二二八〕？』廋，匿也。言觀人終始，安▨（所）匿其情〔二二九〕。

子曰〔二三〇〕：『温故〔二三一〕而知新，可以爲師矣。』温，尋也〔二三二〕。尋繹故者〔二三三〕，又知新者〔二三四〕，可以爲師矣〔二三五〕。

子曰〔二三六〕：『君子〔二三七〕不噐（器）。』包曰：『噐（器）者各周其用〔二三八〕，至於君子，無所不施〔二三九〕。』

子貢問君子。子曰〔二四〇〕：『先行其言而後從之。』孔曰〔二四一〕：『疾小人多言而行之不周〔二四二〕。』

子曰：『君子周而不比，忠信爲周，阿黨爲比〔二四三〕。小人比而不周。』

子曰〔二四四〕：『學而不思則罔〔二四五〕，包曰：『學不〔二四六〕尋思其義，則罔然無所得之〔二四七〕。』思而不學〔二四八〕則殆。』不學而思，終卒不得〔二四九〕，使人精神疲也〔二五〇〕。

子曰：『攻〔二五一〕乎異端，斯害也已。』攻〔二五二〕，治也。善道有統，故殊塗而同歸〔二五三〕。異端不同歸也〔二五四〕。

子曰：『由〔二五五〕，誨汝知之〔二五六〕乎！孔曰〔二五七〕：『弟子，姓仲，名由，字子路也〔二五八〕。』知之爲知之，不知爲不知，是智〔二五九〕也。』

子張學干禄。鄭曰：『弟子，姓顓孫〔二六〇〕，名師，字子張〔二六一〕。干，求也。禄，禄位〔二六二〕。』子曰：『多聞闕疑，慎言其餘，則寡尤。包曰：『尤，過也。疑則闕之〔二六三〕，其餘□□（不疑）〔二六四〕，▨（猶）慎言之〔二六五〕，則少過〔二六六〕。』多見〔二六七〕闕殆，慎行其餘，則寡悔〔二六八〕。包曰：『殆，危也〔二六九〕。所見□□（危者，闕）而不□（行）〔二七〇〕，▨（則）少悔也〔二七一〕。』言寡尤，行寡悔〔二七二〕，禄在其中矣。』鄭曰：『言行如此〔二七三〕，雖不得禄，亦得禄之道〔二七四〕。』

哀公問曰：『何爲則民服〔二七五〕？』包曰：『哀公，魯君之謚〔二七六〕。』孔子對曰：『舉直措諸枉〔二七七〕，則人〔二七八〕服。措，置也〔二七九〕。舉正直〔二八〇〕之人用之，癈置邪枉〔二八一〕之人，則人服其上〔二八二〕。』舉枉措〔二八三〕諸直，則人不服〔二八四〕。』

季康子▨（問）〔二八五〕：『使人敬、忠以勸〔二八六〕，如之何？』孔曰：『魯卿季孫肥。康，謚也〔二八七〕。』子曰〔二八八〕：『臨之以荘（莊）則敬，包曰：『□□（莊，嚴）也。□□□（君臨民）以□□□▨▨□（嚴，則民敬其上）也〔二八九〕。』孝慈則忠，包曰：『君能上孝於親，下慈於民，則民忠矣〔二九〇〕。』舉善而教不能則勸〔二九一〕。』包曰：『舉用善人〔二九二〕而教不能者，則人勸免矣〔二九三〕。』

惑〔二九四〕謂孔子曰：『子奚不爲政？』包曰：『惑人以爲居位者乃是爲政也〔二九五〕。』子曰：『《書》云：「孝乎惟孝，友于弟兄〔二九六〕，施於有政。」是亦爲政，奚其爲政〔二九七〕？』包曰：『孝乎惟孝〔二九八〕，美大孝之辞〔二九九〕。友于兄弟〔三〇〇〕，善其兄弟〔三〇一〕。施，行也〔三〇二〕。所行有政道〔三〇三〕，則与爲政同也〔三〇四〕。』

子曰：『人而〔三〇五〕無信，不知其可〔三〇六〕。孔曰：『人而無信〔三〇七〕，其餘終［無］可也〔三〇八〕。』大車無輗，小車無軏〔三〇九〕，其何以行□□（之哉）〔三一〇〕！』□□（包曰）〔三一一〕：『大車，牛車〔三一二〕。輗者，轅端横木，以縛扼〔三一三〕。小□□▨（車，駟馬）〔三一四〕車。軏〔三一五〕者，轅端上曲鉤衡也〔三一六〕。』

子張問：『十代可知也〔三一七〕？』□〔三一八〕曰：『文□▨（質礼）變〔三一九〕。』□（子）〔三二〇〕曰：『殷因〔三二一〕於夏礼，所損益，可知也〔三二二〕。周因於殷礼，所□（損）〔三二三〕益，可知也〔三二四〕。馬曰：『所因，謂三綱五常〔三二五〕。所〔三二六〕損益，謂文質三統〔三二七〕。』其惑〔三二八〕繼周者，雖百代〔三二九〕，可▨（知）也〔三三〇〕。』孔曰〔三三一〕：『物類相召〔三三二〕，世數〔相〕生〔三三三〕，其變〔三三四〕有常，故可豫之〔三三五〕。』

子曰：『非其鬼而祭之者〔三三六〕，諂也〔三三七〕。鄭曰：『人神曰鬼〔三三八〕。非其祖考而祭之〔三三九〕，是諂求福也〔三四〇〕。』見義不爲，無勇也〔三四一〕。』孔〔三四二〕曰：『義所宜〔三四三〕爲而不能爲，是無勇也〔三四四〕。』

論語卷弟一〔三四五〕

【校記】

〔一〕論語卷弟一并序，甲卷作『論語序』；乙一『弟』作『苐』，『苐』爲『弟』之俗字。

〔二〕漢中壘校尉劉向言魯論語廿篇，底一脱『中』字，兹據甲卷、乙一及刊本補；『廿』字甲卷、乙一同，刊本作『二十』，『廿』爲『二十』之合文。下凡『廿』字同此，不復出校。又『挍』字甲卷、乙一同，刊本作『校』，錢大昕《十駕齋養新録》卷三『陸氏釋文多俗字』條云：『《説文·手部》無「挍」字，漢碑木旁字多作手旁，此隸體之變，非別有「挍」字。』阮元《論語校勘記》（以下簡稱『阮校』）云：『校尉字亦當從木，從手作「挍」者非。』李方云：『此處當如阮説以「校」爲是。』案《説文》無『挍』字，『挍』爲『校』之後起別體。

〔三〕諸，甲卷、刊本同，乙一作『之』，二字古多通用。

〔四〕太子太傅，甲卷、乙一同，刊本作『大子大傅』，李方云『「太」、「大」，經典通用』，案『大』『太』古今字。

〔五〕句，底一原作『勾』，《干禄字書·去聲》：『勾、句，上俗下正。』兹據乙一、刊本録正。後凡『勾』字徑改，不復出校。

〔六〕瑯琊，甲卷、乙一同，刊本作「琅邪」，阮校：「『瑯琊』乃『琅邪』之俗字。」

〔七〕恭，甲卷、乙一同，刊本作「共」，「共」「恭」古今字。

〔八〕嘗，甲卷同，乙一作「常」，刊本作「嘗」，李方謂乙一作「常」爲誤字，案「嘗」爲「嘗」之别體，「常」爲「嘗」之借字，伯三五五二《兒郎偉》：「日日筵賓客，實勝孟常君。」伯三三五〇《下女夫詞》：「酒是蒲桃酒，先合主人常。」「常」皆借用作「嘗」，可證。

〔九〕得，甲卷、刊本同，乙一作「德」，李方云「得」、「德」，經傳多通用，然此處當以「得」爲正」；丙卷起於此「得」字，其字殘存下半。

〔一〇〕古論，甲卷、刊本同，乙一作「故論」，李方云：「『故』，古也，與『古』字通，然此當作『古』。」案此處「故」當是「古」之音誤字。

〔一一〕与，甲卷、乙一、丙卷同，刊本作「與」；「与」「與」二字古混用無别，敦煌寫本多用「与」字，後世刊本多改作「與」。下凡「与」字均不復出校。

〔一二〕安昌侯張禹，甲卷、刊本同，乙一「侯」誤作「候」，「禹」誤作「是」。

〔一三〕号，乙一同，甲卷、丙卷、刊本作「號」，「号」「號」古今字。

〔一四〕包，乙一、刊本同，甲卷作「苞」，阮校：「《廣韻》『包』下云：『包裹。亦姓，楚大夫申包胥之後。後漢有大鴻臚包咸。』皇本作『苞』，非也。」案「包」「苞」古今字，然姓氏當作「包」。

〔一五〕訓說，甲卷、乙一同，刊本作「訓解」，阮校：「皇本『解』作『說』。按下文作『亦爲之訓說』，皇本是也。」案下文，底卷、乙一、丙卷作「訓解」，與皇本不同，阮校可商。

〔一六〕世，乙一、刊本同，甲卷作「代」，李方謂作「代」者爲避唐諱改，是也。

〔一七〕南郡太守馬融亦爲之訓解，「太」，甲卷、乙一、丙卷同，刊本作「大」，「大」「太」古今字；「訓解」，乙一、丙卷同，甲卷、刊本作「訓說」。

〔一八〕古，甲卷、刊本同，乙一脱，丙卷誤作「故」。

〔一九〕而爲之注，甲卷、丙卷同，乙一、刊本無「而」字，刊本「注」作「註」，阮校：「『注』是。」案「註」爲「注」之後起別體。

〔二〇〕群，甲卷作「羣」，「群」「羣」古異體；乙一作「郡」，音誤字。

〔二一〕前世傳受，甲卷同，丙卷「世」作「廿」，避諱缺筆字；刊本「受」作「授」，「受」「授」古今字。

〔二二〕之，丁卷起於此。

〔二三〕諸，甲卷、刊本同，乙一作「之」，「之」爲「諸」之同音借字。

〔二四〕開内侯臣孫邕，「開」字甲卷、乙一同，刊本作「關」，「開」爲「關」之俗字；乙一「邕」誤作「邑」。

〔二五〕冲，甲卷、乙一同，刊本作「沖」，《玉篇・冫部》：「冲，俗沖字。」

〔二六〕羲，甲卷、丁卷、刊本同，乙一、丙卷誤作「義」。

〔二七〕臣荀顗，甲卷、乙一、丁卷、刊本同；丙卷脱「臣」字，「荀」誤作「苟」。

〔二八〕附，甲卷同，乙一、丁卷、刊本作「駙」，李方云「此當以『駙』爲正」。

〔二九〕弟一，「弟」字甲卷、乙一、丙卷、丁卷作「苐」，刊本作「第」，「苐」爲「弟」之俗字，俗書竹頭多寫作草頭，俗據「苐」楷正，則成「第」字。下凡「弟一」、「弟二」之「弟」均同此。丙卷止於此。

〔三〇〕悦，甲卷、乙一、丁卷同，刊本作「説」，「説」「悦」古今字。

〔三一〕稱，底二「稱」原作「信」，李方云：「『稱』誤作『信』。」兹據甲卷、乙一、丙卷、刊本改正。

〔三二〕謂孔子也，刊本同，甲卷、乙一、丙卷無「也」字；丙卷「謂」作「爲」，案「謂」「爲」古多通用，此當以作「謂」爲正。

〔三三〕學以時誦習之，「學」後甲卷、乙一、丙卷、刊本有「者」，甲卷脱「之」字。

〔三四〕癈，甲卷、乙一、丙卷同，刊本作「廢」，「癈」爲「廢」之俗寫。

〔三五〕悦懌，乙一同，甲卷、丙卷末有『也』字；刊本『悦』作『説』，『説』『悦』古今字。

〔三六〕朋，甲卷、乙一、刊本同，丙卷誤作『明』。

〔三七〕慍，丙卷、刊本同，甲卷、乙一誤作『温』。

〔三八〕乎，底二起於此，此字底一存右部小半，底二存左部大半，二卷綴合則完整無缺。

〔三九〕『不知君子不怒也』七字見底二，刊本無『也』字。

〔四〇〕『有子曰』三字底一存右半，底二存左半，二卷綴合則完整無缺。

〔四一〕孔子弟子有若也，『有若也』三字見底二；甲卷『孔子』下有『曰』字，『弟』作『苐』，『苐』爲『弟』之俗字；丁卷『孔子』作『孔曰』；刊本無『也』字。阮校：『皇本作「孔安國曰：弟子有若也」。案「孔子」疑「孔曰」之譌。皇本凡「孔曰」皆稱「孔安國曰」。』下凡『弟子』之『弟』他本作『苐』者皆不復出。

〔四二〕『其爲人也孝悌』五字底一存右半，底二存左半；甲卷『人』誤作『之』；刊本『悌』作『弟』，陳鐵凡云『弟、悌古今字』。

〔四三〕而好犯上者，『而好犯』三字底一存右半，底二存左半；『上者』二字底一存右半部分殘畫，底二之左半則殘泐不見。底一止於此。

〔四四〕『鮮矣』以下據底二録文。『矣』字甲卷、丙卷、刊本同，乙一作『以』，李方云：『「矣」作「以」，誤。』案《廣韻》『矣』音于紀切，于紐之韻；『以』音羊己切，喻紐之韻，敦煌寫卷中喻三與喻四多有同用，羅常培《唐五代西北方音》已有揭示（九一頁，科學出版社一九六一），伯三一九九《齋文》：『大哉調御之功，邈以能仁（人）之力。』其中的『以』當讀作『矣』，是其比。是乙一作『以』者，乃同音致誤也。

〔四五〕悌，甲卷、丙卷同，乙一作『苐』，刊本作『弟』，『弟』『苐』正俗字，『弟』『悌』古今字。

〔四六〕好欲犯其上者少也，丁卷止於此。

〔四七〕未之有也，戊卷起於此。

〔四八〕本基也，刊本同；甲卷「本」字誤寫作經文大字；乙一無「也」字。

〔四九〕也，乙一、戊卷、刊本無。

〔五〇〕悌，甲卷、乙一同，刊本作「弟」，「弟」「悌」古今字。

〔五一〕人之本歟，甲卷、乙一、刊本「歟」作「與」，「與」「歟」古通用；甲卷、戊卷、刊本「人」作「仁」，宋人陳善《捫蝨新語》以「人」爲本字，「仁」爲借字，以後多有承襲其説者，詳程樹德《論語集釋》。今案俞樾《群經平議》云：「此章之旨即《孟子》所謂『人人親其親，長其長，而天下平』者，其爲人也孝弟，則自不至于犯上而作亂，故以爲仁之本。《禮記·經解篇》曰：『上下相親謂之仁。』即此仁字之義也。……有子之言，本自平實。後人恥事功而虚談心性，於是其説始多矣。」楊樹達《論語疏證》云：「愛親，孝也；敬兄，弟也。儒家學説，欲使人本其愛親敬兄之良知良能而擴大之，由家庭以及其國家，以及全人類，進而至於大同，所謂親親而仁民，仁民而愛物也。然博愛人類進至大同之境，乃以愛親敬兄之良知良能爲其始基，故曰孝弟爲仁之本。孟子謂親親敬長，達之天下則爲仁義，又謂事親從兄爲仁義之實，與有子之言相合，此儒家一貫之理論也。」徐仁甫《〈論語〉辨正》云：「此章有子之意在論政。爲政先要已亂，故曰不好犯上，而好作亂者，未之有也。君子務本，謂務爲政之本。爲政在施行仁義，而推仁義之本於孝弟者，則孟子所謂『堯舜之道，孝弟而已矣』。……故知孝弟爲仁政之本。後世有謂孝弟爲人之本者，改『仁』爲『人』，失有子之意遠矣。」（《中華文史論叢》第二五輯六二頁，上海古籍出版社一九八三）楊伯峻《論語譯注》云：「這一説（引者案：指當讀作『人』）雖然也講得通，但不能和『本立而道生』這一句相呼應，未必符合有子的原意。」其説皆善。且《管子·戒篇》有「孝弟者，仁之祖也」句，正與「仁之本」相合。如謂此「仁之本」當作「人之本」，豈「仁之祖」亦當作「人之祖」乎？其誤不待言矣。李方云：「此處『人』應作『仁』。」得之。

〔五二〕父兄，甲卷、刊本同，戊卷脱「兄」字。

〔五三〕子曰，乙二起於此。

〔五四〕善其顏色皆欲令人悦之少能有仁，『悦』字甲卷、乙二同，刊本作『説』，『説』『悦』古今字；『有仁』下刊本有『也』字；戊卷作『善其親皆欲少能有人』，多有訛脱；乙一止於『善』字。

〔五五〕弟子曾參也，甲卷、乙二『弟』作『第』，案『弟』俗作『苐』，俗書竹頭多寫作草頭，俚俗據『苐』楷正，則進而訛作『第』；戊卷、刊本無『也』字。

〔五六〕其身，甲卷、乙二、戊卷同，刊本作『吾身』，李方云：『從修辭講，此句首已有「吾」字，下以「其」作代詞爲勝。』案《荀子·勸學》：『君子博學而日參省乎己，則知明而行無過矣。』荀子之言當出諸此。又《墨子·兼愛下》：『吾惡能爲吾萬民之身。』《莊子·德充符》：『吾唯不知務而輕用吾身，吾是以亡足。』《莊子·山木》：『今吾遊於彫陵而忘吾身。』《法言·淵騫》：『吾不忍見禍及吾身。』句法皆與《論語》同，亦作『吾身』，作『其』者，或後人妄改也。

〔五七〕得素不講習而傳之者乎，甲卷、乙二、戊卷、刊本『得』下有『無』，無『者乎』二字；甲卷『得』誤『皆』，乙二『素』誤『索』；戊卷末有『也』字。

〔五八〕導，甲卷、乙二、戊卷、刊本作『道』，『道』『導』古今字。注中『導』字同。

〔五九〕城，甲卷、乙二同，戊卷、刊本作『成』，『城』爲『成』之借字。本注中『城』字同。

〔六〇〕侯，己一起於此。

〔六一〕氏，甲卷、戊卷、刊本無。

〔六二〕里，甲卷、戊卷同，刊本作『治』，李方云：『《釋文》亦云：「包云治也。」寫本當避唐高宗諱改。』案『里』字非義，當校讀作『理』，『理』『治』義同，『治』字避唐諱改作『理』爲當時通例。

〔六三〕古者井田方里爲井十井爲乘百里之國適千乘也，甲卷脱，己一無『也』字。

〔六四〕礼，甲卷、乙二、己一同，刊本作『禮』，『礼』爲古文『禮』字，敦煌寫本多用此字，後世刊本則多用『禮』字。下凡『礼』均不復出。

〔六五〕也，甲卷、己一、戊卷、刊本無，李方云：「此『也』當係書者爲求注文雙行對齊而妄加。」

〔六六〕人必誠信也，「人」字甲卷同，戊卷、刊本作「民」，案《群書治要》所引作「民」，是「人」爲「民」之諱改字；甲卷、戊卷「誠」作「成」，「成」爲「誠」之借字；甲卷、刊本無「也」字，乙二脱此句。

〔六七〕而愛民，乙二「而愛」誤作「西受」；「民」字甲卷作「仁」，乙二、戊卷、己一、刊本作「人」，李方云：「《論語譯注》云當作『人』，且當作狹義之人（士大夫以上各階層），與下句『使民以時』之『民』相對應。然刊本包注同底本，云：『國以民爲本，故愛養之。』似經文作『民』，經傳『民』、『人』通用，『人』、『仁』不分，是以異文紛呈。」案楊樹達《論語疏證》於此句下所引諸例皆愛民之事，是其亦以此爲「民」字也，「人」應爲「民」之諱改字，「仁」爲「人」之借字。

〔六八〕國以民爲本，戊卷、刊本同；「民」字甲卷作「仁」，乙二、己一作「人」；己一「國」誤爲「周」，前衍一「尚」字。説參上條。

〔六九〕民，底二原缺末筆，避諱缺筆字，茲據甲卷、刊本録正；戊卷作「人」，諱改字。

〔七〇〕孔，甲卷同，戊卷作「苞」，刊本作「包」。

〔七一〕作使人，甲卷、戊卷同，刊本作「作使民」，阮校：「閩本、北監本、毛本『作』下有『事』字。案作『作事使民』文義較明，《疏》中亦有『事』字。」案「人」爲「民」之諱改字。

〔七二〕也，甲卷、己一同，戊卷、刊本無。

〔七三〕弟子入則孝，乙二誤作「苐則入孝」。

〔七四〕則可以學文矣，甲卷、戊卷同，乙二「則可以」三字殘泐，刊本無「可」、「矣」二字。

〔七五〕古，甲卷、戊卷、刊本同；乙二作「故」，乃音誤字。

〔七六〕卜商，戊卷同，刊本下有「也」字。

〔七七〕則善，刊本同，甲卷、戊卷下有「也」字。

〔七八〕包曰盡忠節不愛其身，甲卷、乙二、戊卷同，刊本「包」作「孔」；己一脱此句。

〔七九〕敝，甲卷、己一作「弊」，爲「蔽」之訛俗字，刊本即作「蔽」；「敝」爲「蔽」之借字。戊卷脱此字。

〔八〇〕能，甲卷、戊卷、刊本同，己一無。

〔八一〕無，甲卷、刊本同，戊卷誤作「免」。

〔八二〕學，甲卷、刊本同，戊卷誤作「子」。

〔八三〕義理也，甲卷、乙二同；戊卷「理」作「里」，「里」爲「理」之音借字；戊卷、刊本無「也」字。

〔八四〕有，甲卷、己一同，乙二、刊本作「友」，李方云：「皇疏云：『凡結交取友，必令勝己。』則字當作『友』。」案「有」爲「友」之音借字，敦煌寫卷二字常相通假，斯五六四七《文様（叔侄分書）》：「結義之有，尚▨讓金之心；骨肉之厚，不可有分飛之願。」「有」即「友」之借。

〔八五〕民，底二原缺末筆，甲卷、乙二同，避諱缺筆字，兹據戊卷、刊本録正；己一作「人」，乃「民」之諱改字。

〔八六〕民，底二原缺末筆，甲卷、乙二、戊卷、己一同，避諱缺筆字，兹據刊本録正。

〔八七〕厚矣，戊卷同，己一「厚」作「後」，無「矣」字，「後」爲「厚」之音誤字；甲卷「矣」下有「也」字，「矣也」不能連用，二字當衍其一；刊本「矣」作「也」。

〔八八〕是邦，甲卷、乙二、戊卷同，刊本下有「也」字。

〔八九〕歟，甲卷、戊卷同，己一、刊本作「與」，「與」「歟」古通用。下句「歟」字同。

〔九〇〕陳亢，甲卷、戊卷同，刊本下有「也」字。

〔九一〕弟子，戊卷、刊本同，甲卷脱「子」字。

〔九二〕亢恠孔子所至之邦必与聞其政，「恠」字甲卷、戊卷、己一同，刊本作「怪」，「恠」即「怪」的俗字；刊本「政」前有「國」字，《史記·仲尼弟子列傳》裴駰《集解》引鄭玄《論語注》亦作「國政」，與刊本同；乙二止於「亢」字。

〔九三〕耶，甲卷、戊卷、己一同，刊本作『邪』，《玉篇·耳部》謂『耶』『俗邪字』。

〔九四〕理也，『理』字戊卷作『里』，己卷作『始』，刊本作『治』，李方云『此處作「治」是，作「理」係避唐諱改，作「始」則爲「治」字之誤』，案『里』爲『理』之音借字；甲卷、刊本無『也』字。

〔九五〕良，庚卷起於此，此字殘存下半。

〔九六〕之求，甲卷同，戊卷作『求之』，己一脱『之』字，刊本『求』下有『之也』二字。

〔九七〕異乎人之求之歟，戊卷同，甲卷無下『之』字；己一、刊本『歟』作『與』，『與』『歟』古通用。辛一起於『乎』字。

〔九八〕五德而得，甲卷、辛一、刊本同，己一、庚卷『得』作『德』，戊卷『德』作『得』，『得』『德』古多通用，此應以『五德而得』爲正。

〔九九〕異，甲卷、戊卷、庚卷、辛一、刊本同，己一作『與』，李方謂『與』字誤；案唐五代西北方音止、遇二攝通用，『與』、『異』同音而誤，伯三八二五《亡文》：『人異非人，咸蒙吉慶。』『異』則爲『與』之誤。

〔一〇〇〕自願与之，底二原有二『自』字，一在行末，一在次行首，當是因换行而誤衍，兹據甲卷、戊卷、己一、刊本删；『願』字甲卷、己一、辛一（殘存右半）同，刊本無；戊卷『与』誤作『歟』。

〔一〇一〕子，甲卷、戊卷、辛一、刊本同，己一脱。

〔一〇二〕乃，戊卷、己一、辛一、刊本同，甲卷誤作『及』。

〔一〇三〕孝矣，甲卷、己一、刊本同，戊卷下多『也』字。

〔一〇四〕哀慕猶若父存，甲卷、庚卷同；『哀慕』，辛一作『哀暮』，『暮』爲音誤字，己一作『哀戚』，『哀戚』『哀慕』義近；『存』字戊卷、辛一作『在』，『存』『在』同義；又底二『慕』下有『之之』兩字，李方云『當係鈔者妄增以求注文雙行對齊』，是也。

〔一〇五〕無所改於父之道，戊卷、辛一、刊本同，甲卷脱『改』，末有『也』字；己一『無所』前有『故』字。

〔一〇六〕如和，戊卷脱；甲卷、辛一、刊本「如」作「而」，李方謂「如、而古多通用」。

〔一〇七〕節之，戊卷、己一、刊本同，甲卷作「爲節」，李方云：「此處加一『爲』字不辭。此句注作『不以禮爲節』，疑涉注文而衍。」案《史記·仲尼弟子列傳》、《公羊傳·宣公九年》何休注引均作「節之」。

〔一〇八〕亦不可行也，戊卷、己一、刊本同；甲卷無「不」字，李方謂無「不」字「有悖經義，當誤脱」，是也。

〔一〇九〕馬，甲卷、戊卷同，己一作「包」，《史記·仲尼弟子列傳》裴駰《集解》所引作「馬融」。

〔一一〇〕不可行之，甲卷作「可行也」，脱「不」字；己一「可」前殘泐，「之」作「也」；戊卷「之」作「也」；庚卷、辛一無「之」字。

〔一一一〕可復，甲卷同，戊卷、己一、刊本下有「也」字。

〔一一二〕信非義也，甲卷、戊卷、刊本同；己一「非」前有「必」字，案《史記·仲尼弟子列傳》裴駰《集解》引無「必」字。

〔一一三〕言可反覆，甲卷、戊卷、刊本「言」前有「以其」二字；己一前有「以」字，「覆」作「復」，餘皆殘泐，知其亦有「以其」二字；庚卷作「其言語反覆」，「其」字殘存下半，其前殘泐，亦知其有「以其」二字，案《史記·仲尼弟子列傳》裴駰《集解》引有「以其」二字，李方云「底本脱」，當是；「復」「覆」音同義通。戊卷「反」誤作「及」。

〔一一四〕近義，辛一、刊本同，甲卷、戊卷末有「也」字。

〔一一五〕恥辱，甲卷、戊卷、己一、辛一同，刊本下有「也」字。

〔一一六〕則非礼也，甲卷、己一、刊本無「則」字，甲卷無「也」字。案《史記·仲尼弟子列傳》裴駰《集解》引作「非禮也」，與己一、刊本同。

〔一一七〕近義，甲卷同，庚卷、刊本作「近禮」，刊本下有「也」字。李方云：「字當作『禮』，底本等誤。」

〔一一八〕亦可宗也，甲卷、己一、刊本同，庚卷「可」誤作「不」；戊卷「亦」前又有一「亦」字，當是因换行而衍；戊卷

「宗」誤作「宋」。

〔二九〕有所不暇，己一、刊本同，甲卷誤作「所不暇也」。

〔三〇〕而慎，戊卷止於此。

〔三一〕道而正，己一、刊本同，甲卷「正」作「政」，李方云「據注『正謂問事是非也』，當以『正』爲是」，「政」爲「正」之借字。辛二起於「道」字。

〔三二〕矣，甲卷、己一、庚卷同，刊本無。

〔三三〕有道，辛一、刊本同，己一脱，甲卷「道」字殘泐。

〔三四〕也，甲卷、辛一、刊本無。

〔三五〕也，甲卷、辛一同，刊本無。

〔三六〕貧而樂道，己一、辛一同，甲卷「而」作「如」，刊本無「道」字。阮校：「皇本、高麗本『樂』下有『道』字，《唐石經》『道』字旁添。案《唐石經》旁添字多不足據，此『道』字獨與古合。攷《史記·仲尼弟子列傳》、《文選·幽憤詩》注引此文竝有『道』字，又下二節孔注及皇、邢兩疏亦有『道』字，俱足爲古本有『道』字之證。」陳鐵凡《敦煌論語異文彙考·弁言》云：「日本傳世諸古本（古本、足利本、皇本、武内本、纂喜本、津藩本、正平本、天文本）亦俱作『貧而樂道』，《唐石經》『道』字旁注。今通作本無『道』字，當是後世譌奪。『貧而樂道』與下文『富而好禮』相對成文，義自較勝。」李方云：「據前引唐寫本及唐石經，集解本應有『道』字。」案：《唐石經》『道』字旁注，可知其初刻並無『道』字，『道』乃後人據別本所添。阮元謂皇疏亦有『道』字，然其所見皇疏乃從日本傳來，今敦煌寫本伯三五七三號皇侃《論語疏》並無『道』字，陳金木《皇侃之經學》云：「武内氏曰『今考皇侃兩疏，二本當有道字，今本邢疏無之者，疑是後人依石經所校改。』」按敦煌本此處於經文作「貧而樂」無「道」字，疏解用語亦曰「然不云富而樂貧而好禮者」「未若貧而樂者」，其疏語亦曰「故孫綽云：顔氏之子，一簞一瓢，人不堪憂，回也不改其樂也。」「子貢引詩定證何事者，證貧而樂富而好禮，並是宜自切磋之義，故引詩以證之。」皆足以證明皇侃所據之經文爲「貧而樂」而非若武内氏所稱當有「道」字也。」是日本所傳皇疏已遭後人篡改，不可爲據。何晏《集解》引鄭玄曰：『樂謂志於道，不以貧爲憂苦。』可知鄭本無『道』字。鄭玄《論語注》以魯論爲本，定州漢墓所出簡本《論語》亦無『道』字，而簡本亦魯論本（説詳單承斌《論語源流考述》第九節《定州漢墓竹簡〈論語〉考述》，吉林人民出版社二〇〇二），可知魯論本無『道』字。《史記·仲尼弟子列傳》引有『道』字，馬國翰《玉函山房輯佚書》謂司馬遷曾從孔安國問學，《史記》所引皆孔安國之《古論語》，且下句『如切如磋，如琢如磨』，何晏《集解》引孔安國曰：『能貧而樂道，富而好禮者，能自切磋琢磨。』正與《史記》所引同，可知《古論》有『道』字。臧琳《經義雜記》卷二『論語古文今文』條云：『《古論語》「未若貧而樂道」，《魯論語》「未若貧而樂」。』其説是也。今寫卷『道』字應非何晏《論語集解》本原貌，蓋後人據《史記》或《集解》所引孔安國注增也。

〔二二七〕好礼者，甲卷、辛二同，刊本下有『也』字。

〔二二八〕至，甲卷同，辛二作『主』，刊本作『志』，李方云：『邢疏亦云：「樂謂志於善道。」字當作「志」，底本誤。』案《史記·仲尼弟子列傳》裴駰《集解》引鄭玄《論語注》作『志』，『至』『主』皆『志』之音誤字，唐五代西北方音止、遇二攝通用。

〔二二九〕不以貧賤爲憂苦也，辛二同，刊本無『賤』字；甲卷、刊本無『也』字。案：《史記·仲尼弟子列傳》裴駰《集解》引鄭玄《論語注》無『賤』字。《説文·貝部》：『賤，賈少也。』引申爲地位低。『貧，財分少也。』經文貧、富對舉，乃言財少，『賤』當是後人熟於『貧賤』一詞而誤增。

〔二三〇〕子貢曰，甲卷、辛一、刊本同，庚卷脱『曰』字；己二起於『貢』字，『貢』下無『曰』字，然『貢』之右上角有鈎號，當是乙字符，則『曰』字應在前行之末。

〔二三一〕詩云如切如瑳，己二同，甲卷、辛一、刊本『瑳』作『磋』。案：《詩·衛風·淇奥》『如切如磋』句，伯二五二九《毛詩》寫卷『磋』作『瑳』，阮元《毛詩校勘記》云：『小字本、相臺本「磋」作「瑳」。考《五經文字》：「磋，治也。」在石部；「瑳，玉色鮮」，在玉部。是唐人有以此字從石，與「瑳兮瑳兮」字别者。《説文》有「瑳」無「磋」，「磋」本「瑳」之俗字耳。此經及傳并《小雅・谷風》、《大雅・卷阿、桑柔》箋皆當本是「瑳」字。」《爾雅・釋訓》「如切如磋，道學也」，嚴元照《爾雅匡名》云：「《説文・石部》無「磋」字，當作「瑳」。《説文》訓「瑳」爲玉色鮮白。治骨曰瑳者，治之使其玉色鮮白如玉。」《定州漢墓竹簡論語》作「磋」（文物出版社，一九九七年排印本），不知所録爲原貌否？庚卷止於「詩」字。下「瑳」字同。

〔三二〕 琢，己一殘存右半，己一止於此。

〔三三〕 歟，甲卷同，辛二、刊本作「與」，二字古通用。

〔三四〕 而好，甲卷、己二、刊本同，辛二「好」誤作「如」。壬卷起於「而」字。

〔三五〕 自切瑳琢磨，「自」，己二脱，辛二誤作「白」；甲卷、辛二末有「也」字。

〔三六〕 矣，癸卷起於此。

〔三七〕 知引詩以成孔子義，刊本同，甲卷「知」音誤作「之」，無「義」字；辛一無「孔子」二字。李方謂甲卷、辛一皆脱誤，是也。

〔三八〕 取類，甲卷、辛一、刊本同，己二「類」前衍「不」字。

〔三九〕 貧而樂道，辛一、刊本同，甲卷脱「而」字。

〔四〇〕 以切瑳琢磨也，甲卷、辛一同，癸卷無「以」字，己二、刊本無「也」字。

〔四一〕 人之不己知，己二、刊本同，辛二「之」音誤作「知」，壬卷「知」音誤作「之」。

〔四二〕 患己不知人也，辛卷同，壬卷存「患己不」三字，甲卷存「之（知）人」二字，己二殘存「患」之上端，刊本無「己」字。《經典釋文・論語音義》云：「患不知也，本或作「患己不知人也」，俗本妄加字。今本「患不知人也」。」臧琳《經義雜記》云：「《釋文》知古本作「患不知也」，蓋與《里仁》「不患莫己知，求爲可知也」、《先進》「居則曰：不吾知也，如或知爾，則何以哉」語意同，今邢疏及《集注》本皆作「患不知人也」，「人」字亦淺人所加。』劉寶楠《論語正義》云：『皇本有王注云：「但患己之無能知也。」己無能知，即未有知之義，則皇本「人」字爲俗妄加無疑。』

〔一四三〕王曰徒患己之無能，辛一、刊本無，甲卷末有『也』字，阮校：『皇本有「王肅曰但患己之無能知也」十一字注，各本皆脱。』則皇侃本『能』後有『知也』二字。

〔一四四〕爲政篇弟二，辛一同，甲卷、己二、壬卷、刊本無『篇』字，甲卷、己二、癸卷『弟』作『苐』，刊本『弟』作『第』。

〔一四五〕何晏集解，底二原無此四字，底一『學而弟一』下有此四字，此亦當同，茲據己二、辛卷補；癸卷殘存『何晏』二字。

〔一四六〕德，伯二六六四背《雜寫》作『得』，『得』爲『德』之借字。

〔一四七〕譬如，己二、辛一、刊本同，『譬』字甲卷殘泐，壬卷作『辟』，《定州漢墓竹簡論語》亦作『辟』，『辟』『譬』古今字；癸卷『如』作『而』，二字古多通用。

〔一四八〕居其所而，己二、刊本同，辛一『居』誤作『君』；甲卷止於『而』字，壬卷、癸卷『而』字殘泐。

〔一四九〕北辰之不移而衆星共之，辛二、壬卷、刊本同，己二前一『之』字誤作『也』，癸卷末有『也』字。

〔一五〇〕孔，底二原誤作『九』，茲據己二、辛一、壬卷、癸卷、刊本改正。

〔一五一〕篇之大數，己二、辛一、壬卷、刊本同，癸卷誤作『篇大數之』。

〔一五二〕以獘，『以』字癸卷誤作『一』；『獘』字己二、辛一、壬卷、刊本作『蔽』，『獘』爲『蔽』之借字；癸卷作『⿱艹弊』，乃『蔽』之訛俗字。

〔一五三〕獘猶當也，己二、辛一、壬卷、刊本『獘』作『蔽』，壬卷無『也』字，癸卷僅殘存『猶』字。

〔一五四〕邪，刊本同，己二、辛一、壬卷作『耶』，《玉篇·耳部》：『耶，俗邪字。』

〔一五五〕歸於政也，辛二、壬卷『歸』作『帰』，『帰』爲《說文》『歸』的籀文隸定字；己二、辛二、壬卷、刊本『政』作『正』，據邢《疏》『此章言爲政之道在於去邪歸正』，則『政』爲『正』之借字；壬卷、刊本無『也』字。

〔一五六〕刑，己二、辛一、刊本同，壬卷、癸卷作「形」，陳鐵凡云：「形字當以與刑音同形近而譌。」李方云：「乃形近而譌。」案形、刑二字聲同形近，敦煌寫卷常見通假之例，不可謂之爲訛。注中「刑」字同此。

〔一五七〕孔曰，己二、辛一、壬卷、癸卷、刊本作「馬曰」。

〔一五八〕齊愸之以刑罸，「愸」，己卷作「整」，辛一、壬卷、癸卷作「政」，刊本作「整」，「愸」、「整」皆「整」之俗字；癸卷「之」誤作「也」；刊本「罸」作「罰」，《五經文字・罒部》云「罰、罸，上《說文》，下《石經》，五經多用上字」；辛一、癸卷末有「也」字。

〔一五九〕人，辛一、壬卷、刊本作「民」，「人」爲諱改字；己二作「巳」，則爲避諱缺筆字。

〔一六〇〕也，己二同，辛一、壬卷、刊本無。

〔一六一〕齊之以礼，癸卷脱此句，辛二止於「之」字。

〔一六二〕格正，己二、壬卷同，癸卷、刊本下有「也」字；辛一前有「孔曰」二字，李方懷疑辛一誤，案《史記・酷吏列傳》裴駰《集解》引此句云：「何晏曰：『格，正也。』」以此爲何晏自注，是其所據亦無「孔曰」二字。

〔一六三〕至於，辛一同，己二、壬卷、刊本「至」作「志」，李方云「皇疏云：『志者，在心之謂也。』是字以『志』爲正」；刊本「於」作「于」，二字古多通用。

〔一六四〕卅，辛一同，壬卷、刊本作「三十」，「卅」爲「三十」之合文。

〔一六五〕成立，己二、辛一同，刊本作「成也」。

〔一六六〕卌而不惑，「卌」，己二、辛一、癸卷同，刊本作「四十」，「卌」爲「四十」之合文；辛一「不」誤作「而」；「惑」，辛一、癸卷作「或」，壬卷作「成」，「成」爲「或」之誤字，「或」「惑」古今字。

〔一六七〕不疑惑，壬卷、刊本同，辛一、癸卷「惑」作「或」，己二、癸卷末有「也」字。參上條。

〔一六八〕五十而知天命，己二、壬卷、癸卷、刊本同，辛一前有「子」字，陳鐵凡云：「此『子』字當誤衍。」陳舜政《論語異文集釋》云：「這話本來是孔子自己說的，所以不會自稱爲『子』，這字必是誤加上去的。」

〔一六九〕知天命之終始，刊本同，壬卷「之」音誤作「知」，辛一「終」音誤作「忠」（《廣韻》「終」音職戎切，照紐東韻；「忠」音陟弓切，知紐東韻，此係知、照三等韻字混用，例詳洪藝芳《唐五代西北方音研究》二三頁至二五頁），癸卷「終始」作「始終」。辛一、壬卷、癸卷、刊本前有「孔曰」二字。

〔一七〇〕而，己二、辛一、壬卷、刊本同，癸卷作「如」，二字古多通用。

〔一七一〕言，子一起於此。

〔一七二〕微旨也，辛一同，壬卷「微」誤作「後」，己二、壬卷、刊本無「也」字；子一「微旨」殘泐，有「也」字。

〔一七三〕從心所欲不踰矩，己二、刊本同；「矩」字辛一作「距」，當是「矩」的誤字「距」之訛，癸卷誤作「短」。丑一起於此。

〔一七四〕矩，壬卷、刊本同，己二音誤作「舉」，辛一誤作「距」。

〔一七五〕無非法，己二、壬卷、癸卷、刊本同，辛一末有「也」字。

〔一七六〕懿，底二原誤作「懃」，辛一誤作「豁」，兹據己二、壬卷、刊本改正。注中「懿」字同。

〔一七七〕魯大夫仲孫何忌懿謚也，子一、刊本同，己二、辛一、壬卷、癸卷、丑一無「也」字，辛一前有「孟懿子」三字。

〔一七八〕毋，壬卷、子一、丑一同，己二、辛一、癸卷、刊本作「無」，《説文·毋部》：「毋，止之詞也。」段注：「古通用無。」

〔一七九〕遅，己二、辛一、壬卷、癸卷同，刊本作「遲」，「遅」爲「遲」之俗字。下「遅」字皆同，不復出校。

〔一八〇〕毋，癸卷、丑一同，辛一、刊本作「無」；壬卷形誤作「用」。

〔一八一〕無，辛一、癸卷、子一、丑一同，壬卷作「毋」。

〔一八二〕也，己二、辛一、壬卷、癸卷同，刊本無。

〔一八三〕祭之以礼，己二、壬卷、癸卷、子一、刊本同，辛一脱。癸卷止於此。

〔一八四〕孟武伯，刊本同，辛一「武」誤作「賦」，壬卷「伯」誤作「百」。

〔一八五〕武伯，己二、辛一、子一、刊本同，丑一脱，壬卷「伯」誤作「百」。

〔一八六〕彘，底二原作「彘」，當是「彘」之形誤，兹據刊本改正。《左傳·哀公十七年》：「武伯曰：『然則彘也。』」杜預注：「彘，武伯名也。」可證。辛一作「昗」，壬卷作「炅」，皆與「彘」形不近，不知沿訛之迹，俟再考。

〔一八七〕武，刊本同，壬卷無；辛一作「懿」，臆改也，此釋孟武伯，不必釋其父也。

〔一八八〕孝子不妄，壬卷、丑一、刊本同，辛一脱「子」字；「妄」字己二音誤作「忘」，子一形誤作「長」。

〔一八九〕唯疾病然後使父母憂耳，刊本無「耳」字；辛一、壬卷「疾」作「疾」，俗書疒、广二偏旁相亂；辛一末有「也」字，乃爲雙行對齊而添。

〔一九〇〕姓言名偃，刊本同，壬卷「姓」音誤作「性」，己二、壬卷末有「也」字。

〔一九一〕子曰，己二、辛一、子一、刊本同；壬卷無「曰」字，李方以爲誤脱，是也。

〔一九二〕至，辛一、刊本同，壬卷作「致」，李方云「當以『至』爲正」。

〔一九三〕馬曰，辛一、子一同，壬卷、丑一、刊本「馬」作「包」。

〔一九四〕御，辛一、壬卷同，子一、刊本作「禦」，「御」「禦」古今字。

〔一九五〕代勞，子一、刊本同，壬卷誤作「伐榮」；辛一「代」作「大」，李方以爲「音同致誤」，是也。

〔一九六〕皆，刊本同，辛一、壬卷無。

〔一九七〕犬馬，己二、辛一、刊本同，壬卷脱「馬」字。

〔一九八〕皆能有養，辛一、壬卷同，己二、刊本無。

〔一九九〕何以别乎，辛一、壬卷同，己二作「則無以别乎」，丑一作「則無别乎」，刊本作「則無以别」，李方云：「經文作『何以别乎』，注當釋之，此以『則無以别（也）』爲勝。」

〔二〇〇〕食而不愛，己二、壬卷、丑一、刊本同，辛一脱「而」字。

〔二〇一〕獸畜之，丑一、刊本同，己二「之」字殘泐，辛一末有「也」字，壬卷「豕畜」以下八字脱。

〔二〇二〕色難謂承順父母顔色乃爲難，己二同，壬卷、刊本前有「包曰」二字，皇《疏》有「苞氏曰」三字，「苞」同「包」；刊本「色難」下有「者」字；辛一「承」作「乘」，「乘」爲音借字；辛一、壬卷末有「也」字。

〔二〇三〕父兄，辛一、壬卷、子一、刊本同，己二誤作「父母」。

〔二〇四〕飲食也，辛一、壬卷、刊本同，己二無「也」字。丑一止於「食」。

〔二〇五〕孝乎，丑二起於此。

〔二〇六〕孔子喻子夏，辛一、壬卷前有「孔曰」二字，刊本前有「馬曰」二字（己二僅存一「馬」字）。

〔二〇七〕也，壬卷、刊本同，辛一無。

〔二〇八〕孝也，刊本同，壬卷「孝」誤作「難」；己二、辛一無「也」字，寅卷「也」誤作「乎」。寅卷起於此。

〔二〇九〕終日，子二起於此。

〔二一〇〕違，辛一、壬卷、刊本同，子二作音誤「遺」。

〔二一一〕如，辛一、丑二、刊本同，壬卷作「而」，二字古通用。

〔二一二〕孔，壬卷、丑二、刊本同，辛一作「馬」。

〔二一三〕回孔子弟子，壬卷脱「回」字；辛一、壬卷、刊本無「孔子」二字，案《集解》所引諸家之注，凡解釋孔子弟子之姓名，均無「孔子」二字，此處「孔子」二字當是衍文。

〔二一四〕子淵，壬卷、刊本同，辛一脱「子」字。《史記・仲尼弟子列傳》云：「顔回者，魯人也，字子淵。」

〔二一五〕違，壬卷、刊本同，辛一音誤作「爲」。

〔二一六〕「恠」，己二、辛一、寅卷同，刊本作「怪」，「恠」即「怪」的俗字。

〔二一七〕默而識之，己二、辛一、刊本同，壬卷「默」作「墨」，音借字。子三起於「之」字。

〔二一八〕如愚也，寅卷同；壬卷「如」作「而」，二字古通用；子三「如」字重出，衍其一；己二、辛一、壬卷、刊本無「也」字。

〔一九〕退而省其私，己二、辛一、子卷、刊本同，壬卷脱「退」字，「省」形誤爲「貴」，「私」音訛爲「斯」。

〔二〇〕也，辛一、丑二、刊本同，壬卷脱。

〔二一〕察其退還与二三子説釋道義，辛一同，壬卷、丑二、寅卷、刊本前有「孔曰」二字；壬卷無「還」字，「釋」誤作「識」。

〔二二〕知其不愚，己二、壬卷、子三、寅卷、刊本同，辛一末有「也」字。

〔二三〕視，己二、辛一、壬卷、刊本同，子一音誤作「是」。

〔二四〕所行用也，己二、子二同，辛一、壬卷、刊本無「也」字，辛一「所行用」誤倒作「用所行」。

〔二五〕經也，辛一、壬卷、丑二、刊本同，寅卷無「也」字。

〔二六〕所經從，辛一、寅卷、丑二、刊本同，壬卷誤作「從之耻」。

〔二七〕廋，底二及壬卷誤作「瘦」，兹據辛一、刊本改正；子一「廋」殘存上半。

〔二八〕人焉廋哉，底二原爲重文符號，兹依例録正；壬卷、子卷亦作重文符號；辛一脱「哉」字。

〔二九〕廋匿也言觀人終始安所匿其情，辛一、壬卷、寅卷、刊本前有「孔曰」二字；「廋」字底二及壬卷、寅卷誤作「瘦」，兹依辛一、子二改正；「所」字底二殘去左上角，兹據辛一、壬卷、寅卷、刊本擬補。

〔三〇〕子曰，壬卷、寅卷、刊本同，辛一無「曰」字，陳鐵凡云：「曰字當係誤脱。」

〔三一〕故，壬卷、寅卷、刊本同，辛一作「古」，二字古通用。

〔三二〕温尋也，己二、辛一、刊本同，壬卷脱，子二「也」字殘泐。丑二前有「包曰」二字。

〔三三〕尋繹故者，壬卷、子二、刊本同，己二「尋」下衍「度」字，辛一「故」作「古」。

〔三四〕新者，子一止於此。

〔三五〕可以爲師矣，己二、子三同；辛一脱「以」字，「矣」作「也」；刊本「爲師」作「爲人師」；壬卷末有「也」字，當是爲雙行對齊而添。

〔二三六〕子曰，子二止於此。

〔二三七〕君子，辛一、刊本同，壬卷脱。寅卷止於「君」。

〔二三八〕周其用，辛一、壬卷、刊本同，丑二作「周其所用」。

〔二三九〕不施，辛一、壬卷、丑二、刊本同，子三下有「也」字。

〔二四〇〕子曰，己二、辛一、刊本同，壬卷脱，子三脱「子」字。

〔二四一〕孔曰，己二、壬卷、刊本同，辛一作「包曰」。

〔二四二〕疾小人多言而行之不周，己二、刊本同，壬卷脱「而」字；辛一脱「人」、「而」二字，末有「也」字。

〔二四三〕忠信爲周阿黨爲比，底卷下「爲」字原誤作「無」，今據己二、辛一、壬卷、丑二、刊本改正；辛一、丑二、刊本前有「孔曰」二字；辛一「忠」作「終」，音誤字，參見上文校記〔一六九〕。

〔二四四〕子曰，壬卷、己二、子三、甲卷、刊本同，辛一脱。

〔二四五〕學而不思則冈，辛一、壬卷同；子三「而」作「如」，二字古多通用；「冈」字己二殘泐，刊本作「罔」，「罔」字古作「网」，亦作「冈」，「冈」即「冈」手寫之變。下「冈」字同，不復出校。

〔二四六〕不，底二原誤作「而」，茲據辛一、壬卷、刊本改正。

〔二四七〕之，辛一作「也」，己二、壬卷、刊本無，「之」「也」似皆爲雙行對齊而添。

〔二四八〕學，己二、辛一、刊本同，壬卷作「斈」，「斈」爲「學」之俗字，説見《敦煌俗字研究》下編一一〇頁。

〔二四九〕終卒不得，己二、刊本同，壬卷「卒」作「卆」，「卆」爲「卒」之俗字，見《龍龕・十部》；辛一脱「得」字。

〔二五〇〕使人精神疲也，刊本此句前有「徒」字；己二、壬卷、辛一、刊本「疲也」作「疲殆」（辛一「疲」誤作「友」）。

〔二五一〕攻，底二原誤作「改」，茲據辛一、刊本改正；壬卷作「功」，音誤字。

〔二五二〕攻，底二原作「工」，音誤字，茲據己二、辛一、丑二、刊本改正。

〔二五三〕殊塗而同帰，己二、壬卷同；辛一「塗」作「途」，「途」「塗」古今字；丑二、刊本「帰」作「歸」，「帰」爲《説文》

籀文隸定字，『歸』爲小篆隸定字。下句『帰』字同。

〔三五四〕也，刊本同，已二、辛一、壬卷、丑二無。

〔三五五〕由，已二、辛一、丑二、刊本同，壬卷誤作『申』。

〔三五六〕汝知之，已二、辛一、壬卷、子三、丑二同；刊本『汝』作『女』，『女』『汝』古今字；子三『知之』誤倒作『之知』。

〔三五七〕孔曰，辛一、子三、刊本同，壬卷無。

〔三五八〕子路也，辛一同，壬卷脱『子』字，已二、壬卷、刊本無『也』字。

〔三五九〕智，辛一、丑二同，壬卷、刊本作『知』，『知』『智』古今字。

〔三六〇〕顓孫，辛一、壬卷、刊本同，子三『顓』誤作『端』。

〔三六一〕字子張，自前章『知之爲知之』至此共三十字已二脱。

〔三六二〕干求也禄禄位，已二、辛一、壬卷、刊本末有『也』字；子三作『干禄也』三字，有脱漏。

〔三六三〕疑則闕之，已二、辛一、丑二、刊本同，壬卷脱『之』字。

〔三六四〕其餘不疑，『不疑』二字底二殘泐，兹據已二、丑二、刊本擬補；辛一作『其餘不之疑』，衍『之』字；壬卷脱『其餘不』三字。

〔三六五〕猶慎言之，底二『猶』殘存右半，兹據已二、辛一、壬卷、丑二、刊本擬補；已二脱『之』字。

〔三六六〕則少過，已二、丑二、刊本同；辛一『少』作『小』，『少』字義長；辛一、壬卷末有『也』字。

〔三六七〕見，已二、辛一、刊本同；壬卷作『聞』，李方云『涉上句「多聞闕疑」而誤』。

〔三六八〕則寡悔，已二止於『寡』字。

〔三六九〕也，辛一、壬卷、刊本同，丑二誤作『曰』。

〔三七〇〕所見危者闕而不行，底二『危者闕』、『行』四字殘泐，兹據辛一、壬卷、丑二、刊本擬補。辛一脱『見』字。

〔三七一〕則少悔也，底二「則」殘存左邊「貝」，兹據辛一、壬卷、丑二、刊本擬補；壬卷「少」作「小」，「少」字義長；丑二、刊本無「也」字。

〔三七二〕行寡悔，子三止於此。

〔三七三〕如此，辛一、刊本同，壬卷脱「此」字。

〔三七四〕亦得禄之道，辛一、壬卷末有「也」字，刊本「亦」下有「同」字。

〔三七五〕何爲則民服，丑二、刊本同；辛一、壬卷「民」作「人」，李方云「作『人』係避唐太宗諱改」；壬卷「爲」作「謂」，「謂」爲同音借字；壬卷「謂」下衍一「也」字。

〔三七六〕哀公魯君之謚，丑二同，壬卷脱「公」，刊本無「之」，辛一末有「也」字。

〔三七七〕舉直措諸枉，壬卷「措」作「棤」，「枉」作「抂」，俗書扌、木不分也；刊本「措」作「錯」，阮校：「『措』正字，古經傳多假『錯』爲之。」辛一「枉」作「狂」，陳鐵凡云：「狂字當以形近於枉而譌。」注中「措」字同。

〔三七八〕人，辛一、壬卷同，刊本作「民」，作「人」者諱改字。

〔三七九〕措置也，刊本前有「包曰」二字，辛一、壬卷均無。

〔三八〇〕正直，壬卷、刊本同，辛一脱「直」字。

〔三八一〕癈置邪枉，辛一、丑二、刊本「癈」作「廢」，「癈」爲「廢」之俗字；辛一「邪」作「耶」，《玉篇・耳部》以「耶」爲俗「邪」字；辛一、壬卷「枉」誤作「狂」。

〔三八二〕則人服其上，刊本「人」作「民」，作「人」者諱改字；辛一、壬卷、丑二末有「也」字。

〔三八三〕舉枉措，辛一、壬卷同；壬卷「枉」作「抂」；「措」字丑二作「棤」，刊本作「錯」。參見校記〔三七七〕。

〔三八四〕人不服，「人」字辛一、壬卷同，「民」的諱改字，丑二作「巳」，「民」的避諱缺筆字，刊本正作「民」；壬卷脱「不」字。

〔三八五〕問，底二殘存右半，兹據辛一、壬卷、刊本擬補。

〔三八六〕使人敬忠以勸，壬卷同，『人』爲『民』的諱改字，刊本正作『民』；辛一『勸』誤作『歡』。

〔三八七〕也，辛一、壬卷、丑二同，刊本無。

〔三八八〕曰，辛一、丑二、刊本同，壬卷脱。

〔三八九〕莊嚴也君臨民以嚴則民敬其上也，『莊嚴』、『君臨民』『嚴則民』、『上』九字底二殘泐，『敬其』二字底二殘存左半，兹皆據刊本擬補；辛一、壬卷二『民』字作『人』，諱改字也；壬卷『也』作『矣』，刊本無『也』字。

〔三九〇〕下慈於民則民忠矣，刊本同，辛一兩『民』字作『人』，諱改字也；壬卷前一『民』作『人』，『則』誤作『别』，抄脱『民忠矣』三字；丑二殘存『巳忠矣』三字，『巳』爲『民』的避諱缺筆字。

〔三九一〕舉善而教不能則勸，丑二、刊本同，辛一作『善而教不則歡』，大誤；壬卷『勸』誤作『觀』。

〔三九二〕善人，辛一、刊本同，壬卷脱『善』字。

〔三九三〕人勸免矣，『人』字辛一、壬卷同，刊本作『民』，『人』爲諱改字；『勸』字壬卷、刊本同，辛一誤作『歡』；『免』字刊本作『勉』，通假字也，壬卷誤作『忿』，辛一脱；刊本無『矣』字。

〔三九四〕惑，辛一、壬卷、刊本作『或』，『惑』爲音借字。

〔三九五〕惑人以爲居位者乃是爲政也，辛一、壬卷、丑二、刊本『惑』作『或』，『惑』爲『或』的音借字；『位』字壬卷誤作『任』，丑二誤作『止』；辛一、壬卷、丑二、刊本無『者』字，丑二、刊本無『也』字，壬卷『爲』作『与』。

〔三九六〕弟兄，辛一、壬卷作『兄苐』，刊本作『兄弟』，『苐』爲『弟』之俗字，《石經論語殘碑》存『友于兄』三字，是亦作『兄弟』，底卷誤倒。

〔三九七〕奚其爲政，辛一、壬卷同，丑二作『奚其爲爲政也』，刊本作『奚其爲爲政』，重『爲』字者義長。

〔三九八〕孝，壬卷誤作『去』。

〔三九九〕之辤，『辤』，壬卷同，辛一作『辞』，刊本作『辭』，《干禄字書·平聲》：『辤、辤、辭，上中竝辤讓；下辭説，今作辤，俗作辞非也。』『辤』『辭』古混用。壬卷脱『之』字。

〔三〇〇〕友，壬卷、丑二、刊本同，辛一音誤作「有」。

〔三〇一〕善其兄弟，辛一脱此句，壬卷、刊本「其」作「於」。

〔三〇二〕也，辛一、刊本同，壬卷無。

〔三〇三〕政道，辛一、壬卷、刊本同，丑二脱「道」字。

〔三〇四〕則与爲政同也，「政」字底二誤作「改」，兹據辛一、壬卷、刊本改；「則」字刊本無，辛一、丑二作「即」，「即」「則」同義；「与」字壬卷、丑二、刊本同，辛一作「以」，「与」「以」同義；辛一、壬卷、丑二、刊本無「也」字。

〔三〇五〕而，辛一、丑二、刊本同，壬卷脱。

〔三〇六〕不知其可，辛一、丑二同，壬卷「知」音誤作「之」，壬卷、刊本末有「也」字。

〔三〇七〕人而無信，辛一同，壬卷脱「信」字，刊本前有「言」字。

〔三〇八〕其餘終無可也，底二原脱「無」字，兹據辛一、壬卷、刊本補；辛一無「也」字，「可」字重，蓋誤「也」字爲「可」。

〔三〇九〕軏，辛一、丑二、刊本同，壬卷作「曰」，音誤字。

〔三一〇〕行之哉，「之哉」二字底二原殘泐，兹據壬卷、丑二、刊本擬補；辛一「行」字誤作「觀」。

〔三一一〕包曰，底二原殘泐，兹據辛一、壬卷、丑二、刊本擬補。

〔三一二〕牛車，辛一、壬卷、刊本同，丑二下有「也」字。

〔三一三〕扼，辛一、丑二作「枙」，「扼」爲「枙」之俗訛字，俗書扌、木不分；刊本作「軛」，「枙」爲「軛」之後起換旁字（「軛」爲《説文》「軶」字隸變）；壬卷誤作「輗」。

〔三一四〕車駟馬，底二「車駟」二字殘泐，「馬」缺左上角，兹據辛一、壬卷、丑二、刊本擬補。

〔三一五〕軏，辛一、丑二、刊本同，壬卷誤作「輗」。

〔三一六〕轅端上曲鉤衡也，「鉤衡」辛一作「鈎行」，壬卷作「釣行」，「鈎」爲「鉤」之俗字，「釣」爲「鉤」之誤字，「行」

應是『衡』之借字。《説文・行部》：『衡，牛觸，横木也，箸其角。』壬卷『轅』下脱『端』字，『也』前有『者之』二字，蓋爲雙行對齊而添。刊本無『也』字。

〔三一七〕十代可知也，『代』，辛一、丑二、刊本作『世』，壬卷『大』，『代』爲『世』之諱改字，『大』爲『代』之音誤字；辛一、壬卷無『也』字。

〔三一八〕缺字底二殘泐，辛一、丑二、刊本作『孔』，壬卷作『馬』。

〔三一九〕文質礼變，底二『質』字原殘泐，『礼』殘脱上半截，兹據辛一、丑二擬補；壬卷『礼變』誤作『瘦礼』，辛一末有『也』字。

〔三二〇〕子，底二原殘泐，兹據辛一、壬卷、丑二、刊本擬補。

〔三二一〕因，辛一、刊本同，壬卷脱。

〔三二二〕可知也，刊本同，辛一、壬卷無『知也』二字，有脱漏。

〔三二三〕損，底二原殘泐，兹據辛一、壬卷、丑二、刊本擬補。

〔三二四〕可知也，刊本同，辛一、壬卷、丑二無『知也』二字，有脱漏。

〔三二五〕經，丑二同，『經』爲『綱』之俗字，刊本正作『綱』；辛一、壬卷作『罡』，爲『剛』之俗字，『剛』則爲『綱』之借字。

〔三二六〕所，辛一、丑二、刊本同，壬卷多一『所』字，乃因换行而誤衍。

〔三二七〕謂文質三統，壬卷、丑二、刊本同，辛一涉經文誤作『可知』。

〔三二八〕惑，辛一、壬卷、刊本作『或』，『惑』爲『或』之同音借字。

〔三二九〕百代，辛一、刊本作『百世』，壬卷作『佰代』，『代』爲『世』之諱改字，『佰』爲『百』之借字。

〔三三〇〕知也，底二『知』原殘存左半，兹據辛一、刊本擬補；壬卷『知』作『之』，音借字；辛一、壬卷無『也』字。

〔三三一〕孔曰，辛一、壬卷、刊本無。

〔三三〕物類相召，辛一、刊本同，壬卷「物」誤作「勿」，「召」誤作「吕」。

〔三三〕世数相生，底二原脱「相」字，兹據辛一、壬卷、刊本擬補；「世」字辛一作「勢」，壬卷字形不太明晰，似亦作「勢」字，「勢」爲音誤字。

〔三四〕變，辛一、刊本同，壬卷誤作「疫」。

〔三五〕豫之，辛一、壬卷、丑二、刊本作「預知」，案「豫」爲「預」之借字，「之」爲「知」之借字；丑二末有「也」字。

〔三六〕者，辛一、壬卷同，刊本無。卯卷起於「者」字。

〔三七〕也，卯卷、刊本同，辛一、壬卷無。

〔三八〕鬼，辛一、卯卷、刊本同，壬卷誤作「思」。

〔三九〕非其祖考而祭之，卯卷無「其」字，辛一「考」誤作「孝」，辛一、壬卷、刊本末有「者」字。

〔四〇〕福也，辛一、壬卷、卯卷同，壬卷「福」誤作「裙」，刊本無「也」字。

〔四一〕勇也，辛一、卯卷、刊本同，壬卷「勇」誤作「用」，卯卷無「也」字。

〔四二〕孔，辛一、卯卷、刊本同，壬卷作「包」。

〔四三〕宜，辛一、卯卷、刊本同，壬卷誤作「義」。

〔四四〕也，辛一、壬卷、卯卷同，刊本無。

〔四五〕一，壬卷、丑二、卯卷同，辛一誤作「二」。

論語集解（二）（八佾、里仁）

斯七〇〇三A（底一）　伯二六七六（底二）　伯二九〇四（甲卷）

伯三九七二（乙卷）　斯一五八六（丙卷）

【題解】

底一編號爲斯七〇〇三A，起《八佾》篇題，至『獲罪於天，無所禱也』《集解》『無所禱於衆神』，三十三行，前四行及末十三行下截殘。經文大字，小注雙行。按正文大字計，每行抄十八字左右。《榮目》定名爲《論語·八佾第三》，茲依例擬名爲《論語集解（八佾）》。石塚晴通《敦煌の加點本》認爲是七世紀後期寫本（《講座敦煌》之五《敦煌漢文文獻》二四七頁，東京大東出版社一九九二）。

底二編號爲伯二六七六，起《八佾》『孔子謂季氏』之『謂』（殘存『言』），至《里仁》末，尾題『論語卷第二』五字，共七十六行，經文大字，小注雙行。按正文大字計，每行抄三十字左右。末有題記『申年二月　日　王醰寫記』一行。《伯目》著録此卷云：『《論語》卷二，何晏集解。存第三篇大部分，及《里仁篇》全文。』茲依例擬名爲《論語集解（八佾、里仁）》，池田温《中國古代寫本識語集録》據申年題記定此爲九世紀前期寫本（四〇二頁，東京大學東洋文化研究所一九九〇）。

甲卷編號爲伯二九〇四，起《八佾》『喪，與其易也，寧戚』《集解》『失於和易，不如哀戚』之『於』，至《里仁》末，尾題『論語卷第二』五字，共七十八行，經文大字，小注雙行。卷末有題記『未年正月十九日社少子寫記了』一行。字距細密，書法拙劣。《伯目》著録此卷云：『《論語》卷二，有注，字不佳。』乃據尾題定名。《索引》著録此卷云：『論語集解卷第二。存《八佾》第三、《里仁》第四。』則據内容定名。兹依例擬名爲《論語集解（八佾、里仁）》。李方《敦煌〈論語集解〉校證》（江蘇古籍出版社一九九八）據書法認爲寫卷是唐寫本。

乙卷編號爲伯三九七二，起《八佾》『孔子對曰：君使臣以禮』，至《里仁》末，尾題『論語卷弟二』，共五十八行，前六行有殘損，經文大字，小注雙行。卷末有題記『壬寅年歲次十一月廿九日學事高奴子寫記了』一行，則此乃僖宗中和二年（八八二）寫本也。《索引》著録此卷云：『論語集解卷二殘卷。存《八佾》第三後半、《里仁》第四全。』兹依例擬名爲《論語集解（八佾、里仁）》。

丙卷編號爲斯一五八六，起《里仁》『知者利仁』《集解》『知仁爲美』之『美』，至篇末，尾題『論語卷弟二』，共三十行，前九行殘存中間一長條，第十至十七行下半截亦殘泐。尾題下有字二行：『沙門寶印手札也　金光明寺學郎』、『沙門寶印手札也』。與正文字體相類，此卷蓋寶印所抄也。《翟目》定名『論語卷二』，兹依例擬名爲《論語集解（里仁）》。寫卷卷背有雜寫『索富郎索富通索憨奴』、『金光明寺學郎張再進』等。考伯三六九二號《李陵蘇武往還書》有題記『壬午年金光明寺學郎索富通書記之耳』，郝春文《唐後期五代宋初中印文化對敦煌寺院的影響》定爲九二二年（《新世紀敦煌學論集》三三三頁，巴蜀書社二〇〇三），那麼本卷背面的題名當亦在九二二年前後。索富通爲金光明寺學郎，字體拙劣的沙門寶印當亦爲學郎，很有可能他們是同時期人，此卷蓋爲十世紀前期寫本。

陳鐵凡《敦煌論語異文彙考》（《孔孟學報》第一期，一九六一年四月。簡稱『陳鐵凡』）對丙卷作有校記，李方《敦煌〈論語集解〉校證》（簡稱『李方』）對底卷及甲、乙、丙卷作有校記。

本篇先以底一爲底本，自《八佾》『子曰：「夏礼，吾能言之」』起以底二爲底本。底一據《英藏》録文，底二據縮微膠卷録文，以甲、乙、丙卷及中華書局影印阮元刻《十三經注疏·論語注疏》爲校本（後者簡稱『刊本』），校録於後。

八佾第三〔一〕　何晏〔集解〕〔二〕

孔子謂季氏〔三〕，『八佾舞▨□（於庭），□〔四〕列〔五〕也。天子八佾，諸侯〔□〕（六）〔六〕，卿大夫四，士□〔七〕故，受王者礼〔八〕樂，有八佾之舞。季□〔九〕孔子譏之。』

三家者以《雍》徹。馬曰：『三家謂□〔一〇〕，▨▨（《周頌》·臣工》篇名〔一一〕。天子祭□□□▨（於宗廟，歌）〔一二〕之以徹祭。今三家亦作此樂〔一三〕。』子曰：『「相維辟公，天子穆穆」，□▨（奚取）〔一四〕三家之堂？』包曰：『〔辟公〕〔一五〕，謂諸侯及二王之後。穆穆，天子之容皃〔一六〕。《雍》篇歌此者，又諸侯及二王之後來助祭故〔一七〕。今三家但家臣而已，何取此義而作之於堂耶〔一八〕？』

子▨（曰）〔一九〕：『人而不仁〔二〇〕，如禮何？人而不仁，如樂何？』包曰：『言人而不仁，必不能行礼樂。』

林放問禮之本。鄭曰：『林放，魯人。』子曰：『大哉問！禮，與其奢也，寧儉。喪，與其易也，寧戚。』包曰：『易，和易〔二一〕。言礼之本意，失於奢，不如儉；喪，失於和易〔二二〕，不如哀戚〔二三〕。』

子曰：『夷狄之有君，不如諸夏之亡〔二四〕。』包曰：『諸夏，中國。亡，無〔二五〕。』

季氏旅於泰山。子謂冉有曰：『汝不〔二六〕能救與？』馬曰：『旅，祭名〔二七〕。礼，諸侯祭山川在其封内〔二八〕。今陪臣祭泰山，非礼〔二九〕。冉有，弟子冉求，時仕於〔三〇〕季氏。救猶止〔三一〕。』對曰：『不能。』子曰：『嗚呼！曾謂泰山不如林放乎？』包曰：『神不享非礼。林放尚知問礼之本〔三二〕，泰山之神反不〔如〕林放耶〔三三〕？欲誣而祭之。』

子曰：『君子無所争，必也射乎！孔曰：『言於射而後有争。』揖讓而升下，而飲。王曰：『射於堂，升及下皆揖讓而相飲。』其争也君子。』馬曰：『多筭飲少筭〔三四〕，君子之所争。』

子夏問曰：『「巧笑（笑）倩兮，美目盼兮，素以爲絢兮。」何謂也？』馬曰：『倩，笑（笑）皃〔三五〕。盼，動目皃。絢，文皃。此上二句在《衛風·碩人》之二章，其下一句逸〔三六〕。』子曰：『繪事後素。』鄭曰：『繪，畫文〔三七〕。凡繪畫，先布衆色，然後以素分布其間，以成其文，喻女〔三八〕雖有倩盼美質，亦須礼以成之〔三九〕。』曰：『礼後乎？』孔曰：『孔子〔四〇〕言繪事後素，子夏聞而解，知以素喻礼，故曰禮後乎〔四一〕。』子曰：『起予者商〔四二〕！始可与〔四三〕言《詩》已矣。』包曰：『予，我也〔四四〕。孔子言子夏欲發明我意〔四五〕，可与共▨▨（言《诗》）〔四六〕。』

子曰〔四七〕：『夏礼，吾能言之，杞不足徵〔四八〕。殷礼，吾能言之，宋不足徵。包曰：『徵，成也。杞、宋，二國名，夏、殷之後。夏、殷之礼，吾能説之，杞、宋之君不足以成也〔四九〕。』文獻不足故〔五〇〕。足，則吾能徵之矣。』鄭曰：『獻猶賢也。我不以〔五一〕礼成之者，以此二國之君文章賢才不足故〔五二〕。』

子曰：『禘自既灌而往者，吾不欲觀之矣。』孔曰：『禘、祫之礼，爲序［昭］〔五三〕穆，故毁廟之主及羣廟之主皆合食於太［祖］〔五四〕。灌者，酌鬱鬯灌於太祖以降神〔五五〕。既灌之後，列尊卑，序昭穆。而魯逆祀〔五六〕，齊僖公〔五七〕，亂昭穆，故不欲觀之〔五八〕。』

或問禘之説。子曰：『不知〔五九〕。孔曰：『荅以不知者，爲魯諱。』知其説者之於天［下，其如示］〔六〇〕諸斯乎！』指其掌。包曰：『孔子謂或人，言知禘［礼］〔六一〕之説者，於天下之事，如指示以〔六二〕掌中之物，言其易了〔六三〕。』

祭如在，孔曰：『言□（事）死如事生也〔六四〕。』祭神如神在。孔曰：『謂祭百神也〔六五〕。』子曰：『吾不與祭，如不祭。』包曰：『孔子或出或病而不自親祭〔六六〕，使攝者爲之，不致敬〔六七〕於心，与不祭同也〔六八〕。』

王孫賈問曰：『與其媚於奥，寧媚於竈，何謂也？』孔曰：『王孫賈，衛大夫。奥，内也，以喻近臣。竈，以喻執政〔六九〕。賈，執政〔七〇〕，欲使孔子求昵之，微以世俗之言感動也〔七一〕。』子曰：『不然。獲罪於天，無所禱〔七二〕。』孔曰：『天以喻君。孔子拒〔七三〕之曰：如獲罪於天，無所禱於衆神〔七四〕。』

子曰：『周監於二代〔七五〕，郁郁乎文哉！吾從周。』孔曰：『監，觀〔七六〕也。言周文章備於〔七七〕二代，當從之也〔七八〕。』

子入太廟〔七九〕，包曰：『太廟，周公廟也〔八〇〕。孔〔八一〕子仕魯，魯祭周［公］而助祭焉也〔八二〕。』每事問。或曰：

『熟謂鄹人〔八三〕之子知礼乎？入太廟，每事問。』孔曰：『鄹，孔子父叔梁紇治也〔八四〕。時人多言孔子知礼，或人以爲知礼者不當復問也〔八五〕。』子聞之，曰：『是礼也。』孔曰：『雖知之，當復問，慎之至也。』

子曰：『射不主皮，馬曰：『射有五善〔八六〕焉：一曰和志，體和。二曰和容，有容儀。三曰主皮，能中質。四曰和頌，合《雅》、《頌》。五曰興儛〔八七〕，与儛同。天子三侯，以熊、虎、豹皮爲之，言射者不但〔八八〕以中皮爲善，亦兼取和容也〔八九〕。』爲力不同科，古之道也〔九〇〕。』馬曰：『爲力〔九一〕，力役之事，亦有上中下設三科焉，故曰不同科也〔九二〕。』

子貢欲去告朔之餼羊，鄭曰：『生姓〔九三〕曰餼。礼，人君每月告朔〔九四〕，於廟〔九五〕有祭，謂之朝享。魯自文公始不親〔九六〕朔。子貢見其礼癈〔九七〕，故欲去其羊也〔九八〕。』子曰：『賜也！尔〔九九〕愛其羊，我愛其礼。』包曰：『羊存猶〔一〇〇〕以識其礼，羊亡礼遂癈也〔一〇一〕。』

子曰：『事君盡礼，人以爲諂〔一〇二〕。』孔曰：『時事君［者］〔一〇三〕多無礼，故以有礼者爲諂也〔一〇四〕。』

定公問〔一〇五〕：『君使臣，臣事君，如之何？』孔曰：『定公，魯君謚也〔一〇六〕。時臣無〔一〇七〕礼，定公患之，故問之也〔一〇八〕。』孔子〔一〇九〕對曰：『君使臣以礼，臣事君以忠。』

子曰：『《閞（關）雎》樂而不淫，哀而不傷。』孔曰：『樂不至淫，哀不至傷，言其和〔一一〇〕也。』

哀公問社於宰我，宰我對曰：『夏后〔一一一〕氏以松，殷人以栢，周人以栗〔一一二〕，曰使人〔一一三〕戰栗。』孔曰：『凡建邦立社，各以其土所宜之木。宰我不〔一一四〕本其意，忘〔一一五〕爲之説，因周〔一一六〕用栗，便云使民戰栗也〔一一七〕。』子聞之，曰：『成事不説，包曰：『事已〔一一八〕成，不可復解説。』遂事不諫，包曰：『事已遂，不可復諫止。』既往不咎。』包曰：『事已往，不可復追咎。孔子非宰我，故歷言［此］〔一一九〕三者，欲使慎其後。』

子曰：『管仲之噐（器）小哉！』言其噐（器）量小也。或〔一二〇〕曰：『管仲儉乎？』包曰：『或人見孔子小〔一二一〕之，以爲謂之太〔一二二〕儉。』曰〔一二三〕：『管氏〔一二四〕有三歸，官事不攝，焉得儉〔一二五〕？』包曰：『三歸，取〔一二六〕三姓女。婦人謂嫁曰歸〔一二七〕。攝猶兼也。礼，國君事大，官各有人；大夫兼并。［今］管仲家臣備職〔一二八〕，非爲儉也〔一二九〕。』『然則管仲知礼乎〔一三〇〕？』包曰：『或人以儉問〔一三一〕，故[荅]以[安]得儉〔一三二〕。或人聞不儉〔一三三〕，便謂爲得礼也〔一三四〕。』曰：『邦君樹塞門，管氏亦有〔一三五〕樹塞門。邦君爲兩〔一三六〕君之好，有反坫〔一三七〕，管氏亦有反坫。鄭曰：『反坫，反爵之坫，在兩楹之間。人君有別內[外]〔一三八〕於門，樹屏以蔽之。若与〔一三九〕隣國爲好會，其獻酬〔一四〇〕之礼更酌，酌畢則各反〔一四一〕爵於坫上。今管仲皆[僭]〔一四二〕爲之，[如是]，是不知▨（礼）〔一四三〕。』管氏而知礼，孰〔一四四〕不知礼？』

子語魯太師[樂，曰]〔一四五〕：『樂其可知也：始作，翕〔一四六〕如也；太師〔一四七〕，樂官名。吾〔一四八〕音始奏，翕如，盛〔一四九〕。縱〔一五〇〕之，純如也，從讀曰縱，言五音既發〔一五一〕，放縱盡其音聲。純〔一五二〕，和〔一五三〕諧也。曒〔一五四〕如也，言其音節明也。繹如也，以成。』縱之純如、晈如〔一五五〕、繹如，言樂始作翕如，而成於三。

儀封人請見，鄭曰：『儀，蓋衛邑。封人，官名。』曰：『君子之▨▨（至於）斯者〔一五六〕，吾未嘗不得見也〔一五七〕。』從者見之〔一五八〕。包曰：『從者，弟子隨孔子行者，通使得見也〔一五九〕。』出曰：『二三子何患於喪乎？天下之無道久矣〔一六〇〕，孔曰〔一六一〕：『語諸弟子，言何患於夫子聖德之喪耶〔一六二〕？天下之無道已〔一六三〕久矣，極衰必盛〔一六四〕。』天將以夫子爲木鐸。』孔曰：『木鐸，施政教時所振也。言天將命孔子制[作]〔一六五〕法度，以號令於天下。』

子謂《韶》〔一六六〕：『盡美矣，又盡善也。』[孔曰]〔一六七〕：『《韶》，舜樂也〔一六八〕，謂以聖德受禪，故盡善也〔一六九〕。』謂《武》：『盡美矣〔一七〇〕，未盡善也。』孔曰：『《武》，武王樂也〔一七一〕，以征伐取天下，故未盡善也〔一七二〕。』

子曰：『居上不寬，爲礼不敬，臨喪不哀，吾何以觀之哉！』

論語里仁篇第四〔一七三〕

何晏集解〔一七四〕

子曰：『里仁爲美。鄭曰：『里者，仁之所居〔一七五〕。居〔一七六〕於仁者之里，是爲美〔一七七〕。』擇不處仁，焉德智〔一七八〕？』鄭曰：『求善居而不處仁者之里〔一七九〕，不德爲有智也〔一八〇〕。』

子曰：『不仁者不可以久處約，孔曰：『久困則爲非〔一八一〕。』不可以長處樂。孔曰：『樂必驕佚〔一八二〕。』仁者安仁，包曰：『唯［性］仁者自然體之〔一八三〕，故謂安仁〔一八四〕。』智〔一八五〕者利仁。』王曰：『知仁爲美，故利而行之〔一八六〕。』

子曰：『唯仁者能好人，能惡人〔一八七〕。』孔曰：『仁者能審人之好惡〔一八八〕。』

子曰：『苟志於仁矣，無惡也。』孔曰：『苟，誠也。言誠能志於仁，則其餘無惡也〔一八九〕。』

子曰：『富与貴，是人之所欲〔一九〇〕，不以其道德〔一九一〕之，不處〔一九二〕。孔曰：『不以其道德富貴〔一九三〕，故不處也〔一九四〕。』貧与賤，是人之所惡〔一九五〕，不以其道得之，不去〔一九六〕。時有否泰，故君子履道而反貧賤，此即不以其道而得之〔一九七〕，雖是人之所惡，不可違而去之。君子去仁，惡乎成名？孔曰：『惡乎成名者，不得成名爲君子。』君子〔一九八〕無終食之間違仁，造次必於是，顛沛必於是。』馬曰：『造次，急遽〔一九九〕。顛沛，僵〔二〇〇〕仆。雖急遽、僵仆不違仁也〔二〇一〕。』

子曰：『我未見好仁者，惡不仁者。好仁者〔二〇二〕，無以尚之。孔曰：『難復加也。』惡不仁者，其爲仁矣〔二〇三〕，不使不仁者加乎其身。孔曰：『言惡不仁者，能使不仁者不加非義於己，不如好仁者無以尚之爲優〔二〇四〕。』有能一日用其力於仁矣乎〔二〇五〕？我未見力不足者。孔〔二〇六〕曰：『言人無能一日用力脩仁〔二〇七〕者耳，我未見欲爲仁而力不足之也〔二〇八〕。』蓋有之矣，我未之見〔二〇九〕。』孔曰：『謙不欲盡誣時人言不能爲人〔二一〇〕，故云爲能有耳〔二一一〕，我未之見〔二一二〕。』

子曰：『人〔二一三〕之過也，各〔二一四〕於其黨。觀過，斯知仁矣。』黨，［黨］類〔二一五〕。小人不能爲君子之行，非小人之過〔二一六〕，當恕而勿責〔二一七〕之。觀過，使賢愚各當〔二一八〕其所，則爲仁之矣也〔二一九〕。』

子曰：『朝聞道，夕死可矣。』言將至死，不聞世之有道。

子曰：『士志於道，而恥惡衣惡食者，未足与議也〔二二〇〕。』

子曰：『君子之於天下〔二二一〕，無適〔二二二〕，無莫，義之与〔二二三〕比。』

子曰：『君子懷德，〔孔曰：『懷，安也。』〕〔二二四〕小人〔二二五〕懷土，孔曰：『重遷〔二二六〕。』君子懷刑〔二二七〕，孔曰：『安於法也〔二二八〕。』小人懷惠。』包〔二二九〕曰：『惠，恩惠也〔二三〇〕。』

子曰：『放於利而行，孔曰：『放，依也。每事依利而行〔二三一〕。』多怨〔二三二〕。』孔曰：『取怨之道。』

子曰：『能以礼讓爲國乎？何有？何有者，言不難也〔二三三〕。不能以礼讓爲國乎〔二三四〕，如礼何也〔二三五〕？』〔包曰〕〔二三六〕：『如礼何者，言不能用礼〔二三七〕。』

子曰：『不患無位，患所以立。不患莫己知〔二三八〕，求爲可知〔二三九〕。』包曰：『求善道而學行之，則人知己也〔二四〇〕。』

子曰：『參乎！吾道〔二四一〕一以貫之。』曾子曰：『唯。』孔曰：『直曉不問，故荅曰唯也〔二四二〕。』子出，門人問曰：『何謂也？』曾子曰：『夫子之道，忠恕而已矣。』

子曰：『君子喻於義，小人喻〔二四三〕於利。』孔曰：『喻猶曉也〔二四四〕。』

子曰：『見賢思齊焉，包曰：『思与賢者等。』見不賢而内自省也〔二四五〕。』

子曰：『事父母幾諫〔二四六〕，包曰：『幾者，微也〔二四七〕。當微諫，納善言於父母也〔二四八〕。』見志不從，又敬不違，勞而不怨。』包曰：『見志，見父母志，有不從己諫之色，則又當恭敬，不敢違父母意而遂己之諫也〔二四九〕。』

子曰：『父母在，不遠遊，遊必有方。』鄭曰：『方猶常也〔二五〇〕。』

子曰：『三年無改於父之道，可謂孝矣。』鄭曰：『孝子在喪〔二五一〕，哀戚思慕〔二五二〕，不改〔二五三〕父之道，非心所忍爲也〔二五四〕。』

子曰：『父母之年，不可不知〔二五五〕，一則以喜，一則以懼。』孔曰：『見其壽考則喜，見其衰老則懼〔二五六〕。』

子曰：『古者言之〔二五七〕不出，恥躬之不逮〔二五八〕。』包曰：『古人之言不妄出口〔二五九〕，爲身行之將不及也〔二六〇〕。』

子曰：『以約失之者鮮矣。』孔曰：『俱不〔二六一〕得中，奢則驕，佚招〔二六二〕禍，儉約無憂患〔二六三〕。』

子曰：『君子欲訥於言而敏於行。』包曰：『訥，遲鈍也〔二六四〕。言欲遲而行欲疾也〔二六五〕。』

子曰：『德不孤〔二六六〕，必有隣。』方以類聚〔二六七〕，同志相求，故必有隣，是以不孤〔二六八〕。

子游曰：『事君數，斯辱矣。朋友數，斯踈〔二六九〕矣。』數謂速數之數。

論語卷第二〔二七〇〕

【校記】

〔一〕俗苐，刊本作『佾第』，案《龍龕·人部》云：『佾，俗；佾，正。』《説文》無『佾』字，鄭珍《説文新附考》認爲『佾』即《説文》『㑭』的後起增旁字，『佾』則是『佾』之俗字。『苐』爲『弟』之俗字，俗書竹頭多寫作草頭，俗據『苐』楷正，則成『第』字。下凡『佾』、『苐』不復出校。

〔二〕『集解』二字底一殘泐，兹據刊本擬補。

〔三〕謂季氏，底二『謂』存左邊『言』旁，脱『氏』字。底二起於此。

〔四〕舞於庭，『於』字底一僅存右部上部殘畫，『於』下底一殘缺十字左右，刊本作『於庭是可忍也孰不可忍也馬曰孰誰也佾』，底二『於庭』存，兹據以補；『舞』字刊本同，底二作『儛』，《干禄字書·上聲》：『儛、舞，上俗下正。』下『舞』字底二皆寫作『儛』，不復出校。

〔五〕烈，刊本作『列』，李方云『應以「列」爲正』。

〔六〕六，底一原無，李方云『底本誤脱』，兹據刊本補。

〔七〕『士』下底一殘缺注文小字十三字左右，刊本作『二八人爲列八八六十四人魯以周公』，底二存『魯以周公』四字。

〔八〕礼，底二、刊本作『禮』，『礼』爲古文『禮』字，敦煌寫本多用此字，後世刊本則多用『禮』字。下凡『礼』均不復出。

〔九〕『季』下底一殘缺注文小字十一字左右，刊本作『桓子僭於其家廟舞之故』，底二存『桓』『厝儛之故』五字，『厝』是『庿』之訛俗字，《説文》以『庿』爲『廟』字古文；『儛』爲『舞』之俗字。下凡『庿』原皆誤作『厝』。

〔一〇〕『謂』下底一殘缺注文小字八字左右，刊本作『仲孫、叔孫、季孫，《雍》』，底二存『孫雍』二字。

〔一一〕周頌臣工篇名，底一『周』存左邊殘畫，『頌』殘存左邊『公』及右邊『頁』之下端，茲據底二及刊本擬補；底二『工』誤作『二』，末有『也』字。

〔一二〕『於宗庿』三字底一殘缺，『歌』字上部略有殘泐，茲據底二擬補；刊本『庿』作『廟』。

〔一三〕亦作此樂，刊本同，底二『亦』前涉下文注文衍『但家臣』三字（其中『但』字的『旦』旁，上部的『日』底二皆缺中畫，當係避唐諱缺筆），末有『也』字。

〔一四〕『穆穆』下底一殘缺約二字，其中後一字存殘筆，據殘畫，可以推知爲『取』字耳旁左側殘畫，茲據刊本擬補『奚取』二字。刊本『取』下另有一『於』字，底二似亦存有此字左側殘畫，但底卷殘缺處已無容納此字的空間，故不補。

〔一五〕『辟公』二字底一原無，李方云『此「諸侯及二王之後」乃釋「辟公」之語，其前應有「辟公」二字，底本誤脱』，茲據刊本補。底二脱一『公』字。

〔一六〕皃，刊本作『貌』，據《説文》，『皃』爲小篆隸定字，『貌』爲籀文隸定字。

〔一七〕又諸侯及二王之後來助祭故，刊本『又』作『有』，末有『也』字，『又』、『有』二字古多通假，李方云『此應以「有」爲正』；『二王』底二誤作『有王者』。

〔一八〕耶，底二同，刊本作『邪』，《玉篇·耳部》以『耶』爲『邪』的俗字。

〔一九〕曰，底一原殘存左邊殘筆，茲據底二補。

〔二〇〕仁，刊本同，底二作『人』，李方云：『「人」、「仁」，古書通用。然此處以「仁」爲正。』下句及注中『仁』字同。

〔二一〕『和易』下刊本有『也』字。

〔二二〕失於和易，刊本同，甲卷起於『於』（殘存左半）字；『易』字甲卷同，底二作『亦』，『亦』爲『易』之同音借字。

〔二三〕哀戚，甲卷、刊本同，底二作『慼』；『戚』『慼』古今字；甲卷末有『也』字。

〔二四〕亡，底二同，甲卷、刊本下有『也』字。

〔二五〕『無』下刊本有『也』字。

〔二六〕汝不，底二同，刊本作『女弗』，『女』『汝』古今字，『不』『弗』同義。

〔二七〕『祭名』下底二、刊本有『也』字。

〔二八〕『封内』下甲卷、刊本有『者』字。

〔二九〕『非礼』下底二、刊本有『也』字。

〔三〇〕於，甲卷、刊本有，底二無。

〔三一〕止，底二同，刊本下有『也』字。

〔三二〕之本，底二同，刊本無。

〔三三〕不如林放耶，底一原無『如』字，李方云『底本誤脱』，兹據刊本補；『耶』字底二、刊本作正字『邪』。

〔三四〕多筭飲少筭，底二、刊本同，甲卷前衍一『君』字，『筭』作『笇』，《干禄字書·去聲》：『笇、筭，上俗下正。』

〔三五〕皃，甲卷同，底二、刊本作『貌』，據《説文》，『皃』爲小篆隸定字，『貌』爲籀文隸定字。下兩『皃』字同。

〔三六〕一句逸，甲卷『句』作俗字『勾』（見《干禄字書》），刊本末有『也』字。

〔三七〕畫文，甲卷同，底二、刊本下有『也』字。

〔三八〕女，底二同，甲卷、刊本作『美女』。

〔三九〕成之，底二、刊本同，甲卷下有『也』字。

〔四〇〕孔子，甲卷、刊本同，底二無。

〔四一〕乎，甲卷、刊本同，底二下有『也』字，當是爲雙行對齊而添。

〔四二〕商，底二、甲卷同，刊本下有『也』字。

〔四三〕与，底二、甲卷、刊本作『與』，『与』『與』二字古混用無別，敦煌寫本多用『与』字，後世刊本多改作『與』。下凡『与』字均不復出校。

〔四四〕也，底二、刊本同，甲卷無。

〔四五〕孔子言子夏欲发明我意，底二、甲卷無『孔子』二字；『欲』字底二、甲卷、刊本作『能』，《史記·仲尼弟子列傳》引裴駰《集解》云『包氏曰：能发明我意，可與言詩矣』，亦作『能』，『能』字義長。

〔四六〕共言詩，底一『言』字僅存上端一短横，『詩』存右邊『寺』，兹據底二、甲卷、刊本擬補；甲卷『共』作『供』，同音借字也；底二、甲卷末有『也』字。

〔四七〕子曰，自此起以底二爲底本，而以底一作爲参校本。

〔四八〕徵，底一、甲卷同，刊本下有『也』字；下『宋不足徵』下刊本亦有『也』字。

〔四九〕成也，刊本同，甲卷作『成之也』。

〔五〇〕故，甲卷同，刊本下有『也』字。

〔五一〕以，刊本同，甲卷脱。

〔五二〕『故』下甲卷、刊本有『也』字。

〔五三〕昭，底二原無，李方云：『底本誤脱。』兹據甲卷、刊本補。

〔五四〕故毁廗之主及羣廗之主皆合食於太祖，『廗』字底二原作『厝』，甲卷作『庿』，底一及刊本作『廟』，『厝』、『庿』皆『廗』之俗訛，『廗』爲『廟』之古字，兹據以改正；底二『祖』字原無，李方云『底本誤脱』，兹據甲卷、刊本補。

〔五五〕酌薌萱灌於太祖以降神，「薌萱」，甲卷同，刊本作「鬱鬯」，「薌萱」即「鬱鬯」二字之俗寫；底二「薌」下原衍「於」字，兹據甲卷、刊本刪；「神」下甲卷、刊本有「也」字。

〔五六〕祀，底二原誤作「氾」，兹據甲卷、刊本改正。

〔五七〕齊，甲卷、刊本作「躋」，案《左傳・文公二年》：「「大事于大廟，躋僖公」，逆祀也。」「齊」應是「躋」之誤字。

〔五八〕觀之，底一同，甲卷下有「者也」二字，刊本下有「矣」字。

〔五九〕不知，甲卷同，刊本下有「也」字。

〔六〇〕下其如示，底二原脱，兹據底一補；甲卷、刊本「下」下有「也」字。

〔六一〕礼，底二原脱，兹據底一、甲卷補。刊本作「禮」，因底二「禮」多寫作「礼」，故據補「礼」字。

〔六二〕以，底一、甲卷同，刊本無，案《史記・封禪書》裴駰《集解》引有「以」字，疑刊本脱。

〔六三〕易了，刊本同，甲卷下有「也」字。

〔六四〕事死如事生也，底二「事」字殘泐，兹據甲卷、刊本補；甲卷、刊本無「也」字。

〔六五〕也，底一、甲卷、刊本無。

〔六六〕親祭，底一、刊本同，甲卷脱。

〔六七〕不致敬，底一同，甲卷作「不肅敬」，刊本作「不致肅敬」。

〔六八〕也，底一、甲卷、刊本無。

〔六九〕執政，刊本同，底一下有「者」字，甲卷下有「也」字。

〔七〇〕賈執政，刊本下有「者」字，甲卷無。

〔七一〕微以世俗之言感動也，底二「微」原誤作「徵」，兹据底一、甲卷、刊本改正；底一「感動也」作「感慟之」，甲卷作「感動之」，刊本作「感動之也」，「感動之」義長。

〔七二〕無所禱，甲卷同，刊本下有「也」字。

〔七三〕拒，刊本同，甲卷作『距』，『距』『拒』古今字。

〔七四〕衆神，底一止於此。

〔七五〕代，刊本同，甲卷誤作『伐』。注中『代』字同。

〔七六〕觀，甲卷同，刊本作『視』。

〔七七〕備於，刊本同，甲卷下衍『天』字。

〔七八〕也，甲卷、刊本無。

〔七九〕太廟，底二原作『太庿』，甲卷作『大廟』，刊本作『太廟』，『庿』爲『廟』古字『庿』的俗訛字。阮元《論語校勘記》云：『《唐石經》、皇本「太」作「大」，下文及注竝同，後竝放此。唯本篇「管仲之器小哉章」注「以爲謂之太儉」，皇本亦作「太」。案《釋文》出「大」字，云「音泰」，則此當作「大」爲是。』案『大』『太』古今字。注中『太』、『庿』及下『太庿』並同。

〔八〇〕庿也，甲卷作『之廟』（『廟』字殘存上半），刊本無『也』字。

〔八一〕孔，底二原誤作『孫』，茲据甲卷、刊本改正。

〔八二〕祭周公而助祭焉也，底二原無『公』字，茲據甲卷、刊本補；甲卷無『焉也』二字，刊本無『焉』字。

〔八三〕熟謂鄒人，甲卷、刊本『熟』作『孰』，『熟』爲『孰』之同音借字；『鄒』字甲卷同，刊本作『鄹』。案劉寶楠《論語正義》云：『《說文》云：「郰，魯下邑，孔子鄉。」《史記·世家》：「孔子生魯昌平鄉郰邑。」「陬」與「郰」偏旁互易，《論語》作「鄹」，當是或體。……《左·昭九年》疏引《論語》作鄒人，此由鄒、郰聲近，地又相接，故以鄒爲即叔梁紇邑。實則《說文》「郰」是孔子鄉，而「鄒」下但言「魯县，古邾國」，不爲孔子鄉，則鄒、郰地異，文亦異矣。』注中『鄒』字同。

〔八四〕叔梁紇治也，底二『梁』字下部『木』旁误作『大』，茲据甲卷、刊本改正；甲卷、刊本『治也』作『所治邑』，案《史記·孔子世家》裴駰《集解》引孔安國曰：『陬，孔子父叔梁紇所治邑。』

〔八五〕也，甲卷同，刊本無。

〔八六〕五善，底二原誤作『五射』，兹據甲卷、刊本改正。

〔八七〕儛，甲卷、刊本作『武』，『儛』爲『舞』之俗字，案《周禮·地官·鄉大夫職》云：『退而以鄉射之禮五物詢衆庶，一曰和，二曰容，三曰主皮，四曰和容，五曰興舞。』其字作『舞』。底卷馬注云『儛，與儛同』，於理不通。甲卷、刊本之馬注云：『武，與舞同。』知馬融所據本《周禮》作『五曰興武』，故馬注云『與舞同』。此作『儛』者，當是據《周禮》改，不知馬融所見本作『武』不作『舞』也。下『舞』字底二皆寫作『儛』，不復出校。

〔八八〕但，底二右上角『日』作『口』，蓋避諱缺筆字，兹依例録正。

〔八九〕『也』下底二有一『之』字，各本無，乃爲雙行對齊而添，兹不録。

〔九〇〕也，刊本同，甲卷無。

〔九一〕爲力，刊本同，甲卷下衍『爲力爲』三字。

〔九二〕也，甲卷同，刊本無。

〔九三〕生姓，甲卷作『性性』，刊本作『牲生』。《儀禮·聘禮》『君使卿韋弁，歸饔餼五牢』鄭玄注：『牲，殺曰饔，生曰餼。』『生牲』『牲生』皆可通。

〔九四〕每月告朔，底二原誤作『每日生朔』，兹據甲卷、刊本改正。

〔九五〕庿，底二及甲卷作『厝』，刊本作『廟』，『厝』爲『廟』古字『庿』的俗訛字，兹改正。

〔九六〕親，甲卷、刊本作『視』，《春秋經·文公十六年》：『夏，五月，公四不視朔。』『親』應是『視』之形誤字。

〔九七〕癈，甲卷、刊本作『廢』，『癈』爲『廢』之俗字。下『癈』字不復出校。

〔九八〕也，甲卷同，刊本無。

〔九九〕尒，甲卷作『尒』，刊本作『爾』，『尔』爲『尒』之手寫變體，『爾』『尒』古混用。

〔一〇〇〕存猶，底二原倒作『猶存』，今據甲卷、刊本乙正。

〔一〇一〕也，甲卷、刊本無。

〔一〇二〕以爲諂，甲卷同，刊本下有『也』字。

〔一〇三〕者，底二原脱，兹據甲卷、刊本補。

〔一〇四〕也，甲卷、刊本無。

〔一〇五〕定公問，底二於『問』之右下角添一『曰』字，甲卷、刊本無，兹不録；甲卷『定』誤作『足』。

〔一〇六〕魯君謚也，刊本無『也』字，甲卷作『魯君之謚』。

〔一〇七〕無，甲卷、刊本作『失』，『失』字義長。

〔一〇八〕也，甲卷同，刊本無。

〔一〇九〕孔子，乙卷起於此。

〔一一〇〕和，刊本同，甲卷誤作『知』。

〔一一一〕后，底二及甲卷作『舌』，乃『后』之訛俗字，兹據刊本録正。

〔一一二〕栗，刊本同，甲卷誤作『粟』，乙卷誤作『票』。下『栗』字乙卷皆誤作『票』。

〔一一三〕人，甲卷、乙卷同，刊本作『民』，案『人』爲諱改字。

〔一一四〕不，底二原有二『不』字，乃因换行而誤衍，兹據甲卷、刊本删其一。

〔一一五〕忘，甲卷、刊本作『妄』，『忘』为『妄』之借字。

〔一一六〕因周，刊本同，甲卷誤作『曰則』。

〔一一七〕使民戰栗也，甲卷『民』作『人』，諱改字；甲卷、乙卷、刊本無『也』字，底二『也』字拖長，當是爲雙行對齊而添。

〔一一八〕已，刊本同，甲卷作『以』，『以』爲『已』之借字。下『事已遂』、『事已往』之『已』同。

〔一一九〕此，底二原脱，兹據甲卷、乙卷、刊本補。

〔一二〇〕或，甲卷、刊本同，乙卷作「惑」，此「惑」爲「或」之同音借字。注中「或」字同。

〔一二一〕小，乙卷、刊本同，甲卷誤作「山」。

〔一二二〕太，乙卷同，甲卷、刊本作「大」，「大」「太」古今字。

〔一二三〕曰，甲卷、刊本同，乙卷作「子曰」，《定州漢墓竹簡論語》無「子」字。

〔一二四〕管氏，乙卷、刊本同，甲卷作「管仲氏」，李方云「此「仲」應爲衍字」。

〔一二五〕焉得儉，甲卷、刊本同，乙卷下有「乎」字。

〔一二六〕取，甲卷同，刊本作「娶」，「取」「娶」古今字；乙卷誤作「聚」。

〔一二七〕謂嫁曰歸，刊本同，「謂」字甲卷作「爲」，「爲」是「謂」之借字；「歸」字甲卷作「婦」，乙卷誤作「好」，據《説文》，「婦」爲籀文隸定字，「歸」爲小篆隸定字。

〔一二八〕今管仲家臣備軄，底二原脱「今」字，兹據甲卷、乙卷、刊本補；「軄」字甲卷、乙卷同，刊本作「職」，《玉篇·身部》：「軄，俗職字。」

〔一二九〕非爲儉也，甲卷脱「爲」字，乙卷脱「儉」字，刊本無「也」字。

〔一三〇〕然則管仲知礼乎，刊本同，甲卷、乙卷前有「曰」字；甲卷無「然則」，「知」音誤作「之」。

〔一三一〕或人以儉問，刊本同，甲卷「以」作「已」，「已」爲「以」之借字；乙卷「或」作「惑」，「惑」爲「或」之借字。

〔一三二〕故荅以安得儉，底二原脱「荅」、「安」二字，兹據甲卷、乙卷、刊本補。

〔一三三〕聞不儉，乙卷、刊本同，甲卷誤作「問下儉」。

〔一三四〕便謂爲得礼也，「便謂爲得」，底二原誤作「更謂得爲」，兹據乙卷、刊本改正；甲卷脱「爲」字，甲卷、刊本無「也」字。

〔一三五〕有，甲卷同，乙卷、刊本無，陳舜政《論語異文集釋》云：「大概是涉下文的「有反坫」的「有」字而衍。」案伯三五七三《論語疏》亦有此字，則陳説可商。

〔一三六〕兩，甲卷、刊本同，乙卷誤作「雨」。注中「兩」字同。

〔一三七〕怗，甲卷同，乙卷作「玷」，刊本作「坫」，阮元《論語校勘記》云：「毛本「坫」竝誤「玷」。」李方云：「「怗」則爲「坫」字之誤。」下「怗」字同。

〔一三八〕有別内外，底二無「外」字，李方云「底本脱一「外」字」，兹據甲卷、刊本補；甲卷、刊本無「有」字。

〔一三九〕与，乙卷、刊本作「與」，甲卷作「以」，唐五代西北方音止、遇二攝通用，故「與」「以」同音通用。

〔一四〇〕酬，甲卷、乙卷、刊本作「酢」，斯三三三九《論語注》亦作「酢」，《經典釋文·論語音義》云：「酢，才洛反，一本作酬。」劉寶楠《論語正義》云：「疑以「酬」字爲是。」

〔一四一〕反，甲卷、刊本同，乙卷作「返」，「反」「返」古今字。

〔一四二〕僭，底二原無，李方云「底本誤脱」，兹據甲卷、乙卷、刊本補。

〔一四三〕如是是不知礼，底二原無「如是」二字，「礼」存左上角與右下角殘筆，兹據甲卷、乙卷補；底二「礼」下原有「之也」二字，此當是爲雙行對齊而添，兹據甲卷、乙卷、刊本刪。

〔一四四〕熟，乙卷同，甲卷、刊本作「孰」，「熟」爲「孰」之同音借字。

〔一四五〕太師樂曰，「太」，甲卷、乙卷同，刊本作「大」，「大」「太」古今字；底二原脱「樂曰」二字，兹據甲卷、乙卷、刊本補。

〔一四六〕翕，底二誤作「俞」，兹據甲卷、乙卷、刊本改正。下「翕」字同。

〔一四七〕太師，甲卷、乙卷同，刊本作「大師」，「大」「太」古今字；乙卷前有「周曰」二字。

〔一四八〕吾，甲卷、乙卷、刊本作「五」，「吾」爲「五」之音誤字。

〔一四九〕盛，刊本同，甲卷、乙卷下有「也」字。

〔一五〇〕縱，甲卷同，乙卷、刊本作「從」，「從」「縱」古今字；然注中云「從讀曰縱」，則經文應作「從」。

〔一五一〕發，乙卷、刊本同，甲卷作「奏」。

〔一五二〕純，乙卷同，甲卷、刊本作『純純』，《史記・孔子世家》裴駰《集解》引何晏注不重『純』字。

〔一五三〕和，底二原誤作『如』，茲據甲卷、乙卷、刊本改正。

〔一五四〕曒，底二原作『[illegible]』，當是『曒』之誤，茲據甲卷改正；乙卷、刊本作『皦』，《五經文字・白部》：『皦、皎，上玉石之白者，下月晈字，今《詩・風》通用之。案今《詩》本及《釋文》多從「日」，傳寫之誤。』案《說文》有『皦』無『曒』，《玉篇・日部》始有『曒』字，《論語》本當作『皦』字。

〔一五五〕縱之純如晈如，甲卷、刊本『之』下有『以』字；底二『晈』原作『皎』，當是『晈』之誤，甲卷作『曒』，刊本作『皦』，『晈』爲『皎』之後起字，『曒』爲『皦』之後起字，『晈』爲『皦』之借字；乙卷脫『晈如』二字。

〔一五六〕君子之至於斯者，底二『至於』二字僅存殘畫，茲據乙卷、甲卷、刊本補；甲卷『君子』誤作『夫子』；刊本『者』作『也』，陳鐵凡云『尋繹文意，當以作「者」爲勝』，陳舜政《論語異文集釋》云『就上下文義來看，作「者」字要比「也」字通順』。

〔一五七〕未甞不得見也，『甞』字甲卷、刊本作『嘗』，乙卷作『常』，『甞』爲『嘗』之別體，『常』爲『嘗』之借字；『得』字乙卷、刊本同，甲卷作『德』，『德』爲『得』之借字。

〔一五八〕之，乙卷、刊本同，甲卷脱；『見之』者，使之見孔子也。《定州漢墓竹簡論語》亦有『之』字。

〔一五九〕也，乙卷同，甲卷、刊本無。

〔一六〇〕無道久矣，甲卷、乙卷同，刊本『無道』下有『也』字。

〔一六一〕曰，乙卷、刊本同，甲卷誤作『子』。

〔一六二〕聖德之喪耶，甲卷、乙卷、刊本『之』下有『將』，『喪』下有『亡』；刊本『耶』作『邪』，《玉篇・耳部》：『耶，俗邪字。』

〔一六三〕已，乙卷、刊本同，甲卷音借作『以』，二字通用。

〔一六四〕必盛，乙卷、刊本同，甲卷下有『也』字。

〔一六五〕作，底二原脱，兹據甲卷、乙卷、刊本補。

〔一六六〕韶，底二原誤作『歆』，兹據甲卷、乙卷、刊本改正。注中『韶』字同。

〔一六七〕孔曰，底二原脱，兹據甲卷、乙卷、刊本補。

〔一六八〕舜樂也，『舜』字底二誤作『舞』，乙卷誤作『爵』，兹據刊本改正；乙卷、刊本『樂』下有『名』字，刊本無『也』字。

〔一六九〕也，乙卷同，刊本無。

〔一七〇〕盡美矣，底二『盡』下原衍『善』字，兹據乙卷、刊本删；甲卷自『又盡善也』至此抄脱。

〔一七一〕武王樂也，刊本同，『武』字底二、甲卷皆作重文符號，乙卷作『之』，當是重文符號之誤；甲卷、乙卷無『也』字。

〔一七二〕也，甲卷、乙卷同，刊本無。

〔一七三〕論語里仁篇弟四，甲卷、乙卷、刊本均無『論語』、『篇』三字。

〔一七四〕何晏集解，乙卷同，甲卷無。

〔一七五〕仁之所居，刊本同，乙卷『仁』作『巳』，甲卷末有『也』字，阮元《論語校勘記》云：『皇本作「里者，民之所居也」。案此當依皇本作「民」，《文選》潘岳《閒居賦》注引作「人之所居也」，當是避唐諱耳。』劉寶楠《論語正義》云：『「仁」當依皇本作「民」。』乙卷『巳』爲『民』之避諱缺筆字。

〔一七六〕居，底二原作『以』，李方云『「居」作「以」，誤』，兹據甲卷、乙卷、刊本改正。

〔一七七〕爲美，甲卷、刊本同，乙卷下有『也』字。

〔一七八〕焉德智，『德』字甲卷、乙卷、刊本作『得』，『德』爲『得』之借字；『智』字甲卷、乙卷同，刊本作『知』，『知』『智』古今字。注中『德』字『智』字並同。

〔一七九〕求善居而不處仁者之里，甲卷、乙卷、刊本無『善』字，甲卷脱『不』、『之』二字。

〔一八〇〕也，乙卷同，甲卷、刊本無。

〔一八一〕久困則爲非，甲卷、刊本同；乙卷「困」誤作「曰（因）」，末有「也」字。

〔一八二〕樂必驕佚，甲卷、乙卷、刊本無「樂」字；乙卷「佚」作「溢」，下有「也」字，「溢」爲「佚」之借字。

〔一八三〕唯性仁者自然體之，底二原脱「性」字，茲據甲卷、刊本補；甲卷、乙卷、刊本「唯」作「惟」，二字古通用；乙卷「體」作「躰」，《玉篇·身部》以「躰」爲俗「體」字。

〔一八四〕安仁，甲卷、刊本同，乙卷下有「也」字。

〔一八五〕智，甲卷、乙卷、刊本作「知」，「知」「智」古今字。

〔一八六〕知仁爲美故利而行之，甲卷脱「而」字，丙卷起於「美」字。

〔一八七〕唯仁者能好人能惡人，甲卷、刊本同，乙卷兩「人」字均誤作「仁」。

〔一八八〕仁者能審人之好惡，甲卷同；乙卷前有「惟」字，刊本作「唯」，「唯」「惟」二字古多通用；「審人之好惡」，甲卷、乙卷同，刊本作「審人之所好惡」；乙卷末有「也」字。案焦循《論語補疏》云：「仁者好人之所好，惡人之所惡，故爲能好能惡。必先審人之所好所惡，而後人之所好好之，人之所惡惡之，斯謂能好能惡也。」劉寶楠《論語正義》云：「注説頗曲，故依焦説通之。」案：劉氏所謂「注説頗曲」者，謂何晏所引孔安國注「唯仁者能審人之所好惡」也。然若焦説「仁者好人之所好，惡人之所惡，故爲能好能惡」，此非仁者也，鄉愿也。《禮記·大學》云：「好人之所惡，惡人之所好，是謂拂人之性，菑必逮夫身。」焦説正與《大學》相違。《論語·衛灵公》：「子曰：『衆惡之，必察焉。衆好之，必察焉。』」焦説亦與此相違。皇《疏》引孔注與寫卷同，無「所」字。《疏》云：「夫仁人不佞，故能言人之好惡，是能好人，能惡人也。」《後漢書·孝明八王列傳·下邳惠王衍》李賢注引《東觀記》所載《賜恭詔》曰：「孔子曰：『惟仁者能好人，能惡人。』貴仁者所好惡得其中也。」中者，正也。謂仁者之好人惡人，能公正無私，此詔書之意也，與皇疏同。今衍一「所」字，遂至不可解。

〔一八九〕無惡也，甲卷同，乙卷、刊本前有『終』字，刊本無『也』字。
〔一九〇〕所欲，甲卷、乙卷同，刊本下有『也』字。
〔一九一〕德，乙卷同，甲卷、丙卷、刊本作『得』，『德』爲『得』之借字。
〔一九二〕不處，甲卷、乙卷、刊本下有『也』字。
〔一九三〕其道德富貴，甲卷、乙卷無『其』字，乙卷、刊本『德』作『得』，『德』爲『得』之借字。
〔一九四〕故不處也，甲卷、乙卷無『故』字，甲卷無『也』字，刊本作『則仁者不處』。
〔一九五〕所惡，甲卷、乙卷同，刊本下有『也』字。
〔一九六〕不以其道得之不去，甲卷、乙卷『得』作『德』，『德』爲『得』之借字；甲卷、刊本末有『也』字。
〔一九七〕此即不以其道而得之，甲卷同，乙卷、刊本『即』作『則』，『即』『則』同義；乙卷脱『以』字，刊本無『而』字。
〔一九八〕『君子』下乙卷衍『去仁』二字。
〔一九九〕遽，底二原誤作『處』，兹據甲卷、乙卷、刊本改正。下『遽』字同。
〔二〇〇〕僵，甲卷、乙卷、刊本作『偃』，二字同義。下『僵』字同。
〔二〇一〕也，甲卷、乙卷、刊本無。
〔二〇二〕好仁者，底二原誤作『不好不人者』，兹據甲卷、乙卷、丙卷、刊本改正。
〔二〇三〕仁矣，甲卷、刊本同，乙卷作『仁者矣』。
〔二〇四〕無以尚之爲優，刊本同；甲卷『以』作『已』，『尚』前有『加』，『以』『已』通用，『加』應是衍文；乙卷末有『也』字。
〔二〇五〕矣乎，乙卷、刊本同，甲卷脱『乎』字。
〔二〇六〕孔，乙卷、刊本同，甲卷作『鄭』，案阿斯塔那三六三號墓唐景龍四年卜天壽抄本郑玄《論語注》此條注作『仁之行，若心懈惓，未有力皮（疲）極也』，王素《唐寫本論語鄭氏注及其研究》云：『伯二九〇四號《集解》

引鄭注……與本注不類。伯三九七二號《集解》、皇解、邢解引作孔注，當是。」李方《唐寫本〈論語集解〉校讀零拾》云：「可判定伯二九〇四號寫本作「鄭曰」誤。」（《出土文獻研究》第三輯二二五頁，中華書局一九九八）

〔二〇七〕用力脩仁，刊本「用」下有「其」字，乙卷「脩」作「修」，「脩」爲「修」之借字。

〔二〇八〕之也，甲卷、刊本作「者」，乙卷作「者也」，作「者」爲是。

〔二〇九〕未之見，甲卷、乙卷同，刊本下有「也」字。

〔二一〇〕時人言不能爲人，甲卷、乙卷「時人」誤倒作「人時」，乙卷、丙卷、刊本下「人」字作「仁」，「人」爲「仁」之借字。

〔二一一〕爲能有耳，「耳」字乙卷、丙卷同，甲卷作「尒」，刊本作「爾」，「尒」「爾」之別説見校記〔九九〕，「耳」「爾」同音通用；乙卷「能」下衍「一日用力於仁」六字。

〔二一二〕我未之見，甲卷、丙卷同，乙卷前衍一「其」字，刊本下有「也」字。

〔二一三〕人，乙卷、刊本同，甲卷作「民」，丙卷作「巳」，「巳」爲「民」之缺筆字，馮登府《論語異文考證》云「「人」字沿唐諱而誤」。

〔二一四〕各，甲卷、丙卷、刊本同，乙卷誤作「冬」。

〔二一五〕黨黨類，底二原無下一「黨」字，當是誤脱重文符號，兹據甲卷、乙卷、丙卷、刊本補；甲卷、乙卷、丙卷「類」下有「也」字，乙卷、刊本前有「孔曰」二字。

〔二一六〕非小人之過，丙卷「非」誤作「於」，甲卷、乙卷末有「也」字。

〔二一七〕恕而勿責，底二「責」原誤作「貴」，兹據甲卷、乙卷、丙卷、刊本改正；乙卷「恕」誤作「怒」。

〔二一八〕賢愚各當，丙卷、刊本同，甲卷「愚」音誤作「遇」，乙卷「各當」誤作「冬黨」。

〔二一九〕之矣也，甲卷無，乙卷無「之矣」二字，丙卷、刊本無「之」、「也」二字，丙卷、刊本義長。

〔二二〇〕也，乙卷、刊本同，甲卷無。

〔二二一〕天下，乙卷、丙卷同，甲卷、刊本下有「也」字。

〔二二二〕無適，甲卷、乙卷、丙卷、刊本下有「也」字。下「無莫」下同。

〔二二三〕与，甲卷同，乙卷作「以」，刊本作「與」，「與」「以」同音通用（唐五代西北方音止、遇二攝通用）。

〔二二四〕孔曰懷安也，底二原無，李方云「當爲誤脱」，兹據丙卷、刊本補；甲卷、乙卷無「也」字。

〔二二五〕小人，甲卷、乙卷、刊本同，丙卷脱「人」字。

〔二二六〕重遷，乙卷、丙卷、刊本同，甲卷下有「也」字。

〔二二七〕刑，乙卷、刊本同，甲卷作「形」，丙卷作「㓝」，馮登府《論語異文考證》云：「《漢石經》「刑」作「㓝」，案《説文》「㓝，罰辠也，从井从刀」，「刑，剄也」，二字義別。㓝罰字當从井。」黄侃《字通》云：「此㓝爲刑法正字，刑乃刑剄、刑人之字，今溷用。」（《説文箋識四種》一〇〇頁，上海古籍出版社一九八三）甲卷「形」又爲「刑」之借字。

〔二二八〕也，乙卷同，甲卷、丙卷、刊本無。

〔二二九〕包，甲卷、乙卷、刊本同，丙卷作「苞」，「包」「苞」古今字，姓氏應作「包」。丙卷凡「包」皆作「苞」，下不復出。

〔二三〇〕也，甲卷、乙卷同，丙卷、刊本無。

〔二三一〕依利而行，乙卷、丙卷、刊本同，甲卷下有「之」字，當是爲雙行對齊而添。

〔二三二〕多怨，甲卷、乙卷、刊本同，丙卷脱「多」字。

〔二三三〕也，甲卷、乙卷、刊本無。

〔二三四〕乎，甲卷、乙卷同，丙卷、刊本無。

〔二三五〕也，甲卷、乙卷、丙卷、刊本無。

〔二三六〕包曰，底二原無，兹據甲卷、乙卷、刊本補；丙卷『包』作『苞』。
〔二三七〕不能用礼，甲卷、丙卷同，乙卷下有『也』字。
〔二三八〕莫己知，甲卷、乙卷、刊本同，丙卷下有『也』字。
〔二三九〕可知，甲卷、乙卷、丙卷、刊本下有『也』字。
〔二四〇〕知己也，乙卷『知』作『之』；『之』爲『知』之同音借字。甲卷『也』前有『之』字，當是爲雙行對齊而添；丙卷、刊本無『也』字。
〔二四一〕吾道，甲卷、乙卷、刊本同；丙卷作『道吾』，其行右殘缺，疑本有乙字符。
〔二四二〕荅曰唯也，丙卷『荅』作『答』，『答』爲『荅』之俗字；甲卷、乙卷、丙卷、刊本無『也』字。
〔二四三〕喻，甲卷、乙卷、刊本同，丙卷作『諭』，《説文》有『諭』無『喻』，『喻』爲後起字。注中『諭』字同。
〔二四四〕也，乙卷、刊本同，甲卷、丙卷無。
〔二四五〕見不賢而内自省也，刊本同，丙卷『而』作『者』，甲卷、乙卷無『也』字。
〔二四六〕諫，甲卷、乙卷、刊本同，丙卷無，陳鐵凡云『此當誤脱』。
〔二四七〕幾者微也，甲卷、刊本同，丙卷無『者』字，乙卷『微』誤作『徵』。
〔二四八〕也，甲卷同，丙卷、刊本無；乙卷有二『也』字，乃爲雙行對齊而添。
〔二四九〕不敢違父母意而遂己之諫也，甲卷『違』音誤作『爲』（爲、違二字韻有支、微之别，唐五代西北方音支、微不分），無『意』字；乙卷『意』前有『之』，無『而』字；丙卷、刊本無『也』字。
〔二五〇〕方猶常也，乙卷、刊本同，丙卷『方』誤作『防』，甲卷無『也』字。
〔二五一〕在喪，乙卷、刊本同，甲卷、丙卷無，吐魯番出土卜天壽寫本《論語》鄭玄注本亦無此二字。
〔二五二〕哀戚思慕，底二『戚』形誤作『滅』，『慕』音誤作『暮』，兹據甲卷、刊本改正；丙卷『戚』作『慼』，『戚』『慼』古今字；乙卷作『哀慕』，與吐魯番出土卜天壽寫本《論語》鄭玄注本同。

〔二五三〕不改，甲卷、乙卷、刊本作『無所改於』，丙卷作『無改其』，吐魯番出土卜天壽寫本《論語》鄭玄注本作『不改其』。
〔二五四〕也，甲卷、乙卷同，丙卷、刊本無。
〔二五五〕不知，乙卷同，丙卷、刊本下有『也』字。
〔二五六〕則懼，甲卷、丙卷、刊本同，乙卷下有『也』字。
〔二五七〕言之，底二原誤倒作『之言』，兹據甲卷、乙卷、丙卷、刊本乙正。
〔二五八〕不逮，甲卷、乙卷、丙卷同，刊本下有『也』字。
〔二五九〕古人之言不妄出口，刊本同，甲卷、乙卷、丙卷下有『者』；丙卷『妄』誤作『妾』，『古人之』誤作『故之人』，脱『口』字。
〔二六〇〕爲身行之將不及也，甲卷同，乙卷『爲』作『恐』，乙卷、丙卷、刊本無『也』字。
〔二六一〕俱不，『俱』字右部底二作『且』，俗訛，兹據甲卷、乙卷、刊本改正；丙卷脱此二字。
〔二六二〕佚招，丙卷、刊本同；『佚』字甲卷作『溢』，借字也，乙卷形誤作『使』；『招』字甲卷音誤作『照』。
〔二六三〕儉約無憂患，底二『約』原作『納』，形誤字，兹據甲卷、乙卷、刊本改正；底二句末原有『之也』二字，乃爲雙行對齊而添，兹據甲卷、乙卷、丙卷、刊本删；乙卷『無』前有『則』字，『憂』誤作『優』；丙卷『儉』誤作『便』。
〔二六四〕訥遲鈍也，丙卷同，刊本『遲』作『遟』，『遲』爲『遟』之俗字，下句『遲』同；乙卷無『也』字；乙卷前有『敏疾也』三字，李方謂此三字爲衍文。
〔二六五〕言欲遲而行欲疾也，乙卷、丙卷無『而』字，丙卷、刊本無『也』字。甲卷此章全脱。
〔二六六〕德不孤，乙卷、丙卷、刊本同，甲卷『德』下衍『之』字。
〔二六七〕方以類聚，『以』字甲卷、乙卷、刊本同，丙卷音借作『与』，唐五代西北方音止、遇二攝通用，故『与』『以』同音通用；「類」字底二誤作「頼（賴）」，茲據甲卷、乙卷、丙卷、刊本改正。

〔三六八〕是以不孤，甲卷、刊本同，乙卷「不」誤作「子」；丙卷「以不」作「哀」，蓋二字誤合爲一，又形變也。

〔三六九〕踈，甲卷、乙卷同，丙卷、刊本作「疏」，《廣韻·魚韻》以「踈」爲「疏」的俗字。

〔三七〇〕苐二，「苐」字甲卷同，乙卷、丙卷作「弟」，「苐」爲「弟」之俗字。

論語集解（三）（公冶長、雍也）

伯三六四三（底卷）　斯七〇〇二（甲卷）　斯五七九二（乙卷）

【題解】

底卷編號伯三六四三，起『論語卷第三』卷題，至《雍也》『賜也可使從政也與』之『從』，共八十二行，經文大字，小注雙行。卷首有《千字文》雜抄三行。《索引》定名『論語集解卷第三』，今依例擬名爲《論語集解（公冶長、雍也）》。卷背雜寫中有『寅年正月廿一日索賛力』字樣，這是敦煌陷蕃时期的紀年方式，那麼這個寅年不會晚於武宗會昌六年（八四六），寫卷正面内容的抄寫時間不會晚於八四六年。

甲卷編號爲斯七〇〇二，起《公冶長》篇題，至『邦有道』，共三行，二、三兩行僅存上截。《榮目》首先定名爲《論語·公冶長第五》，兹依例擬名爲《論語集解（公冶長）》。《方目》以此爲唐寫本。

乙卷編號爲斯五七九二，起《公冶長》『子曰求也千室之邑』之『曰』，至『賜也聞一以知二』之『知』，共五行，第一行僅存半邊，第五行上半截也只存半邊。《翟目》首先定名爲《論語》，今依例擬名爲《論語集解（公冶長）》。李方《敦煌〈論語集解〉校證》（江蘇古籍出版社一九九八）據書法定爲唐寫本。

伯三七〇五卷背爲雜寫，其中有兩行爲《論語·公冶長》文，乃《公冶長》之首章，起『子謂公冶長』，至《集解》『黑索』二字。伯三六四三碎十二有一行《論語》之文，共八字：『子曰始吾於人聽其』。此兩種皆爲雜寫，故不作爲異本收入。

李方《敦煌〈論語集解〉校證》（簡稱『李方』）對底卷及甲、乙卷作有校記。

底卷據縮微膠卷録文，以甲、乙卷及中華書局影印阮元刻《十三經注疏·論語注疏》爲校本（後者簡稱『刊本』），校録於後。

論語〔二〕卷第三

【公治長第五】〔一〕

子謂公治長：『可妻也，雖在□（縲）紲□（之）中〔三〕，非其罪也。』以其子妻之。孔曰：『公治長〔四〕，弟子，魯人也，姓公冶，名長。縲，黑索〔五〕；紲，攣也，所以拘罪人也〔六〕。』

子謂南容：『邦有道〔七〕，不癈〔八〕；邦無道，免於刑戮。』以其兄之子妻之。▨▨（王曰）〔九〕：『南容，弟子南宫縚，魯人也，字子容。不癈，言見用也〔一〇〕。』

子謂子賤：孔曰：『子賤，魯人，弟子蜜不齊〔一一〕。』『君子哉若人！魯無君子者，斯焉取斯？』包曰：『若人者，若此人也。如魯無君子，子賤安得此行如〔一二〕學行之？』

子貢問曰：『賜也何如？』子曰：『汝，噐（器）〔一三〕。』孔曰：『言汝噐（器）用之人。』曰：『何噐（器）〔一四〕？』曰：『瑚璉。』包曰：『瑚璉，黍稷之噐（器）。夏曰瑚，殷曰璉，周曰簠簋，宗廟噐（器）之貴者也〔一五〕。』

或曰：『雍也仁而不佞〔一六〕。』馬曰：『雍，弟子。仲弓，名；姓冉。』子曰：『焉用佞？禦人以口給，屢憎於人。不知其民〔一七〕，焉用佞？』孔曰：『屢，數也。佞人口辞〔一八〕捷給，數爲人所憎〔一九〕惡。』

子使柒〔二〇〕彫開仕。對曰：『吾斯之未能信也〔二一〕。』孔曰：『弟子柒彫，開，名也〔二二〕。仕進之道未能信者，未能究習也〔二三〕。』子説。鄭曰：『善其志道深也〔二四〕。』

子曰：『道不行，乘桴浮於海〔二五〕。從我者，其由也▨（與）〔二六〕？』馬曰：『桴，編竹木。大▨（者）曰筏〔二七〕，小者曰桴〔二八〕。』子路聞之喜。▨（孔）〔二九〕曰：『喜与己俱行。』▨（子）〔三〇〕曰：『由也好勇過▨（我）〔三一〕，無所取材。』鄭曰：『子路信夫子欲行，故言好勇過我。「無所取材」者，無所取於桴材。以子路不解微言，故戲之耳。』一曰：『子路聞孔子欲浮〔三二〕海便喜，不復顧〔三三〕，故孔子歎其勇，曰過我。「無所取材」〔三四〕，言唯取於己。材、哉同也〔三五〕。』

孟武伯問：『子路仁乎？』子曰：『不知〔三六〕。』孔曰：『仁道至大，不可▨（全）名〔三七〕。』又問。子曰：『由▨▨（也，千）〔三八〕乘之國，可使治其賦〔三九〕，孔曰：『賦，兵賦也〔四〇〕。』不知其仁〔四一〕。』『求也何如？』子曰〔四二〕：『求也，千室之邑，百乘之家，可使爲之宰〔四三〕，孔曰：『千室之邑〔四四〕，謂〔四五〕卿大夫之邑。卿大夫稱家。諸侯千乘，大夫□（百）乘〔四六〕。宰，家臣也〔四七〕。』不知其仁〔四八〕。』『赤也何如？』子曰：『赤也，束帶立於朝，可使與賓客言〔四九〕，馬曰：『赤，弟子公西華。有容儀，可使爲行人也〔五〇〕。』不知其仁也〔五一〕。』

子謂子貢曰：『汝與回也熟俞〔五二〕？』孔曰：『俞猶〔勝〕也〔五三〕。』對曰：『賜也何敢望回？回也聞一以知十，賜也聞▨▨（一以）知〔五四〕二。』子曰：『弗如也，吾與汝俱〔五五〕弗如也。』包曰：『既然子貢不如，復云吾与汝俱不如者，蓋欲以慰子貢〔五六〕。』

宰予晝寢〔五七〕。包曰〔五八〕：『宰予〔五九〕，弟子宰我也〔六〇〕。』子曰：『朽木不可彫〔六一〕，包曰：『朽，腐也。彫，彫琢刻畫也〔六二〕。』糞土之墻不可圬〔六三〕。王曰：『圬，鏝也。二者喻雖施功猶不成也〔六四〕。』於予與何誅？』孔曰：『誅，▨□（責也）〔六五〕。今我當何責於汝乎？深責之也〔六六〕。』子曰：『始吾於人〔六七〕，聽其言而信其行；〔今吾於人也，聽其言而觀其行〕〔六八〕。於予與改是。』孔曰：『改是聽言信行，更察言觀行，發於宰我之晝寢〔六九〕。』

子曰：『吾未見剛〔七〇〕者。』或對曰：『申棖。』包曰：『申棖，魯人也〔七一〕。』子曰：『棖也慾，焉得剛？』孔曰：『慾，多情慾。』

子貢曰：『我□▨（不慾）人之加諸於我〔七二〕，吾亦欲無加諸於〔七三〕人。』馬曰：『加，陵也。』子曰：『賜也，非尔所及〔七四〕。』孔曰：『言不能止人，使不加非義於己。』

子貢曰：『夫子之〔七五〕文章，可得而〔七六〕聞也。章，明也。文彩形質著見，可以耳目循。夫子之言▨（性）〔七七〕□□（與天）道，不可得而〔七八〕聞也。』性者，人之所受者以生也。天道者，元亨〔七九〕日新之道。深也〔八〇〕，故不可得而聞也已矣〔八一〕。□(子)路有聞，未之能行，唯恐有聞〔八二〕。孔曰：『前所有〔八三〕聞未及□(行)，故恐後有聞不能並行〔八四〕。』

子貢問曰：『孔文子何以謂之文也？』孔曰：『孔文子，大夫孔圉〔八五〕。文，謚也。』子曰：『敏而好學，不恥下問，是以謂之文也。』孔曰：『敏者，識之疾也。下問，凡在〔八六〕己下者。』

子謂子産曰〔八七〕：『有君子之道四焉：孔曰：『子産，鄭大夫公孫僑也〔八八〕。』其行己也恭，其事上也敬，其養民也惠，其使人〔八九〕也義。』

子曰：『晏平仲善与人交，久而敬之。』周曰：『齊大夫。晏，性〔九〇〕；平，謚；名嬰也〔九一〕。』

子曰：『臧文仲居蔡，包曰：『臧文仲，魯大夫臧孫辰也〔九二〕。文，謚也。蔡，國君之守龜，出蔡地，因以爲名〔九三〕，尺有二寸〔九四〕。居蔡，僭也。』山節藻梲，包曰：『節者，檽〔九五〕也，刻鏤爲山。梲者，梁上楹，畫爲藻文。言其奢侈。』何如其智〔九六〕？』孔曰：『非時人謂之爲智也〔九七〕。』

子張問〔九八〕：『令尹子文，孔曰：『令尹子文，楚大夫，姓㪷〔九九〕名穀，字於菟。』三事〔一〇〇〕爲令尹，無喜色。三已之，無愠色。舊令尹之政，必以告新令尹。何如？』子曰：『忠矣。』曰：『仁矣乎？』曰：『未知。焉得仁？』但聞其忠事，未知其仁〔一〇一〕。『崔子弑齊君，陳文子有馬十乘，棄而違之。孔曰：『皆齊大夫。崔杼作乱，陳文子惡之，捐其卌〔一〇二〕匹馬，違而去之。』至於他邦，則有〔一〇三〕曰：「猶吾大夫崔子也。」違之。知〔一〇四〕一邦，則又曰：「猶吾大夫崔子也。」違之。何如？』子曰：『清矣。』曰〔一〇五〕：『仁矣乎？』曰：『未知。焉得仁？』孔曰：『文子避〔一〇六〕惡逆，去無道，求有道。當春秋之〔一〇七〕時，臣陵其君，皆如崔子，無有可止也〔一〇八〕。』

季文子三思而後從之〔一〇九〕。子聞之，曰：『再，斯可矣。』鄭曰：『季文子，魯大夫季孫行父。文，謚也。文子忠而有賢行，其舉事寡過，不必乃三思。』

子曰：『甯武子，馬曰：「衞大夫甯喻〔一一〇〕。武，謚也。」邦有道則智〔一一一〕，邦無道則愚。其智可及〔一一二〕，其愚不可及。』孔曰：「佯愚似實，故曰不可及也。」

子在陳，曰：『歸〔一一三〕與！歸與！吾黨之小子狂簡，斐然成章，不知所以裁之。』孔曰：「簡，大也。孔子在陳，思歸欲去，曰〔一一四〕：『吾黨之小子狂者〔一一五〕進取於大道，妄〔一一六〕作穿鑿以成文章，不知所以裁制之〔一一七〕，我當歸以裁之〔一一八〕。』遂歸也〔一一九〕。」

子曰：『伯夷、叔齊不念舊惡，怨是▨□（用希）〔一二〇〕。』孔曰：「伯夷、叔齊，孤竹君之二子。孤竹，國名。」

子曰：『孰謂微生高直？孔曰：「微生，性〔一二一〕，名高。魯人也。」或乞▨（醯）〔一二二〕焉，乞諸其隣而與之。』孔曰：「乞諸〔一二三〕四隣，以應求者，用意委曲，非爲直人也〔一二四〕。」

子曰：『巧言、令色、足恭，孔曰：「足恭，便僻皃〔一二五〕。」左丘明恥之，丘亦恥之。孔曰：「左丘明，魯大夫〔一二六〕。」匿怨而友其人，孔曰：「心内相怨▨▨（而外）詐親也〔一二七〕。」左丘明恥之，丘亦恥之。』

顔淵、季路侍。子曰：『盍各言尔志？』子路曰：『願車馬衣輕裘與朋友共，弊〔一二八〕之而無憾。』孔曰：「憾，恨也。」顔淵曰：『願無伐善，孔曰：「不自稱己之善也〔一二九〕。」無施勞。』孔曰：「不以勞事置施於人。」子路曰：『願聞子之志。』子曰：『老者安之，朋友信之，少者懷之。』鄭〔一三〇〕曰：「懷，歸〔一三一〕。」子曰：『已矣乎！吾未〔見〕能見其過而内自訟者〔一三二〕。』包曰：「訟猶責也。言人有過，莫能自責。」

子曰：『十室之邑，必有忠信如丘者焉，不如丘之好學也已矣〔一三三〕。』

雍也第六

子曰：『雍也，可使南面。』包曰：「可使南面者，言任諸侯治。」

仲弓問子桑伯子，王曰：「伯子，書傳無見焉。」子曰：『可也簡。』以其能簡〔一三四〕，故曰可也。仲弓曰：『居敬而行簡，以臨其民，不亦可乎？孔曰：「居身敬肅，臨下寬略，則可。」居簡而行簡，無乃太〔一三五〕簡乎？』包曰：『伯子之簡太簡。』子曰：『雍之言然。』

哀公問：『苐子孰爲好學？』孔子對曰：『有顔回者好學，不遷怒，不貳過。不幸短〔一三六〕命死矣。今也則亡，未聞好學者〔一三七〕。』凡人任情，喜怒爲〔一三八〕理。顔回任道，怒不過分。遷者，移也。怒當其理，不移易〔一三九〕。不貳過者，有不善，未嘗復行也〔一四〇〕。

子華使□其母〔一四一〕請粟。子曰：『與之釜。』馬曰：『苐子〔一四二〕公西華，赤字也〔一四三〕。□▨（之）〔一四四〕庾。』包曰：『十六斛曰庾也〔一四五〕。』冉子與之粟五秉。馬曰：『十六斛曰□之適齊〔一四六〕，乘肥馬，衣輕裘。吾聞之〔一四七〕：君□曰〔一四八〕：『非冉有□（與）之大多也〔一四九〕。』

原思爲之宰，包曰：『苐子原憲也〔一五〇〕。思，字也。孔子□粟〔一五一〕九百，辤〔一五二〕。孔曰：『九百，九百斗。辤，辤讓不［受］〔一五三〕。』子曰：『毋！孔曰：『禄法也〔一五四〕□黨乎〔一五五〕！』鄭曰：『五家爲隣，五隣爲里，万二千五百家爲鄉，五百家爲黨也〔一五六〕。』

子□▨（之）〔一五七〕子騂且角，雖欲勿用，山川其□角者〔一五八〕，角周正，忠〔一五九〕犧牲。雖欲以其所生犂〔一六〇〕而□乎〔一六一〕？言父雖不善，不害於子之義也〔一六二〕。

子曰：□仁〔一六三〕，其餘則日月至焉而已矣。』餘人□▨（子）〔一六四〕問：『仲由□▨（政）〔一六五〕也與？』子曰：□政乎〔一六六〕□使〔一六七〕從

（後缺）

【校記】

〔一〕公冶長苐五，底卷原無，依例當有篇題，兹據甲卷補；甲卷『冶』原作『治』，誤字，兹據刊本改正；『苐』爲『弟』之俗字，俗書竹頭多寫作草頭，俗據『苐』楷正，則成『第』字。下凡『苐』字不復出校。

〔二〕論語，甲卷無。

〔三〕縲紲之中，底卷「縲」、「之」二字原殘泐，兹據刊本補；伯三七〇五背、刊本「紲」作「絏」，案「絏」爲「紲」之諱改字。注中「紲」字同。

〔四〕公冶長，刊本無「公」字，阮元《論語校勘記》云：「皇本作『公冶長』，案孔注下云『姓公冶名長』，則不當單稱『冶長』。」案伯三七〇五背亦作「公冶長」。

〔五〕黑索，甲卷作「黑繩也」，案伯三七〇五背作「黑索」，《史記·仲尼弟子列傳》裴駰《集解》引孔安國注作「黑索也」。

〔六〕拘罪人也，甲卷作「拘縛罪人」，刊本無「也」字。

〔七〕道，甲卷殘存上半。甲卷止於此字。

〔八〕癈，刊本作「廢」，「癈」爲「廢」之俗字。下「癈」字同。

〔九〕王曰，底卷皆殘存左半，兹據刊本擬補。

〔一〇〕也，刊本無。

〔一一〕蜜不齊，刊本作「宓不齊」，案「宓子賤」或寫作「密子賤」，《吕氏春秋·審應覽·具備》「宓子賤治亶父」，《淮南子·泰族》云：「密子治亶父。」敦煌寫卷「密」、「蜜」常通用。

〔一二〕如，刊本作「而」，二字古多通用。

〔一三〕汝器，刊本「汝」作「女」，「器」下有「也」字，案「女」「汝」古今字。下凡「汝」皆同，不復出校。

〔一四〕「何器」下刊本有「也」字。下句「瑚璉」下刊本亦有「也」字。

〔一五〕宗廟器之貴者也，刊本作「宗廟之器貴者」。

〔一六〕侫，刊本作「佞」，《干禄字書·去聲》：「侫、佞，上俗下正。」下「侫」字同。

〔一七〕民，刊本作「仁」，案當作「仁」，「仁」同音假借爲「人」，因爲「人」爲「民」之諱改字，後抄者以爲此「人」字是「民」之諱，故回改爲「民」。

〔一八〕辤，刊本作「辭」，《干禄字書·平聲》：「辤、辤、辭，上中並辤讓；下辭説，今作辤，俗作辞非也。」是「辤」爲「辭」之俗字。

〔一九〕憎，底卷原誤作「曾」，兹據刊本改正。

〔二〇〕柒，刊本作「漆」，《干禄字書·入聲》：「柒、漆，上俗下正。」注中「柒」字同。

〔二一〕也，刊本無。

〔二二〕苐子柒彫開名也，刊本作「開，弟子。漆彫，姓；開，名」，據《集解》體例，應有前「開」字和「姓」字。

〔二三〕也，刊本無。

〔二四〕也，刊本無。

〔二五〕乘桴浮於海，底卷「乘」原作「垂」，形誤字，兹據刊本改正；底卷「桴」原作「捊」，俗寫扌、木不分之故，兹據刊本録正，下「桴」字亦皆據刊本録正；刊本「於」作「于」，二字古多通用。

〔二六〕也與，刊本無「也」字；「與」字底卷存右邊殘畫，兹據刊本擬補。

〔二七〕大者曰筏，底卷「者」存下端殘畫，兹據刊本擬補；刊本「筏」作「桃」，二字異體，竹、木之别耳。

〔二八〕桴，底卷原誤作「浮」，兹據刊本改正。

〔二九〕孔，底卷殘存右邊「乚」，兹據刊本擬補。

〔三〇〕子，底卷殘存下半「丁」，兹據刊本擬補。

〔三一〕我，底卷殘存左上角，兹據刊本擬補。

〔三二〕浮，底卷原誤作「捊」，兹據刊本改正。

〔三三〕不復顧，底卷下有「望」字。

〔三四〕材，刊本作「哉」，案「無所取材」係引經文，釋爲「唯取於己」，「材」字非實義，故接着解釋「材哉同也」，刊本不可從。

〔三五〕材哉同也，刊本作「古字材、哉同」。

〔三六〕「不知」下刊本有「也」字。

〔三七〕全名，底卷「全」殘存上部「人」，兹據刊本擬補；刊本「名」下有「也」字。

〔三八〕也千，底卷均殘存右半，兹據刊本擬補。

〔三九〕「治其賦」下刊本有「也」字。

〔四〇〕也，刊本無。

〔四一〕「其仁」下刊本有「也」字。

〔四二〕曰，乙卷起於此。

〔四三〕爲之宰，乙卷同，刊本下有「也」字。

〔四四〕之邑，刊本同，乙卷脱。

〔四五〕謂，乙卷、刊本無。

〔四六〕百乘，底卷「百」字處模糊，兹據乙卷、刊本補；乙卷「百乘」前衍「故曰」二字。

〔四七〕也，乙卷、刊本無。

〔四八〕其仁，乙卷同，刊本下有「也」字。

〔四九〕與賓客言，乙卷「與」作「与」，刊本末有「也」字，案与、與二字古混用無別，敦煌寫本多用「与」字，後世刊本多改作「與」。下凡「与」字均不復出校。

〔五〇〕也，底卷原有二「也」字，乃爲雙行對齊而添，兹删其一；乙卷、刊本無「也」字。

〔五一〕也，刊本同，乙卷無。

〔五二〕熟俞，乙卷作「熟愈」，刊本作「孰愈」，案「熟」爲「孰」之借字，「俞」爲「愈」之借字，注中「俞」字同。底卷凡「孰」均寫作「熟」，下不復出。

〔五三〕勝也，底卷「勝」處空格，兹據刊本補。

〔五四〕一以知，底卷「一以」二字存殘筆，兹據乙卷、刊本補。乙卷止於「知」字。

〔五五〕俱，刊本無。據武億《經讀考異》、馮登府《論語異文考證》、《論衡·問孔》、《後漢書》李賢注所引均有「俱」字。程樹德《論語集釋》亦認爲本當有「俱」字。唯楊伯峻《論語譯注》不讚成此説。案：今所見何晏《集解》本無「俱」字，然《集解》所引包氏注云「復云吾與女俱不如者」，知何晏所據《論語》原本當有「俱」字，否則必不引包氏爲説也。今本無者，必後人以爲聖人豈能不如顔回，遂删去之。

〔五六〕「子貢」下刊本有「也」字。

〔五七〕寑，底卷作「㝲」，刊本作「寢」，案「㝲」乃「寑」字俗訛，敦煌寫卷「寢」字多寫作「寑」，寑本字，寢隸變字，兹據以改作「寑」。

〔五八〕包曰，刊本作「孔曰」，阮元《論語校勘記》云：「疏述注亦作『包曰』，今本作『孔曰』，疑誤。」

〔五九〕予，底卷原作「矛」，敦煌寫卷「予」、「矛」二字多混，兹據刊本録正。

〔六〇〕也，刊本無。

〔六一〕彫，刊本作「雕」，下有「也」字，阮元《論語校勘記》云：「《唐石經》、《宋石經》俱作『彫』，《漢書·董仲舒傳》、《論衡·問孔篇》、《詩·大雅·棫樸》正義亦俱引作『彫』，是。作『雕』者，用假借字。」

〔六二〕也，刊本無。

〔六三〕糞土之墙不可圬，刊本作「糞土之牆不可杇也」，案「糞」爲「糞」之俗訛，説見《敦煌俗字研究》下編四九九頁；「墙」爲「牆」之俗字，見《龍龕·土部》。阮元《論語校勘記》云：「皇本『杇』作『圬』，《釋文》出『圬』字，云：『本或作杇，鏝也。』案《史記·弟子列傳》、《漢書·董仲舒傳》俱作『圬』，蓋《論語》古本作『圬』。《説文》『杇，所以塗也』，『杇』當是正字，『圬』乃『杇』之假借耳。」注中「圬」字同。

〔六四〕二者喻雖施功猶不成也，刊本作「此二者以喻雖施功猶不成」。

〔六五〕責也，底卷『責』存上半，『也』字殘泐，兹據刊本擬補。下凡殘字、缺字補出者，均據刊本，不復一一注明。

〔六六〕也，刊本無。

〔六七〕『於人』下刊本有『也』字。

〔六八〕『今吾於人也聽其言而觀其行』十二字底卷原脱。

〔六九〕寢，刊本作『寢』，『寢』本字，『寢』隸變字。

〔七〇〕剄，刊本作『剛』，『剄』爲『剛』之俗字。下『剄』字同。

〔七一〕也，刊本無。

〔七二〕我不慾人之加諸於我，底卷『不』字殘泐，『慾』字殘存下半；刊本無『於』字，末有『也』字。

〔七三〕於，刊本無。

〔七四〕非尔所及，刊本『尔』作『爾』，末有『也』字。《敦煌俗字研究》云：『「爾」「尒」古本非一字，後世則合二而一，字多寫作「爾」。』（下編第七頁）『尔』爲『尒』之手寫變體（下編第八頁）。下凡『尔』字同。

〔七五〕『子貢曰夫子之』六字縮微膠卷殘泐，此據國家圖書館藏王重民所攝照片。

〔七六〕『而』字縮微膠卷殘泐，此據國家圖書館藏王重民所攝照片。

〔七七〕『夫子之言』四字縮微膠卷殘泐，此據國家圖書館藏王重民所攝照片；『性』字王重民所攝照片殘存『忄』旁。

〔七八〕『而』字縮微膠卷殘泐，此據國家圖書館藏王重民所攝照片。

〔七九〕所受者以生也天道者元亨，『也天道者元亨』六字縮微膠卷殘泐，此據國家圖書館藏王重民所攝照片；刊本無前一『者』字。

〔八〇〕深也，刊本作『深微』。

〔八一〕『得而聞也已矣』六字縮微膠卷殘泐，此據國家圖書館藏王重民所攝照片；刊本無『已矣』二字。

〔八二〕『有聞』二字縮微膠卷殘泐，此據國家圖書館藏王重民所攝照片。
〔八三〕有，刊本無。
〔八四〕不能並行，『行』字縮微膠卷殘泐，此據國家圖書館藏王重民所攝照片；刊本『不能』作『不得』，末有『也』字。
〔八五〕大夫孔圉，刊本作『衛大夫孔圉』。
〔八六〕『凡在』前刊本有『謂』字。
〔八七〕曰，刊本無，李方云：『恐底本衍。』案斯一四四一《勵忠節鈔》卷第一、第二引此句亦無『曰』字。
〔八八〕也，刊本無。
〔八九〕人，刊本作『民』，案『人』爲『民』之諱改字。
〔九〇〕性，刊本作『姓』，案『性』爲『姓』之同音借字。
〔九一〕也，刊本無。
〔九二〕也，刊本無。
〔九三〕『爲名』下刊本有『焉』字。
〔九四〕『尺有二寸』前刊本有『長』字。
〔九五〕穤，刊本作『柄』，《説文》有『柄』無『穤』，『穤』是後起別體。
〔九六〕智，刊本作『知』，下有『也』字，案『知』『智』古今字。注中『智』字同。
〔九七〕也，刊本無。
〔九八〕『問』下刊本有『曰』字，《論衡·問孔》引亦無『曰』字。
〔九九〕鬦，刊本作『鬭』，案《玉篇·斗部》『斗』條下云：『鬦，俗。』『斗』、『鬭』同音通用。
〔一〇〇〕事，刊本作『仕』，『事』爲『仕』之借字。

〔一〇一〕『其仁』下刊本有『也』字。

〔一〇二〕卌，刊本作『四十』，『卌』爲『四十』之合文。

〔一〇三〕有，刊本無，案《定州漢墓竹簡論語》無『有』字。

〔一〇四〕知，刊本作『之』，《廣韻》『之』音止而切，照紐之韻，『知』音陟離切，知紐支韻，在敦煌寫卷中三等韻的知、照系字混用現象很普遍，例詳洪藝芳《唐五代西北方音研究》二三頁至二五頁），是『之』爲『知』之同音借字。

〔一〇五〕『曰』字縮微膠卷殘泐，此據國家圖書館藏王重民所攝照片。

〔一〇六〕避，刊本作『辟』，『辟』『避』古今字。

〔一〇七〕之，刊本無。

〔一〇八〕也，刊本作『者』。

〔一〇九〕從之，刊本作『行』，案《定州漢墓竹簡論語》亦作『行』。

〔一一〇〕喻，刊本作『俞』，李方云：『此處當以「俞」爲正。』

〔一一一〕智，刊本作『知』，『知』『智』古今字。下句『智』字同。

〔一一二〕『可及』下刊本有『也』字。下句『可及』下刊本亦有『也』字。

〔一一三〕帰，刊本作『歸』，據《説文》，『帰』爲籀文隸定字，『歸』爲小篆隸定字。下凡『帰』字同。

〔一一四〕『曰』字縮微膠卷殘泐，此據國家圖書館藏王重民所攝照片；刊本『曰』前有『故』字。

〔一一五〕狂者，刊本作『狂簡者』，案《史記·孔子世家》裴駰《集解》所引與底本同。

〔一一六〕『妄』字縮微膠卷殘泐，此據國家圖書館藏王重民所攝照片。

〔一一七〕之，底卷旁注，刊本無，案《史記·孔子世家》裴駰《集解》所引亦無『之』字，疑此爲後人所添。

〔一一八〕『裁之』下刊本有『耳』字。

〔一一九〕也，刊本無。

〔一二〇〕用希，底卷「用」字殘存左上角。

〔一二一〕性，刊本作「姓」，「性」爲「姓」之同音借字。

〔一二二〕醯，底卷殘脱右上角。

〔一二三〕諸，刊本作「之」，二字古多通用。

〔一二四〕也，刊本無。

〔一二五〕皃，刊本作「貌」，據《説文》，「皃」爲小篆隸定字，「貌」爲籀文隸定字。

〔一二六〕大夫，刊本作「太史」，吉田篁墩《敦煌集解考異》云：「依《漢書·藝文志》、杜預《左傳序》，當以作「史」者爲正，蓋字近似而訛。」

〔一二七〕而外詐親也，底卷「而外」二字存左邊殘畫；刊本無「也」字。

〔一二八〕弊，刊本作「敝」，「弊」爲「敝」之俗字，見《玉篇·㡀部》。

〔一二九〕也，刊本無。

〔一三〇〕鄭，刊本作「孔」。

〔一三一〕「帰」下刊本有「也」字。

〔一三二〕吾未見能見其過而内自訟者，底卷原無前一「見」字，《定州漢墓竹簡論語》有此字，兹據刊本補；刊本末有「也」字。

〔一三三〕已矣，刊本無。

〔一三四〕「以其能簡」前刊本有「孔曰」二字。

〔一三五〕太，刊本作「大」，「大」「太」古今字。

〔一三六〕短，底卷原誤作「矩」，兹據刊本改正。

〔一三七〕『者』下刊本有『也』字。

〔一三八〕爲，刊本作『違』，案『爲』爲『違』之同音借字。

〔一三九〕『移易』下刊本有『也』字。

〔一四〇〕未甞復行也，刊本『甞』作『嘗』，無『也』字，案『甞』爲『嘗』之別體。

〔一四一〕『其母』之上底卷殘泐（按正文大字計約可抄五字），刊本作『於齊冉子爲』。

〔一四二〕『苐子』前刊本有『子華』二字。

〔一四三〕赤字也，刊本作『赤之字』。

〔一四四〕之，底卷存下端殘畫；『之』前底卷殘泐，刊本作『六斗四升曰釜請益曰與』。

〔一四五〕十六斛曰庾也，『十六斛』三字縮微膠卷模糊難辨，此據國家圖書館藏王重民所攝照片；刊本『斛』作『斗』，無『也』字。案作『斛』當誤，下句馬注謂『十六斛曰秉』也。

〔一四六〕之適齊，底卷『之』之上殘泐，刊本作『秉五秉合爲八十斛子曰赤』；刊本末有『也』字。

〔一四七〕『聞之』下刊本有『也』字。

〔一四八〕『曰』上底卷殘泐，刊本作『子周急不繼富鄭』。

〔一四九〕大多也，刊本『大』作『太』，無『也』字，案『大』『太』古今字。

〔一五〇〕也，刊本無。

〔一五一〕『粟』上底卷殘泐，刊本作『爲魯司寇以原憲爲家邑宰與之』。

〔一五二〕辤，刊本作『辭』，『辭』爲『辤』之借字。注中『辤』字同。

〔一五三〕受，底卷原脱，玆據刊本補。

〔一五四〕也，刊本無。

〔一五五〕『黨乎』之上底卷殘泐，刊本作『所得當受無讓以與爾鄰里鄉』。

〔一五六〕也，刊本無。

〔一五七〕之，底卷存右下角殘畫；「之」上底卷殘泐，刊本作「謂仲弓曰犂牛」。

〔一五八〕「角者」之上底卷殘泐，刊本作「舍諸犂雜文騂赤也」。

〔一五九〕忠，刊本作「中」，「忠」爲「中」之同音借字。

〔一六〇〕犁，刊本作「犂」，「犁」爲「犂」之後起別體。

〔一六一〕「乎」上底卷殘泐，刊本作「不用山川寧肯舍之」。

〔一六二〕義也，刊本「義」作「美」，無「也」字。

〔一六三〕「仁」上底卷殘泐，刊本作「回也其心三月不違」。

〔一六四〕子，底卷殘存下半；「子」前底卷殘泐，刊本作「暫有至仁時唯回移時而不變季康」。

〔一六五〕政，底卷殘存右半「攵」；底卷「政」上殘泐，刊本作「可使從」。

〔一六六〕「政乎」之上底卷殘泐，刊本作「由也果包曰果謂果敢決斷於從」；「乎」後底卷原有「丘」字，乃衍文，兹依刊本删。

〔一六七〕「使」上底卷殘泐，刊本作「何有曰賜也可」。

論語集解(四)(述而、太伯)

斯八〇〇(底卷)　伯二六七七D(甲一)　伯二六七七E(甲二)

俄敦一二七六〇(甲三)　伯三一九四(甲四)　伯三七〇五(乙卷)

伯二六九九(丙卷)　伯三五三四(丁卷)

【題解】

底卷編號爲斯八〇〇，起『述而第七』篇題，至《太伯》末，共一百二十二行，前五行下截殘損，第六至九行中間有殘缺。行有界欄，經文大字，小注雙行。篇題『述而第七』下有小字『卷第四』三字。這是《論語》寫卷中少有的書法優美的卷子。《翟目》首先比定其名，兹依例擬名爲《論語集解(述而、太伯)》。卷末拖尾背面爲『午年正月十九日某寺出蘇油麵米麻毛等歷』，則爲敦煌蕃佔時期之物，據此可知正面寫卷必早於此時。『旦』字避諱缺筆，王重民《敘録》認爲是中唐寫本，當是。

甲卷編號爲伯二六七七D(甲一)+伯二六七七E(甲二)+俄敦一二七六〇(甲三)+伯三一九四(甲四)。甲一起『論語述而第七』篇題，至『德之不脩，學之不講，聞義不能徙，不善不能改，是吾憂也』《集解》『夫子常以此四者爲憂』之『常』(存右上角殘畫)，六殘行，篇題下有小字『卷四』二字。甲二起《述而》『遊於藝』之『於』(殘存左半)，至『暴虎馮河』《集解》『孔曰』，共七個下半行。甲三起《述而》『暴虎馮河』《集解》『暴虎，徒搏』，至『雖執鞭之士』《集解》『雖執鞭之賤職』之『執』，兩個上半行。甲四起《述而》『如不可求，從吾所好』《集解》『所好者，古人之道』之『者』，至《泰伯》末，尾題『論語卷第四』，共七十二行。此四卷本爲一卷之裂，其定名及綴合請參見許建平《〈俄藏敦煌文獻〉儒家經典類寫本的定名與綴合》（《姜亮夫、蔣禮鴻、郭在貽先生紀念文集》，第三一二至三一三頁，上海教育出版社二〇〇三）。綴合圖版如下所示：

四卷綴合後，起『論語述而第七』篇題，至《泰伯》末，共八十七行，存《述而》、《泰伯》两篇的内容，兹依例擬名爲《論語集解（述而、泰伯）》。李方《敦煌〈論語集解〉校證》（江蘇古籍出版社一九九八）據卷中『治』改作『理』，定爲唐寫本。

乙卷編號爲伯三七〇五，起《述而》『竊比於我老彭』，至《泰伯》末，尾題『論語卷第四』，共一百零二行，前五行上下端均有殘缺。經文大字，小注雙行。尾題後有『龍進子若奴子』一行，字與正文不類。《索引》首先比定其名，兹依例擬名爲《論語集解（述而、泰伯）》。卷背雜寫中有『中和二年十二月』字樣，則其抄寫時間在此之前。

丙卷編號爲伯二六九九，起《述而》『如不可求，從吾所好』《集解》『所好者，古人之道』之『所』，至《泰伯》末，尾題『論語卷第四』，共九十六行。經文大字，小注雙行，書法惡劣，當是小兒所書。《伯目》首先比定其名，不過誤『卷四』爲『卷九』，兹依例擬名爲《論語集解（述而、泰伯）》。此卷『民』、『治』有諱，當是中唐以後學童習書。

丁卷編號伯三五三四，起《述而》『多見而識之，知之次也』之『知』，至《太伯》末，尾題『論語卷第四』，共六十四行。經文大字，小注雙行。末有題記『亥年四月七日孟郎々寫記了』一行。《索引》首先比定其名，兹依例擬名爲《論語集解（述而、太伯）》。據亥年的題記，知此卷爲蕃佔時期寫本。

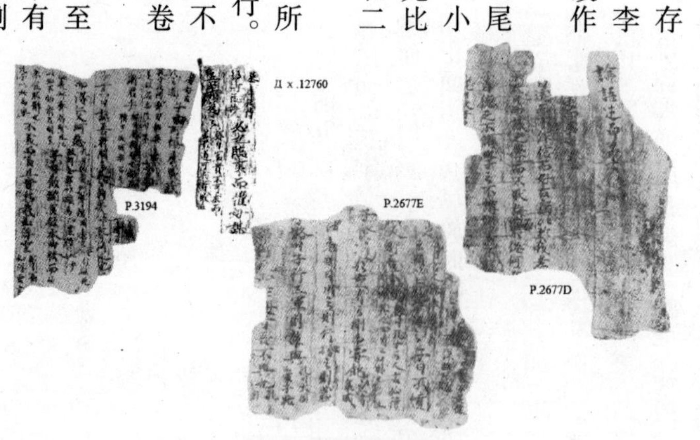

甲一至甲四綴合圖（局部）

陳鐵凡《敦煌論語異文彙考》(《孔孟學報》第一期，一九六一年四月。簡稱『陳鐵凡』)對底卷作有校記，李方《敦煌〈論語集解〉校證》(簡稱『李方』)對底卷及甲、乙、丙、丁作有校記。

今據《英藏》録文，以甲、乙、丙、丁諸卷及中華書局影印阮元刻《十三經注疏·論語注疏》爲校本(後者簡稱『刊本』)，校録於後。

述而第七〔一〕　卷第四

子曰：『述而不作，信而好古，▨(竊)▭(比於我老彭。』包曰：『老彭，殷賢大夫，好述古事〔二〕。我若老彭，但述之耳。』

子曰：『默而識之，學□□□□□□□□(而不猒，誨人不倦，何)〔三〕有於我哉。』鄭曰：『人〔四〕無是行。於我，我獨有之。』

子▨(曰)：『□□□□□□□□(德之不脩，學之不講)〔五〕，聞義不能徙，不善不▭〔六〕

子之燕居，申申如也，夭夭▭〔七〕『甚矣，吾衰也！久矣，吾不復夢▨(見)□□(周公)〔八〕。

▭不復夢見周公〔九〕。□□□▨▨(明盛時夢見)〔一〇〕周公，欲行其道也。』

子曰：『志於道，志，慕也。道□□(不可)〔一一〕體，故志之而▨(已)〔一二〕。□□□(據於德)〔一三〕，據，杖〔一四〕也。德有成形，故可據也〔一五〕。依於仁，依，倚也。仁者功施於人，故可倚也〔一六〕。遊於〔一七〕藝。』藝，謂六□□□(藝。不足)〔一八〕據依，□□□(故曰遊)〔一九〕。

□□(子曰)〔二〇〕：『自行束脩以上〔二一〕，則吾未嘗〔二二〕無誨焉。』孔曰：『言人▨(能)奉禮〔二三〕，自行束脩以上者〔二四〕，則皆誨之〔二五〕。』

子曰：『不憤不啓，不悱不發，舉一隅而示之〔二六〕，不以三隅反，則吾不復也〔二七〕。』鄭曰：『孔子與〔二八〕人言，必待〔二九〕其人心憤憤，口悱悱，乃後啓[發]〔三〇〕爲説之，如此則識思之深〔三一〕。説則舉一端〔三二〕以語之，其人不思其類，則不復重教〔三三〕。』

子食於有喪者之側，未嘗飽也〔三四〕。喪者哀慼〔三五〕，飽食於其側，是無惻隱之心也〔三六〕。

子於是日哭，則不歌〔三七〕。子謂顔淵曰：『用之則行，舍〔三八〕之則藏，唯我與爾〔三九〕有是夫！』孔曰：『言可行則行，可止則止，唯我與顔淵同也〔四〇〕。』子路曰：『子行三軍則誰與？』孔曰：『大國三軍。子路見孔子獨美顔淵，以爲己勇，至於夫子爲三軍〔四一〕將，亦當唯〔四二〕與己同，故發問〔四三〕。』子曰：『暴虎憑河〔四四〕，死而無悔者，吾不與也。孔曰〔四五〕：『暴虎，徒搏也〔四六〕。憑河，徒涉也〔四七〕。』必也，臨事而懼，好謀而成者乎〔四八〕。』

子曰：『富而可求者〔四九〕，雖執鞭之士，吾亦爲之。鄭曰：『富貴不可求而得之〔五〇〕，當修德以得之。若於道可求者，雖執鞭〔五一〕賤軄（職），我亦爲之〔五二〕。』如不可求，從吾所好。』孔曰：『所好者〔五三〕，好古人之道也〔五四〕。』

子之所慎：『齋〔五五〕，戰，疾。孔曰：『此三者，人〔五六〕所不能慎，而夫子慎之也〔五七〕。』

子在齊聞《韶》，三月不知肉味，周曰〔五八〕：『孔子在齊，聞習《韶》樂之盛〔五九〕美，故忽忘於肉味也〔六〇〕。』曰〔六一〕：『不圖爲樂之至於斯〔六二〕。』王曰：『爲，作也〔六三〕。不圖作《韶》樂乃〔六四〕至於此。此，齊也〔六五〕。』

冉有曰：『夫子爲衛君乎？』鄭曰：『爲猶助也。衛君者，謂輒也。靈公逐太子蒯聵〔六六〕，公薨而立孫輒。後晉趙鞅納蒯聵于戚成〔六七〕，衛石曼姑帥姉〔六八〕圍之，故問其意助輒不乎〔六九〕。』子貢曰：『諾，吾將問之。』入，曰：『伯夷、叔齊何人也？』子曰〔七〇〕：『古之〔七一〕賢人也。』曰：『怨乎？』曰：『求仁而得仁，又何怨？』孔曰：『伯夷、叔齊〔七二〕讓國遠去，終於餓死，故問怨耶〔七三〕。以讓〔七四〕爲仁，豈有怨乎〔七五〕？』出，曰：『夫子不爲也〔七六〕。』鄭曰：『父子爭國，惡行也〔七七〕。孔子以伯夷、叔齊爲賢且仁，故知不助衛君明〔七八〕矣。』

子曰：『飯疏〔七九〕食飲水，曲肱而枕之〔八〇〕，樂亦在其中矣。孔曰：『疏食，菜食〔八一〕。肱，臂也。孔子以此爲樂〔八二〕。』不義而富且貴，於我如浮雲。』鄭曰：『富貴而不以得義者〔八三〕，於〔八四〕我如浮雲，言非己之有也〔八五〕。』

子曰：『加我數年，五十〔八六〕以學《易》，可以無大過矣。』《易》『窮理盡性以至於知〔八七〕命』。年五十而知天命，以知天命之年讀至命之書〔八八〕，故可以無大過〔八九〕。

子所雅言，孔曰：『雅言，正言也〔九〇〕。』《詩》，《書》，執《禮》，皆雅言也〔九一〕。鄭曰：『讀先王典法，必正〔九二〕言其音，然〔九三〕後義全，故不可有所諱。礼不誦，故言執也〔九四〕。』

葉〔九五〕公問孔子於子路，子路不對。孔曰：『葉公名諸梁，楚大夫〔九六〕，食菜〔九七〕於葉，僭稱公。不對者〔九八〕，未知所以荅也〔九九〕。』子曰：『汝〔一〇〇〕奚不曰：其爲人也，發憤忘〔一〇一〕食，樂以忘憂，不知老之將至云尒〔一〇二〕。』

子曰：『我非生而知之〔一〇三〕者，好古，敏以求之者〔一〇四〕。』鄭曰：『言此者，勸勉人學也〔一〇五〕。』

子不語恠〔一〇六〕、力、亂、神。王曰：『恠，恠異也〔一〇七〕。力，謂若奡盪舟、烏獲舉千鈞之屬也〔一〇八〕。亂，謂臣弑君、子弑父〔一〇九〕。神，謂鬼神之事。或無益於教化，或所不忍言〔一一〇〕。』

子曰：『我三人行〔一一一〕，必得〔一一二〕我師焉，擇〔一一三〕其善者而從之，其不善者而改〔一一四〕之。』言我三人行，本無賢愚，擇其善者從之〔一一五〕，不善者改之〔一一六〕，故無常師也〔一一七〕。

子曰：『天生德於予〔一一八〕，桓魋其如予何！』包曰：『桓魋，宋司馬也〔一一九〕。天生德〔一二〇〕者，謂授以聖性〔一二一〕，德合天地，吉無不利〔一二二〕，故曰其如予何也〔一二三〕。』

子曰：『二三子以我爲隱子〔一二四〕乎？吾無隱乎尒。包曰：『二三子，謂諸弟子也〔一二五〕。聖人知廣道深〔一二六〕，弟子學〔一二七〕之不能及，以爲有所隱匿〔一二八〕，故解之。』吾無行而〔一二九〕不與二三子者，是丘也。』包曰：『我所爲無不與爾共之〔一三〇〕，是丘之心也〔一三一〕。』

子以四教：文，行，忠，信。四者有形〔一三二〕質，可舉以教也〔一三三〕。

子曰：『聖人，吾不得而見之矣。得見君子者，斯可矣。』疾世無明君也〔一三四〕。子曰：『善人，吾不得而見之矣。得見〔一三五〕有恒者，斯可矣。亡而爲有，虛而爲盈，約而爲泰，難乎有恒矣。』孔曰：『難可名之，爲有常也〔一三六〕。』

子釣而不網〔一三七〕，弋〔一三八〕不射宿。孔曰：『釣者，一竿釣也〔一三九〕。綱〔一四〇〕者，爲大網〔一四一〕以横絶流。以繳〔一四二〕繫釣，羅屬著網也〔一四三〕。弋〔一四四〕，繳射也。宿，宿鳥也〔一四五〕。』

子曰：『盖〔一四六〕有不知而作之者，我無是也。鄭〔一四七〕曰：『時人有穿鑿妄作篇籍者〔一四八〕，故云然也〔一四九〕。』多聞〔一五〇〕，擇〔一五一〕其善者而從之；多見而識之〔一五二〕，知之次也〔一五三〕。』孔曰：『如此〔一五四〕，次於生知之也〔一五五〕。』

互鄉難與言，童子見，門人或〔一五六〕。鄭曰：『互鄉，鄉名也〔一五七〕。其鄉人言語〔一五八〕自專，不達時宜，而有童子來見孔子，門人佐〔一五九〕孔子見之。』子曰：『與其進也〔一六〇〕，不與其退也〔一六一〕，唯何甚？孔曰：『教誨之道〔一六二〕，與其進，不與其退。佐我見此童子，惡〔惡〕何一甚也〔一六三〕。』人潔己以進〔一六四〕，與其潔也，不保其往也〔一六五〕。』鄭曰：『往猶去也。人虚己自潔而來，當與之進，亦何能保其去後之行也〔一六六〕。』

子曰：『仁遠乎哉？我欲仁，斯仁〔一六七〕至矣。』包曰：『仁道不遠〔一六八〕，行之即是也〔一六九〕。』

陳司敗問：『昭公知禮乎？』孔曰：『司敗，官名〔一七〇〕，陳大夫也〔一七一〕。昭公，魯昭公也〔一七二〕。』孔子對〔一七三〕曰：『知禮。』孔子退〔一七四〕，揖巫馬期而進之，曰：『吾聞君子不黨，君子亦黨乎？君娶於吴〔一七五〕，爲同姓，謂之〔一七六〕吴孟子。君〔一七七〕而知礼，孰〔一七八〕不知礼？』孔曰：『巫馬期〔一七九〕，弟子，名施。相助匿非曰黨。魯、吴俱姬姓〔一八〇〕，禮，同姓不婚〔一八一〕，而君娶之〔一八二〕；當稱吴姬〔一八三〕，諱曰孟子也〔一八四〕。』巫馬期以告之〔一八五〕。子曰：『丘也〔一八六〕幸，苟有過，人必知之。』孔曰：『以司敗之言告也〔一八七〕。諱國〔一八八〕惡，禮也〔一八九〕。聖人道弘，故授以爲過也〔一九〇〕。』

子與人歌而善〔一九一〕，必使反之，而後和之。樂其善〔一九二〕，故使重歌，而後自和之也〔一九三〕。

子曰：『文莫吾猶人也。莫，無也。文無者，猶俗言文不也〔一九四〕。文不吾猶人者〔一九五〕，言凡文皆不勝於人也〔一九六〕。躬行君子，則吾未之有得〔一九七〕。』孔曰：『身爲〔一九八〕君子，己未能也。』

子曰：『若聖與仁〔一九九〕，則吾豈敢？孔曰：『孔子〔二〇〇〕謙，不敢自名仁聖也〔二〇一〕。』抑爲之不猒〔二〇二〕，誨人不倦，則可謂之云爾已矣〔二〇三〕。』公西華曰〔二〇四〕：『正唯弟子不能學也〔二〇五〕。』馬曰：『正如所言，弟子猶不能學〔二〇六〕，況仁聖乎〔二〇七〕！』

子疾病〔二〇八〕，子路請禱。包曰：『禱，禱請於鬼神也〔二〇九〕。』子曰：『有諸？』周曰：『言有此禱請於鬼神之事〔二一〇〕。』子路對曰：『有之。《誄》〔二一一〕曰：「禱尒于〔二一二〕上下神祇。」』孔曰：『子路失旨〔二一三〕。《誄》，禱篇名也〔二一四〕。』子曰：『丘之禱久矣〔二一五〕。』孔曰：『孔子素行合於神明〔二一六〕，故曰「丘之禱久〔二一七〕矣」。』

子曰：『奢則不愻〔二一八〕，儉則固。與其不愻也〔二一九〕，寧固。』孔曰：『俱失之也〔二二〇〕。奢不如儉，奢則僭上，儉則〔二二一〕不及禮。固，陋也〔二二二〕。』

子曰：『君子坦蕩蕩，小人長戚戚〔二二三〕。』鄭曰：『坦蕩蕩〔二二四〕，寬廣貌也〔二二五〕。長戚戚，多憂懼也〔二二六〕。』

子〔二二七〕温而厲，威而不猛，恭而安也〔二二八〕。

太伯第八〔二二九〕

子曰：『太伯，其可謂至德也已矣。三以〔二三〇〕天下讓，民〔二三一〕無得而稱焉。』王曰：『太伯，周大王之太子〔二三二〕。次弟仲雍，少弟季歷。季歷賢，又生聖子文王昌，昌必有天下，故太伯以天下三讓於王季。其讓隱，故無得而稱焉〔二三三〕，所以爲至德也〔二三四〕。』

子曰：『恭而無禮則勞〔二三五〕，慎而無禮則惠(葸)，葸，畏懼之皃〔二三六〕，言慎而不以禮節〔二三七〕之，則常畏懼。勇而無禮則乱，直而無〔二三八〕禮則絞。馬曰：『絞，絞刺〔二三九〕也。』君子篤於親，則民〔二四〇〕興於仁；故舊不遺，則民不偷。』包曰：『興，起也。君能厚於親屬，不遺忘其故舊行之美者，則民〔二四一〕皆化之，起爲仁厚之行，不偷薄也〔二四二〕。』

曾子有疾，召門弟子，曰：『啓予足〔二四三〕，啓予手。鄭曰：『啓，開也。曾子以爲受身體於父母，不敢毁傷，故使弟子開衾而視之也〔二四四〕。』《詩》云：「戰戰兢兢，如臨深淵，如履薄冰。」孔曰：『言此《詩》者，喻〔二四五〕己常戒慎，恐有所毁傷也〔二四六〕。』而今而後，吾知免夫。小子！』周曰：『乃今日而〔二四七〕後，我自知〔二四八〕免於患難矣。小子，謂弟子也〔二四九〕。呼之者，欲使聽識其言〔二五〇〕。』

曾子有疾，孟敬子問之。馬曰〔二五一〕：『孟敬子，魯大夫仲孫捷也〔二五二〕。』曾子言曰：『鳥之將死，其鳴也哀。人之將死，其言也善。包曰：『欲誡敬子〔二五三〕，言我且〔二五四〕死，言善可用也。』〔二五五〕君子所貴乎道者三：動容貌〔二五六〕，斯遠暴慢矣；正顏色，斯近信矣〔二五七〕；出辤〔二五八〕氣，斯遠鄙倍〔二五九〕矣。鄭曰：『此道〔謂〕〔二六〇〕禮也。動容皃〔二六一〕，能濟濟蹌蹌〔二六二〕，則人不敢暴慢之；正顏色，能矜莊嚴慄〔二六三〕，則人不敢欺誕〔二六四〕之；出辤氣，能順而説之〔二六五〕，則無惡戾之言入於耳也〔二六六〕。』籩〔二六七〕豆之事，則有司存〔二六八〕。』包曰：『敬子忽大務小，故又誡之以此也〔二六九〕。籩豆，禮噐（器）也〔二七〇〕。』

曾子曰：『以能問於不能，以多問於寡，有若無，實若虚，犯而不挍〔二七一〕，包曰：『挍〔二七二〕，報也。言見侵犯不報也〔二七三〕。』昔者吾友甞從事於斯矣。』馬曰：『友謂顏淵也〔二七四〕。』

曾子曰：『可以託〔二七五〕六尺之孤，孔曰：『六尺之孤，幼少之君也〔二七六〕。』可以寄百里之命，孔曰：『攝君之政令也〔二七七〕。』臨大節而不可奪也〔二七八〕，孔曰〔二七九〕：『大節，安國家，定社稷〔二八〇〕。奪，不可傾奪也〔二八一〕。』君子人與？君子人也〔二八二〕。』

曾子曰：『士不可以〔二八三〕不弘毅，任重〔二八四〕而道遠。包曰：『弘，大也〔二八五〕。毅，強而能斷也〔二八六〕。士弘毅，然後能負重任，致遠路也〔二八七〕。』仁以爲己任〔二八八〕，不亦〔二八九〕重乎？死而後已，不亦遠乎？』孔曰：『仁以〔二九〇〕爲己任，重莫重焉。死而後已，遠莫遠焉。』

子曰：『興於《詩》，包曰：『興，起也。言修身當先學《詩》也〔二九一〕。』立於禮，包曰〔二九二〕：『禮者，所以立身也〔二九三〕。』成於樂。』包曰：『樂，所以成性也〔二九四〕。』

子曰：『民〔二九五〕可使由之，不可使知之。』由，用也。可使用而不可使知者，百姓能日用而不能知也〔二九六〕。

子曰：『好勇疾貧，亂也〔二九七〕。包曰：『好勇之人而患疾己貧賤者〔二九八〕，必將爲乱也〔二九九〕。』人而不仁〔三〇〇〕，疾之以〔三〇一〕甚，乱也〔三〇二〕。』孔曰〔三〇三〕：『疾惡太甚，亦使其爲乱也〔三〇四〕。』

子曰：『如有周公之材〔三〇五〕之美，使驕且吝〔三〇六〕，其餘不足觀也已矣〔三〇七〕。』孔曰：『周公者，周公旦也〔三〇八〕。』

子曰：『三年學，不至於穀，不易得〔三〇九〕。』孔曰：『穀，善也〔三一〇〕。言人三年〔三一一〕學，不至於善，不可得言必無也〔三一二〕，所以勸人學也〔三一三〕。』

子曰：『篤信好學，守〔三一四〕死善道。危邦不入，乱邦不居。天下有道則見，無道則隱。包曰：『言行當常然也〔三一五〕。危邦不入，謂始往也〔三一六〕。乱邦不居，今欲去也〔三一七〕。乱謂臣弑君，子弑父也〔三一八〕。危者，將乱之兆也〔三一九〕。』邦有道，貧且賤焉，耻也〔三二〇〕。邦無道，富且貴焉，耻也。』

子曰：『不〔三二一〕在其位，不謀其政。』孔曰〔三二二〕：『欲各專一於其職也〔三二三〕。』

子曰：『師摯之始，《關雎》之乱，洋洋乎盈耳哉！』鄭曰：『師摯，魯太師之名也〔三二四〕。始〔三二五〕猶首也。周道衰微〔三二六〕，鄭、衛之音作，正樂癈〔三二七〕而失節。魯太師摯識《關雎》之聲，而首理其乱者〔三二八〕，洋洋〔三二九〕盈耳，聽而美之也〔三三〇〕。』

子曰：『狂而不直，孔曰：『狂者，進取宜直也〔三三一〕。』侗而不愿〔三三二〕，孔曰：『侗，未成器之人，宜謹愿也〔三三三〕。』悾悾〔三三四〕而不信，包曰：『悾悾，慤也〔三三五〕，宜可信也〔三三六〕。』吾不知之矣。』孔曰：『言皆與常度反〔三三七〕，我不知之〔三三八〕。』

子曰：『學如不及，猶恐失之。』孔曰〔三三九〕：『學自〔三四〇〕外入，至孰乃〔三四一〕可長久。如不及，猶恐失之也〔三四二〕。』

子曰：『巍巍乎，舜、禹之有天下也〔三四三〕，而不與焉。』美舜、禹也〔三四四〕。己不與求天下而得之也〔三四五〕。巍巍者〔三四六〕，高大之稱也〔三四七〕。

子曰：『大哉，堯之爲君也〔三四八〕！巍巍乎，唯天爲大，唯〔三四九〕堯則之。孔曰〔三五〇〕：『則，法也。美堯能法天而行化也〔三五一〕。』蕩蕩乎，民〔三五二〕無能名焉。包曰：『蕩蕩，廣遠之稱也〔三五三〕。言其布德廣遠，民無能識其名〔三五四〕。』巍巍乎，其有成功也〔三五五〕。功成化隆，高大巍巍。煥乎，其有文章也〔三五六〕。』煥，明也〔三五七〕。其立文垂制又著明也〔三五八〕。

舜有臣〔三五九〕五人而天下治。孔曰：『禹、稷、契、皐陶、伯益也〔三六〇〕。』武王曰：『予有乱臣十人。』馬曰：『乱，治〔三六一〕也。理官者十人也〔三六二〕，謂周公旦、邵公奭、太公望、畢公、榮公、太顛、閎夭、散宜生、南宮括，其一人謂文母也〔三六三〕。』孔子曰：『才難，豈〔三六四〕其然乎？唐、虞之際，於斯爲盛〔三六五〕。有婦人焉，九人而已〔三六六〕。孔曰：『唐者，堯號〔三六七〕。虞者，舜號〔三六八〕。際者，堯、舜交會之間也〔三六九〕。斯，此也。此，周〔三七〇〕。言堯、舜交〔三七一〕會之間，比於此〔三七二〕周，周最盛〔三七三〕，多賢才，然尚有一婦人，其餘九人而已〔三七四〕。大才難得，豈不然乎？』叁〔三七五〕分天下有其二，以服事殷。周之德，其可謂至德也已矣〔三七六〕。』苞〔三七七〕曰：『殷紂淫乱，文王爲西伯而有聖德，天下歸周者三分有二〔三七八〕，而猶以〔三七九〕服事殷，故謂之至德也〔三八〇〕。』

子曰：『禹，吾無間然矣〔三八一〕。孔曰：『孔子推禹功德之盛〔三八二〕，言己不能復間廁其間〔三八三〕。』菲飲食而致孝乎鬼神，馬曰：『菲，薄也。致孝〔三八四〕鬼神，祭祀豐潔也〔三八五〕。』惡衣服而致美乎黻冕〔三八六〕，孔曰：『損其常服，以盛祭服〔三八七〕。』卑宮室而盡力乎溝洫〔三八八〕。苞〔三八九〕曰：『方里爲井，井間有溝，溝廣深四尺。十里爲城〔三九〇〕，城間有洫，洫廣深八尺也〔三九一〕。』禹，吾無間然矣〔三九二〕。』

[論語卷第四]〔三九三〕

【校記】

〔一〕述而苐七，甲一前有『論語』二字；『苐』本爲『弟』之俗字，俗書竹頭多寫作草頭，俗據『苐』楷正，則成『第』字。下凡『苐』字不復出校。

〔二〕竊比於我老彭包曰老彭殷賢大夫好述古事，底卷『竊』字殘存上半，餘皆殘泐，兹據刊本擬補；乙卷無『老彭』二字，『好述古事』四字殘泐。

〔三〕『而不猒誨人不倦何』八字底卷原殘泐，兹據甲一補；刊本『猒』作『厭』，猒、厭古今字。

〔四〕人，刊本無，鄭静若《論語鄭氏注輯述》（學海出版社一九八一）引元刊本《集解》有『人』字，並謂元刊本是。

〔五〕『曰德之不脩學之不講』九字，底卷唯『曰』字存右上角，餘八字皆殘泐，兹據甲一補。

〔六〕『不』下底卷殘泐，刊本作『能改是吾憂也孔曰夫子常以此四者爲憂』，甲一殘存『曰夫子』三字及『孔』之右半、『常』之右上角；乙卷殘存『常以』、『爲憂』四字及『者』之下半。甲一止於此。

〔七〕『夭夭』下底卷殘泐，刊本作『如也馬曰申申夭夭和舒之貌子曰』。

〔八〕『見周公』三字底卷僅『見』殘存上半，餘二字皆殘泐，兹據乙卷、刊本擬補。

〔九〕『不復夢見周公』前底卷殘泐，甲二、乙卷亦殘泐；刊本作『孔曰孔子衰老』。

〔一〇〕明盛時夢見，底卷『夢』、『見』均存左半，兹據刊本擬補。

〔一一〕不可，底卷殘泐，兹據乙卷、刊本擬補。

〔一二〕已，底卷存上端殘筆，兹據刊本擬補；乙卷誤作『也』。

〔一三〕據於德，底卷殘泐，兹據乙卷、刊本擬補。

〔一四〕杖，刊本同，乙卷作『仗』，案二字通用。

〔一五〕也，乙卷同，刊本無。

〔一六〕也，刊本無。

〔一七〕於，甲二存左半。甲二起於此。

〔一八〕謂六藝不足，底卷『藝不足』三字殘泐，兹據甲二補；甲二、刊本無『謂』字，刊本『六藝』下有『也』字。

〔一九〕『故曰遊』三字底卷殘泐，兹據甲二、刊本補；乙卷末有『也』字。

〔二〇〕『子曰』二字底卷殘泐，兹據乙卷、刊本補。

〔二一〕以上，刊本同，乙卷下有『者』字。

〔二二〕則吾未嘗，乙卷、刊本無『則』，刊本『嘗』作『嘗』，『嘗』爲『嘗』之别體。下『嘗』字同，不復出校。

〔二三〕能奉禮，底卷『能』存左半，兹據刊本補；『禮』，刊本同，甲二作『礼』，『礼』爲古文『禮』字，敦煌寫本多用此字，後世刊本則多用『禮』字。下凡『禮』字不復出校。

〔二四〕者，甲二、刊本無。

〔二五〕誨之，甲二同，刊本作『教誨之』。

〔二六〕而示之，刊本無，阮元《論語校勘記》云：『皇本、高麗本「隅」下有「而示之」三字。案《文選・西京賦》注引有此三字，又晁公武《蜀石經考異》云：「舉一隅下有而示之三字，與李鶚本不同。」據此則古本當有此三字也。』陳鐵凡云：『《文獻通考》亦云：「《石經論語》舉一隅下有而示之三字。」舉一隅句短意促，益以「而示之」三字，則語意完足，於義較勝。且此下鄭注云：「舉一隅以語之。」是鄭本亦有「而示之」三字也。』案乙卷有『而示』二字，以下殘泐，是亦有此三字也。

〔二七〕吾不復也，刊本無『吾』字，甲二無『也』字。

〔二八〕與，刊本同，甲二、乙卷作『与』，案『与』『與』二字古混用無别，敦煌寫本多用『与』字，後世刊本多改作『與』。下凡『与』字均不復出校。

〔二九〕待，底卷原誤作『侍』，兹據甲二、乙卷、刊本改正。

〔三〇〕發，底卷原無，李方云：『底本誤脱。』案《史記・孔子世家》裴駰《集解》引有，兹據乙卷、刊本補。

〔三一〕則識思之深，乙卷無『則』字，刊本末有『也』字。

〔三二〕端，乙卷、刊本作『隅』，案《史記・孔子世家》裴駰《集解》引亦作『端』。

〔三三〕『重教』下刊本有『之』字。

〔三四〕也，刊本同，甲二、乙卷無。

〔三五〕喪者哀慼，刊本同，甲二、乙卷前有『鄭曰』二字，『慼』作『戚』，案『戚』『慼』古今字。

〔三六〕也，刊本無。

〔三七〕則不歌，刊本下有注『一日之中，或哭或歌，是褻於禮容』，阮元《論語校勘記》云：『皇本、高麗本脱此注。』案寫卷與皇本、高麗本同。

〔三八〕舍，刊本同，甲二、乙卷作『捨』，『舍』『捨』古今字。

〔三九〕尒，刊本作『爾』，案『尒』爲『爾』小篆的隸定字。

〔四〇〕也，乙卷、刊本無。

〔四一〕三軍，刊本同，乙卷誤作『二军』。

〔四二〕唯，皇侃《論語義疏》同，刊本、乙卷作『誰』。

〔四三〕發問，刊本作『發此問』，乙卷末有『也』字。

〔四四〕憑河，甲二、乙卷、刊本『憑』作『馮』，『馮』『憑』古今字；乙卷『河』誤作『何』。注中『憑』字同。

〔四五〕孔曰，甲二止於此。

〔四六〕暴虎徒搏也，『搏』字底卷誤作『博』，兹據甲三、乙卷、刊本改正；又甲三、乙卷、刊本無『也』字。甲三起於此。

〔四七〕也，甲三、乙卷、刊本無。

〔四八〕乎，乙卷無，刊本作「也」字。

〔四九〕者，乙卷無，刊本作「也」字。

〔五〇〕得之，刊本同，乙卷「得」作「德」，末有「者」字，案「德」爲「得」之借字。

〔五一〕執鞭，乙卷同，刊本下有「之」，甲三「執」存左上角，甲三止於此。

〔五二〕亦爲之，刊本同，乙卷作「亦可爲之也」。

〔五三〕所好者，丙卷「所」存左半，丙卷起於此；甲四起於「者」。

〔五四〕好古人之道也，刊本無「好」，甲四、乙卷、丙卷、刊本無「也」字。

〔五五〕齋，丙卷、刊本同，甲四、乙卷作「齊」；「齊」「齋」古今字。

〔五六〕人，丙卷、刊本同，乙卷無。

〔五七〕夫子慎之也，刊本作「夫子獨能慎之」，丙卷無「也」，乙卷誤作「夫吾之」。

〔五八〕周曰，刊本同，乙卷、丙卷作「包曰」，案《史記・孔子世家》裴駰《集解》作「周氏曰」，則劉宋時，裴氏所見本亦與刊本同。

〔五九〕盛，甲四、刊本同，乙卷誤作「感」。

〔六〇〕也，甲四、乙卷、丙卷、刊本無。

〔六一〕曰，丙卷、刊本同，甲四、乙卷無。

〔六二〕不圖爲樂之至於斯，「圖」，甲四、乙卷、丙卷作「啚」；「至」，丙卷、刊本同，乙卷作「志」；刊本末有「也」。案：「啚」爲「圖」之俗字，「志」爲「至」之同音借字。注中「圖」字同。

〔六三〕也，丙卷、刊本同，乙卷無。

〔六四〕乃，丙卷同，乙卷、刊本無。

〔六五〕此齊也，乙卷、丙卷無「此」，蓋脱重文符號；乙卷、刊本無「也」字。

〔六六〕靈公逐太子蒯聵，乙卷同，丙卷、刊本前有『衛』字，伯二五一〇《論語注》無『衛』字；刊本『聵』作『瞶』，丙卷『蒯聵』誤作『前髖』，案《説文》有『聵』無『瞶』，則作『瞶』者誤字。下『聵』字同。

〔六七〕于戚成，刊本『于』作『於』，甲四、乙卷、刊本『成』作『城』，案『于』、『於』古多通用；『成』爲『城』之假借字；乙卷『戚』誤作『感』；丙卷無『城』字，阮元《論語校勘記》云：『皇本無「城」字是也。』案伯二五一〇《論語注》無『城』字。

〔六八〕姉，乙卷、丙卷、刊本作『師』，案『姉』蓋『師』涉前『姑』字類化換旁之誤。

〔六九〕不乎，乙卷、刊本同，丙卷下有『也』字。

〔七〇〕子曰，乙卷、丙卷同，刊本無『子』字。陳鐵凡云：『依《論語》文例，此以有「子」字爲是。』

〔七一〕之，乙卷、刊本同，丙卷脱。

〔七二〕伯夷叔齊，甲四、乙卷、丙卷同，刊本作『夷齊』。

〔七三〕耶，甲四、乙卷、丙卷同，刊本作『邪』，《玉篇·耳部》：『耶，俗邪字。』

〔七四〕以讓，甲四、乙卷、刊本同，丙卷下有『國』字。

〔七五〕豈有怨乎，刊本同，甲四、乙卷『有』作『得』，丙卷誤作『山有死我』。

〔七六〕也，丙卷、刊本同，乙卷無。

〔七七〕也，乙卷、丙卷、刊本無。

〔七八〕明，甲四、乙卷、刊本同，丙卷誤作『朋』。

〔七九〕疏，甲四、乙卷、刊本同，丙卷作『蔬』，『疏』『蔬』古今字。

〔八〇〕曲肱而枕之，乙卷『肱』作『胠』，『枕』作『抌』，案『胠』爲『肱』之形誤字，『枕』、『抌』乃扌、木混用所致。

〔八一〕疏食菜食，刊本同，乙卷脱下『食』字；丙卷脱上『食』字，末有『也』字。

〔八二〕爲樂，甲四、乙卷、刊本同，丙卷末有『也』字。

〔八三〕富貴而不以得義者，丙卷、刊本無「得」，乙卷誤作「當貴不義者」。

〔八四〕於，丙卷、刊本同，乙卷脱。

〔八五〕言非己之有也，「言」，甲四、丙卷同，刊本無；乙卷無「言非」二字；丙卷、刊本無「也」字。

〔八六〕五十，底卷前有「〓至」二字，「〓」爲上句「年」之重文符號，然他本未見有此二字者，應是衍文，且「至」字底卷已塗抹，今據刊本删之；丙卷「五」作「吾」，案「吾」爲「五」之音借字。

〔八七〕知，乙卷、丙卷、刊本無，李方云：「恐底本衍。」案「知」字衍文，《易·説卦傳》云：「和順於道德而理於義，窮理盡性以至於命。」

〔八八〕以知天命之年讀至命之書，甲四、乙卷、丙卷、刊本無「天」字。李方云：「恐底本等涉上文而衍。」丙卷「書」誤作「畫」。

〔八九〕故可以無大過，刊本同；乙卷脱「可」，末有「也」字；丙卷無「以」字，「過」字誤書爲大字。

〔九〇〕雅言正言也，刊本同，甲四、乙卷作「雅者正也」，丙卷無「也」字。

〔九一〕也，刊本同，甲四、乙卷、丙卷無。

〔九二〕正，丙卷、刊本同，甲四、乙卷作「政」，案「政」爲「正」之借字。

〔九三〕然，刊本同，甲四、乙卷無，丙卷誤作「叔」。

〔九四〕也，甲四、乙卷同，丙卷、刊本無。

〔九五〕葉，刊本同，甲四、乙卷、丙卷作「莱」，案「莱」爲「葉」之諱改字。注中「葉」字同。

〔九六〕大夫，甲四、乙卷、刊本同，丙卷下有「也」字。

〔九七〕食莱，甲四、乙卷、刊本同，丙卷脱「食」字。

〔九八〕者，甲四、丙卷、刊本同，乙卷誤作「吾」。

〔九九〕也，甲四、乙卷同，刊本無；丙卷「也」前有「之」字，當是爲雙行對齊而添。

〔一〇〇〕汝，甲四、乙卷、丙卷同，刊本作『女』，『女』『汝』古今字。

〔一〇一〕忘，甲四、丙卷、刊本同，乙卷脱。

〔一〇二〕不知老之將至云尒，『知老』，甲四、丙卷、刊本同，乙卷作『少危』；『尒』，乙卷作『示』，丙卷作『尔』，刊本作『爾』，案『少』當是『之』的形誤，『之』爲『知』之同音借字，『危』爲『老』之形誤。《敦煌俗字研究》云：「『爾』『尒』古本非一字，後世則合二而一，字多寫作『爾』。」（下編第七頁）『尔』爲『尒』之手寫變體。（下編第八頁）『示』爲『尒』之形誤。下凡『尒』字不复出校。

〔一〇三〕之，甲四、乙卷、刊本同，丙卷脱。

〔一〇四〕敏以求之者，甲四、乙卷、丙卷『以』作『而』，刊本末有『也』，案『以』、『而』同義。

〔一〇五〕勸勉人學也，甲四、乙卷無『勸』字，刊本無『勉』、『也』二字，丙卷誤作『勸人言』，案伯二五一〇《論語注》亦無『勸』字。

〔一〇六〕語㤦，『㤦』，甲四、乙卷、丙卷同，刊本作『怪』；乙卷脱『語』字。案：『㤦』爲『恠』的訛俗字，而『恠』與『怪』則爲篆文隸變之異，説見《敦煌俗字研究》下編三七六頁。注中『㤦』字同。

〔一〇七〕㤦異也，『㤦』，甲四、乙卷同，刊本作『怪』，丙卷誤作『力』；『也』，丙卷、刊本同，甲四、乙卷無。

〔一〇八〕也，甲四、乙卷、丙卷、刊本無。

〔一〇九〕亂謂臣弑君子弑父，刊本同，甲卷無『謂』，『弑』作『煞』；乙卷作『臣煞父』，丙卷『亂』誤作『我』，末有『也』。案：『煞』爲『殺』之俗字，『殺』『弑』古今字。乙卷作『臣煞父』者，脱『君子煞』三字也。

〔一一〇〕不忍言，丙本、刊本同，甲四、乙卷下有『也』字。

〔一一一〕我三人行，甲四、乙卷、刊本無『我』，甲四、丙卷『行』前有『同』字。案：惠棟《九經古義·論語》云：『何晏注云：「言我三人行，本無賢愚。」依注當有「我」字。』阮元《論語校勘記》云：『《唐石經》、皇本「三」上有「我」字……觀何晏自注及邢昺疏竝云「言我三人行」，即朱子《集注》亦云「三人同行，其一我也」，當以皇本爲是。』『同』字甲四、丙卷皆旁注小字，當是後人所添。《定州漢墓竹簡論語》作『我三人行』，正與底卷同。

〔一一二〕得，甲四、乙卷、丙卷、刊本作『有』，馮登府《論語異文考證》云：『《唐石经》及《釋文》皆云「我三人行，必得吾師焉」……「有」乍「得」，《史記·孔子世家》亦如此。《釋文》曰：「三人行，一本無我字；必得，本亦作必有。」皆後起之説也。』

〔一一三〕擇，甲四、丙卷、刊本同，乙卷作『釋』，案擇、釋上古通用，然此處『釋』當是『擇』之形誤。

〔一一四〕改，甲四、丙卷、刊本同，乙卷誤作『政』。

〔一一五〕擇其善者從之，甲四、乙卷、丙卷、刊本無『其』、『者』二字，乙卷『從』誤作『我』。

〔一一六〕不善者改之，甲四、乙卷、丙卷、刊本無『者』，乙卷『改』誤作『政』。

〔一一七〕也，甲四、乙卷、丙卷同，刊本無，丙卷『也』前有一『之』，『也』下有二『之』，當是爲雙行對齊而添。

〔一一八〕德於予，刊本同，甲四、丙卷『德』下有『者』；乙卷『德』下有『少曰』，當是『者』字誤分爲二，輾轉抄訛也；丙卷『予』作『以』，『以』爲『予』之音誤字，唐五代西北方音止、遇二攝不分也。

〔一一九〕司馬也，乙卷『司』誤作『可』，脱『馬』字；甲四、乙卷、丙卷、刊本無『也』字。

〔一二〇〕德，甲四、乙卷、刊本同，丙卷作『得』，案『得』爲『德』之借字。

〔一二一〕授以聖性，甲四、乙卷同，刊本『授』下有『我』字，案《史記·孔子世家》裴駰《集解》引亦作『授以聖性』；丙卷作『授聖』，有脱漏。

〔一二二〕不利，甲四、乙卷、刊本同；丙卷作『刑』，『刑』蓋『利』字形訛，而又脱『不』字。

〔一二三〕也，甲四、乙卷、刊本無。

〔一二四〕隱子，丙卷同，刊本無『子』，甲四、乙卷作『隱於子』，案伯三七八三白文《論語》及《定州漢墓竹簡論語》亦作『隱子』。

〔一二五〕也，甲四、乙卷、丙卷、刊本無。

〔一二六〕聖人知廣道深，丙卷、刊本同，甲卷「人」作「者」，甲四、乙卷「知」作「智」，案知、智古今字。

〔一二七〕學，甲四、丙卷、刊本同，乙卷脱。

〔一二八〕匿，丙卷、刊本同，甲四、乙卷誤作「慝」。

〔一二九〕吾無行而，甲四、刊本同，丙卷「行而」二字誤倒，乙卷「吾」音誤作「五」；丙卷「吾」前有「子曰」二字。

〔一三〇〕我所爲無不與𤕨共之，「𤕨」，甲四、乙卷、丙卷作「尒」，刊本作「爾」；丙卷「我」下有「有」字，刊本末有「者」。案：「𤕨」爲「爾」之小篆隸定字，爾、尒之別參校記〔一〇二〕。

〔一三一〕是丘之心也，甲四、乙卷同，丙卷脱「丘」，刊本無「也」字。

〔一三二〕形，刊本同，甲四、乙卷、丙卷作「刑」，案「刑」爲「形」之借字。

〔一三三〕教也，丙卷「教」誤作「故」，甲四、刊本無「也」，乙卷、丙卷「也」作「之」。

〔一三四〕疾世無明君也，丙卷前有「孔曰」二字，甲四「世」字缺筆，甲四、乙卷、丙卷、刊本無「也」字。

〔一三五〕見，甲四、丙卷、刊本同，乙卷脱。

〔一三六〕也，甲四、乙卷、丙卷、刊本無。

〔一三七〕網，甲四、乙卷作「䋄」，丙卷作「經」；「䋄」爲「網」之俗字，「經」爲「綱」之俗字。王引之《經義述聞》認爲當作「綱」，劉寶楠《論語正義》駁之，以「綱」爲誤字。案：底卷注文作「經」，「綱」之俗訛，亦可證經文作「網」爲「綱」之誤字。

〔一三八〕弋，甲四、丙卷、刊本同，乙卷誤作「戈」。

〔一三九〕也，丙卷同，甲四、乙卷、刊本無。

〔一四〇〕經，甲四、乙卷作「䋄」，丙卷作「經」。案：考詳校记〔一三七〕。

〔一四一〕網，甲四、乙卷、刊本同，丙卷作「經」，李方云：「當以作『大網』爲是。」

〔一四二〕 緻，甲四、丙卷、刊本同，乙卷誤作「徼」。

〔一四三〕 綱也，「綱」，刊本作「綱」，甲四、乙卷作「繦」，丙卷作「經」；諸本皆無「也」。案：「繦」、「經」均「綱」之俗字，「綱」爲誤字。

〔一四四〕 弋，甲四、丙卷、刊本同，乙卷誤作「大」。

〔一四五〕 也，丙卷同，刊本無，甲四、乙卷作「者也」，案「者」字衍文，蓋爲雙行對齊而添。

〔一四六〕 盖，甲四、乙卷、丙卷同，刊本作「蓋」，「盖」爲「蓋」之俗字。

〔一四七〕 鄭，甲四、乙卷、丙卷、刊本作「包」，案伯二五一〇鄭玄《論語注》作「疾時人多穿鑿妄作篇蒱也」，與此條注略有別，當是包咸承襲鄭注而爲者，應以作「包」爲是。

〔一四八〕 篇籍者，丙卷、刊本同，甲四、乙卷無「者」，乙卷「籍」誤作「稓」。

〔一四九〕 也，甲四、乙卷、丙卷、刊本無。

〔一五〇〕 聞，甲四、丙卷、刊本同，乙卷脱。

〔一五一〕 擇，甲四、丙卷、刊本同，乙卷誤作「懌」。

〔一五二〕 多見而識之，甲四、乙卷、刊本同，丙卷無「多」，「識」作「職」。李方謂丙卷「首脱「多」字，「識」作「職」，誤」。

〔一五三〕 知之次也，甲四、丙卷、刊本同，乙卷脱「次」字，丙卷「之」下有「者」字。丙卷起於此。

〔一五四〕 如此，甲四、乙卷同，丙卷作「知此」，丁卷、刊本下有「者」。李方云：「「知」應爲「如」字之誤。」

〔一五五〕 次於生知之也，甲四、乙卷無「之也」二字，丁卷「之也」作「之者也」，刊本作「次於天生知之」，丙卷作「次於生之」。案：丙卷當與甲四、乙卷同，「之」爲「知」之同音借字也。

〔一五六〕 或，甲四、乙卷同，丙卷、刊本作「惑」，「或」「惑」古今字。

〔一五七〕 鄉名也，丙卷同，甲四、乙卷無「鄉」字，蓋奪重文符號；丁卷「鄉」下有「之」字，當是衍文。

〔一五八〕語，丙卷、丁卷同，甲四、乙卷誤作「無」。

〔一五九〕⿰忄左，甲四、乙卷、丙卷同，丁卷作「恠」，刊本作「怪」，《玉篇·心部》「怪」條下云：「恠，同上，俗。」「⿰忄左」爲「恠」的訛俗字，而「恠」與「怪」則爲篆文隸變之異，説見《敦煌俗字研究》下編三七六頁。下「⿰忄左」字同，不復出校。

〔一六〇〕也，丙卷、刊本同，甲四、乙卷、丁卷無。

〔一六一〕也，乙卷、刊本同，甲四、丙卷、丁卷無。

〔一六二〕教誨之道，丙卷、丁卷、刊本同，甲四、乙卷前有「言」。

〔一六三〕惡惡何一甚也，底卷原僅一「惡」字，兹據甲四、乙卷、丙卷、刊本補；丙卷、刊本「何一」作「一何」，無「也」，案「一何」爲程度副詞，「何一」蓋誤倒。

〔一六四〕潔己以進，「潔」，甲四、乙卷、丙卷同，刊本作「絜」，《玉篇·冫部》「潔，俗絜字。」下及注「潔」字同。丙卷「以」下衍「其」字。

〔一六五〕其往也，甲四、刊本同，乙卷脱「其」字，丙卷、丁卷無「也」字。

〔一六六〕之行也，丙卷同，甲四、乙卷、丁卷、刊本無「也」字，丁卷「之」誤作「云」。

〔一六七〕仁，甲四、乙卷、丁卷、刊本同，丙卷脱。

〔一六八〕遠，甲四、丙卷、丁卷、刊本同，乙卷作「包」，李方謂乙卷「『遠』誤作『包』」。

〔一六九〕行之即是也，乙卷「行」誤作「仁」，甲四、乙卷、丙卷、丁卷「即」作「則」，甲四、乙卷、丙卷、丁卷、刊本無「也」字。案：「即」、「則」同義。

〔一七〇〕官名，甲四、乙卷、丁卷、刊本同，丙卷下有「也」字。

〔一七一〕也，丙卷同，甲四、乙卷、丁卷、刊本無。

〔一七二〕也，甲四、乙卷、丁卷同，丙卷、刊本無。

〔一七三〕對，乙卷、丙卷同，甲四、丁卷、刊本無。陳舜政《論語異文集釋》云：「按照《論語》的體例來看，凡孔子與國君及大夫應答的話，《論語》都作『對曰』，所以此處問話的既然是魯昭公，則應該有『對』字比較妥當。」

〔一七四〕孔子退，甲四、乙卷、丙卷、刊本同，丁卷無。李方云：「當係誤脱。」

〔一七五〕娶於吴，「娶」，甲四、乙卷、丙卷同，丁卷、刊本作「取」；「吴」，丙卷、丁卷、刊本同，甲四、乙卷作「吾」。「取」「娶」古今字，「吾」爲「吴」之誤字。

〔一七六〕之，甲四、乙卷、丙卷、刊本同，丁卷誤作「人」。

〔一七七〕君，甲四、乙卷、丙卷、刊本同，丁卷脱。

〔一七八〕孰，甲四、乙卷、刊本同，丙卷、丁卷作「熟」，「熟」爲「孰」之同音借字。

〔一七九〕巫馬期，丙卷、丁卷、刊本同，甲四誤作「疋馬期」，乙卷誤作「疋与期」。

〔一八〇〕魯吴俱姬姓，甲四、丁卷、刊本同，乙卷誤作「者吴保姬如」；丙卷「吴」誤作「矣」，末有「也」。

〔一八一〕「婚」，甲四、乙卷、丙卷、丁卷同，刊本作「昏」。「昏」「婚」古今字，「婚」爲「婚」之别體。

〔一八二〕君娶之，丙卷、丁卷同，甲四、乙卷「君」誤「名」；刊本「娶」作「取」，「取」「娶」古今字。

〔一八三〕吴姬，丁卷、刊本同，丙卷「吴」誤作「吾」，甲四、乙卷「姬」誤作「姓」。

〔一八四〕也，丁卷同，甲四、乙卷、丙卷、刊本無。

〔一八五〕巫馬期以告之，甲四、乙卷「巫」誤作「疋」；甲四、乙卷、丙卷、丁卷、刊本無「之」，案「之」當是衍文。

〔一八六〕也，甲四、乙卷、丙卷、刊本同，丁卷作「之」。

〔一八七〕也，刊本同，甲四、乙卷、丁卷無；丙卷無「也」字，却有「孔子」二字，當是衍文。

〔一八八〕國，甲四、乙卷、丁卷、刊本同，丙卷誤作「曰」。

〔一八九〕禮也，丙卷、刊本同，甲四、乙卷、丁卷無「也」字，乙卷「禮」誤作「孔」。

〔一九〇〕授以爲過也，甲四、乙卷、丙卷、丁卷、刊本「授」作「受」，甲四、乙卷、丁卷、刊本無「也」；丙卷末有「之」，乃雙行對齊；『授』爲『受』之同音借字。

〔一九一〕善，乙卷、丙卷、刊本同，甲四、乙卷下有『之』，《史記・孔子世家》云：『使人歌，善，則使復之，然後和之。』則司馬遷所見《論語》亦無『之』字。

〔一九二〕樂其善，甲四、乙卷、丁卷、刊本同，丙卷前有『孔曰』二字，《史記・孔子世家》裴駰《集解》引此注作『何晏曰』，是裴駰所見本無『孔曰』二字。

〔一九三〕而後自和之也，甲四、乙卷、丙卷、丁卷、刊本無『後』字；乙卷無『自』字，丁卷『自』誤作『白』；丙卷無『之』字；甲四、乙卷、丁卷、刊本無『也』字。

〔一九四〕也，丙卷、刊本同，甲四、乙卷無。

〔一九五〕文不吾猶人者，刊本同；甲四、乙卷、丙卷脱『文不』二字，當是涉上句『文不』二字而誤脱；乙卷『吾』誤作『五』，丁卷脱『吾』字。

〔一九六〕言凡文皆不勝於人也，『言凡』，甲四、乙卷、丙卷、丁卷皆同，刊本誤倒作『凡言』；甲四、乙卷『文』作『聞』，『聞』爲『文』之借字；諸卷及刊本均無『也』字。

〔一九七〕得，丁卷、刊本同，甲四、乙卷、丙卷作『德』，案『德』爲『得』之借字。

〔一九八〕身爲，丙卷、丁卷、刊本同，甲四、乙卷作『躳行』。

〔一九九〕仁，丙卷、丁卷、刊本同，甲四、乙卷作『人』。李方云：『「人」、「仁」古字通，然此處當以作「仁」爲本字。』

〔二〇〇〕孔子，甲四、丙卷、丁卷、刊本同，乙卷『子』誤作『曰』。

〔二〇一〕仁聖也，丙卷『仁聖』倒作『聖仁』，下句注『仁聖』丙卷亦倒作『聖仁』；甲四、乙卷、丙卷、丁卷、刊本無『也』字。

〔二〇二〕猒，丁卷同，甲四、乙卷、丙卷、刊本作『厭』。陳鐵凡云：『猒爲厭（饜）足之本字。』

〔二〇三〕謂之云𠌫已矣，刊本無『之』字；『𠌫』，甲四、乙卷、丙卷作『尔』，丁卷作『尒』，刊本作『爾』，案：𠌫、尔、尒、爾之別參校記〔一〇二〕。

〔二〇四〕曰，甲四、乙卷、丙卷、刊本同，丁卷誤作『自』。

〔二〇五〕也，丙卷、丁卷、刊本同，甲四、乙卷無。

〔二〇六〕不能學，甲四、乙卷、丁卷、刊本同，丙卷下有『也』字。

〔二〇七〕乎，丙卷下有『乎之』二字，丁卷下有四個『也』字，均爲雙行對齊而添。

〔二〇八〕子疾病，丁卷、刊本同，甲四、乙卷、丙卷下有注文『包曰疾甚曰病』。

〔二〇九〕禱請於鬼神也，甲四、乙卷同；丙卷『禱』作『謂』，蓋形誤字；丁卷『禱』作『之』，當是重文符號之訛；丁卷『也』前有『之事』二字，李方謂此二字衍。丙卷、刊本無『也』字。

〔二一〇〕禱請於鬼神之事，丙卷、刊本同，丁卷缺『於』字，甲四、乙卷下有『乎』字。

〔二一一〕誄，底卷、甲四、乙卷誤作『誅』，丁卷、刊本作『誄』，兹據正；丙卷誤作『詠』。

〔二一二〕尒于，『尒』，丙卷、丁卷作『尔』，刊本作『爾』；甲四、乙卷、丙卷『于』作『乎』。案『于』、『乎』同義。

〔二一三〕旨，甲四、乙卷、丁卷、刊本作『指』。阮元《論語校勘記》云：『皇本「指」作「旨」，是也。』案『旨』『指』古今字。丙卷作『桓』，李方云：『「指」字之誤。』

〔二一四〕禱篇名也，甲四、乙卷『禱』誤作『諱』，脱『名』字；丙卷、丁卷、刊本無『也』字。

〔二一五〕久矣，甲四、乙卷、丙卷、刊本同，丁卷下有『也』字，且在界欄之外，後人所加也。

〔二一六〕素行合於神明，甲四、乙卷『素』誤作『索』，丁卷『明』誤作『朋』。

〔二一七〕久，甲四、丙卷、丁卷、刊本同，乙卷誤作『欠』。

〔二一八〕愻，底卷用朱筆改『心』爲『辶』，字體拙劣，似爲傳閱者所改，兹不從；甲四、乙卷、丙卷、丁卷作『遜』，刊本作『孫』，下句『愻』字同。阮元《論語校勘記》云：『依《説文》當作「愻」，《論語》多假「孫」爲之，「遜」乃遜遁字。』陳鐵凡云：『今此寫卷正作「愻」，與許書合。愻、正字，孫、遜皆借字。由此可見阮氏之精審，亦足晛寫本之善。」

〔三九〕也，丁卷、刊本同，甲四、乙卷、丙卷無。

〔三〇〕也，甲四、乙卷、丙卷、丁卷、刊本無。

〔三一〕則，丁卷同，甲四、乙卷、丙卷、刊本無。

〔三二〕陋也，丙卷、刊本同，甲四、乙卷『陋』下有『之』字，乙卷無『也』字。

〔三三〕戚戚，丙卷、刊本同，甲四作『慼慼』，案戚、慼古今字。注中『戚戚』同。乙卷僅一『慼』，丁卷僅一『戚』，皆脱重文符號。

〔三四〕蕩蕩，甲四、乙卷、丙卷、刊本同，丁卷僅一『蕩』，脱重文符號也。

〔三五〕貌也，甲四、乙卷、丙卷、丁卷『貌』作『皃』，諸卷及刊本無『也』。案：據《説文》，『皃』爲小篆隸定字，『貌』爲籀文隸定字。

〔三六〕也，丙卷、丁卷同，甲四、乙卷、刊本無。

〔三七〕子，底卷在『温』右側用朱筆加一『曰』，甲四、乙卷、丙卷皆有『曰』字，丁卷無，刊本亦無。阮元《論語校勘記》云：「《釋文》出『子温而厲』，云：『一本作子曰。』此章説孔子德行，依此文爲是也。」阮意謂無『曰』字是。

〔三八〕也，丁卷同，甲四、乙卷、丙卷、刊本無。甲四、乙卷、丙卷下有注文『威法也』三字。

〔三九〕太伯苐八，『太』，丁卷同，甲四、乙卷、丙卷、刊本作『泰』；丙卷『伯』下有『萹』。案『太』『泰』古今字。『萹』爲『篇』之俗字。丁卷下有『何晏集解』四字。下『太伯』之『太』同，不復出校。

〔三〇〕三以，丙卷、丁卷同，甲四、乙卷作『三分』，李方云：「作『三分』誤。」

〔三一〕民，底卷原缺末筆，丁卷亦缺筆，避諱缺筆字，兹據甲四、乙卷、刊本録正；丙卷作『人』，諱改字。

〔三二〕周大王之太子，『大王』，甲四、丙卷、丁卷同，刊本作『太王』，乙卷誤作『大夫』，案『大』『太』古今字。丙卷

〔二三三〕『之太子』作『太子也』，刊本『太子』作『長子』。

〔二三四〕焉，丁卷、刊本作『言之者』，甲四、乙卷作『言之』，丙卷作『之』。

〔二三五〕所以爲至德也，丁卷、刊本同，甲四、乙卷『也』作『已矣』，乙卷脱『所』字；丙卷『德』作『得』，末多一『也』字，案『得』爲『德』之借字，『也』爲雙行對齊而添。

〔二三六〕勞，甲四、丙卷、丁卷、刊本同，乙卷脱。

〔二三七〕葸畏懼之皃，丁卷同，甲四、乙卷脱『懼』，刊本『皃』作『貌』，丙卷前有『包曰』二字。

〔二三八〕節，甲四、乙卷、丁卷、刊本同，丙卷無，李方云：『當係誤脱。』

〔二三九〕無，甲四、丙卷、丁卷、刊本同，乙卷脱。

〔二四〇〕剌，諸寫本同，刊本作『刺』，『剌』爲『刺』之俗字。

〔二四一〕民，底卷原缺末筆，避諱缺筆字，兹據甲四、刊本録正，丙卷亦缺筆，丁卷作『人』，諱改字。下『則民不偷』之『民』同。

〔二四二〕民，底卷原缺末筆，避諱缺筆字，兹據甲四、刊本録正，丙卷、丁卷亦均缺筆。

〔二四三〕也，丁卷同，甲四、丙卷、刊本無。自『君子篤於親』至此乙卷脱。

〔二四四〕啓予足，甲四、丙卷、丁卷、刊本同，乙卷脱。

〔二四五〕之也，乙卷、刊本同，甲四無『也』字，丁卷作『之之也』，丙卷有兩『也』字。案：丁卷一『之』字及丙卷一『也』字皆爲雙行對齊而添。

〔二四六〕喻，甲四、乙卷、丙卷、刊本同，丁卷作『諭』，《説文》有『諭』無『喻』，『喻』應是後起字。

〔二四七〕恐有所毁傷也，丁卷同，甲四、乙卷脱『所』字，甲四、乙卷、丙卷、刊本無『也』字。

〔二四八〕而，甲四、乙卷、丙卷、丁卷同，刊本無。

〔二四九〕知，甲四、乙卷、丁卷、刊本同，丙卷作『之』字，案『之』爲『知』之同音借字。

〔二四九〕謂弟子也，甲四、乙卷、丙卷、丁卷、刊本無『謂』，甲四、乙卷無『也』字。

〔二五〇〕其言，甲四、乙卷、丁卷、刊本同，丙卷下有『也』字。

〔二五一〕馬曰，甲四、乙卷、丁卷、刊本同，丙卷作『孔曰』。

〔二五二〕仲孫捷也，丁卷同，甲四、乙卷『仲』作『重』，甲四、乙卷、丙卷、刊本無『也』字。李方云：『「仲孫」爲複姓，作「重孫」誤。』

〔二五三〕誡敬子，甲四、乙卷、丙卷、丁卷、刊本『誡』作『戒』，『戒』『誡』古今字；丙卷『子』前衍『孔』字。

〔二五四〕且，甲四、乙卷、丁卷同，丙卷、刊本作『將』，案『且』、『將』同義。

〔二五五〕善可用也，丁卷同，乙卷『善』誤作『英口』二字，甲四、乙卷、丙卷、刊本無『也』字。

〔二五六〕貌，甲四、乙卷、丁卷、刊本同，丙卷作『猊』，案『猊』爲『貌』之俗字，豸旁、犭旁古通用也。

〔二五七〕矣，丙卷、丁卷、刊本同，乙卷誤作『女』。

〔二五八〕辤，丙卷同，乙卷、丁卷作『辝』，刊本作『辭』，案《干禄字書·平聲》：『辝、辤、辭，上中並辝讓，下辭說，今作辝，俗作辞非也。』『辝』『辭』古混用。注中『辤』字同。

〔二五九〕倍，丙卷、丁卷、刊本同，甲四、乙卷無。李方云：『皇疏云：「佷謂暴慢、鄙倍同是惡事，故曰遠。」則「鄙」下當有「倍」字。』

〔二六〇〕謂，底卷原無，乙卷亦無此字。案無『謂』則句不通，伯二五一〇《論語注》有『謂』字，茲據甲四、丙卷、丁卷、刊本補。

〔二六一〕皃，甲四、乙卷、丙卷同，丁卷、刊本作『貌』，案『皃』爲小篆隸定字，『貌』爲籀文隸定字。

〔二六二〕能濟濟蹌蹌，丁卷、刊本同，丙卷『濟濟』作『躋躋』，甲四作『能礼之人』，乙卷作『能礼二人人』。案《詩·小雅·楚茨》『濟濟蹌蹌，絜爾牛羊』毛傳：『濟濟蹌蹌，言有容也。』《禮記·曲禮下》『天子穆穆，諸侯皇皇，大夫濟濟，士蹌蹌，庶人僬僬』鄭注：『皆行容止之貌也。』『躋』當是『濟』之假借字或涉『蹌』偏旁類化字。甲四作「能礼之人」，蓋以意改之，「能濟濟蹌蹌」者，即能禮之人也。乙卷「二人人」應是抄甲四而致誤。

〔二六三〕能矜庄嚴慓，「矜」，刊本同，甲四、乙卷、丙卷、丁卷作「矜」；「慓」，甲四、乙卷作「票」，丙卷、丁卷、刊本作「栗」；乙卷「庄」誤作「在」。案：作「矜」是也。凡經典「矜」字皆「矜」之譌，說詳《說文・矛部》「矜」篆下段注、臧庸《拜經日記》卷五「矜」字條。「庄」爲「莊」之俗字，「票」爲「栗」之形誤，「慓」爲「慄」之形誤，「栗」「慄」古今字。

〔二六四〕欺誕，甲四、乙卷、丙卷、丁卷同，刊本作「欺詐」。案「誕」、「詐」同義。然伯二五一〇《論語注》亦作「誕」，疑「詐」爲後人所改。

〔二六五〕之，甲四、乙卷、丁卷、刊本同，丙卷脱。

〔二六六〕惡戾之言入於耳也，甲四、乙卷同，丙卷、刊本無「也」；丁卷有兩「之」字，末多兩「也」字，案「之」當是衍文，兩「也」則爲雙行對齊而添。

〔二六七〕籩，丙卷、刊本同，甲四、乙卷、丁卷作「邊」，「邊」爲「籩」之借字。注中「籩」字同。

〔二六八〕有司存，甲四、乙卷、刊本同，丙卷、丁卷下有「焉」字。

〔二六九〕誡之以此也，甲四、乙卷、丙卷、丁卷、刊本「誡」作「戒」，甲四、乙卷、丙卷、刊本無「也」，乙卷「此」誤作「且」，丙卷脱「之」字。案「戒」「誡」古今字。

〔二七〇〕也，甲四、乙卷、丙卷、丁卷同，刊本無。

〔二七一〕挍，甲四、乙卷、丙卷、丁卷同，刊本作「校」，錢大昕《十駕齋養新録》卷三「陸氏釋文多俗字」條云：「《説文・手部》無「挍」字，漢碑木旁字多作手旁，此隸體之變，非别有「挍」字。」案敦煌寫卷亦扌、木混用。

〔二七二〕挍，甲四、乙卷、丁卷同，刊本作「校」，丙卷誤作「絞」。

〔二七三〕也，甲四、乙卷同，丙卷、刊本無；丁卷作「之」，乃爲雙行對齊而添。

〔二七四〕友謂顏淵也，甲四、乙卷無『友』，丙卷『顏淵』作『顏回』，丁卷『謂』作『位』，丙卷、丁卷、刊本無『也』。李方云：『伯二六六九號「淵」作「回」，恐係避諱改名。』案『位』爲『謂』之音誤字。

〔二七五〕託，甲四、丙卷、丁卷、刊本同，乙卷誤作『説』。

〔二七六〕也，甲四、乙卷、丙卷、丁卷、刊本無。

〔二七七〕政令也，丙卷同，甲四、乙卷『令』作『命』，丙卷『政』作『正』，甲四、乙卷、刊本無『也』。案『命』、『令』同義，『正』爲『政』之假借。

〔二七八〕臨大節而不可奪也，丁卷『臨』音誤作『林』；丙卷『而』作『如』，二字古通用；甲四、乙卷、丙卷、丁卷無『也』字。

〔二七九〕孔曰，諸寫本及刊本均無。

〔二八〇〕稷，甲四、丙卷、丁卷、刊本同，乙卷形誤作『禮』。

〔二八一〕不可傾奪也，丙卷前有『言』字，甲四、乙卷、丙卷、丁卷、刊本無『也』字。

〔二八二〕君子人也，甲四、乙卷、丁卷、刊本同，丙卷脱『人』字；丙卷下有『任重稱君子者言乃可名爲君子』十三字，不知所出。

〔二八三〕可以，甲四、乙卷、丁卷、刊本同，丙卷脱『可』字。

〔二八四〕任重，甲四、乙卷、丁卷、刊本同，丙卷『任』下衍『道』字。

〔二八五〕也，甲四、乙卷、丙卷、刊本同，丁卷無。

〔二八六〕强而能斷也，底卷『强』下原有『也』字，當是衍文，兹據刊本删；甲四、乙卷作『果敢而能决斷』，丙卷作『强者能斷决』，丁卷無『也』。

〔二八七〕也，丁卷同，甲四、乙卷、丙卷、刊本無。

〔二八八〕已任，甲四、乙卷、丁卷、刊本同，丙卷脱『任』字。

〔二八九〕不亦，甲四、乙卷、丁卷、刊本同，丙卷『亦』下衍『也』字。

〔二九〇〕仁以，甲四、乙卷、丁卷、刊本作『以仁』，丙卷作『已任』。案：底卷應是誤倒；『已』、『以』古多通用。

〔二九一〕言修身當先學詩也，丁卷脱『言』字，甲四、乙卷、丙卷、刊本『修』作『脩』，無『也』字。案『脩』爲『修』之借字。

〔二九二〕包曰，丙卷、丁卷、刊本同，甲四、乙卷作『孔曰』。

〔二九三〕也，丙卷、丁卷同，甲四、乙卷、刊本無。

〔二九四〕所以成性也，丁卷脱『所』字，甲四、乙卷、丙卷、丁卷、刊本無『也』字。

〔二九五〕民，底卷原缺末筆，避諱缺筆字，兹據丁卷、刊本録正；丙卷亦缺筆，甲四、乙卷作『人』，諱改字也。

〔二九六〕百姓能日用而不能知也，乙卷、丁卷同，丙卷『姓』誤作『性』，甲四、丙卷、刊本無『也』字；丁卷末有兩『也』字，其一當是爲雙行對齊而添。

〔二九七〕也，丁卷、刊本同，甲四、乙卷、丙卷無。

〔二九八〕而患疾已貧賤者，丁卷、刊本同，甲四、乙卷無『而』，丙卷『已』下有『之』字。

〔二九九〕也，甲四、乙卷、丙卷、丁卷、刊本無。

〔三〇〇〕人而不仁，甲四、丙卷、刊本同，乙卷『仁』作『人』，丁卷『人』作『仁』，皆誤。

〔三〇一〕以，甲四、乙卷同，丙卷、丁卷、刊本作『已』，二字古多通用。

〔三〇二〕也，丁卷、刊本同，甲四、乙卷、丙卷無。

〔三〇三〕孔曰，甲四、丙卷、丁卷同，乙卷無，刊本作『包曰』。

〔三〇四〕也，甲四、乙卷、丙卷、丁卷、刊本無。

〔三〇五〕材，甲四、乙卷、丙卷、丁卷、刊本作『才』，二字古通用。

〔三〇六〕使驕且吝，丙卷同，丁卷『使』下衍『之』字；『吝』，甲四、乙卷、丁卷作『悋』，刊本作『吝』，吝、悋皆『吝』之訛俗字。

〔三〇七〕也已矣，甲四、乙卷同，丁卷無，丙卷、刊本無『矣』。

〔三〇八〕也，丁卷同，甲四、乙卷、丙卷、刊本無。

〔三〇九〕不易得，甲四、乙卷、丙卷、刊本下有『也』字，丁卷下有『也矣』。

〔三一〇〕也，丙卷、丁卷、刊本同，甲四、乙卷無。

〔三一一〕年，丙卷、丁卷同，甲四、乙卷、刊本作『歲』，義同。

〔三一二〕不可得言必無也，底卷『不』下原有『易』字，蓋涉經文而衍，兹據甲四、乙卷、丙卷、丁卷、刊本刪；甲四、乙卷無『也』字。

〔三一三〕也，丁卷同，甲四、乙卷、丙卷、刊本無。

〔三一四〕守，丙卷、丁卷、刊本同，甲四、乙卷誤作『統』。

〔三一五〕當常然也，丙卷、丁卷同，刊本無『也』；甲四省作『當然』二字，乙卷又誤作『言然』。

〔三一六〕謂始往也，甲四、乙卷、丙卷、丁卷作『謂始欲往』，刊本作『始欲往』。案：下句云『今欲去』，有『欲』字爲長。

〔三一七〕今欲去也，甲四、乙卷同，丙卷前有『謂』，丁卷『今』誤作『令』，丙卷、刊本無『也』字。

〔三一八〕乱謂臣弑君子弑父也，甲四、乙卷脱『乱謂』二字，甲四、乙卷『弑』作『煞』，丁卷作『臣弑君子弑父乱也』，甲四、乙卷、刊本無『也』字。案：『煞』爲『殺』之俗字，『殺』『弑』古今字。丙卷作『乱謂臣弑父』，乃因『弑』而誤脱『君子弑』三字。

〔三一九〕危者將乱之兆也，丁卷同，甲四、乙卷前衍『乱』字，丙卷、刊本無『也』字；丁卷後又有四『也』字，乃爲雙行對齊而添。

〔三二〇〕也，丁卷、刊本同，甲四、乙卷、丙卷無。下句『也』字同。

〔三二〕不，甲四、乙卷、丁卷、刊本同，丙卷脱。
〔三三〕孔曰，甲四、乙卷、丙卷、刊本同，丁卷作「包曰」。
〔三三〕欲各專一於其職也，丙卷、丁卷「欲」下有「令」，甲四、乙卷「軄」作「政」，刊本「軄」作「職」，甲四、乙卷、丙卷、刊本無「也」字。案《玉篇・身部》：「軄，俗職字。」
〔三四〕魯太師之名也，丙卷同，乙卷、刊本「太」作「大」，甲四、乙卷、丁卷、刊本無「也」。「大」「太」古今字。注中「太」字同。
〔三五〕始，甲四、丙卷、丁卷、刊本同，乙卷脱。
〔三六〕衰微，甲四、乙卷、丙卷、刊本同，丁卷作「既衰」，案伯二五一〇《論語注》同丁卷。
〔三七〕癈，甲四、乙卷、丁卷同，刊本作「廢」，丙卷誤作「發」，案「癈」爲「廢」之俗字。
〔三八〕首理其乱者，丙卷、丁卷同，甲四、乙卷脱「理」，甲四、刊本、乙卷無「者」。
〔三九〕洋洋，甲四、乙卷、丁卷同，刊本前有「有」，丙卷下有「乎」字。
〔三〇〕之也，甲四、乙卷同，丙卷無，丁卷、刊本無「也」字。
〔三一〕也，甲四、乙卷同，丙卷、刊本無；丁卷下又有一「也」字，爲雙行對齊而添也。
〔三二〕愿，甲四、乙卷、丙卷、刊本同，丁卷誤作「原」。
〔三三〕也，甲四、乙卷同，丙卷、丁卷、刊本無。
〔三四〕悾悾，甲四、乙卷、丙卷、刊本同，丁卷作「空空」，錢大昕《經典文字考異》云：「空、悾本一字。」
〔三五〕也，丁卷、刊本同，甲四、乙卷、丙卷無。
〔三六〕也，丁卷同，甲四、乙卷、丙卷、刊本無。
〔三七〕反，丙卷、丁卷、刊本同，甲四、乙卷誤作「及」。
〔三八〕之，丙卷、丁卷、刊本同，甲四、乙卷作「也」。

〔三三九〕孔曰，甲四、乙卷、丙卷、丁卷、刊本無。

〔三四〇〕自，甲四、乙卷、丙卷、刊本同，丁卷誤作『白』。

〔三四一〕孰乃，甲四、乙卷同，丙卷、丁卷、刊本『孰』作『熟』，『孰』『熟』古今字；丁卷『乃』誤『及』。

〔三四二〕也，丁卷同，甲四、乙卷、丙卷、刊本無。

〔三四三〕也，丙卷、刊本同，甲四、乙卷、丁卷無。　案：伯三七八三白文《論語》及《定州漢墓竹簡論語》均無『也』字。

〔三四四〕也，丙卷、刊本同，甲四、乙卷、丁卷無。

〔三四五〕己不與求天下而得之也，刊本、丙卷前有『言』字；丙卷『與』作『預』，案『預』應是『與』之借字，丁卷脱『與』字；丁卷『得』作『德』，案『德』爲『得』之借字；甲四脱『己』字；甲四『得之』作『洋～』，案當是『得』誤作『洋』，『之』誤爲重文符號；乙卷抄甲卷，又誤『不』爲『百』、『洋～』爲『詳～』；甲四、丙卷、丁卷、刊本無『也』字。

〔三四六〕者，甲四、乙卷、丙卷、丁卷同，刊本無。

〔三四七〕稱也，甲四、乙卷『稱』誤作『指』；丙卷、丁卷、刊本無『也』字。

〔三四八〕大哉堯之爲君也，丁卷、刊本同，乙卷『哉』誤作『我』，甲四、乙卷、丙卷無『也』。

〔三四九〕唯，甲四、丙卷、丁卷、刊本同，乙卷誤作『爲』（《廣韻》『唯』音以追切，『爲』薳支切，聲有喻、于之别，唐五代西北方音喻、于不分）。

〔三五〇〕孔曰，甲四、乙卷、丙卷、刊本同，丁卷誤作『孢曰』。

〔三五一〕也，丙卷、丁卷同，甲四、乙卷、刊本無。

〔三五二〕民，底卷及丁卷缺末筆，避諱缺筆字，兹據甲四、乙卷、刊本録正；丙卷作『人』，諱改字。

〔三五三〕也，丁卷同，甲四、乙卷、丙卷、刊本無。

〔三五四〕民無能識其名，底卷『民』缺末筆，避諱缺筆字，兹據丙卷、丁卷、刊本録正，甲四、乙卷『民』誤作『而』；乙卷『其』亦誤作『而』；丙卷『識其名』誤作『焉名』；丁卷末有『也』，刊本末有『焉』。

〔三五五〕也，刊本同，甲四、乙卷、丁卷無。

〔三五六〕其有文章也，乙卷脱『有』字，甲四、乙卷、丙卷、丁卷、刊本無『也』。

〔三五七〕煥明也，底卷『煥』原作『換』，形誤字，兹據甲四、乙卷、丙卷、刊本録正；丁卷作『奐』，雖奐、煥可謂古今字，然經文仍作『煥』，則『奐』應是誤字；甲四、乙卷、丙卷、丁卷、刊本『明』作『明』，二字古異體。下『明』字同。

〔三五八〕其立文垂制又著明也，丙卷前有『言』，『著明』作『著~明~』，蓋爲雙行對齊而添此兩重文符號；甲四、乙卷、丁卷、刊本無『也』字。

〔三五九〕有臣，甲四、乙卷、丙卷、刊本同，丁卷作『有亂臣』。李方云：『當涉下文「予有亂臣十人」而衍。』

〔三六〇〕禹稷契臯陶伯益也，丁卷同，乙卷『稷』誤作『禮』，甲四、乙卷『契』誤作『羿』，甲四、乙卷、丙卷、刊本無『也』字。

〔三六一〕治，刊本同，甲四、乙卷、丙卷、丁卷作『理』，案『理』爲『治』之諱改字。

〔三六二〕理官者十人也，甲四『理』原爲重文符號，旁注『治』，其前之『也』字乃後加，原貌當是『理~官』。乙卷又將甲卷之重文符號誤爲『以』。丙卷『理』誤作『避』，刊本『理』作『治』，案『理』乃是諱改字。刊本、甲四、乙卷、丁卷無『也』。

〔三六三〕謂周公旦邵公奭太公望畢公榮公太顛閎夭散宜生南宫括其一人謂文母也，丁卷、丙卷、刊本『邵』作『召』，案召、邵古今字；甲四、乙卷『榮』誤作『勞』；『括』，甲四、乙卷、刊本作『适』，丙卷作『栝』，案《説文·辵部》『适，讀与括同』，是二字通假，至於寫作『栝』者，扌、木不分之故也；甲四、乙卷、丙卷『文』誤作『父』；甲四、乙卷、丙卷、刊本無『也』字。底卷『旦』字上部『日』原缺中横，應是避諱缺筆字，兹依例録正。

〔三六四〕豈，甲四、乙卷、丙卷、丁卷、刊本作『不』。李方云：『恐底本誤。』

〔三六五〕盛，甲四、丙卷、丁卷、刊本同，乙卷誤作「威」。

〔三六六〕有婦人焉九人而已，甲四、乙卷、丁卷、刊本同，丙卷「有」下有「一」，脱「已」字。

〔三六七〕唐者堯號，甲四、丁卷、刊本同；乙卷「者」誤作「有」；丙卷「號」作「号」，二字古混用。

〔三六八〕虞者舜號，丁卷、刊本同，丙卷無；甲四、乙卷「者」誤作「有」、「號」作「号」，李方云：「當係誤脱。」

〔三六九〕際者堯舜交會之間也，甲四、乙卷「際」誤作「憏」，甲四、乙卷、丙卷、丁卷、刊本無「也」字。

〔三七〇〕斯此也此周，甲四、乙卷無「也」字；丁卷無後「此」字，蓋脱重文符號；刊本無「此周」二字；丙卷末有「也」字。

〔三七一〕交，丙卷、丁卷、刊本同，甲四、乙卷誤作「文」。

〔三七二〕此，甲四、乙卷、丙卷、丁卷同，刊本無。

〔三七三〕最盛，甲四、刊本同，乙卷、丁卷「最」作「冣」，乙卷「盛」誤作「威」。案《説文·冖部》「冣」篆下段注：「冣與聚音義皆同，与冃部之「最」音義皆別……至乎南北朝，「冣」、「最」不分。」

〔三七四〕然尚有一婦人其餘九人而已，甲四、乙卷、刊本同，丙卷「其」誤作「焉」，丁卷脱「已」字。

〔三七五〕叄，丁卷同，甲四、乙卷、丙卷、刊本作「三」，《廣韻·談韻》：「三，數名。叄，上同，俗作叄。」

〔三七六〕其可謂至德也已矣，甲四、乙卷、丙卷、刊本無「其」字，丙卷無「也」字；丁卷作「可謂爲德至也已矣」，錯亂甚。案：伯三七八三白文《論語》及《定州漢墓竹簡論語》均有「其」字。

〔三七七〕苞，甲四、乙卷、丙卷、丁卷、刊本作「包」，案「包」「苞」古今字，然姓氏仍當作「包」。

〔三七八〕天下歸周者三分有二，甲四、刊本同，丙卷脱「歸」字，乙卷「歸」作「帰」，丙卷、丁卷「天下」後有「之」，丁卷「三」作「叄」。案：「帰」爲籀文隸定字，「歸」爲小篆隸定字。

〔三七九〕猶以，甲四、乙卷、丁卷、刊本同，丙卷作「自己」。案：「自」蓋爲「由」之誤，「猶」「由」古通；「己」「已」古多混寫，「已」「以」通用。

〔三八〇〕也，丁卷同，甲四、乙卷、丙卷、刊本無。

〔三八一〕吾無間然矣，丙卷、丁卷、刊本同，甲四、乙卷「無」誤作「興」，乙卷「間」誤作「問」。

〔三八二〕盛，乙卷、丁卷同，丙卷、刊本「盛」下有「美」字，丙卷「盛」誤作「成」。

〔三八三〕不能復間廁其間，「間廁」丙卷同，甲四、乙卷作誤作「問側」；丙卷無「能」字，末有兩「也」字，當是爲雙行對齊而添。

〔三八四〕致孝，丁卷、刊本同，丙卷「孝」下有「於」字；甲四、乙卷「孝」作「乎」，疑脱「孝」字，而「乎」乃「于」之借字，「于」「於」通用。

〔三八五〕豊潔也，「豊潔」，甲四、乙卷、丙卷、丁卷同，刊本作「豐絜」；案《玉篇・豐部》：「豐，俗作豊。」《玉篇・氵部》「潔，俗絜字。」又「也」字丙卷同，甲四、乙卷、丁卷、刊本無。

〔三八六〕黻冕，甲四、丙卷、丁卷、刊本同，乙卷「黻」誤作「蔽」，脱「冕」字。

〔三八七〕以盛祭服，甲四、刊本同；「盛」乙卷誤作「感」，丙卷誤作「成」；丙卷、丁卷末有「也」字。

〔三八八〕卑宫室而盡力乎溝洫，乙卷「宫」誤作「官」，底卷「溝」字右上角「世」旁避諱缺筆，今依例録正。注中「溝」字同。

〔三八九〕苞，甲四、乙卷、丙卷、丁卷、刊本作「包」，案「包」「苞」古今字，然姓氏仍當作「包」。

〔三九〇〕城，甲四、乙卷、丁卷同，丙卷、刊本作「成」。案：《周禮・考工記・匠人職》：「方十里爲成，成間廣八尺，深八尺，謂之洫。」城、成雖可通假，然此當作「成」，否則與「城市」之「城」混淆。下句「城」字同。

〔三九一〕也，丙卷、丁卷同，甲四、乙卷、刊本無。

〔三九二〕吾無間然矣，丙卷、刊本同，甲四、乙卷「無」誤作「興」，丁卷末有「也」字。

〔三九三〕「論語卷第四」五字底卷原無，兹據甲四、乙卷、丙卷、丁卷擬補。

論語集解（五）（子罕、鄉黨）

伯三三〇五（底卷）　斯三九九二（甲一）　伯四六四三（甲二）

伯三四六七（乙卷）　俄敦一三九九（丙一）　俄敦二八四四B（丙二）

伯三二七一（丁卷）　斯五七二六（戊卷）　俄敦五三二二（己一）

斯六〇七九（己二）　伯二六六三（庚卷）

【題解】

底卷編號爲伯三三〇五，起《子罕》首句『子罕言利與命與仁』前一『與』字（殘存左下角），至《鄉黨》末，尾題『論語卷第五』，共八十五行，前三行上下端殘泐。經文大字，小注雙行。末有詩一首：『今朝悶會會，更將愁來對。好酒沽五升，送愁千理（里）外。學生李文段書一卷。』字體與正文一致，是抄寫此卷者李文段也。後又有詩，然字體不與正文同，當是閱者所書。卷背有雜寫『咸通九年閏十一月十八日書記記事』、『詩一首七言』、『今朝悶會會詩』、『咸通十年正月廿一日社司轉帖』等，則正面内容的抄寫不會早於咸通九年（八六八）。《伯目》據尾題定名爲『《論語》卷五』，兹依例擬名爲《論語集解（子罕、鄉黨）》。

甲卷編號爲斯三九九二（甲一）+伯四六四三（甲二）。甲一起《子罕》『博我以文，約我以禮，欲罷不能』之『欲罷』，至『不忮不求』之『求』，共二十八行，行有界欄，殘損嚴重。《翟目》首先比定其名。甲二起《子罕》『秀而不實者有矣夫』之『有矣夫』，至『是道也，何足以臧』《集解》『何足以爲善也』，共十一行。《索引》著録此卷云：『論語集解（存《學而》篇十一斷行）。』誤《子罕》爲《學而》，李方《敦煌〈論語集解〉校證》（江蘇古籍出版社一九九八）已糾其誤。甲二的前九行正是甲一末九行殘脱之上截，兩卷正可綴合，説見許建平《李方〈敦煌論語集解校證〉》（書評）（《敦煌吐魯番研究》第五卷三四二頁，北京大學出版社，二〇〇一）。綴合圖如左所示：

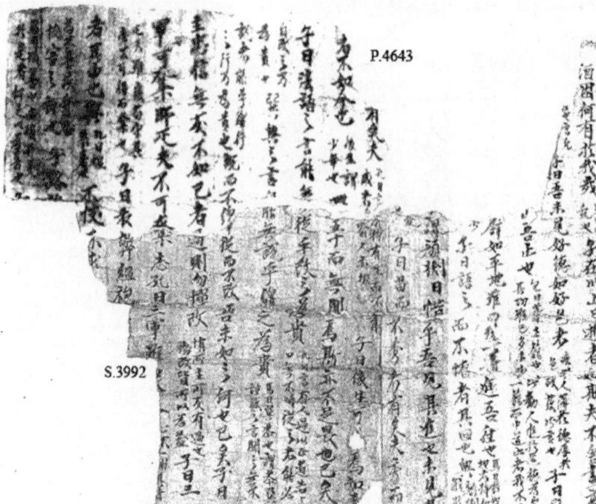

P.4643

S.3992

甲一與甲二綴合圖（局部）

兩卷綴合後，起《子罕》「博我以文，約我以禮，欲罷不能」之「欲罷」，至「是道也，何足以臧」《集解》「何足以爲善也」，共三十行，經文大字，小注雙行。兹依例定名《論語集解（子罕）》。李方《敦煌〈論語集解〉校證》據書法定爲唐寫本。

乙卷編號爲伯三四六七，起《子罕》「入則事父兄」之「則」，至「豈不爾思」之「不」，共二十二行，末二行有殘缺。經文大字，小注雙行。《伯目》首先比定其名，今依例擬名爲《論語集解（子罕）》，李方《敦煌〈論語集解〉校證》據書法定爲唐寫本。

丙卷編號爲俄敦一三九九（丙一）+俄敦二八四四B（丙二）。丙一編號爲俄敦一三九九，起《鄉黨》「侃侃如也」之「也」，至「逞其顏色」之「逞」，共七行。丙二編號爲俄敦二八四四B，起《鄉黨》「逞其顏色」之「其」，至「君子不以紺緅飾」《集解》「齊服盛色以爲飾衣」之「盛」，共六個上半行。經文大字，小注雙行。《俄藏》所載是兩片綴合後的影本，卷面模糊，殘破嚴重。卷背爲《玉篇》。《孟目》首先比定其名，並以之爲九至十世紀抄本。今依例擬名爲《論語集解（鄉黨）》。

丁卷編號爲伯三二七一，起《鄉黨》「執圭，鞠躬如也」之「躬」，至篇末，尾題「論語卷弟五」，共三十五行，前十四行上截殘泐。經文大字，小注雙行。卷末有題記「乾符肆季丁酉正月拾叁廟堂内記也」一行，知其爲唐僖宗乾符四年（八七七）抄本。《伯目》首先比定其名，今依例擬名爲《論語集解（鄉黨）》。寫卷中有九條注文爲今本

《集解》所無，李方《敦煌〈論語集解〉校證》認爲這『並非純粹的《論語集解》，它實際上是在《論語集解》的基礎上，根據皇疏補入了他家注的具有混合性質的論語集注寫本』。

戊卷編號爲斯五七二六，起《鄉黨》『必朝服而朝』《集解》『月朔也』之『月』（寫卷作重文符號），至『祭肉不出三日』之『祭』，七殘行。經文大字，小注雙行。《翟目》首先比定其名，今依例擬名爲《論語集解（鄉黨）》。李方《敦煌〈論語集解〉校證》以此卷爲唐寫本。

己卷編號爲俄敦五三二二（己一）＋斯六〇七九（己二）。己一編號爲俄敦五三二二，起《鄉黨》『祭於公，不宿肉』《集解》『歸則班賜』之『歸』，至『不問馬』之『不』，七行，殘損嚴重。己二編號爲斯六〇七九，起《鄉黨》『祭肉不出三日』之『肉』，至『鄉人儺』之『鄉』，共四殘行。己一、己二爲一卷之裂，己二正好是己一前四行所缺之下截，雖然中間尚殘損兩個字的位置，但兩卷基本上已可拼合，而且最後一行之『而』，正可完整拼合，此兩殘片的綴合及定名見許建平《〈俄藏敦煌文獻〉儒家經典類寫本的定名與綴合》（《姜亮夫、蔣禮鴻、郭在貽先生紀念文集》第三一一至三一二頁，上海教育出版社二〇〇三）。綴合圖如下所示：

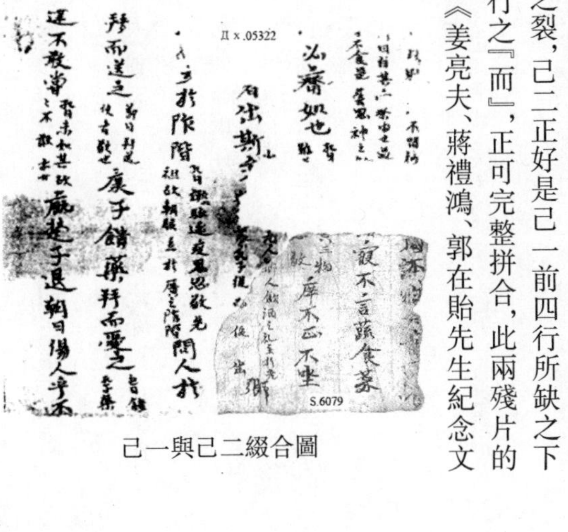

己一與己二綴合圖

二殘片綴合後，仍爲七行，上端殘泐，經文大字，小注雙行。今依例擬名爲《論語集解（鄉黨）》，李方《敦煌〈論語集解〉校證》據書法定爲唐寫本。

庚卷編號爲伯二六六三，起《鄉黨》『問人於他邦』，至篇末，尾題『論語卷第五』，共十六行，前四行下截殘泐，經文大字，小注雙行。卷末有題記五行，第一行爲藏文，藏文下有『郎將』二字。後面四行爲『丑年三月—生六日學吴良義　甲寅年二月—生二日未時日食　丙寅十二月二日巳時日食　丙寅年十二月二日巳時日食』。每條題記的字體各不相同，與正文也不同，當是後人所題。《伯目》首先比定其名，今依例擬名爲《論語集解（鄉黨）》。

寫卷所記録的兩次日食時間分别爲唐文宗太和八年（八三四）及武宗會昌六年（八四六），均在蕃佔時期。題記中的丑年極有可能就是癸丑年（八三三年），這應是寫卷的抄寫時間。

伯二八八〇《雜集時用要字》之封面有『子路共之三臭而作論語卷第五』雜寫十三字，因此爲雜寫，故不作爲異本收録。

陳鐵凡《敦煌論語異文彙考》（《孔孟學報》第一期，一九六一年四月。簡稱『陳鐵凡』）對甲一、戊、己二諸卷作有校記，李方《敦煌〈論語集解〉校證》（簡稱『李方』）對底卷及甲、乙、丙一、丁、戊、己二、庚卷作有校記。

今據縮微膠卷録文，以甲、乙、丙、丁、戊、己、庚諸卷及中華書局影印阮元刻《十三經注疏·論語注疏》爲校本（後者簡稱『刊本』），校録於後。

（前缺）

□□□□▨（子罕言利與）[一]命與仁。罕者，希也。利[二]者，義之和也。命者，天之命[三]。仁者，行之盛也。寡能及之，故希言也。

達巷黨人［曰］[四]：『大哉孔子！▨（博）□□（學而無所成名。鄭）曰[五]：『達巷者，黨名[六]。五百家爲黨，此黨之人，□（美）孔子博學[七]道藝，不成一名而已者乎[八]。』子聞之，謂苐子[九]曰：『吾何執？［執御乎］[一〇]？執射乎？□□▨（吾執御矣。鄭曰：『聞）[一一]人美之，承以謙也[一二]。吾執□□（御欲）名[一三]六藝之卑也。』

子曰：『麻免[一四]，礼[一五]也。今也純，儉，吾從衆。孔曰：『冕，緇布□[一六]績麻卅[一七]升□[一八]故從儉也[一九]。』拜下，礼也。今拜乎上，泰也。雖違衆，吾從下。』王曰：『臣之与君行礼□[二〇]成礼。時臣驕泰，故▨（於）□[二一]今從下，礼之恭[二二]。』

子絶四：謂絶四者〔二三〕。毋意，以道爲度，故不任意。毋必，用之則行，舍之則藏，故無專必。毋固，無可無不可，故無固行之也〔二四〕。毋我。述□〔二五〕作，□▨（唯）〔二六〕道是從，故不受其身也〔二七〕。

子畏於匡，包曰：『匡人誤圍夫子，〔以〕〔二八〕爲陽虎，陽虎曾暴於匡，夫子弟子顔▨▨□□（尅時又與）〔二九〕虎俱往〔三〇〕。後尅〔爲〕〔三一〕夫子御，至〔三二〕匡。匡人相与共識尅，又夫子容貌与▨（虎）〔三三〕相似，故匡人以兵而〔三四〕圍之。』曰：『文王既殁〔三五〕，文不在兹乎？孔曰：『兹，此也。言文王〔三六〕雖已死，其文見在此。此，自謂〔三七〕其身。』天之將喪斯文也，後▨□（死者）〔三八〕不得與於斯文也。孔曰：『文王既殁，故孔子自謂後死也〔三九〕。言天將喪〔四〇〕此文者，本不當〔使〕我知之〔四一〕。今使〔四二〕我知之，未哀之也〔四三〕。』天之未喪斯文也，□□（匡人）〔四四〕其如予何？』馬曰：『其如予何〔四五〕，猶言柰何〔四六〕。天之未喪此文，則我當傳之。匡人欲柰我何，言其不能違天以害己也。』

太〔四七〕宰問於子貢曰：『夫子□□（聖者）〔四八〕與？何其多能也？』包〔四九〕曰：『太宰，大夫官名也〔五〇〕，或吳或宋，未可分也。疑孔子多能於小藝〔五一〕。』子貢曰：『〔固〕天從〔五二〕之將聖，又多能〔五三〕。』孔曰：『言天故從〔五四〕大聖之德，故〔五五〕使多能也。』子聞之〔五六〕：『太宰知我者〔五七〕！吾少也賤，故多能鄙事。君子多乎哉？不〔多也〕〔五八〕。』包曰：『言〔五九〕我少小貧賤，常自執事，故多能爲鄙〔六〇〕人之事。君□（子）故〔六一〕不當多能。』

牢曰：『子云：「吾不試，故藝。」』鄭曰：『牢〔六二〕，弟子子牢〔六三〕。試，用也。言孔子自云我不見作〔六四〕用，故多伎藝也〔六五〕。』

子曰：『吾有知乎哉？無知也。知者，知意之知也。知者言未必盡，今我誠盡也〔六六〕。有鄙夫來〔六七〕問於我，空〔空〕〔六八〕如也。我叩〔六九〕兩端而竭焉。』孔曰：『有鄙夫來問〔七〇〕我，□□▨（其意空）〔七一〕空然，我則發事之終始兩端以語▨（之）〔七二〕，竭盡其所知〔七三〕，不爲有愛之〔七四〕。』

子曰：『鳳鳥不至，河不出圖，吾已矣夫！』孔曰：『有〔七五〕聖人受命則鳳鳥至，河出啚〔七六〕。□▨（今天）〔七七〕無此瑞。「吾已矣夫」者，不得見□□（也。河）圖，八卦是也〔七八〕。』

子見齊衰者、冕衣裳者与瞽者，包曰：『冕〔七九〕，冠也，大夫衣服〔八〇〕。瞽，盲〔八一〕。』見之，雖少，□（必）〔八二〕作；過之，必趍〔八三〕。包曰：『作，起也；趍，疾行也。此夫子哀有喪，尊在位，恤不成人也〔八四〕。』

顔淵喟然歎曰：喟然〔八五〕，歎聲。『仰之弥〔八六〕高，鑽之弥堅。言不□（可）窮□（盡）也〔八七〕。瞻之在前，忽焉在後。言惚恍〔八八〕不可爲形象。夫子循循然善誘人，循循，次序皃〔八九〕。誘，進也。言夫子正以此道勸人進有次序也〔九〇〕。▨（博）〔九一〕我以文，約我以禮，欲〔九二〕罷不能。既竭吾才，如有所立卓爾〔九三〕，雖欲從之，末由▨（也）〔九四〕已。』孔曰：『言夫子既以文章開博我，又以礼節[節]〔九五〕約我，使我欲罷而不能。已竭我才矣，其有所立則又卓然不可及。言己雖蒙夫子之善誘，猶不能及夫子之所立也〔九六〕。』

子疾病，孔〔九七〕曰：『疾甚曰病。』□（子）〔九八〕路使門人爲臣。鄭曰：『孔子嘗〔九九〕爲大夫，故子路欲使苐子行其臣之礼也〔一〇〇〕。』病間，曰：『久矣哉，由之行也詐〔一〇一〕！無臣而爲有臣。▨（吾）〔一〇二〕誰欺？欺天乎？孔曰：『小〔一〇三〕差曰間。言子路有〔一〇四〕是心，非今日也。』且予與其死於臣之手也，無寧死於二三子之手乎！□（馬）〔一〇五〕曰：『無寧，寧也；二三子，門人也。就使我□（有）〔一〇六〕臣而死其手，我寧死苐子之手乎也〔一〇七〕！』且予縱不得大葬，孔曰：『君臣礼葬之也〔一〇八〕。』予〔一〇九〕死於道路乎？』馬曰：『就使我不得以君臣礼葬，有[二]〔一一〇〕三子在，寧當死□（弃）〔一一一〕於道路乎？』

子貢曰：『有美玉〔一一二〕於斯，韞櫝而藏諸〔一一三〕？求善賈而沽諸？』馬曰：『韞，藏也。□（櫝），匱也〔一一四〕。藏〔一一五〕諸匱中沽賣也。得□（善）〔一一六〕賈，寧肯賣之耶也〔一一七〕？』子曰：『沽之哉！沽之哉！我待賈者也。』包曰：『沽之哉，沽之哉者〔一一八〕，不衒賣之辝〔一一九〕。我居而待賣也〔一二〇〕。』

□（子）欲〔一二一〕居九夷。馬曰：『九夷，東方之夷，有九種也〔一二二〕。』或曰：『陋，如之何？』子曰：『君子居之，何陋之有？』孔〔一二三〕曰：『君子所居者則化也〔一二四〕。』

子□(曰)〔一二五〕:『吾自衛返於〔一二六〕魯,然後樂正,《雅》、《頌》各得其所。』鄭曰:『返魯,魯哀公〔一二七〕十一年冬,是[時道]衰樂廢〔一二八〕,孔子來還,乃正之,故《雅》、《頌》各得▨(其)所也〔一二九〕。』

子曰:『出則事公卿,入則〔一三〇〕事父兄,喪事不敢不勉,不爲酒困,何有於我哉?』□▨(馬曰)〔一三一〕:『困,▨(乱)也〔一三二〕。』

子在川上曰:『逝者如斯夫!不舍〔一三三〕晝夜。』包曰:『逝,往也。言凡往者如川之流也〔一三四〕。』

子曰:『吾未見好德□(如)好色者〔一三五〕。』疾時人薄於德〔一三六〕厚於色,故發此言也〔一三七〕。

子曰:『譬如爲山,未成一蕢〔一三八〕,止〔一三九〕,吾止也。包曰:『蕢,土籠也。此勸人進於道德。爲山者,□(其)〔一四〇〕功雖已多,未成一籠而中道止者,我不已其□(前)功〔一四一〕多而善之,見其志不遂,故不與也〔一四二〕。』譬如平地,雖覆一蕢,進,吾往也。』馬曰:『譬〔一四三〕平地者將進加功,雖覆□▨(一蕢)〔一四四〕,我不以見其少而薄□(之)〔一四五〕,據其欲進而與[之]〔一四六〕。』

子曰:『語之而不惰〔一四七〕,其回〔一四八〕也與!』顔淵解,故語之而不惰〔一四九〕。餘人不解,故有惰語之時也〔一五〇〕。

子謂顔淵,□(曰)〔一五一〕:『惜乎!吾見其進〔一五二〕,未見其止〔一五三〕。』馬〔一五四〕曰:『孔子謂顔淵進益未止,痛惜之甚也〔一五五〕。』

子曰:『苗而不秀者有矣夫!秀而□(不)實者有矣夫〔一五六〕!』孔曰:『言万〔一五七〕物有生而不育成者,喻人亦然也〔一五八〕。』

子曰:『後生可畏,焉知來者不如今也〔一五九〕?後生謂少年也〔一六〇〕。□(卌)〔一六一〕、五十而無聞焉,斯亦不足畏也已矣〔一六二〕。』

子曰:『法語之言,能無從乎?改之爲貴。孔曰:『人有〔一六三〕過,以正道告之,口無不順從之〔一六四〕,能必自〔一六五〕改之,乃爲貴也〔一六六〕。』巽與之言,能無説乎?繹之爲貴。馬曰:『巽,恭也。謂恭巽〔一六七〕謹敬之言,聞

□（之）〔一六八〕無不説者，能尋繹行之〔一六九〕，乃爲貴也〔一七〇〕。』説而不繹，從而不改，吾末如之何也已矣。』

子曰：『主忠信，無〔一七一〕友不如己者，過則勿憚改。』慎所主所〔一七二〕友，有過〔一七三〕務改，皆所以爲益〔一七四〕。

子曰：『三軍可奪帥〔一七五〕，匹夫不可奪志〔一七六〕。』孔曰：『三軍雖衆，人〔一七七〕心不一，則其將帥可奪而取〔一七八〕。匹夫雖微，苟守其志，不可得而奪也〔一七九〕。』

子曰：『衣弊〔一八〇〕緼袍，與衣狐狢〔一八一〕者立而不恥者，其由也與？』孔曰：『緼，枲著也〔一八二〕。』「不忮不求〔一八三〕，何用不臧？」』馬曰：『忮，害〔一八四〕；臧，善也。言不忮害，不貪求，何用爲不善？疾貪惡忮害之詩也〔一八五〕。』子路終身誦之。子曰：『是道也，何足以臧？』馬曰：『臧，善也。尚復有美於是者，何足以爲善也〔一八六〕？』

子〔一八七〕曰：『歲寒，然後知松柏之後彫也〔一八八〕。』大寒〔一八九〕之歲，衆木皆死，然後知松柏小〔一九〇〕彫傷；平歲則衆木亦有［不］死〔一九一〕者，故須歲寒然後〔一九二〕別之。喻凡人處理世〔一九三〕亦能自脩整，与君子同；在濁世，然後知君子［之］止不苟容也〔一九四〕。

子曰：『智〔一九五〕者不惑，包曰：『不惑乱〔一九六〕。』仁者不憂，孔曰：『無憂患也〔一九七〕。』勇者不懼。』

子曰：『可與共學，未可與適道；適，之也。雖得〔一九八〕學，或得異端，未必能之道。可與適道，未可與立；雖能之道，未必能有所立也〔一九九〕。可與立，未可與權。』雖能有所立，未必能權量其輕重之極也〔二〇〇〕。「唐棣之華，偏〔二〇一〕其反而。豈不尒思〔二〇二〕？室是遠而」。』逸詩也。唐棣，栘〔二〇三〕，華〔二〇四〕反而後合。賦此詩者，以言權〔二〇五〕道反而後至於大順。思其人而不得見者，其室遠也。以言思權而不得者〔二〇六〕，其道遠也〔二〇七〕。子曰：『未之思也，夫何遠之有！』夫思者當思其反，［反］〔二〇八〕是不思，所以爲遠。能思其遠，何反之有〔二〇九〕！言權可知，唯不知思耳。思之有▨〔二一〇〕，斯可知矣也〔二一一〕。

鄉黨第十

何晏集解〔二一二〕

孔子於鄉黨，恂恂〔二一三〕如也，似不能言者。王曰：『恂恂，温恭皃也〔二一四〕。』其在宗廟［朝］〔二一五〕廷，便便言，唯謹尒。孔〔二一六〕曰：『便便，辯皃〔二一七〕。雖辯而謹敬。』朝，与下大夫言，侃侃如也〔二一八〕；孔曰：『侃侃，和樂㒵也〔二一九〕。』与上大夫言〔二二〇〕，誾誾［如也］〔二二一〕。孔〔二二二〕曰：『誾誾，□（中）正之㒵。』〔二二三〕君在，踧踖如也，與與如也。馬曰：『君在，視朝〔二二四〕。踧踖，恭敬貌〔二二五〕。與與，威儀中適之貌。』〔二二六〕

君召使擯〔二二七〕，鄭曰：『君召使擯者，謂有賓客使迎▨（之）〔二二八〕。』色勃如也〔二二九〕，孔曰：『必變色也〔二三〇〕。』足躩如也〔二三一〕。包曰：『盤僻貌也〔二三二〕。』揖所與立，左右手，依後前〔二三三〕，襜如也〔二三四〕。鄭曰：『揖左人，左其手；揖右人，右其手；一俛一仰，依前後襜如也。』趍進，翼如也。孔曰：『言端好也〔二三五〕。』賓退，必復命曰：『賓不顧〔二三六〕矣。』鄭曰〔二三七〕：『復命白君，賓已去矣。』

入公門，鞠〔二三八〕躬如也，如不容。孔曰：『斂▨（身）〔二三九〕。』立不中門，行不履閾。孔曰：『閾，謂門限〔二四〇〕。』過［位，色］勃□（如）也〔二四一〕，足躩如也〔二四二〕，包曰：『過君之空位也〔二四三〕。』其言似不足者。攝齋昇堂〔二四四〕，鞠躬如也，屏氣似不▨（息）〔二四五〕者。孔曰：『皆重慎也。衣下曰齋。攝齋者，摳衣也。』出，降［一］〔二四六〕等，逞顔色〔二四七〕，怡怡如也。孔曰：『先屏氣，下階〔二四八〕舒氣，故怡怡如也。』没階，趍進，翼如也。孔曰：『没，盡也。下盡階也〔二四九〕。』復其位，踧踖如也。孔曰〔二五〇〕：『來時所過位也〔二五一〕。』

執圭，鞠躬〔二五二〕如也，如不勝。包曰：『爲君使，聘〔二五三〕問隣國，執持君之圭。鞠躬者，敬慎之至。』上如揖，下如授。勃如戰色，足縮縮〔二五四〕如有循。鄭曰：『上如揖，授玉宜敬也〔二五五〕。下如授，不敢忘礼〔二五六〕。戰色，敬也。足縮縮如有循，舉前曳踵行之〔二五七〕。』享禮，有容色。鄭曰：『享，獻〔二五八〕。聘礼〔二五九〕：既聘而享，享用圭璧〔二六〇〕，有庭實也〔二六一〕。』私覿，偷偷〔二六二〕如也。鄭曰：『既享，乃以私礼見。覿，見也〔二六三〕。偷偷，顔色和也〔二六四〕。』

君子不以紺緅飾，孔曰：『一入曰緅。飾者，不以爲領袖緣〔二六五〕。紺者，齋服盛色以爲飾服〔二六六〕，似衣齊服也〔二六七〕。緅〔二六八〕者，三年練〔二六九〕以緅飾衣，爲其喪服也〔二七〇〕，故皆不以飾衣也〔二七一〕。』紅紫不以爲褻服。王曰：『褻服，私居非公會之服也〔二七二〕。皆以〔二七三〕不正，褻尚不衣，正服無所施也〔二七四〕。』當暑，縝絺綌〔二七五〕，必表而出之。孔曰：『暑則單服〔二七六〕。絺綌，葛也。必表而出〔二七七〕，加上衣也〔二七八〕。』緇衣，羔裘。素衣，麑裘。黄衣，狐裘。褻裘長，短右袂。孔曰：『服皆中外之色相稱也〔二七九〕。私家裘長，主温。短右袂，便作事也〔二八〇〕。』必有寢〔二八一〕衣，長一身有半。孔曰：『今之被〔二八二〕也。』狐狢〔二八三〕之厚以居。鄭曰：『在家以接賓客〔二八四〕。』去喪，無所不佩。孔曰：『去，除也。非喪則備佩所宜佩也〔二八五〕。』非帷〔二八六〕裳，必煞〔二八七〕之。王〔二八八〕曰：『衣必有煞縫，唯帷裳無煞耳也〔二八九〕。』羔裘玄冠不以弔。孔曰：『喪主素，吉主玄，吉凶異服也〔二九〇〕。』吉月，必朝服而朝。孔曰：『吉月，朔也〔二九一〕。朝服，皮弁服也〔二九二〕。』〔齊，必〕有明衣〔二九三〕，布也〔二九四〕。孔曰：『以布爲沐浴衣也〔二九五〕。』

齊〔二九六〕必變食，孔曰：『改常饌也〔二九七〕。』居必遷坐。孔曰：『易常處也〔二九八〕。』食不猒〔二九九〕精，膾不猒細。食饐而餲，孔曰：『饐餲，臭味變也〔三〇〇〕。』魚餧而宍敗〔三〇一〕，不食。孔曰：魚敗曰餧也〔三〇二〕。色惡，不食。臭惡，不食。失飪〔三〇三〕，不食。孔曰：『失飪，失生熟之節也〔三〇四〕。』不時，不食。鄭曰：『不時，非朝、夕、日中之食也〔三〇五〕。』割不正，不食〔三〇六〕。不得其醬，不食。馬曰：『魚膾非芥醬不食。』宍雖多，不使勝食氣。唯酒無量，不及乱〔三〇七〕。酤〔三〇八〕酒市脯不食。不徹薑食，孔曰：『徹，去〔三〇九〕。齊禁薰物〔三一〇〕，薑辛而不臰，故不去也〔三一一〕。』不多食。孔曰：『不過飽也〔三一二〕。』祭於公，不宿宍。周曰：『助祭於君，所得牲體〔三一三〕，歸則〔三一四〕班賜，□(不)留神惠也〔三一五〕。』祭宍〔三一六〕不出三日。出三日〔三一七〕，不食之矣。鄭曰：『自其家祭宍也〔三一八〕，過三日不食，是褻鬼神之餘祚〔三一九〕。』食不語，寢不言。雖〔三二〇〕蔬食菜羹，苽〔三二一〕祭，必齊〔三二二〕如也。孔曰：『齊，嚴敬貌也〔三二三〕。三物雖薄，祭之必敬也〔三二四〕。』

廗不正〔三二五〕，不坐〔三二六〕。鄉人飲酒，杖〔三二七〕者出，斯出矣。孔曰：『杖者，老人也。鄉人〔三二八〕飲酒之礼，主於老者，［老者］〔三二九〕礼畢，出，孔子從而後出也〔三三〇〕。』

鄉〔三三一〕人儺，朝服而立〔三三二〕阼階。孔曰：『儺，驅逐疾鬼〔三三三〕。恐驚先祖，故朝服立於廟之阼階〔三三四〕。』

問人於他邦〔三三五〕，再拜而送之。孔〔三三六〕曰：『拜送使者，敬也。』

康子饋藥，拜而受之〔三三七〕。包曰：『遺〔三三八〕孔子藥。』曰：『丘未達，不敢嘗〔三三九〕。』孔曰：『未知〔三四〇〕其故，故不嘗也〔三四一〕。』

厩焚〔三四二〕。子退朝，曰：『傷人乎？』不〔三四三〕問馬。馬〔三四四〕曰：『重人賤畜也〔三四五〕。退朝，自君之朝來歸也〔三四六〕。』

君賜食，必正席先嘗之。孔曰：『敬君惠也。既嘗之〔三四七〕，乃以班賜也〔三四八〕。』君賜腥，必熟而薦〔三四九〕之。［孔曰］〔三五〇〕：『薦其先祖〔三五一〕。』君賜牲〔三五二〕，必畜之。侍食於君，君祭，先飰〔三五三〕。鄭曰：『於君祭，則先飰矣，若爲君嘗食然也〔三五四〕。』

疾，君視之〔三五五〕，東首，加朝服，拖紳。包〔三五六〕曰：『夫子疾〔三五七〕，處南牖之下，東首，加其朝服，拖紳，大帶〔三五八〕。不敢不［衣］朝服見君〔三五九〕。』

君命召，不俟駕行矣。鄭曰：『急趍君命也〔三六〇〕，行出而車既駕隨之也〔三六一〕。』

入太廟〔三六二〕，每事問。

朋友死，無所歸，曰〔三六三〕：『於我殯。』孔曰：『重朋友之恩〔三六四〕。無所〔三六五〕歸，言無親昵〔三六六〕。』

朋友之饋，雖車馬，非祭肉，不拜。孔曰：『不拜〔三六七〕，有通財之義也〔三六八〕。』

寢不尸，包曰：『偃臥四體，布展手足，似死之人〔三六九〕。』居不容。［孔曰］〔三七〇〕：『爲室家［之］敬難久也〔三七一〕。』

子見齋衰〔三七二〕者，雖狎，必敬〔三七三〕。孔曰：『雖狎者，素親狎也〔三七四〕。』見冕者与瞽者，雖褻，必以貌〔三七五〕。周曰：『褻，謂數相見也〔三七六〕，必當以皃礼〔三七七〕。』凶服者式之。式負板〔三七八〕者。孔曰：『凶服〔三七九〕，送死之服〔三八〇〕。負板〔三八一〕者，持邦國之圖〔籍〕〔三八二〕。』有盛饌，必變色而〔三八三〕作。孔曰：『作，起也。敬主人之親饋也〔三八四〕。』迅雷風烈必變。鄭曰：『敬天之怒也〔三八五〕，風疾而雷爲烈也〔三八六〕。』

升車，必正立執綏。周曰：『必正立執綏，所以爲安也〔三八七〕。』車中〔三八八〕不内顧，包曰：『車〔三八九〕中不内顧者，前視不過衡軛〔三九〇〕，傍視不〔過〕輢轂也〔三九一〕。』不疾言〔三九二〕，不親指。

色斯舉矣，馬曰：『見顔色不善則去矣〔三九三〕。』翔而後〔三九四〕集。周曰：『迴翔審觀而後下止〔三九五〕。』曰〔三九六〕：『山梁雌雉，時哉時哉〔三九七〕！』子路拱〔三九八〕之，三嗅〔三九九〕而作。言山梁雌雉得時〔四〇〇〕，而人不得時〔四〇一〕，故歎之〔四〇二〕。子路以其時物，故供具〔四〇三〕之。非本意，不苟食，故三嗅而起也〔四〇四〕。

論語卷第五

【校記】

〔一〕『與』字底卷殘存左下角，本行『與』字之上底卷約缺四字（皆按正文大字計，下同），按此爲《子罕》首句『子罕言利與命與仁』，故據刊本擬補如上。

〔二〕利，底卷原作『和』，李方云：『「和」當爲「利」字之誤。』茲據刊本改正。

〔三〕『天之命』下刊本有『也』字。

〔四〕達巷黨人曰，底卷『巷』作『巷』，無『曰』字，李方謂底卷誤，茲據刊本補正。

〔五〕『博』字底卷殘存右上角殘畫，在前行之末，其下約殘缺一字，『曰』字在次行，其上約殘缺五字，刊本作『學而無所成名鄭』，故據以擬補如上。

〔六〕『黨名』下刊本有『也』字。

〔七〕美孔子愽學，底卷『美』字殘泐，茲據刊本擬補；刊本『愽』作『博』，《干禄字書·入聲》：『愽、博，上通下正。』

〔八〕 者乎，刊本無，李方云：『疑底本衍。』案伯二五一〇號《論語注》亦無，此當是爲雙行對齊而添。

〔九〕 苐子，刊本作『門弟子』，『苐』本爲『弟』之俗字，俗書竹頭多寫作草頭，俗據『苐』楷正，則又成『第』字。下凡『苐』字不復出校。

〔一〇〕 執御乎，底卷原無，兹據刊本擬補。《史記·孔子世家》云：『子聞之曰：「我何執？執御乎？執射乎？我執御矣。」』亦有『執御乎』三字。

〔一一〕 『執射乎』句底卷在前行之末，其下約殘缺一字，注文『聞』以下在次行，『聞』字上部略有殘泐，其上約殘缺四字，刊本作『吾執御矣鄭曰聞』，故據以擬補如上。

〔一二〕 承以謙也，刊本作『承之以謙』，案《史記·孔子世家》裴駰《集解》所引與底卷同。

〔一三〕 吾執御欲名，『吾』字底卷原作『五』，音誤字，兹據刊本改正；『御欲』二字底卷殘泐，兹據刊本擬補。

〔一四〕 免，刊本作『冕』，案雖然『免』是『冕』的初文，但注中仍作『冕』，此作『免』，當是誤字。

〔一五〕 礼，刊本作『禮』，『礼』爲古文『禮』字，敦煌寫本多用此字，後世刊本則多用『禮』字。下凡『礼』均不復出。

〔一六〕 『緇布』之下底卷殘泐約四小字，刊本作『冠也古者』。

〔一七〕 卅，刊本作『三十』，『卅』爲『三十』之合文。

〔一八〕 前行『升』下至行末底卷約殘缺四小字，次行起首至『故』之間約殘缺五小字，刊本作『布以爲之純絲也絲易成』。

〔一九〕 也，刊本無。

〔二〇〕 与君行礼，刊本『与』作『與』，二字古混用，敦煌寫本多用『与』字，後世刊本多改作『與』，下凡『与』字不復出校。底卷『礼』下至行末約殘缺五小字，刊本作『者下拜然後』五字。

〔二一〕 於，底卷殘存上半，『於』下至行末底卷約殘缺四小字，刊本作『上拜』二字。

〔二二〕 『礼之恭』下刊本有『也』字。

〔二三〕謂絶四者，刊本無。

〔二四〕之也，刊本無，當是爲雙行對齊而添。

〔二五〕『述』下至行末底卷約殘缺四小字，刊本作『古而不自』。

〔二六〕唯，底卷殘存左邊『口』，兹據刊本擬補。前行『作』下至行末底卷約殘缺四小字，次行起首至殘字『唯』底卷約殘缺三小字，刊本作『處羣萃而不自異』。

〔二七〕故不受其身也，刊本『受』作『有』，無『也』字，案《史記·孔子世家》裴駰《集解》引作『故不有其身』。

〔二八〕以，底卷原無，李方云：『底本誤脱。』兹據刊本擬補。

〔二九〕『尅時』二字底卷存左側殘畫，其下至行末底卷約殘缺二字，故據刊本擬補如上。

〔三〇〕往，刊本作『行』。

〔三一〕爲，底卷原無，李方云：『底本誤脱。』兹據刊本擬補。

〔三二〕至匡，刊本作『至於匡』。

〔三三〕虎，底卷存上端殘畫，兹據刊本擬補。

〔三四〕而，刊本無。案有『而』則句不通，當是衍文。

〔三五〕殁，刊本作『没』，『没』『殁』古今字。下『殁』字同。

〔三六〕『文王』下底卷原有一重文符號，兹據刊本删。《史記·孔子世家》裴駰《集解》引此句云：『言文王雖已没。』可參。

〔三七〕謂，底卷原作『此』，兹據刊本改正。《史記·孔子世家》裴駰《集解》引亦作『謂』。

〔三八〕死者，底卷『死』殘存上半，『者』字殘泐，兹據刊本擬補。

〔三九〕也，刊本無。

〔四〇〕喪，底卷原誤作『哀』，兹據刊本改正。

〔四一〕本不當使我知之，底卷原「不」字重，無「使」字，兹據刊本删補。《史記·孔子世家》裴駰《集解》引作「本不當使我知之」，可證。

〔四二〕使，底卷原作「便」，李方認爲底卷誤，兹據刊本改正。

〔四三〕未哀之也，刊本作「未欲喪也」，案《史記·孔子世家》裴駰《集解》引作「未欲喪之也」，疑「哀」爲「喪」之形誤。

〔四四〕匡人，底卷殘泐，兹據刊本擬補。

〔四五〕「如予何」下刊本有「者」字。

〔四六〕柰何，刊本作「奈我何也」，《史記·孔子世家》裴駰《集解》引作「柰我何也」；《説文·木部》「柰，果也」段注：「假借爲柰何字，見《尚書》、《左傳》。俗作「奈」，非。」下「柰」字同。

〔四七〕太，刊本作「大」，「大」「太」古今字。注中「太」字同。

〔四八〕聖者，底卷殘泐，兹據刊本擬補。

〔四九〕包，刊本作「孔」。

〔五〇〕也，刊本無。

〔五一〕疑孔子多能於小藝，底卷「孔」原作「礼」，「小」原作「六」，李方謂底卷誤，兹據刊本改正。

〔五二〕固天從，底卷原無「固」字，李方云：「底本誤脱。」兹據刊本補；刊本「從」作「縱」，「從」「縱」古今字。

〔五三〕「多能」下刊本有「也」字。

〔五四〕故從，刊本作「固縱」，李方云：「作「固」爲是。」案「從」「縱」古今字。

〔五五〕故，刊本作「又」。

〔五六〕「聞之」下刊本有「曰」字。

〔五七〕太宰知我者，刊本「太」作「大」，「者」作「乎」。案「大」「太」古今字。

〔五八〕 多也，底卷原無，李方云：『底卷誤脱。』兹據刊本補。

〔五九〕 言，刊本無。

〔六〇〕 鄙，底卷原作『鄭』，李方云：『底本誤。』兹據刊本改正。

〔六一〕 君子故，底卷『子』字殘泐，兹據刊本擬補；刊本『故』作『固』，二字古通用。

〔六二〕 牢，底卷原誤作『罕』，兹據刊本改正。注中『牢』字同。

〔六三〕 子牢，底卷『子』原作『之』，音誤字，兹據刊本改正。刊本下有『也』字。

〔六四〕 作，刊本無，伯二五一〇《論語注》亦無。

〔六五〕 伎藝也，伯二五一〇《論語注》同；刊本『伎』作『技』，無『也』字。《説文·手部》：『技，巧也。』人部：『伎，與也。』則『技』爲正字，『伎』爲借字。

〔六六〕 也，刊本無。

〔六七〕 來，伯三七八三白文《論語》有，刊本無。陳舜政《論語異文集釋》云：『《集解》引孔注云：「有鄙夫來問於我，其意空空然……。」這樣看來，古本似是「問」上有「來」字。』

〔六八〕 空空，底卷原僅一『空』字，當是脱漏重文符號，兹據刊本補。

〔六九〕 『叩』下刊本有『其』字。

〔七〇〕 『問』下刊本有『於』字。

〔七一〕 其意空，底卷『其意』二字殘泐，『空』存下部『工』，兹據刊本擬補。

〔七二〕 之，底卷僅存下側殘畫，兹據刊本擬補。

〔七三〕 竭盡其所知，底卷『盡』原誤作『書』，兹據刊本改正；刊本無『其』字。

〔七四〕 之，刊本無，當是爲雙行對齊而添。

〔七五〕 有，刊本無。

〔七六〕啚，刊本作『圖』，《干禄字書·平聲》：『啚、圖，上俗下正。』
〔七七〕今天，底卷『今』字殘缺，『天』字存下部殘畫，兹據刊本擬補。
〔七八〕不得見也河圖八卦是也，底卷『也河』二字殘泐，『卦』原誤作『對』，兹據刊本補正；刊本前有『傷』字。
〔七九〕『冕』下刊本有『者』字。
〔八〇〕衣服，刊本作『之服』。
〔八一〕『盲』下刊本有『也』字。
〔八二〕必，底卷殘泐，兹據刊本擬補。
〔八三〕趍，刊本作『趨』，《廣韻·虞韻》『趨』字下云：『趍，俗。』下凡『趍』字皆同，不復出校。
〔八四〕也，刊本無。
〔八五〕然，刊本無。
〔八六〕弥，刊本作『彌』，『弥』爲『彌』之俗字，説見《敦煌俗字研究》下編二〇八頁。下『弥』字同。
〔八七〕不可窮盡也，底卷『可』、『盡』二字殘泐，兹據刊本擬補，刊本無『也』字。
〔八八〕惚怳，刊本作『怳惚』。案：『恍』爲『怳』之後起别體，『怳惚』倒作『惚怳』，聯緜詞字序不定，其義無别。
〔八九〕皃，刊本作『貌』，據《説文》，『皃』爲小篆隸定字，『貌』爲籀文隸定字。
〔九〇〕勸人進有次序也，刊本作『進勸人有所序』，《史記·孔子世家》裴駰《集解》引作『進勸人學有次序也』。
〔九一〕博，底卷存下端殘畫，兹據刊本擬補。
〔九二〕欲，甲一起於此。
〔九三〕尒，刊本作『爾』，『尒』爲『爾』小篆的隸定字。
〔九四〕也，底卷存下端殘畫，兹據甲一補。
〔九五〕節，底卷原無，刊本及《史記·孔子世家》裴駰《集解》引有，此當是脱漏重文符號，兹據擬補。

〔九六〕也，甲一同，刊本無。

〔九七〕孔，刊本作『包』。

〔九八〕子，底卷殘泐，茲據刊本擬補。

〔九九〕嘗，底卷原作『當』，李方謂底卷誤，茲據甲一、刊本改正。

〔一〇〇〕也，甲一、刊本無。

〔一〇一〕行也詐，刊本作『行詐也』。

〔一〇二〕吾，底卷殘存下部『口』，茲據甲一補。

〔一〇三〕小，甲一同，刊本作『少』，『小』『少』同義。

〔一〇四〕有，甲一同，刊本作『久有』。

〔一〇五〕馬，底卷殘泐，茲據甲一補。

〔一〇六〕有，底卷殘泐，茲據甲一補。

〔一〇七〕我寧死苐子之手乎也，甲一同，刊本『死』下有『於』，無『也』字。

〔一〇八〕之也，甲一同，刊本無。

〔一〇九〕予，刊本同，甲一脱。

〔一一〇〕二，底卷殘泐，茲據甲一補。

〔一一一〕寧當死弃，底卷『弃』字殘泐，茲據甲一補；刊本『寧』前有『我』，『死』作『憂』。

〔一一二〕玉，底卷原誤作『王』，茲據甲一、刊本改正。

〔一一三〕韞櫝而藏諸，『櫝』，甲一同，刊本作『匵』，案《説文·匚部》：『匵，匱也。』又木部：『櫝，匱也。』段注：『此與匚部匵音義皆同。』又甲一『諸』作『語』。陳鐵凡云：『「語」爲「諸」之譌。』

〔一一四〕櫝匵也，底卷『櫝』字殘泐，茲據甲一補；底卷『匵』原作『遺』，案『匵』之俗寫與『遺』同形，茲據甲一、刊本録正。

〔一一五〕藏，甲一同，刊本前有『謂』字。

〔一一六〕善，底卷殘泐，兹據甲一補。

〔一一七〕耶也，甲一同，刊本『耶』作『邪』，無『也』字。《玉篇・耳部》：『耶，俗邪字。』

〔一一八〕沽之哉者，刊本無。

〔一一九〕辝，刊本作『辭』，《干禄字書・平聲》：『辝、辤、辭，上中竝辝讓；下辭説，今作辝，俗作辞非也。』『辝』『辭』古混用。

〔一二〇〕我居而待賣也，刊本『賣』作『賈』，無『也』字。自『子曰沽之哉』至此甲一脱。

〔一二一〕子欲，底卷『子』字殘泐，兹據甲一補；甲一『欲』作『路』，陳鐵凡認爲『路』字訛誤。

〔一二二〕也，甲一同，刊本無。

〔一二三〕孔，甲一同，刊本作『馬』。

〔一二四〕所居者則化也，甲一、刊本無『者』，刊本無『也』字。

〔一二五〕曰，底卷殘泐，兹據甲一補。

〔一二六〕返於，甲一同，刊本『返』作『反』，『反』『返』古今字。注中『返』字同。

〔一二七〕魯哀公，甲一同，刊本無『魯』字。

〔一二八〕是時道衰樂癈，底卷原作『是裹樂癈』，錯誤甚，兹據甲一改正；刊本『癈』作『廢』，『癈』爲『廢』之俗字。

〔一二九〕其所也，底卷『其』殘存下部『八』，兹據甲一補；刊本無『也』字。

〔一三〇〕則，乙卷起於此。

〔一三一〕馬曰，底卷『馬』字殘泐，『曰』存下半，兹據甲一補。

〔一三二〕乱也，底卷『乱』字殘泐，兹據甲一、乙卷補；乙卷無『也』字。

〔一三三〕舍，甲一、刊本同，乙卷作『捨』，『舍』『捨』古今字。

〔一三四〕往者如川之流也，乙卷同，刊本『往者』作『往也者』，無末『也』字。

〔一三五〕如好色者，底卷『如』殘泐，兹據甲一補；刊本『者』下有『也』字。

〔一三六〕薄於德，甲一、乙卷同，刊本下有『而』字。

〔一三七〕也，甲一同，乙卷、刊本無。

〔一三八〕蕢，甲一殘泐，然據其注中『蕢』，知其與底卷同，乙卷、刊本作『簣』；《説文》有『蕢』無『簣』，『簣』爲後起別體。下『蕢』字同。

〔一三九〕止，底卷原作『正』，李方謂底卷誤，兹據甲一、乙卷、刊本改正。

〔一四〇〕其，底卷原殘泐，兹據甲一、乙卷補。

〔一四一〕已其前功，『已』甲一同，乙卷、刊本作『以』，『以』字是，二字古多通用；『前』字底卷殘泐，兹據乙卷補。

〔一四二〕也，刊本同，乙卷無。

〔一四三〕譬，甲一作『譬如』，乙卷、刊本無。

〔一四四〕雖覆一蕢，底卷原『一』字殘泐，兹據乙卷補；底卷『蕢』殘脱『艹』，乙卷、刊本作『簣』，底卷此字皆作『蕢』，故依例擬補；乙卷、刊本『雖』下有『始』字。

〔一四五〕見其少而薄之，底卷『之』字原殘泐，兹據乙卷補；乙卷作『其前功少而薄之』，刊本作『其功少而薄之』。

〔一四六〕據其欲進而與之，乙卷前有『見』字；底卷原脱『之』，兹據乙卷、刊本補。

〔一四七〕『不惰』下甲一、乙卷、刊本有『者』字。

〔一四八〕回，底卷原誤作『囘』，兹據甲一、乙卷、刊本改正。

〔一四九〕故語之而不惰，甲一『語之而不惰』五字殘泐，乙卷無『故』字，『惰』作『墮』。案『墮』为『惰』之俗。注中『惰』字同。

〔一五〇〕也，乙卷、刊本無。

〔一五一〕曰，底卷原殘泐，兹據甲一、乙卷補。

〔一五二〕其進，乙卷同，甲一、刊本下有『也』字。

〔一五三〕『其止』下乙卷、刊本有『也』字。

〔一五四〕馬，乙卷同，刊本作『包』。

〔一五五〕之甚也，乙卷無『甚』，刊本無『也』字。

〔一五六〕不實者有矣夫，底卷『不』字殘泐，兹據乙卷補。甲二起於『有』字。

〔一五七〕万，甲一、乙卷同，刊本作『萬』。《玉篇·方部》：『万，俗萬字。十千也。』

〔一五八〕也，甲一、乙卷、刊本無。

〔一五九〕來者不如今也，甲卷同，乙卷、刊本『來者』下有『之』，乙卷無『也』字。

〔一六〇〕少年也，甲二同，刊本『少年』作『年少』，乙卷、刊本無『也』字。

〔一六一〕卌，底卷原殘泐，兹據甲二、乙卷補；刊本作『四十』，『卌』即『四十』之合文。

〔一六二〕不足畏也已矣，甲一同，乙卷脱『足』字，刊本無『矣』字。

〔一六三〕人有，底卷原倒作『有人』，兹據乙卷、刊本乙正；甲一作『言有人』。

〔一六四〕從之，底卷原作『弃者』，句不通，兹據甲一、乙卷、刊本改正；甲一『從之』下有『者』字。

〔一六五〕自，甲二、刊本同，乙卷脱。

〔一六六〕也，甲二、乙卷、刊本無。

〔一六七〕巽，甲一同，乙卷作『順』，刊本作『孫』，案巽、順、孫三字義同。

〔一六八〕之，底卷原殘泐，兹據甲一、乙卷補。

〔一六九〕行之，底卷原倒作『之行』，兹據甲二、乙卷、刊本乙正。

〔一七〇〕乃爲貴也，甲二前衍『行』字，乙卷、刊本無『也』字。

〔一七一〕無，甲二同，乙卷、刊本作『毋』，《説文·毋部》：『毋，止之詞也。』段注：『古通用無。』

〔一七二〕所，甲一、乙卷同，刊本無。

〔一七三〕有過，乙卷、刊本同，甲一下有『也』字。

〔一七四〕爲益，甲一、刊本同，乙卷下有『也』字。

〔一七五〕帥，底卷及甲二原誤作『師』，兹據乙卷、刊本改正；刊本下有『也』字。

〔一七六〕奪志，甲卷、乙卷同，刊本末有『也』字。

〔一七七〕『孔曰三軍雖衆人』七字底卷及甲一原誤抄爲單行大字，兹依例改爲小字。

〔一七八〕『取』下乙卷、刊本有『之』字。

〔一七九〕得而奪也，甲二、刊本同，乙卷作『得奪』。

〔一八〇〕弊，乙二同，甲一作『薢』，刊本作『敝』；『敝』『弊』古今字，『薢』爲『弊』之俗字。

〔一八一〕狢，乙卷同，刊本作『貉』，阮元《論語校勘記》云：『《汗簡》引《古論語》「貉」作「貈」，《釋文》出「狐貉」，云：「依字當作貈。」案《史記·弟子列傳》作「狢」。按「貈」正字，「貉」假借字，「狢」俗字。』

〔一八二〕緼枲著也，『緼』底卷及甲二原作『愠』，李方云『作「愠」誤』，兹據乙卷、刊本改正；乙卷、刊本無『也』字。

〔一八三〕不求，甲一止於此。

〔一八四〕『害』下乙卷、刊本有『也』字。

〔一八五〕也，甲二同，乙卷、刊本無。

〔一八六〕何足以爲善也，甲二同，乙卷『以』下有『此』字，刊本無『也』字。

〔一八七〕子，甲二存上端殘畫，甲二止於此。

〔一八八〕也，刊本同，乙卷無。

〔一八九〕大寒，底卷『大』原誤作『太』，茲據乙卷、刊本改正。
〔一九〇〕知松栢小，刊本同，乙卷脱『知』字，『小』作『少』。
〔一九一〕則衆木亦有不死，刊本同，底卷原脱『不』字，茲據乙卷補；乙卷『則』誤作『時』。
〔一九二〕然後，乙卷同，刊本作『而後』。
〔一九三〕理世，乙卷、刊本作『治世』，『理』爲『治』之諱改字。
〔一九四〕之止不苟容也，底卷原脱『之』，茲據乙卷補；『止』乙卷作『心』，刊本作『正』，蓋皆『止』草書之誤，止者，容止也。
〔一九五〕智，乙卷同，刊本作『知』，『知』『智』古今字。
〔一九六〕惑乱，刊本同，乙卷下有『也』字。
〔一九七〕也，乙卷、刊本無。
〔一九八〕得，乙卷、刊本無。
〔一九九〕也，刊本無。
〔二〇〇〕也，刊本無。
〔二〇一〕偏，底卷原誤作『徧』，茲據刊本改正。
〔二〇二〕尒思，刊本『尒』作『爾』，《敦煌俗字研究》云：『「爾」「尒」古本非一字，後世則合二而一，字多寫作「爾」。』（下編第七頁）下凡『尒』字不復出校。乙卷止於此。
〔二〇三〕栘，底卷原作『移』，李方云『底卷原誤作「移」』，茲據刊本改正；刊本下有『也』字。
〔二〇四〕華，底卷原誤作『偏其』，茲據刊本改正。
〔二〇五〕權，底卷原作『棣』，當涉經文而誤，茲據刊本改正。
〔二〇六〕者，刊本作『見者』。

〔三〇七〕也，底卷原作「也之」，旁有乙字符。案此乙字符當是後人所添，底卷「之」字乃爲雙行對齊而添，刊本即無「之」字，兹據刊本删。

〔三〇八〕反，底卷原無，當是脱漏重文符號，兹據刊本補。

〔三〇九〕能思其遠何反之有，「反」原誤作「及」，刊本此句作「能思其反何遠之有」，兹據校「及」字。

〔三一〇〕缺字底卷存左側殘畫，似「冫」旁，原字疑爲「次」字，刊本作「次序」二字，可參。

〔三一一〕也，刊本無。

〔三一二〕「何晏集解」下底卷有「馬馳集」三字。案：抄手寫「馬」後一字，兩次寫錯並塗去，后寫成「馳」，據其第二次寫錯之字的左旁「鬲」字看，此應是「融」字。故疑此非其所抄底卷有此字，乃抄者自爲，故連「融」字亦不會寫。「馬融集」三字與寫卷無關，故删去。

〔三一三〕恂恂，底卷原誤作「恂恂」，兹據刊本改正。注中「恂恂」同。

〔三一四〕皃也，刊本作「之貌」。案：據《説文》，「皃」爲小篆隸定字，「貌」爲籀文隸定字。《史記·孔子世家》裴駰《集解》引云「恂恂，温恭貌也」，與底卷同。

〔三一五〕朝，底卷原無，李方云「底本誤脱」，兹據刊本補。

〔三一六〕孔，刊本作「鄭」。

〔三一七〕皃，刊本作「也」。

〔三一八〕侃侃如也，刊本「侃侃」作「侃侃」，《干禄字書·去聲》：「侃、侃，上俗下正。」注中「侃侃」同。丙一起於「也」字。

〔三一九〕皀也，丙一「皀」作「皃」，無「也」字；刊本作「之貌」。案「皀」應是「皀」之變體，「皀」爲「皃」之俗字。《干禄字書·去聲》：「皀、皃、貌，上俗中通下正。」下「皀」字同。

〔三二〇〕与上大夫言，乙卷前有「朝」字，當是涉上「朝，與下大夫言」句而衍。

〔二一〕如也，底卷無，當是誤脱，茲據刊本補；乙卷『如』字殘存左邊『女』。

〔二二〕孔，底卷殘泐，茲據乙卷補。

〔二三〕中正之皀，底卷『中』字殘泐，茲據乙卷補；乙卷作『中正皃也』，刊本作『中正之貌』。

〔二四〕『視朝』下刊本有『也』字。

〔二五〕『貌』前刊本有『之』字。

〔二六〕自經文『君在踧踖如也』至此注文『威儀中適之貌』乙卷抄脱。

〔二七〕擯，刊本同，乙卷作『儐』，《説文・人部》：『儐，導也。儐或从手。』注中『擯』字同。

〔二八〕謂有賓客使迎之，底卷『之』字原殘存上端一點，茲據刊本補；丙一『迎之』作『之迎』，伯二五一〇鄭玄《論語注》亦作『之迎』；丙一、刊本無『謂』字，丙一末有『也』字。

〔二九〕也，刊本同，丙一無。

〔三〇〕也，丙一、刊本無。

〔三一〕也，刊本同，丙一無。

〔三二〕盤僻貌也，刊本前有『足躩』二字；丙一、刊本『僻』作『辟』，丙一『貌』作『皃』，丙一、刊本無『也』字。案：『辟』『僻』古今字；『皃』爲小篆隸定字，『貌』爲籀文隸定字。

〔三三〕依後前，丙一、刊本作『衣前後』。李方云：『底本誤。』案：『依』爲『衣』之音誤字，『後前』誤倒。注中『依』字同。

〔三四〕也，刊本同，丙一無。

〔三五〕也，丙一同，刊本無。

〔三六〕頋，丙一同，刊本作『顧』，《玉篇・頁部》『顧』條下云：『頋，同上，俗。』下『頋』字同，不復出校。

〔三七〕曰，底卷原殘泐，茲據丙一補。

〔三三八〕鞫，丙一、刊本作「鞠」。李方云：「底本誤，以下「鞫」應作「鞠」。」案：二字古常混用，不可謂誤。下「鞫」字同。

〔三三九〕斂身，底卷「身」字下端殘畫，兹據乙卷補；乙卷下有「也」字。

〔三四〇〕謂門限，丙一、刊本無「謂」，丙一下有「也」字。

〔三四一〕過位色勃如也，底卷原脱「位色」二字，「如」字殘泐，兹皆據丙一補；丙一無「也」字。

〔三四二〕也，刊本同，丙一無。

〔三四三〕也，丙一同，刊本無。

〔三四四〕攝齎昇堂，「齎」，丙一作「齋」，刊本作「齊」；「昇」丙一、刊本作「升」；丙一末有「矣」。馮登府《論語異文考證》云：「《説文》于《禮》「齊衰」作「齎縗」，依義當从衣。孔注「攝齊，摳衣也」，「齊」是假借字。」案：「齊」「齎」、「升」「昇」皆古今字，「齋」字誤。注中「齎」字同。

〔三四五〕息，底卷殘存上半「自」，兹據刊本擬補。

〔三四六〕一，底卷原無，李方云「底本誤脱」，兹據丙一補。

〔三四七〕逞顔色，丙二「逞」後「顔色」前有一字殘存左下角，刊本無此字，伯三七八三白文《論語》、伯二五一〇鄭玄《論語注》作「其」，丙二此字即「其」之殘泐。《定州漢墓竹簡論語》校記云：「『顔，其上一字今本作「逞」，而簡文殘字不似「逞」。』竹簡殘字蓋即「其」也。丙一止於「逞」，丙二起於「其」。

〔三四八〕階，底卷原作「皆」，李方云「底本誤」，兹據刊本改正。

〔三四九〕也，刊本無。

〔三五〇〕孔曰，刊本同，丙二「孔」下有「君」字，旁寫「過」。

〔三五一〕也，丙二同，刊本無。

〔三五二〕躬，丁卷起於此，「躬」字存左半「身」。

〔二五三〕聘，底卷原作『躬』，李方云『底本誤』，兹據刊本改正。

〔二五四〕縮縮，丁卷、刊本作『蹜蹜』。劉寶楠《論語正義》云：『《玉藻》作「縮縮」，《説文》無「蹜」字，「縮」下云：「一曰蹴也。」「蹴」與「蹙」一字。《詩》「蹙蹙靡所騁」鄭箋：「縮小之貌。」縮小亦不敢自肆意。』注中『縮縮』同。

〔二五五〕也，丙二及伯二五一〇《論語注》同，刊本無。

〔二五六〕忘礼，丁卷『忘』作『妄』，『妄』爲『忘』之音誤字；丁卷及伯二五一〇《論語注》末有『也』字。

〔二五七〕之，刊本無。

〔二五八〕獻，丙二、丁卷、刊本下有『也』字，伯二五一〇《論語注》無『也』字。

〔二五九〕聘礼，底卷『聘』原誤作『躬』，兹據丙二、丁卷、刊本改正；丁卷『礼』下衍『也』字。

〔二六〇〕享用圭璧，底卷『享』字原爲重文符號，丁卷作『之』，蓋重文符號之訛變；伯二五一〇鄭玄注《論語》有此『享』字，正與底卷同；丙二、刊本無『享』字。丁卷『璧』作『辟』，李方云：『此處當以「璧」爲正。』

〔二六一〕也，丙二、丁卷同，刊本無。丁卷下有『君子者天子也』六字。

〔二六二〕偷偷，刊本作『愉愉』。案《説文》無『偷』字，錢大昕《經典文字考異》云：『偷，即愉字。』注『偷偷』同。

〔二六三〕覿見也，刊本在『既享乃以私礼見』前，伯二五一〇鄭玄注《論語》與刊本同。

〔二六四〕也，刊本無。

〔二六五〕『領袖緣』下丁卷、刊本有『也』字。

〔二六六〕齋服盛色以爲飾服，丁卷、刊本『齋』作『齊』，刊本『飾服』作『飾衣』，丙二止於『盛』字。

〔二六七〕似衣齊服也，底卷『似』原作『不以』，李方云『底本衍「不」字，「似」誤作「以」』，兹據刊本改正；刊本無『也』字。

〔二六八〕緅，底卷原作『紺』，李方云『底本誤』，兹據刊本改正。

〔三六九〕練，底卷原作「陳」，李方云「底本誤」，兹據刊本改正。

〔三七〇〕喪服也，刊本前有「似衣」二字，無「也」字。

〔三七一〕飾衣也，刊本作「爲飾衣」。

〔三七二〕私居非公會之服也，丁卷同，刊本「居」下有「服」，無「也」字。

〔三七三〕以，刊本無。

〔三七四〕也，刊本無。

〔三七五〕縝絺紘，刊本作「袗絺綌」，馮登府《論語異文考證》云：「縝，俗字。」「綌」俗或寫作「紘」，「紘」乃「綌」之俗訛。注中「紘」字同。

〔三七六〕單服，刊本同，丁卷作「單衣服」。

〔三七七〕「而出」下丁卷、刊本有「之」字。

〔三七八〕加上衣也，底卷「加」原誤作「如」，兹據丁卷、刊本改正；刊本無「也」字。

〔三七九〕服皆中外之色相稱也，丁卷此注語在經文「狐裘」下，無「也」字。阮元《論語校勘記》於「褻裘長，短右袂」下云：「閩本、北監本、毛本並連上爲一節，與此本同。皇本此六字别爲一節，以「私家裘長」以下爲此節注，又加「孔安國曰」四字。」其意認爲乃分節不同所致。案「褻裘長」以下爲另一節的話，此孔安國注文「服皆中外之色相稱也」就應移到經文「狐裘」下。

〔三八〇〕便作事也，底卷「便」原誤作「衤」旁，兹據刊本改正。刊本無「也」字。

〔三八一〕寑，刊本作「寢」，「寑」爲「寖」之俗字，「寖」「寢」古異體字。下「寑」字同。

〔三八二〕被，刊本同，丁卷作「卧被」。

〔三八三〕狢，丁卷同，刊本作「貉」，「狢」爲「貉」之後起換旁字。《干禄字書·入聲》：「狢、貉，上通下正。」

〔三八四〕賓客，刊本同，丁卷「客」誤作「容」，下有「也」字。

〔二八五〕佩也，底卷原作「也佩之」，「也佩」誤倒，「之」爲雙行對齊而添，兹據刊本删正。

〔二八六〕帷，底卷原作「惟」，敦煌寫卷從巾、從忄之偏旁常混，兹據刊本録正。注中「帷」字同。

〔二八七〕煞，丁卷同，刊本作「殺」，《干禄字書·入聲》以「煞」爲「殺」之俗字。注中「煞」字同。

〔二八八〕王，刊本同，丁卷作「孔」。

〔二八九〕帷裳無煞耳也，丁卷「帷」誤作「長」，無「耳也」二字，刊本無「耳」一字。

〔二九〇〕也，刊本無。

〔二九一〕朔也，刊本前有「月」字，丁卷、戊卷「朔」前都有重文符號，可知亦有「月」字。戊卷起於此。

〔二九二〕也，丁卷作「者也」，刊本無。

〔二九三〕齊必有明衣，底卷原無「齊必」，李方云：「底本誤脱此二字。」兹據刊本補。丁卷「齊」作「齋」，齊、齋古今字。刊本「明」作「明」，二字異體。

〔二九四〕也，刊本無。

〔二九五〕也，刊本無。丁卷下又有「自□欲▨之也」諸字。

〔二九六〕齊，刊本同，丁卷作「齋」，案「齊」「齋」古今字。

〔二九七〕饌也，丁卷「饌」作「食」，丁卷、刊本無「也」字。《玉篇·食部》：「饌，飯食也。」

〔二九八〕也，戊卷、刊本無。

〔二九九〕猒，戊卷同，刊本作「厭」；下句「猒」字，丁卷、刊本作「厭」；「猒」「厭」古今字。

〔三〇〇〕臰味變也，丁卷、刊本「臰」作「臭」，刊本無「也」字。《玉篇·自部》「臭」條下云：「臰，同上，俗。」下凡「臰」字不復出校。

〔三〇一〕魚腰而宍敗，「腰」，刊本作「餒」，丁卷作「餧」；刊本「宍」作「肉」。《説文·食部》：「餧，飢也。一曰：魚敗曰餧。」錢大昕《經典文字考異》云：「餒，《説文》作『餧』。」則「餒」爲「餧」之後起別體，改換聲符也；

『餧』亦後起別體，改換意符也。《干禄字書・入聲》：『宍、肉，上俗下正。』下『宍』字同。

〔三〇二〕孔曰魚敗曰餧也，『餧』，刊本作『餒』，戊卷作『餧』；刊本無『孔曰』二字；戊卷、刊本無『也』字。李方《唐寫本〈論語集解〉校讀零拾》云：『皇本、篁墩本、《史記・孔子世家》集解引作「孔曰」，邢本無注者，似作何晏自注。阮校記云：「疑此有脱字。」伯三三〇五號、斯五七二六號等寫本亦作孔注。可證邢本確實誤脱注者。』（《出土文獻研究》第三輯二一九頁，中華書局，一九九八）

〔三〇三〕餁，丁卷同，刊本作『飪』，『餁』爲『飪』之後起別體。注中『餁』字同。

〔三〇四〕也，丁卷同，刊本無。

〔三〇五〕之食也，戊卷、刊本作『時』。李方云：『底本作「食」，誤。』案伯二五一〇鄭玄《論語注》『食』作『時』。丁卷下有『言生非其時若冬梅李實』十字，李方《伯希和三二七一號寫本〈論語集解〉的性質和意義》云：『皇疏引江熙注云：「不時，謂生非其時，若冬梅李實也。」與此注同，知伯三二七一號寫本混入了江熙注。』（《敦煌研究》一九九五年第四期）

〔三〇六〕『不食』下丁卷有注文『煞不以道爲不正也』十字，李方《伯希和三二七一號寫本〈論語集解〉的性質和意義》云：『皇疏引江熙注云：「殺不以道，爲不正也。」與此注同，知伯三二七一號寫本又混入江熙注。』

〔三〇七〕不及乱，『不及』戊卷、刊本同，丁卷『及』誤作『乃』。丁卷此下有注文『齋而有酒以除惡氣之疾』十字，李方《伯希和三二七一號寫本〈論語集解〉的性質和意義》云：『此注與經文「肉雖多，不使勝食气，唯酒無量，不及亂」有關聯，明顯亦爲他家之注。』

〔三〇八〕酤，丁卷、刊本作『沽』，王力《同源字典》云：『買酒的「酤」，與「沽」實同一詞。但寫作「酤」時，專用於沽酒。』

〔三〇九〕徹去，戊卷同，丁卷『徹』作『撤』，丁卷、戊卷、刊本下有『也』字。阮元《論語校勘記》云：『《説文》無「撤」字，「撤」乃「徹」之俗字。』錢大昕《經典文字考異》云：『撤，當作「徹」。《説文》作「徹」，俗作「撤」。』戊卷經文已殘泐，由注文知經文亦作『徹』也。

〔三一〇〕齊禁薰物，刊本同，丁卷、戊卷『齊』作『齋』，『薰』作『⿱君心』；『齊』『齋』古今字。李方云：『「⿱君心」當爲「焄」字之譌。』雷濬《説文外編》云：『焄者，薰、葷之別體。』

〔三一一〕不去也，戊卷同，丁卷『去』作『徹』，丁卷、刊本無『也』字。案：前已釋『徹，去也』，則此當作『去』爲是。

〔三一二〕不過飽也，丁卷作『過飽又少所啖』，刊本無『也』字。李方《伯希和三二七一號寫本〈論語集解〉的性質和意義》云：『伯三二七一號寫本注文首脱一「不」字，末接云：「又少所啖。」此四字諸本均無。按皇疏引江熙注云：「少所啖也。」知伯三二七一號寫本又在孔注下混入江熙注。』

〔三一三〕所得牲體，底卷『體』原作『禮』，李方云『底本原誤作「禮」』，茲據丁卷、戊卷、刊本改正；丁卷『得』作『德』，通假字也。

〔三一四〕歸則，丁卷『則』作『以』，刊本『歸』作『歸』；『歸』爲籀文隸定字，『歸』爲小篆隶隸字。下凡『歸』字不復出校。己一起於『歸』（殘存左半）。

〔三一五〕不留神惠也，底卷『不』字原殘泐，茲據丁卷補；戊卷、刊本無『也』字。

〔三一六〕祭宍，戊卷止於此『祭』；己二『宍』作『肉』，己二起於此字。

〔三一七〕出三日，刊本同；丁卷無，當是脱重文符號。

〔三一八〕也，丁卷、己一、刊本無。

〔三一九〕褻鬼神之餘祚，丁卷、己一、刊本無『祚』，伯二五一〇《論語注》亦無『祚』；己一『褻』誤作『藝』，丁卷末有『也』字。

〔三二〇〕雖，丁卷、刊本同，己二無。李方云：『斯六〇七九號脱「雖」字。』

〔三二一〕苽，丁卷、刊本作『瓜』，《干禄字書·平聲》：『苽、瓜，上俗下正。』

〔三二二〕齊，刊本同，丁卷、己一作『齋』，『齊』『齋』古今字。注中『齊』字同。

〔三二三〕齊嚴敬貌也，丁卷作『齋者嚴敬皀』，刊本無『也』字。

〔三二四〕也，丁卷同，己二、刊本無。

〔三二五〕㢓不正，戊二、刊本『㢓』作『席』；丁卷『正』作『政』，『政』爲『正』之借字。案《干禄字書·入聲》：『㢓、席，上俗下正。』下凡『㢓』字不復出校。

〔三二六〕『不坐』下丁卷有注文『政㢓所以恭敬也』七字，李方《伯希和三二七一號寫本〈論語集解〉的性質和意義》云：『皇疏引范甯注云：「正席，所以恭敬也。」知伯三二七一號寫本還混入了范甯注。』

〔三二七〕杖，底卷及丁卷原作『扙』，扌、木混用所致，茲據刊本録正。注中『杖』字同。

〔三二八〕鄉人，戊二、刊本同，丁卷脱。

〔三二九〕老者，底卷原無，應是脱漏重文符號，茲據丁卷補。

〔三三〇〕也，丁卷同，戊二、刊本無；丁卷『也』下另有一『也』字，乃爲雙行對齊而添也。

〔三三一〕鄉，戊二止於此。

〔三三二〕『立』下丁卷、戊一、刊本有『於』字。

〔三三三〕驅逐疾鬼，『驅』戊一、刊本同，丁卷作『駈』，《玉篇·馬部》『驅』條下云『駈，同上，俗』；『疾』丁卷、戊一、刊本作『疫』，李方云『底本誤』。

〔三三四〕朝服立於庿之阼階，底卷『庿』原作『𢉖』，『庿』之訛俗字，茲依例改正，戊一作『廣』，則爲誤字，刊本作『廟』，『庿』爲『廟』之古字；『阼』原作『祚』，爲『阼』之誤字，茲據丁卷、戊二、刊本改正；丁卷末有『也』；刊本『朝服』下有『而』字。

〔三三五〕問人於他邦，庚卷起於此。

〔三三六〕孔，丁卷、刊本同，戊一、庚卷作『鄭』。

〔三三七〕之，戊一、刊本同，丁卷無。

〔三三八〕遺，丁卷、戊一、刊本作『饋』。阮元《論語校勘記》云：『皇本作「遺孔子藥也」，《釋文》出「遺孔」，云：「唯季反，本今無此字。」按《廣雅·釋詁》云：「饋，遺也。」饋、遺俱从貴聲，義本相通。』

〔三三九〕甞，丁卷、戊一、庚卷同，刊本作『嘗』；『甞』爲『嘗』之別體。下凡『甞』字不復出校。

〔三四〇〕知，戊一、庚卷同，丁卷作『之』。敦煌寫卷中，三等韻的知、照系字混用，『之』爲『知』的同音借字。

〔三四一〕不甞也，丁卷、戊一、刊本『不』下有『敢』字，丁卷、刊本『甞』下有『禮』字，戊一無『也』字。

〔三四二〕焚，戊一誤作『楚』。

〔三四三〕不，戊一止於此。

〔三四四〕馬，庚卷同，丁卷、刊本作『鄭』。案：馬融爲鄭玄之師，鄭玄多有承襲馬融者，雖然伯二五一〇鄭玄《論語注》有此注文，仍不能定其主名。

〔三四五〕也，丁卷同，庚卷、刊本無。

〔三四六〕也，丁卷、庚卷、刊本無。

〔三四七〕甞之，底卷原誤倒作『之甞』，兹據丁卷、刊本乙正。

〔三四八〕也，丁卷、刊本無。

〔三四九〕廌，丁卷、庚卷同，刊本作『薦』。《五經文字·鹿部》：『廌，相承以爲薦進字，非。』案：『廌』應爲『薦』之借字。下『廌』字同。

〔三五〇〕孔曰，底卷原無，李方云『底本誤脱』，兹據丁卷、庚卷補。

〔三五一〕廌其先祖，底卷『廌』字原爲重文符號，李方云：『該符號前爲經文「之」字，然作「之」不通，諸本均作「薦」，遂從之。』

〔三五二〕牲，丁卷同，刊本作『生』。説詳《論語》(一)校記〔一五二〕。

〔三五三〕飰，丁卷、刊本作『飯』。《玉篇·食部》『飯』下云：『餅、飰，並同上，俗。』注中『飰』字同。

〔三五四〕常食然也，『常』丁卷、庚卷作『甞』，刊本作『嘗』，『甞』爲『嘗』之别體，『常』爲『嘗』之借字；丁卷、刊本無『也』字。

〔三五五〕之，庚卷、刊本同，丁卷作『其』，李方認爲丁卷誤。

〔三五六〕包，刊本同，丁卷、庚卷作『孔』。

〔三五七〕夫子疾，庚卷、刊本同，丁卷下有『也』字。

〔三五八〕大帯，丁卷、庚卷同，刊本前有『紳』字；丁卷末有『也』字。

〔三五九〕衣朝服見君，刊本同，底卷原無『衣』，李方云『底本誤脱』，兹據庚卷補；丁卷『衣』作『於』，末有『也』字，李方云『「於」字乃「衣」之誤』，唐五代西北方音止、遇二攝混用，故『衣』、『於』同音而誤。丁卷下又有注文『南牖下□□君南面視之者』，李方《伯希和三二七一號寫本〈論語集解〉的性質和意義》云：『皇疏引欒肇注云：「南牖下，欲令南面視之者也。」知伯三二七一號寫本還在包注下混入欒肇注。』

〔三六〇〕也，丁卷、庚卷同，刊本無。

〔三六一〕行出而車既駕隨之也，丁卷『車』作『居』，『居』爲『車』之音誤字；庚卷、刊本無『既』、『也』二字，伯二五一〇鄭玄《論語注》、《史記·孔子世家》裴駰《集解》所引與庚卷、刊本同。

〔三六二〕廟，庚卷、刊本同，丁卷作『庿』，『庿』之訛俗字，『庿』爲『廟』之古字。

〔三六三〕曰，丁卷、刊本同，庚卷脱。

〔三六四〕重朋友之恩，刊本同，庚卷無『重』，丁卷末有『也』字。

〔三六五〕無所，庚卷、刊本同，丁卷倒作『所無』。

〔三六六〕親昵，庚卷、刊本同，丁卷下有『也』字。

〔三六七〕不拜，庚卷、丁卷同，刊本下有『者』。

〔三六八〕也，丁卷、庚卷、刊本無。

〔三六九〕死之人，丁卷作『死人矣』，庚卷、刊本作『死人』。
〔三七〇〕孔曰，底卷原無，李方云『底本誤脱』，兹據丁卷、庚卷補。
〔三七一〕爲室家之敬難久也，底卷原無『之』字，兹據丁卷、庚卷補；丁卷『室家』作『家室』，庚卷『也』作『矣』，刊本無『也』字。
〔三七二〕子見齋衰，『子』丁卷同，庚卷、刊本無；『齋』丁卷同，庚卷作『齌』，刊本作『齊』，『齊』『齌』古今字，『齋』爲『齌』之誤字；『衰』刊本同，丁卷、庚卷作『縗』，『衰』『縗』古今字。
〔三七三〕敬，丁卷、庚卷、刊本作『變』，李方云『底本誤』。
〔三七四〕雖狎者素親狎也，丁卷、庚卷、刊本無『雖』字，底卷『雖』當是涉經文而衍；刊本無『也』字。
〔三七五〕貌，刊本同，丁卷作『皀』，庚卷作『狠』，『皀』爲『皀』之變體，『皀』爲『皃』之俗字（《干禄字書·去聲》：『皀、皃、貌，上俗中通下正。』），『皃』與『貌』字同（據《説文》，『皃』爲小篆隸定字，『貌』爲籀文隸定字），『狠』爲『貌』俗字『狠』之訛變。
〔三七六〕也，丁卷、庚卷同，刊本無。
〔三七七〕必當以皃礼，丁卷無『必』；『皃』刊本作『貌』，丁卷作『皀』；庚卷『礼』作『禮』；刊本末有『之』，丁卷末有『之者也』三字，『者也』二字應爲衍文。
〔三七八〕板，底卷原作『极』，李方以底卷爲誤，兹據丁卷、庚卷改正；刊本作『版』，《説文》有『版』無『板』，『板』爲『版』之後起字。注中『板』字同。
〔三七九〕凶服，刊本同，丁卷、庚卷下有『者』。
〔三八〇〕送死之服，庚卷作『送死之衣物也』；丁卷作『送死人之於物也』，『於』乃『衣』之音誤，説已見校記〔三五九〕；刊本作『送死之衣物』，阮元《論語校勘記》云：『毛本作「衣物」，《正義》同。按皇本亦作「衣物」，「服」字非也。』

〔三八一〕板，底卷原作『扳』，扌、木不分所致也，兹據丁卷、庚卷録正。

〔三八二〕持邦國之圖籍，丁卷『持』誤作『侍』，庚卷脱『國之』二字；庚卷末有『也』字，丁卷則有二『也』字，其一乃爲雙行對齊而添；底卷原無『籍』字，庚卷、刊本有，丁卷作『藉』，⺮、艹混用所致也。《周禮·天官·小宰職》『三曰聽閭里以版圖』鄭玄注：『版，户籍。圖，地圖也。聽人訟地者，以版圖決之。《司書職》曰「邦中之版，土地之圖」。』邢昺《論語疏》曰：『以圖籍相將之物，故知負版者是持邦國之圖籍也。』兹據補『籍』字。

〔三八三〕而，庚卷、刊本同，丁卷作『如』，『而』『如』古多通用。

〔三八四〕也，丁卷、庚卷同，刊本無。

〔三八五〕敬天之怒也，底卷『怒』原誤作『恕』，兹據丁卷、庚卷、刊本改正；丁卷『之』作『知』，『之』爲『知』的同音借字；丁卷無『也』字。

〔三八六〕風疾而雷爲烈也，丁卷、庚卷、刊本無『而』字；丁卷『烈』作『列』，『列』爲『烈』之借字；刊本無『也』字。

〔三八七〕所以爲安也，丁卷同，庚卷脱『以』，刊本無『也』字。

〔三八八〕中，庚卷、刊本同，丁卷音誤作『忠』。

〔三八九〕車，庚卷、刊本同，丁卷作『轝』。《經典釋文·論語音義》云：『輿中，音餘，一本作車中。』案《五經文字·車部》：『輿，作轝訛。』『轝』爲『輿』之偏旁移位字。

〔三九〇〕軛，刊本同，丁卷、庚卷作『扼』。《經典釋文·論語音義》云：『枙，於革反，本今作軛。』案：《説文·車部》：『軶，轅前也。』段注：『隸書作軛。』《説文》無『枙』字，當是後起。『扼』者，扌、木混用而成之俗字。

〔三九一〕傍視不過輢轂也，底卷原無『過』字，李方謂『底卷誤脱』，兹據丁卷、庚卷補；丁卷『視』作『頋』；庚卷『輢』作『倚』，『輢』（車箱兩旁的木板）『轂』二物，『衡』『軛』亦二物，故『倚』當是誤字；丁卷、刊本無『也』字。

〔三九二〕『不疾言』下丁卷有注文『車行則言傷疾也』七字，李方《伯希和三二七一號寫本〈論語集解〉的性質和意義》云：『皇疏引繆協注云：「車行則言，傷疾也。」知伯三二七一號寫本還混入了繆協注。』

〔三九三〕矣，丁卷同，庚卷無，刊本作『之』。

〔三九四〕後，庚卷、刊末同，丁卷誤作『不』。

〔三九五〕迴翔審觀而後下止，刊本同，庚卷『迴』作『回』，『回』『迴』古今字；丁卷末有『也』字。

〔三九六〕曰，丁卷、刊本同，庚卷脱。

〔三九七〕時哉時哉，刊本同，丁卷、庚卷不重。《經典釋文·論語音義》云：『時哉，一本作時哉時哉。』阮元《論語校勘記》云：『案皇、邢兩疏文義俱不當重「時哉」，又攷《後漢書·班固傳》注、《太平御覽》九百十七竝引此文，「時哉」二字亦不重。』

〔三九八〕拱，丁卷、刊本作『共』，庚卷作『供』，伯二八八〇《雜集時用要字》亦作『共』，『共』『供』古今字。阮元《論語校勘記》云：『皇本作「供」，注同。《釋文》出「共之」，云：「本又作供。」案共、供古字通。』可參。

〔三九九〕嗅，丁卷、刊本同；庚卷作『齅』，字書不見，按『嗅』之本字作『齅』，『齅』蓋爲新造會意字；伯二八八〇誤作『臭』。注中『嗅』字同。

〔四〇〇〕得時，丁卷、庚卷同，刊本作『得其時』。

〔四〇一〕不得時，丁卷、庚卷同，刊本作『不得其時』。

〔四〇二〕故歎之，丁卷、庚卷『故』下有『孔子』二字。

〔四〇三〕供具，庚卷同，丁卷作『供俱』，刊本作『共具』，『共』『供』、『具』『俱』皆古今字（參王筠《説文釋例》）。

〔四〇四〕而起也，庚卷無『而』、『也』二字，刊本『而』下有兩『作』字，丁卷作『而去之』。阮元《論語校勘記》云：『皇本無二「作」字。』案：皇本無『作』，正與底卷、丁卷、庚卷同。前『必變色而作』下《集解》已引孔安國注『作，起也』，此處似没有必要重出。丁卷作『去』者，乃音訛字，唐五代西北方音止遇二攝混同，起、去同音也。

論語集解（六）（先進、顏淵）

斯七八二（底一）　伯二六二〇（底二）　伯三二五四（甲卷）

斯三〇一一A（乙卷）　伯二六六四碎（丙卷）　伯三四七四（丁卷）

伯四七三二（戊一）　伯三四〇二（戊二）　伯三一九二（己卷）

伯二六八七A（庚卷）　伯三六〇六（辛一）　散六六六（辛二）

伯二六六四（壬卷）　伯三四四一（癸卷）

【題解】

底一編號爲斯七八二，起首題『論語卷第六』，至《先進》『何傷乎』之『何』，共五十一行，行有界欄。經文大字，小注雙行。《翟目》首先比定其名，今依例擬名爲《論語集解（先進）》。據其字體、行款，應是中唐以後敦煌地區學子所書。

底二編號爲伯二六二〇，起《先進》首句，至《顏淵》末，尾題『論語卷第六』，共一百二十四行，經文大字，小注雙行，卷首十六行極殘破。《伯目》首先比定其名，今依例擬名爲《論語集解（先進、顏淵）》。卷背有注音五個，適注於所音之字背面。寫卷『民』或缺筆，或改『人』，皆避唐太宗諱，然就寫卷的行款、字體來看，應是中唐以後的抄本。

甲卷編號爲伯三二五四，起《先進》首句，至『異乎三子者之撰』《集解》『投瑟之聲』之『投』，前有卷題『論語先進篇第十一卷第六』，共八十二行。經文大字，小注雙行。第六十六行以後字體與前不同，蓋非一人所書。《伯目》首先比定其名，今依例擬名爲《論語集解（先進）》。卷背爲唐宣宗大中六年狀，知其抄寫時間不遲於此年。

斯三〇一一卷由兩部分組成，今將它分別編爲斯三〇一一A、斯三〇一一B。乙卷編號爲斯三〇一一A，起《先進》首句『子曰先進于禮樂野人也』之『人』字，至『駟不及舌』《集解》『駟馬追之不及』，共八十四行，存《先進》、《顔淵》二篇。《翟目》首先比定其名，今依例擬名爲《論語集解（先進、顔淵）》。寫卷有『戊寅年十一月六日僧馬永隆手寫論語一卷之耳』題記，《翟目》及李正宇《敦煌學郎題記輯注》（《敦煌學輯刊》一九八七年第一期，三四頁）、郝春文《唐後期五代宋初中印文化對敦煌寺院的影響》（《新世紀敦煌學論集》三三二頁，巴蜀書社二〇〇三）、榮新江《沙州歸義軍史事繫年》（《敦煌吐魯番研究》第八卷八一頁，中華書局二〇〇五）認爲是八五八年寫本；池田温《中國古代寫本識語集録》（四五七頁，東京大學東洋文化研究所一九九〇）、徐俊《敦煌先唐詩考》（《二〇〇〇年敦煌學國際學術討論會文集·歷史文化卷（下）》三〇三頁，甘肅民族出版社二〇〇三）認爲是九一八年寫本。

丙卷爲附於伯二六六四號之碎片，二殘行，僅存大字正文二個，小字注文六個，當是從伯二六六四號上揭下之補丁。《法藏》首先比定其名爲『論語殘片』，今依例擬名爲《論語集解（先進）》。

丁卷編號爲伯三四七四，起《先進》『言語：宰我，子貢』之『貢』，至『子路問：聞斯行諸』之『問』，二十七行，殘存上截。《伯目》首先比定其名，今依例擬名爲《論語集解（先進）》。李方《敦煌〈論語集解〉校證》（江蘇古籍出版社，一九九八）以之爲唐寫本。

戊卷編號爲伯四七三二（戊一）+伯三四〇二（戊二）。戊一起《先進》『非我也，夫二三子也』《集解》『非其厚葬，故云耳』，至『仍舊貫』，六行，經文大字，小注雙行。《索引》首先比定其名。戊二起《先進》『焉能事鬼』之『能』，至《顔淵》末，尾題『論語卷第六』，共一百五十一行。卷末有題記『二月十三日教書郎雲麾將軍金紫光禄大夫殿中監張嘉望題』一行。《伯目》首先比定其名。戊一正是戊二前六行殘缺之上截，兩者可以拼合。二卷綴合後，存《先進》、《顏淵》二篇，兹依例擬名爲《論語集解（先進、顏淵）》。綴合圖如下所示：

戊一與戊二綴合圖（局部）

己卷編號爲伯三一九二，起《先進》『由也問聞斯行諸，子曰：有父兄在』之『曰』，至《顏淵》末，尾題『論語卷第六』，共七十七行，首行僅存『曰有』二字。《伯目》首先比定其名，今依例擬名爲《論語集解（先進、顏淵）》。卷末有題記『丙子年三月五日寫書了張□讀』一行。卷背爲《社司轉帖》，中有『大中十二年四月一日社官李明振』字樣。因卷背《社司轉帖》爲大中十二年（八五八）所書，正面之丙子必早於此年。

伯二六八七號寫卷由兩抄本粘合而成，《法藏》將《論語集解》部分編爲伯二六八七A，將抄有詩的部分編爲伯二六八七B。今以伯二六八七A號爲庚卷，它並非一件完整的寫卷，而是由三部分組成，第一部分起《先進》『由也兼人』之『兼人』，至『可謂具臣矣』《集解》『言備臣數而已』之『而』，存七行。第二部分起《先進》『夫子喟然歎曰』，至『是故哂之』之『哂』，小殘片，三殘行，存上截。第三部分起《顏淵》篇首『顏淵問仁』之『顏淵』，至『先事後得』，爲一長卷，共六十四行。審其字體，皆一人所爲，其爲同一卷上撕下無疑，只是三者之間均有殘缺，不能直接連接，涉及《先進》、《顏淵》二篇內容，今依例擬名爲《論語集解（先進、顏淵）》。李方《敦煌〈論語集解〉校證》據諱字及書法，定爲唐寫本。

辛卷編號爲伯三六〇六（辛一）+散六六六（辛二）。辛一乃是由兩片拼合而成的一個寫卷，第一片起《先進》『以道事君，不可則止』之『止』，至『唯求則非邦也與』之『非』，二十五行；第二片起《顏淵》『民無信不立』之『信』，至『子欲善而民善矣』之『欲善』，二十五行。這兩片的字體、行款均一致，本當爲一卷，只是二者之間約缺二十五行的内容。由於其拼接巧妙，如不仔細校録是不易發現其中關節的。《索引》、《黄目》、《施目》、《法藏》皆謂此卷存《先進》篇，蓋未發現個中奥妙，見其中無子目，因而以爲全卷皆爲《先進》篇之内容。《敦煌〈論語集解〉校證》曾對全卷作過校勘，應已知此乃拼接之物，可惜没有在題解中説明。辛二羅振玉印入《貞松堂藏西陲秘籍叢殘》，定名爲《論語何氏集解殘卷》，《索引》據《貞松堂藏西陲秘籍叢殘》編爲《羅振玉藏敦煌卷子目録》，編此卷爲散六六六號。起《顔淵》「子欲善而民善矣」之「而」，至篇末，共二十一行。此卷内容緊接辛一之後，兩者正是一卷之裂。辛卷局部綴合圖如下所示：

散0666　P.3606

辛一與辛二綴合圖（局部）

兩卷綴合後，共七十一行，存《先進》、《顔淵》二篇的内容，經文大字，小注雙行。兹依例擬名爲《論語集解（先進、顔淵）》。陳鐵凡《敦煌論語異文彙考》（《孔孟學報》第一期二四六頁，一九六一年四月）、李方《敦煌〈論語集解〉校證》據辛二「民」字缺筆定爲唐寫本。

壬卷編號爲伯二六六四，起《顔淵》「可謂遠也已矣」《集解》「其德行高遠，人莫能及」，至「子路無宿諾」《集解》「故不預諾也」，十五行。經文大字，小注雙行，字距細密，書法惡劣。《伯目》首先比定其名，今依例擬名爲《論語集解（顔淵）》。李方《敦煌〈論語集解〉校證》據書法而定爲唐寫本。

癸卷編號爲伯三四四一，起《顔淵》「惜乎，夫子之説君子」之「君子」，至篇末，尾題「論語卷第六」，共三十八行。經文大字，小注雙行。尾題下有題記「大中七年十一月廿六日學生判官高英建寫記」一行，當是此卷抄寫時間。《伯目》首先比定其名，今依例擬名爲《論語集解（顔淵）》。

陳鐵凡《敦煌論語異文彙考》（《孔孟學報》第一期，一九六一年四月。簡稱「陳鐵凡」）對底一、乙卷、辛二諸卷作有校記，李方《敦煌〈論語集解〉校證》（簡稱「李方」）對底卷及甲、乙、丁、戊、己、庚、辛、壬、癸卷作有校記。

本篇先以底一爲底本，自《先進》『非曰能之，願學焉』《集解》『鄭曰』起以底二爲底本。底一據《英藏》録文，底二據縮微膠卷録文，以甲、乙、丙、丁、戊、己、庚、辛、壬、癸諸卷及中華書局影印阮元刻《十三經注疏・論語注疏》爲校本（後者簡稱『刊本』），校録於後。

論語卷第六〔一〕

子曰〔二〕：『先進於礼〔三〕樂，野人也〔四〕。後進於礼樂，君子也。先進〔五〕、後進，謂士〔六〕先後輩也〔七〕。礼樂因代〔八〕損益，後進与礼樂，俱得時之中〔九〕，斯〔一〇〕君子矣；先進有古風，斯［野人］也〔一一〕。如用之，則吾從先進。』將移風易俗，歸〔一二〕之淳素。先進猶［近］古風〔一三〕，故從之也〔一四〕。

子曰〔一五〕：『從我於陳、蔡者，皆不及門也〔一六〕。』鄭曰：『言苐（弟）子之從我而〔一七〕厄於陳、蔡者，皆不及仕進之門，而失其所也〔一八〕。』

德行：顔淵，閔子騫，冉伯牛，仲弓。言語：宰我，子貢〔一九〕。政事：冉有，季路。文學：子游〔二〇〕，子夏。

［子］〔二一〕曰：『回〔二二〕也，非助我者〔二三〕，於吾言無所不悦〔二四〕。』孔曰：『助，益也。言回聞言卽解，無所發起增益於己〔二五〕。』

子曰：『孝［哉，閔］〔二六〕子騫，人不間於其父母昆弟〔二七〕之言。』陳羣〔二八〕曰：『言子騫上事父母，下順兄苐（弟），動静盡善〔二九〕，故人不得有非間之言也〔三〇〕。』

南容三覆白圭〔三一〕，孔曰：『《詩》云：「白圭之玷，尚可磨〔三二〕。斯言之玷，不可爲〔三三〕。」南容讀《詩》至此，三反覆之〔三四〕，是其心慎言也〔三五〕。』孔子以其兄之子妻之。

季康子問：『弟子孰爲好［學］〔三六〕？』孔子對曰：『有顔回〔三七〕者好學，不遷怒不耳過〔三八〕。不幸短〔三九〕命死矣。今也則亡。未聞好學者也〔四〇〕。』亡，無也〔四一〕。

顔淵死，顔路請子之車以爲之椁〔四二〕。孔曰：『路，顔淵父〔四三〕。家貧，欲請孔子之車，賣以作椁也〔四四〕。』子曰：『才不才，亦各言其子〔四五〕。鯉也死，有棺而無椁。吾不徒行以爲之椁〔四六〕。以〔四七〕吾從大夫之後，吾不可以徒行〔四八〕。』孔曰：『鯉，孔子之子伯魚也。孔子時爲大夫。言從大夫之後，不可徒行者〔四九〕，謙辞也〔五〇〕。』

顔淵死。子曰：『噫！包〔五一〕曰：『噫，痛傷之聲也〔五二〕。』天喪予〔五三〕！天喪予！天喪予者，若喪己〔五四〕。再言之者〔五五〕，痛惜之甚也〔五六〕。

顔淵死，子哭之慟〔五七〕。馬曰：『慟，哀過也〔五八〕。』從者曰：『子慟矣！』子〔五九〕曰：『有慟乎？孔曰：『不自知己之悲哀過也〔六〇〕。』非夫人之爲慟而誰爲？』

顔淵死，〔門〕〔六一〕人欲厚葬之。子曰：『不可。』礼，貧富有宜。顔淵家〔六二〕貧，而門人欲厚葬之，故不聽〔六三〕。門人厚葬之。子曰：『迴也視予猶父也〔六四〕，予不得視猶子〔六五〕。非我也，二三子〔六六〕。』馬曰：『言回自有父，父意欲聽門人厚葬〔六七〕，我不得割正〔六八〕。非其厚葬，故云尒然也〔六九〕。』

季路問事於〔七〇〕鬼神。子曰：『未能事人，焉能事鬼〔七一〕？』曰：『敢問死〔七二〕。』曰：『未知生，焉知死〔七三〕？』陳羣〔七四〕曰：『鬼神及死，其事難明〔七五〕，語之無益，故不荅也〔七六〕。』

閔子〔七七〕侍側，誾誾如也；子路，行行如也〔七八〕；冉有、子貢，侃侃〔七九〕如也。子樂。鄭曰：『樂各盡其性。侃侃〔八〇〕，剛強之皃也〔八一〕。』『若由也，不〔得〕〔八二〕其死然』。孔曰：『不得以壽終也〔八三〕。』

魯人爲長府。閔子騫曰：『仍舊貫〔八四〕，如之何？何〔八五〕必改作？』鄭曰：『長府，藏名也〔八六〕，〔藏〕財貨〔曰〕府〔八七〕。仍，因〔八八〕也。貫，事〔八九〕。因舊事則可〔九〇〕，何乃更改作也〔九一〕。』子曰：『夫人不言，言必有中〔九二〕。』王曰：『言必有中者〔九三〕，善其不欲勞人改作也〔九四〕。』

子曰：『由之瑟，奚爲於丘之門？』馬曰：『子路鼓〔九五〕瑟，不合《雅》、《誦》也〔九六〕。』門人不〔九七〕敬子路。

子曰：『由[九八]也升堂矣，未入於室[九九]。』馬曰：『升我堂矣，未入室[一〇〇]耳。門人不解，謂孔子言賤子路[一〇一]，故復分解之也[一〇二]。』

子貢問：『師與商也熟賢[一〇三]？』子曰：『師也過，商[一〇四]也不及。』孔曰：『言俱不得中也[一〇五]。』曰：『然則師愈[一〇六]與？』子曰：『過猶不及。』愈猶勝也[一〇七]。

季氏富於周公，孔曰：『周公，天子之宰卿士也[一〇八]。』而求也爲之聚斂而附[一〇九]益之。孔曰[一一〇]：『冉求爲季氏[一一一]宰，爲之給賦稅也[一一二]。』子曰：『非[一一三]吾徒也。小子鳴鼓而攻[一一四]之可也。』鄭曰：『小子，門人也[一一五]。鳴鼓聲其罪以責[一一六]。』

柴也遇[一一七]，苐（弟）子高柴也[一一八]，字子羔。遇，遇直之遇也[一一九]。參也魯，孔曰：『魯，鈍也。曾子遲鈍也[一二〇]。』師也僻[一二一]，馬曰：『子張才過人，失在耶僻文過也[一二二]。』由也喭。鄭曰：『子路之行，失於吸喭也[一二三]。』

子曰：『回[一二四]也，其庶乎！屢空。賜不受命[一二五]，而貨殖焉，億則屢中[一二六]。』言回[庶][一二七]幾聖道，雖數空匱[一二八]，而樂在[一二九]其中。賜不受教命，唯財貨是殖，億度是非。蓋美回也[一三〇]，所以[勵]賜也[一三一]。一曰：屢猶[每也][一三二]。空猶虛中[一三三]。以聖人之善道[教]數子之庶幾[一三四]，猶不至於知道者，各內有害也[一三五]。其所幾[一三六]每能虛中者，唯回懷道遠[一三七]。不虛心，不能知[一三八]。子貢雖無數子之疾[一三九]，然亦不至於知道者[一四〇]，雖不窮理而幸中，雖非天命而偶富，亦所以不虛心之道也[一四一]。

子張問善人之道。子曰：『不踐迹，亦不入於室[一四二]。』孔曰：『踐，循也。言善人不但循追舊迹而已[一四三]，亦名[一四四]能創業，然不能入於聖人之室也[一四五]。』子[曰][一四六]：『論篤是與，君子者乎？色莊[一四七]者乎？』論篤者，謂口無擇言[一四八]。君子者，謂身無[鄙]行[一四九]。色[莊者][一五〇]，不惡而嚴，以遠小人[一五一]。言此三者，皆可以爲善人也[一五二]。

子路問[一五三]：『聞[斯][一五四]行諸？』苞曰：『振窮救乏之事[一五五]。』子曰：『有父兄在[一五六]，如之何其聞斯行之[一五七]？』孔曰：『當白[一五八]父兄，不可自專[一五九]。』冉有問[一六〇]：『聞斯行之[一六一]？』子曰：

『聞斯行之〔一六二〕。』公西華曰：『由也問聞〔斯〕〔一六三〕行諸，子曰「有父兄在」〔一六四〕。求也問聞斯行之〔一六五〕，子曰「聞斯行之〔一六六〕」。亦（赤）也或〔一六七〕，敢問。』孔曰：『或其問同而荅異〔一六八〕。』子曰：『求也退，故進之。由也兼人〔一六九〕，故退之。』鄭曰：『言冉有性謙退，子路務在勝尚人〔一七〇〕，各因〔其〕人之失而政之〔一七一〕。』

子畏於匡，顏淵後。孔曰〔一七二〕：『言与孔子相失〔一七三〕，故在後也〔一七四〕。』子曰：『吾以汝〔一七五〕爲死矣。』曰：『子在，回何敢死？』包〔一七六〕曰：『言夫子在，已無所敢死〔一七七〕。』

季子然問：『仲由、冉求可謂大臣與？』孔曰：『季然，季氏子苐也〔一七八〕。自多得臣此二子〔一七九〕，故問焉〔一八〇〕。』子曰：『吾以子爲異之問〔一八一〕，曾由與求之問〔一八二〕。孔曰：『謂子〔一八三〕問異事耳。則此二〔人〕〔一八四〕之問，安足大乎〔一八五〕？』所謂大臣者，以道事君，不可則止〔一八六〕。今由与〔一八七〕求也，可謂具臣〔一八八〕矣。』孔曰：『言備具臣數而已也〔一八九〕。』曰：『然則從之者〔一九〇〕與？』孔曰：『問爲臣皆當從君所欲也〔一九一〕？』子曰：『弒父与君〔一九二〕，亦不從〔一九三〕。』孔曰：『言二子雖從其主〔一九四〕，亦不可爲逆〔一九五〕。』

子路使子羔爲費宰〔一九六〕。子曰〔一九七〕：『賊夫人之子〔一九八〕。』包曰：『子羔學未熟〔一九九〕習，而使爲政，所以賊害〔二〇〇〕。』子路曰：『有人民〔二〇一〕焉，有社稷焉，何必讀書〔二〇二〕，然後爲學？』孔曰：『〔言〕治人〔二〇三〕事神，於是而習，亦學之也〔二〇四〕。』子曰：『是故惡夫佞〔二〇五〕者。』孔曰：『疾其以口給應〔二〇六〕，已非而不知窮也〔二〇七〕。』

子路、曾晳〔二〇八〕、孔曰〔二〇九〕：『曾〔二一〇〕晳，曾參之父，名點也〔二一一〕。』冉有、公西華侍坐。子曰：『以吾一日長於尔〔二一二〕，無〔吾〕以也〔二一三〕。孔曰：『言我問汝〔二一四〕，汝無以我長故難對也〔二一五〕。』居則曰：「不吾知也。」孔曰：『汝常居云人不之也〔二一六〕。』如惑知尒〔二一七〕，則何〔二一八〕以哉？』孔曰：『如有用汝〔二一九〕者，則何以爲治也〔二二〇〕？』子路帥尒〔二二一〕而對，帥尒，先三人對〔二二二〕。曰：『千乘之國，攝乎〔二二三〕大國之間，加之〔二二四〕

以師旅，因之以飢〔二二五〕饉，包曰：『攝，迫〔二二六〕。攝〔二二七〕於大國之間。』由也爲之，比〔二二八〕及三年，可所〔二二九〕有勇，且知方也〔二三〇〕。』方，義方也〔二三一〕。　夫子哂之。孔曰〔二三二〕：『哂，笑也〔二三三〕。』『求，尔何如？』對曰：『方六七十，如〔二三四〕五六十，求性謙退，言欲得方六七十、如五六十里小國治之而已也〔二三五〕。　求也爲之，比及〔二三六〕三年，可使足民〔二三七〕。　如〔二三八〕其礼樂，以俟君子。』孔曰：『求自云能〔二三九〕足民而已。謂衣食足〔二四〇〕。若礼樂之化，當以待君子〔二四一〕。謙也〔二四二〕。』『赤，尔〔二四三〕何如？』對曰：『〔非曰〕〔二四四〕能之，願學〔二四五〕焉。宗廟〔二四六〕之事，如會同，端章甫，願爲〔二四七〕小相焉。』鄭曰〔二四八〕：『云我非自言能〔二四九〕，願學爲之。宗廟〔二五〇〕之事，謂祭祀〔二五一〕。諸侯時見曰會。殷覜〔二五二〕曰同。端，玄端也〔二五三〕。衣玄端〔二五四〕，冠章甫，諸侯日視朝之服也〔二五五〕。小相，謂相君礼法也〔二五六〕。』『點，尔何如？』鼓〔二五七〕瑟希，孔曰：『思所以對，故音希也〔二五八〕。』鏗尔，舍瑟而作，對曰：『異乎三子者〔二五九〕之撰。』孔曰：『置瑟起對〔二六〇〕。撰，具也〔二六一〕，爲政之具〔二六二〕。鏗者，投瑟之聲也〔二六三〕。』子曰：『何〔二六四〕傷乎？亦各言其志也〔二六五〕。』孔曰：『各言己志，於義無傷〔二六六〕。』曰：『暮〔二六七〕春者，春服既〔二六八〕成，冠者五六人，童子六七人，浴乎沂〔二六九〕（沂魚）〔二七〇〕，風乎舞雩，詠而歸〔二七一〕。』包曰：『暮春者，季春三月也〔二七二〕。春服既成〔二七三〕，衣單袷之時〔二七四〕。我欲得冠者五六人，童子六七人，浴於〔二七五〕沂水之上，風涼於舞雩之下，歌詠先王〔二七六〕之道，而歸於夫子之門也〔二七七〕。』夫子喟然歎曰：『吾与點也〔二七八〕！』周曰：『善點之獨知時也〔二七九〕。』三子者〔二八〇〕出，曾晳後〔二八一〕。曾晳曰：『夫三子者〔二八二〕之言何如？』子曰：『亦各言其志也已矣〔二八三〕。』曰：『夫子何哂由也？』曰〔二八四〕：『爲國以礼，其言不讓，是故哂之。』包曰：『爲國以礼，礼貴讓〔二八五〕，子路言不讓〔二八六〕，故笑之也〔二八七〕。』『唯求則非邦也與〔二八八〕？』『安見方六七十〔二八九〕而非邦也者？』『唯赤則非邦也與？』『宗廟之事如〔二九〇〕會同，非諸侯之事而何〔二九一〕？孔曰：『明皆諸侯之事〔二九二〕，与子路同，徒咲子路不讓也〔二九三〕。』赤也爲之小，孰〔二九四〕能爲之大？』孔曰：『赤謙言小相耳〔二九五〕，誰能爲大相也〔二九六〕？』

顔淵第十二〔二九七〕

顔淵問仁。子曰：『尅〔二九八〕己復礼爲仁。馬曰：『尅己，約身。復，反也〔二九九〕，身能反礼，則爲仁矣〔三〇〇〕。』一日尅己復礼，天下帰仁焉。馬曰：『一日猶見帰〔三〇一〕，况終身〔三〇二〕乎？』爲仁由己，而由人〔三〇三〕乎哉？』孔曰：『行善在己，不在於人也〔三〇四〕。』顔淵曰：『請問其目。』包曰〔三〇五〕：『知〔三〇六〕其必有條目，故請問之也〔三〇七〕。』子曰：『非礼勿視，非礼勿聽，非礼勿言，非礼勿動。』鄭曰〔三〇八〕：『此四者，尅己復礼之目也〔三〇九〕。』顔淵曰：『回雖不敏，請事斯語矣。』王曰：『敬事此語，必行之也〔三一〇〕。』

仲弓問仁。子曰：『出門如見〔三一一〕大賓，使民〔三一二〕如承大祭。孔曰：『爲人〔三一三〕之道，莫尚於敬〔三一四〕。』己所不欲，勿施於人。在邦〔三一五〕無怨，在家無怨。』包曰〔三一六〕：『在邦爲諸侯〔三一七〕，在家爲卿大夫也〔三一八〕。』仲弓曰：『雍雖不敏，請事斯語矣〔三一九〕。』

司馬牛問仁。子曰〔三二〇〕：『仁者，其言也訒〔三二一〕。』孔曰：『訒，難也。牛，宋人，苐（弟）子司馬犂者也〔三二二〕。』曰：『其言也〔三二三〕訒，斯可謂之仁矣乎〔三二四〕？』子曰：『爲之難，言之得無訒乎〔三二五〕？』孔曰：『言之難〔三二六〕，言仁亦不得不難〔三二七〕。』

司馬牛問君子。子曰：『君子不憂不懼〔三二八〕。』孔曰：『牛兄桓〔三二九〕魋將爲乱，[牛]〔三三〇〕自宋來學，常自〔三三一〕憂懼，故孔子解之耳〔三三二〕。』曰：『不憂不懼，斯謂之君子乎〔三三三〕？』子曰：『内省不疚〔三三四〕，夫何憂何懼？』包曰〔三三五〕：『疚，病也〔三三六〕。自省〔三三七〕無罪惡，有何憂懼〔三三八〕。』

司馬牛憂曰：『人皆有兄苐〔三三九〕，我獨亡〔三四〇〕。』鄭曰〔三四一〕：『牛兄桓魋行惡，疾恐死亡無日〔三四二〕，我爲無兄苐〔三四三〕。』子夏曰：『商聞〔三四四〕之矣：死生有命，富貴在天。君子敬而無失，與人恭而有礼，四海之内皆爲兄苐也〔三四五〕。君子可患乎無兄苐也〔三四六〕？』包曰〔三四七〕：『君子踈〔三四八〕惡而友賢，九州之人皆可以礼相親也〔三四九〕。』

子張問明。子曰：『浸潤〔三五〇〕之譖，膚受之愬，不行焉，可謂明矣〔三五一〕。鄭曰：『譖人之言，如水之浸潤，漸以成之〔三五二〕。』馬融〔三五三〕曰：『膚受〔三五四〕，皮膚外語，非其内實〔三五五〕。』浸潤之譖，膚受之愬，不行焉，可謂遠矣〔三五六〕。』馬曰〔三五七〕：『無此二者，非但爲明，其德行高遠〔三五八〕，人莫能及也〔三五九〕。』

子貢問政。子曰：『足食，足兵，民〔三六〇〕信之矣。』子貢曰：『必不得〔三六一〕已而去，於斯三〔三六二〕者何先？』曰：『去兵。』曰〔三六三〕：『必不得已而去，於斯二者何先？』曰：『去食。自古〔三六四〕皆有死，民無信不立〔三六五〕。』孔曰：『死者，古今常道，人皆有之。治邦不可失信也〔三六六〕。』

棘子成曰：『君子質而已矣，何以文爲〔三六七〕？』鄭曰：『舊説云：棘子成，衛大夫也〔三六八〕。』子貢曰：『惜乎，夫子之説君子也〔三六九〕！駟不及舌〔三七〇〕。鄭曰：『惜乎，夫子之説君子也〔三七一〕。過言一出，駟馬追之不及〔三七二〕。』文猶質也〔三七三〕，質猶文也〔三七四〕。虎豹之鞹〔三七五〕，猶犬羊之鞹也〔三七六〕。』孔曰：『皮〔三七七〕去毛曰鞹。虎豹与犬羊别者〔三七八〕，正以毛文異耳〔三七九〕。今使文質同者〔三八〇〕，何以别虎豹与犬羊耶〔三八一〕？』

哀公問於有若曰：『年飢〔三八二〕，用不足，如之何？』有若〔三八三〕對曰：『盍徹乎〔三八四〕？』鄭曰：『盍，何不也〔三八五〕。周法什一而税謂之徹〔三八六〕，徹，通也〔三八七〕，爲天下之通法〔三八八〕。』曰：『二，吾〔三八九〕猶不足，如之何其徹也〔三九〇〕？』孔曰〔三九一〕：『二謂什二而税。』對曰：『百姓足〔三九二〕，君孰與不足〔三九三〕？百姓不足〔三九四〕，君孰與足〔三九五〕？』孔曰：『孰，誰也〔三九六〕。』

子張問崇德辯惑〔三九七〕。包〔三九八〕曰：『辯猶别也〔三九九〕。』子曰：『主忠信，徙義，崇德也〔四〇〇〕。包曰：『徙義，見義事則徙意而從之也〔四〇一〕。』愛之〔四〇二〕欲其生，惡之欲其死。既欲其生，又欲其死，是惑〔四〇三〕也。包曰：『愛惡當有常〔四〇四〕。一欲生之，一欲死之，是心惑也〔四〇五〕。』誠不以富，亦知〔四〇六〕以異。』鄭曰：『此《詩·小雅》也〔四〇七〕。祇，適也〔四〇八〕。言此行誠不可以致富〔四〇九〕，適足爲異〔四一〇〕耳。取此詩之異義以非之〔四一一〕。』

齊景公問政於〔四一二〕孔子。孔子對曰：『君君，臣臣，父父，子子。』孔曰：『當春秋之時〔四一三〕，陳恒制齊〔四一四〕，君不君，臣不臣〔四一五〕，故以此對之〔四一六〕。』公曰：『善哉！信如君不君〔四一七〕，臣不臣，父不父，子不子〔四一八〕，雖有粟，吾焉〔四一九〕得而食諸？』孔曰：『言將危也〔四二〇〕。陳氏〔四二一〕果滅齊。』

子曰：『片言可［以］折獄〔四二二〕者，其由也與？』孔曰：『片猶偏也。聽訟必須兩詞〔四二三〕以定是非，偏信一言以折獄者，唯子路可也〔四二四〕。』子路無宿諾〔四二五〕。宿猶預也〔四二六〕。子路篤信，恐臨時多故，故不預諾也〔四二七〕。

子曰：『聽訟〔四二八〕，吾猶人也。包曰：『与人等也〔四二九〕。』必也〔四三〇〕，使無訟乎！』王曰：『化之在前也〔四三一〕。』

子張問政。子曰：『居〔四三二〕之無倦，行之以忠。』王曰：『言爲政之道，居之於身〔四三三〕，無得懈倦〔四三四〕，行之於人〔四三五〕，必以忠信也〔四三六〕。』

子曰：『君子博學於文〔四三七〕，約之以礼，亦可以弗畔矣夫〔四三八〕。』弗畔，不違道也〔四三九〕。

子曰：『君子成人之美，不成人之惡。小人反是〔四四〇〕。』

季康子問政於孔子。孔子對曰：『政者，正也〔四四一〕。子帥而正〔四四二〕，孰敢不正〔四四三〕！』鄭曰：『康子，魯上卿，諸臣之帥也〔四四四〕。』

季康子患盜，問於孔子。孔子對曰：『苟子之不欲〔四四五〕，雖賞之不竊。』孔曰：『［欲］，情欲也〔四四六〕。言人化於上〔四四七〕，不從其令，從其所好〔四四八〕。』

季康子問政於孔子〔四四九〕：『如煞〔四五〇〕無道，以就有道，何如？』孔曰：『就，成也。欲煞以止姦也〔四五一〕。』孔子對曰：『子爲政，焉用煞？子欲善而民善［矣］〔四五二〕。君子之德風也〔四五三〕，小人之德草也〔四五四〕。草上之風〔四五五〕，必偃。』孔曰：『亦欲令康子先自正〔四五六〕。偃，仆也〔四五七〕。草上加之以風〔四五八〕，無不仆者，猶民化於上也〔四五九〕。』

子張問：『士何如斯可謂之達矣〔四六〇〕？』子曰：『何哉，尒所謂之達矣〔四六一〕？』子張對曰：

『在邦必聞，在家必聞。』鄭曰：『言士之〔四六二〕所在，皆能有名譽也〔四六三〕。』子曰：『是聞也，非達也。夫達也者〔四六四〕，質直如〔四六五〕好義，察言而觀色，慮以下人〔四六六〕。馬曰〔四六七〕：『常有謙退之志〔四六八〕，察言語，觀顏色〔四六九〕，知其所欲，其念慮常欲以下人也〔四七〇〕。』在邦必達，在家必達〔四七一〕。馬曰：『謙尊而［光，卑而］不可踰也〔四七二〕。』夫聞也〔四七三〕者，色取仁而行違〔四七四〕，居之不疑。馬曰：『此言佞人假人者之色〔四七五〕，行之則違〔四七六〕，安居其僞而不自疑也〔四七七〕。』在邦必聞，在家必聞〔四七八〕。』馬曰：『佞人黨多也〔四七九〕。』

樊遲〔四八〇〕從遊於舞雩之下，包曰：『舞雩之處有壇墠樹木，故下可遊焉〔四八一〕。』曰：『敢問崇德、脩慝、辯惑〔四八二〕。』孔曰：『慝，惡也。修，治〔四八三〕。治惡爲善〔四八四〕。』子曰：『善哉問！先事後德〔四八五〕，非崇德與？孔曰〔四八六〕：『先勞於事〔四八七〕，然後得禄也〔四八八〕。』攻其惡，無〔四八九〕攻人之惡，非脩慝與？一朝之忿〔四九〇〕，忘其身〔四九一〕，以及其親，非惑〔四九二〕與？』

樊遲問仁。子曰：『愛人。』問智〔四九三〕。曰〔四九四〕：『知〔四九五〕人。』樊遲未達。子曰：『舉直措諸枉〔四九六〕，能使枉者直。』包曰：『舉正直之人用之〔四九七〕，癈置耶枉〔四九八〕之人，則皆化爲直〔四九九〕。』樊遲退，見〔五〇〇〕子夏曰：『向也吾見於夫子而問智〔五〇一〕，子曰：「舉直措諸枉，能使枉者直〔五〇二〕。」何謂也？』子夏曰：『富哉言乎！孔曰：『富，盛也〔五〇三〕。』舜有天下，選於衆，舉皋陶，不仁者遠矣。湯有天下，選〔五〇四〕於衆，舉伊尹〔五〇五〕，不仁〔五〇六〕者遠矣。』孔曰：『言舜、湯有天下〔五〇七〕，選［擇］於衆〔五〇八〕，舉皋陶、伊尹，則不仁者遠〔五〇九〕，仁者至矣〔五一〇〕。』

子貢問友。子曰：『忠告以善道〔五一一〕，否則止〔五一二〕，無〔五一三〕自辱焉。』包曰：『忠告，以是非〔五一四〕告之。以善［道］導之〔五一五〕，不見從則止〔五一六〕。必言之，或見辱也〔五一七〕。』

曾子曰：『君子以文會友，孔曰：『友以文德合也〔五一八〕。』以友輔仁。』孔曰：『友相切磋之道〔五一九〕，所以輔成己之仁〔五二〇〕。』

論語卷第六〔五二一〕

【校記】

〔一〕論語卷第六，甲卷作「論語先進篇第十一卷第六」，下有「何晏集解」四字；「苐」爲「弟」之俗字。

〔二〕子曰，底二起於此。

〔三〕礼，底二、甲卷同，刊本作「禮」，「礼」爲古文「禮」字，敦煌寫本多用此字，後世刊本則多用「禮」字。下凡「礼」均不復出。

〔四〕人也，乙卷起於此。

〔五〕先進，甲卷、乙卷同，刊本前有「孔曰」二字。

〔六〕士，甲卷、乙卷同，刊本作「仕」，「士」爲「仕」之借字。

〔七〕也，丙卷起於此。

〔八〕代，甲卷、乙卷同，刊本作「世」，「代」爲「世」之諱改字。底一「代」下原有「所」字，甲卷、乙卷、刊本均無，當是衍文，茲删之。

〔九〕時之中，底二、刊本同，甲卷無「之」，李方謂甲卷脱，是也。

〔一〇〕斯，甲卷、刊本同，底二誤作「其」。

〔一一〕野人，底一原無，底二、甲卷、刊本有，李方謂底一誤脱，茲據以補；甲卷無「也」字。

〔一二〕歸，甲卷、刊本同，乙卷作「帰」；據《説文》，「帰」爲籀文隸定字，「歸」爲小篆隸定字。

〔一三〕近古風，底一原脱「近」字，甲卷、乙卷、刊本有，茲據以補；乙卷「古」作「故」，同音借字。

〔一四〕也，甲卷、乙卷、刊本無。

〔一五〕子曰，丙卷止於此。

〔一六〕也，刊本同，甲卷無，乙卷前衍『者』字。

〔一七〕之從我而，甲卷、刊本無『之』字，乙卷無『而』字。

〔一八〕也，甲卷、乙卷、刊本無。

〔一九〕貢，丁卷起於此，『貢』字殘存下半。

〔二〇〕遊，底二、甲卷、刊本作『游』。陳鐵凡云：『子游姓言名偃，《漢書・古今人表》作「言㫃」，《説文・㫃部》：「㫃，旌旗之游㫃蹇之貌。」據此，言㫃之字本當作子斿也。游、遊皆後起之字。』

〔二一〕子，底一原無，底二、甲卷、刊本有；乙卷亦有，惜殘存上半。案《定州漢墓竹簡論語》亦有『子』字，茲據底二、甲卷補。

〔二二〕回，底一原作『囙』，此『因』之俗字，當是『回』之形誤，茲據底二、刊本改正。注中『回』字同。

〔二三〕助我者，底二、甲卷同，刊本下有『也』字。

〔二四〕悦，甲卷同，乙卷、丁卷、刊本作『説』，『説』『悦』古今字。

〔二五〕無所發起增益於己，甲卷、乙卷、丁卷同，刊本無『所』，底二末有『也』字，皇侃《義疏》『所』作『可』，王引之《經傳釋詞》云『所犹可也』。

〔二六〕哉閔，底一原無此二字，陳鐵凡、李方認爲誤脱，茲據底二、甲卷、刊本補。

〔二七〕人不間於其父母昆弟，底二『弟』作『苐』，『苐』爲『弟』之俗字；甲卷『昆弟』作『昆季弟』，李方謂『季』字衍；乙卷『人』作『巳』，無『其』字。陳鐵凡云：『此當以作「人」爲是，唐時避太宗廟諱，「民」字多改「人」，或缺筆作「巳」，「人」与「巳」通用既久，寫經者习以爲常，乃誤以「巳」代「人」。』

〔二八〕陳羣，甲卷同，底二、乙卷、刊本無『羣』字。

〔二九〕善，底一原誤作『若』，茲據甲卷、乙卷、丁卷、刊本改正。

〔三〇〕非間之言也，丁卷同，底二脱『非』字，刊本無『也』字。

〔三一〕覆白圭，底二同，乙卷、刊本「覆」作「復」，「覆」爲「復」之借字；甲卷「白」誤作「自」。

〔三二〕白圭之怗尚可磨，甲卷同，底二、乙卷、刊本「怗」作「玷」，「怗」爲「玷」之誤字；刊本末有「也」字。

〔三三〕斯言之怗不可爲，「怗」，底二、乙卷、刊本作「玷」，甲卷作「坫」，「坫」亦「玷」之誤字；刊本末有「也」字。

〔三四〕三反覆之，底二、乙卷、刊本同，甲卷作「三反反覆言之」。

〔三五〕也，底二、乙卷、刊本同，甲卷無。

〔三六〕熟爲好學，底一原無「學」字，陳鐵凡云「學字當是誤脱」，兹據底二、甲卷、乙卷、刊本補；甲卷、乙卷、刊本「熟」作「孰」，「熟」爲「孰」之借字。

〔三七〕顔回，底二、甲卷、丁卷、刊本同，乙卷作「顔淵」。陳鐵凡云：「依《論語》文例，孔子與時人言，皆稱弟子之名，此當以作『回』爲是。」

〔三八〕不遷怒不耳過，甲卷、乙卷、刊本無，底二作「不遷怒不貳過」，丁卷存「不遷怒不貳」五字。陳鐵凡云：「纂喜本、津藩本、正平本作『不遷怒不貳過』。其他各本無此二句。案此疑涉哀公問弟子章而衍。」案《雍也篇》云：「哀公問：『弟子孰爲好學？』孔子對曰：『有顔回者好學，不遷怒，不貳過。不幸短命死矣。今也則亡，未聞好學者也。』」與此段意境同，唯問者一爲哀公，一爲季康子爾。疑此傳本涉《雍也》而誤。蔡主賓《敦煌寫本儒家經籍異文考》云：「耳、二一聲之轉，故訛。」案「耳」乃「貳」之音訛。底一「怒」旁有一「U」形符號，當是乙字符，故底一「不遷不怒耳過」當是「不遷怒不耳過」也，故據以乙正。

〔三九〕短，底一原誤作「矩」，兹據底二、甲卷、刊本改正。

〔四〇〕未聞好學者也，甲卷同，底二、乙卷、刊本無，疑此乃涉《雍也》篇而誤，參校記〔三八〕。

〔四一〕亡無也，底二、甲卷同，丁卷殘存「無也」二字，乙卷、刊本無。

〔四二〕請子之車以爲之槨，甲卷同，乙卷「子」前有「孔」字；刊本「槨」作「椁」，陳鐵凡云「椁、槨古今文。《説文》無『槨』字」。注及下「槨」字同。

〔四三〕顔淵父，刊本無『顔』字，甲卷、刊本下有『也』字。

〔四四〕也，甲卷同，底二、刊本無。

〔四五〕其子，甲卷、丁卷同，乙卷、刊本下有『也』字。

〔四六〕之槨，乙卷同，甲卷誤倒爲『槨之』。

〔四七〕以，底二、乙卷、刊本同，甲卷誤脱。

〔四八〕吾不可以徒行，甲卷、丁卷同，底二存『可以徒行』四字；乙卷無『吾』，末有『也』字；刊本作『不可徒行也』。

〔四九〕不可徒行者，底二、甲卷、乙卷、刊本『可』下有『以』，乙卷、刊本無『者』字。

〔五〇〕謙辞也，『辞』，底二、甲卷作『辤』，刊本作『辭』，『辞』『辤』《説文》異體，俗書又與『辭』混用；甲卷、乙卷無『也』字。

〔五一〕包，底二、甲卷同，乙卷作『苞』，『包』『苞』古今字，然姓氏仍當作『包』。下凡此『包』、『苞』之别者不復出校。

〔五二〕也，底二同，甲卷、乙卷、丁卷、刊本無。

〔五三〕予，甲卷、乙卷、丁卷、刊本同，底二誤作『矛』。下句及注『予』字同。

〔五四〕喪己，底二、甲卷、乙卷、丁卷、刊本下有『也』字。

〔五五〕再言之者，底二、乙卷、丁卷、刊本同，甲卷脱『之』字。

〔五六〕痛惜之甚也，底一『惜』原误作『措』，兹据底二、甲卷、乙卷、丁卷、刊本改正；底二無『之』字；甲卷作『之者也甚』，錯亂甚；乙卷、丁卷、刊本無『也』字。

〔五七〕之慟，乙卷同，甲卷作『慟也』。

〔五八〕也，底二、甲卷、刊本同，乙卷無。

〔五九〕子，底二、甲卷、乙卷、丁卷同，刊本無。

〔六〇〕也，底二、丁卷同，乙卷、刊本無。

〔六一〕門，底一原無，陳鐵凡云：『門字當是誤脱。』兹據底二、甲卷、乙卷、刊本補。

〔六二〕家，底二、甲卷、丁卷同，乙卷、刊本無。

〔六三〕門人欲厚葬之故不聽，刊本同，乙卷脱『人』字，底二、甲卷、乙卷、丁卷末有『也』字。

〔六四〕迴也視予猶父也，底二、甲卷、乙卷、刊本『迴』作『回』，顔回之『回』不作『迴』，『迴』乃後人臆改；甲卷脱『視』字；底二『予』誤作『矛』，下句『予』亦誤作『矛』。

〔六五〕猶子，甲卷、乙卷同，底二、丁卷、刊本下有『也』字。

〔六六〕二三子，底二、甲卷、乙卷、丁卷、刊本前有『夫』字，乙卷、刊本末有『也』字。

〔六七〕厚葬，刊本同，底二、甲卷、乙卷下有『之』字。

〔六八〕割正，甲卷同，底二、乙卷、丁卷、刊本作『割止』；乙卷下有『也』字。

〔六九〕故云尒然也，底一『云』原誤作『之』，兹據底二、甲卷、乙卷、丁卷、刊本改正；底二、丁卷『尒然也』作『尔也』，乙卷作『耳』，『尔』爲『尒』之變體，『耳』『尔』古多通用。戊一起於『也』。

〔七〇〕於，甲卷同，底二、乙卷、丁卷、刊本無。

〔七一〕未能事人焉能事鬼，底二、乙卷、刊本同，甲卷脱『事人焉能』四字。戊二起於『焉能』之『能』。

〔七二〕敢問死，乙卷、刊本同，甲卷、戊二『敢』下衍『其』字。

〔七三〕知死，底二、乙卷、丁卷、刊本同，甲卷下有『也』字。

〔七四〕陳羣，甲卷、丁卷、戊一同，乙卷、刊本無『羣』，底二『羣』作『群』，『羣』『群』古異體。

〔七五〕鬼神及死其事難明，甲卷、丁卷、戊二同，底二、乙卷、刊本無『其』字，乙卷末有『也』字。

〔七六〕故不荅也，丁卷同，戊二脱『故不荅』三字；乙卷『荅』作『答』，《説文》無『答』字，『答』爲『荅』的後起分化

〔七七〕字；底二、乙卷、刊本無『也』字；甲卷、戊二『也』前有『之』字，蓋爲雙行對齊而添。

〔七八〕閔子，底二、甲卷、戊二、刊本同，乙卷作『閔子騫』。陳舜政《論語異文集釋》云：『由下文稱他人的名子來看，還是今本比較合理。』

〔七九〕子路行行如也，底二、乙卷、刊本同，甲卷脱。

〔八〇〕偘偘，底二、甲卷、乙卷、丁卷同，刊本作『侃侃』，《干禄字書·去聲》：『偘、侃，上俗下正。』

〔八一〕偘偘，甲卷同，底二、乙卷、丁卷、戊二、刊本作『行行』，李方認爲作『偘偘』誤。

〔八二〕皃也，底二、甲卷、丁卷同，刊本『皃』作『貌』，乙卷、戊二、刊本無『也』字。據《説文》，『皃』爲小篆隸定字，『貌』爲籀文隸定字。

〔八三〕得，底一原無，陳鐵凡云：『此當誤脱。』兹據底二、甲卷、乙卷、丁卷、戊一、刊本補。

〔八四〕也，底二、甲卷、戊二同，乙卷、刊本無。

〔八五〕仍舊貫，戊一止於此。

〔八六〕何，底一原作重文符號，甲卷、乙卷、丁卷同，底二無，當是脱去重文符號。

〔八七〕長府藏名也，底一原作『長名也府藏』，『名也』二字乃用更小之字寫於『長府』之『長』下，而且溢出界欄，蓋脱寫而後補者，兹據刊本乙正；底二、甲卷、乙卷、戊二無『也』字。

〔八八〕藏財貨曰府，底一原作『別貨府』，底二、甲卷、刊本皆作『藏財貨曰府』，底一當是脱『藏』、『曰』二字，誤『財』爲『別』，兹據底二、甲卷、刊本補正；乙卷無『財』字，案《周禮·春官·敘官》『天府』賈公彦疏云『鄭云：「藏財貨曰府。」』，則有『財』者是。

〔八九〕因，底二、乙卷、刊本同，甲卷誤作『回』。

〔九〇〕事，底二、甲卷、乙卷、刊本下有『也』字，義長。

〔九一〕則可，底二、甲卷、乙卷同，丁卷、刊本下有『也』字。

〔九一〕何乃更改作也，甲卷、乙卷、丁卷、刊本『乃』下有『復』字，底二『復』誤作『服』；底二、刊本無『也』字；甲卷『也』作『之』，疑爲雙行對齊而添；戊二『也』前有『之』字，亦爲雙行對齊而添。

〔九二〕有中，底二、乙卷、丁卷、刊本同，甲卷下有『也』字，《定州漢墓竹簡論語》亦有『也』字。

〔九三〕言必有中者，底二、甲卷、丁卷、刊本同；乙卷作『必有中』，李方認爲有脱文。

〔九四〕善其不欲勞人改作也，甲卷『善』下有『也』字，乃爲雙行對齊而添；底二『其』作『子騫』，以意改也；乙卷脱『勞人』二字；『人』字底二、甲卷、丁卷、戊二同，刊本作『民』，『人』乃諱改字；乙卷、丁卷、刊本無『也』字；甲卷、戊二『也』作『之』，爲雙行對齊而添。

〔九五〕皷，底一原誤作『歕』，茲据底二、甲卷、乙卷、戊二改正，刊本作『鼓』，《干禄字書·上聲》：『皷、鼓，上俗下正。』

〔九六〕誦也，底二、丁卷同，乙卷、刊本『誦』作『頌』，『誦』爲『頌』之借字；甲卷、乙卷、戊二、刊本無『也』字。

〔九七〕不，底二、乙卷、丁卷、刊本同，甲卷、戊二脱。

〔九八〕由，底二、乙卷、丁卷、刊本同，甲卷、戊二脱。

〔九九〕入於室，底二、甲卷、戊二同，乙卷、刊本下有『也』字。

〔一〇〇〕入室，底二、甲卷、乙卷、丁卷同，刊本作『入於室』。

〔一〇一〕孔子言賤子路，甲卷、戊二同，乙卷、丁卷、刊本『言』下有『爲』字，義長；底二『言』下有『爲我』二字；丁卷『賤』誤作『我』。

〔一〇二〕復分解之也，底一『復』誤作『傷』，茲據甲卷、乙卷、丁卷、戊二、刊本改正；底二、甲卷、乙卷、戊二、刊本無『分』、『也』二字，丁卷無『分』字。案：『解』即有『分解』之義，邢疏云：『以門人不解，故孔子復解之。』『分』當是衍文。

〔一〇三〕熟賢，甲卷、乙卷、戊二、刊本『熟』作『孰』，『熟』爲『孰』之借字；底二下有『乎』字，衍文。

〔一〇四〕商，底一原误作『適』，乃因前『過』字而类化，兹据甲卷、乙卷、刊本改正。

〔一〇五〕言俱不得中也，底二、甲卷、戊二同；乙卷『言俱』作『俱言』，李方認爲誤倒；乙卷、刊本無『也』字。

〔一〇六〕俞，底二、甲卷、乙卷、丁卷、戊二、刊本作『愈』。陳鐵凡云：『俞、愈同音容朱切，故可通叚。』注中『俞』字同。

〔一〇七〕也，底二、甲卷、乙卷、戊二、刊本同，丁卷無。

〔一〇八〕卿士也，底二同，甲卷『士』作『仕』，『仕』爲『士』之借；甲卷、乙卷、戊二、刊本無『也』字。

〔一〇九〕附，底一左部誤作『亻』旁，兹據底二、甲卷、乙卷、丁卷、戊二、刊本改正。

〔一一〇〕孔曰，底一原作『孔子曰』，李方認爲『子』字衍，兹據底二、甲卷、乙卷、丁卷、戊二、刊本删。

〔一一一〕季氏，底二、甲卷、乙卷、戊二、刊本同，丁卷脱『季』字。

〔一一二〕給賦税也，底二同，乙卷、戊二、刊本『給』作『急』，李方云『作「急」義長』；甲卷、乙卷、丁卷、刊本無『也』字。

〔一一三〕非，底二、乙卷、丁卷、刊本同；甲卷、戊二無，李方云『當係誤脱』。

〔一一四〕鳴皷而攻，『皷』，底二同，甲卷、乙卷、戊二作『皷』，刊本作『鼓』。《干禄字書·上聲》：『皷、鼓，上俗下正。』《正字通·皮部》：『皷，俗鼓字。』注中『皷』字同。又『攻』字底一原作『攺』，甲卷作『政』，陳鐵凡云『改爲攻之譌』，兹據底二、乙卷、戊二改正。

〔一一五〕小子門人也，底二、刊本同，甲卷、戊二『小子』間衍『人』字；乙卷無『小子』二字，李方認爲誤脱；甲卷無『也』字。

〔一一六〕以責，乙卷同，甲卷、刊本下有『之』字，義長；底二、丁卷下有『之也』二字。

〔一一七〕遇，底二、甲卷、乙卷、丁卷、戊二、刊本作『愚』，陳鐵凡云『「遇」當爲「愚」之譌』，敦煌寫卷『遇』『愚』二字常混用，此作『遇』，音誤也。注中『遇』字同。

〔二八〕也，乙卷同，底二、甲卷、丁卷、戊二、刊本無。

〔二九〕也，底二、丁卷同，甲卷、乙卷、戊二、刊本無。

〔三〇〕曾子遲鈍也，刊本「曾子」下有「性」字，「遲」作「遅」，「遅」爲「遲」的俗字；甲卷、乙卷、丁卷、戊二、刊本無「也」字。

〔三一〕僻，底二、甲卷、乙卷、丁卷、戊二同，刊本作「辟」，「辟」「僻」古今字。注中「僻」字同。

〔三二〕耶僻文過也，底二、乙卷、戊二、刊本「耶」作「邪」，「耶」爲「邪」的俗字；甲卷、乙卷、戊二、刊本無「也」字，底二脱「文過」二字。

〔三三〕失於吸喭也，甲卷「於」下有「其」，戊二「於」前有「其」，吴昌瑩《經詞衍釋》曰「於犹其也」，甲卷、戊二之「其」當是旁注字誤入正文；底二、甲卷、乙卷、刊本無「也」字。又「吸喭」底一原作「後喭」，刊本作「畔喭」，兹據底二、甲卷、乙卷、戊二校正。阮元《論語校勘記》（下簡稱「阮校」）云：「《廣韻·二十九換》：「吸，吸喭，失容。」據此則字不當作「畔」。」案《史記·仲尼弟子列傳》裴駰《集解》引鄭玄曰：「子路之行，失於吸喭。」亦作「吸」。底二卷背有注音「吸，蒲半反」、「喭，吴旱反」。

〔三四〕回，底一原誤作「囙」（注文「回」字底卷亦誤作近似字形），兹據底二、甲卷、乙卷、丁卷、戊二、刊本改。

〔三五〕賜不受命，甲卷、乙卷、丁卷、戊二、刊本同，底二「賜」下衍「而」字。

〔三六〕億則屢中，底二、甲卷、乙卷、刊本同，戊二末多「也」字。底二卷背有注音「億，於載反」。

〔三七〕庶，底一原脱，兹據底二、甲卷、乙卷、戊二、刊本補。

〔三八〕匱，底一及底二原作「遺」，「匱」字俗寫與「遺」字同形，兹據甲卷、乙卷、戊二、刊本改正。

〔三九〕在，甲卷、乙卷、戊二、刊本同，底二無，李方認爲底二脱字。

〔四〇〕也，戊二同，底二、甲卷、乙卷、丁卷、刊本無。

〔四一〕所以勵賜也，底一原無「勵」字，《史記·仲尼弟子列傳》裴駰《集解》引有「勵」字，兹據甲卷、戊二、刊本補。底二、乙卷、丁卷作『厲』，厲、勵古今字。甲卷脱『以』，乙卷、丁卷無『也』字。

〔一三三〕每也，底一原無，兹據底二、甲卷、戊二、刊本補；乙卷『每』下無『也』字。

〔一三四〕虚中，底二、甲卷、戊二同，乙卷、刊本下有『也』字。

〔一三四〕以聖人之善道教數子之庶幾，底二、乙卷脱『道』字；底一原無『教』字，《史記·仲尼弟子列傳》裴駰《集解》引有，兹據底二、乙卷、刊本補。

〔一三五〕害也，甲卷、戊二同，底二、乙卷、丁卷、刊本前有『此』字，刊本無『也』字。

〔一三六〕其所幾，底二、乙卷、刊本『其』下有『於』，底二、甲卷、乙卷、丁卷、戊二、刊本『所』作『庶』，『所』『庶』音近，『所』蓋音誤字。

〔一三七〕懷道遠，底二作『其道深遠』，甲卷、戊二作『德深遠』，乙卷作『道深遠』，刊本作『懷道深遠』。

〔一三八〕不能知，底二、乙卷、戊二同，甲卷作『不知道』，刊本作『不能知道』。

〔一三九〕子貢雖無數子之疾，底二、甲卷、乙卷、丁卷、戊二、刊本『疾』作『病』，戊二『貢』誤作『貴』。

〔一四〇〕至於知道者，底二同，甲卷『至』誤作『主』（二字形音皆近）；乙卷、戊卷、刊本無『至於』二字；丁卷『知』作『之』，『之』爲『知』之音誤字，唐五代西北方音止、遇二攝不分。

〔一四一〕之道也，底二、乙卷、丁卷無，刊本無『之道』，甲卷、戊二無『也』字。案：《史記·仲尼弟子列傳》裴駰《集解》引無『之道』二字。

〔一四二〕入於室，底二、甲卷、戊二、刊本同，乙卷末有『也』字。

〔一四三〕不但循追舊迹而已，底一『但循』二字原抄於前一行雙行小注的首行之末，與『追舊』二字在同一水平位置上，當是脱漏而補者，依敦煌卷子旁注補字慣例，當置於前一行雙行小注的第二行與『追舊』同一水平的位置上，兹依例補於此；『迹』字底一原作『追』，李方謂底一誤，兹據底二、甲卷、乙卷、丁卷、戊二、刊本改正。

〔一四四〕名，刊本作『少』，底二、甲卷、丁卷、戊二作『少多』，乙卷作『小多』，皇侃《義疏》作『多少』；『名』當是『少多』二字誤合之訛變，『小』則爲『少』之誤字。

〔一四五〕不能入於聖人之室也，底二、乙卷、丁卷、刊本前有『亦』，甲卷、戊二『亦』誤作『迹』；甲卷、戊二、刊本無『能』字；底二『室』前有『宫』，刊本『室』前有『奥』；丁卷『室』誤『穷』；底二、乙卷、刊本無『也』字。

〔一四六〕曰，底一原無，陳鐵凡云『「子」下當有「曰」字，此誤奪』，茲據底二、甲卷、乙卷、丁卷、戊二、刊本補。

〔一四七〕莊，底二、戊二同，乙卷作『莥』，刊本作『莊』，『莊』、『莥』均『莊』之俗字，説詳《敦煌俗字研究》下編五〇八頁。

〔一四八〕擇言，底二、甲卷、丁卷、戊二、刊本同，乙卷末有『也』字。

〔一四九〕身無鄙行，底一原無『鄙』字，李方謂底一脱，茲據甲卷、丁卷、戊二、刊本補；底二脱『無』字；乙卷『鄙』作『擇』，李方云『「擇」當爲「鄙」字之誤』。

〔一五〇〕色莊者，底一原脱『莊者』二字，戊二有『莊者』，乙卷有『莥者』，刊本有『莊者』，因底二經文作『莊者』，茲據以補；底二、丁卷作『亦者』，『亦』應是『莊』之誤。

〔一五一〕小人，底二、甲卷、丁卷、戊二、刊本同，乙卷末有『也』字。

〔一五二〕也，底二同，甲卷、戊二作『之也』，乙卷作『人也』，刊本無，『之也』、『人也』蓋皆爲雙行對齊而添。

〔一五三〕子路問，丁卷止於此。

〔一五四〕斯，底一原無，李方謂底一脱，茲據底二、甲卷、乙卷、戊二、刊本補。

〔一五五〕振窮救乏之事，乙卷、刊本『振』作『賑』，『振』『賑』古今字；底一『乏』原誤作『凡』，茲據底二、乙卷改正，甲卷、戊二誤作『厄』；底二脱『救』字，戊二『救』誤作『牧』；底二末有『也』字。

〔一五六〕有父兄在，底一前原有『聞』，陳鐵凡云『此當誤衍』，茲據底二、戊二、刊本删；乙卷無『有』字，陳鐵凡謂乙卷脱。

〔一五七〕如之何其聞斯行之，乙卷、刊本同，底二、甲卷、戊二無「其」，甲卷、戊二脱「行」字；底二、甲卷、戊二「之」作「諸」，二字古常通用。

〔一五八〕當白，底二、乙卷、刊本同，甲卷、戊二「當」下有「先」，戊二「白」誤作「百」。

〔一五九〕不可自專，甲卷同，刊本「可」作「得」，底二、乙卷末有「也」字，戊二末有「之」。案「之」當是爲雙行對齊而添。

〔一六〇〕冉有問，底卷前又有「父兄在如之何其聞斯行之孔曰當白父兄不可自專」諸字，乃抄重者，今删。

〔一六一〕之，底二、甲卷、乙卷、戊二、刊本作「諸」，陳鐵凡云「卷中諸、之二字多通段互用」，案《史記·仲尼弟子列傳》引作「諸」，當以作「諸」爲是；底一作「之」者，唐五代西北方音二字同音故也。

〔一六二〕之，底二、甲卷、戊二、刊本同，乙卷音誤作「諸」。

〔一六三〕斯，底一原脱，兹據底二、甲卷、乙卷、戊二、刊本補。

〔一六四〕子曰有父兄在，乙卷、刊本同，底二下有「如之何」三字，甲卷下有「如之□其聞斯行諸」，戊二下有「如之何其聞斯行諸」，蓋皆涉上經文而衍；己卷起於「曰」。

〔一六五〕求也問聞斯行之，甲卷、戊二無「也」字；底二、乙卷、刊本「之」作「諸」，「諸」字是。

〔一六六〕子曰聞斯行之，刊本同，甲卷、乙卷、戊二脱，底二「之」音誤作「諸」。

〔一六七〕或，甲卷同，底二、乙卷、戊二、刊本作「惑」，「或」「惑」古今字。

〔一六八〕或其問同而荅異，底一原作「而荅門同異」，從卷面看，蓋先寫「孔曰」，另起一行寫「門同」，再在「孔曰」下寫「而荅」，在「門同」下寫「異」，此當是小兒書寫時未計算各行字數所致，兹參各本定作「門同而荅異」；「門」字據底二、甲卷、乙卷、戊二、刊本校正；底二、乙卷、戊二、刊本「問」上有「惑其」二字，因底一經文作「或」，故據擬補「或其」二字；乙卷「荅」作「答」，「答」爲「荅」的後起分化字。

〔一六九〕兼人，庚卷起於此。

〔一七〇〕尚，庚卷、刊本同，底二、甲卷、乙卷、戊二作「上」，二字古多通用。

〔一七一〕因其人之失而政之，底一原無「其」字，茲據底二、甲卷、乙卷、戊二、庚卷、刊本補，《史記・仲尼弟子列傳》裴駰《集解》引亦有「其」字；甲卷「因」誤作「回」；底二、甲卷、戊二「人」作「民」，案此處指冉求與子路，當用「人」字，作「民」者，以爲「人」乃諱改字而回改也；甲卷、戊二脱「之失」二字；「政」字底二、戊二同，乙卷、刊本作「正」，「政」乃「正」之音借字，甲卷誤作「改」；底二、己卷末有「也」字。

〔一七二〕孔曰，底二、甲卷、乙卷、戊二、己卷、刊本同，庚卷作「孔安國曰」。凡「孔曰」庚卷均作「孔安國曰」，下不復出。

〔一七三〕言与孔子相失，底一「言」原誤作「甚」，茲據底二、甲卷、乙卷、戊二、己卷、庚卷、刊本改正；戊二「相」誤作「抽」。

〔一七四〕也，底二、甲卷、戊二同，乙卷、己卷、刊本無。

〔一七五〕汝，底二、甲卷、乙卷、戊二、己卷同，刊本作「女」，「女」「汝」古今字。

〔一七六〕包，底二、甲卷、戊二、刊本同，乙卷作「苞」，庚卷作「苞氏」，己卷作「孔」。

〔一七七〕無所敢死，乙卷、刊本同，底二、甲卷、戊二、己卷無「所」，底二、甲卷、戊二、庚卷末有「也」字。

〔一七八〕季然季氏子苐也，「季然」，底二、乙卷作「季子然」，甲卷、戊二、庚卷、乙卷、刊本作「子然」；「季氏」，甲卷、乙卷、戊二、己卷、庚卷、刊本同，底二誤作「季家氏」；「苐」，底二、己卷同，甲卷、乙卷、戊二、庚卷、刊本作「弟」，「苐」爲「弟」之俗字；乙卷末有「也」字。

〔一七九〕自多得臣此二子，乙卷、己卷、刊本同，底二、甲卷、戊二「得臣」下衍「以」字，庚卷「自多」倒作「多自」。

〔一八〇〕問焉，戊二、己卷、庚卷、刊本作「問之」，「焉」猶「之」也，説詳裴學海《古書虚字集釋》；底二、甲卷、乙卷作「問之也」。

〔一八一〕問，甲卷、乙卷、戊二、己卷、庚卷、刊本同，底二脱。

〔一八二〕與，刊本同，底二、甲卷、乙卷、戊二、己卷、庚卷作「与」。「與」「与」二字古混用無别，敦煌寫本多用「与」字，後世刊本多改作「與」；甲卷、戊二末有「也」字。

〔一八三〕子，底二、乙卷、庚卷、刊本同，甲卷、戊二、己卷作「子然」，李方云「『然』字衍」。

〔一八四〕人，底一原脱，兹據底二、甲卷、乙卷、戊二、己卷、庚卷、刊本補。

〔一八五〕乎，底二、甲卷、戊二、己卷、庚卷、刊本同，乙卷脱。

〔一八六〕止，辛一起於此。

〔一八七〕与，底二、甲卷、乙卷、戊二、庚卷、辛一同，刊本作「與」。説見校記〔一八二〕，下凡与、與之别不復出。

〔一八八〕具臣，底二、甲卷、戊二、己卷、庚卷、辛一、刊本同；乙卷作「具大臣」，李方謂「大」字衍。

〔一八九〕偹具臣數而已也，「偹」，底二、甲卷、乙卷、戊二、己卷同，刊本作「備」，「偹」即「備」俗字；底二、甲卷、戊二、己卷無「具」字，《史記·仲尼弟子列傳》裴駰《集解》引亦無；底二、甲卷、乙卷、戊二、辛一無「也」字，己卷無「而已也」。

〔一九〇〕者，乙卷、己卷、辛一、刊本同，底二、甲卷、戊二作「也」。

〔一九一〕也，甲卷、乙卷、戊二無，刊本作「邪」，底二、己卷、辛一作「耶」，《玉篇·耳部》：「耶，俗邪字。」

〔一九二〕弑，己卷、辛一、刊本同，底二、甲卷、乙卷、戊二作「煞」。案：「弑」爲「弒」之俗體，「煞」爲「殺」之俗字，殺、弒古今字。

〔一九三〕不從，戊二同，底二、甲卷、乙卷、庚卷、辛一、刊本下有「也」字。

〔一九四〕言二子雖從其主，庚卷、辛一同，乙卷「言」下有「此」；底二、甲卷、戊二「其主」作「君主」，「君」爲「其」之誤；刊本作「其王」，阮校：「『王』當作『主』。」

〔一九五〕亦不可爲逆，底二、乙卷、庚卷、辛一、刊本作「亦不與爲大逆」，甲卷、戊二「亦不與也爲大逆」，「可」字疑誤。

〔一九六〕子路使子羔爲費宰，乙卷、己卷、辛一、刊本同，底二、甲卷、戊二「費」作「隫」，字書無「隫」字，《史記・魯周公世家》「釐公元年，以汶陽鄪封季友」《索隱》：「鄪或作費。」《説文》無「鄪」字，「鄪」當是「費」之後起本字，「隫」則爲「鄪」之偏旁移位字。甲卷、戊二「子路使子羔爲費宰」八字誤作小字，羼入前面的雙行小注中。

〔一九七〕子曰，底一有兩「子曰」，其一應是因换行而衍，兹據諸本删之。

〔一九八〕之子，乙卷、刊本同，底二、戊二、辛一下有「也」字。

〔一九九〕熟，底二、甲卷、戊二、己卷、辛一、刊本同，乙卷作「孰」，「孰」「熟」古今字。

〔二〇〇〕賊害，乙卷同，底二、甲卷、戊二、辛一下有「之」，皇侃《論語義疏》作「賊害人也」，《史記・仲尼弟子列傳》裴駰《集解》引作「賊害人」，疑「之」爲「人」之誤；甲卷、己卷、辛一下有「也」字，刊本前有「爲」字。

〔二〇一〕人民，己卷作「仁民」，「仁」爲「人」之借字；底二、甲卷、乙卷、戊二、辛一、刊本作「民人」，其中底二、乙卷、辛一「民」字避諱缺末筆；《定州漢墓竹簡論語》殘存「人焉，有社稷焉」句，蓋亦作「民人」也。

〔二〇二〕書，底二、甲卷、戊二、己卷、辛一同；乙卷作「詩」，「詩」爲「書」之音誤字，唐五代西北方音止、遇二攝通用。

〔二〇三〕言治人，底一原脱「言」字，兹據底二、甲卷、乙卷、戊二、辛一、刊本補；乙卷、刊本「人」作「民」（乙卷「民」缺末筆），「人」爲諱改字；戊二「治」作「冶」，李方云「唐代文獻未見「治」避諱缺筆作「冶」者，此處當爲誤書」。

〔二〇四〕於是而習亦學之也，底二、甲卷、乙卷、刊本「之」在「習」下，底二無「亦」，戊二、辛一無「之」，乙卷無「之也」。

〔二〇五〕是故惡夫佞者，底二、己卷、辛一同；「倿」甲卷、刊本作「佞」，乙卷作「侫」，「倿」、「侫」皆「佞」之俗字，見《敦煌俗字研究》下編三五頁；戊二「是故」倒作「故是」，脱「者」字。

〔二〇六〕以口給應，甲卷、乙卷、戊二、己卷、辛一、刊末同，底二無『口』字，《史記・仲尼弟子列傳》裴駰《集解》引亦無『口』字。

〔二〇七〕己非而不知窮也，底一『而』原誤作『其』，茲據諸本改正。底二、乙卷『己』前有『遂』字，己卷、庚卷『遂己』則倒作『己遂』；乙卷、己卷、庚卷、戊二無『也』字。

〔二〇八〕晢，底二、甲卷、乙卷同，己卷、刊本作『晳』，『晳』字是，作『晢』者，扌、木混淆之故；戊二、辛一作『哲』，形誤字。下『晢』字同。底二卷背有『晢，詩即反』四字。

〔二〇九〕孔曰，底二、乙卷、戊二、辛一、刊本同，己卷無。

〔二一〇〕曾，底二、乙卷、戊二、己卷、辛一、刊本無。

〔二一一〕曾參之父名點也，底二、乙卷、戊二、己卷、辛一、刊本無『之』字，乙卷、戊二、己卷、刊本無『也』字。

〔二一二〕以吾一日長於尔，乙卷『以』作『与』，『与』爲『以』之音借字，止、遇二攝通用故也；『於尔』，底二、甲卷、乙卷、戊二、己卷、辛一作『乎尒』，刊本作『乎爾』，『爾』『尒』古本非一字，後世則合二而一，字多寫作『爾』，『尔』則爲『尒』之手寫變體。下凡『尔』字不復出校。

〔二一三〕無吾以也，底一原無『吾』字，陳鐵凡云『此當脱』，茲據諸本補；乙卷、己卷、刊本『無』作『毋』。《説文・毋部》：『毋，止之詞也。』段注：『古通用無。』

〔二一四〕汝，底二、甲卷、乙卷、戊二、辛一同，己卷、刊本作『女』，『女』『汝』古今字。下句『汝』字同。

〔二一五〕無以我長故難對也，底二、甲卷、戊二、辛一同，己卷脱『以』、『長』二字，乙卷、刊本無『也』字。

〔二一六〕汝常居云人不之也，『汝』字諸卷皆同，刊本作『女』，『女』『汝』古今字；『常』字底一原誤作『西』，茲據諸本改正；『云』字底一及底二誤作『之』，茲據甲卷、乙卷、戊二、己卷、辛一、刊本改正；『之』字乙卷同，底二、甲卷、戊二、己卷、辛一、刊本作『知』，『之』爲『知』之音借字；底二、甲卷、乙卷、戊二、己卷、辛一、刊本『之』下均有『已』字，甲卷、乙卷、己卷、刊本無『也』字。

〔三一七〕如惑知尒，底二、乙卷、戊二、已卷、辛一、刊本「惑」作「或」，「或」「惑」古今字，然文中乃如若義，仍以作「或」爲是；刊本「尒」作「爾」，二字古混用。下「尒」字不復出校。

〔三一八〕何，甲卷、乙卷、戊二、已卷、辛一同，底二誤作「可」（二字古通用）。注中「何」字同。

〔三一九〕汝，底一原作「我」，李方謂底一誤，兹據甲卷、乙卷、戊二、已卷、辛一改正；刊本作「女」，「女」「汝」古今字。

〔三二〇〕也，底二、甲卷、戊二、已卷、辛一同，乙卷、刊本無。

〔三二一〕子路帥尒，底一原作「子跡尒」，「跡」蓋「路帥」二字之誤合（「帥」俗字右部作「市」形），兹據乙卷、辛一改正；底二、甲卷、戊二、已卷「帥」誤作「師」，刊本作「率」，「帥」「率」古多通用。注中「帥」字底一原亦誤作「師」。

〔三二二〕三人對，乙卷、戊二同，底二、已卷、辛卷下有「也」字。

〔三二三〕攝乎，底二、甲卷、乙卷、戊二、刊本同，已卷「乎」作「于」，二字古通用；辛一「攝」前有「國」字，乃因换行而誤衍。

〔三二四〕之，底二、乙卷、已卷、辛一、刊本同，甲卷、戊二脱。

〔三二五〕飢，底二、戊二、已卷、辛一同，乙卷、刊本作「饑」。阮校：「『飢』乃飢餓字，當作『饑』。」

〔三二六〕迫，底一原誤作「白」，兹據底二、甲卷、戊二、已卷、刊本改正；已卷前有「猶」字；已卷、刊本末有「也」字。乙卷、辛一「迫」作重文符號，誤。

〔三二七〕攝，甲卷、戊二、已卷同，乙卷、辛一、刊本作「迫」，底二作「攝迫」。案：前「攝迫」乃釋「攝」字之義，後當以訓詁字代之，作「迫」是也。底二作「攝迫」者，涉上而衍「攝」字也。

〔三二八〕比，底二、甲卷、戊二、已卷、辛一、刊本同，乙卷誤作「此」。

〔三二九〕所，底二、甲卷、乙卷、戊二、已卷、辛一、刊本作「使」。陳鐵凡云：「『所』當爲『使』之譌。」蔡主宾《敦煌寫本儒家經籍異文考》云：『使、所中古音同屬疏母，當是音近而訛。』案：唐五代西北方音止、遇二攝不分，故『使』『所』同音，文中『所』爲『使』之音借字。

〔三三〇〕且知方也，底一『且』原作『具』，陳鐵凡云『「具」爲「且」之譌』，茲據底二、甲卷、乙卷、戊二、己卷、辛一、刊本改正；己卷末衍一『已』字。

〔三三一〕也，底二、甲卷、乙卷、戊二、己卷、辛一同，刊本無。

〔三三二〕孔曰，底二、甲卷、乙卷、戊二、己卷、辛一、刊本作『馬曰』。李方《唐寫本〈論語集解〉校讀零拾》云：『皇本、邢本、篁墩本等傳本及《文選》卷一一孫興公《遊天台山賦》注引均作「馬曰」，伯二六二〇號、伯三一九二號、伯三四〇二號、伯三六〇六號、斯三〇一一號等寫本同，唯斯〇七八二號寫本作「孔曰」。傳本及五種寫本均作「馬曰」，可判定斯〇七八二號寫本作「孔曰」誤。』（《出土文獻研究》第三輯二二五頁，中華書局，一九九八）

〔三三三〕笑也，底一『笑』字原作『小』，李方認爲『小』字誤，茲據底二、甲卷、乙卷、己卷、辛一、刊本改正；戊二作『渓』，當是『咲』之誤，『咲』爲『笑』之俗字；甲卷、乙卷、己卷、刊本無『也』字。

〔三三四〕如，底二、戊二、己卷、辛一、刊本同，乙卷作『而』，二字古多通用。

〔三三五〕而已也，底一及底二無『已』字，李方云『恐脱一「已」字』，茲據甲卷、乙卷、戊二、己卷、辛一、刊本補；乙卷、戊二、己卷、辛一、刊本無『也』字。

〔三三六〕及，底二、乙卷、戊二、己卷、辛一、刊本同，甲卷誤作『乃』。

〔三三七〕民，底一原缺末筆，避諱缺筆字，注中『民』亦缺末筆，茲依例改爲正字，底二、乙卷、己卷、辛一亦缺末筆；甲卷、戊二作『人』，諱改字；甲卷、乙卷、戊二、辛一下有『也』字。

〔三三八〕如，戊二重出，乃因换行而誤衍，此删其一。

〔三三九〕自云能，底一『自』原誤作『白』，底二脱此字，茲據乙卷、戊二、己卷、刊本改正；甲卷『自云能』倒作『云自能』；乙卷『云』作『言』，戊二『云』誤作『臣』。

〔二四〇〕謂衣食足，甲卷、戊二、己卷、辛一同，底二『謂』作『爲』，乃『謂』之借字，二字古多通用；乙卷、刊本末有『也』字。

〔二四一〕君子，甲卷、乙卷、己卷、刊本同，底二、戊二、辛一下有『者』字。

〔二四二〕也，底一原無，依例當有，兹據底二、甲卷、辛一、刊本補；甲卷『也』下有『上』字，不知其意；戊二『也』作『之大』二字，亦不知其意。

〔二四三〕尒，底二、乙卷、戊二、己卷、辛一同，甲卷誤作『余』。

〔二四四〕非曰，底一原無，陳鐵凡云『此當誤脱「非曰」二字』，兹據底二、甲卷、乙卷、戊二、己卷、辛一、刊本補。

〔二四五〕願學，底二、甲卷、乙卷、己卷、辛一、刊本同，戊二前有『以』字，當是衍文。

〔二四六〕廟，底二、甲卷、戊二、己卷、辛一、刊本同，乙卷作『庿』，爲『廟』之古異體字。

〔二四七〕爲，甲卷重出，乃因換行而誤衍，此删其一。

〔二四八〕鄭曰，自此以下以底二爲底本。

〔二四九〕云我非自言能，甲卷、己卷同，辛一、刊本無『云』；底一『自』誤作『曰』，脱『能』字；乙卷末有『也』字。

〔二五〇〕庿，底二原作『庿』，乃『庿』之俗訛字，兹據乙卷改正；底一亦作『庿』。己卷作『廣』，辛一作『庿』，皆『庿』之誤也。甲卷、戊二、刊本作『廟』。『庿』爲『廟』之古字。

〔二五一〕祭祀，底一、己卷、辛一同，甲卷、戊二、刊本下有『也』字，乙卷下有『之』。疑『之』爲『也』之誤。

〔二五二〕殷覞，底二本作『殷堒』，底一、甲卷、乙卷、戊二、辛一作『殷頫』，己卷作『殷眺』，刊本作『泉頫』，『殷』作『泉』蓋避宋太祖赵匡胤之父弘殷之諱，『頫』、『眺』則並『覞』之誤，説詳潘薇妮《〈後漢書〉李賢注引〈周禮〉點校獻疑》（《禮學與中國傳統文化——慶祝沈文倬先生九十華誕國際學術研討會論文集》一九八頁，中華書局二〇〇六）；『堒』字字書不載，應是誤字，兹從潘説改正。

〔二五三〕端玄端也，乙卷、刊本同，甲卷、辛一脱「端玄」二字，戊二脱「玄端也」三字，底一、己卷無「也」字。

〔二五四〕衣玄端，甲卷、乙卷、戊二、刊本同，底一、己卷脱。

〔二五五〕之服也，乙卷、戊二、辛一同，甲卷無「之」字，己卷脱「日」字，己卷、刊本無「也」字。

〔二五六〕謂相君礼法也，戊二同，乙卷「謂」作「爲」，「爲」爲「謂」之借字；乙卷無「礼法也」三字；辛一脱「相」字，「礼」前有「之」字；甲卷、己卷無「也」字；甲卷「也」後有「礼」字，不知何意；刊本「礼法也」作「之禮」。

〔二五七〕皷，底一同，乙卷、戊二作「皷」，己卷、辛一、刊本作「鼓」。考詳校記〔二四〕。底二「皷」前原有「對曰」二字，戊二亦有此二字，甲卷有一「對」字，李方認爲戊二衍，茲據底一、乙卷、己卷、辛一、刊本刪。

〔二五八〕也，底一同，甲卷、乙卷、戊二、己卷、辛一、刊本無。

〔二五九〕者，甲卷、戊二、辛一、刊本同，乙卷、己卷無。

〔二六〇〕起對，甲卷、乙卷、戊二、辛一、刊本同，底一、己卷下有「也」字。

〔二六一〕撰具也，乙卷、己卷同，辛一脱「撰」字，戊二無「也」字。

〔二六二〕之具，甲卷、戊二、己卷、辛一、刊本同，乙卷下有「也」字。

〔二六三〕投瑟之聲也，辛一同，乙卷、戊二、己卷、刊本無「也」字。甲卷止於「投」字。

〔二六四〕何，底一止於此。底一此字殘存右邊「丁」。

〔二六五〕也，乙卷、己卷、辛一、刊本同，戊二無。

〔二六六〕無傷，乙卷、戊二、辛一、刊本同，己卷作「何傷也」。

〔二六七〕暮，乙卷、戊二、己卷、辛一同，刊本作「莫」，「莫」「暮」古今字。注中「暮」字同。

〔二六八〕既，戊二、己卷、辛一、刊本同，乙卷作「已」。陳鐵凡云：「已、既古多通用。」陳舜政《論語異文集釋》云：「兩字古書通用，《經傳釋詞》有説。」蔡主賓《敦煌寫本儒家經籍異文考》云：「既、已義近而訛。」案：蔡説是也。兩字同義，古多通用。然文中當以作「既」爲是。《集解》引包咸曰：「春服既成。」《定州漢墓竹簡論語》作『壍』，乃『既』之增旁字。

〔二六九〕浴乎沂，戊二、己卷、辛一、刊本同；乙卷下有『水之上』三字，當是涉注文而衍。

〔二七〇〕沂魚，此底二卷背注音。

〔二七一〕㱕，辛一同，乙卷、戊二、己卷、刊本作『歸』，據《説文》，『㱕』爲籀文隸定字，『歸』爲小篆隸定字。下『㱕』字皆同，不復出校。

〔二七二〕暮春者季春三月也，戊二作『暮春三月』，脱漏嚴重。

〔二七三〕春服既成，戊二、己卷、辛一、刊本同，乙卷『成』下有『者』。

〔二七四〕單袷之時，乙卷、己卷、辛一、刊本同，戊二『單』誤作『戰』，『時』誤作『服』。

〔二七五〕於，乙卷、辛一同，戊二、己卷、刊本作『乎』，二字古多通用。

〔二七六〕先王，乙卷、戊二、辛一、刊本同，己卷誤作『先生』。

〔二七七〕而㱕於夫子之門也，己卷無『而』，乙卷、刊本無『於』，乙卷、戊二、己卷、辛一、刊本無『也』字。

〔二七八〕也，乙卷、己卷、辛一同，戊二無。

〔二七九〕善點之獨知時也，乙卷、戊二、辛一同，己卷、刊本無『之』，刊本無『也』字。

〔二八〇〕者，乙卷、戊二、辛一、刊本同，己卷無。

〔二八一〕曾晳後，己卷脱。

〔二八二〕夫三子者，乙卷、辛一、刊本同；戊二『三』前有『二』，己卷無『三』，皆誤，前言『三子者出』可證。

〔二八三〕亦各言其志也已矣，刊本同，乙卷無『言』，李方謂其誤脱，是也；庚卷無『也已矣』三字，戊二、己卷、辛一無『已矣』二字。

〔二八四〕曰，刊本同，乙卷、戊二、己卷、辛一作『子曰』，《定州漢墓竹簡論語》亦作『子曰』。

〔二八五〕礼貴讓，乙卷、戊二、刊本同，己卷無『礼』字，乃是脱重文符號所致；辛一『讓』誤作『謙』。

〔二八六〕不讓，乙卷、己卷、辛一、刊本同，戊二「不」誤作「大」。

〔二八七〕笑之也，己卷、辛一同，乙卷「笑」作「哂」，乙卷、戊二、刊本無「也」字。

〔二八八〕與，戊二、己卷、刊本同；乙卷作「矣」，「與」「矣」古可通用，然下句「唯赤則非邦也與」句乙卷仍作「與」，則此處作「矣」者乃音誤也，唐五代西北方音止、遇二攝通用，「與」「矣」同音。

〔二八九〕安見方六七十，乙卷、戊二、己卷、刊本下有「如五六十」四字，義長，然《定州漢墓竹簡論語》與底二同，已無此四字；乙卷「安」作「焉」，案《經典釋文·論語音義》（後簡稱「《釋文》」）亦作「焉」，「安」「焉」義同。

〔二九〇〕宗廟之事如，戊二、己卷同，乙卷「廟」作「庿」，「庿」爲「廟」之古異體字；乙卷、刊本無「之事如」三字，《釋文》云：「宗廟會同，本或作『宗廟之事如會同』，非。」案：皇本有此三字，然《定州漢墓竹簡論語》作「宗廟會同」，亦無此三字。

〔二九一〕非諸侯之事而何，乙卷、己卷作「非諸侯如之何」，戊二作「非諸侯如之而何」，刊本及《定州漢墓竹簡論語》作「非諸侯而何」。《釋文》云：「非諸侯而何，一本作『非諸侯如之何』。」

〔二九二〕之事，乙卷、己卷、刊本同，戊二下有「也」字。

〔二九三〕也，乙卷、戊二、己卷、刊本無。

〔二九四〕熟，乙卷、戊二、己卷、刊本作「孰」，「熟」爲「孰」之借字。

〔二九五〕耳，戊二、己卷、刊本同，乙卷無。

〔二九六〕誰能爲大相也，乙卷脱「誰」，戊二「爲」下衍「之」，己卷、刊本無「也」字。

〔二九七〕顔淵苐十二，己卷同，乙卷「苐」作「弟」，「苐」爲「弟」之俗字；戊二前有「論語」二字。

〔二九八〕尅，戊二同，乙卷、己卷、刊本作「克」，《説文·克部》「克」篆下段注：「俗作剋。」而「尅」則爲「剋」之變體，説見朱珔《説文假借義證》卷十三「克」篆下注。下凡「尅」字不復出校。

〔二九九〕復反也，乙卷、己卷前有「孔曰」二字，李方疑底二誤脱，案《史記·仲尼弟子列傳》裴駰《集解》引有「孔安國曰』四字；己卷無『也』字。

〔三〇〇〕身能反礼則爲仁矣，己卷同，戊二『身』誤作『享』，『仁』作『人』，案『人』爲『仁』之借字。乙卷無『矣』，庚卷末有『也』字，乃爲雙行對齊而添。

〔三〇一〕歸，己卷同，戊二作『歸』，乙卷脱。

〔三〇二〕身，乙卷、己卷、庚卷同，戊二脱。

〔三〇三〕人，戊二、己卷、庚卷同，乙卷作『仁』，李方云『此處作「人」爲是』。

〔三〇四〕不在於人也，戊二同，乙卷、刊本無『於』，乙卷、己卷無『也』字。

〔三〇五〕包曰，己卷、刊本同，乙卷、戊二作『苞曰』，庚卷作『苞氏曰』。

〔三〇六〕知，戊二、己卷、刊本同，乙卷誤作『如』。

〔三〇七〕請問之也，戊二無『請』，乙卷、己卷、刊本無『也』字。

〔三〇八〕鄭曰，乙卷、戊二、刊本同，己卷作『孔曰』。

〔三〇九〕也，戊二同，乙卷、己卷、刊本無。

〔三一〇〕必行之也，戊二作『而學行之也』，乙卷、己卷、刊本無『也』字。

〔三一一〕見，乙卷、戊二、庚卷、刊本同，己卷無，李方謂己卷脱。

〔三一二〕民，底二及戊二、己卷、庚卷缺末筆，避諱缺筆字，兹據刊本録正；乙卷作『人』，則爲諱改字。

〔三一三〕爲人，戊二同，庚卷脱『爲』字；乙卷、己卷、庚卷、刊本『人』作『仁』，李方云『此處以作「仁」爲勝』。

〔三一四〕莫尚於敬，己卷『尚』誤作『過』；乙卷、庚卷、刊本『於』作『乎』，二字古多通用；戊二、庚卷末有『也』字。

〔三一五〕邦，乙卷、己卷、庚卷、刊本同，戊二誤作『拜』。注中『邦』字戊二亦誤作『拜』。

〔三一六〕包曰，刊本同，乙卷、戊二、庚卷作『苞曰』，己卷作『孔曰』，《史記·仲尼弟子列傳》裴駰《集解》引作『包氏』。

〔三一七〕在邦爲諸侯，戊二、庚卷、刊本同，己卷「爲」音誤作「謂」，下句「爲」字同；乙卷「侯」誤作「候」。

〔三一八〕也，乙卷、戊二、己卷、庚卷、刊本無。

〔三一九〕請事斯語矣，戊二下有注文「事猶用也」，己卷無「猶」字。李方《唐寫本〈論語集解〉校讀零拾》云：「本篇前章「顔淵曰回雖不敏，請事斯語矣」，皇疏末云：「事，犹用也。」與此注同，當係引此何注。」（《出土文獻研究》第三輯二二三頁，中華書局一九九八）

〔三二〇〕子曰，乙卷、戊二、庚卷、刊本同，己卷無「子」，李方云「當係誤脱」。

〔三二一〕認，乙卷、戊二、己卷同，庚卷、刊本作「訒」。黄侃《説文段注小箋》：「古無認字，止作仞。」（《説文箋識四種》一七七頁，上海古籍出版社一九八三）。《説文・言部》：「訒，頓也。《論語》曰：「其言也訒。」」是作「認」者後起增旁字。下「認」字同。

〔三二二〕司馬犁者也，己卷「司馬」下衍「名」字；乙卷、己卷、刊本「犁」作「犂」，「犁」爲「犂」之隸變字，庚卷誤作「黎」；乙卷、己卷、庚卷、刊本無「者也」，戊二無「者」。

〔三二三〕也，乙卷、己卷、庚卷、刊本同，戊二無。

〔三二四〕斯可謂之仁矣乎，戊二同，乙卷、刊本無「可」，庚卷、乙卷、刊本「矣」作「已」，己卷無「乎」。

〔三二五〕爲之難言之得無認乎，戊二無下一「之」字，李方謂其誤脱；庚卷作「爲君子不憂不懼」，乃涉下「君子不憂不懼」句而誤。

〔三二六〕言之難，己卷、庚卷、刊本作「行仁難」，乙卷作「行人難」，戊二作「行之難」；案經文曰「爲之難」，則以作「行仁難」爲是，乙卷之「人」乃「仁」之借字，戊二之「之」乃「人」之誤字，底二作「言之難」者，臆改也。

〔三二七〕言仁亦不得不難，乙卷、刊本同，己卷「仁」作「之」，「之」當是「人」之誤，「人」則「仁」之借字；戊二「亦」作「言」，李方謂戊二誤；戊二、庚卷末有「也」字。

〔三二八〕子曰君子不憂不懼，乙卷、己卷同，戊二脱二「子」字，庚卷脱「曰」與「君子」三字。

〔三二九〕桓，乙卷、己卷、庚卷同，戊二誤作『恒』。

〔三三〇〕牛，底二原無此字，李方謂底本誤脱，兹據乙卷、戊二、己卷、庚卷、刊本補。

〔三三一〕自，乙卷、戊二、庚卷、刊本無，己卷作『懷』。

〔三三二〕耳，乙卷、戊二、己卷、庚卷、刊本無。

〔三三三〕斯謂之君子乎，戊二、己卷、庚卷『斯』下有『可』字，戊二、己卷無『乎』，乙卷、刊本『乎』作『已乎』。

〔三三四〕疾，戊二、己卷同，乙卷、庚卷、刊本作『疚』，李方云『當以「疚」爲是』。注中『疾』字同。

〔三三五〕包曰，刊本同，乙卷作『苞曰』，己卷作『孔曰』，庚卷無『包』字，《史記・仲尼弟子列傳》裴駰《集解》引作『包氏曰』。

〔三三六〕也，乙卷、戊二、庚卷、刊本同，己卷無。

〔三三七〕自省，戊二、己卷、庚卷、刊本同，乙卷作『自性』，李方云『當以「自省」爲是』，『性』當爲『省』之音誤。

〔三三八〕有何憂懼，乙卷、己卷、庚卷、刊本『有何』作『無可』，戊二末有『也』字。

〔三三九〕苐，己卷同，乙卷、戊二、庚卷、刊本作『弟』，『苐』爲『弟』之俗字。本章中『苐』字皆同。

〔三四〇〕亡，戊二、己卷、庚卷、刊本同，乙卷誤作『止』。

〔三四一〕鄭曰，乙卷、戊二、刊本同，己卷作『孔曰』，庚卷作『鄭玄曰』。凡『鄭曰』庚卷均作『鄭玄曰』，下不復出。

〔三四二〕疾恐死亡無日，乙卷、戊二、己卷、庚卷、刊本皆無『疾恐』二字，李方謂底本衍；『亡』字乙卷誤作『止』，庚卷誤作『之』。

〔三四三〕兄苐，己卷末有『也』字。

〔三四四〕聞，乙卷、戊二、庚卷、刊本同，己卷作『問』，『問』爲『聞』之借字，二字古多通假。

〔三四五〕皆爲兄苐也，戊二同，刊本無『爲』，乙卷、己卷、庚卷無『也』字。

〔三四六〕可患乎無兄苐也，乙卷、戊二、己卷、庚卷、刊本『可』作『何』，『可』『何』上古可通用，『可』有豈義，義亦可通；己卷脱「無兄弟也」諸字，戊二、庚卷無「也」字。

〔三四七〕包曰，己卷、刊本同，乙卷、戊二作「苞曰」，庚卷作「苞氏曰」。

〔三四八〕踈，乙卷、庚卷、刊本作「疏」，戊二、己卷作「疎」，「踈」「疎」皆「疏」之俗字。

〔三四九〕相親也，戊二同，刊本無「相」字，有「相」字較善；乙卷、己卷、庚卷、刊本無「也」字。

〔三五〇〕浸潤，底二原誤作「祲潤」，茲據乙卷、戊二、己卷、庚卷、刊本改正。下「浸潤」同。

〔三五一〕明矣，戊二同，乙卷、庚卷、刊本作「明也已矣」，己卷作「明已矣」。案《晉書·五行志上》引云：「孔子曰：『浸潤之譖，膚受之愬，不行焉，可謂明矣。』」與底二、戊二同。

〔三五二〕漸以成之，己卷、刊本同，庚卷脱「漸」，乙卷脱「以」；戊二作「以漸也成之」，「以漸」誤倒，「也」乃爲雙行對齊而添。

〔三五三〕馬融，庚卷同，乙卷、戊二、己卷、刊本無「融」。

〔三五四〕膚受，己卷同，乙卷、戊二、刊本下有「之愬」二字。

〔三五五〕内實，乙卷、庚卷、刊本同，己卷下有「也」字。

〔三五六〕遠矣，乙卷、己卷、庚卷、刊本作「遠也已矣」。

〔三五七〕馬曰，乙卷、己卷、刊本同，庚卷作「馬融曰」。

〔三五八〕其德行高遠，壬卷起於此。

〔三五九〕莫能及也，乙卷、庚卷、刊本無「也」字；己卷作「莫之反（及）」。戊二自「非其内實」之「内實」至此均脱。

〔三六〇〕民，底二及乙卷、戊二、己卷缺末筆，避諱缺筆字，茲據庚卷、刊本録正。

〔三六一〕得，乙卷、戊二、己卷、庚卷、刊本同，壬卷作「德」，「德」爲「得」之借字。

〔三六二〕三，乙卷、戊二、己卷、庚卷、刊本同，壬卷誤作「二」。

〔三六三〕曰，乙卷、庚卷同，戊二、壬卷無；己卷、刊本前有「子貢」二字，皇侃《論語義疏》無「子貢」二字。

〔三六四〕古，戊二、己卷、庚卷、壬卷、刊本同，乙卷作『故』，『故』爲『古』之借字。

〔三六五〕民無信不立，『民』字底二及乙卷、己卷缺末筆，避諱缺筆字，兹據壬卷、刊本録正；庚卷『民』作『人』，諱改字。戊二末有『也』字。

〔三六六〕也，戊二、己卷、庚卷、辛一、壬卷同，乙卷、刊本無。

〔三六七〕文爲，乙卷、戊二、庚卷、辛一、壬卷、刊本同，己卷倒作『爲文』。

〔三六八〕也，戊二、辛一、壬卷同，乙卷、己卷、庚卷、刊本無。

〔三六九〕君子也，戊二、己卷、庚卷、辛一、刊本同，壬卷、癸卷無『也』字。癸卷起於『君子』。

〔三七〇〕及舌，乙卷、己卷、庚卷、辛一、壬卷、癸卷同，戊二末有『也』字。

〔三七一〕也，己卷、庚卷、辛一、壬卷、刊本同，乙卷、戊二無『也』字。

〔三七二〕不及，乙卷、辛一、壬卷、刊本同，戊二、己卷、庚卷有『也』字。乙卷止於此。

〔三七三〕質也，己卷、庚卷、刊本同，戊二誤倒。

〔三七四〕質猶文也，戊二、己卷、辛一、壬卷、刊本同，庚卷脱『猶』字。

〔三七五〕之鞹，己卷、庚卷、辛一、壬卷同，戊二脱『之』字；癸卷、刊本『鞹』作『鞟』。《説文》有『鞹』無『鞟』，朱駿聲《説文通訓定聲》以『鞟』爲『鞹』之俗字。下及注中『鞹』字同。

〔三七六〕也，戊二、辛一、壬卷同，己卷、庚卷、癸卷、刊本無。

〔三七七〕皮，戊二、己卷、庚卷、辛一、癸卷、刊本同，壬卷誤作『及』。

〔三七八〕者，戊二、己卷、庚卷、辛一、壬卷、癸卷同，刊本無。阮校：「皇本「别」下有「者」字。案邢疏本有「者」字，《釋文》亦明出「别者」字，今注誤脱。」

〔三七九〕毛文異耳，戊二、庚卷、辛一、癸卷、刊本同，己卷脱『毛』字，壬卷『耳』音誤作『汝』。《廣韻》『耳』音而止切，止韻三等；『汝』音人渚切，語韻三等，唐五代西北方音止遇二攝通用，故『汝』『耳』同音。

〔三八〇〕今使文質同者，庚卷、辛一、刊本同，己卷無「今」，戊二無「者」，李方疑己卷誤脱；壬卷「同」作「周」，「周」爲「同」之形誤；癸卷「使」作「所」，案「所」爲「使」之音誤（使、所止、遇二攝之别）。

〔三八一〕何以别虎豹与犬羊耶，庚卷、辛一同，己卷句前有「則」字，戊二脱「豹」字；壬卷、癸卷無「耶」字；刊本「耶」作「邪」，《玉篇・耳部》：「耶，俗邪字。」

〔三八二〕飢，戊二、己卷、庚卷、辛一、壬卷、癸卷同，刊本作「饑」。《説文・食部》：「飢，餓也。」「饑，穀不孰爲饑。」《爾雅・釋天》：「穀不熟爲饑，蔬不熟爲饉。」則「饑」爲正字，「飢」爲借字。

〔三八三〕有若，戊二、己卷、庚卷、辛一、癸卷、刊本同，壬卷重「有」字，此因換行而誤衍。

〔三八四〕盍徹乎，戊二、庚卷、辛一、癸卷、刊本同，己卷「徹」誤作「澈」，無「乎」字；壬卷脱「徹」字。

〔三八五〕盍何不也，戊二、己卷、辛一、壬卷、癸卷、刊本同，庚卷作「盍者何不」。

〔三八六〕什一而税謂之徹，戊二、己卷、庚卷、辛一、刊本同，壬卷「税」誤作「説」，癸卷「什」誤作「十」。下文「什二而税」句癸卷「什」亦誤作「十」。

〔三八七〕通也，戊二、己卷、庚卷、辛一、壬卷、刊本同；癸卷「也」作「法」，當是涉下「通法」而誤。

〔三八八〕爲天下之通法，庚卷、刊本同，戊二「之通」倒作「通之」，末有「矣也」；己卷「法」誤作「稱」；己卷、辛一、壬卷、癸卷末有「也」字。

〔三八九〕吾，戊二、己卷、庚卷、辛一、壬卷、刊本同，癸卷脱。

〔三九〇〕也，戊二、庚卷、辛一、壬卷、癸卷、刊本同，己卷無。

〔三九一〕孔，戊二、庚卷、辛一、壬卷、癸卷同，己卷作「包」。

〔三九二〕百姓足，戊二、己卷、辛一、壬卷、癸卷、刊本同；庚卷無「百」，李方謂庚卷脱。

〔三九三〕孰與不足，己卷、庚卷、辛一、刊本同；戊二、壬卷、癸卷「孰」作「熟」，音借字也；壬卷脱「與」，癸卷脱「不」。

〔三九四〕不足，戊二、己卷、庚卷、辛一、壬卷、刊本同，癸卷脱「足」。

〔三九五〕君孰與足，底二及壬卷無，李方謂底二誤脱，玆據辛一、刊本補；戊二、癸卷「孰」作「熟」，「熟」爲「孰」之音借字，注中「孰」字同；戊二、己卷、庚卷、癸卷「與」作「与」。

〔三九六〕也，己卷、庚卷、辛卷、壬卷、癸卷同，戊二無。

〔三九七〕辯惑，戊二、己卷、庚卷、辛一、壬卷同，刊本「辯」作「辨」，「辯」爲「辨」之借字；癸卷「惑」作「或」，「或」「惑」古今字。注中「辯」字同。

〔三九八〕包，辛一、壬卷、癸卷同，戊二、庚卷作「苞」，己卷、刊本作「孔」。

〔三九九〕辯猶別也，辛一、壬卷同，戊二、己卷、癸卷、刊本無「猶」字，戊二、己卷、庚卷無「也」字。

〔四〇〇〕也，辛一、壬卷、庚卷、刊本同，戊二、己卷、癸卷無。

〔四〇一〕見義事則徙意而從之也，辛一、壬卷、癸卷同，刊本無「事」字，戊二、刊本無「也」字；己卷作「見義徒意從之」，庚卷作「見義則徙意從之」，多有脱誤。

〔四〇二〕之，戊二、己卷、庚卷、辛一、癸卷、刊本同，壬卷誤作「而」。

〔四〇三〕惑，戊二、己卷、庚卷、辛一、壬卷、刊本同，癸卷作「或」，「或」「惑」古今字。

〔四〇四〕爱惡當有常，戊二、庚卷、辛一、癸卷同，壬卷「爱」誤作「受」，己卷「當」下有「其」字。

〔四〇五〕是心惑也，己卷、壬卷、刊本同，辛一、癸卷無「心」字，「惑」作「或」；戊二、庚卷無「也」字。

〔四〇六〕知，「衹」的音誤字，戊二、庚卷、辛一、壬卷、癸卷即作「衹」；己卷作「秖」，刊本作「衹」，阮校：「『衹』當作『衹』，《唐石經》作『衹』。」錢大昕《十駕齋養新録》卷一「衹」字條有詳考，認爲當作「衹」。《説文》無「秖」字，《玉篇》謂「穀始熟也」，《集韻・支韻》收入此字，以爲「衹」之别體。其實「秖」當是「衹」之訛體，古從示從禾之字常互混。

〔四〇七〕詩小雅也，戊二、己卷、庚卷、辛一、刊本同，壬卷「小」誤作「十」，壬卷、癸卷無「也」字。

〔四〇八〕祇適也，戊二、庚卷、壬卷、癸卷同；「衹」，己卷作「秖」，刊本作「祇」，説詳校記〔四〇六〕；辛一脱「適」字。

〔四〇九〕誠不可以致富，庚卷、辛一、壬卷、刊本同，戊二「誠」音誤作「成」，己卷「致」誤作「鼓」；癸卷「不可以致富」誤作「不足也以至富」。

〔四一〇〕爲異，戊二、己卷、辛一、壬卷同，庚卷、刊本「爲」前有「以」字，癸卷「異」音誤作「以」。

〔四一一〕取此詩之異義以非之，辛一、壬卷、刊本同，己卷脱「此」字，戊二脱「異」字，庚卷無「之」字；癸卷「取此」倒作「此取」，「以非之」誤作「非也」；己卷末有「也」字。

〔四一二〕於，戊二、己卷、庚卷、辛一、壬卷、刊本同，癸卷脱。

〔四一三〕當春秋之時，辛一、壬卷同，戊二無「之」；「春秋」己卷、癸卷、刊本作「此」，庚卷作「當此時」，《史記·孔子世家》裴駰《集解》引作「當此之時」。

〔四一四〕陳恒制齊，戊二、己卷、庚卷、辛一、癸卷同；刊本「恒」誤作「桓」，李方云「作「桓」則明顯不通」，《春秋·哀公十四年》：「夏，四月，齊陳恒執其君，寘于舒州。」壬卷脱「制」字。

〔四一五〕臣不臣，戊二、庚卷、辛一、壬卷同，己卷、癸卷、刊本下有「父不父，子不子」。

〔四一六〕故以此對之，庚卷、壬卷同；己卷作「故此對也」，刊本作「故以對」；癸卷「之」作「也」，戊二、辛一末有「也」字。

〔四一七〕君不君，己卷、庚卷、壬卷、癸卷、刊本同，戊二無「不君」二字，李方謂戊二誤脱。

〔四一八〕不子，戊二、己卷、庚卷、壬卷、癸卷、刊本同，辛一脱「子」字。

〔四一九〕焉，戊二、辛一、壬卷同，己卷、庚卷、癸卷作「豈」，刊本無。阮校：「皇本、高麗本「吾」下有「豈」字，《釋文》出「吾焉得而食諸」，云：「本亦作焉得而食諸。焉，於虔反，本今作吾得而食諸。」案《史記·仲尼世家》及《漢書·武五子傳》竝作「豈」，與皇本合。《太平御覽》二十二引「吾惡得而食諸」。豈、焉、惡三字義皆相近，疑今本「吾」下有脱字。」

〔四二〇〕也，庚卷、壬卷、癸卷、刊本同，戊二、己卷無。

〔四二一〕氏，戊二、己卷、庚卷、辛一、庚卷、刊本同，壬卷誤作「民」。

〔四二二〕可以折獄，底二原無「以」字，李方謂底二誤脱，兹據戊二、己卷、庚卷、辛一、癸卷、刊本補；壬卷「折」作「析」，乃扌、木混淆所致也。

〔四二三〕聽誦必須兩詞，戊二、己卷、庚卷、辛一、壬卷、癸卷、刊本「頌」作「訟」，「頌」爲「訟」之借字；「詞」字壬卷同，癸卷誤作「爲」，己卷、庚卷作「辝」，刊本作「辭」，「辝」「辭」古混用，「詞」「辭」音同義通。

〔四二四〕子路可也，底二「可」原誤作「耳」，兹據戊二、己卷、庚卷、辛一、癸卷、刊本改正；己卷、庚卷、刊本無「也」字，戊二「可」前衍「終」字，庚卷「路」誤作「欲」。

〔四二五〕宿諾，己卷、庚卷、辛一、壬卷、癸卷、刊本同，戊二脱「諾」字，末有「也」字。

〔四二六〕預也，庚卷、辛一、壬卷、癸卷同，戊二無「也」字；己卷、刊本「預」作「豫」。案《説文》有「豫」無「預」，新附始有「預」字，云：「安也。案經典通用豫。」段玉裁於「豫」篆下注云：「俗作預。」黄侃《説文新附考原》云：「預蓋豫之譌。」（《説文箋識四種》二九〇頁）下句「預」字同。

〔四二七〕也，戊二、己卷、庚卷、壬卷、癸卷同，刊本無。壬卷止於此。

〔四二八〕聽訟，戊二、己卷、辛一、癸卷、刊本同，庚卷下有「乎」字；案《定州漢墓竹簡論語》及《禮記·大學》所引無「乎」字，庚卷蓋涉下句「使無訟乎」而衍。

〔四二九〕与人等也，戊二同，「与」字癸卷音借作「以」，唐五代西北方音止、遇二攝通用故也；己卷、庚卷、辛一、刊本無「也」字。

〔四三〇〕必也，己卷、庚卷、辛一、癸卷、刊本同，戊二脱「也」字。

〔四三一〕王曰化之在前也，庚卷「王」作「王肅」，下章《集解》「王」庚卷亦作「王肅」；戊二、己卷、癸卷、刊本無「也」字。

〔四三二〕居，戊二、己卷、庚卷、辛一、刊本同，癸卷誤作「君」。注中「居」字癸卷亦誤作「君」。

〔四三三〕身，戊二、庚卷、辛一、癸卷、刊本同，己卷誤作「耳」。

〔四三四〕無得懈倦，戊二、己卷、庚卷同，癸卷、刊本「懈」作「解」，「解」「懈」古今字；己卷「得」作「所」。

〔四三五〕人，戊二、庚卷、辛一、癸卷同，刊本作「民」，李方云「作『民』是，作『人』係避唐諱」。

〔四三六〕忠信也，戊二、辛一、癸卷同，己卷「也」前有「矣」字，當是衍文；庚卷無「信也」二字，則誤脱也；刊本無「也」字。

〔四三七〕君子愽學於文，「愽」爲「博」的俗字，癸卷、刊本正作「博」；「君子」二字戊二、庚卷、辛一、癸卷同，己卷、刊本無此二字。案《雍也》篇亦有此句，《釋文》云：「博學於文，一本作『君子博學於文』。」臧琳《經義雜記》卷六「《雍也》博學於文」條云：「《集解》載鄭注云：『弗畔，不違道。』既言『君子不嫌其違畔於道』，後《顔淵篇》此章再見，正本皆無『君子』字。據《釋文》，知此處古本亦無，有者衍文。《顔淵篇》釋文云：『博學於文，一本作君子博學於文。』《正義》曰：『或本亦有作君子博學於文。』蓋皆後人所加，後篇朱子本無。」

〔四三八〕弗畔矣夫，戊二、己卷、庚卷、刊本同，癸卷「弗」作「不」，二字同義；癸卷無「夫」字。

〔四三九〕弗畔不違道也，戊二、辛一同，庚卷前有「鄭玄曰」，癸卷、刊本前有「鄭曰」；己卷「道也」作「大道」，庚卷、刊本無「也」字。

〔四四〇〕君子成人之美不成人之惡小人反是，戊二、庚卷、辛一、癸卷、刊本同，己卷「美」誤作「義」，「反」誤作「及」。

〔四四一〕正，戊二、己卷、庚卷、辛一、刊本同，癸卷誤作「政」。

〔四四二〕帥而正，底二及戊二、癸卷「帥」誤作「師」，李方云「作『師』乃形近之誤」，兹據己卷、庚卷、辛一改正；刊本「而」作「以」，《經傳釋詞》云「而猶以也」。

〔四四三〕熟敢不正，己卷、庚卷、辛一、刊本「熟」作「孰」，「熟」爲「孰」之借字；戊二「正」作「政」，亦音借字。

〔四四四〕諸臣之帥也，底二及辛一、癸卷『帥』作『師』，李方認爲『師』爲『帥』之誤，茲據戊二、己卷、庚卷、刊本改正；戊二、癸卷『諸臣』誤作『諸侯』，戊二、庚卷無『也』字。

〔四四五〕子之不欲，戊二、己卷、辛一、癸卷、刊本同，庚卷無『之』字，『欲』作『慾』，『欲』『慾』古今字。

〔四四六〕欲情欲也，底二及辛一作『情欲也』，茲據己卷、庚卷、癸卷、刊本於句首補一『欲』字，《史記・孔子世家》裴駰《集解》亦引作『欲，情欲也』，戊二作『知情欲也』，疑『知』爲『欲』之形誤；刊本『情』前衍『多』字，癸卷、刊本無『也』字，己卷、庚卷、刊本後一『欲』字作『慾』。

〔四四七〕人化於上，戊二、己卷、庚卷、辛一同，刊本『人』作『民』，李方云『作「人」係避唐諱』；己卷『人』下有『皆』字；癸卷作『思之化於上』，『思』衍文，『之』爲『人』之誤。

〔四四八〕所好，戊二、庚卷、辛一、癸卷、刊本同，己卷下有『也』字。

〔四四九〕孔子，戊二同，庚卷、辛一、癸卷、刊本下有『曰』；己卷重『孔子』二字，蓋誤衍重文符號。

〔四五〇〕煞，己卷、辛一同，庚卷、癸卷、刊本作『殺』，《干禄字書・入聲》以『煞』爲『殺』之俗字。下凡『煞』字皆同，不復出校。

〔四五一〕欲煞以止姦也，辛一同，戊二『欲』誤作『知』，戊二、庚卷、刊本『欲』下有『多』字，癸卷『止』誤作『上』，己卷、庚卷、癸卷、刊本無『也』字；己卷『姦』作『奸』，《五經文字・女部》云『姦，私也。俗作奸，訛』。

〔四五二〕子欲善而民善矣，底二『而民善』三字小字旁注，無『矣』字，據此句語气，有『矣』字爲佳，底二無者，蓋脱也，茲據戊二、己卷、庚卷、辛二、癸卷、刊本補；戊二、辛二『民』缺末筆，己卷、庚卷、癸卷『民』作『人』，皆避諱字；辛一止於『欲善』，辛二起於『而民善』。

〔四五三〕也，戊二、辛二、癸卷同，己卷、庚卷、刊本無。

〔四五四〕也，戊二、庚卷、辛二、癸卷同，己卷、刊本無。

〔四五五〕草上之風，己卷、辛二、癸卷、戊二無『草』字，李方謂爲脱字；庚卷作『草尚加之以風』。阮校：『皇本、高麗本「上」作「尚」，《釋文》出「草尚」，云「本或作上」。案尚、上古字通。」李方云：「「加以」二字，當衍。」

〔四五六〕亦欲令康子先自正，癸卷無「欲」字，李方謂爲脱文；庚卷無「令」字；己卷無「正」字，李方謂爲脱文；戊二、癸卷「正」作「政」，「政」爲「正」之借字；戊二、辛二末有「也」字。

〔四五七〕仆也，底二原作「仆之化也」，李方謂底卷衍「之化」二字，兹據戊二、己卷、庚卷、辛二、癸卷、刊本删；戊二無「也」字。

〔四五八〕草上加之以風，戊二、辛二同，己卷、癸卷、刊本作「加草以風」；庚卷作「草加以風」，「草加」二字誤倒。

〔四五九〕猶民化於上也，底二及戊二、己卷、辛二「民」原缺末筆，避諱缺筆字，兹依例録正；庚卷、癸卷「民」作「人」，諱改字；己卷、庚卷、癸卷、刊本「民」下有「之」，庚卷、刊本無「也」字。

〔四六〇〕士何如斯可謂之達矣，戊二、庚卷、辛二、癸卷、刊本同，己卷「何如」作「如何」，「矣」作「也」。案《定州漢墓竹簡論語》、《史記·仲尼弟子列傳》作「何如」、「矣」，與底卷同。

〔四六一〕尒所謂之達矣，辛二同；「尒」字己卷作「尒」，刊本作「爾」，「尒」爲「尒」之增筆俗字，「尒」「爾」古混用；己卷、庚卷、癸卷、刊本無「之」字，戊二、己卷、庚卷、癸卷、刊本「矣」作「者」。

〔四六二〕之，戊二、己卷、庚卷、辛二、刊本同，癸卷無。

〔四六三〕也，戊二、辛二同，己卷、庚卷、癸卷、刊本無。

〔四六四〕夫達也者，戊二、辛二、癸卷、刊本同，己卷無「也」字，庚卷因换行而脱「夫達也」三字。

〔四六五〕如，戊二、己卷、庚卷、辛二、癸卷、刊本作「而」，而、如古通用。

〔四六六〕下人，己卷、庚卷、辛二、癸卷同，戊二下有「也」字。

〔四六七〕馬曰，戊二、己卷、辛二、癸卷同，庚卷作「馬融曰」。

〔四六八〕志，戊二、庚卷、辛二、癸卷、刊本同，己卷音誤作「止」。

〔四六九〕觀顔色，己卷、庚卷、辛二、癸卷、刊本同，戊二脱「顔色」二字。

〔四七〇〕其念慮常欲以下人也，辛二同，癸卷無『其』，戊二無『念』、『常』，庚卷無『欲』，己卷、庚卷、刊本無『也』字；『念』字《史記·仲尼弟子列傳》裴駰《集解》引同，刊本作『志』。

〔四七一〕在邦必達在家必達，戊二、己卷、庚卷、刊本同，辛二無『在邦』，李方謂其誤脱；癸卷誤作『在邦必聞，在家必聞』。

〔四七二〕謙尊而光卑而不可踰也，底二原無『光卑而』三字，應是手民看錯『而』字以致漏抄三字，兹據戊二、己卷、庚卷、癸卷、刊本補；癸卷『不可』下有『以』字，辛二有『夫聞也者卑』五字，李方謂後者爲衍文，案『夫聞也者』四字乃後句經文羼入注文也；癸卷、刊本無『也』字；庚卷『也』作『之』。

〔四七三〕也，戊二、己卷、辛二、癸卷、刊本同，庚卷無。

〔四七四〕取仁而行違，戊二、己卷、庚卷、辛二、刊本同，癸卷『仁』作『人』、『而』作『如』、『違』作『爲』，皆音借字。

〔四七五〕此言佞人假人者之色，底二『佞人』原倒作『人佞』，兹據戊二、庚卷、癸卷乙正（此三卷『佞』均作『倿』，『佞』『倿』皆『佞』之俗字），辛二脱此二字，己卷作『佞二人』，衍『二』字，刊本作『佞人』；『人者』，戊二、癸卷同，己卷、庚卷、刊本作『仁者』，『人』爲『仁』之借字。

〔四七六〕違，底二原作『達』，李方謂底卷誤，兹據戊二、己卷、庚卷、辛二、刊本改正；癸卷作『爲』，音誤字。

〔四七七〕安居其僞而不自疑也，癸卷『僞』誤作『色』，『自』誤作『白』；戊二、己卷、辛二、刊本無『也』字；庚卷『也』作『之』，乃爲雙行對齊而添。

〔四七八〕在家必聞，戊二、己卷、癸卷、刊本同，辛二無『家必聞』三字，李方謂其誤脱。

〔四七九〕也，庚卷、辛二、癸卷同，戊二、己卷、刊本無。

〔四八〇〕遲，戊二、己卷、庚卷、辛二、癸卷同，刊本作『遲』，『遲』爲『遲』之俗字。下『遲』字同。

〔四八一〕焉，戊二、辛二同，癸卷作『也』；己卷『焉』下有『也』字，己卷『也』字當是爲雙行對齊而添。

〔四八二〕脩慝辯惑，戊二、辛二同，『脩』爲『修』之借字，下同；己卷、癸卷『慝』作『匿』，『匿』『慝』古今字；庚卷、刊本『辯』作『辨』，『辯』爲『辨』之借字；癸卷『惑』作『或』，『或』『惑』古今字。下『慝』字同。

〔四八三〕修治，辛二同，己卷、癸卷、刊本『修』作『脩』；戊二、己卷、刊本下有『也』字。

〔四八四〕治惡爲善，辛二、刊本同，癸卷『治』作『里』。李方云：『作「里」係避唐諱。然「修治」之「治」未避，恐係遺忘。』案此卷抄於大中七年，其『治』、『里』同出，乃是輾轉眷抄前代寫卷所致，『治』已經回改而『里』存舊而已，非遺忘也。而且『治』之諱改字本當作『理』，此作『里』，已是一個音借字。戊二作『反惡爲善也』，己卷作『治人惡爲善也』，則已爲傳抄者改動。

〔四八五〕德，癸卷同，戊二、己卷、辛二、刊本作『得』，『德』爲『得』之借字。庚卷止於『得』字，其字殘存右上角。

〔四八六〕孔曰，戊二、己卷、辛二、刊本同，癸卷無，李方云『當係誤脱』。

〔四八七〕勞於事，戊二、辛二、癸卷同，己卷『勞』下有『人』字，李方云『當衍』。

〔四八八〕得禄也，戊二、辛二、癸卷同，己卷作『食禄』，刊本作『得報』。

〔四八九〕無，戊二、辛二、癸卷、刊本同，己卷作『毋』，二字同義。

〔四九〇〕忿，己卷、辛二同，戊二作『怨』，癸卷脱。

〔四九一〕身，戊二、己卷、辛二、刊本同，癸卷脱。

〔四九二〕惑，戊二、己卷、辛二、刊本同，癸卷作『或』，『或』『惑』古今字。

〔四九三〕智，戊二、己卷、辛二、癸卷同，刊本作『知』，『知』『智』古今字。

〔四九四〕曰，己卷、癸卷同，戊二、辛二、刊本作『子曰』。李方云：『孔子答樊遲前二問均作「子曰」，此答問亦應相同，底本等誤脱「子」字。』案《史記・仲尼弟子列傳》云：『樊遲問仁，子曰：「爱人。」問智，曰：「知人。」』是後答亦無『子』字，李説未必是。

〔四九五〕知，己卷、辛二、癸卷、刊本同，戊二作『智』，此『智』爲『知』之同音借字。

〔四九六〕措諸枉，『措』字戊二、己卷、癸卷同，辛二作『棤』，刊本作『錯』，『錯』爲『措』之借字，『棤』乃因扌、木混用所致；『枉』字底二原作『抂』，扌、木混用之故，茲依例録正，癸卷誤作『往』。下『措』、『枉』同。

〔四九七〕用之，戊二、辛二、刊本同，己卷、癸卷前有『而』字。

〔四九八〕癈置耶枉，己卷、癸卷、刊本『癈』作『廢』，『癈』爲『廢』之俗字；『耶』字戊二、辛二同，己卷、癸卷、刊本作『邪』，『耶』爲『邪』之俗字；辛二『枉』誤作『在』。

〔四九九〕則皆化爲直，戊二、刊本同，辛二末有『也』字；己卷作『則入皆化其直』，癸卷作『則人皆化爲直』，『入』乃『人』之誤。

〔五〇〇〕見，戊二、辛二同，己卷、癸卷脱。

〔五〇一〕向也吾見於夫子而問智，戊二、辛二同，『向』字己卷、癸卷作『嚮』，刊本作『鄉』，『嚮』爲『向』之後起增旁字，『鄉』爲『向』之借字；刊本『智』作『知』，『知』『智』古今字。

〔五〇二〕能使枉者直，己卷、辛二、癸卷同，戊二脱『能使枉』三字。

〔五〇三〕也，戊二、辛二、刊本同，己卷、癸卷無。

〔五〇四〕選，戊二、己卷、辛二、刊本同，癸卷重出，乃因換行而衍。

〔五〇五〕伊尹，己卷、辛二、癸卷、刊本同，戊二誤作『伊々』。

〔五〇六〕仁，己卷、辛二、癸卷、刊本同，戊二作『人』，『人』爲『仁』之借字。

〔五〇七〕言舜湯有天下，戊二、辛二、刊本同，己卷、癸卷無『言』字，『湯』下有『俱』字。

〔五〇八〕選擇於衆，底二原脱『擇』字，茲據戊二、己卷、辛二、刊本補，癸卷『擇』誤作『釋』；戊二『衆』誤作『還』。

〔五〇九〕不仁者遠，己卷、辛二、癸卷同，戊二、刊本末有『矣』字。

〔五一〇〕矣，戊二、辛二、癸卷、刊本同，己卷作『也』字。

〔五一一〕忠告以善道，己卷、癸卷同，刊本『以』作『而』，二字義同；『道』戊二誤作『遵』，辛二作『導』，『道』『導』本古今字，然文中『道』乃道路之道，名詞，不應作『導』；戊二、刊本末有『之』字。

〔五一二〕否則止，底二「止」原誤作「正」，兹據戊二、己卷、辛二、癸卷改正；刊本「否」作「不可」。

〔五一三〕無，戊二、己卷、辛二、癸卷同，刊本作「毋」，二字義同。

〔五一四〕是非，戊二、辛二、刊本同，己卷、癸卷脱「非」字。

〔五一五〕以善道導之，底二原脱「道」字，兹據己卷、辛二、刊本補；戊二脱「導」字；癸卷「導」誤作「遵」。

〔五一六〕不見從則止，底二「從」下原有「之」，李方謂其爲衍字，兹據戊二、己卷、辛二、癸卷、刊本删；戊二「止」作「已」，二字義同。

〔五一七〕惑見辱也，己卷脱「惑」字，戊二、辛二、癸卷、刊本「惑」作「或」，此「惑」爲「或」之同音借字；戊二、己卷、刊本無「也」字。

〔五一八〕友以文德合也，辛二同，己卷無「友」，李方謂其爲脱文；癸卷「友」作「有」，「有」爲「友」之借字；戊二、刊本無「也」字。戊二此句下有「出牛車之去」五字，不知從何處羼入。

〔五一九〕友相切磋之道，戊二、辛二同，己卷、癸卷「友」作「朋友」；癸卷「磋」作「瑳」，案鈕樹玉《段氏説文注訂》云：「《詩·淇奥》「如切如瑳」，或作「磋」，非」。

〔五二〇〕所以輔成己之仁，刊本同，戊二無「以」字，己卷「之」作「不」，李方謂戊二誤脱「以」，己卷誤作「不」，是也；辛二、癸卷末有「也」字。

〔五二一〕論語卷苐六，戊二、己卷、癸卷同，辛二無。

論語集解（七）（子路、憲問）

斯三〇一一B（底卷）　俄敦九五三（甲卷）　伯二五九七（乙卷）

伯三六〇七（丙卷）　俄敦八五八〇（丁卷）　伯二七一六（戊卷）

伯三三五九（己卷）

【題解】

底卷編號爲斯三〇一一B，起『子路第十三』篇題，至《憲問》末，後有尾題『□語卷第七』，共一百四十四行。經文大字，小注雙行。存《子路》、《憲問》二篇，今依例擬名爲《論語集解（子路、憲問）》。此與斯三〇一一A本爲一卷，詳見《論語集解》（六）乙卷之題解。

甲卷編號爲俄敦九五三，起『論語子路第十三』篇題，至『如有王者，必世而後仁』《集解》『必三十年仁政乃成』之『年』，共二十二行，但皆僅存上半。經文大字，小注雙行。篇題下有小字『卷第七』三字。《孟目》首先比定其名，今依例擬名爲《論語集解（子路）》。

乙卷編號爲伯二五九七，起《子路》『見小利則大事不成』《集解》『小利妨大』之『利』，至《憲問》『夫子何爲』，共八十行，經文大字，小注雙行。第十一行『狷者有』及第五十四行『其然』下各抄脱一段，可見粗疏之甚。《伯目》首先比定其名，今依例擬名爲《論語集解（子路、憲問）》。李方《敦煌〈論語集解〉校證》（江蘇古籍出版社一九九八）據卷中『民』字缺筆，定爲唐寫本。

丙卷編號爲伯三六〇七，起《子路》『君子泰而不驕，小人驕而不泰』《集解》『而實自驕矜』，至《憲問》『行人子羽脩飾之，東里子産潤色之』《集解》『世叔，鄭大夫游吉也』之『世叔』，二十四行。經文大字，小注雙行。《索引》首先比定其名，今依例擬名爲《論語集解（子路、憲問）》。李方《敦煌〈論語集解〉校證》據書法定爲唐寫本。

丁卷編號爲俄敦八五八〇，起《憲問》『有德者必有言』之『德者』，至『禹、稷躬稼而有天下』之『禹稷』，五殘行。僅存經文十二字，《集解》文十字，經文大字，小注雙行。許建平《俄藏敦煌文獻儒家經典類寫本的定名與綴合》首先比定其名（《姜亮夫、蔣禮鴻、郭在貽先生紀念文集》三一二頁，上海教育出版社二〇〇三），今依例擬名爲《論語集解（憲問）》。

戊卷編號爲伯二七一六，起《憲問》『問管仲。曰：人也』《集解》『猶《詩》言所謂伊人』，至篇末，尾題『論語卷第七』，共七十一行。經文大字，小注雙行。此卷抄寫粗疏，脱漏較多，且多删《集解》所引之主名。卷背爲《社司轉帖》，又有『亥年九月七日記』七字。尾題後有題記二行：『大中九三月廿二日孝生令狐再晟寫記　海原押』及『咸通五年四月十二童子令狐文進書記』，故知此卷爲令狐再晟抄於大中九年（八五五）者。《伯目》首先比定其名，今依例擬名爲《論語集解（憲問）》。

己卷編號爲伯三三五九，起《憲問》『賢者辟世』之『避世』，至篇末，共二十行。經文大字，小注雙行。《伯目》首先比定其名，今依例擬名爲《論語集解（憲問）》。寫卷『世』、『民』字避諱，李方《敦煌〈論語集解〉校證》據以定爲唐寫本。

陳鐵凡《敦煌論語異文彙考》（《孔孟學報》第一期，一九六一年四月。簡稱『陳鐵凡』）對底卷作有校記，李方《敦煌〈論語集解〉校證》（簡稱『李方』）對底卷及乙、戊、己卷作有校記。

底卷據《英藏》録文，以甲、乙、丙、丁、戊、己諸卷及中華書局影印阮元刻《十三經注疏·論語注疏》爲校本（後者簡稱『刊本』），校録於後。

子路第十三〔一〕卷第七

子路問政。子曰：『先之，勞之。』孔曰：『先導之以德，使人〔二〕信之，然後勞之也〔三〕。《易》曰：「悦以使人，人忘其勞。」〔四〕』請益。曰：『毋〔五〕倦。』孔曰：『子路嫌〔六〕其少，故請益。曰無倦者，行此上事，無倦則可。』

仲弓爲季氏宰，問政。子曰：『先有司，王曰：『言爲政當先任有司而［後］〔七〕責其事。』赦〔八〕小過，舉賢才。』曰：『焉知賢才而舉之〔九〕？』曰：『舉尔〔一〇〕所知。尔所不知，人其舍諸？』孔曰：『汝〔一一〕所不知者，人將自舉之〔一二〕，各舉〔一三〕其所知，則賢才無遺。』

子路曰：『衛君待子而爲政，子將奚先？』苞〔一四〕曰：『問往將何所先行。』子曰：『必〔一五〕也正名乎！』馬曰：『正百事之名〔一六〕。』子路曰：『有是哉，子之迂也！奚其正？』苞曰：『迂猶遠〔一七〕。言孔子之言遠於事。』子曰：『野〔一八〕哉，由也！孔曰：『野，不達〔一九〕。』君子於其所不知，盖闕如也。苞曰：『君子於其所不知，當闕而勿據。今由不知正名之義，而謂之迂遠〔二〇〕。』名不正則言不順，言不順則事不成，事不成則礼〔二一〕樂不興，礼樂不興則刑罰〔二二〕不中，孔曰：『礼以安上，樂以移風，二者不行，則有淫刑〔二三〕濫罰。』刑罰不中則民〔二四〕無所錯手足，故君子名之必可言［也，言之必可］行［也］〔二五〕。王曰：『所名之事必可得而明言，所言之事必可得而遵行。』君子於其言，無所苟而已矣。』

樊遲〔二六〕請學稼。子曰：『吾不而〔二七〕老農。』請學爲圃。曰：『吾［不］〔二八〕如老圃。』馬曰：『樹五穀曰稼，樹菜蔬〔二九〕曰圃。』樊遲出。子曰：『小人哉，樊須也！上好礼，則民莫敢不敬。上好義，則民〔三〇〕莫敢不服。上好信，則民莫敢不用情。孔曰：『情，情實也。言人化於上〔三一〕，各以實應〔三二〕。』夫如是，則四方之民襁負其子而至矣，焉用稼！』苞曰：『礼以義信〔三三〕，足以成得〔三四〕，何用學稼以教人乎〔三五〕？負者以器（器）曰襁〔三六〕。』

子曰：『誦《詩》三百，授［之］〔三七〕以政，不達；使於四方，不能專對，雖多，亦奚以爲？』專猶獨也。

子曰：『其身正，不令而行。其身不正，雖令不從。』王曰：『令，教令〔三八〕。』

子曰：『魯、衛之政，兄弟也〔三九〕。』苞曰：『魯，周公之封。衛，康叔之封也〔四〇〕。周公、康叔既爲兄弟，康叔睦於周公，其國之政亦如兄弟。』

子謂衛公子荆，『善居室。王曰：『荆与蘧瑗、史鰌並爲君子。』始有，曰「苟荅〔四一〕矣」；少有，曰「苟完矣」；富有，曰「苟美矣」。』

子適衛，冉有僕。孔曰：『孔子之衛，冉有御〔四二〕。』子曰：『庶矣哉！』孔曰：『庶，衆也，言衛人衆多。』冉有曰：『既庶矣，又何加焉？』曰：『富之。』曰：『既富矣，又何加焉？』曰：『教之。』

子曰：『苟有用我者，期月而已可也，三年有成。』孔曰：『言成〔四三〕有用我於政事者，期年〔四四〕而可以行其政教，必三年乃有成〔四五〕。』

子曰：『「善人爲邦百年，亦可以勝殘去煞〔四六〕矣。」王曰：『勝殘暴之人〔四七〕，使不爲惡也。去煞，不用煞〔四八〕。』誠哉是言也！』孔曰：『古有此言，孔子信之。』

子曰〔四九〕：『而〔五〇〕有王者，必世如後人〔五一〕。』孔曰：『三十〔五二〕年曰世。如有受命王者，必三十年〔五三〕仁政乃成。』

子曰：『苟正其身矣，於從政乎何有？不能政其身〔五四〕，如政人何？』

冉子退朝。周曰：『謂罷朝於魯君。』子曰：『何晏也？』對曰：『有正〔五五〕。』馬曰：『政者，有所改更匡政〔五六〕。』子曰：『其事也。馬曰：『事者，凡行常事。』如有政，雖不吾以，吾其與聞之。』馬曰：『如有政，非常之事，我爲大夫，雖不見任用，必當与聞之。』

定公問：『一言而可以興邦，有之〔五七〕？』孔子對曰：『言不可矣〔五八〕若是其幾也。王曰：『以其太要〔五九〕，[一]言不能政興国（國）〔六〇〕。幾，近也。有近一言可以興国（國）。』人之言曰：「爲君難，爲臣不易。」如知爲君之難也，不幾乎一言而興邦乎？』王曰〔六一〕：『事不可[以一]言而成〔六二〕。而之此，則可近〔六三〕。』曰：『一言而喪邦，有諸？』孔子對曰：『言不可以若是其幾也。人之言曰：「予無樂乎爲君，唯樂〔六四〕其言而莫予違也。」孔曰：『言無樂於爲君。所樂者，唯樂其言而不見違。』如善〔六五〕而莫之違也，不亦善乎？如不善而莫之違也，不幾乎一言而喪邦乎？』孔曰：『人君所言善，無違之者，則善〔六六〕。所言不善，而無敢違之者，則近一言而喪国（國）。』

葉公問政。子曰：『近者説，遠者來。』

子[夏爲]莒父宰〔六七〕，問政。鄭曰：『舊説云：莒父，魯下邑。』子曰：『毋欲[速]〔六八〕，毋見小利。欲速則不達，見小利則大事不成。』孔曰：『事不可以速成，而欲其速，則不達矣。小利妨大〔六九〕，則大事不成。』

葉公語孔子曰：『吾黨有直躬者，孔曰：『直躬，直身而行〔七〇〕。』其父攘羊，而子證之。』周曰：『有因而盗曰攘〔七一〕。』孔子曰：『吾黨之直者異於是。父爲子隱，[子爲父隱]〔七二〕，直在其中矣。』

樊遅問仁。子曰：『居處〔七三〕恭，執事敬，與人忠。雖之夷狄，不可弃也〔七四〕。』苞曰：『雖之夷狄無礼儀〔七五〕之處，猶不可弃去而不行〔七六〕。』

子貢問曰：『何如斯可謂之士矣？』子曰：『行己有耻〔七七〕，孔曰：『有恥者〔七八〕，有所不爲。』使於四方，不辱君命也〔七九〕，可謂士矣。』曰：『敢問其次。』[曰]〔八〇〕：『宗族稱孝焉〔八一〕，鄉黨稱悌〔八二〕焉。』[曰]：『敢問其次。』曰：『言必信，行必果，硜硜然小人也〔八三〕！抑亦可以爲次矣。』鄭曰：『行必果〔八四〕，所欲行〔八五〕必果敢爲之。硜者〔八六〕，小人之皃〔八七〕。抑亦其次，言可以爲次〔八八〕。』曰：『今之從政者何如？』子曰：『噫！斗筲之人，何足算也？』鄭曰：『噫，心不平之聲。筲，竹器（器）〔八九〕，容斗[二升]〔九〇〕。算，數也。』

子曰：『不得中行而与之，必也狂狷乎！苞曰：『中行，行得其中者〔九一〕。言不得中行，則欲得狂狷〔九二〕。』

狂者進取，狷者有所不爲〔九三〕。』苞曰：『狂者進取於善道，狷者守節無爲，欲得此二人〔九四〕，以時多進退，取其恒一。』子曰：『南人有〔九五〕言曰：「人而無恒，不可以作巫毉〔九六〕。」孔曰：『南人，南國之人。』鄭曰：『言巫毉不能〔治〕無常之人〔九七〕。』善夫！』苞曰：『善南人之言〔九八〕。』『不恒其德，惑〔九九〕承之羞』。孔曰：『此《易・恒卦》之辭〔一〇〇〕，言〔一〇一〕德無常則羞辱承之。』子曰：『不占而已矣。』鄭曰：『《易》所以占吉凶，無恒之人，《易》所不占〔一〇二〕。』

子曰：『君子和而不同〔一〇三〕，小人同而不和。』君子心和，然其所見各異，故曰不同。小人所耆好者〔一〇四〕同，然各争利，故曰不和。

子貢問曰：『鄉人皆好之，何〔如〕〔一〇五〕？』子曰：『未可也。』『鄉人皆惡之，何如？』子曰：『未可也。不如鄉人之善者好之，其不善者惡之。』孔曰：『善人善己，惡人惡己，是善〔善〕明，惡〔惡〕著〔一〇六〕。』

子曰：『君子易事而難説者〔一〇七〕。孔曰：『不責俻（備）於一人，故易事〔一〇八〕。』説之不以道，不説也。及其使人也，器之。孔曰：『度才而觀之〔一〇九〕。』小人難事而易説也〔一一〇〕。説之雖不以道，説〔一一一〕也。及其使〔人〕〔一一二〕也，求備焉。』

子曰：『君〔子〕泰而不憍〔一一三〕，小人憍而不泰。』君子自縱泰，似憍而不憍。小人拘忌，而實自憍矜也〔一一四〕。

子曰：『剛、毅、木、訥近人〔一一五〕。』王曰：『剛，無欲〔一一六〕；毅，果敢也〔一一七〕；木，質樸也〔一一八〕；訥，遲鈍也〔一一九〕。有斯〔一二〇〕四者，近於仁〔一二一〕。』

子路問曰：『何如斯可謂之士矣？』〔子曰〕〔一二二〕：『切切偲偲，怡怡如也，可謂士矣。朋友切切偲偲，兄弟怡怡〔一二三〕。』馬曰：『切切偲偲，相切責之皃〔一二四〕。怡怡，和順之皃〔一二五〕。』

子曰：『善人教民七年，亦可以即戎矣。』苞曰：『即，就〔一二六〕；戎，兵〔一二七〕，可以攻戰也〔一二八〕。』

子曰：『以不教民戰〔一二九〕，是謂弃之。』馬曰：『言用不習之人〔一三〇〕，使之攻戰〔一三一〕，必破敗，是謂弃之。』

憲問第十四〔一三二〕

憲問恥。子曰：『邦有道，穀。孔曰：『穀，禄也。邦有道，當食禄也〔一三三〕。』邦無道，穀，恥也。』孔曰：『君無道而在其朝，食其禄，是恥辱〔一三四〕。』『克〔一三五〕、伐、怨、欲不行焉，可以爲仁矣？』馬曰：『克〔一三六〕，好勝人。伐，自伐其功〔一三七〕。怨，忌小怨。欲，貪欲〔一三八〕。』子曰：『可以爲難矣，仁則吾不知也〔一三九〕。』苞曰：『四者行之難，未足以爲仁。』

子曰：『士而懷居，不足以爲士矣。』士當志道，不求安。而懷居，非士〔一四〇〕。

子曰：『邦有道，危言危行。危〔一四一〕，厲也。邦有道，可以厲言行〔一四二〕。』邦無道，危行言遜〔一四三〕。』遜，順也。厲行不隨俗，順言以遠害〔一四四〕。

子曰：『有德者必有言〔一四五〕，德不可以億中，故必有言〔一四六〕。有言者不必有德。仁者必有勇，勇者[不]必有仁〔一四七〕。』

南宮括〔一四八〕孔曰：『括，南宮敬叔，魯大夫〔一四九〕。』問於孔子曰：『羿善射，奡湯〔一五〇〕舟，孔曰：『羿，有窮之君〔一五一〕，篡夏后相之位。其臣寒浞煞之，因其室而生奡〔一五二〕。奡多力，能陸地行舟，爲夏后少康所煞也〔一五三〕。』俱不得其死然〔一五四〕。禹、稷〔一五五〕躬稼而有天下。』夫子不答〔一五六〕。馬曰：『禹盡力於溝洫，稷播〔一五七〕百穀，故曰躬稼。禹及其身，稷及〔一五八〕後世，皆王。括意欲[以]禹、稷比孔子〔一五九〕。孔子謙，故[不]答也〔一六〇〕。』南宮括出，子曰：『君子哉若人！尚德哉若人！孔曰：『賤不義而貴有德，故曰君子。』

子曰：『君子而不〔一六一〕仁者有矣夫，未有小人而人者也〔一六二〕。』孔曰：『雖曰君子，猶未能偹(備)也〔一六三〕。』

子曰：『愛之，能勿勞乎？忠焉，能勿誨乎？』孔曰：『言人有所愛〔一六四〕，必欲勞來〔一六五〕之；有所忠，必欲教誨之〔一六六〕。』

子曰：『爲命，卑諶〔一六七〕草創之，孔曰：『卑諶，鄭大夫氏名〔一六八〕。謀於野則獲，於國〔則〕〔一六九〕否。鄭國將有諸侯之事〔一七〇〕，則使乘車以適野，而謀（諶）作盟會之詞〔一七一〕。』世〔一七二〕叔討論之，行人子羽修〔一七三〕飾之，東里子産潤色之。』馬曰：『世叔〔一七四〕，大夫游吉〔一七五〕。討，治也。卑諶既造謀〔一七六〕，世叔復治〔而〕〔一七七〕論之，詳而審之。行人，掌使之官。子羽，公孫揮〔一七八〕。子産居東里，因以爲号〔一七九〕。更此四賢而成，故鮮有敗事也〔一八〇〕。』

或問子産。子曰：『惠人也。』孔曰：『惠，愛也。子産，故〔一八一〕之遺愛。』問子西。曰『彼哉，彼哉！』馬曰：『子西，鄭大夫。彼哉彼哉，言無足稱〔一八二〕。』或曰楚令尹子西。問管仲。曰：『人也。猶《詩》言「所謂伊人」也〔一八三〕』。奪伯氏駢邑三百，飯蔬〔一八四〕食，没齒無怨言〔一八五〕。』孔曰：『伯氏，齊大夫。駢邑，地名〔一八六〕。齒，年也。伯氏食邑三伯（百）〔一八七〕家，管仲奪之，使至疏〔一八八〕食，而没齒無怨言，其當理故〔一八九〕。』

子曰：『貧而無怨難，富而無憍〔一九〇〕易。』

子曰：『孟公綽爲趙、魏老則優，不可以〔一九一〕爲滕、薛（薛）大夫。』孔曰：『公綽，魯大夫。趙、魏，皆晉卿也〔一九二〕。家臣稱老。公綽性〔一九三〕寡欲，趙、魏貪賢，家老無職〔一九四〕，故優。滕、薛（薛）小國，大夫職煩，故不可爲〔一九五〕。』

子路問成人。子曰：『若臧武仲之智〔一九六〕，馬曰：『魯大夫臧孫紇〔一九七〕。』公綽〔一九八〕之不欲，馬曰：『孟公綽〔一九九〕。』卞莊〔二〇〇〕子之勇，周曰：『卞邑大夫〔二〇一〕。』冉求之藝，文〔二〇二〕之以礼樂，孔曰〔二〇三〕：『加之以礼樂文成之〔二〇四〕。』亦可以爲成人矣。』曰：『今之成人者何必然？見利思義，馬曰：『義然後取，不可以苟得〔二〇五〕。』見危授命，久要不忘平生之言，亦可〔二〇六〕以爲成人矣。』孔曰〔二〇七〕：『久要，舊約〔二〇八〕。平生，猶少時。』

子問公叔文子於公明賈曰：『信乎，夫子不言不笑不取乎？』孔曰〔二〇九〕：『公叔文子，衛大夫公叔拔也〔二一〇〕。文，謚〔二一一〕。』公明賈對曰：『以告〔二一二〕者過也。夫子時〔二一三〕然後言，人不猒〔二一四〕其言。樂然後笑，人不猒其笑。義然後取，人不猒其取也〔二一五〕。』子曰：『其然？豈其然乎？』馬曰〔二一六〕：『美其得道，嫌不能悉然〔二一七〕。』

子曰：『臧武仲［以］防求爲後於魯〔二一八〕，雖曰不要君，吾不信也。』孔曰〔二一九〕：『防，武仲故邑〔二二〇〕。爲後，立後〔二二一〕。魯襄公二十三年，武仲爲〔二二二〕孟氏所譖，出奔邾〔二二三〕。自邾如防〔二二四〕，使爲以大蔡納請〔二二五〕曰：「紇非敢害〔二二六〕，智不足也〔二二七〕。非敢私請。苟守先祀，無廢二勳〔二二八〕，敢不避邑也〔二二九〕！」乃立臧爲。紇致防〔二三〇〕而奔齊。此所謂要君〔二三一〕。』

子曰：『晉文公譎而不正，鄭曰〔二三二〕：『譎者，詐也，爲〔二三三〕召天子而使諸侯朝之。仲尼〔二三四〕曰：「以臣召君，不可以訓。」故書曰：「天王狩於河陽。」〔二三五〕是譎而不正也〔二三六〕。』齊桓公正而不譎〔二三七〕。』馬曰：『伐楚以〔二三八〕公義，責苞茅之貢不入〔二三九〕，問昭王南征不還〔二四〇〕，是正而不譎〔二四一〕。』

子路曰：『桓公煞公子糺〔二四二〕，召〔二四三〕忽死之，管仲不死。』曰：『未人〔二四四〕乎？』孔曰〔二四五〕：『齊襄公〔二四六〕立，無常。鮑叔牙曰：「君使民〔二四七〕慢，乱將作矣。」奉公子小白出奔莒〔二四八〕。襄公從弟公孫無知煞襄公，管夷吾、邵忽奉公子糾奔魯〔二四九〕。齊人煞無知。魯伐〔二五〇〕齊，納子糺。小白自莒先入，是爲桓公，乃煞子糺。召忽死之〔二五一〕。』子曰：『桓公九合諸侯，不以兵車，管氏〔二五二〕之力也。如其人〔二五三〕，如其人。』孔曰：『誰如管仲之人〔二五四〕！』

子貢曰：『管仲非仁者與〔二五五〕？桓公煞公子糺〔二五六〕，不能死，又相之。』子曰：『管仲相桓〔二五七〕公，霸諸侯，一匡天下，馬曰：『匡，正也。天子微弱，桓公帥〔二五八〕諸侯以尊周室，一正天下〔二五九〕。』民到于今受其賜。受其賜者，謂〔二六〇〕不被髮左衽之惠。微管仲，吾其被髮左衽〔二六一〕矣。馬曰〔二六二〕：『微，無也。無〔二六三〕管仲，則君不君，臣不臣，皆爲夷狄〔二六四〕。』豈［若］匹夫匹婦之爲諒也〔二六五〕，自經於溝瀆而莫之知也〔二六六〕？』王曰：『經，經死於溝瀆中也〔二六七〕。管仲、召〔二六八〕忽之於公子糾，君臣之義未正〔二六九〕成，故死之未足深嘉也〔二七〇〕，不死未足多非。死既難〔二七一〕，亦在於過厚〔二七二〕，故仲尼但美管仲之〔二七三〕功，亦不言召忽不當死〔二七四〕。』

公叔文子之臣大夫僎與文子同升諸公。孔曰〔二七五〕：『大夫僎本文子家臣，薦之使与己並爲大夫〔二七六〕，同升在公朝〔二七七〕。』子文〔二七八〕之，曰：『可以爲文矣。』孔曰：『行如此〔二七九〕，可謚爲文〔二八〇〕。』子曰衛靈公之無道〔二八一〕，康子曰：『夫如是，奚〔二八二〕而不喪？』孔子曰：『仲叔圉治賓客，祝鮀治宗廟〔二八三〕，王孫賈治軍旅。夫如是，奚其喪？』孔曰：『言雖無道，所任者各得其才〔二八四〕，何爲當亡〔二八五〕？』

子曰：『其言之不怍，則其〔二八六〕爲之也難。』馬曰：『怍，慙也。內有其〔二八七〕實，則言之不慙。積其〔實〕〔二八八〕者，爲之難〔二八九〕。』

陳成子弑簡公〔二九〇〕。孔子沐浴〔二九一〕而朝，告於哀公曰：『陳恒弑〔二九二〕其君，請討之。』馬曰：『成子，齊大夫陳恒也。將告君，故先齊〔二九三〕。齊必沐浴〔二九四〕。』公曰：『告夫三子者〔二九五〕。』孔曰：『謂三卿也。』孔子曰：『以吾從大夫之後，不敢不告也〔二九六〕。君曰「告夫三子」〔二九七〕者。』馬曰：『我礼〔二九八〕當告君，不當告三子。君使我往，故復往之〔二九九〕。』之三子告〔三〇〇〕，不可。孔子曰：『以吾從大夫之後，不敢不告也〔三〇一〕。』馬曰：『孔子由君命之三子告，不可，故復以此辭語之而止〔三〇二〕。』

子路問事君。子曰：『勿欺也〔三〇三〕，而犯之。』孔曰：『事君之道，義不可欺，當能犯顔諫爭〔三〇四〕。』

子曰：『君子上達，小人下達。』孔曰〔三〇五〕：『本爲上，末爲下。』

子曰：『古之學者爲己，今之學者爲人。』孔曰：『爲己，履而行之。爲人，徒〔三〇六〕能言之。』

蘧〔三〇七〕伯玉使人於孔子，孔子与之坐而問焉，孔曰：『伯玉，衛大夫蘧瑗〔三〇八〕。』曰：『夫子何爲〔三〇九〕？』對曰〔三一〇〕：『夫子欲寡其過而未能也〔三一一〕。』言夫子欲寡其過〔三一二〕而未能無過。使者出。子曰：『使乎！使乎！』陳曰〔三一三〕：『再言「使乎」者，善之〔三一四〕。言使得其人〔三一五〕。』

子曰：『不在其位，不謀其政。』曾子曰：『君子思〔三一六〕不出其位。』孔曰：『不出其職。』〔三一七

子曰：『君子恥其言之過其行也〔三一八〕。』

子曰：『君子道者三，我無能焉：仁者不憂〔三一九〕，智〔三二〇〕者不惑，勇者不懼。』子貢曰：『夫子

自道也。』

子貢方人。孔曰：『比方人〔三二一〕。』子曰：『賜也賢乎哉？夫我則不暇〔三二二〕。』孔曰：『不暇比方人〔三二三〕。』

子曰：『不患人之不己知，患其不能也〔三二四〕。』王曰：『徒患己之無能。』

子曰：『不逆詐，不億〔三二五〕不信，抑亦先覺者，是賢乎？』孔曰：『先覺人情者，是寧能爲賢乎？或時反〔三二六〕怨人。』

微生畝謂孔子〔三二七〕曰：『丘何爲是栖栖者與〔三二八〕？無乃爲佞〔三二九〕乎？』苞曰：『微生，姓也〔三三〇〕。畝，名〔三三一〕。』孔子曰〔三三二〕：『非敢爲佞〔三三三〕，疾固也〔三三四〕。』苞曰：『疾世〔三三五〕固陋，欲行道以化之。』

子曰：『驥不稱其力，而稱其德〔三三六〕。』鄭曰：『德者〔三三七〕，調良之謂。』或曰：『以德報怨〔三三八〕，何如？』子曰：『何以報德？德，恩惠之德〔三三九〕。以直報怨，以德報德〔三四〇〕。』

子曰：『莫我知也夫！』子貢曰：『何爲其莫知子也〔三四一〕？』子貢恠夫子言何爲其莫知己〔三四二〕，故問〔三四三〕。子曰：『不怨天，不尤人，馬曰：『孔子不用於世〔三四四〕而不怨天，不知己亦不尤人〔三四五〕。』下學而上達。孔曰：『下學人事，上知天命〔三四六〕。』知我者其天乎？』聖人与天地合德〔三四七〕，故曰唯天知己〔三四八〕。

公伯寮愬子路於季孫。馬曰：『愬，譖也。伯寮，魯人，弟子〔三四九〕。』子服景伯以告，孔曰〔三五〇〕：『魯大夫子服何〔忌〕〔三五一〕。告，告孔子〔三五二〕。』曰：『夫子固有惑志，孔曰：『季孫信讒，恚子路〔三五三〕。』於公伯寮也〔三五四〕，吾力猶能肆諸市朝。』鄭曰〔三五五〕：『吾勢力能辯〔三五六〕子路之無罪於季孫，使之誅寮而肆之。有罪既刑，陳其尸曰肆〔三五七〕。』子曰：『道之將行也與〔三五八〕，命也。道之〔將〕癈也與〔三五九〕，命也。公伯寮其如〔三六〇〕命何！』

子曰：『賢者避世〔三六一〕，孔曰：『世主莫德而臣〔三六二〕。』其次避地，馬曰〔三六三〕：『去乱國而治邦〔三六四〕。』其次避色，孔曰：『色斯舉矣。』其次避言。』孔曰：『有惡言乃去〔三六五〕。』子曰：『作者〔三六六〕七人矣。』苞曰：『作，爲也。爲之者凡七人，謂長沮、桀溺、丈人、石門、荷蕢、儀封人、楚狂接輿〔三六七〕。』

子路宿於石門。晨門曰〔三六八〕：『奚自？』晨門者，閽人〔三六九〕也。子路曰：『自〔三七〇〕孔氏。』曰〔三七一〕：『是知其不可〔三七二〕而爲之者與？』苞曰：『言孔[子]知世不可爲而强爲之〔三七三〕。』

子擊磬於衛，有荷蕢而過孔氏之門[者]〔三七四〕，曰：『有心哉，擊磬乎！』蕢，草器也〔三七五〕。有心哉，謂契契然〔三七六〕。既而曰：『鄙哉〔三七七〕，硜硜乎！莫己知也，斯己而已矣〔三七八〕。此硜硜〔三七九〕，徒信己而已〔三八〇〕。言亦無益〔三八一〕。深則厲，淺則揭。』苞曰：『以衣涉水爲厲。揭，褰衣〔三八二〕。言隨世以行己〔三八三〕，若過水必以濟，知其不可則當不爲。』子曰：『果哉，末之難矣！』末之〔三八四〕己志而便譏己，所以爲果也〔三八五〕。末，無也。無難者，以其不[能]解己之道也〔三八六〕。

子張曰：『《書》云：「高宗諒陰，三年不言。」何謂也？』孔曰〔三八七〕：『高宗，殷之中興王武丁也。諒，信也〔三八八〕。陰猶默也〔三八九〕。』子曰：『何必高宗，古之人皆然。君薨，百官惣〔三九〇〕己，馬曰：『己，己百官〔三九一〕。』以聽〔三九二〕冢宰三年。』孔曰：『冢宰，天官卿，佐〔三九三〕王治者。三年喪畢，然後王自聽政。』

子曰：『上好礼，則民易使也〔三九四〕。』民〔三九五〕莫敢不敬，故易使〔三九六〕。

子路問君子〔三九七〕。子曰：『修〔三九八〕己以敬。』孔曰：『敬其身。』曰：『而〔三九九〕斯而已乎？』曰：『修己以安人〔四〇〇〕。』孔曰：『人，謂朋友九族。』曰：『如斯而〔四〇一〕已乎？』曰：『修己以安百姓。修己以安百姓，堯、舜其猶病諸。』孔曰：『病猶難也〔四〇二〕。』

原壤[夷]俟〔四〇三〕。馬曰：『原壤，魯人〔四〇四〕，孔子故舊。夷，踞；俟，待〔四〇五〕。踞待孔子〔四〇六〕。』子曰：『幼而不愻悌〔四〇七〕，長而無述焉；老而不死，是爲賊。』賊爲賊害〔四〇八〕。以杖叩〔四〇九〕其脛。孔曰：『叩，擊也〔四一〇〕。脛，脚脛〔四一一〕。』

闕黨童子將命〔四一二〕。馬曰：『闕黨〔童子〕〔四一三〕將命者，傳賓主之語出入〔四一四〕。』或問之曰：『益者与〔四一五〕？』子曰：『吾見其居於位也〔四一六〕，童子隅坐〔四一七〕無位，成人〔四一八〕乃有位。見其□□□□□□□□（與先生並行也。非求）益者也〔四一九〕，欲速成者也〔四二〇〕。』苞曰：『先生，成人也〔四二一〕。並▨（行）〔四二二〕，□□□□□□□□□□□□□□（不差在後，違礼。欲速成者，則非求益也）〔四二三〕。』

▨▨（論語）卷弟七〔四二四〕

【校記】

〔一〕子路第十三，甲卷前有『論語』二字，『第』作『苐』；『苐』爲『弟』之俗字，俗書竹頭多寫作草頭，俗據『苐』楷正，則成『第』字。下文『第』、『弟』甲卷所存部分皆寫作『苐』，不復出校説明。

〔二〕人，刊本作『民』，李方云『作「人」係避唐諱』。

〔三〕也，甲卷、刊本無。

〔四〕悦以使人人忘其勞，刊本『悦』作『説』，『人』作『民』；『説』『悦』古今字，『人』爲『民』之諱改字。引文見《周易·兑卦》，今本作『説以先民，民忘其勞』，可參。

〔五〕毋，刊本作『無』，二字同義。

〔六〕嫌，底卷原誤作『猶』，兹據刊本改正。

〔七〕後，底卷原無，李方云『底本恐誤脱』，兹據刊本補。

〔八〕赦，刊本同，甲卷誤作『教』。

〔九〕焉知賢才而舉之，刊本同，甲卷『知』作『智』，脱『才』字；『知』『智』古今字。

〔一〇〕尔，刊本作『爾』。爾、尒本非一字，後世合二而一，字多寫作『爾』，而『尔』者，『尒』之變體，説見《敦煌俗字研究》下編第七頁。以下寫卷各本及刊本凡『尒』、『尔』、『爾』之别者均不復出校。

〔一一〕汝，甲卷同，刊本作『女』。『女』『汝』古今字。

〔一二〕之，甲卷、刊本無。

〔一三〕各舉，甲卷同，刊本無。

〔一四〕苞，刊本作『包』。『包』『苞』古今字，然姓氏仍當作『包』。下凡『苞』不復出校。

〔一五〕必，刊本同，甲卷脱。

〔一六〕正百事之名，刊本同，甲卷『百』誤『者』，末有『也』字。

〔一七〕『迂猶遠』下刊本有『也』字。

〔一八〕野，刊本同，甲卷作『也』。案『也』爲『野』之同音借字。

〔一九〕野不達，刊本作『野猶不達』，甲卷末有『也』字。

〔二〇〕迂遠，刊本同，甲卷末有『也』字。

〔二一〕礼，刊本作『禮』。『礼』爲古文『禮』字，敦煌寫本多用此字，後世刊本則多用『禮』字。下凡此均不復出校。

〔二二〕荆罸，『荆』甲卷、刊本作『刑』，『罸』刊本作『罰』。黄侃《字通》：『荆爲刑法正字，刑乃刑剄、刑人之字，今溷用。』（《説文箋識四種》一〇〇頁，上海古籍出版社一九八三）《五經文字·罒部》：『罰、罸，上《説文》，下《石經》，五經多用上字。』下『荆』、『罸』同。

〔二三〕則有淫刑，刊本同，甲卷脱『有』、『刑』。

〔二四〕民，底卷作『民』，下文『民莫敢不敬』的『民』底卷作『民』，似皆即『民』字俗寫，甲卷缺末筆，則爲避唐諱的缺筆字，兹據刊本録正。底卷『民』字多避唐諱缺末筆，但偶似有不避者，蓋避諱不嚴之故。參看下文校記〔三〇〕、〔三四七〕。

〔二五〕也言之必可行也，底卷只有一『行』字，陳鐵凡謂底卷誤脱，兹據甲卷、刊本補。

〔二六〕遲，甲卷同，刊本作『遲』，慧琳《音義》卷三《大般若波羅蜜多經》第三三二卷：『遲鈍，犀音西，從尾從牛，經文從尸從羊，俗字也。』下『遲』字皆同。

〔二七〕而，刊本作『如』，二字古多通用。

〔二八〕不，底卷原無，陳鐵凡云『此當誤脱』，兹據刊本補。

〔二九〕蔬，甲卷同，刊本作『蔬』。阮元《論語校勘記》（下簡稱『阮校』）：『各本「蔬」作「蔬」。案「蔬」爲「疏」之俗字，「蔬」又「蔬」之誤也。』

〔三〇〕民，底卷原缺末筆，甲卷同，避諱缺筆字，兹據刊本録正。底卷、甲卷『民』多缺末筆，同類情況以下不再一一出校説明。

〔三一〕人化於上，甲卷無『於』字，刊本『人』作『民』，『人』爲『民』之諱改字。

〔三二〕以實應，刊本同，甲卷末有『之』字。

〔三三〕礼以義信，甲卷作『禮義与信』，刊本作『禮義與信』，李方云『底本恐誤』；案『以』『與』古通用，『与』『與』二字古混用無别，敦煌寫本多用『与』字，後世刊本多改作『與』。下凡刊本作『與』者均不復出。

〔三四〕得，甲卷、刊本作『德』，『得』爲『德』之借字。

〔三五〕人，刊本作『民』，甲卷『民』缺筆，『人』爲『民』之諱改字。

〔三六〕曰襁，刊本同，甲卷下有『也』字。

〔三七〕之，底卷原無，陳鐵凡云：『此當誤脱。』兹據刊本補。

〔三八〕王曰令教令，刊本無『王曰』二字，末有『也』字。

〔三九〕兄弟也，刊本同，甲卷『弟』作『苐』，無『也』字。

〔四〇〕也，刊本無。

〔四一〕荅，甲卷、刊本作『合』。陳鐵凡云：『「荅」字當以與「合」形近而譌。』

〔四二〕孔子之衛冉有御，刊本同，甲卷「孔」字誤重，末有「也」字。

〔四三〕成，刊本作「誠」，「成」爲「誠」之借字。

〔四四〕期年，刊本作「期月」。

〔四五〕成，刊本作「成功」；《史記·孔子世家》裴駰《集解》引無「功」字。

〔四六〕煞，甲卷同，刊本作「殺」，《干禄字書·入聲》以「煞」爲「殺」之俗字。下凡「煞」皆同，不復出校。

〔四七〕勝殘暴之人，刊本「殘」字重。案：《史記·孝文本紀》裴駰《集解》引與底卷同。

〔四八〕不用煞，刊本作「不用刑殺也」。案：《史記·孝文本紀》裴駰《集解》引作「不用殺也」。

〔四九〕子曰，底卷原重，當是因換行而衍，茲據刊本删其一。

〔五〇〕而，甲卷、刊本作「如」，二字古多通用。

〔五一〕必世如後人，底卷「世」字作「廿」，避諱缺筆字，茲據甲卷、刊本録正；甲卷、刊本「如」作「而」，「人」作「仁」，「如」爲「而」之借，「人」爲「仁」之借。注中「世」字同。

〔五二〕三十，刊本同，甲卷作「卅」。「卅」爲「三十」之合文。注中「三十」同。

〔五三〕年，甲卷止於此。

〔五四〕不能政其身，底卷「不能」原作「能不」，陳鐵凡云「「能不」爲「不能」之倒」，茲據刊本乙正；刊本「政」作「正」，「政」爲「正」之借字。下句「政」字同。

〔五五〕正，刊本作「政」。陳鐵凡云：「下文「如有政」，仍作「政」。」李方云：「應以作「政」爲是。」案：「正」爲「政」之借字。

〔五六〕政，刊本作「正」，「政」爲「正」之借字。

〔五七〕之，刊本作「諸」。陳鐵凡云：「寫本之、諸多通用。下文「一言而喪邦，有諸」，仍作「諸」。」

〔五八〕矣，刊本作「以」。陳鐵凡云：「以、矣字俱從已得聲，故可通叚。」

〔五九〕太要，刊本作『大要』，『太』字誤，大要者，要旨也。

〔六〇〕一言不能政興國，底卷原無『一』字，李方云『底本誤脱』，茲據刊本補；刊本『政』作『正』，『政』爲『正』之借字。

〔六一〕王曰，刊本作『孔曰』。

〔六二〕事不可以一言而成，底卷原無『以一』二字，李方云『底本恐有脱字』，茲據刊本補。

〔六三〕而之此則可近，刊本『而』作『如』，『之』作『知』，末有『也』字；『而』爲『如』之借，『之』爲『知』之借。

〔六四〕樂，刊本脱。陳鐵凡云：『昔者余讀至此，每覺其語氣之不足。嗣讀纂喜本、津藩本、正平本，則作「唯其言而樂莫予違也」。略較通行本爲勝。而語意仍覺未愜。比得此卷，以樂字領「其言而莫予違也」全句，一氣呵成，了無疑滯，前之所疑，於以盡釋。』

〔六五〕如善，刊本作『如其善』。

〔六六〕『則善』下刊本有『也』字。

〔六七〕子夏爲莒父宰，底卷無『夏爲』二字，陳鐵凡云：『此當誤脱「夏爲」二字。』茲據刊本補。

〔六八〕毋欲速，底卷原無『速』字，案下云『欲速則不達，見小利則大事不成』，則『欲』下當有『速』字，茲據刊本補。刊本『毋』作『無』，案二字同義。下『毋』字同。

〔六九〕小利妨大，乙卷起於『利』字。

〔七〇〕直身而行，刊本同，乙卷末有『也』字。

〔七一〕有因而盜曰攘，底卷『盜曰』原作『魯』，當是『盜曰』二字誤合而訛變爲『魯』，茲據乙卷、刊本改正。

〔七二〕子爲父隱，底卷原無，陳鐵凡云：『此當誤脱四字。』茲據乙卷、刊本補。

〔七三〕處，底卷原作『家』，李方云『底本誤』，茲據乙卷、刊本改正。

〔七四〕弃也，甲卷、刊本『弃』作『棄』，乙卷誤作『葉』，無『也』字。案《説文》以『弃』爲古文『棄』字，唐代因爲避太宗之諱，多從古文寫作『弃』。説詳《敦煌俗字研究》下編二四〇頁。下『弃』字刊本皆作『棄』，不復出校。

〔七五〕儀，乙卷、刊本作『義』，『儀』爲『義』之借字。

〔七六〕不行，刊本同，乙卷誤脱『不』字。

〔七七〕耻，乙卷、刊本作『恥』，《説文》有『恥』無『耻』，『耻』爲後起别體。

〔七八〕者，刊本同，乙卷無。

〔七九〕也，乙卷、刊本無。

〔八〇〕曰，底卷原無，李方云：『底本誤脱。』兹據乙卷、刊本補。下『曰』字底卷原亦脱。

〔八一〕孝焉，底卷原作『孝矣焉』，『矣』當爲衍文，兹據乙卷、刊本删。

〔八二〕悌，乙卷同，刊本作『弟』，『弟』『悌』古今字。

〔八三〕也，乙卷同，刊本作『哉』。

〔八四〕行必果，刊本同，乙卷下有『者』。

〔八五〕所欲行，刊本同，乙卷無『欲』字。

〔八六〕硜者，乙卷、刊本『硜』字重，疑底卷脱一重文符號；乙卷『者』作『然』。

〔八七〕小人之皃，乙卷、刊本下有『也』字。

〔八八〕爲次，刊本同，乙卷下有『也』字。

〔八九〕筲竹器，底卷『筲』误作『管』，兹据乙卷、刊本改正；乙卷末有『也』字。

〔九〇〕二升，底卷原無，《後漢書·何敞傳》『臣雖斗筲之人』李賢注引鄭玄《論語注》云：『筲，竹器，容斗二升。』兹據乙卷、刊本補。

〔九一〕行得其中者，乙卷作『行能得中也』，刊本作『行能得其中者』。

〔九二〕狂狷，乙卷下有『也』字，刊本下有『者』。

〔九三〕『不爲』下刊本有『也』字。

〔九四〕『二人』下刊本有『者』字。

〔九五〕自上句經文『所不爲』至此乙卷脱漏，當是抄寫者誤『有所不爲』之『有』爲『南人有言』之『有』字所致。

〔九六〕毉，乙卷、刊本作『醫』。《五經文字·酉部》：『醫，从巫俗。』注中『毉』字同。

〔九七〕不能治無常之人，底卷原無『治』字，李方云『底本誤脱』，茲據乙卷、刊本補正；乙卷、刊本『常』作『恒』，案唐穆宗名恒，此作『常』，疑爲諱改字。

〔九八〕『之言』下乙卷、刊本有『也』字。

〔九九〕惑，乙卷、刊本作『或』，『惑』爲『或』之同音借字。

〔一〇〇〕之辤，乙卷作『受辤』，刊本作『之辭』，『受』字誤。《干禄字書·平聲》：『辤、辝、辭，上中竝辤讓；下辭説，今作辤，俗作辞非也。』『辤』『辭』古混用。

〔一〇一〕言，刊本同，乙卷無。

〔一〇二〕易所不占，刊本同，乙卷作『易所以不占也』，『以』字當爲衍文。

〔一〇三〕同，底卷原作『周』，陳鐵凡云：『「周」爲「同」之譌。』茲據乙卷、刊本改正。注中『不同』之『同』原亦誤作『周』。

〔一〇四〕耆好者，底卷『耆』原作『其』，乙卷、刊本作『嗜』，李方謂底本誤；『耆』『嗜』古今字，『其』與『耆』形近，『其』應是『耆』之誤，茲據以改正。

〔一〇五〕如，底卷原無，陳鐵凡云『此當誤脱』，茲據乙卷、刊本補。

〔一〇六〕是善善明惡惡著，底卷原作『是善明惡者』，李方謂底本有脱誤，茲據乙卷、刊本補『善』、『惡』二字，改『者』爲『著』；乙卷無『是』字。

〔一〇七〕難説者，乙卷「説」作「悦」，「説」「悦」古今字。下「説之不以道，不説也」句同。乙卷、刊本「者」作「也」。李方云：「底本恐誤。」案：下句云「小人難事而易説也」，作「也」爲是。

〔一〇八〕不責備於一人故易事，刊本同，乙卷脱「備於」二字，末有「也」字。

〔一〇九〕度才而觀之，乙卷、刊本「觀」作「官」，乙卷「才」作「材」，無「之」字。李方云：「底本「觀」必爲「官」字之誤。」案《説文·木部》：「材，木梃也。」段注：「引伸之義凡可用之具皆曰材。」才部：「才，艸木之初也。」段注：「引伸爲凡始之稱。」是「材」爲正字，「才」爲借字。

〔一一〇〕也，刊本同，乙卷無。

〔一一一〕説，刊本同，乙卷作「悦」，「説」「悦」古今字。

〔一一二〕人，底卷原無，李方云「底本當脱」，案《定州漢墓竹簡論語》有「人」字，兹據乙卷、刊本補。

〔一一三〕君子泰而不憍，底卷原無「子」字，李方云「底本誤脱」，兹據乙卷、刊本補；刊本「憍」作「驕」，《説文·馬部》「驕，一曰野馬」段注：「凡驕恣之義當是由此引伸，旁義行而本義廢矣。俗製嬌、憍字。」下及注「憍」字同。

〔一一四〕而實自憍矝也，乙卷同，刊本「矝」作「矜」，丙卷、刊本無「也」字；「矝」字是也，凡經典「矜」字皆「矝」之訛，説詳《説文·矛部》「矝」篆下段注、臧庸《拜經日記》卷五「矝」字條。丙卷起於「而」（殘存左半）字。

〔一一五〕剄毅木訥近人，刊本「剄」作「剛」，乙卷、丙卷、刊本「人」作「仁」，丙卷「近」下有「於」字；「剄」爲「剛」之俗字，「人」爲「仁」之借字。注中「剄」字同。

〔一一六〕無欲，刊本同，乙卷、丙卷下有「也」字。

〔一一七〕也，丙卷同，乙卷、刊本無。

〔一一八〕木質樸也，底卷「木」原誤作「不」，兹據乙卷、丙卷、刊本改正；丙卷「樸」作「朴」，乙卷、刊本無「也」字。《説文·木部》：「樸，木素也。」「朴，木皮也。」是「朴」爲「樸」之借字。

〔一九〕也，乙卷、丙卷同，刊本無。

〔二〇〕斯，乙卷、刊本同，丙卷作『此』，『斯』『此』義同。

〔二一〕於仁，刊本同，乙卷、丙卷下有『也』字。

〔二二〕子曰，底卷原無，李方云『底本誤脱』，兹據乙卷、丙卷、刊本補。

〔二三〕怡怡，丙卷、刊本同，乙卷下有『如也』二字。

〔二四〕之皃，乙卷、刊本同，丙卷末有『也』字。

〔二五〕和順之皃，丙卷、刊本同，乙卷『和順』倒作『順和』，末有『也』字。

〔二六〕就，乙卷、丙卷同，刊本下有『也』字。

〔二七〕兵，丙卷同，乙卷、刊本下有『也』字。

〔二八〕可以攻戰也，乙卷無；丙卷、刊本『可』作『言』，無『也』字。

〔二九〕以不教民戰，『民』字底卷及乙卷缺末筆，丙卷作『人』，諱改字也；乙卷無『以』字。

〔三〇〕人，丙卷同，乙卷『民』缺末筆，刊本作『民』，『人』爲諱改字。

〔三一〕攻戰，丙卷、刊本同，乙卷無『攻』字。

〔三二〕憲問弟十四，底卷『憲問』下原有『恥』字，當是涉經文首句之『恥』而衍，丙卷亦衍『恥』字，兹據乙卷、刊本删；『弟』字乙卷、丙卷作『苐』，刊本作『第』，説見校記〔二〕。丙卷後有『何晏集解』四字。

〔三三〕也，乙卷、丙卷、刊本無。

〔三四〕恥辱，丙卷、刊本同，乙卷末有『也』字。

〔三五〕克，丙卷、刊本同，乙卷作『剋』。《説文·克部》『克』篆下段注：『俗作剋。』

〔三六〕克，丙卷、刊本同，乙卷作『尅』。案：『尅』爲『剋』之變體，説見朱珔《説文假借義證》卷十三『克』篆下注。

〔三七〕伐自伐其功，刊本同，乙卷脱後一『伐』字，丙卷脱前一『伐』字。

〔三八〕貪欲，丙卷『欲』作『慾』，乙卷、丙卷、刊本下有『也』字。『欲』『慾』古今字。

〔三九〕也，乙卷、刊本同，丙卷作『矣』。

〔四〇〕懷居非士，乙卷、丙卷、刊本『懷居』作『懷其居』，末有『也』字。

〔四一〕危，丙卷、刊本前有『包曰』二字，乙卷則無『曰』字。

〔四二〕言行，丙卷同，乙卷、刊本下有『也』字。

〔四三〕遜，丙卷同，乙卷作『愻』，刊本作『孫』。李惇《群經識小》云：『遜，遁也；愻，順也。古字並作「孫」，後有愻、遜二字，一从辵，則爲遁；一从心，則爲順，字形文義皆截然不可混。』注中『遜』字同。

〔四四〕遠害，丙卷、刊本同，乙卷下有『也』字。

〔四五〕有德者必有言，丁卷起於『德者』。

〔四六〕德不可以憶中故必有言，底卷原爲單行大字，『必』作『女』，陳鐵凡云：『此乃注文，寫本誤作大字，羼入經文，「女」爲「必」字誤。』兹據乙卷、丙卷、刊本改正。乙卷、丙卷、刊本『憶』作『億』，『憶』『億』皆『意』之後起字。

〔四七〕勇者不必有仁，底卷原作『用者必有仁』，陳舜政《論語異文集釋》云：『「用」字是音誤。「必」上没有「不」字，整句文義發生矛盾，當補一「不」字。』兹據乙卷、丙卷補正。

〔四八〕南宫括，乙卷、丙卷、刊本『括』作『适』。《説文·辵部》：『适，疾也。讀與括同。』下『括』字皆同。

〔四九〕南宫敬叔魯大夫，丙卷、刊本同，乙卷脱『宫』字，末有『也』字。

〔五〇〕湯，乙卷、丙卷、刊本作『盪』，『湯』爲『盪』之借。

〔五一〕有窮之君，乙卷作『有窮之國君』，丙卷、刊本作『有窮國之君』。

〔五二〕奡，底卷原誤作『夏』，兹據乙卷、丙卷、丁卷、刊本改正。下句『奡』底卷原作重文符號。

〔五三〕也，乙卷、丁卷、刊本無。

〔一五四〕俱不得其死然，乙卷同，丙卷、刊本下有注文『孔曰：此二子者，皆不得以壽終』（丙卷無『者』）。丁卷『死然』下緊接『禹稷』二字，是亦無此注。

〔一五五〕禹稷，丁卷止於此。

〔一五六〕答，乙卷、丙卷、刊本作『荅』，『答』爲『荅』之後起換旁字。下『答』字同。

〔一五七〕播，乙卷、刊本同，丙卷下有『植』。

〔一五八〕及，丙卷、刊本同，乙卷作『乃』，李方謂乙卷誤。

〔一五九〕意欲以禹稷比孔子，底卷『欲』下原無『以』字，李方謂底卷誤脱，兹據乙卷、丙卷、刊本補；丙卷脱『稷』字。

〔一六〇〕故不答也，底卷原無『不』字，李方謂底卷誤脱，兹據乙卷、丙卷、刊本補；丙卷無『故』字。

〔一六一〕而不，刊本同，乙卷、丙卷作『而有不』。

〔一六二〕未有小人而人者也，乙卷、丙卷、刊本下『人』作『仁』，『人』爲『仁』之借字；丙卷無『也』字。

〔一六三〕也，乙卷、丙卷同，刊本無。

〔一六四〕愛，底卷原作『勞』，李方謂底卷誤，兹據乙卷、丙卷、刊本改正。

〔一六五〕來，丙卷、刊本同，乙卷作『賚』。黄侃《字通》：『賚，即來之後出。』（《説文箋識四種》一〇五頁）

〔一六六〕教誨之，刊本同，乙卷下有『也』字。

〔一六七〕卑諶，底卷原作『卑謀』，陳鐵凡云：『「謀」當以形近於「諶」而譌。』兹據乙卷、丙卷、刊本改正。『卑』字乙卷、丙卷同，刊本作『裨』。陳鐵凡云：『《群經音義》出「卑諶鄭人也」，云：「埤支切，鄭康成云：卑諶草創之。」是鄭本作「卑」也。《後漢書·皇后紀》下「卑整」，引《風俗通義》云：「卑氏，鄭大夫卑諶之後。」是古本作「卑」也，《漢書·古今人表》作「卑湛」，湛、諶古字通，今此作「卑」，猶存古誼。』下『卑諶』同。

〔一六八〕氏名，乙卷、丙卷同，刊本下有『也』字。

〔一六九〕則，底卷原無，李方云『底卷誤脱』，兹據乙卷、刊本補。

〔一七〇〕事，乙卷、丙卷同，刊本作「辭」，李方云「作『辭』當誤」。

〔一七一〕詞，乙卷作「辝」，丙卷作「辞」，刊本作「辭」；乙卷末有「也」字。《干禄字書·平聲》：「辝、辤、辭，上中竝辝讓；下辭説，今作辝，俗作辞非也。」詞、辭古多通用。

〔一七二〕世，底卷原作「卋」，避諱缺筆字，茲據乙卷、丙卷、刊本録正。

〔一七三〕修，乙卷、刊本作「脩」，「脩」爲「修」之俗字。

〔一七四〕世叔，乙卷、刊本同，丙卷「世」字作「卋」，避諱缺筆字。丙卷止於「叔」（殘存右半）。

〔一七五〕大夫游吉，刊本前有「鄭」字，乙卷、刊本末有「也」字。

〔一七六〕既造謀，刊本同，乙卷無，李方謂爲誤脱。

〔一七七〕而，底卷原脱，茲據乙卷、刊本補。

〔一七八〕公孫揮，刊本同，乙卷「揮」作「翬」，下有「也」字。《左傳·襄公二十四年》云：「鄭行人公孫揮如晉聘。」亦作「揮」。俞樾《春秋名字解詁補義》云：「翬、揮並叚字，其本字當爲『緷』。」

〔一七九〕号，底卷原作「并」，應是誤字，乙卷作「号」，刊本作「號」。「号」「并」形近，「并」應是「号」之誤，故據以改正；「号」「號」古今字。

〔一八〇〕也，乙卷同，刊本無。

〔一八一〕故，乙卷、刊本作「古」，「故」爲「古」之借字。

〔一八二〕足稱，刊本同，乙卷下有「也」字。

〔一八三〕猶詩言所謂伊人也，戊卷同，乙卷「詩」下有「之」，刊本無「也」字。戊卷起於此。

〔一八四〕蔬，乙卷、刊本作「疏」，「疏」「蔬」古今字。

〔一八五〕没齒無怨言，刊本同，乙卷「没」作「設」，李方謂乙卷誤；乙卷「齒」下有「而」字。注中「没」字同。

〔一八六〕地名，乙卷、刊本同，戊卷誤重。

〔一八七〕伯，乙卷、刊本作『百』，李方云『此處當以作「百」爲是』，『伯』當是涉前『伯氏』之『伯』而誤。

〔一八八〕疏，乙卷、刊本同，戊卷作『蔬』，『疏』『蔬』古今字。

〔一八九〕其當理故，乙卷作『以其當理故也』，刊本作『以其當理也』。

〔一九〇〕富而無憍易，乙卷、戊卷、刊本『憍』作『驕』，説見校記〔一三〕；乙卷無『無』字，李方謂乙卷脱。

〔一九一〕以，刊本同，乙卷無。

〔一九二〕也，乙卷、戊卷、刊本無。

〔一九三〕性，乙卷、刊本同，戊卷作『姓』，『姓』爲『性』之借字。

〔一九四〕軄，乙卷、戊卷同，刊本作『職』。《玉篇·身部》：『軄，俗職字。』下『軄』字同。

〔一九五〕可爲，乙卷、刊本同，戊卷下有『也』字。

〔一九六〕智，乙卷、戊卷、刊本作『知』，『知』『智』古今字。

〔一九七〕臧孫紇，戊卷、刊本同，乙卷下有『也』字。

〔一九八〕公綽，戊卷、刊本同，乙卷前有『孟』字，李方云『恐涉注文而衍』。

〔一九九〕孟公綽，戊卷、刊本同，乙卷下有『魯大夫也』四字。

〔二〇〇〕荘，戊卷同，乙卷作『庄』，刊本作『莊』，『荘』、『庄』均『莊』之俗字，説詳《敦煌俗字研究》下編五〇八頁。

〔二〇一〕卞邑大夫，刊本同，乙卷『卞邑』下有『魯』字，李方謂其『妄增』；戊卷『卞』誤作『下』。

〔二〇二〕文，戊卷、刊本同；乙卷作『加』，李方云『恐涉注文而誤』，是也。

〔二〇三〕孔曰，乙卷、刊本同，戊卷無，李方云：『恐誤脱。』

〔二〇四〕加之以礼樂文成之，乙卷無前一『之』，戊卷、刊本無後『之』，乙卷末有『也』字。案劉寶楠《正義》曰：『言加以禮樂，乃得成文。』則後『之』字不應有，『之』及乙卷『也』當是爲雙行對齊而添。

〔二〇五〕不可以苟得，刊本作『不苟得』，乙卷作『不苟得也』，義皆可通；戊卷作『不苟得爲』，『爲』疑爲『焉』字形誤。

〔二〇六〕可，戊卷、刊本同，乙卷無，李方以爲乙卷脱文。

〔二〇七〕孔曰，刊本同，乙卷、戊卷無。

〔二〇八〕舊約，乙卷同，刊本下有『也』字。

〔二〇九〕孔曰，刊本同，乙卷、戊卷無。

〔二一〇〕公叔拔也，乙卷、戊卷『叔』作『孫』，李方謂『叔』爲『孫』之誤；刊本『拔』作『枝』，乙卷、戊卷、刊本無『也』字。阮校：『皇本「枝」作「拔」，《釋文》出「公孫拔」，云：「皮八反。」《禮記·檀弓下》「公叔文子卒」，鄭君注：「文子，衛獻公之孫，名拔。或作發。」《疏》引《世本》亦作「拔」。《困學紀聞》六云：「衛公叔發注謂公叔文子，《論語》孔注作公孫拔。」是王伯厚所見本尚作「拔」字。《養新録》云：「公叔文子，朱注作公孫枝，王伯厚以爲傳寫之誤。予嘗見倪士毅《四書輯釋》載朱文公《論語注》『公叔文子，衛大夫公孫拔也』，又引吴氏程曰：『拔，皮八反。俗本作枝，誤，即公叔發。』乃知今世所行《集注》本非考亭之舊，王厚齋所見亦是誤本。」據此則《集解》、《集注》諸本「枝」字皆形近傳寫之譌。』

〔二一一〕文謚，戊卷、刊本同，戊卷『文』誤作『之』，末有『也』字。

〔二一二〕告，乙卷、刊本同，戊卷誤作『吉』。

〔二一三〕時，乙卷、刊本同，戊卷無，李方謂戊卷誤脱。

〔二一四〕猒，乙卷、戊卷同，刊本作『厭』，『猒』『厭』古今字。下『猒』字同。

〔二一五〕也，乙卷、戊卷、刊本無。

〔二一六〕馬曰，刊本同，戊卷無。

〔二一七〕悉然，刊本同，戊卷下有『也』字。

〔二一八〕以防求爲後於魯，底卷原無『以』字，李方云『底本誤脱』，兹據戊卷、刊本補。又自上一章『豈其然乎』至此句之『以防求爲』乙卷脱漏。

〔二二九〕孔曰，刊本同，乙卷、戊卷無。

〔二三〇〕故邑，刊本同，乙卷、戊卷下有『也』字。

〔二三一〕立後，戊卷同，乙卷『後』誤作『復』；乙卷、刊本下有『也』字。

〔二三二〕爲，戊卷、刊本同，乙卷因換行而誤重。

〔二三三〕出奔邾，刊本同，乙卷『邾』誤作『郝』，戊卷無『出』。

〔二三四〕自邾如防，刊本同，乙卷『邾』誤作『利』；戊卷作『妨如』二字，則脱漏訛誤極甚。

〔二三五〕以大蔡納請，底卷『請』誤作『詩』，兹据乙卷、戊卷、刊本改正；乙卷『以』下衍『文』字，戊卷『納』誤作『紡』。

〔二三六〕非敢害，刊本『敢』作『能』，乙卷、戊卷、刊本下有『也』字。

〔二三七〕智不足也，乙卷同，刊本『智』作『知』，『知』『智』古今字；戊卷無『也』字。

〔二三八〕苟守先祀無廢二勳，戊卷『守』作『宗』，李方謂戊卷誤；乙卷、戊卷『廢』作『癈』，『癈』乃『廢』之俗字；底卷『勳』原作『動』，戊卷亦作『動』，李方謂底本誤，兹據乙卷、刊本改正。

〔二三九〕避邑也，刊本『避』作『辟』，『辟』『避』古今字；乙卷、戊卷、刊本無『也』字。

〔二四〇〕防，戊卷、刊本同，乙卷誤作『内』。《左傳·襄公二十三年》云：『臧紇致防而奔齊。』可參。

〔二四一〕要君，戊卷、刊本同，乙卷下有『也』字。

〔二四二〕鄭曰，刊本同，乙卷、戊卷無。

〔二四三〕爲，『謂』之借字，戊卷、刊本正作『謂』，乙卷無此字。

〔二四四〕仲尼，乙卷、刊本同，戊卷『尼』誤作『居』。

〔二四五〕故書曰天王狩於河陽，刊本同，乙卷『故』誤作『敬』，戊卷『河』誤作『何』。

〔三三六〕譎而不正也，戊卷、刊本同，乙卷「譎」作「語」，李方認爲「語」爲誤字；乙卷「正」下有「之」，當是爲雙行對齊而添。

〔三三七〕齊桓公正而不譎，底卷「桓」原誤作「恒」，戊卷亦誤，茲據乙卷、刊本改正；乙卷「不」誤作「大」，戊卷脱「正」字。

〔三三八〕以，戊卷、刊本同；乙卷作「似」，李方謂作「似」者誤。

〔三三九〕責苞茅之貢不入，刊本同，乙卷、戊卷「苞」作「包」，「包」「苞」古今字；乙卷「責」下衍「之」字。

〔三四〇〕昭王南征不還，底卷「征」原誤作「徑」，茲據乙卷、戊卷、刊本改正；乙卷、戊卷「昭」作「照」，「照」爲「昭」之借字。

〔三四一〕不譎，乙卷、戊卷同，刊本下有「也」字。

〔三四二〕糺，此字底卷作「紏」形，下「糺」字底卷亦皆作「紏」形，當爲「糾」俗字「糺」字之訛（俗書「乚」形構件多於右側贅一撇筆，與「屯」俗書「乇」形近），乙卷、戊卷正作「糺」，茲徑據録正；刊本作「糾」，正字。

〔三四三〕召，乙卷、刊本同，戊卷作「邵」，「召」「邵」古今字。

〔三四四〕人，乙卷、戊卷、刊本作「仁」，「仁」爲「人」之借字。

〔三四五〕孔曰，乙卷、刊本同，戊卷無。

〔三四六〕齊襄公，戊卷、刊本同，乙卷作「齊桓公」。李方認爲乙卷誤。

〔三四七〕民，底卷作「民」，蓋「民」字俗寫，茲據刊本録正；乙卷缺末筆，則係避諱缺筆字；戊卷作「人」，「人」爲「民」之諱改字。參看上文校記〔三四〕。

〔三四八〕奉公子小白出奔莒，底卷「白」原作「伯」，李方云「作『白』爲是」，茲據戊卷、刊本改正，乙卷誤作「日」；戊卷無「出」字。

〔三四九〕邵忽奉公子糾奔魯，「邵」字戊卷同，乙卷、刊本作「召」，「召」「邵」古今字；乙卷「忽」誤作「惣」；「糾」字底卷作『糺』(下文『公子糾』的『糾』字同)，乙卷、戊卷作『糺』，皆『糾』字俗寫(《龍龕·糸部》有『糺』，音經酉反，即『糾』字)，茲據刊本録正；刊本『奔』前有『出』字。

〔三五〇〕伐，戊卷、刊本同，乙卷誤作『代』。

〔三五一〕召忽死之，戊卷『召』作『邵』，『召』『邵』古今字；乙卷、戊卷末有『也』字。

〔三五二〕管氏，乙卷、戊卷、刊本作『管仲』。

〔三五三〕人，乙卷、戊卷、刊本作『仁』，『人』爲『仁』之借字。下句『人』底卷本爲重文符號。

〔三五四〕誰如管仲之人，戊卷『誰』下有『能』；乙卷、戊卷、刊本『人』作『仁』，『人』爲『仁』之借字；戊卷末有『也』字。

〔三五五〕與，乙卷、刊本同，戊卷作『歟』，『與』『歟』古通用。

〔三五六〕公子糺，戊卷同，乙卷無『公』字，李方謂乙卷脱。

〔三五七〕桓，戊卷、刊本同，乙卷誤作『恒』。

〔三五八〕帥，刊本同，乙卷作『率』，戊卷作『師』，『帥』『率』義同(《説文》本字作『衛』)，『師』爲『帥』之誤字。

〔三五九〕天下，刊本同，乙卷、戊卷末有『也』字。

〔三六〇〕謂，乙卷、戊卷同，刊本作『爲』，『爲』乃『謂』之借。邢昺《論語疏》云：『謂受不被髪左衽之惠賜也。』

〔三六一〕衽，乙卷、刊本同，戊卷作『袵』，『袵』爲後起别體。

〔三六二〕馬曰，乙卷、刊本同，戊卷無。

〔三六三〕無，乙卷、刊本同，戊卷脱。

〔三六四〕狄，乙卷、刊本同，戊卷誤作『秋』。

〔三六五〕豈若匹夫匹婦之爲諒也，底卷『豈』下原無『若』字，李方謂底本誤脱，茲據乙卷、戊卷、刊本補；戊卷『爲』作『謂』，『謂』乃『爲』之借字；乙卷無『也』字。

〔三六六〕溝瀆而莫之知也，戊卷、刊本同，底卷「溝」字右上角有一「艹」，當是「溝」之贅筆俗字；乙卷無「也」字。

〔三六七〕經經死於溝瀆中也，底卷句前原有「自」字，李方云：「底本衍。」茲據乙卷、刊本刪。戊卷無兩「經」及「於」、「也」四字。

〔三六八〕召，乙卷、刊本同，戊卷作「邵」。「召」「邵」古今字。

〔三六九〕正，戊卷、刊本同，乙卷無。

〔三七〇〕也，乙卷、戊卷、刊本無。

〔三七一〕死既難，乙卷作「事既難」，刊本「死」下有「事」。

〔三七二〕厚，戊卷、刊本同，乙卷作「後」，李方謂乙卷誤。

〔三七三〕之，乙卷、刊本同，戊卷脱。

〔三七四〕召忽不當死，刊本同，戊卷「召」作「邵」，乙卷、戊卷末有「也」字。

〔三七五〕孔曰，乙卷、刊本同，戊卷無。

〔三七六〕鳶之使與己並爲大夫，戊卷同，刊本「鳶」作「薦」，乙卷「之」誤作「文」。案《五經文字·鹿部》：「鳶，相承以爲薦進字，非。」「鳶」應爲「薦」之借字。

〔三七七〕同升在公朝，乙卷、刊本同；戊卷無「在」，末有「也」字。

〔三七八〕文，乙卷作「問」，戊卷、刊本作「聞」，陳鐵凡云「「文」當爲「聞」之誤」，案「文」「問」皆爲「聞」之音誤。

〔三七九〕行如此，戊卷「此」作「是」，義同；乙卷、刊本前有「言」字，「言行如此」乃「謂其行如此」之意，而非「言與行如此」，底卷、戊卷無「言」字，當是妄刪。

〔三八〇〕爲文，刊本同，乙卷、戊卷末有「也」字。

〔三八一〕子曰衛靈公之無道，「曰」，戊卷作「謂」，刊本作「言」，「言」「謂」同義；而「曰」後必爲句子，但「之」的語法作用是主謂之間取消獨立性，從而使「衛靈公無道」之句成爲一個名詞結構，故作「曰」必誤。《釋文》出

「子曰」，云：「一本作「子言」，鄭本同。」陸氏未見作「謂」之本，《定州漢墓竹簡論語》作「言」，則應以作「言」者是。戊卷「靈」誤作「虚」，乙卷、戊卷、刊本末有「也」字。

〔三八二〕奚，乙卷、刊本同，戊卷作「矣」，李方謂戊卷誤。

〔三八三〕祝鮑治宗廟，刊本「鮑」作「鮀」，「鮑」應爲「鮀」之俗字，從「它」之字俗或從「㐌」，如「拕」寫作「拖」是也；乙卷、戊卷、刊本「庿」作「廟」，《説文・广部》「廟」下有古文「庿」字。

〔三八四〕所任者各得其才，戊卷「任」下有「用」字，「用」字應爲衍文；乙卷、戊卷、刊本「得」作「當」，李方云「底本恐誤」，案此言仲叔圉等三人之才適合其所任之職，故應以作「當」爲是。

〔三八五〕當亡，底卷「亡」原誤作「止」，蓋「亡」或寫作「亾」，與「止」形近而誤，茲據乙卷、戊卷、刊本改正；戊卷作「當喪亡也」，「喪」字衍，注以「亡」釋「喪」，「喪亡」連文則非逃亡之義也；乙卷末有「乎」。

〔三八六〕其，乙卷、戊卷同，刊本無。

〔三八七〕其，戊卷、刊本同，乙卷無。

〔三八八〕實，底卷原無，李方云「底本脱」，茲據乙卷、戊卷、刊本補。

〔三八九〕爲之難，乙卷「之」下有「難」字，戊卷下有「成也」二字。

〔三九〇〕試簡公，「試」刊本作「弑」，乙卷作「煞」，戊卷作「殺」，「試」爲「弑」俗體「𢍰」的訛變體（「㣇」字俗書作「彐」，又簡省作「刍」，俚俗以「𢍰」所從的「刍」爲「㣇」的俗寫，據以回改，則可訛變作「試」），「煞」爲「殺」的俗字，「殺」「弑」古今字；戊卷「簡」誤作「蘭」。

〔三九一〕沐浴，乙卷、刊本同，戊卷誤作「洙洛」。

〔三九二〕試，乙卷作「𢍰」，刊本作「弑」，戊卷作「殺」。説見上文校記〔三九〇〕。

〔三九三〕齊，乙卷同，戊卷、刊本作「齋」，「齊」「齋」古今字。下句「齊」字底卷原爲重文符號。

〔三九四〕必沐浴，刊本同，乙卷「必」誤作「女」，末有「也」字；戊卷「沐」誤作「沫」。

〔二九五〕夫三子者，戊卷「夫三子」倒作「三夫子」，乙卷、戊卷、刊本無「者」。

〔二九六〕也，刊本同，乙卷、戊卷無。

〔二九七〕告夫三子，戊卷、刊本同，乙卷無「告」、「子」二字，李方謂乙卷誤脱。

〔二九八〕礼，戊卷同，刊本作「禮」，乙卷無。

〔二九九〕之，乙卷作「告」，戊卷作「耳」，刊本無。

〔三〇〇〕之三子告，乙卷、刊本同，戊卷作「二三子告」。《經典釋文·論語音義》（下簡稱「《釋文》」）出「之三子告」，云：「本或作『二三子告』，非也。」

〔三〇一〕也，刊本同，乙卷、戊卷無。

〔三〇二〕故復以此辤語之而止，底卷原無「而止」二字，而有「悪」字，「悪」應是誤合「而止」二字又訛變所致，兹據乙卷、刊本改正；戊卷「止」誤作「正」；乙卷無「故」，戊卷末有「也」字；刊本「辤」作「辭」，二字古混用。

〔三〇三〕也，乙卷、刊本同，戊卷無。

〔三〇四〕諫争，刊本同，戊卷「争」作「諍」，「争」「諍」古今字；乙卷下有「也」字。

〔三〇五〕孔曰，乙卷、戊卷、刊本無。

〔三〇六〕徒，底卷及戊卷作「從」，李方云「底本誤」，兹據乙卷、刊本録正。

〔三〇七〕蘧，乙卷、刊本同，戊卷作「璩」，《説文》無「璩」字，作「蘧」是。注中「蘧」字同。

〔三〇八〕衛大夫蘧瑗，底卷原作「衛大夫蘧瓊之」；戊卷「衛」音誤作「爲」，「瑗」字誤作「遽」，末有「也」字；李方云「伯玉名瑗，以字行，作『瓊』、『遽』皆誤。又，『之』爲衍字，當係抄者爲使注文雙行對齊而妄增」，兹據乙卷、刊本改正。

〔三〇九〕夫子何爲，乙卷止於此。

〔三一〇〕對曰，刊本同，戊卷作「子曰」，李方云「作『子曰』大誤」。

〔三一〕也，刊本同，戊卷無。

〔三二〕其過，底卷誤倒，兹據戊卷、刊本乙正。

〔三三〕陳曰，刊本同，戊卷作『陳羣曰』。

〔三四〕善之，戊卷無，刊本下有『也』字。

〔三五〕其人，刊本同，戊卷下有『也』字。

〔三六〕思，刊本同，戊卷下有『而』字。

〔三七〕孔曰不出其軄，刊本『出』作『越』，『軄』作『職』（《玉篇·身部》：『軄，俗職字。』），戊卷無此句。

〔三八〕君子恥其言之過其行也，戊卷、刊本『之』作『而』，戊卷無『子』（李方謂戊卷誤脱），戊卷、刊本無『也』字。阮校：『皇本、高麗本「而」作「之」，「行」下有「也」字。按《潛夫論·交際篇》「孔子疾夫言之過其行者」，亦作「之」字。《荅問》云：「邢叔明疏云：『君子言行相顧，若言過其行，謂有言而行不副，君子所恥也。』則邢本亦當與皇同。」今注疏本乃後人依朱文公本校改，非邢氏之舊矣。』

〔三九〕憂，底卷原作『優』，李方云『作「憂」爲正』。案陳舜政《論語異文集釋》云：『作「優」不通，此必是寫錯了。』兹據戊卷、刊本改正。

〔三〇〕智，戊卷同，刊本作『知』，『知』『智』古今字。

〔三一〕『比方人』下戊卷、刊本有『也』字。

〔三二〕暇，底卷、戊卷誤作『暇』，兹据刊本改正。注中『暇』字亦然。

〔三三〕比方人，底卷原作『比方之人』，不通，兹據戊卷、刊本删。戊卷、刊本末有『也』字。

〔三四〕患其不能也，刊本同；戊卷作『患己不知人也』，當誤。

〔三五〕不億，刊本同，戊卷脱。

〔三六〕反，刊本同，戊卷作『久』，李方謂作『久』者誤。

〔三七〕微生畝謂孔子，戊卷、刊本「畝」作「畒」，「畒」爲「畝」之隸變字；戊卷脱「微」字，「謂」作「爲」，「爲」乃「謂」之借字。注中「畝」字同。

〔三八〕與，刊本同，戊卷作「歟」，「與」「歟」古通用。

〔三九〕佞，戊卷同，刊本作「侫」。陳鐵凡云：「『佞』爲字書所無，當是以形近而譌。」案《干禄字書·去聲》：「佞、佞，上俗下正。」下凡「佞」字同。

〔三〇〕也，戊卷、刊本無。

〔三一〕名，刊本同，戊卷下有「也」字。

〔三二〕孔子曰，刊本同，戊卷作「孔子對曰」。

〔三三〕佞，戊卷誤作「接」，戊卷、刊本下有「也」字。

〔三四〕也，刊本同，戊卷無。

〔三五〕世，底卷原作「廿」，避諱缺筆字，兹據刊本録正；戊卷作「代」，諱改字也。

〔三六〕而稱其德，戊卷同，刊本無「而」，末有「也」字；《定州漢墓竹簡論語》作「稱其得也」，「得」爲「德」之借字。

〔三七〕德者，刊本同，戊卷「德」作「得」，「得」爲「德」之借字。

〔三八〕報怨，底卷原有兩「報」字，陳鐵凡云「『報』字誤重」，兹據戊卷、刊本删其一；戊卷脱「怨」字。

〔三九〕德恩惠之德，底卷「恩」原作「因」，李方云「底本誤」，兹據戊卷、刊本改正；戊卷此句作「報恩惠之德也」。

〔四〇〕報德，刊本同，戊卷「德」作「得」，假借字也。

〔四一〕何爲其莫知子也，刊本同，戊卷作「何爲其智」，訛脱嚴重。

〔四二〕子貢怪夫子言何爲其莫知已，戊卷「其」作「而」，「知」作「之」，「之」爲「知」之同音借字；刊本「恠」作「怪」，無「其」字。《玉篇·心部》「怪」條下云：「恠，同上，俗。」

〔四三〕故問，刊本同，戊卷下有「之也」二字。

〔三四四〕世，底卷原作「廿」，避諱缺筆字，兹據刊本録正；戊卷作「代」，諱改字也。

〔三四五〕不知己亦不尤人，刊本前有「人」字，戊卷末有「也」字。

〔三四六〕天命，刊本同，戊卷下有「也」字。

〔三四七〕合德，戊卷「德」作「得」，刊本作「合其德」，「得」爲「德」之借字。

〔三四八〕知己，刊本同，戊卷下有「也」字。

〔三四九〕弟子，戊卷「弟」作「苐」，「苐」爲「弟」之俗字；刊本末有「也」字。

〔三五〇〕孔曰，刊本同，戊卷無。

〔三五一〕魯大夫子服何忌，底卷原無「忌」字，李方謂底本誤脱，兹據戊二、刊本補；戊卷無「子」字，李方謂其誤脱；刊本末有「也」字。

〔三五二〕告告孔子，刊本同，戊卷脱一「告」字。

〔三五三〕恚子路，底卷「路」下衍一重文符號，兹據刊本删；戊卷「恚」作「悉」，李方謂作「悉」者誤。

〔三五四〕也，戊卷同，刊本無。

〔三五五〕鄭曰，刊本同，戊卷作「鄭玄曰」。

〔三五六〕吾勢力能辯，戊卷、刊本「能」前有「猶」；刊本「辯」作「辨」，「辯」爲「辨」之借字。

〔三五七〕曰肆，刊本同，戊卷下有「也」字。

〔三五八〕也與，刊本同；戊卷無「也」字，「與」作「歟」，案下句「道之將廢也與」，戊卷有「也」字，則此無「也」字當是脱漏，「與」「歟」古通用。

〔三五九〕道之將癈也與，底卷原無「將」字，李方云「底本誤脱」，兹據戊卷、刊本補；刊本「癈」作「廢」，「癈」爲「廢」之俗字；戊卷「與」作「歟」，「與」「歟」古通用。

〔三六〇〕如，刊本同，戊卷作「而」，「而」爲「如」之借字。

〔三六一〕避世，底卷「世」作「廿」，己卷同，避諱缺筆字，兹據刊本録正，戊卷作「代」，諱改字也；刊本「避」作「辟」，「辟」「避」古今字，下「避」字同，不復出校。注中「世」字同。己卷起於此。

〔三六二〕世主莫德而臣，己卷、刊本「德」作「得」，「德」爲「得」之借字；戊卷「世」作「大」，「大」爲「世」之諱改字「代」的音借字（唐五代西北方音二字同音）；戊卷末有「也」字。

〔三六三〕馬曰，戊卷、刊本同，己卷作「孔曰」。

〔三六四〕去乱國而治邦，底卷「治」原缺末筆，避諱缺筆字，兹據己卷、刊本改正；戊卷「治」作「理」，「理」乃諱改字；戊卷、己卷、刊本「而」作「適」，案底卷「而」字蓋誤；戊卷末有「也」字。

〔三六五〕乃去，底卷「去」下有一重文符號，疑爲「之」字之誤，戊卷作「必去之」，正作「之」字，然己卷、刊本皆無此字；己卷末有「也」字。

〔三六六〕作者，己卷、刊本同，戊卷無「者」，李方謂其誤脱。

〔三六七〕儀封人楚狂接輿，刊本同，戊卷脱「儀」字，戊卷、己卷末有「也」字。

〔三六八〕晨門曰，己卷、刊本同，戊卷作「者」一字，脱誤嚴重。

〔三六九〕閽人，刊本同，戊卷、己卷作「門人」，蓋誤。

〔三七〇〕自，己卷、刊本同，戊卷脱。

〔三七一〕曰，己卷、刊本同；戊卷無，李方謂戊卷誤脱。

〔三七二〕不可，戊卷、刊本同，己卷下有「也」字。

〔三七三〕言孔子知世不可爲而强爲之，底卷原無「子」字，「强」作「無」，李方謂底本脱誤，兹據戊卷、己卷、刊本補；「世」底卷及己卷作「廿」，避諱缺筆字，戊卷作「代」，諱改字，兹據刊本録正。

〔三七四〕者，底卷原無，李方云「底本脱誤」，兹據戊卷、己卷、刊本補。

〔三七五〕草器也，刊本同，己卷前有「荷」字，李方云「當衍」；戊卷無「也」字。

〔三七六〕有心哉謂契契然，戊卷、己卷、刊本無「哉」，李方云「底本衍」；戊卷少一「契」，李方謂抄脱。

〔三七七〕鄙哉，刊本同，戊卷、己卷作「鄙哉鄙哉」。

〔三七八〕斯已而已矣，刊本同，戊卷「斯已」作「如斯」，己卷僅「斯已矣」三字。

〔三七九〕硜硜，戊卷同，己卷、刊本下有「者」。

〔三八〇〕徒信已而已，底卷「已」原誤作「也」，兹據戊卷、刊本改正；己卷脱「已」字。

〔三八一〕無益，戊卷、刊本同；己卷「益」作「信」，末有「也」字。

〔三八二〕揭褰衣，戊卷、己卷同，刊本「褰」作「揭」，己卷、刊本末有「也」字。《釋文》出「揭揭」一條，則與刊本同。

〔三八三〕言隨世以行已，「世」字底卷作「廿」，避諱缺筆字，己卷作「代」，諱改字，兹據刊本録正；戊卷無「世」字，己卷無「行」字，李方謂二卷皆脱。

〔三八四〕之，戊卷、己卷、刊本作「知」，「之」爲「知」之同音借字。

〔三八五〕也，戊卷同，己卷、刊本無。

〔三八六〕以其不能解己之道也，底卷原脱「能」字，兹據戊卷、刊本補。己卷「不」誤作「能」，刊本無「也」字。

〔三八七〕孔曰，戊卷、刊本同，己卷作「馬曰」。

〔三八八〕信也，刊本同，戊卷倒作「也信」，己卷無「也」字。

〔三八九〕陰猶默也，刊本同，戊卷「默」作「嘿」，「嘿」爲「默」之後起別體；己卷「陰」誤作「陽」。

〔三九〇〕惣，戊卷、己卷同，刊本作「總」，「惣」「緫」皆「總」之俗字。

〔三九一〕己百官，己卷同，戊卷、刊本無「己」字，戊卷末有「也」字。

〔三九二〕聽，戊卷、己卷、刊本下有「於」字。

〔三九三〕佐，己卷、刊本同，戊卷誤作「仕」。

〔三九四〕則民易使也，「民」字底卷及戊卷原缺末筆，兹據刊本録正，己卷作「仁」，應是「民」的諱改字「人」之借字；

己卷末無「也」字。

〔三九五〕民，底卷及戊卷原缺末筆，兹據刊本録正；己卷作「臣」，乃「民」之誤。

〔三九六〕易使，戊卷、刊本同，己卷下有「也」字。

〔三九七〕君子，己卷、刊本同，戊卷誤作「事君」。

〔三九八〕修，戊卷、己卷、刊本作「脩」，「脩」爲「修」之借字。下「修」字同。

〔三九九〕而，己卷、刊本作「如」，「而」爲「如」之借。

〔四〇〇〕曰修己以安人，己卷誤重複此六字。自「孔曰敬其身」至此「修己以安人」戊卷無，應是在抄寫時將前「孔曰」看作後「孔曰」而誤脱。

〔四〇一〕而，己卷、刊本同，戊卷作「如」，「如」爲「而」之借。

〔四〇二〕也，戊卷、刊本同，己卷無。

〔四〇三〕夷俟，底卷原無「夷」字，陳鐵凡云「此當誤脱」，兹據戊卷、己卷、刊本補。

〔四〇四〕魯人，戊卷、刊本同，己卷下有「也」字。

〔四〇五〕待，戊卷同，己卷、刊本下有「也」字。

〔四〇六〕孔子，己卷、刊本同，戊卷下有「也」字。

〔四〇七〕幼而不悉悌，「悉」己卷作「遜」，刊本作「孫」，「悉」「遜」「孫」之别詳校記〔一四三〕；「悌」戊卷、己卷同，刊本作「弟」，「弟」「悌」古今字；戊卷「幼」作「糿」，俗訛。

〔四〇八〕賊爲賊害，戊卷同，己卷無；刊本「爲」作「謂」，「爲」爲「謂」之借字。

〔四〇九〕以杖叩，刊本同，己卷脱「杖」字；戊卷「叩」作「扣」。案《説文·攴部》：「敂，擊也。讀若扣。」手部：「扣，牽馬也。」無「叩」字。是「敂」爲本字，「扣」爲借字，「叩」後起字。

〔四一〇〕也，戊卷、刊本同，己卷無。

〔四一一〕脚脛，戊卷、刊本同，己卷下有『也』字。

〔四一二〕將命，戊卷、刊本同，己卷下衍『者』字。

〔四一三〕童子，底卷原脱，兹據戊卷、己卷、刊本補；己卷、刊本『闕黨』下有『之』字。

〔四一四〕傳賓主之語出入，戊卷『賓主』作『賓客主』，衍『客』字；戊卷、己卷末有『也』字。

〔四一五〕与，戊卷、己卷作『歟』，刊本作『與』，三字古通用。

〔四一六〕也，己卷、刊本同，戊卷無。

〔四一七〕隅坐，刊本同，戊卷、己卷誤作『偶坐』。

〔四一八〕成人，己卷、刊本同；戊卷無『人』字，李方謂脱漏。

〔四一九〕見其與先生並行也非求益者也，底卷『與先生並行也非求』八字殘泐，兹據刊本擬補；戊卷無二『也』字；己卷『先生』誤作『先王』，無後一『也』字。

〔四二〇〕速成者也，刊本同，己卷無『者』字，戊卷作『速成人者』。

〔四二一〕先生成人也，底卷『生』原作『王』，李方云『底本誤』，兹據戊卷、己卷、刊本改正；戊卷『也』作『者』，己卷無『也』字。

〔四二二〕『行』字底卷殘存上半截，兹據戊卷、己卷、刊本擬補。

〔四二三〕注文『不差』至『非求益也』十五字底卷殘缺，兹據己卷擬補；戊卷『違』音誤作『爲』，刊本『速成』後有一『人』字。

〔四二四〕論語卷弟七，底卷『論』字僅存右下角，『語』字存右邊『吾』，兹據戊卷擬補；『弟』字戊卷作『苐』，『苐』即『弟』的俗字，參看上文校記〔二〕；己卷此五字相應位置殘缺。

論語集解（八）（衛靈公、季氏）

伯二四九六（底一）　伯三四三三（底二）　斯七四七（甲卷）

俄敦五三〇七（乙一）　伯三七四五（乙二）　俄敦二六六六（乙三）

【題解】

底一編號爲伯二四九六，起篇題「衛靈公第十五」，至《季氏》「生而知之者，上也」，共一百零四行，經文大字，小注雙行。《伯目》首先比定其名，今依例擬名爲《論語集解（衛靈公、季氏）》。此卷今已併入藏文寫卷，編號爲二一二三。此卷字迹與斯七〇〇三A《論語集解（八佾）》相同，當爲一人所書。李方《敦煌〈論語集解〉校證》（江蘇古籍出版社一九九八）據「民」字缺筆定爲唐寫本。

底二編號爲伯三四三三，起《衛靈公》「子曰：躬自厚而薄責於人，則遠怨矣」，至《季氏》末，共一百零五行。經文大字，小注雙行。卷末有「丁未年十月十六日張堅堅寫畢功了。　手惡筆若（弱），多有錯厥，朋師見者，即與蓋却」題記二行。《伯目》最先比定其名，今依例擬名爲《論語集解（衛靈公、季氏）》。池田温《中國古代寫本識語集録》定此卷爲九世紀前期抄本。

甲卷編號爲斯七四七，起《衛靈公》「直哉史魚」之「史魚」，至《季氏》「又聞君子之遠其子也」，七十九行，首行僅存三字，第六十至六十九行下截殘泐，末三行上端又殘，卷面破損，字迹惡劣，多有脱漏。經文大字，小注雙行，字距細密。背面爲雜寫。《翟目》首先比定其名，今依例擬名爲《論語集解（衛靈公、季氏）》。李方《敦煌〈論語集解〉校證》據避諱字定爲唐寫本。

乙卷編號爲俄敦五三〇七（乙一）＋伯三七四五（乙二）＋俄敦二六六六（乙三）。乙一起《衛靈公》『鄭聲淫』之『淫』（殘存左下角），至『信以成之』之『信』，九殘行，上下端均殘缺。背爲雜寫。許建平《〈俄藏敦煌文獻〉儒家經典類寫本的定名與綴合》首次比定其名爲《論語・衛靈公》集解（《姜亮夫、蔣禮鴻、郭在貽先生紀念文集》三二一頁，上海教育出版社二〇〇三）。乙二起《衛靈公》『子曰：人無遠慮，必有近憂』《集解》『王曰：君子當思患而預防之』之『曰』，至《季氏》末，尾題『論語卷弟八』五字，共九十八行。尾題後有題記三行：『咸□□□學手書記了也也　咸通三年二十五日學生張文謍書　學生張之。』《索引》定名爲『論語集解卷第八』。乙三起《衛靈公》『孫以出之，信以成之』《集解》『孫以出之，謂言語』之『以』，至『三代之所以直道而行也』，九殘行。《孟目》首先比定其名，《俄藏》據以定名爲『論語衛靈公第十五』。

乙一、乙二、乙三爲一卷之裂，説詳許建平《〈俄藏敦煌文獻〉儒家經典類寫本的定名與綴合》。三卷綴合後，起《衛靈公》『鄭聲淫』之『淫』，至《季氏》末，共一百行，包括《衛靈公》、《季氏》二篇内容，今依例擬名爲《論語集解（衛靈公、季氏）》。據乙二之題記，知此乃咸通三年（八六二）張文謍所書。局部綴合圖如下所示：

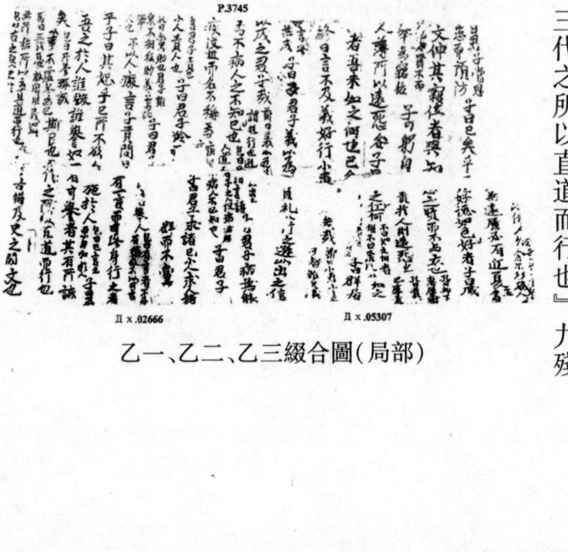

乙一、乙二、乙三綴合圖（局部）

北七二二〇（淡五〇）背雜寫中有『小不忍小不忍則亂大謀』十字，乃《衛靈公》篇中文，此爲雜寫，故不作爲異本收入。

陳鐵凡《敦煌論語異文彙考》（《孔孟學報》第一期，一九六一年四月。簡稱『陳鐵凡』）對甲卷作有校記，李方《敦煌〈論語集解〉校證》（簡稱『李方』）對底卷及甲卷、乙二作有校記。

本篇先以底一爲底本，自《季氏》『侮聖人之言』起以底二爲底本。底一、底二均據縮微膠卷録文，以甲卷、乙卷及中華書局影印阮元刻《十三經注疏・論語注疏》爲校本（後者簡稱『刊本』），校録於後。

衛靈公第十五[一]　何晏集解

衛靈公問陣[二]於孔子。孔曰：『軍陣行列之法。』孔子對曰：『俎豆之事，則甞[三]聞之矣。孔曰：『俎豆，礼[四]噐(器)。』軍旅之事，未之學也。』鄭曰：『万[五]二千五百人爲軍，五百人爲旅。軍旅末事，本未立，不可教以末也[六]。』

明日遂行。在陳絶粮[七]，從者病，莫能興。孔曰：『從者，弟子。興，起也。孔子去衛如曹，曹不容，又之宋。遭宋人之難[八]，又之陳。會吴伐陳，陳乱，故乏食。』子路愠□□(見，曰)[九]：『君子亦有窮乎？』子曰：『君子固窮，小人窮斯濫矣。』□□□□(濫，溢也。君)子固有窮時[一〇]，但不如小人□□▨(窮則濫)[一一]溢爲非。

子曰：『賜也，汝以予爲多▨(學)而識之者与[一二]？』對曰：『然。孔曰：『然，謂多學而識之。』非与[一三]？』孔曰：『問今不然耶[一四]。』曰：『非也，予一▨(以)[一五]貫之。』善有元，事有會，天下殊塗而同歸[一六]，百慮而一致。能[一七]知其元則衆善舉矣，故不待多學以[一八]一知之。

子曰：『由，知德者鮮矣！』王曰：『君子固窮，而子路愠見，故謂之少於知德。』

子曰：『無爲而治者，其舜也与？夫何爲哉？恭己正南面而已矣。』言任官得其人，故無爲而治。

子張問行。子曰：『言忠信，行篤敬，雖蠻陌[一九]之邦，亦可[二〇]行矣。言不忠信，行不篤敬，雖州里，行乎哉？鄭曰：『二千[二一]五百家爲州，五家爲隣，五隣爲里。行乎哉，言不可行。』立則見其參於前[二二]，在輿則見其倚於衡，夫然後行。』[包曰：『衡，軛也』][二三]。言思念忠信，立則常想見，參然在前[二四]。在輿則若倚車扼[二五]。』子張書諸紳。孔曰：『紳，大帶。』

子曰：『直哉，史魚[二六]！孔曰：『衛大夫史鰌。』邦有道，如矢。邦無道，如矢。』孔曰：『有道無道，行直如矢，不曲〔二七〕。』君子哉〔二八〕，蘧伯玉〔二九〕！邦有道，則仕。邦無道，則〔三〇〕卷而懷之。』包曰：『卷而懷之〔三一〕，謂不与時政柔順，故〔三二〕不忤於人。』

子曰：『可与言而不与言，失人。不可与▨（言）而与言〔三三〕，失言。智〔三四〕者不失人，亦不失言。』

子曰：『士志於仁〔三五〕，無求生以害仁，有煞〔三六〕身以成仁。』孔曰：『生而害仁，死而成仁〔三七〕，則志士仁人不愛其身矣〔三八〕。』

子貢問爲仁。子曰：『工欲善其事，必先利其器。居是邦也，事其大夫之賢者，友其士之仁者。』孔曰：『言工以利器爲用，人以賢友爲助〔三九〕。』

顔淵問〔四〇〕爲邦。子曰：『行夏之時，據見万物之生，以爲四時之始，取其易知。乘殷之輅，馬曰〔四一〕：『殷車曰大輅。《左傳》曰：「大輅越席，昭其儉〔四二〕。」』服周之冕，包曰：『冕，礼冠〔四三〕。周礼之文脩〔四四〕，取其黈纊〔四五〕塞耳，不任視聽。』樂則《韶舞》。《韶舞》〔四六〕，舜樂〔四七〕。盡善盡美，故取之〔四八〕。放鄭聲，遠佞〔四九〕人。鄭聲淫〔五〇〕，佞人殆。』孔曰：『鄭聲、佞人亦俱能感人心〔五一〕，与雅樂、賢人同，而使人淫乱危殆，故當放遠之。』

子曰：『人無遠慮，必有近憂〔五二〕。』王曰：『君子當思患而預防之。』〔五三〕

子曰：『已矣乎！吾未見好德如好色者〔五四〕。』

子曰：『臧文仲其竊位者与？知柳下惠之賢而不与立〔五五〕。』孔曰：『柳下惠，展禽〔五六〕。知賢而不〔五七〕舉，是竊位〔五八〕。』

子曰〔五九〕：『躬自厚而薄責於人，則遠怨矣〔六〇〕。』孔曰〔六一〕：『責己厚，責人薄，所以遠怨咎〔六二〕。』

子曰：『不曰「如之何，孔曰〔六三〕：『「不曰」〔六四〕如之何者，猶言不曰奈是何〔六五〕。』如之何」者，吾末如之何也已矣。』孔曰：『如之何者，言禍難已成〔六六〕，吾亦無如之何〔六七〕。』

子曰：『群▨□（居終）〔六八〕日，言不及義，好行小惠〔六九〕，難矣哉！』鄭曰：『小惠，謂小小才智〔七〇〕。難矣哉，言終無所成〔七一〕。』

子曰：『君子義以爲質，礼以行之，遜以出之，信以成之〔七二〕。君子哉〔七三〕！』

子曰：『君子病無能焉，不病人之不己知〔七四〕。』

子曰：『君子疾没世〔七五〕而名不稱焉。』疾猶病也。

子曰：『君子求諸己，小人求諸人〔七六〕。』君子責己，小人責人〔七七〕。

子曰：『君子矜〔七八〕而不争，包曰：『矜，矜庄〔七九〕。』群而不黨。』孔曰：『黨，助也。君子雖衆，不相私助，義之与比〔八〇〕。』

子曰：『君子不以言舉人，包曰：『有言者不必有德，故不可以言舉人〔八一〕。』不以人廢言〔八二〕。』

子貢問曰：『有一言而可以〔八三〕終身行之者乎？』子曰：『其〔八四〕恕乎！己所不欲，勿施於人〔八五〕。』

子曰：『吾之於人也〔八六〕，誰毁誰譽？［如有可譽者］〔八七〕，其有〔八八〕所試矣。包曰：『所譽者〔八九〕，輒試之〔九〇〕以事，不虚譽而已矣〔九一〕。』斯人也〔九二〕，三代所以直道而行〔九三〕。』馬曰：『三代，夏〔九四〕、殷、周。用人〔九五〕如此，無所阿私〔九六〕，所以云直道而行之〔九七〕。』

子曰：『吾猶及史〔九八〕之闕文也。包曰：『古之［良］史〔九九〕，於［書］字有疑則闕之，以待知者〔一〇〇〕。』有馬者借人乘之，今亡矣夫！』包〔一〇一〕曰：『有馬不能調良〔一〇二〕，則借人使〔一〇三〕習之。孔子自謂及見其如此〔一〇四〕，至今〔一〇五〕無有矣。言此者，以俗多穿鑿矣〔一〇六〕。』

子曰：『巧言乱德。小不忍，而乱〔一〇七〕大謀。』孔曰：『巧言利口則乱德義。小不忍則乱大謀〔一〇八〕。』

子曰〔一〇九〕：『衆惡之，必察焉〔一一〇〕。衆好之，必察焉〔一一一〕。』王曰：『惑〔一一二〕衆阿黨比周，惑其人特〔一一三〕立不群，故好惡不可不察〔一一四〕。』

子曰：『人能弘道，非道弘人。』才大者道隨大，才小者道隨小，故不能弘人。〔一一五〕

子曰：『過而不改，是謂過矣。』

子曰：『吾嘗終日不食〔一一六〕，終夜不寝〔一一七〕，以思，無〔一一八〕益，不如學也。』

子曰：『君子謀道不謀食。耕也，餧〔一一九〕在其中矣。學也，禄在其中〔一二〇〕矣。君子憂〔道〕不憂貧〔一二一〕。』鄭曰：『餧，餓也。言雖耕而不學〔一二二〕，故飢餧〔一二三〕。學則得禄，不耕而不餧〔一二四〕。勸人學〔一二五〕。』

子曰：『智〔一二六〕及之，仁〔一二七〕不能守之，〔雖得之，必失之。包曰：『知能及治其官，而仁不能守，雖得之，必失之。』知及之，仁能守之〕〔一二八〕，不庄以莅〔一二九〕之，則人〔一三〇〕不敬。包曰：『不嚴以臨之，則人不敬從其上〔一三一〕。』智〔一三二〕及之，仁能守之，庄以莅之〔一三三〕，動之不以礼，未善也。』動必以礼然後善〔一三四〕。

子曰：『君子不可小知，而可大受〔一三五〕；小人不可〔一三六〕大受，而可小知〔一三七〕。』君子之道深遠，不可小了知，而可大受〔一三八〕；小人之道淺近〔一三九〕，可〔一四〇〕小了知，而不可大受〔一四一〕。

子曰：『民之於仁也〔一四二〕，甚於水火。馬曰：『水火〔及〕仁〔一四三〕，皆所仰者而生〔一四四〕，仁冣〔一四五〕爲甚。』水火，吾見蹈而死者〔一四六〕，未見蹈仁而死者也〔一四七〕。』馬曰：『蹈水火或時煞人，蹈仁未嘗煞人〔一四八〕。』

子曰：『當仁〔一四九〕不讓於師。』孔曰：『當行仁之事，不復讓於師。行仁急〔一五〇〕。』

子曰：『君子貞而不諒。』孔曰：『貞，正也〔一五一〕。諒，信〔也〕〔一五二〕。君子之人，正其道耳，言〔不〕必信〔一五三〕。』

子曰：『事君，敬其事而後食〔一五四〕。』孔曰〔一五五〕：『先盡力而後食禄〔一五六〕。』

子曰：『有教無類。』馬曰：『言人在見教〔一五七〕，無有種類〔一五八〕。』

子曰：『道不同，不相爲謀〔一五九〕。』

子曰：『辝〔一六〇〕達而已矣。』凡事莫過於實，辝達則足矣，不煩文艶之辝〔一六一〕。

師冕見，孔曰：『師，樂人盲者，名冕〔一六二〕。』及階〔一六三〕，子曰：『階〔一六四〕。』及席〔一六五〕，子曰：『席〔一六六〕。』皆坐，子告之曰：『某在斯，某在斯。』孔曰：『曆告以坐中人姓字、所在處〔一六七〕。』師冕出。子張曰〔一六八〕：『與師言之道與〔一六九〕？』子曰：『然，固相師之道也。』孔〔一七〇〕曰：『相，導〔一七一〕。』

季氏第十六　何晏集解〔一七二〕

季氏將伐顓臾。冉有、季路見於孔子曰：『季氏將有事於顓臾。』孔曰：『顓臾，伏羲〔一七三〕之後，風姓之國，本魯之附庸〔一七四〕，當時臣屬魯。季氏貪其土地〔一七五〕，欲滅而有〔一七六〕之。冉有与季路爲季氏［家臣］，來告孔子〔一七七〕。』孔子〔一七八〕曰：『求！無乃尔是誰之過與〔一七九〕？孔曰：『冉求爲季氏［宰］〔一八〇〕，相其室，爲之聚斂〔一八一〕，故孔子獨疑求教〔一八二〕。』夫顓臾〔一八三〕，昔者先王以爲東蒙主，孔曰〔一八四〕：『使主祭蒙山〔一八五〕。』且在封域〔一八六〕之中矣，孔曰：『魯七百里之〔一八七〕封，顓臾爲附庸，在其域中矣〔一八八〕。』是社稷之臣〔一八九〕。何以伐爲？』孔曰：『已居〔一九〇〕魯，爲社稷臣〔一九一〕，何用滅之〔一九二〕？』冉有曰：『夫子欲之，吾二臣者皆不欲〔一九三〕。』歸咎於季氏〔一九四〕。孔子曰〔一九五〕：『求！周任有言〔一九六〕曰：「陳力就列，不能者止〔一九七〕。」馬曰：『周任，古之良史〔一九八〕。言當陳其才力〔一九九〕，度己所任，以就其位，不能者則當止也〔二〇〇〕。』危〔二〇一〕而不持，顛〔二〇二〕而不扶，則將焉用彼〔二〇三〕相矣？鄭〔二〇四〕曰：『言輔相人者，當能持危扶顛。若不能，何用相爲〔二〇五〕？』且尔言過矣，虎兕出於匣〔二〇六〕，龜玉毀於櫝〔二〇七〕中，是誰之過与？』孔〔二〇八〕曰：『匣，檻。櫝，簣〔二〇九〕。非典守之過〔二一〇〕？』冉有曰：『今夫顓臾，固而近於費〔二一一〕。孔〔二一二〕曰：『固，城郭完堅〔二一三〕，兵甲利〔二一四〕。費，季氏邑〔二一五〕。』今不取，後世必爲子孫憂〔二一六〕。』孔子曰：『求！君子疾夫孔曰：『疾如汝之言〔二一七〕。』舍曰欲之，而必爲之辞〔二一八〕。孔曰：『舍其貪利之説，而更作他辞〔二一九〕，是所疾也〔二二〇〕。』丘也聞〔二二一〕有國有家者，不患寡而患不均，孔曰：『國，諸侯。家，卿大夫〔二二二〕。不患土地民人寡少〔二二三〕，患政治之不均平〔二二四〕。』不患貧而患不安，孔曰：『憂不能安民耳。人安則國富〔二二五〕。』盖均無貧，和無寡，安無傾〔二二六〕。包曰：『政教均平〔二二七〕，則不貧矣。上下和同〔二二八〕，不患寡矣。小大〔二二九〕安寧，不傾危〔二三〇〕。』夫如是，故遠人不服，則脩〔二三一〕文德以來之。既來之〔二三二〕，則安之。今由与求也，相夫子，遠人不服，而不能來〔二三三〕；邦分崩離拆〔二三四〕，而不能守〔二三五〕；孔曰：『人有異心曰分〔二三六〕，欲去曰崩，不可會聚曰離析〔二三七〕。』而謀動干戈於邦內，孔曰：『干，楯。戈，戟〔二三八〕。』吾恐季孫之憂不在〔二三九〕顓臾，而在蕭墻之內也〔二四〇〕。』鄭曰：『蕭之言肅，墻謂屏也〔二四一〕。君臣相見之礼，至屏而加肅敬〔二四二〕，是以謂之蕭墻。後季氏家臣陽虎果囚季桓子〔二四三〕。』

孔子曰：『天下有道，則礼樂征伐自天子出；天下無道，則礼樂征伐自諸侯出。自諸侯出〔二四四〕，盖十世希不失矣；孔曰：『希，少也。周幽王爲犬戎所煞，平王東遷〔二四五〕，周始微弱。諸侯自〔二四六〕作礼樂，專行征伐，始於隱公。至昭公十世失政〔二四七〕，死於乾侯〔二四八〕。』自大夫出，五世希不失矣；孔曰：『季文子初得政，至桓子五世，爲家臣陽虎所囚〔二四九〕。』陪臣執國命，三世希不失矣。孔〔二五〇〕曰：『陪，重也，謂家臣〔二五一〕。陽虎爲季氏家臣〔二五二〕，至虎三世而出奔〔二五三〕。』天下有道，則政不在〔二五四〕大夫。孔曰：『制之由君〔二五五〕。』天下有道，則庶人不議〔二五六〕。』孔曰：『無所非議〔二五七〕。』

孔子曰：『禄之〔二五八〕去公室五世矣，鄭曰：『當〔二五九〕此之時，魯定公之初。魯自東門襄仲〔二六〇〕煞文公之子赤而立宣公，於是政〔二六一〕在大夫，爵禄不從君出，至定公爲五世矣〔二六二〕。』政還〔二六三〕於大夫四世矣，孔曰：『文子、武子、悼子、平子〔二六四〕。』故夫三桓之子孫微矣。』孔曰：『三桓，謂仲孫、叔孫、季孫。三卿皆出桓公，故曰三桓〔二六五〕。謂仲孫氏改其氏稱孟氏〔二六六〕，至哀公時皆衰之矣〔二六七〕。』

孔子曰：『益者三友，損者三友。友直，友諒，友多聞，益矣。友便僻〔二六八〕，馬曰：『便僻〔二六九〕，巧避人之所忌以求容媚〔二七〇〕。』友善柔，馬曰：『面柔和〔二七一〕。』友便佞〔二七二〕，損矣。』鄭〔二七三〕曰：『便，辯〔二七四〕，謂佞而辯〔二七五〕。』

孔子曰：『益者三樂，損者三樂〔二七六〕。樂節礼樂〔二七七〕，動得礼樂之節。樂道人之善，樂多賢友，益矣。樂驕樂，孔曰：『怙恃尊貴以自恣〔二七八〕。』樂佚遊，王曰：『佚遊，出入不節〔二七九〕。』樂宴樂，損矣。』孔曰：『宴樂，沈〔二八〇〕荒淫瀆。此〔二八一〕三者，自損之道〔二八二〕。』

孔子曰：『侍於君子有三愆〔二八三〕：[孔曰]〔二八四〕：『愆，過〔二八五〕。』言未及之而言謂之躁，鄭曰：『躁，不安静。』言及之而不言謂之隱，[孔曰]〔二八六〕：『隱，匿不盡情實〔二八七〕。』未見顔色而言謂之瞽。』周曰〔二八八〕：『未見君子顔色所趍向〔二八九〕，而便逆先意語者〔二九〇〕，猶瞽〔二九一〕。』

孔子曰：『君子有三戒〔二九二〕：少之時，血氣未定，戒之在色。及其壯也，血氣方剛〔二九三〕，戒之在鬬〔二九四〕。及其老也，血氣既衰，戒之在得。』孔曰：『得，貪得。』

孔子曰：『君子有三畏：畏天命，順吉逆凶，天之命〔二九五〕。畏大人，大人，即〔二九六〕聖人，与天地合德〔二九七〕。畏聖人之言。深遠不可易知則〔二九八〕，聖人之言〔二九九〕。小人不知天命而不畏〔三〇〇〕，恢疏，故不知畏。狎大人〔三〇一〕，直而不肆，故狎之〔三〇二〕。侮聖人之言〔三〇三〕。』不可小知〔三〇四〕，故侮之也〔三〇五〕。

孔[子]〔三〇六〕曰：『生而知之者，上也〔三〇七〕。學而知之者，次也。困而學之，又其次也。孔曰：『困，謂有所不通〔三〇八〕。』困而不學，民〔三〇九〕斯爲下矣。』

孔子曰：『君子有九思：視思[明，聽思]聰〔三一〇〕，色思温，貌思恭，言思忠，事思敬，疑思問，忿思難，見得思義。』

孔子曰：『見善如不及，見惡〔三一一〕如探湯。吾〔三一二〕見其人矣，吾聞其語矣。孔曰：『探湯，喻去惡疾也〔三一三〕。』隱居以求其志，行義以達其道。吾聞其語矣，未見其人也。』

齊景公有馬千駟，死之日，人無德〔三一四〕而稱焉。孔曰：『千駟，四千匹也〔三一五〕。』伯夷、叔齊餓死〔三一六〕于首陽之下，馬曰：『首陽山在河東蒲坂華山之北河曲之中〔三一七〕。』民到于今而稱之〔三一八〕，其斯之謂與〔三一九〕？王曰：『此所謂以德爲稱〔三二〇〕。』

陳亢問〔三二一〕於伯魚曰：「子亦有異聞乎？」馬曰：「以爲伯魚孔子之子，所聞當有異耳〔三二二〕。」對曰：「未也〔三二三〕。嘗〔三二四〕獨立，孔曰：「立〔三二五〕，謂孔子。」鯉趍〔三二六〕而過庭。曰：「學《詩》乎？」對曰：「未也。」「不學《詩》，無以言〔三二七〕。」鯉退而學《詩》。他日，又獨立，鯉趍而過庭。曰：「學礼乎？」對曰：「未也。」「不學礼，無以立。」鯉退而學〔三二八〕礼。聞斯二矣〔三二九〕。」亢〔三三〇〕退而喜曰：「問一得三，聞《詩》，聞礼，又聞君子之遠其子〔三三一〕。」

邦君之妻，君稱之曰夫人，夫人〔三三二〕自稱曰小童，邦人稱之曰君夫人，稱諸異邦曰寡小君，異邦人稱之亦曰君夫人。孔曰：「小君，君夫人之稱〔三三三〕。對異邦謙〔三三四〕，故曰寡小君。當此之時，諸侯適〔三三五〕妾不正，稱号〔三三六〕不審，故孔子正言其礼也。」

論語卷第八〔三三七〕

【校記】

〔一〕苐，刊本作「第」。「苐」本爲「弟」之俗字，俗書竹頭多寫作草頭，俗據「苐」楷正，則又分化産生「第」字。下凡「苐」字不復出校。

〔二〕陣，刊本作「陳」。「陳」「陣」古今字。注中「陣」字同。

〔三〕甞，刊本作「嘗」。「甞」為「嘗」的俗字。下凡「甞」皆同，不復出校。

〔四〕礼，刊本作「禮」。「礼」爲古文「禮」字，敦煌寫本多用此字，後世刊本則多用「禮」字。下凡「礼」均不復出。

〔五〕万，刊本作「萬」。「万」「萬」古異體字。下「万」字不復出校。

〔六〕末也，刊本作「末事」，李方云：「底本誤脱。」案《史記·孔子世家》裴駰《集解》引此句作「不可教以末也」，正與寫卷同，則底本未必誤。

〔七〕粮，刊本作「糧」，《干禄字書·平聲》：「粮、糧，上通下正。」《説文》有「糧」無「粮」，「粮」爲後起別體。

〔八〕遭宋人之難，刊本作「宋遭匡人之難」。

〔九〕見曰，底一殘泐，兹據刊本擬補。

〔一〇〕濫溢也君子固亦有窮時，底一「濫溢也君」四字殘泐，兹據刊本擬補；刊本「固」下有「亦」字，案《史記·孔子世家》裴駰《集解》引也有「亦」字。

〔一一〕但不如小人窮則濫，底一「但」字右上角「日」缺中畫，避諱缺筆字，兹據刊本録正；底一「窮則」二字殘泐，「濫」殘存下半，兹據刊本擬補。

〔一二〕汝以予爲多學而識之者与，底一「學」字殘存上半，兹據刊本擬補；刊本「汝」作「女」，「与」作「與」，「女」「汝」古今字，「与」「與」二字古混用無別，敦煌寫本多用「与」字，後世刊本多改作「與」。下凡「与」字不復出校。

〔一三〕「非与」前底一原有「曰」字，李方云「底本誤衍」，李説是，此當是後人因爲「然」下有注而以爲「然」與「非与」是兩句，故冒然添一「曰」字。《史記·孔子世家》云：「孔子曰：『賜，爾以予爲多學而識之者與？』曰：『然。非與？』」可爲證。兹據以删之。

〔一四〕耶，刊本無，《史記·孔子世家》裴駰《集解》所引有「耶」字。

〔一五〕以，底卷殘存右邊「人」，兹據刊本擬補。

〔一六〕帰，刊本作「歸」，據《説文》，「帰」爲籀文隸定字，「歸」爲小篆隸定字。

〔一七〕能，刊本無，《史記·孔子世家》裴駰《集解》所引亦無。

〔一八〕以，刊本作「而」，《史記·孔子世家》裴駰《集解》所引作「以」。

〔一九〕陌，刊本作「貊」，李方云「底本誤」。

〔二〇〕亦可，刊本無，李方云「恐底本衍」，案《定州漢墓竹簡論語》亦無此二字。

〔二一〕二千，刊本前有「萬」字，邢疏云：「《周禮·大司徒職》云：『五家爲比，五比爲閭，四閭爲族，五族爲黨，五黨爲州。」是二千五百家爲州也，今云「萬二千五百家爲州」，誤也。」

〔二二〕於前，刊本下有「也」字。

〔二三〕「包曰衡軛也」五字底一原無，李方云「底本誤脱」，兹據刊本補。案《史記·仲尼弟子列傳》裴駰《集解》引包氏曰：「衡，軶也。」《説文·車部》：「軶，轅前也。」段注：「隸書作軛。」

〔二四〕在前，刊本作「在目前」，《史記·仲尼弟子列傳》裴駰《集解》所引與底一同。

〔二五〕扼，刊本作「軛」，「扼」爲「梔」之俗訛字，扌、木不分之故也。《説文》無「梔」字，「梔」又爲「軛」之後起换旁字。

〔二六〕史魚，甲卷起於此。

〔二七〕「不曲」前刊本有「言」字。

〔二八〕君子哉，底一「君」前原有「子曰」二字，李方云「底本誤衍」，案此章乃孔子比較史魚和蘧伯玉對國家有道、無道的態度，應是一章，不當有「子曰」二字，兹據刊本、甲卷刪。

〔二九〕蘧伯玉，刊本同，甲卷誤作「璩玉伯」。

〔三〇〕則，甲卷、刊本下有「可」，李方云「底本誤脱」，李説是。《周禮·冬官·鮑人職》鄭玄注云：「卷讀爲『可卷而懷之』之卷。」《定州漢墓竹簡論語》亦有「可」字。

〔三一〕之，甲卷同，刊本無。

〔三二〕故，甲卷、刊本無。

〔三三〕不可与言而与言，底一前一「言」字殘存上部「亠」，兹據甲卷、刊本擬補；下「与言」間甲卷、刊本有「之」字。

〔三四〕智，甲卷、刊本作「知」，「知」「智」古今字。

〔三五〕士志於仁，甲卷同，刊本作「志士仁人」，《定州漢墓竹簡論語》與刊本同。

〔三六〕煞，甲卷同，刊本作「殺」，《干禄字書·入聲》以「煞」爲「殺」之俗字。下「煞」字同，不復出校。

〔三七〕生而害仁死而成仁，甲卷、刊本作「無求生以害仁，死而後成仁」，底卷有脱誤。

〔三八〕矣，甲卷無，刊本作「也」。

〔三九〕人以賢友爲助，刊本同，甲卷作「由仁以賢友爲助」，「仁」爲「人」之借。

〔四〇〕問，刊本同，甲卷下衍「於」字。

〔四一〕馬曰，刊本同，甲卷作「包曰」。

〔四二〕「昭其儉」下甲卷、刊本有「也」字。

〔四三〕礼冠，刊本同，甲卷下有「也」字。

〔四四〕周礼之文𠈁，刊本作「周之禮文而備」，甲卷與刊本同，唯「𠈁」作「偹」，「𠈁」「偹」皆「備」之俗字。

〔四五〕纊，底一原誤作「曠」，兹據甲卷、刊本改正。

〔四六〕舞，甲卷同，刊本無。

〔四七〕「舜樂」下甲卷、刊本有「也」字。

〔四八〕取之，刊本同，甲卷下有「也」字。

〔四九〕佞，甲卷作「倿」，刊本作「佞」，「倿」「佞」皆「佞」之俗字，見《敦煌俗字研究》下編三五頁。下及注「佞」字同。

〔五〇〕淫，乙一起於此，「淫」字殘存左半「氵」。

〔五一〕俱能感人心，乙一「俱」誤作「尔」；甲卷脱「心」字；刊本「感」作「惑」。李方云：「孔注此句下接云：『與雅樂賢人同，』是鄭聲、佞人與雅樂、賢人俱能感人心，據此，則此處作『感』字義協。」

〔五二〕憂，甲卷、刊本同，乙一誤作「夏」。

〔五三〕王曰君子當思患而預防之，刊本同，乙二脱「之」字，甲卷無此條注。乙二起於「曰」字。

〔五四〕者，甲卷、乙一同，刊本下有『也』字。

〔五五〕立，甲卷同，乙一、刊本下有『也』字。

〔五六〕展禽，甲卷同，乙二、刊本下有『也』字。

〔五七〕而不，甲卷、刊本同，乙二誤倒作『不而』。

〔五八〕是竊位，甲卷、乙二『是』作『爲』，刊本『是』下有『爲』，乙二末有『也』字。

〔五九〕子曰，底二起於此。底二此二字存左邊殘筆。

〔六〇〕遠怨矣，刊本同，甲卷無『怨』字，陳鐵凡云『此下注文亦有「怨」字，此當誤脱』；乙一『矣』作『亦』，音誤字。

〔六一〕曰，乙一、刊本同，甲卷脱。

〔六二〕責人薄所以遠怨咎，甲卷、刊本同，乙二『人薄所以遠怨咎』七字誤爲單行大字；底二末有『之也』二字，當是爲雙行對齊而添。

〔六三〕孔曰，甲卷、刊本同，乙一無。

〔六四〕不曰，底一原無，李方云『底本誤脱』，兹據甲卷、乙一、刊本補。

〔六五〕猶言不曰奈是何，甲卷、乙一無『言』字，李方謂其脱漏；甲卷、底二末有『也』字；底二、刊本『奈』作『柰』，案《説文·木部》『柰，果也』段注：『假借爲柰何字，見《尚書》、《左傳》。俗作「奈」，非。』

〔六六〕言禍難已成，底二『禍』誤作『禍』；甲卷『已』作『以』，音借字。

〔六七〕如之何，底二、刊本同，甲卷、乙一末有『也』字。

〔六八〕居終，底一『居』脱右下角『口』，『終』字殘泐，兹據乙卷、底二、刊本補。

〔六九〕惠，甲卷、底二同，刊本作『慧』。《經典釋文·論語音義》（下簡稱『《釋文》』）出『慧』字，云：『魯讀「慧」爲「惠」，今從古。』鄭玄既從古本，則其字作『慧』。寫卷作『惠』，音借字（敦煌寫本中『慧』『惠』混用）。

〔七〇〕注中「惠」字同。

〔七一〕謂小小才智，甲卷、乙一無「謂」字，乙一、底二、刊本「小小」下有「之」字；底二無「智」字，末有「也」字；刊本「智」作「知」，「知」「智」古今字。

〔七二〕無所成，甲卷、底二「無」作「无」（《説文・亾部》：「无，奇字無也。」），甲卷、乙二、底二、刊本無「所」字，底二末有「也」字。

〔七三〕遜以出之信以成之，乙卷同，甲卷「出」下脱「之」字，「信」、「出」二字誤倒；「遜」字刊本作「孫」，甲卷、底二作「愻」。李惇《群經識小》云：「遜，遁也；愻，順也。古字並作「孫」，後有愻、遜二字，一从辵，則爲遁；一从心，則爲順，字形文義皆截然不可混。」乙一止於「信」字。

〔七四〕「君子哉」下甲卷、底二同，無注文；刊本下有注文「鄭曰：義以爲質謂操行，孫以出之謂言語」，乙卷也有此注，「操行」下有「也」，「孫」作「遜」。乙三起於注文「以出之」。

〔七五〕不已知，乙二、刊本下有「也」；甲卷、底二下有「病已不知人」五字，陳鐵凡云「此經文當是誤衍」；刊本另有注文「包曰：君子之人但病無聖人之道，不病人之不已知」，乙卷也有此注，末有「也」字。

〔七六〕世，乙二、刊本同，甲卷作「代」，「代」爲「世」之諱改字；底二作「伐」，又爲「代」之誤字。

〔七七〕諸人，甲卷、底二、刊本同，乙三誤倒作「人諸」。

〔七八〕君子責己小人責人，甲卷、底二、刊本同，乙二句前有「言」，句末有「也」字。

〔七九〕矜，甲卷、乙二、底二同，刊本作「矜」，「矜」字是，凡經典「矜」字皆「矜」之譌，説詳《説文・矛部》「矜」篆下段注、臧庸《拜經日記》卷五「矜」字條。注中「矜」字同。

〔八〇〕庄，甲卷、底二同，刊本作「莊」，「庄」爲「莊」之俗字，説詳《敦煌俗字研究》下編五〇八頁。甲卷、底二、刊本下有「也」字。

〔八一〕与比，乙二、底二、刊本同，甲卷下有「也」字。

〔八一〕舉人，甲卷、刊本同，乙卷、底二下有「也」字。

〔八二〕廢言，甲卷、乙二、底二「廢」作「癈」，「癈」爲「廢」之俗字。刊本下有注文「王曰不可以無德而廢善言」，甲卷、乙卷、底二均無。

〔八三〕可以，甲卷、底二、刊本同，乙三無「以」字。

〔八四〕其，乙二、底二、刊本同；甲卷無，李方云「當誤脱」。

〔八五〕勿施於人，刊本下有注文「言己之所惡勿加施於人」，乙三則作「包曰己言之西小勿加於人」，「西小」當由「惡」之俗寫「恶」字訛變而分拆而成；甲卷、底二與底卷同，均無此注。

〔八六〕也，底二、刊本同，甲卷、乙二無。

〔八七〕如有可譽者，底一原脱，玆據甲卷、乙三、底二補；刊本「可」作「所」；《定州漢墓竹簡論語》此句作「若有何譽者」，「可」「何」古多通用，其字本當作「可」。

〔八八〕有，乙三、底二、刊本同，甲卷脱。

〔八九〕所譽者，底二、刊本同，乙二無「者」字；甲卷無此三字，李方謂甲卷脱。

〔九〇〕之，甲卷、乙二、底二、刊本無。

〔九一〕不虚譽而已矣，乙二、底二、刊本無「矣」字；甲卷「譽」誤作「與」，「矣」作「也」。

〔九二〕斯人也，甲卷同；刊本「人」作「民」，「人」爲「民」之諱改字；乙二「民」缺末筆，避諱缺筆字；底二無「也」字。

〔九三〕三代所以直道而行，甲卷、乙卷、底二、刊本及《定州漢墓竹簡論語》「所以」上有「之」字，末有「也」字。乙三至於此。

〔九四〕夏，甲卷、底二、刊本同，乙二誤作「憂」。

〔九五〕人，甲卷、底二同；乙二、刊本作「民」，「人」爲「民」之諱改字。

〔九六〕無所阿私，甲卷、底二、刊本同，乙二脱『阿』字。

〔九七〕而行之，甲卷無『而行之』三字，乙二、底二、刊本無『之』字，甲卷、乙二、底二末有『也』字。

〔九八〕猶及史，底二『猶』下原有『不』字，李方云『底本衍』，兹據乙二、底二、刊本删；甲卷『史』作『使』，音誤字。

〔九九〕良史，底一原無『良』字，案『史』指历史，『良史』則爲史家，『良』字不應無，兹據甲卷、乙二、底二、刊本補。

〔一〇〇〕於書字有疑則闕之以待知者，底卷原無『書』字，李方云『底本誤脱』，兹據甲卷、乙二、底二、刊本補；乙二無『之以待』，『者』作『也』，脱誤嚴重。

〔一〇一〕包，甲卷、乙二、刊本同，底二作『苞』，『包』『苞』古今字，然姓氏仍應作『包』。

〔一〇二〕有馬不能調良，甲卷、刊本同；乙二無『良』字，李方謂乙二脱，是也；底二『馬』下有『者』字，當是涉經文而衍。

〔一〇三〕使，甲卷、乙二同，底二作『使乘』，刊本則作『乘』一字。

〔一〇四〕孔子自謂及見其如此，底一『及』原誤作『反』，兹據甲卷、乙二、底二、刊本改正；乙二『自』誤作『曰』，無『其』字；刊本『其』下有『人』字。

〔一〇五〕至今，甲卷、底二、刊本同，乙二作『言今』。

〔一〇六〕以俗多穿鑿矣，底一『俗』原作『喻』，李方云『底本誤』，兹據甲卷、底二、刊本改正；甲卷無『矣』字，底二『矣』作『也』；乙二無此句，李方云『當誤脱』。

〔一〇七〕而乱，甲卷、乙二同，底二脱『乱』字；刊本『而』作『則』，『而』『則』同義。

〔一〇八〕大谋，甲卷、底二、刊本同，乙二下有『也』字。

〔一〇九〕子曰，甲卷、乙二、刊本同；底二無，李方云『當誤脱』。

〔一一〇〕衆惡之必察焉，甲卷、乙二、刊本同，底二此句在『衆好之必察焉』句之後。陳舜政《論語異文集釋》云：『有許多古書引到此章，都把今本兩句倒置。……大概古本一定是「衆好之」句在前頭，因爲這很合乎大多數人的思維方式。』案：《定州漢墓竹簡論語》亦與底二同，或《論語》原本即如此。

〔一一〕衆好之必察焉，甲卷無，李方云『當誤脱』。

〔一二〕惑，甲卷、乙二、底二、刊本作『或』，『惑』爲『或』之借字。下句『惑』字同。

〔一三〕特，甲卷、底二、刊本同，乙二誤作『將』。

〔一四〕故好惡不可不察，甲卷、底二無『故』字，乙二、刊本末有『也』字。

〔一五〕弘人，刊本同，乙二作『和也』，李方認爲乙二誤。又甲卷、底二皆無此章。

〔一六〕吾甞終日不食，『甞』為『嘗』的俗字，刊本正作『嘗』；乙二『終』誤從『彳』旁，下句『終』亦誤。

〔一七〕寢，底卷原作『寑』，甲卷、乙二、底二同，乃『寢』之俗訛字，故録正；刊本作『寢』，『寢』『寢』篆文隸變之異。

〔一八〕無，甲卷、乙二、刊本同；底二作『並』，李方謂『並』字誤。

〔一九〕餧，甲卷、乙二、底二同；底一右旁注一『餒』字，似有改字之意，但注中仍皆作『餧』，故不從改；刊本作『餒』（注中除『飢餧』作『飢餓』外，『餧』字均作『餒』）。案《説文·食部》：『餧，飢也。』無『餒』字。段玉裁《説文解字注》改『餧』爲『餒』。《論語·鄉黨》『魚餒而肉敗不食』阮元《論語校勘記》云：『餒、餧古今字。』高明《説文解字傳本續考》云：『前人書所引有字從隸俗而説解用《説文》之例，……《説文》無「餒」字，乃「魚敗曰餧」之隸俗字，段玉裁注據《釋文》改「餧」爲「餒」，蓋未識此例。』（《高明小學論叢》八八頁，黎明文化事業公司一九八八）

〔二〇〕中，甲卷、乙二、刊本同，底二音誤作『忠』。

〔二一〕憂道不憂貧，底一原無『道』字，因換行而誤脱，兹據甲卷、底二、刊本補；乙二脱『道不憂』三字，當是因看錯『憂』字而誤脱。

〔二二〕言雖耕而不學，底二、刊本『言』下有『人』，甲卷、乙二、底二、刊本『雖』下有『念』；乙二無『不』，李方謂乙二誤脱。

〔二三〕飢餧，甲卷、底二同；刊本作『飢餓』，義同；乙二作『飢饿餧』，有衍字。

〔二四〕不耕而不餧，甲卷、乙二句前有『雖』字，底二作『雖得之』。

〔二五〕勸人學，底二、刊本前有『此』字，乙二前有『所以』；甲卷前有『可以』，蓋『所以』之誤；底二、甲卷末有『也』字。

〔二六〕智，甲卷、乙二、底二同，刊本作『知』，『知』『智』古今字。

〔二七〕仁，乙二、底二、刊本同；甲卷無，李方謂甲卷誤脱。

〔二八〕『雖得之』至『仁能守之』一段凡三十二字底一原無，當是看錯『仁能守之』諸字而誤脱，兹據刊本補。底二經文『必』誤作『安』；甲卷、乙二、底二『知』均作『智』，『知』『智』古今字；注文『而仁不能守』底二作『仁不能守之』；『必失之』下甲卷、乙二、底二有『也』字。

〔二九〕不庄以莅，乙二、底二同；甲卷脱『不』字；『庄』字刊本作『莊』，『庄』爲『莊』之俗字；『莅』字刊本作『涖』，馮登府《北宋石經攷異》云：『《説文》無「涖」字，只作「竦」，臨也。鄭注《儀禮》讀「位」爲「莅」，莅、涖皆後增字。』下『庄』字『莅』字同。

〔三〇〕人，甲卷、底二同，乙二『民』避諱缺末筆，刊本作『民』，『人』爲『民』之諱改字。

〔三一〕則人不敬從其上，乙二無『人』字，李方謂乙二脱；刊本『人』作『民』，則作『人』者諱改字；底二『敬從』下衍『之』字；甲卷末有『也』字。

〔三二〕智，甲卷、乙二、底二同，刊本作『知』，『知』『智』古今字。

〔三三〕庄以莅之，底卷句前原有『不』字，李方云『底本衍』，兹據甲卷、乙二、底二、刊本删；乙二脱『之』字。

〔三四〕動必以礼然後善，刊本同（唯『礼』作『禮』），甲卷、乙二、底二、刊本前有『王曰』二字，底二『必』誤作『安』，甲卷、乙二末有『也』字。

〔三五〕大受，甲卷、乙二、底二同，刊本下有『也』字。

〔三六〕不可，甲卷、底二、刊本同；乙二無，李方謂其誤脱。

〔三七〕小知，甲卷、乙二、底二同，刊本下有『也』字。

〔三八〕受，甲卷、乙二、刊本同，底二誤作『愛』，下句『受』字底二亦誤。

〔三九〕淺近，甲卷、乙二、刊本同，底二『近』誤作『道』。

〔四〇〕可，乙二、底二、刊本同；甲卷無，李方云『當脱』。

〔四一〕而不可大受，甲卷同，乙二脱『受』字，底二、刊本下有『也』字。又此條注文刊本前有『王曰』二字。

〔四二〕民之於仁也，底卷『民』字原缺末筆，乙二『民』字同，避諱缺筆字，兹據以録正；甲卷、底二『民』作『人』，『人』爲諱改字；乙二『於』字重，當删其一；甲卷、底二無『也』字。

〔四三〕水火及仁，底一原無『及』字，據文意當有，兹據刊本補；甲卷、乙二、底二脱『及仁』二字。

〔四四〕皆所仰者而生，甲卷、底二作『人皆所仰而生也』，乙二作『人之所皆仰而生』，刊本作『故民所仰而生者』，味其文意，似以甲卷、底二爲佳。

〔四五〕㝡，甲卷同，底二作『冣』，乙二、刊本作『最』，『㝡』『冣』皆『最』的俗字。

〔四六〕死者，甲卷、乙二、底二同，刊本下有『矣』字。

〔四七〕也，刊本同，甲卷、乙二、底二無。

〔四八〕人，甲卷、乙二、刊本同，底二下有『也』字。

〔四九〕當仁，甲卷、刊本同；乙二『仁』作『人』，『人』爲『仁』之借字；底二前有『君子』二字，《定州漢墓竹簡論語》無。

〔五〇〕行仁急，乙二同，刊本前有『言』字，甲卷、底二末有『也』字；底二『仁』作『人』，『人』爲『仁』之借字。

〔五一〕正也，乙二『正』誤作『亡』（下文『正其道耳』的『正』字乙二亦誤作『亡』），刊本無『也』字。

〔一五二〕也，底一原無，按例當有，兹據甲卷、乙二、底二、刊本補。

〔一五三〕不必信，底一原無「不」字，李方云「底本誤脱」，兹據甲卷、乙二、底二、刊本補；乙二「必」誤作「女」，刊本「信」前有「小」字。

〔一五四〕後食，甲卷同，乙二下有「其禄」二字，刊本作「後其食」；底二原作「後食」，又在「後食」右側小字注「其」字，「食」字下用小字加「其禄」二字，應是後人據别本加。阮元《論語校勘記》云：「《郡齋讀書志》載《蜀石經》作『敬其事而後食其禄』，按皇疏云：『國家之事，知無不爲，是敬其事也，必有纏勳績，乃受禄賞，是後其食也。』《蜀石經》作『而後食其禄』，是依注文妄增也。」據乙二、底二，知妄增非始自《蜀石經》也。

〔一五五〕孔曰，甲卷、底二、刊本同，乙二無。

〔一五六〕先盡力而後食禄，刊本同，甲卷、底二「而後」作「然後」，乙二「食禄」作「食其禄也」。

〔一五七〕人在見教，甲卷、底二同，刊本「在」前有「所」字，乙二「見」字誤重。

〔一五八〕種類，乙二、底二同，甲卷末有「也」字。

〔一五九〕爲謀，乙二、刊本同，甲卷、底二下有「也」字。

〔一六〇〕辤，甲卷、底二同，乙二作「辝」，刊本作「辭」，案《干禄字書·平聲》：「辤、辝、辭，上中竝辤讓；下辭説，今作辤，俗作辞非也。」「辤」「辭」古混用。下凡「辤」皆同，不復出校。

〔一六一〕不煩文艷之辤，刊本「艷」作「豔」，乙二末有「也」字。《玉篇·色部》：「艷，俗豔字。」又此條注刊本前有「孔曰」二字。

〔一六二〕師樂人盲者名冕，甲卷、刊本同，乙二「師」下有「冕」，應是衍文；底二「者」下有「也」字，乙二、底二「冕」下有「也」字。

〔一六三〕階，乙二、刊本同；甲卷、底二作「皆」，陳鐵凡謂「下文『階也』仍作『階』，此當筆誤」。

〔一六四〕階，甲卷、乙二、底二、刊本下有「也」字，李方云「底本誤脱」；案《周禮·春官·樂師職》「令相」、《儀禮·

鄉飲酒禮』『相者二人』鄭玄注所引皆有『也』字，李説是。

〔一六五〕席，刊本同，甲卷、乙二、底二作『廗』。《干禄字書·入聲》：『廗、席，上俗下正。』下『席』字同。底二下有『也』字。阮元《論語校勘記》云：『高麗本「席」下有「也」，案文義不當有「也」字，各本俱無。』

〔一六六〕席，甲卷、乙二、底二、刊本下有『也』字，李方云『底本誤脱』。

〔一六七〕厤告以坐中人姓字所在處，甲卷、乙二、底二、刊本『厤』作『歷』，『厤』爲『歷』之借字；甲卷『以』作『已』，『已』爲『以』之借字；乙二末有『也』字。

〔一六八〕曰，甲卷、乙二、底二、刊本前有『問』字，李方云『底本誤脱』；案《定州漢墓竹簡論語》亦有『問』字。

〔一六九〕道與，甲卷、底二、刊本同，乙二脱『與』字，《定州漢墓竹簡論語》亦有『與』字。

〔一七〇〕孔，甲卷、乙二、底二、刊本作『馬』。

〔一七一〕導，甲卷、乙二、底二作『道』，『道』『導』古今字；甲卷、乙二、底二、刊本下有『也』字。

〔一七二〕何晏集解，底二同，甲卷、乙二無。

〔一七三〕羲，甲卷、底二、刊本同，乙二誤作『義』。

〔一七四〕本魯之附庸，甲卷、刊本同，乙二『附』誤作『時』；底二『魯』作『路』，李方認爲底二誤。

〔一七五〕土地，甲卷、底二、刊本同，乙二無『土』字。

〔一七六〕有，甲卷、乙二、底二同，刊本作『取』。《廣雅·釋詁》：『有，取也。』

〔一七七〕冉有与季路爲季氏家臣來告孔子，底二無『与』字，甲卷脱『爲』字，乙二『季路爲季氏家臣來告孔子』十一字誤爲大字正文；底二末有『也』字，甲卷末有『之也』二字，蓋皆爲雙行對齊而添；又底一原無『家臣』二字，刊本無『家』字，兹據甲卷、乙二、底二補『家臣』二字。《集解》所引孔氏注多言『家臣』，《憲問》『公叔文子之臣大夫僎與文子同升諸公』《集解》引孔曰：『大夫僎本文子家臣。』《陽貨》『陽貨欲見孔子』《集解》引孔曰：『陽貨，陽虎也。季氏家臣，而專魯國之政，欲見孔子，使仕。』皆其證。

〔一七八〕孔子，甲卷、底二、刊本同；乙二無，當是脱重文符號所致。

〔一七九〕無乃尔是誰之過與，甲卷同；底二「乃」作「及」，李方認爲作「及」誤；乙二、刊本無「誰之」二字，底二無「之」字，陳鐵凡云「此當誤衍『誰之』二字」；「尔」字乙二、底二作「尒」，刊本作「爾」，《敦煌俗字研究》云：「『爾』『尒』古本非一字，後世則合二而一，字多寫作『爾』。」（下編第七頁）「尔」爲「尒」之手寫變體。下凡「尔」字不復出校。

〔一八〇〕冉求爲季氏宰，底一原脱「宰」字，兹據甲卷、乙二、底二、刊本補；乙二「求」前有一「有」字，作「冉有求」，冉求字子有，作冉求或冉有皆可，然甲卷、底二、刊本均作「冉求」，疑乙二「有」字乃抄者因上「冉有」而衍，其實孔注上句作「冉有」與此句作「冉求」，皆順應經文也。

〔一八一〕相其室爲之聚斂，甲卷、底二、刊本同，乙二「室」誤作「之」，無「聚」字，李方云「無『聚』字，當誤脱」。

〔一八二〕疑求教，甲卷、底二、刊本「教」下有「之」字；底二無「求」字，李方謂爲誤脱；甲卷、乙二、底二末有「也」字。

〔一八三〕夫顓臾，乙二、刊本同；甲卷、底二前有「今」字，案此「今」字疑涉下「今夫顓臾，固而近於費」句而衍。

〔一八四〕孔曰，甲卷、底二、刊本同，乙二無。

〔一八五〕蒙山，底二、刊本同，甲卷、乙二下有「也」字。

〔一八六〕封域，甲卷同；乙二、刊本「封」作「邦」，「封」「邦」古多通用；底二「域」作「城」，李方謂底二誤。注中「域」字同。

〔一八七〕之，甲卷、乙二、刊本同，底二無。

〔一八八〕矣，甲卷、底二同，乙卷作「也」，刊本無。

〔一八九〕之臣，甲卷、乙二、底二同，刊本下有「也」字。

〔一九〇〕居，甲卷、乙二、底二、刊本作「屬」，「居」當是「屬」之誤。

〔一九一〕社稷臣，甲卷、乙二、底二、刊本作『社稷之臣』。

〔一九二〕何用滅之，刊本下有『爲』字，甲卷、底二作『何用伐爲』，底二末有『也』字；乙二則有二『也』，乃爲雙行對齊而添。

〔一九三〕不欲，乙二、底二同，甲卷、刊本下有『也』字。

〔一九四〕歸咎於季氏，甲卷、底二、刊本前有『孔曰』，甲卷、乙二、底二末有『也』字；底二『歸』作『帰』，『帰』『歸』爲《説文》籀文、小篆隸定之異。

〔一九五〕曰，甲卷、乙二、刊本同，底二無，李方謂底二誤脱。

〔一九六〕言，乙二、刊本、底二同，甲卷無，陳鐵凡謂甲卷脱。

〔一九七〕止，甲卷、底二、刊本同，乙二誤作『心』。

〔一九八〕良史，底二、刊本同，甲卷、乙二下有『也』字。

〔一九九〕陳其才力，底二、刊本同，乙二無『其』字，甲卷『才』作『材』。案《説文·木部》：『材，木梃也。』段注：『引伸之義凡可用之具皆曰材。』是『材』爲正字，『才』爲借字。

〔二〇〇〕不能者則當止也，甲卷、乙二、底二、刊本無『者』字，底二『止』誤作『正』，乙二、刊本無『也』字。

〔二〇一〕危，甲卷、底二、刊本同，乙二誤作『免』。注中『危』字同。

〔二〇二〕顛，甲卷、乙二、底二同，刊本作『顚』。《正字通·八部》：『顛，俗顚字。』注中『顛』字同。

〔二〇三〕用彼，乙二、底二、刊本同，甲卷無，陳鐵凡云『此當誤脱』。

〔二〇四〕鄭，甲卷、乙二、底二、刊本作『包』。

〔二〇五〕用相爲，乙二、刊本同，甲卷、底二末有『也』字。

〔二〇六〕虎兕出於匣，乙二『兕』誤作『光』；『匣』字刊本作『柙』，甲卷、乙二作『押』。案《説文·木部》：『柙，檻也，以藏虎兕。』匚部：『匣，匱也。』是『匣』爲『柙』之借字，『押』則為『柙』字俗訛，俗書扌、木不分也。注中「匣」字同。

〔三〇七〕 櫝，底一及甲卷誤作「犢」，兹據乙二、底二、刊本改正。注中「櫝」字同。

〔三〇八〕 孔，甲卷、乙二、底二、刊本作「馬」。

〔三〇九〕 匣檻櫝篢，甲卷、乙二、底二、刊本「檻」下、「篢」下均有「也」字，「篢」字作「匱」。案《説文》無「篢」字，艸部有「蕢」字，云「艸器也」，「篢」或即「蕢」的後起換旁字。雷浚《説文外編》云：「《禮樂志》（案：指《漢書·禮樂志》）「孔子曰：辟如爲山，未成一匱」，《王莽傳》「成在一匱」，皆假匚部匱匣字爲之，疑《論語》古本如此。」

〔三一〇〕 非典守之過，甲卷作「非典守者過耶也」，底二作「非典守者過耶」，乙二作「失疾毁玉，非曲守之過也」，刊本作「失虎毁玉，豈非典守之過邪」。乙二「疾」爲「虎」之誤，「曲」乃「典」之誤。

〔三一一〕 費，刊本同，甲卷、乙二、底二作「鄪」。陳鐵凡云：「按《史記·周公世家》云「以汶陽鄪封季友」，《集解》：「賈逵曰：汶陽、鄪，魯二邑。」《索隱》：「鄪，今作費。」古代縣邑多從邑作，季氏所封費邑，本當作鄪，後世譌省爲費。」陳舜政《論語異文集釋》云：「古代的地名，多不加「邑」偏旁，而後世往往加之。這樣看來「費」字較早，「鄪」字可能比較晚。」案《説文》無「鄪」字，《廣韻》始見，「鄪」應是後起字。注中「費」字同。

〔三一二〕 孔，甲卷、乙二、底二、刊本作「馬」。

〔三一三〕 固城郭完坚，甲卷同，刊本「固」下有「謂」，底二「謂」作「爲」，「爲」是「謂」之借字；乙二「郭」作「墎」，乃後起增旁字；乙二末有「之」字，乃爲雙行對齊而添。

〔三一四〕 兵甲利，乙二、刊本同；底二作「兵甲之利」，李方認爲有「之」者誤，是也；刊本末有「也」字。

〔三一五〕 季氏邑，乙二、刊本同，甲卷、底二末有「也」字。

〔三一六〕 今不取後世必爲子孫憂，乙二無「取」字，李方謂乙二誤脱；乙二、底二「子孫」下有「之」字，甲卷末有「也」字。

〔三七〕汝之言，甲卷、乙二、底二、刊本「汝」作「女」，「女」「汝」古今字；甲卷末有「也」字。

〔三八〕爲之辭，甲卷、底二同，乙二末有「也」字。

〔三九〕而更作他辭，甲卷「而更」誤倒作「更而」；乙卷「辭」左半誤作「方」。

〔三〇〕也，甲卷、底二、刊本同，乙二無。

〔三一〕聞，甲卷、底二、刊本同，乙二「聞」下衍「之」字。

〔三二〕卿大夫，甲卷、底二、刊本同；乙二無「卿」字，李方謂其誤脱。

〔三三〕民人寡少，底二「民」字缺末筆，避諱缺筆字；甲卷作「民人之寡少」，乙二作「人之寡少」。

〔三四〕患政治之不均平，乙二作「患政不均平」，有脱漏；底二「政」誤作「攻」；刊本「治」作「理」，承襲諱改字也；甲卷、底二末有「也」字。

〔三五〕憂不能安民耳人安則國富，底一「民」字原缺末筆，避諱缺筆字，兹依例録正；甲卷、底二「民」作「人」，諱改字也；甲卷、底二、刊本「人」作「民」（甲卷、底二「民」缺末筆），作「人」者亦諱改字；甲卷、底二脱「國」字，底二末有「也」字。

〔三六〕自「孔曰憂不能安民耳」至「安無傾」乙二脱。

〔三七〕政教均平，乙二、刊本同，底二作「均平」作「平均」，甲卷作「教政平均」。

〔三八〕和同，乙二、底二、刊本同，甲卷「和」誤作「知」。

〔三九〕小大，甲卷、乙二同，底二「大」誤作「人」；刊本作「大小」。

〔三〇〕傾危，乙二、刊本下有「矣」字；甲卷、底二末有「矣也」，虚詞「矣」「也」不連用，「也」應是爲雙行對齊而添。

〔三一〕脩，乙二、刊本同，甲卷、底二作「修」，「脩」爲「修」之借字。

〔三二〕既來之，甲卷、底二、刊本同，乙二脱。

〔三三三〕不能來，甲卷同，乙二「不」作「弗」，「不」「弗」義同；乙二、底二、刊本下有「也」字。

〔三三四〕折，乙二、底二、刊本作「析」，甲卷作「扸」，「折」「扸」文中皆為「析」的訛俗字。《玉篇·手部》：「扸，俗析字。」可參。注中作「析」，亦「析」之俗字。

〔三三五〕不能守，甲卷、底二同，乙二、刊本下有「也」字。

〔三三六〕人有異心曰分，甲卷、乙二、底二「人」作「民」（缺末筆）；乙二無「曰」字，李方謂乙二誤脱；刊本「異」作「畏」，李方云「邢本作『畏』恐誤」，「畏」應是「異」字形誤，日藏正平本、元盱郡覆宋本均作「異」。

〔三三七〕不可會聚曰離折，甲卷、刊本同，乙二「會聚」倒作「聚會」，底二末有「也」字。

〔三三八〕孔曰干楯戈戟，乙二無「孔曰」二字，「楯」誤作「猶」；乙二、刊本「楯」下有「也」字；甲卷、乙二、底二、刊本「戟」下均有「也」字。

〔三三九〕不在，甲卷、刊本同，乙二、底二下有「於」字。

〔三四〇〕也，乙二、刊本同，甲卷、底二無。

〔三四一〕蕭之言肅墻謂屏也，甲卷同，底二作「蕭之言墻蕭謂屏也」，乙二、刊本「肅」下有「也」字。

〔三四二〕至屏而加肅敬，乙二「至」誤作「言」，甲卷、乙二、底二、刊本下有「焉」。

〔三四三〕後季氏家臣陽虎果囚季桓子，刊本同，甲卷「陽」作「揚」，「揚」爲「陽」之借字；乙二脱「虎」字，乙二、底二末有「也」字。

〔三四四〕自諸侯出，乙二、底二、刊本同；甲卷無，陳鐵凡云「此當誤脱四字」，蓋前句「自諸侯出」下脱重文符號。

〔三四五〕平王東遷，乙二、刊本同，甲卷下有「洛邑」二字，底二則作「平王立而東遷洛邑」。

〔三四六〕自，甲卷、底二、刊本同，乙二誤作「白」。

〔三四七〕至昭公十世失政，底二、刊本同；乙二「至」作「王」，李方謂乙二誤；甲卷作「昭公十世矣」，多有删略。

〔三四八〕死於乾侯，甲卷「死」誤作「故」，甲卷、底二末有「也」字，刊本末有「矣」；乙二末有「之也」二字，當是爲雙行對齊而添。

〔三四九〕所因，乙二、刊本同，甲卷、底二下有「也」字。

〔三五〇〕孔，甲卷、乙二、底二、刊本作「馬」。

〔三五一〕家臣，甲卷、刊本同，乙卷脱「臣」字，底二末有「也」字。

〔三五二〕陽虎爲季氏家臣，乙二、刊本同，底二脱「陽」字，甲卷、底二無「家」字。

〔三五三〕至虎三世而出奔，甲卷同，乙二脱「至」字，底二末有「也」字，刊本末有「齊」字。

〔三五四〕不在，刊本同，乙卷脱「不」字，甲卷、底二下有「於」字。

〔三五五〕孔曰制之由君，甲卷、刊本同；乙二無「孔曰」二字，「制」誤作「則」；底二末有「也」字。

〔三五六〕天下有道則庶人不議，甲卷、底二、刊本同；底二「有」作「無」，當是妄改所致；乙二「議」作「義」，「義」爲「議」之借字。

〔三五七〕孔曰無所非議，刊本同，乙二無「孔曰」二字，甲卷、底二「議」作「義」，末有「也」字。

〔三五八〕之，甲卷、乙二、刊本同，底二無。

〔三五九〕當，甲卷、乙二、底二、刊本作「言」。

〔三六〇〕魯自東門襄仲，底二、刊本同，甲卷「魯」下有「定公」二字，李方謂爲衍文；乙二「自」誤作「白」。

〔三六一〕政，甲卷、底二、刊本同，乙二脱。

〔三六二〕至定公爲五世矣，乙二「定公」誤作「宣公」，甲卷、底二末有「也」字。

〔三六三〕遝，乙二、底二、刊本作「逮」，甲卷作「仁」；陳舜政《論語異文集釋》云：「敦煌集解本「逮」字誤作「仁」字。「逮」與「遝」通用，説詳楊樹達《積微居小學述林》卷四《説文讀若探源》。

〔三六四〕平子，乙二、底二、刊本同，甲卷下有「也」字。

〔三六五〕故曰三桓，乙二、底二同，甲卷脱「曰」字，甲卷、刊本末有「也」字。

〔三六六〕謂仲孫氏改其氏稱孟氏，甲卷、底二、刊本無「謂」字，李方以「謂」字爲衍文；乙二僅「仲孫氏孟氏」五字，脱漏嚴重。

〔三六七〕至哀公時皆衰之矣，底一「哀公」原作「襄公」，甲卷、乙二、底二、刊本皆作「哀公」，「襄」應作「哀」，敦煌寫卷「襄」、「哀」常混，蓋「哀」誤作「衰」，又改作「襄」也，今改正；諸卷皆無「時」字；「之矣」二字，刊本無，甲卷無「之」字，乙二無「矣」字，底二作「矣也」，混亂甚，蓋本作「矣」，「之」字「也」字皆爲雙行對齊而添，轉輾傳抄所致。

〔三六八〕僻，底二同，甲卷、乙二、刊本作「辟」，「辟」「僻」古今字。注中「僻」字同。

〔三六九〕便僻，甲卷脱「僻」字（甲卷之經文作「辟」，注亦應作「辟」）。

〔三七〇〕巧避人之所忌以求容媚，底二同，刊本「避」作「辟」，「辟」「避」古今字；乙二「忌」作「恶」，甲卷末有「也」字。

〔三七一〕面柔和，甲卷、底二、刊本無「和」字；乙二作「西柔之人也」，乃訛「面」爲「西」；底二、刊本末有「也」字。

〔三七二〕佞，乙二同，底二、甲卷作「倿」，刊本作「佞」，「倿」、「佞」皆「佞」之俗字，見《敦煌俗字研究》下編三五頁。注「佞」字同。

〔三七三〕鄭，乙二、底二、刊本同，甲卷作「孔」。

〔三七四〕便辯，甲卷、乙二、刊本下有「也」字，底二誤作「便僻」。

〔三七五〕辯，甲卷、乙二、底二同，刊本作「辨」，「辨」爲「辯」之借字；甲卷下有「也」字；乙二下有「之」字，「之」蓋承襲自爲雙行對齊而添之抄本。

〔三七六〕損者三樂，底二、刊本同；甲卷、乙二無，陳舜政《論語異文集釋》云：「敦煌集解本脱去此句。」

〔三七七〕樂節礼樂，乙二、底二、刊本同，甲卷脱前一「樂」字。

〔三七八〕怙恃尊貴以自恣，甲卷、乙二、底二、刊本無「怙」字；底二「恃」作「侍」，李方云「形近致誤」；甲卷、乙二、底二末有『也』字。

〔三七九〕不節，底一『節』原作『義』，李方云『當爲「節」之誤』，茲據甲卷、乙二、底二、刊本改正；乙二末有『也』字。

〔三八〇〕沈，甲卷、乙二、刊本同，底二作『躭』（《玉篇·身部》：『躭，俗耽字。』），義均可通。

〔三八一〕此，甲卷、乙二、底二同，刊本無。

〔三八二〕自損之道，甲卷、底二、刊本同，乙二末有『也』字。

〔三八三〕傯，甲卷殘脱左半『亻』，乙二、底二、刊本作『㣞』。《干禄字書·平聲》：『傯、㣞，上俗下正。』注中『傯』字同。

〔三八四〕孔曰，底一原無，李方云『當係誤脱』，茲據甲卷、乙二、底二、刊本補。

〔三八五〕過，底二同，刊本下有『也』字；乙二作『追之也』，『追』蓋『過』字之誤，『之』字則為雙行對齊而贅加。

〔三八六〕孔曰，底一原無，李方云：『恐係誤脱。』茲據甲卷、乙二、底二、刊本補。

〔三八七〕情實，底二、刊本同；乙二作『爲之』，李方云『與義不通，當誤』。

〔三八八〕周曰，甲卷、底二、刊本同，乙二作『周生烈曰』。

〔三八九〕未見君子顔色所趍向，甲卷、底二、刊本『趍』作『趣』，乙二前有『言』，『所』誤作『不』；刊本『向』作『嚮』，『嚮』爲『向』之後起增旁字。『趍』爲『趨』之俗字，『趨』『趣』古多通用。

〔三九〇〕語者，甲卷、乙二、刊本同，底二作『説也者』。

〔三九一〕猶瞽，底二同，甲卷、刊本下有『也』字；乙二下有『之也』，『之』當是爲雙行對齊而添。

〔三九二〕戒，底二、刊本同，乙二誤作『或』。本章『戒』字乙二均誤作『或』。

〔三九三〕㓻，甲卷、底二同，刊本作『剛』，乙二誤作『則』。案：『㓻』爲『剛』之俗字

〔三九四〕鬪，乙二、底二同，刊本作『鬭』。『鬪』爲『鬭』之俗字，見《干禄字書·去聲》。

〔三九五〕『天之命』下乙二、底二、刊本有『也』字。

〔二九六〕即，甲卷、乙二、刊本同，底二作「師」，李方謂底二誤。

〔二九七〕合德，甲卷、底二、刊本作「合其德」，乙二誤作「令人」；甲卷、乙二、底二末有「也」字。

〔二九八〕易知則，甲卷、底二同，刊本作「易知測」，乙二作「易側」，「則」「側」應皆「測」字之誤。

〔二九九〕聖人之言，甲卷、底二同，刊本下有「也」字；乙二下有「人如」二字，當有誤。

〔三〇〇〕「不畏」下乙二、刊本有「也」字。

〔三〇一〕狎大人，甲卷、底二、刊本同；乙二無「大」，李方謂其脱漏。

〔三〇二〕狎之，刊本同，乙二無「之」字，甲卷、底二下有「也」字。

〔三〇三〕侮聖人之言，自此句起以底二爲底本；底一此句僅存一「侮」字，「聖人之言」四字殘缺。

〔三〇四〕不可小知，甲卷同，底二「不可」下有一「以」字；乙二「知」作「之」，「之」爲「知」之借字。

〔三〇五〕故侮之也，底一此四字殘缺，乙二脱「之」字，甲卷、刊本無「也」字。

〔三〇六〕子，底二原無，李方云「底本誤脱」，兹據底一、乙二、刊本補。

〔三〇七〕上也，底一止於此二字，其後殘缺。

〔三〇八〕不通，刊本同，乙二下有「也」字。

〔三〇九〕民，底二及乙二缺末筆，避諱缺筆字，兹依例録正。

〔三一〇〕視思明聽思聡，底二原無「明聽思」三字，李方云「底本誤脱」，兹據甲卷、乙二、刊本補；「聡」字甲卷、乙二同，刊本作「聰」；《干禄字書・平聲》：「聡、聦、聰，上中通，下正。」

〔三一一〕惡，甲卷同，乙二、刊本作「不善」。

〔三一二〕吾，底二原作「未」，李方云「底本誤」，兹據甲卷、乙二、刊本改正；《定州漢墓竹簡論語》亦作「吾」。

〔三一三〕也，甲卷、乙二、刊本無。

〔三一四〕人無德，甲卷同，刊本「人」作「民」，「人」爲「民」之諱改字；乙二「民」字缺末筆，避諱缺筆字；乙二「德」

作『得』，『得』爲『德』之借字。

〔三一五〕四千四也，甲卷、乙二同，刊本無『也』字。

〔三一六〕死，乙二、刊本無，甲卷作『駟』，李方認爲『驷』爲『死』之誤。

〔三一七〕在河東蒲坂華山之北河曲之中，甲卷『北』誤作『化』；乙二『河』誤作『何』，末有『也』字；乙二、刊本『蒲坂』下有『縣』字。

〔三一八〕民到于今而稱之，底二及乙二『民』字缺筆，兹依例録正；乙二、刊本無『而』字。

〔三一九〕與，底二誤作『興』，兹據乙二、刊本改正。

〔三二〇〕爲稱，刊本同，甲卷、乙二下有『也』字。

〔三二一〕問，甲卷、刊本同，乙二誤作『聞』。

〔三二二〕耳，甲卷同，乙二、刊本無。

〔三二三〕也，乙二、刊本同，甲卷無。

〔三二四〕甞，甲卷同，刊本作『嘗』，『甞』爲『嘗』的俗字；乙二誤作『當』。

〔三二五〕立，甲卷同，刊本作『獨立』，李方謂底二脱『獨』字，蓋是；乙卷作『獨之立』，『之』乃爲雙行對齊而添。

〔三二六〕趍，甲卷、乙二同，刊本作『趨』，『趍』爲『趨』之俗字，見《廣韻·虞韻》。下『趍』字同。

〔三二七〕無以言，甲卷、刊本同，乙二下有『也』字。

〔三二八〕自『鯉退而學詩』之『詩』至此乙二脱。

〔三二九〕矣，乙二前有『者』字；刊本有『者』字，無『矣』字。

〔三三〇〕亢，甲卷、乙二、刊本作『陳亢』。

〔三三一〕又聞君子之遠其子，乙二、甲卷末有『也』字。甲卷止於『又聞』。

〔三三二〕夫人，刊本同，乙二無，當是脱漏重文符號。

〔三三〕之稱，刊本同，乙二下有『也』字。

〔三四〕對異邦謙，刊本同，乙二『對』下衍『曰』字。

〔三五〕適，乙二、刊本作『嫡』，『適』『嫡』古今字。

〔三六〕号，乙二同，刊本作『號』，『号』『號』古今字。

〔三七〕論語卷第八，乙二『苐』作『弟』，下有『論語陽貨第十』六字；《陽貨》篇序次爲第十七，抄者『十』下或未抄全。

論語集解（九）（陽貨、微子）

斯六一八（底卷）

斯五七八九（甲卷）

【題解】

底卷編號爲斯六一八，起《陽貨》「惡紫之奪朱也」《集解》「惡其邪好而奪正色」之「好」，至《微子》「逸民：伯夷、叔齊、虞仲、夷逸、朱張、柳下惠、少連」《集解》「苞氏曰」，尾題「論語卷第九」，共七十九行。經文大字，小注雙行。《向目》首先比定其名爲「論語何晏集解卷第九」，今依例擬名爲《論語集解（陽貨、微子）》。此卷脱誤頗多，而且雖有尾題，然其前《微子》篇並未抄完，似非正式的抄本。石塚晴通《敦煌の加點本》（《講座敦煌》之五《敦煌漢文文獻》二五二頁，東京大東出版社一九九二）定此卷爲七世紀寫本。

甲卷編號爲斯五七八九，起《陽貨》「惡鄭聲之乱雅樂也」之「樂」，至「君子三年不爲禮」之「爲」，凡五行。經文大字，小注雙行。《索引》首先比定其名，今依例擬名爲《論語集解（陽貨）》。李方《敦煌〈論語集解〉校證》（江蘇古籍出版社一九九八）據書法定爲唐寫本。

陳鐵凡《敦煌論語異文彙考》（《孔孟學報》第一期，一九六一年四月。簡稱「陳鐵凡」）、李方《敦煌〈論語集解〉校證》（簡稱「李方」）對底卷及甲卷作有校記，郝春文《英藏敦煌社會歷史文獻釋録》第三卷（社會科學文獻出版社二〇〇三。簡稱「郝録」）對甲卷作有校記。

底卷據《英藏》録文，以甲卷及中華書局影印阮元刻《十三經注疏·論語注疏》爲校本（後者簡稱「刊本」），校録於後。

（前缺）

好而奪正色也[一]。』惡鄭聲之乱雅樂[二]，包[曰][三]：『鄭[聲]，淫聲之哀者[四]。惡其耶好而奪雅樂[五]。』惡利口之覆邦家[六]。』孔曰：『利口之人，多言少實，苟能悦媚時君，覆傾[七]国家。』

子曰：『予欲無言。』子貢曰：『子如不言，則小子何述焉？』言之爲益少，故欲無言。子曰：『天何言哉？四時行焉，百物生焉，天何言哉？』

孺[八]悲欲見孔子，孔子辝之以疾[九]。將命者出户，取瑟而歌，使之聞之。孺悲，魯人也[一〇]。孔子不欲見，故辝以疾[一一]。爲其將命不已[一二]，故歌，令將命者悟[一三]，所以令孺悲思之。

宰我問：『三年之喪，期已久矣。君子三年不爲禮[一四]，禮必壞；三年不爲樂，樂必崩。舊穀既没，新穀既升，鑽燧改火，期可已矣。』馬曰：『《周書·[月]令》有更火[之文]。[一五]春取榆柳之火，夏取棗杏之火，季夏取桑柘之火，秋取柞楢[一六]之火，冬取槐檀之火。一年之中，鑽火各異木，故曰改火[一七]。』子曰：『食夫稻，衣夫錦，於汝[一八]安乎？』曰：『安。』『[汝安][一九]，則爲之。夫君子[二〇]居喪，食旨不甘，聞樂不樂，居處不安，故不爲也。今汝安，則爲之！』孔曰：『旨，美[二一]。責其無仁恩於親[二二]，故再言「汝安，則爲之」。』宰我出。子曰：『予之不仁也！子生三年，然後免於父母之懷。孔[曰][二三]：『子未三歲[二四]，爲父母[所]懷抱[二五]。』[夫三年之喪，天下之通喪也，孔曰：『自天子達於庶人。』予也有三年之愛於其父母乎？』孔曰：『言子之於父母，「欲報之恩，昊天罔極」，而予也有三年之愛乎？』』[二六]

子曰：『飽食終日，無所用心，難矣哉！不有博弈[二七]者乎？爲之，猶賢乎已。』爲其無所據樂善[二八]，生淫欲也[二九]。

子路曰：『君子尚勇乎？』子曰：『君子義以爲上[三〇]，君子有勇而無義爲乱，小人有勇而無義爲盜。』

子貢問〔三一〕曰：『君子亦有惡乎？』子曰：『有〔三二〕：惡稱人之惡者，孔〔三三〕曰：『好稱説人之惡，以〔三四〕爲惡。』惡居下流而訕上者，孔曰：『訕，謗毁。』惡勇而無禮者，惡果敢而窒者。』馬曰：『窒，窒塞也。』曰：『賜也亦有惡乎？』『〔惡〕儌以爲智者〔三五〕，孔曰：『儌，抄。〔抄〕人之意〔三六〕，以爲己有。』惡不遜〔三七〕以爲勇者，惡訐以爲直者。』孔〔三八〕曰：『訐，謂功發人之陰私也〔三九〕。』

子曰：『唯女子与小人爲難養〔四〇〕，近之則不遜〔四一〕，遠之則怨。』

子曰：『年卌〔四二〕而見惡焉，其終也已。』鄭曰：『年在不或〔四三〕爲人所惡，終無善行。』

微子第十八〔四四〕

微子去之，箕子〔四五〕爲之奴，比干諫而死。馬曰：『微、箕，二国名。子，爵也。微子，紂之庶兄。箕子、比干，紂之諸父。微子見紂無道，早去之。箕子佯狂爲之〔四六〕奴，比干以諫見煞也〔四七〕。』孔子曰：『殷有三人〔四八〕焉。』仁者憂人〔四九〕。三人者〔五〇〕行異而同稱仁，以其俱在憂乱寧民〔五一〕。

柳下惠爲士師，孔曰：『〔士〕〔五二〕師，典獄之官。』三黜〔五三〕。人曰：『子未可以去乎？』曰：『直道而事人，焉往〔五四〕而不三黜？孔曰：『苟直道而〔五五〕事人，所至之国俱當復三黜也〔五六〕。』枉道而事人〔五七〕，何必去父母之邦？』

齊景公待孔子，曰：『若季氏，則吾不能；以季、孟之間待之。』孔曰：『魯三卿，季氏爲上卿，最貴；孟氏爲下卿，不用事。言欲〔五八〕待之以二者之間。』曰：『吾老矣，不能用也。』孔子行。以聖道難成〔五九〕，故云『老，不用也』〔六〇〕。

齊人歸女樂，季桓子受之，三日不〔朝〕〔六一〕，孔子行。孔曰：『〔桓〕子，季孫斯也〔六二〕，使定公受齊人〔六三〕之女樂，君臣相〔六四〕与觀之，廢朝礼〔六五〕三日。』

楚狂接輿歌而過孔子，孔曰：『接輿，楚人。佯狂而來歌，欲以感切孔子。』曰：『鳳兮鳳兮，何德之衰？〔孔曰：『比孔子於鳳鳥。鳳鳥待聖君乃見，非孔子周行求合，故曰衰。』〕〔六六〕往者不可諫〔六七〕，〔孔曰：『已往，所行不可復諫止。』〕〔六八〕來者猶可追。〔孔曰：『自今已來，可追自止，辟亂隱居。』〕〔六九〕〔已而，已而〕〔七〇〕，今之從政〔者〕殆〔而〕〔七一〕！』孔曰：『〔已〕而者〔七二〕，言世乱已甚〔七三〕，不可復治〔七四〕。再〔言之者〕，傷之深〔七五〕。』孔子下，欲与之言〔七六〕。趍而避之〔七七〕，不得与之言。〔包曰：『下，下車。』〕〔七八〕

長沮、桀溺耦而耕，孔子過之，使子路問津焉。孔〔七九〕曰：『長沮、桀溺，隱者也。耜〔八〇〕廣五寸，二耜爲耦。津，濟渡處。』長沮曰：『夫執輿者爲誰？』子路曰：『爲孔丘。』『是魯孔丘與〔八一〕？』對曰：『然。』〔八二〕『是知津矣〔八三〕。』孔〔八四〕曰：『言數周流〔八五〕，自知津處也〔八六〕。』問於桀溺。桀溺曰：『子爲誰？』曰：『爲仲由。』『是魯孔丘之徒与〔八七〕？』對曰：『然。』『滔滔者天下皆是也〔八八〕，而誰〔以〕易之〔八九〕？孔曰：『滔滔者，周流之皃〔九〇〕。言當今天下治乱同〔九一〕，空舍此適彼，故曰誰以易之〔九二〕。』且而與其從避人之士〔九三〕，豈若從避世之士哉？』士有避人之法，有避世之法。長沮、桀溺謂孔子爲士，從避人之法〔九四〕。櫌〔九五〕而不輟。〔鄭曰：『櫌，覆種也。輟，止也。覆種不止，不以津告也。』〕〔九六〕子路行以告。夫子憮〔九七〕然，爲其不達己意而〔九八〕非己也。曰：『鳥獸不可與同羣，孔曰：『隱於山林是同羣。』吾非斯人之徒與而誰與？孔曰：『吾自當與此天下人同羣，安能去人從鳥獸居〔九九〕？』天下有道，丘不與易也。』言凡天下有道者，丘皆不与易也，已大而人小故也。

子路從而後，遇丈人以杖荷蓧。包曰：『丈人，老者〔一〇〇〕也。蓧，竹器名〔一〇一〕。』子路問曰：『子見夫子乎？』丈人曰：『四體不勤，五穀不分，孰爲夫子？』苞氏〔曰〕〔一〇二〕：『丈人云：不勤勞四體、分殖五穀〔一〇三〕，誰爲夫〔子〕而索之耶也〔一〇四〕？』植其杖而芸。孔曰：『植，倚〔一〇五〕。除草曰芸。』子路拱之〔一〇六〕而立。未知所以荅也〔一〇七〕。止子路宿，殺鷄爲黍〔一〇八〕而食之，見其二子焉。明日，子路行以告。子曰：『隱者也。』使子路反見之。至，則行矣。孔曰：『子路反至其家，丈人出行不在也〔一〇九〕。』子路曰：『不仕無義。鄭曰：『留言以

〔語〕丈人二子〔一一〇〕。』長幼之節，不可廢也；君臣之義，如之何其可廢也〔一一一〕？孔曰：『言汝父子相養不可廢也〔一一二〕，反可廢君臣之義邪〔一一三〕？』欲潔〔一一四〕其身，而乱大倫。苞氏〔一一五〕曰：『倫，道理也。』君子之仕也，行其義也。道〔之〕〔一一六〕不行，已知之矣。』苞曰：『言君子之仕，所以行君臣之義，不自必道德行也〔一一七〕。孔子道不見用，已自知也〔一一八〕。』

論語卷第九

逸民：伯夷、叔齊、虞仲、夷逸、朱張、柳下惠、少連。逸〔一一九〕民者，節行超逸〔一二〇〕。苞氏曰〔一二一〕

【校記】

〔一〕也，刊本無。殘注所釋經文爲『惡紫之奪朱也』句，刊本注文全文作『孔曰：「朱，正色。紫，間色之好者。惡其邪好而奪正色。」』。

〔二〕乱雅樂，甲卷無『雅』字，李方謂甲卷脱；刊本下有『也』字。甲卷起於『乱』字。

〔三〕曰，底卷原無，李方云『底本誤脱』，兹據甲卷、刊本擬補。

〔四〕鄭聲淫聲之哀者，底卷『鄭』下脱『聲』字，兹據刊本擬補；甲卷作『鄭聲淫之哀者』，亦脱一『聲』字。

〔五〕惡其耶好而奪雅樂，甲卷作『惡其耶好而稟雅』，而刊本則作『惡其亂雅樂』，皇侃《義疏》作『惡其奪雅樂也』，『耶好而』三字蓋涉上句《集解》『惡其邪好而奪正色』而衍（『耶』爲『邪』之俗字），甲卷『稟』應是『奪』之形誤，李方謂甲卷誤脱『樂』字，是也。

〔六〕邦家，甲卷同，刊本下有『者』字。

〔七〕覆傾，甲卷、刊本作『傾覆』，李方云『底本誤倒』。

〔八〕孺，甲卷同，刊本作『孺』，《玉篇·子部》以『孺』爲『孺』的俗字。注中『孺』字同。

〔九〕辝之以疾，甲卷同，刊本『辝』作『辭』，無『之』字；『辝』『辭』古混用。注中『辝』字同。

〔一〇〕「孺悲魯人也」前甲卷有「孔曰」二字，刊本無。

〔一一〕辞以疾，甲卷同，刊本「以」前有「之」字。

〔一二〕將命不已，甲卷、刊本「將命」下有「者」字，甲卷「不已」作「不知其已」。

〔一三〕令將命者悟，刊本同，甲卷作「命悟」，有脱漏。

〔一四〕不爲禮，甲卷止於「不爲」。

〔一五〕周書月令有更火之文，底卷原無「月」、「之文」三字，《郝録》據刊本補，是也。《史記·仲尼弟子列傳》裴駰《集解》引馬融曰：「《周書·月令》有更火之文。」亦可爲證。

〔一六〕柞楢，底卷原作「作猶」，李方謂底卷誤，兹據刊本改正。

〔一七〕「改火」下刊本有「也」字。

〔一八〕汝，刊本作「女」，「女」「汝」古今字。下凡「汝」皆同。

〔一九〕「汝安」二字底卷無，《郝録》據刊本補；案刊本作「女安」，此乃因前一「安」字而致誤脱，因底卷凡第二人稱代詞「女」皆寫作「汝」，故依例補「汝安」。

〔二〇〕「君子」下刊本有「之」字。

〔二一〕「旨美」下刊本有「也」字。

〔二二〕責其無仁恩於親，底卷原「責」作「貴」，「於」作「放」，皆誤，《郝録》據刊本改，兹從之。

〔二三〕孔曰，刊本作「馬曰」，李方、《郝録》均以「孔」屬下讀，作「孔子未三歲」，而於前補「馬曰」二字，恐誤。此「子未三歲」乃釋經文「子生三年」句，「子」者子女，非孔子也，底卷當是「孔」下脱一「曰」字，故擬補如上。

〔二四〕子未三歲，刊本作「子生於二歲」，皇侃《義疏》作「子生未三歲」，「子未三歲」與「子生未三歲」義同，阮元《論語校勘記》云「『二』當作『三』」，是也；「二」乃後人臆改。

〔二五〕爲父母所懷抱，底卷原脱「所」字，《郝録》據刊本補，兹從之；又底卷「抱」原誤作「袍」，兹據刊本改正。

〔二六〕「夫三年之喪」以下至此凡五十七字底卷原脱，兹據刊本補。

〔二七〕弈，刊本作「奕」，陳鐵凡云「弈、奕原爲二字，音同義異。此當以「弈」爲正，世俗混用，通叚之也」。

〔二八〕爲其無所據樂善，刊本前有「馬曰」二字。

〔二九〕也，刊本無。

〔三〇〕「義以爲上」前底卷原有「亦有惡」三字，陳鐵凡云「係涉下文而衍」，兹據刊本删。

〔三一〕問，刊本無。

〔三二〕「有」下刊本有「惡」字，《漢石經》無「惡」字。

〔三三〕孔，刊本作「包」。

〔三四〕以，刊本作「所以」。

〔三五〕惡儌以爲智者，底卷原無「惡」字，李方云「底本誤脱」，兹據刊本補；「儌」字刊本作「徼」，《説文》有「徼」無「儌」，「儌」爲後起別體；「智」字刊本作「知」，「知」「智」古今字。注中「儌」字同。

〔三六〕儌抄抄人之意，底卷「抄」原作「杪」，案《廣韻·蕭韻》「儌，求也，抄也」，「杪」當作「抄」，俗書扌、木不分之故也，兹據刊本改正；下一「抄」字底卷原無，乃脱漏重文符號所致，據刊本補；刊本前一「抄」下有「也」字。

〔三七〕遜，刊本作「孫」，「孫」「遜」古今字。

〔三八〕孔，刊本作「包」。

〔三九〕謂功發人之陰私也，刊本「功」作「攻」，「功」爲「攻」之借字；底卷「私」原作「和」，《郝録》改作「私」，案此乃「私」之形誤，兹據刊本改正；刊本無「也」字，底卷「也」前有「唯」，右旁有一點，疑爲删除符，故《郝録》未録此字，兹從之。

〔四〇〕唯女子与小人爲難養，刊本「与」作「與」，下有「也」字；「與」「与」二字古混用無別，敦煌寫本多用「与」

字，後世刊本多改作「與」。下凡「与」字不復出校。

〔四一〕遜，刊本作「孫」，「孫」「遜」古今字。

〔四二〕卌，刊本作「四十」，「卌」爲「四十」之合文。

〔四三〕或，刊本作「惑」，下有「而」字，「或」「惑」古今字。

〔四四〕第十八，「苐」字刊本作「第」，「苐」爲「弟」之俗字，俗書竹頭多寫作草頭，俗據「苐」楷正，則成「第」字。

〔四五〕微子去之箕子，底卷「之箕」二字原倒作「箕之」，今據刊本乙正。

〔四六〕之，刊本無。

〔四七〕煞也，刊本「煞」作「殺」，無「也」字，《干禄字書·入聲》以「煞」爲「殺」之俗字。下「煞」字同。

〔四八〕人，刊本作「仁」，「人」爲「仁」之借字。

〔四九〕憂人，刊本作「愛人」。《史記·宋微子世家》裴駰《集解》所引、皇侃《义疏》本亦作「愛人」，然皇侃云：「孔子評微子、箕子、比干，其迹雖異而同爲仁，故云『有三仁焉』，所以然者，仁以憂世忘己身爲用，而此三人事迹雖異，俱是爲憂世民也。」則似其所見者爲「憂」字。

〔五〇〕者，刊本無。

〔五一〕寧民，底卷「民」原作「乎」，刊本作「民」，《郝録》云「當作『民』」，案《史記·宋微子世家》裴駰《集解》引亦作「民」，茲據改正。

〔五二〕士，底卷原無，《郝録》據刊本補，茲從之。

〔五三〕黜，底卷原作「默」，陳鐵凡云「『默』爲『黜』之譌，各本皆作『黜』，此卷下文亦作『黜』」，茲據刊本改正。

〔五四〕焉往，底卷「焉」下原有「人」字，李方云「底本衍」，茲據刊本删。

〔五五〕而，刊本作「以」，《經傳釋詞》云「而猶以也」。

〔五六〕也，刊本無。

〔五七〕事人，底卷『人』下原有『焉』，陳鐵凡云『「焉」字當涉上文而衍』，兹據刊本删。

〔五八〕欲，刊本無。

〔五九〕成，底卷誤作『民』，兹據刊本改正。

〔六〇〕老不用也，刊本作『吾老，不能用』。

〔六一〕朝，底卷原無，李方云『底本誤脱』，此蓋换行而誤脱，兹據刊本補。

〔六二〕桓子季孫斯也，底卷原無『桓』字，『孫』作『然』，『斯』作『期』，李方認爲底本誤脱『桓』字，誤『孫』爲『然』，案底卷『斯』亦『期』之誤，兹據刊本補正；《左傳·定公五年》：『桓子行東野』杜預注：『桓子，意如子季孫斯。』可参。

〔六三〕齊人，刊本無『人』字。

〔六四〕相，底卷誤作『桓』，兹據刊本改正。

〔六五〕礼，刊本作『禮』，『礼』爲古文『禮』字，敦煌寫本多用此字，後世刊本則多用『禮』字。

〔六六〕本條注文底卷原無，李方、《郝録》均認爲底本誤脱，案《史記·孔子世家》裴駰《集解》所引及皇侃《論語義疏》均有此注，兹據刊本補。

〔六七〕諫，底卷原作『直』，蔡主賓《敦煌寫本儒家經籍異文考》云『「諫」作「直」者，疑涉直諫連文而訛』，李方、《郝録》亦均以底本爲誤，案《定州漢墓竹簡論語》亦作『諫』，兹據刊本改正。

〔六八〕本條注文底卷原無，李方、《郝録》均認爲底本誤脱，案《史記·孔子世家》裴駰《集解》所引及皇侃《論語義疏》均有此注，兹據刊本補。

〔六九〕本條注文底卷原無，李方、《郝録》均認爲底本誤脱，案《史記·孔子世家》裴駰《集解》所引及皇侃《論語義疏》均有此注，兹據刊本補。

〔七〇〕『已而已而』四字底卷原無，陳鐵凡云『此當誤脱』，《郝録》據刊本補，兹從之。

〔七一〕從政者殆而，底卷原作「從政殆」，《經典釋文·論語音義》出「殆而」，云：「魯讀『期斯已矣，今之從政者殆』，今從古。」此鄭玄注文也。鄭玄從古本者，古本「殆」後有「而」字，《集解》所據者鄭玄本，故當有「而」字。底卷無「者」、「而」者，誤脱，兹據刊本補。

〔七二〕已而者，底卷原無「已」字，刊本作「已而已而者」，《郝録》據以補「已而已」三字。案《史記·孔子世家》裴駰《集解》引作「言『已而』者」，皇侃《論語義疏》作「已而者」，是有「已而」不重複之本，又裴駰《集解》所引「已而」前有「言」字，與下「言世亂」重複，故僅據以補一「已」字，以與《義疏》本相同，不從《郝録》。

〔七三〕言世乱已甚，底卷「世」原誤作「也」，兹据刊本改正；底卷「乱」下原有「言之宿」三字，「甚」作「其」，《郝録》據刊本删「言之宿」三字，改「其」爲「甚」。案《史記·孔子世家》裴駰《集解》所引與刊本同，兹據以删正。

〔七四〕治，底卷誤作「始」，《郝録》據刊本改爲「治」，《史記·孔子世家》裴駰《集解》所引與刊本同，兹從之。

〔七五〕再言之者傷之深，底卷原無「言之者」三字，《郝録》據刊本補；案《史記·孔子世家》裴駰《集解》所引、皇侃《義疏》皆有此三字，兹從之。刊本末有「也」字。

〔七六〕孔子下欲与之言，底卷「下欲」原作「欲下」，「之」原作「足」，李方皆謂底本誤；案《史記·孔子世家》云「孔子下，欲與之言」，故據刊本改正。

〔七七〕趍而避之，刊本「趍」作「趨」，「避」作「辟」；案《廣韻·虞韻》以「趍」爲「趨」的俗字，「辟」「避」古今字。

〔七八〕本條注文底卷原無，李方云「底本誤脱」，案《史記·孔子世家》裴駰《集解》所引及皇侃《論語義疏》均有此注，兹據刊本補。

〔七九〕孔，刊本作「鄭」，《史記·孔子世家》裴駰《集解》引亦作「鄭」。

〔八〇〕耜，底卷原作「秬」，俗書禾旁、耒旁互混，「耜」或寫作「秬」，故又誤作「柜」，兹據刊本改正。下句「耜」字同。

〔八二〕是魯孔丘與，底卷「孔丘」下原有「之徒」二字，陳舜政《論語異文集釋》云：「這本是説及孔子的話，有『之徒』二字不通。兩字一定是涉下文桀溺的問話而衍。」兹據刊本删。刊本「是」前有「曰」字。

〔八三〕是知津矣，刊本前有「曰」字，《史記·孔子世家》亦有「曰」字。

對曰然，刊本無「對」字，「然」作「是也」；《史記·孔子世家》作「曰然」。

〔八四〕孔，刊本作「馬」，《史記·孔子世家》裴駰《集解》作「馬融」。

〔八五〕周流，底卷「周」下原有一重文符號，當是誤衍，兹據刊本删。

〔八六〕也，刊本無。

〔八七〕是魯孔丘之徒与，刊本前有「曰」字。

〔八八〕滔滔者天下皆是也，刊本前有「曰」字。

〔八九〕而誰以易之，底卷原無「以」字，《郝録》據刊本補；案《集解》引孔安國曰：「故曰誰以易之。」此孔氏重複經文，且《史記·孔子世家》亦云「而誰以易之」，故據補。

〔九〇〕滔滔者周流之皃，刊本無「者」，「皃」作「貌」，據《説文》，「皃」爲小篆隸定字，「貌」爲籀文隸定字。

〔九一〕同，底卷原作「周」，李方云「底本誤」，兹據刊本改正。

〔九二〕故曰誰以易之，底卷「故曰」下原有「而」字，末有「政」字，《史記·孔子世家》裴駰《集解》引、皇侃《義疏》均無此二字，兹據刊本删。

〔九三〕從避人之士，刊本「避」作「辟」，末有「也」字。「辟」「避」古今字。注中「避」字同。

〔九四〕這段注文底卷原在「櫌而不輟」下，兹據刊本移至此。

〔九五〕櫌，刊本作「耰」。阮元《論語校勘記》云：「《漢石經》『耰』作『櫌』。案《説文》亦引作『櫌』，與《漢石經》合。《五經文字》云：『櫌，音憂，覆種，見《論語》。』經典及《釋文》皆作『耰』。」案《説文》無「耰」字，馬宗霍《説文解字引經考》云：「『耰』蓋後起之或體字，《集解》引鄭玄云：『耰，覆種也。』知《玉篇》『耰』下之訓，即本鄭注。然鄭所據《論語》初必不作「櫌」也。改「櫌」爲「耰」，或在六朝以前。」

〔九六〕本條注文底卷原無，李方、《郝録》皆謂底本脱，因刊本「櫌」作後起字「耰」，與底卷經文不合，故據《史記·孔子世家》裴駰《集解》所引補。

〔九七〕撫，刊本作「憮」。陳鐵凡云：「當以「憮」爲是。《孟子·滕文公》「夷子憮然」注：「憮然，失意皃。」」

〔九八〕而，刊本下有「便」，伯二六二八《論語集解》無「便」字，《史記·孔子世家》裴駰《集解》引亦無，「便」字不必有。

〔九九〕從鳥獸居，底卷「從」原作「徒」，李方、《郝録》皆謂底本誤，兹據刊本改正；底卷「居」下有「天下有」三字，在「天」之右上角有一「卜」符。《郝録》云：「當係抄寫者有意將經文抄入注釋，以使注文雙行對齊，而用符號表示此三字應不讀。」兹據以删。刊本末有「乎」字。

〔一〇〇〕老者，刊本作「老人」；《史記·孔子世家》裴駰《集解》引作「老者」，與底卷同。

〔一〇一〕竹器名，刊本無「名」字。

〔一〇二〕苞氏曰，底卷原無「曰」，依例當有，兹據刊本補；刊本「苞」作「包」，無「氏」字，「包」「苞」古今字，然姓氏應作「包」。下凡「苞」字同。

〔一〇三〕分殖五穀，刊本前有「不」字，李方、《郝録》皆誤底本脱；案：「分殖五穀」與前「勤勞四體」連讀，「不」字統屬此兩句，《史記·孔子世家》裴駰《集解》所引亦無此「不」字，可證，李、郝説似不確。

〔一〇四〕誰爲夫子而索之耶也，底卷原無「子」，《郝録》據刊本補，案此因换行而誤脱，故從《郝録》擬補；刊本「耶」作正字「邪」，無「也」字，底卷「也」應是爲雙行對齊而添。

〔一〇五〕「倚」下刊本有「也」字。

〔一〇六〕之，刊本無。

〔一〇七〕也，刊本無。

〔一〇八〕黍，底卷原作『季』，陳鐵凡云『「季」當爲「黍」之誤』，兹據刊本改正。

〔一〇九〕也，刊本無。

〔一一〇〕留言以語丈人二子，底卷原無『語』字，李方云『底本誤脱』，兹據刊本補；刊本『丈人』下有『之』字；底卷末有『長幼之』三字，且在『長』的右上角有一『┐』符號，《郝録》以爲抄寫者爲使注文雙行對齊而有意將下句經文抄入，因而此三字應不讀，兹據以删。

〔一一一〕可廢也，刊本作『廢之』。

〔一一二〕也，刊本無。

〔一一三〕君臣之義邪，底卷下有『欲潔其也』四字，『欲』右上角有一『┐』符號，《郝録》認爲此四字爲雙行對齊而添，應不讀，故據以删。

〔一一四〕潔，刊本作『絜』，《玉篇・氵部》以『潔』爲俗『絜』字。

〔一一五〕氏，刊本無。

〔一一六〕之，底卷原無，《郝録》據刊本補，案此當是因換行而脱，兹從補。

〔一一七〕不自必道德行也，刊本作『不必自己道得行』，底卷『德』爲『得』之借字。

〔一一八〕已自知也，刊本作『自已知之』；底卷『已』前有『逸民伯』三字，『逸』之右上角亦有一『┐』，《郝録》認爲此三字爲雙行對齊而添，應不讀，故據以删。

〔一一九〕逸，底卷誤作『免』，兹據刊本改正。

〔一二〇〕節行超逸，底卷『行』原誤作『待』，今據刊本改正；刊本末有『也』字。

〔一二一〕苞氏曰，『氏』字刊本無。底卷正文抄寫至此止，未抄完，本條『包曰』下注文刊本作『此七人皆逸民之賢者』。

論語集解（一〇）（微子—堯曰）

伯二六二八

【題解】

底卷編號爲伯二六二八，起《微子》「滔滔者天下皆是也，而誰以易之」《集解》「空舍此適彼，故曰誰以易之」之「以」，至《堯曰》「朕躬有罪」之「有」，八十七行，存《微子》、《子張》、《堯曰》三篇内容。經文大字，小注雙行。按經文大字計，每行抄二十二字左右。《伯目》首先比定其名，今依例擬名爲《論語集解（微子—堯曰）》。李方《敦煌〈論語集解〉校證》（江蘇古籍出版社一九九八）據「民」「世」二字缺筆，定此爲唐寫本。考底卷「但」字或寫作「伹」（「君子之道，焉可誣也」注文「君子之道，焉可使誣言我門人但能洒掃而已也」的「但」字底卷如此），當亦與避唐睿宗諱有關。但底卷「民」、「世」、「但」亦有不缺避者（且以不缺避爲主，如底卷「世」字五見，僅一處缺筆；「民」字四見，缺筆不缺筆各二見；「但」字四見，僅一處缺筆），避諱極不嚴格。很可能缺避者實係承襲抄手所據底本諱字，而未必爲本卷抄手有意缺避。所以根據避諱情況難以斷定其必爲唐代寫本，而只能説其抄寫時代必在唐睿宗以後。

陳鐵凡《敦煌論語異文彙考》（《孔孟學報》第一期，一九六一年四月。簡稱「陳鐵凡」）、李方《敦煌〈論語集解〉校證》（簡稱「李方」）對底卷作有校記。

底卷據縮微膠卷録文，以中華書局影印阮元刻《十三經注疏·論語注疏》爲校本（簡稱「刊本」），校録於後。

（前缺）

▨▨（以易）[一]之。」 □（士）有避人之法，有避世之法[二]。長 法者也[三]；己之爲士，則從避世之▨

（法）也〔四〕。耰〔五〕而不輟。鄭曰：『耰，覆種也。輟，止也。覆種不止，不以津告也〔六〕。』子路行以告。夫子憮然，爲其不達己意而〔七〕非己也。曰：『鳥獸不可與同羣也〔八〕，孔曰：『隱於山林是同羣之道也〔九〕。』吾非斯人之徒與而誰与〔一〇〕？孔曰：『吾自當与此天下之〔一一〕人同羣，安能去人從鳥獸居也〔一二〕？』天下有道，丘不與易也。』言凡天下有道者〔一三〕，丘皆不与易也，己大而人小故也。

子路從而後，遇丈人以杖荷篠〔一四〕。苞〔一五〕曰：『丈人者，老人稱也〔一六〕。篠，竹罟（器）名也〔一七〕。』子路問曰：『子見夫子乎？』丈人曰：『四體不懃〔一八〕，五穀不分，孰〔一九〕爲夫子？』苞曰：『丈人曰〔二〇〕：不懃勞四躰〔二一〕，不分殖五穀，誰爲夫子而索之耶〔二二〕？』植其杖而芸。孔曰：『植，倚也。除草曰芸。』子路拱而立。未知所以荅也〔二三〕。止子路宿，煞鷄〔二四〕爲黍而食之，見其二子焉。明日，子路行以告。子曰：『隱者也。』使子路反見之。至，則行矣。孔曰：『子路反至其家，丈人出行不在。』子路曰：『不仕無義。苞〔二五〕曰：『留言以語丈人二子也〔二六〕。』長幼之節，不可癈〔二七〕也；君臣之義，如之何其可癈之也〔二八〕？孔曰：『言汝知父子相養不可廢也〔二九〕，反可廢君臣之義耶〔三〇〕？』欲潔〔三一〕其身，而乱大倫。苞曰：『倫，道理也。』君子之仕〔三二〕，行其義也。道之不行也〔三三〕，已知之矣。』苞曰：『言君子之仕，所以行君臣之義也〔三四〕，不自必道德行也〔三五〕。孔子道不見用，自已知之也〔三六〕。』

逸人〔三七〕：伯夷、叔齊、虞仲、夷逸、朱張、柳下惠、少連。逸人者，節行超逸也〔三八〕。苞曰：『此七人皆逸人賢者也〔三九〕。』子曰：『不降其志，不辱其身者〔四〇〕，伯夷、叔齊與！』苞〔四一〕曰：『言其直己之心，不入庸君之朝。』謂柳下惠、少連：『降志辱身矣，言中倫，行中慮，其斯而已矣。』孔曰：『但能言應倫理，行應思慮，若〔四二〕如此而已。』謂虞仲、夷逸：『隱居放言，苞曰：『放，置也。置不復言世務也〔四三〕。』身中清，癈中權。馬曰：『清，純潔〔四四〕也。遭世乱，自癈弃〔四五〕以免患，合於權〔四六〕。』我則異於是，無可無不可。』馬曰：『亦不必進，亦不必退，唯義所在也〔四七〕。』

太〔四八〕師摯適齊，亞飰〔四九〕干適楚，孔曰：『亞，次也。次飰，樂師〔五〇〕。摯、干皆名。』三飰繚適蔡，四飰缺〔五一〕適秦，苞曰：『三飰、四飰，樂章名也〔五二〕，各異師。繚、缺皆名也。』皷方叔入于河〔五三〕，苞曰：『皷，擊皷者也〔五四〕。方叔，名也〔五五〕。入，謂居其内也〔五六〕。』播鞉武入于漢〔五七〕，孔曰：『播猶〔五八〕摇也。武，名也。』少師陽、擊磬襄入于海〔五九〕。孔曰〔六〇〕：『魯哀公時，礼毁〔六一〕樂崩，樂人皆去。陽、襄皆名也〔六二〕。』

周公謂魯公，孔曰：『魯公，周公之子伯禽，封於魯也〔六三〕。』曰：『君子不施其親，孔曰：『施，易也。不以他人之親易己親也〔六四〕。』不使大臣怨乎不以。孔曰：『以，用也。怨不見聽用也〔六五〕。』故舊無大故，則不相遺弃也〔六六〕。無求俻〔六七〕於一人！』孔曰：『大故，謂惡逆之事。』

周有八士：伯達、伯适、仲突、仲忽、叔夜、叔夏、季隨、季騧。苞曰：『周時有四乳生得八子〔六八〕，皆爲顯士，故記之也〔六九〕。』

子張第十九　　何晏集解

子張曰：『士見危致命，孔曰：『致命，不愛其死〔七〇〕。』見得思義，祭思敬，喪思哀，其可已矣。』

子張曰：『執德不弘，信道不篤，焉能爲有？焉能爲亡？』孔曰：『言無所輕重。』

子夏之門人問交於子張。孔曰：『問与人交接之道。』子張曰：『子夏云何？』對曰：『子夏曰：「可者与之，其不可者距〔七一〕之。」』子張曰：『異乎吾所聞也〔七二〕。君子尊賢而容衆，嘉善而矜〔七三〕不能。我之大賢與，於人何所不容？我之不賢與，人將距我，如之何其距人也？』苞曰：『友交當如子夏，汎交當如子張也〔七四〕。』

子夏曰：『雖小道，必有可觀者焉，小道，謂異端也〔七五〕。致遠恐泥，苞曰：『泥，難不通。』是以君子不爲也。』

子夏曰：『日知其所亡也〔七六〕，孔曰：『知其所未聞也〔七七〕。』月無忘其所能，可謂好學也已矣。』

子夏曰：『博〔七八〕學而篤志，孔曰：『廣學而厚識之。』切問而近思，切問者，切問於己所學而未悟之事也〔七九〕。近思者，近思己所能及之事也〔八〇〕。汎問所未學，遠思所未達，則於所習者不精，所思者不解。仁在其中矣。』

子夏曰：『百工居肆以成其事，君子學以致其道。』苞曰：『言百工處其肆則事成，猶君子學以致其道也〔八一〕。』

子夏曰：『小人之過也必文。』孔曰：『文餝〔八二〕其過，不言實也〔八三〕。』

子夏曰：『君子有三變：望之儼然，即之也温，聽其言也厲。』鄭曰：『厲，嚴正也〔八四〕。』

子夏曰：『君子信而後勞其民，未信則以爲厲己也。王曰：『厲，病也〔八五〕。』信而後諫，未信則以爲謗己也。』

子夏曰：『大德不踰閑，孔曰：『閑猶法也。』小德出入可也。』孔曰：『小德不能不踰法，故曰出入可也〔八六〕。』

子游曰：『子夏之門人小子，當洒掃〔八七〕應對進退，則可矣，抑末也。本之無，如何〔八八〕？』苞曰：『言子夏弟〔八九〕子，但當應對〔九〇〕賓客脩威儀礼節之事則可。然此但是人之末事耳，不可無其本，故云「本之無，如之何」？』子夏聞之，曰：『噫！孔曰：『噫，不平〔九一〕之聲。』言游過矣！君子之道，孰先傳焉？孰後倦焉？苞曰：『言先傳業者必先猒〔九二〕倦，故我門人先將〔九三〕教以小事，後將教以大道也〔九三〕。』辟〔九五〕諸草木，區以別矣。馬曰：『言大道与小道殊異。譬如草木，異類區別，言學當以次也〔九六〕。』君子之道，焉可誣也？馬曰：『君子之道，焉可使誣言我門人但能洒掃而已也〔九七〕。』有始有卒者，其唯聖人乎！』孔曰：『終始如一，唯聖人耳。』

子夏曰：『仕而優則學，馬曰：『行有餘力，則以學文。』學而優則仕。』

子游曰：『喪致乎哀而止。』孔曰：『毁不滅性。』

子游曰：『吾友張也爲難能也，苞曰：『言子張容儀之難及。』然而未仁也〔九八〕。』

曾子曰：『堂堂乎張也，難与並爲仁矣。』鄭曰：『言子張容儀盛，而於仁道薄也。』

曾子曰：『吾聞諸夫子：人未有自致者〔九九〕，必也親喪乎！』馬曰：『言人雖未能自致盡於他事，至於親喪，必自致盡也〔一〇〇〕。』

曾子曰：『吾聞諸夫子：孟莊〔一〇一〕子之孝也，其他可能〔一〇二〕；其不改父之臣与父之政，是難矣〔一〇三〕。』馬曰：『孟庄〔一〇四〕子，魯大夫仲孫楗〔一〇五〕也。謂有〔一〇六〕諒陰之中，父臣及政雖不善者〔一〇七〕，不忍改也。』

孟氏使陽膚爲士〔師〕〔一〇八〕，苞曰：『陽膚，曾子弟子也〔一〇九〕。士師，典獄官也〔一一〇〕。』問於曾子。曾子曰：『上失其道，民〔一一一〕散久矣。如得其情，則哀矜而勿喜！』馬曰：『民〔一一二〕之離散爲輕漂犯法，乃上之所爲也〔一一三〕，非民之過也〔一一四〕，當哀矜之，勿自喜能得其情也〔一一五〕。』

子貢曰：『紂之不善，不如是之甚矣〔一一六〕。是以君子惡居下流，天下之惡皆歸〔一一七〕焉。』孔曰：『紂爲不善，以喪天下，後世〔一一八〕憎甚之，皆以天下之惡歸之於紂也〔一一九〕。』

子貢曰：『君子之過〔一二〇〕，如日月之蝕〔一二一〕：過也，人皆見之；更也，人皆仰之。』孔曰：『更，改也。』

衛公孫朝馬曰：『朝〔一二二〕，衛大夫。』問於子貢曰：『仲尼焉學？』子貢曰：『文、武之道，未墜於地，在人。賢者識其大者，不賢者識其小者，莫不有文、武之道焉。夫子焉不學？孔曰：『文武之道，未墜落於地，賢与不賢各有所識。夫子無所不從學也〔一二三〕。』而亦何常師之有？』孔曰：『無所不從學，故無常師。』

叔孫武叔語大夫於朝，馬曰：『魯大夫叔孫州仇也〔一二四〕。武，謚也〔一二五〕。』曰：『子貢賢於仲尼。』子服景伯以告子貢。子貢曰：『譬諸〔一二六〕宮牆，賜之牆〔一二七〕及肩，窺〔一二八〕見室家之好。夫子之牆數仞，不得其門而入，不見宗廟之美，百官之富。得其門者或寡矣。苞曰：『七尺曰仞。』夫子之云，不亦宜乎！』苞曰：『夫子，謂武叔。』

叔孫武叔毀仲尼。子貢曰：『無以爲也！仲尼不可毀〔一二九〕。他人之賢者，丘陵也，猶可踰也；仲尼，如日月也，無得而踰焉。人雖欲自絶也[一三〇]，其何傷於日月乎？多見其不知量也。』言人雖欲自絶棄[一三一]於日月，其何能傷之乎？適[一三二]自見其不知量也。

陳子禽謂子貢曰：『子爲恭也，仲尼豈賢於子乎？』子貢曰：『君子一言以爲智[一三三]，一言以爲不智，言不可不慎也。夫子之不可及也，猶天之不可階而升也。夫子之得邦家[一三四]，孔曰：『謂爲諸侯若卿大夫。』所謂立之斯立矣，導[一三五]之斯行，綏之斯來，動之斯和。其生也榮，其死也哀，如之何其可及也？』孔曰：『綏，安也。言孔子爲政，其立教則無不立，導之則莫不興行，安之則遠者來至，動之則莫不和睦，故能生則榮顯，死則哀痛[一三六]。』

堯曰第廿[一三七]　　何晏集解

堯曰：『咨！爾舜！天之歷[一三八]數在爾躬，歷數，謂列[一三九]次也。允執其中。四海困窮，天禄永終。』苞曰：『允，信也。困，極也。永，長也。言爲政信執其中則能窮極四海，天禄所以長終。』舜亦以命禹。孔曰：『舜亦以堯命己之辝命禹也[一四〇]。』曰：『予小子履，敢用玄牡[一四一]，敢昭告于皇皇后帝：孔曰：『履，殷湯名也[一四二]。此伐桀告天文也[一四三]。殷家[一四四]尚白，未變夏礼，故用玄牡。皇，大也[一四五]。后，君也。大，大君。帝也[一四六]，謂天帝也。《墨子》引《湯誓》，其辝若此。』有罪不敢赦。苞曰：『順天奉法，有罪者不敢擅赦也[一四七]。』帝臣不蔽，簡在▨▨（帝心）[一四八]。□□□□□□（言桀居帝臣之）位也[一四九]，罪過不可隱蔽也[一五〇]，簡在天心故也[一五一]。朕▨▨（躬有）□[一五二]

（後缺）

【校記】

[一]『以易』二字底卷均殘存左半，兹據刊本擬補；『以易之』三字底卷在首行行末（係雙行注文的左行），所注

經文爲『滔滔者天下皆是也，而誰以易之』，注文全文刊本作『孔曰：滔滔，周流之皃。言當今天下治亂同，空舍此適彼，故曰誰以易之』。

〔二〕底卷『有避人之法』在雙行注文的右行，下文『有避世之法長』在雙行注文的左行，皆在行末，其上殘缺約十九字左右（按經文大字計，下同），刊本作『且而與其從辟人之士也豈若從辟世之士哉士』，茲據以於『有避人之法』前擬補一『士』字；注文『避』字刊本作『辟』，『辟』『避』古今字。下『避』字皆同。

〔三〕『長』字之下底卷殘缺，所缺乃雙行注文的右行，比照左行（下文『法者也』以下十四字），所缺約十三四字，刊本相關文句作『長沮桀溺謂孔子爲士從辟人之法』，『法』下刊本無『者也』二字。

〔四〕法也，底卷『法』字存左側殘畫，茲據刊本擬補；刊本無『也』字。以下底卷中凡殘字、缺字補出者，均據刊本，不復一一注明。

〔五〕⿰禾憂，當是『耰』字俗寫，『耒』旁俗書皆可作『禾』，刊本正作『耰』；『耰』字後起，蓋又『櫌』的分化字，説詳《論語集解》（九）校記〔九五〕。注中『⿰禾憂』字同。

〔六〕也，刊本無。

〔七〕爲其不達己意而，底卷『不』原誤作『下』，茲據刊本改正；刊本『而』下有『便』字，斯六一八《論語集解》（以下簡稱斯六一八）無『便』字，《史記·孔子世家》裴駰《集解》引亦無，『便』字不必有。

〔八〕也，刊本無。

〔九〕之道也，刊本無，斯六一八亦無。

〔一〇〕与，刊本作『與』，『与』『與』二字古混用無别，敦煌寫本多用『与』字，後世刊本多改作『與』。下凡『与』字均不復出校。

〔一一〕之，刊本無，斯六一八亦無。

〔一二〕也，刊本作『乎』。

〔二三〕者，刊本無。

〔二四〕篠，刊本作「蓧」。阮元《論語校勘記》云：「皇本『蓧』作『篠』，《釋文》出『蓧』字，云：『本又作條，又作莜。』案《説文》、《玉篇》竝引作『莜』，是『莜』爲本字，『蓧』爲假借字，『條』又爲『蓧』之省文。《史記·孔子世家》引包氏注：『蓧，草器名也。』字當从艸無疑。今包注作『竹器』，竹乃艸字之訛。皇本竟改从竹作『篠』，并云籮篚之屬，誤益甚矣。」注中『篠』字同。

〔二五〕苞，刊本作「包」。「包」「苞」古今字，然姓氏仍當作「包」。下凡「苞」字同。

〔二六〕丈人者老人稱也，刊本無「者」、「稱」二字。

〔二七〕名也，刊本無。

〔二八〕懃，刊本作「勤」。《説文》無「懃」字，「勤」本字，「懃」爲後起增旁字。注中「懃」字同。

〔二九〕熟，刊本作「孰」。「熟」爲「孰」之借字。

〔三〇〕曰，刊本作「云」。

〔三一〕躰，刊本作「體」。《玉篇·身部》：「躰，俗體字。」

〔三二〕耶，刊本作「邪」。《玉篇·耳部》：「耶，俗邪字。」

〔三三〕也，刊本無。

〔三四〕煞鷄，刊本作「殺雞」。「煞」爲「殺」之俗字，「鷄」「雞」古異體。

〔三五〕苞，底卷原寫作「鄭」，塗去，旁改「苞」；刊本作「鄭」。

〔三六〕二子也，刊本作「之二子」。

〔三七〕癈，刊本作「廢」。「癈」爲「廢」之俗字。下「癈」字同。

〔三八〕其可癈之也，刊本無「可」、「也」二字。

〔三九〕言汝知父子相養不可廢也，刊本「汝」作「女」，無「也」字。「女」「汝」古今字。下凡「汝」同此。

〔三〇〕耶，刊本作正字「邪」。

〔三一〕潔，刊本作「絜」，《玉篇·冫部》：「潔，俗絜字。」

〔三二〕「仕」下刊本有「也」字。

〔三三〕也，刊本無。

〔三四〕也，刊本無。

〔三五〕不自必道德行也，刊本作「不必自己道得行」，「德」爲「得」之借字。

〔三六〕也，刊本無。

〔三七〕逸人，刊本作「逸民」，斯六一八亦作「逸民」，「人」爲「民」之諱改字。注中「逸人」之「人」同。

〔三八〕也，原寫作「者」，後在上改「也」，刊本作「也」。

〔三九〕賢者也，底卷於「賢」之右下角補「民」（缺末筆）字；「逸人賢者」指此七人乃逸人中之賢者，添一「民」字則句不通；刊本作「之賢者」，較佳。

〔四〇〕者，刊本無。

〔四一〕苞，底卷原寫作「鄭」，後在上改爲「苞」，刊本作「鄭」。

〔四二〕若，刊本無；「若」意即「如此」，應是衍文。

〔四三〕置不復言世務也，刊本無「置」「也」二字，《史記·孔子世家》裴駰《集解》引與底卷同。

〔四四〕潔，刊本作「潔」，《玉篇·冫部》：「潔，俗絜字。」《説文》有「絜」無「潔」，新附始有「潔」字。《廣韻·屑韻》：「潔，清也。經典用絜。」

〔四五〕弃，刊本作「棄」，《説文》以「弃」爲古文「棄」字，唐代因爲避太宗之諱，多從古文寫作「弃」，説詳《敦煌俗字研究》下編二四〇頁。下「弃」字不復出校。

〔四六〕「合於權」下刊本有「也」字。

〔四七〕也，刊本無。

〔四八〕太，刊本作『大』，『大』『太』古今字。

〔四九〕飰，刊本作『飯』，《玉篇·食部》『飯』條下云：『飰，同上，俗。』下『飰』字同。

〔五〇〕『樂師』下刊本有『也』字。

〔五一〕䟦，刊本作『缺』，『䟦』爲『缺』之俗字，説見《説文·缶部》『缺』篆下段注。注中『䟦』字同。

〔五二〕也，刊本無。

〔五三〕皷方叔入于河，『皷』字刊本作『鼓』，『皷』爲『鼓』的隸變俗字；『于』字刊本作『於』，二字古通用。下『皷』字同。

〔五四〕也，刊本無。

〔五五〕也，刊本無。

〔五六〕内也，刊本作『河内』。

〔五七〕播鞉武入于漢，『鞉』字刊本作『鼗』，《詩·周頌·有瞽》『鞉磬柷圉』陳奂《詩毛氏傳疏》云：『今字《詩》作「鞉」，《書》、《禮》、《爾雅》作「鼗」，《月令》作「鞀」，竝字異義同。』又『于』字刊本作『於』，『于』、『於』二字古多通用。

〔五八〕猶，刊本無。

〔五九〕于，刊本作『於』，二字古多通用。

〔六〇〕孔曰，底卷原作『孔國安』，『國』字上有塗抹痕迹，『安』右下角旁注『曰』；底卷凡《集解》所引『孔安國』注除此處外均作『孔曰』，此應是手民偶誤，兹依刊本作『孔曰』。

〔六一〕礼毁，刊本作『禮壞』，『毁』『壞』義同，『礼』爲古文『禮』字，敦煌寫本多用此字，後世刊本則多用『禮』字。下凡『礼』字不復出校。

〔六二〕也，刊本無。

〔六三〕也，刊本無。

〔六四〕親也，刊本作『之親』。

〔六五〕也，刊本無。

〔六六〕不相遺弃也，刊本作『不棄也』，《禮記·坊記》鄭注引《論語》曰：『故舊無大故，則不棄也。』與刊本同。

〔六七〕俻，刊本作『備』，《玉篇·人部》『備』條下云：『俻，同上，俗。』

〔六八〕周時有四乳生得八子，刊本無『有』、『得』二字。

〔六九〕也，刊本作『爾』。

〔七〇〕其死，刊本作『其身』。

〔七一〕距，刊本作『拒』，『距』『拒』古今字。下『距』字同。

〔七二〕也，刊本無。

〔七三〕矜，刊本作『矜』，『矜』字是，凡經典『矜』字皆『矜』之訛，説詳《説文·矛部》『矜』篆下段注、臧庸《拜經日記》卷五『矜』字條。下『矜』字同。

〔七四〕也，刊本無。

〔七五〕也，刊本無。

〔七六〕也，刊本無。

〔七七〕知其所未聞也，刊本『知』前有『日』，無『也』字。

〔七八〕愽，刊本作『博』，《干禄字書·入聲》：『愽、博，上通下正。』

〔七九〕而未悟之事也，刊本無『而』、『也』。

〔八〇〕近思己所能及之事也，刊本作『思己所未能及之事』。李方云：『此章乃勸學也。據下文：「汎問所未學，远思所未達，則於所习者不精，所思考不解。」此處則應「切問己之所學，近思己之所能」。「能」上以無「未」字爲是。』案：李説是。此當是後人傳抄脱『近』，認爲『思己所能及之事』無意，故添『未』字，成爲『思己所未能及之事』，以爲如此方合聖人之意。不知上文云『切問者，切問於己所學而未悟之事』，下云『近思者，近思己所能及之事』，前後相對。又後句云『汎問所未學，遠思所未達』，乃與此句相反之義。聖人之意謂未學之事當切問，不可汎問，否則無邊際矣。近思之事當力所能及，力所不能及之事思之亦不解。最後『於所習者不精，所思者不解』兩句，正爲上文之注脚。

〔八一〕也，底卷红筆後加，刊本無。

〔八二〕餝，刊本作『飾』，『餝』爲『飾』之俗字。

〔八三〕實也，刊本作『情實』。

〔八四〕也，刊本無。

〔八五〕厲病也，刊本作『厲猶病也』。

〔八六〕也，刊本無。

〔八七〕掃，刊本作『埽』，『埽』本字，『掃』後起字。

〔八八〕本之無如何，刊本作『本之則無如之何』。陳鐵凡云：『此當誤脱「則」字。』陳舜政《論語異文集釋》云：『所引包咸注云：「不可無其本，故云本之無，如之何。」可知這句話本没有「則」字。今《集解》及所引之包注都有「則」字，必是後人先誤衍正文之「則」字，然後又據衍文改包注，也加上「則」字。』後説是。

〔八九〕苐，刊本作『弟』，『苐』爲『弟』之俗字。

〔九〇〕應對，刊本無『應』字。

〔九一〕『不平』前刊本有『心』字。

〔九二〕猒，刊本作『厭』，『猒』『厭』古今字。

〔九三〕將，刊本無。

〔九四〕也，刊本無。

〔九五〕辟，刊本作『譬』，『辟』『譬』古今字。

〔九六〕也，刊本無。

〔九七〕但能洒掃而已也，底卷『但』字右上角『日』旁缺中筆，避諱缺筆字，兹据刊本録正；刊本無『也』字。

〔九八〕也，刊本無。

〔九九〕『者』下刊本有『也』字。

〔一〇〇〕也，刊本無。

〔一〇一〕荘，刊本作『莊』，『荘』爲『莊』之俗字，説詳《敦煌俗字研究》下編五〇八頁。

〔一〇二〕『可能』下刊本有『也』字。

〔一〇三〕難矣，刊本作『難能也』。阮元《論語校勘記》云：『皇本、高麗本無「能」字。』

〔一〇四〕庄，刊本作『莊』，『庄』爲『莊』之俗字，説詳《敦煌俗字研究》下編五〇八頁。

〔一〇五〕連，刊本作『連』，『捷』爲『捷』之俗字，例可參《碑别字新編》一六一頁（文物出版社一九八五）。阮元《論語校勘記》云：『「連」當作「速」，《疏》内同。』《春秋·襄公二十三年》『己卯，仲孫速卒』杜預注：『孟莊子也。』則『連』爲『速』字形誤。然《泰伯》篇『曾子有疾，孟敬子問之』《集解》引馬融曰：『孟敬子，魯大夫仲孫捷。』仲孫捷爲孟敬子之名，非孟莊子之名也。疑此『捷』字非『捷』之俗，乃『槤』之誤也。《公冶長》『瑚璉也』，阮元《論語校勘記》云：『《説文》：「槤，胡槤也。」大徐云：「今俗作連，非。」《九經古義》云：「瑚連二字从玉旁，俗所作也，當爲胡連。《春秋傳》曰胡簋之事，《明堂位》曰夏后氏之四連，皆不从玉旁。」據此則「槤」爲本字，「連」爲假借，从玉者俗字耳。』是『連』或可寫作『槤』也。蓋此字原作『速』，形誤作『連』，又通假作『槤』，進而誤作『捷』也。

〔一〇六〕有，刊本作『在』，李方云『底本誤』。

〔一〇七〕父臣及政雖不善者，刊本『政』前有『父』，『雖』下有『有』字。

〔一〇八〕師，底卷原無，李方云『底本誤脱』兹據刊本補；底卷注文引作『士師』不誤。

〔一〇九〕也，刊本無。

〔一一〇〕典獄官也，刊本作『典獄之官』。

〔一一一〕民，底卷原缺末筆，避諱缺筆字，兹據刊本録正。

〔一一二〕民，底卷原缺末筆，避諱缺筆字，兹據刊本録正。

〔一一三〕也，刊本無。

〔一一四〕也，刊本無。

〔一一五〕也，刊本無。

〔一一六〕矣，刊本作『也』。

〔一一七〕婦，刊本作『歸』，據《説文》，『婦』爲籀文隸定字，『歸』爲小篆隸定字。注中『婦』字同。

〔一一八〕世，底卷作『卋』，避諱缺筆字，兹據刊本録正。

〔一一九〕也，刊本無。

〔一二〇〕『過』下刊本有『也』字。

〔一二一〕蝕，刊本作『食』，下有『焉』。蔡主賓《敦煌寫本儒家經籍異文考》云：『蝕，《説文》作「飾」，云：「敗創也。从虫人食，食亦聲。」隸書作「蝕」。《釋名》云：「日月虧曰蝕，稍小侵虧，如蟲食草水之葉。」寫本左右易位作蝕，其實一也。』

〔一二二〕朝，刊本作『公孫朝』。

〔一二三〕也，刊本無。

〔二四〕也，刊本無。

〔二五〕也，刊本無。

〔二六〕諸，刊本作『之』，二字古多通用。

〔二七〕『牆』下刊本有『也』字。

〔二八〕窺，刊本作『闚』，『窺』『闚』古異體字。

〔二九〕『不可毁』下刊本有『也』字。

〔三〇〕也，刊本無。

〔三一〕欲自絶棄，刊本無『欲』字，『棄』作『弃』；『弃』『棄』古異體字，參看上文校記〔四五〕。

〔三二〕適，刊本下有『足』字，似屬多餘。

〔三三〕智，刊本作『知』，『知』『智』古今字。下『智』字同。

〔三四〕『邦家』下刊本有『者』字。

〔三五〕導，刊本作『道』，『道』『導』古今字。注中『導』字同。

〔三六〕痛，底卷原從广，敦煌寫卷广旁與疒旁常混用，兹據刊本録正。

〔三七〕苐廿，刊本作『第二十』，『廿』爲『二十』之合文。

〔三八〕歷，刊本作『厤』，『厤』『歷』古今字。注中『歷』字同。

〔三九〕烈，刊本作『列』，『烈』爲『列』之借字。

〔四〇〕舜亦以堯命己之辝命禹也，底卷『堯』下原有『曰』字，李方云『底本衍』，案此當是涉篇首『堯曰』二字而衍，兹據以删；刊本『辝』作『辭』，無『也』字，『辝』『辭』二字古混用。下『辝』字同。

〔四一〕牡，底卷原誤作『壯』，兹據刊本改正。注中『牡』字同。底卷『壯（牡）』下原有一『之』字，陳鐵凡以爲衍文，兹據刊本删。

〔四二〕也,刊本無。

〔四三〕告天文也,刊本作『告天之文』。

〔四四〕家,刊本作『豕』,阮元《論語校勘記》云:『皇本「豕」作「家」,是也。』

〔四五〕也,刊本無。

〔四六〕『也』字刊本無,當據删。

〔四七〕也,刊本無。

〔四八〕帝心,底卷『帝』存右半,『心』存右邊殘畫,兹據刊本擬補。

〔四九〕『帝心』下底卷殘缺約六字(雙行注文小字),刊本相應位置作『言桀居帝臣之位』,兹據擬補『言桀居帝臣之』六字,底卷句末『也』字刊本無。

〔五〇〕也,刊本無。

〔五一〕簡在天心故也,刊本前有『以其』二字,無『也』字。

〔五二〕躬有,底卷『躬』存右半,『有』存右上角;『有』下至行末底卷殘缺約十字。

論語疏(學而—里仁)　　皇侃

伯三五七三

【題解】

底卷編號爲伯三五七三，起《學而》『學而時習之』句《疏》『故《學記》云：發然後禁』，至《里仁》『事父母幾諫』章《疏》『則貽累父母之憂也』，共六百四十九行，存《學而》、《爲政》、《八佾》、《里仁》四篇的内容。經文單行大字，接着雙行小字録何晏《集解》文，且只録首句，而以『云云』二字概括；然後以『此明』二字開頭，總釋全章大意並疏經注，而『此』字作單行大字，『明』以下在本行者用雙行小字，換行後均作單行小字。每兩條疏語之間空一格爲別，每章經文皆提行頂格書寫。第三三四行有子目『論語疏第二』五字。

《索引》著録此卷云：『論語義疏殘卷。存卷一卷二。卷端用貞明九年籍卷托裱，卷中鈐「宣諭使圖書記」多方，卷背有「判官氾塘彥尋覽」一行。』(『氾』當作『汜』)《金岡目》據寫卷子目作『論語疏第二』。今從之，擬其名爲《論語疏(學而—里仁)》。從卷背『判官氾塘彥尋覽』語知此卷抄寫時間不可能早於九世紀。

皇侃《論語疏》一書，在中國大約亡佚於南宋之時。到清乾隆時，從日本傳回，收入《四庫全書》；鮑廷博又刻入《知不足齋叢書》，此書纔爲國人所知。不過日本所傳《論語義疏》，經注合刻，與寫卷單疏不同。

陳金木曾將寫本與日本武内義雄校刊本《論語義疏》比較，對寫卷之價值抉發頗詳(《皇侃之經學》一九八—二〇六頁，臺北編譯館，一九九五)。高橋均的系列論文(《敦煌本論語疏について—通釈を中心として—》，《東京外國語大學論集》第三六號，一九八六年三月；《敦煌本論語疏について—經文を中心として—》，《日本中國學會報》第三八集，一九八六年十月；《敦煌本論語疏について—疏を中心として—(上、下)》，《東京外國語大學論集》第三九、四一號，一九八九年三月、一九九〇年十一月；《敦煌本論語疏について—疏を中

心として—（続）》，《東京外國語大學論集》第四二號，一九九一年三月；《敦煌本論語疏について—提示句の検討—（上、下）》，《東京外國語大學論集》第四三、四四號，一九九一年十一月、一九九二年三月）將敦煌本《論語疏》與日本室町時期舊抄本從總釋、經文、疏文及提示句（選取了十四個詞語）等多方面比較、考釋，認爲敦煌本《論語疏》是被『特定的編者』改編過的東西，並不是皇侃《論語義疏》的原貌。李方《唐寫本〈論語皇疏〉的性質及其相關問題》（《文物》一九八八年第二期）將寫本内容與武内義雄校刊本逐一對勘，亦認爲寫本並不是真正意義上的皇《疏》原形，而是講經師爲講經需要所作的《論語義疏》的提綱。

寫卷與今傳本皇《疏》差别甚鉅，而且删削嚴重，若與傳本之别一併出校，則將校不勝校，且亦無此必要，故凡於句意理解無礙、句讀可通者，即使與傳本相較有異文，亦不復再出校語。

底卷疏文於每一語段之首用朱筆加一小圈，不同語段之間留有約一字空格，録文時改朱圈爲○，原有的空格則不再保留。底卷亦有空格或朱圈標示不合適者，則酌加改定。

陳鐵凡《敦煌論語異文彙考》（簡稱『陳鐵凡』）對底卷作有校記。今據縮微膠卷録文，以日本孝明天皇元治元年（一八六四）萬蘊堂補刻根本遜志校刊本《論語義疏》爲校本（簡稱『刊本』），校録於後。

（前缺）

□故《學記》云『▨（發）□□學〔二〕，則勤苦而難▨（成）〔三〕。』□□之數与方名〔四〕；八年教▨▨（之讓）〔五〕，□□（九年）教之□計〔六〕，十三〔七〕學樂、誦《詩》、舞《勺》；十五成童，□○二就年中爲時〔八〕。大學隨時氣，受業則〔九〕易□（入）。▨（故）〔一〇〕《王制》云『春夏學《詩》、《樂》，秋冬學《書》、《礼》〔一一〕』是也。春夏是陽，陽體輕清；詩樂是聲，聲亦輕清；輕清之時學輕清之業則易入也〔一二〕。秋冬是陰，陰體重濁；《書》、《礼》是事，事亦重濁，重濁之時學重濁之業亦易入也。○三就日中爲時者。前身中、年中二時，所學並日日脩習不蹔癈也〔一三〕。故《學記》云『藏焉，脩焉，息焉』〔一四〕是也。○今云『學而時習之』者。是中日不忘之時也。舉日中不忘，則前二事不忘可知。亦猶重也〔一五〕。悦者，懷抱欣暢之謂。言知學已爲可欣，又能日日脩習不癈，所謂『日知其所亡，月無忘其所能』是也。○仰解『朋友』者。同處師門曰朋，同執一志曰友。朋猶黨也，共爲黨類在師門也。友，有也。共執一志，綢繆寒温〔一六〕，契闊飢飽，相知有［無］〔一七〕也。○所以云『遠方』者。明〔一八〕師德洽被，雖遠必集也。招朋已爲可欣，遠至弥〔一九〕復可樂，故云亦也。然則朋踈〔二〇〕而友親，朋至既樂，友［至］〔二一〕故忘言。但來必先同門，故舉朋耳。悦之与樂，俱〔二二〕是懽欣，在心常等，而皀〔二三〕迹有殊。悦則心多皀少，樂則心皀俱多。○所以然者。向講習在我〔二四〕，自得於懷抱，故心多曰悦。今朋友講説，義味相交，德音往復，刑〔二五〕彰在外，故心皀俱多，故曰樂。故江熙〔二六〕云：『君子以朋友講習，出其言善，則千里之外應之。遠人俱〔二七〕至，況其迩者！道同齊味，歡然適願，所以樂。○然何以注〔二八〕皆呼人名，唯苞獨云氏者。苞名咸，何家諱咸，故不言之。

人不知而不愠，不亦君子乎？『愠，怒也。凡人』云云。

此明學問已成，能爲人師，爲君之法也。故《學記》云：『九年知類通遠。』又云：『能博〔二九〕喻然後能爲師，能爲師然後能爲長，能爲長然後能爲君。』是也。君子是有道之稱。此經揔有二釋：一云：古之學者爲己，今之學者爲人，學得先王之道，含章内暎〔三〇〕，而他人不知〔三一〕，而我不怨怒之。此是君子之德也。有德已爲貴，又不怒人之不知〔三二〕，故曰『亦』。一云：君子易事，而不責備〔三三〕於一人，故爲□□（教誨）之道〔三四〕。若有鈍根，不能知解者，君子恕之而不怒之〔三五〕，爲▨（君）〔三六〕□（者）亦然。

子曰〔三七〕：『導〔三八〕千乘之國。注云『導謂爲之』云云。〔三九〕

此明孔子説□千乘大國□〔四〇〕法在下，敬事而信等是也。《司馬法》：『六尺爲步，至亦□〔四一〕者。言《司馬法》，田蘘苴〔四二〕爲軍法，其中有此兵▨□〔四三〕乘之賦，其地有千成。開方之法，地三百一十六里▨□〔四四〕言不啻居三百一十六里，所以得容千乘者，成方十里，出▨（車）〔四五〕一乘，則一乘之車處地十里。方百里爲〔四六〕方十里者百，則百里▨（出）〔四七〕車百乘，方三百里爲方百里者九，出車九百乘。若作千▨（乘）〔四八〕，猶少百乘，百乘是方百里者一。今取方百〔四九〕者一而六分破之，則〔五〇〕分得廣十六里，長百里，引百里相接〔五一〕，則長六百里，廣十六里。今半断之〔五二〕，各長三百。設持埤前三百里者一〔五三〕，有方十里者二，又方一里者五十六，是少方一里者二百五十六也。然向割方百里者爲六分，埤六〔五四〕三百里兩邊，猶餘方一里者四百。今以方一里者二百五十六分〔五五〕埤西南角，猶餘方一里者一百卌四〔五六〕。又説〔五七〕破而埤三百一十六里兩邊，則每邊〔五八〕不復得半里。故云▨（方）〔五九〕三百一十六里有奇。○『唯公侯之封』至『過焉』。《周礼》：上公方五百，侯方四百，伯方三百，子二百，男一百里〔六〇〕。今［千］乘〔六一〕用地方三百一十六里有奇，故［伯］地〔六二〕不能容，唯公侯之封乃能容之。雖魯方七百里，而其賦税亦不［得］過出千乘也〔六三〕。故《明堂位》云『賜魯革車千乘』也。○苞氏曰：『導，治也。』此夏殷法也。夏殷大國百里，次七十里，小五十里〔六四〕。故方百里國中合〔六五〕出千乘也。○『古者井田，方里爲井』，此亦与周同也。『十井爲乘』，此則与周異也。周家十井爲通，通十爲城，城出一乘。今此一通使出一乘，則成〔六六〕出十乘也。○『百里之國適千乘』者。方百里［者］有［方］十［里］者百〔六七〕，方十里者有方一里者百。今制：方一里者十出一乘，則方十里者一出十乘〔六八〕，方百里者故出千乘也。

敬事而信注『爲國者舉事』云云。節用而愛人注『節用不奢』云。

此明導千乘之國法。爲人君，舉事悉須敬慎，与人之言必須诚信，又須節用，不爲奢侈，而恒愛養下人，使民〔六九〕當以其時。○必須『敬事』者。故《曲礼》云『毋不敬』是也。○仰解『節用愛人』者。雖富有一國〔七〇〕，而不可奢侈，故云節用；雖貴居人〔七一〕上，不可驕慢。故云愛也〔七二〕。○『使人以時』者。使謂理〔七三〕城及道路也。以時，謂歲不過三日而不妨奪農務也〔七四〕。○問愛人、使民有何殊異者。然人是有識之目，愛人兼朝廷。民是冥闇〔七五〕之稱，使人〔七六〕則唯指黔黎也。

子曰：『弟子入則孝，出則悌，謹而信，汎愛衆而親人〔七七〕。行有餘力，則以學文。』文者，古之遺文也。

此明孔子説爲人弟子入父母閨門之内則孝，出則行其悌順，唯須謹敬而誠信，汎愛於衆而親仁。若行此已上之行有餘力，則以學文。○孝言入悌言出者。父母閨門〔七八〕之内，故云入；兄弟〔七九〕比之疎外，故云出。○『謹而信』。接外之礼，唯謹与信。外能如此，親〔八〇〕可知也。○『汎愛衆』者。君子尊賢而容衆，廣愛一切。○『而親仁』者。君子義之与比。○學文，謂先王遺文，五經六藉〔八一〕也。○此云〔八二〕『行有餘力，然後學文』，後云『文行忠信』，則文在後何者。《論語》之躰〔八三〕悉是應機適會，教躰多方，隨須而与，不可一例責。

子夏曰：『賢賢易色。』『子夏，弟子卜商』云云。

此明子夏説凡人之情，莫不好色而不好賢，今有人能改易好色之心好於賢，則此人便是賢於賢者，故云『賢賢易色』。○子夏出此語者，亦將勸之辞〔八四〕。○仰後釋者。又云：上『賢』字，尊重〔八五〕；下『賢』字謂賢人，言欲尊重此賢人，則當改易平常之色，更起荘〔八六〕敬之容也。

主忠信，無友不如己者，過則勿憚改。主，親也；憚，難也。

此明君子既須威重，又以忠信爲心，百行之主。言凡结交，無得取友不如己者。若有過失，則勿難改也。○或問曰：若人皆慕勝己者爲友，［則勝己者］豈友我乎〔八七〕？［或］通〔八八〕云：擇友必忠信者爲主，不取忠信不如己者耳，本不論餘才也。○或通云：敵則爲友，不取不敵者也。蔡謨曰：本言同志者爲友。此章所言，謂慕其志而思与之同，不謂自然同也。夫上同乎勝己，所以進也。下同乎不如己，所以退也。閎夭四賢，上慕文王，故曰友〔八九〕。是四賢上同〔九〇〕於文王，［非文王］〔九一〕下同四賢。然則求友之道，固當見賢思齊，同志於勝己，所以進德脩業，成天下之亹亹也。今言敵則爲友，此直自論才同德等而相親友耳，非夫子勸教之本旨也。若如所云，則直諒多聞之言〔九二〕，便辟善柔之誡，奚所施乎〔九三〕？〇『過則勿憚改』者。後釋云：若结友過誤，不得善人，則改易之，莫難［之］〔九四〕也。故李充云：『若友失其人，改之爲貴。』鄭意則言當親於忠信之人也。

曾子曰：『慎終追遠，人〔九五〕德歸厚矣。』『慎終者，喪盡其哀，追』云云。

此明曾子説爲人君上能慎終盡其哀戚，追喪又能祭盡其敬。上能行此二事，則人下之德日歸於厚。一云：君能行此二事，是厚德之君。君德既厚，民即咸歸依之。〇仰釋『慎終』、『追遠』二事者。《詩》云〔九六〕：『靡不有初，鮮克有終。』終宜慎也。久遠之事，録而不忘，是追遠也。故熊悝〔九七〕云：欣新忽〔九八〕舊，近情之常累；信近［負］〔九九〕遠，義士之所弃。是以慎終如初〔一〇〇〕，則鮮〔一〇一〕有敗事。平生慎〔一〇二〕不忘，則久人敬之。『慎終追遠』，喪爲人〔一〇三〕之終，人子宜窮其哀戚，是慎終也。追遠，謂三年後，爲之宗廟〔一〇四〕，祭盡其敬。三年後去親轉遠，而祭極敬，是追遠也。〇『人〔一〇五〕德歸厚矣』者。上之化下，如風之靡草；君上〔一〇六〕能行慎終追遠之事，則人〔一〇七〕下之德日歸於厚也。

子禽問於子貢曰：『夫子至於是邦〔一〇八〕，必聞其政。求之與？抑与之與？』『子禽，弟子陳亢，子貢弟云云。子貢曰：『夫子温、良、恭、儉、讓以得之。夫子求之也〔一〇九〕，其諸異乎人之求之與！』『言夫子行此五德而［得］之〔一一〇〕，与』云云。

此明子禽問於子貢〔一一一〕，怪孔子每至之國〔一一二〕，必先逆聞其國之政〔一一三〕，爲是就其國主求而得之與？抑人君自呼孔子而與之與？子貢荅子禽曰：言夫子所以得逆知之，行其温良恭儉讓五德，行以得之。夫子之求之也，其之異於他人之求之與也。〇夫子定指何人者。夫子即孔子也。礼云〔一一四〕：身經爲大夫者，則稱爲夫子。孔子爲魯大夫，故弟子呼之爲夫子。〇『五德』者。敦柔〔一一五〕潤澤謂之温，行不犯物謂之良，和從不逆謂之恭，去奢從約謂之儉，推人後己謂之讓。言夫子身有此五德之美，推己以測人，故凡所至之邦必逆聞也。顧歡云：『非求非与，直以自得之耳。其故何也？夫五德内充，則是非自鏡也。』〇又通云：『孔子入人境，觀其民之五德，則知其君所行之政也。』故梁冀云：『夫子所至之國，入其境，觀察風俗，以知其政教。其民温良，則其君政教之温良；其民恭儉讓，則政教恭儉讓也。孔子但見人〔一一六〕，則知其君政［教］〔一一七〕之得失也。』〇何知与人求之異者。

顧歡云：『夫子求乎己〔一一八〕，而諸人访之於闻，故曰異。』梁冀又云：『凡人求聞見乃知耳，夫子觀化以知之，与凡人異也。』○『明人君自願与之』者。此云人君自与之，非謂自呼与之也。□（政）〔一一九〕是人君所行，見於民〔一二〇〕下，不可隱藏。故夫子知之，是人君所行自与之也。○至於是他邦定是何邦者。此邦謂每邦，非一國也。

子曰：『父在觀其志，父没觀其行，三年無改於父之道，可謂孝矣。』『孝子在喪哀』云云。

此明孔子説人子之行。言父在則己不得專行，故觀其志；父若没，則子得專行，則觀其行。子在父喪三年之内，無改於父生存之道，可謂孝矣。父在觀志。志謂在心未行。故《詩序》云『在心爲志』是也。志若好善，聞善事便悦〔一二一〕；志若好惡，聞善事則不悦也。○『父在何以觀志，父没即言觀行』者。言人子父在則己不得專行，應有［善］惡〔一二二〕，但志之在心，在心而外，必有趍〔一二三〕向意氣，故可觀志。父若没，則子得專行無憚，故没則觀此子所行之行也。○言不改其父風政，此則是孝也。其義有二也：一則哀毁〔一二四〕，豈復識政之是非。故君薨，世〔一二五〕子聽冢宰三年；二則三年之内哀慕，事亡如事存，則所不忍改。○或問曰：『若〔一二六〕父政之善，則不改爲可；若政惡，惡交傷人〔一二七〕，寧不可改乎？』荅曰：『此本不論父政之善惡，自論孝子之心耳。若人君風政之惡〔一二八〕，則冢宰自行；若卿大夫之惡，則其家相邑宰自行之事，無關孝子也。』

有子曰：『信近於義，言可復也。注『復猶覆也，義不』云云。恭近於礼，遠恥辱。『恭▨（不）〔一二九〕合礼，非礼。以其能遠』云。

此明有子説不欺之信。夫信，若近於合宜，此信之言乃可覆驗也；若爲信不近於〔一三〇〕合宜，其言不足覆驗。言若遜從近於其〔一三一〕礼，則遠於恥辱。○或問曰：『不合宜之信云何？』昔尾生，与女子期於梁下，每期［每］〔一三二〕會。後一日，忽暴水長〔一三三〕。尾生先至，而女子不來，而尾生守信不去，遂被溺死。此信是〔一三四〕不合宜，不足可覆驗。○『遜順〔一三五〕不合礼者何？』猶如遜在牀下，及不應拜而拜之屬。○『恭不合礼』至『故曰近礼』。此注亦不依向通。正〔一三六〕言恭不合礼，非礼。而交得遠於恥辱，故曰近礼。即危行言遜，得遠辱矣。

因不失其親，亦可宗〔一三七〕也。』因，親也。言所親不失其親，亦可宗敬也。

此明有子言人能因其所親，不失其親。則此人之重德可宗敬。○『不失其親』定指何親者。若近而言之，則指於九族宜相和睦；若廣而言之，則是汎愛衆而親仁，乃義之与比〔一三八〕。此是親不失其親。○然云『亦可〔一三九〕』者。亦猶重也。能親得所親，則是重爲可宗。○言『因親』者。《喪服傳》云『与因母同』，是言繼母与親母同。故孔亦謂此因爲親也。

子貢曰：『貧而無諂，富而無驕，何如？』子曰：『可也。未足多也。未若貧而樂，富而好礼者。』『樂謂志於道』云云。子貢曰：『《詩》云「如切如磋，如琢如磨」，其斯之謂與？』『能貧而樂道，富而』云云。子曰：『賜也，始可与言《詩》已矣，告諸往而知來者。』『諸〔一四〇〕，之也。子貢知引《詩》以』云云。

此明子貢問孔子，言若貧者而無横求之諂，富者而無慢下驕。陳此二事既畢，故問何如。孔子荅云可也。孔子更説貧行爲〔一四一〕勝於無諂，言未若貧而樂道，富而能好礼者也。子貢聞孔子言貧樂富好礼，並是宜切磋之義，故引《詩》以證之，言貧樂富礼如切如磋如琢如磨，其此之謂與？以證孔子。故孔子美之：『賜也，始可与言詩已矣。』言我往告之以貧樂富礼往事，而子貢知引《詩》來荅以切磋琢磨之義也。○問貧諂富驕何同何別者。乏財曰貧，非分横求曰諂，積蓄財帛曰富，陵上慢下曰驕。○然不云『富而樂〔一四二〕、貧而好礼』者。迹〔一四三〕各指事也。貧好不樂〔一四四〕，故以樂爲勝。又貧無財以行礼，故不云礼也。富既饒足，本自有樂。又有財可行礼，故言好礼。○言『未足多』者。范甯云：『孔子以爲不驕不諂，於道雖可，未及臧也。』○『未若貧而樂』〔一四五〕者。故孫綽云：『顔氏之子，一箪一瓢，人不堪憂，回也不改其樂也。』○子貢引《詩》定證何事者。證貧而樂、富而好礼，並是宜自切磋之義。故引《詩》以證之。《尔雅》〔一四六〕云：『治骨曰切，治象曰磋，治玉曰琢，治石曰磨。』四物須切磋乃得成器。如孔子所説貧樂富礼，自是〔一四七〕切磋成器之義，其此之謂乎？以諮孔〔一四八〕。○『告諸往而知來』者。江熙云：『古者賦《詩》見志，子貢意解，故曰可与共言《詩》。夫子所貴悟之者，既得其言，又得其旨。告往事而知將來，謂聞夷齊之賢，可以知不爲衛君，不欲直言其悟，故舉其類耳。』○云『子貢知引《詩》』者。范甯曰：『子貢欲躬行二者，故請問。切磋琢磨，所以成器。訓誘學徒，義同乎茲。子貢富而猶悋，仲尼欲裁之〔一四九〕礼中。子貢知以〔一五〇〕厲己，故引《詩》爲喻也。』

子曰：『爲政以德，譬如北辰，居其所而衆星共之。』注云『德者無爲』云云。

此明孔子説人君爲政之法。言人君爲政，當以其德。人皆尊奉，譬如北辰之星，居其一所而衆星皆共尊仰之。○『爲政以德』是何？故郭象云：『万物皆得謂之德〔一五一〕。夫爲政者奚事哉？得万物情性而已也。』○『北辰』者。北極，紫微星所遊地也〔一五二〕。衆星，謂五星及卄〔一五三〕八宿以下之星也。北辰鎮居一地而不移動，故衆星宗之以爲主。譬人君若無爲，而御人〔一五四〕以德，則人共尊奉之而不違背，猶如衆星共尊北辰。故郭象云：『得其性則歸之，失其性則違之。無爲謂不躁動也。』

子曰：『導之以政，齊之以刑，民免而無恥。導之以德，齊之以礼，有恥且〔一五五〕格。』格，正也。

此明孔子説此證爲政以德所勝。將言其勝，故先舉其劣。言人君誘引下人用其法教，齊整下人則用其刑罰，爲政若法制道人，以刑罰齊人，則人皆巧辟免罪而不避恥。故云無恥。更舉其勝，言人君誘引之以道德之事，齊整之以礼，既尊德齊礼，故人服從而有愧恥，皆歸於正也。○『人〔一五六〕免而無恥』者。故郭象云：『刑制有常，則可矯；法避興，則可避〔一五七〕。可避則遠情而苟免〔一五八〕，可矯即去情而從制〔一五九〕，從制外正而心内未服。人懷苟免，則無恥於化也，不亦薄乎〔一六〇〕？故曰『人免而無恥』也。○問『有恥且格』者。郭象云：『情有所恥而性有所本，得其性則本至，躰其情則知恥，知恥則無刑而自齊，本至則無制而自正。是以「導之以德，齊之〔以〕〔一六一〕礼，有恥且格。」』沈居〔士〕〔一六二〕云：『夫立政以制物，物則矯以從之；用刑以齊物，物則巧以避之。矯則迹從而心不化，巧則苟免而情不恥，由失其自然之情〔一六三〕也。導之以德，使物各得其性，則皆用心。不矯其真，各躰其情，則皆智〔一六四〕恥而自正也。

子曰：『吾十有五而志乎〔一六五〕學，卅〔一六六〕而立，卌〔一六七〕而不惑，五十而知天命，六十而耳順，七十而縱〔一六八〕心所欲不踰矩。』矩，法也。縱心所欲，無所〔一六九〕非法也。

此明孔子隱聖同凡。言我年十五而志在於學；年至卅，所學經業有所成立；至於卌，業成已後，故無疑或〔一七〇〕；至五十而知窮通之分；若至六十，識知廣博，所聞不逆於耳，故云耳順；年至七十，習与性成，而放縱心意，不踰越於法度也。○必須年十五學者。十五是成童之歲，識慮堅明，故始此年而志學也。○必須至卅成立者。古人三年明一經，從十〔五〕〔一七一〕至卅，是有〔一七二〕十五年，故通五經之業，所以成立。○何知卌而不惑者。故孫綽云：『卌強而仕，業通十年，經明行脩，德茂〔一七三〕於身，訓洽家邦〔一七四〕，足以〔一七五〕莅政，可以無疑惑。』○謂爲天者。言人稟天氣而生，得此窮通，皆由天所命也。天本無言，而云天〔一七六〕所命者，假言之耳也〔一七七〕。○必於五十言知天命者。年至五十始衰〔一七八〕，則自審己分之可否。故王弼云：『天命廢興有期，知道終不行也。』孫綽云：『大易之數五十，天地万物之理究矣。以知天命之年，通致命之道，窮學盡〔一七九〕數，可以得之，不必皆生而知之，此免學之至〔言〕也〔一八〇〕。』熊埋云：『既別〔一八一〕人事之成敗，遂推天命之期運，不以可否繫其治〔一八二〕，不以窮通易其志也。』終始即是分限理〔一八三〕所在。○言耳順者。李充云：『聽先王之法言，則知先王之德行。順帝之則〔一八四〕，莫逆於心。心与耳相從，故曰耳順。○不言八十九十者。孔子唯壽七十三。○説此語當在年幾者。當在七十後也。李充云：『聖人微妙玄通，深不可識。所以接代〔一八五〕軌物者，曷嘗不誘之以形器乎？黜獨化之迹，同盈虚之資〔一八六〕，勉夫童蒙而志學，學十五載，乃〔一八七〕可与立。爰自〔志〕〔一八八〕學迄于縱心，善始令終，貴不踰法，示之易行而約〔一八九〕之以礼，爲教之例，其在〔一九〇〕茲乎？○凡注無姓者。皆是何平叔語也。

孟懿子問孝。注云『孟懿子，魯』云云。

此明魯之大夫孟懿子問孔子爲孝之法。○仰釋仲孫名字者〔一九一〕。仲孫是其氏，何忌是其名，懿者是謚。謚，明行之迹而爲稱，生時有百行不同，死後至葬，随其生時德行之迹而爲名稱，猶如經緯天地曰文、撥定禍乱曰武之屬。○然曰懿子而[不]〔一九二〕云仲孙者。魯有三卿，至《八佾》自釋注謚〔一九三〕。○孔子每以礼荅懿子者。孟孫三家，僭濫違礼，故孔子每事舉礼以荅。此三事爲人子之大礼，故特舉之。故衛瓘云：『三家僭侈，皆不以礼，故以礼荅之。』○或問曰『孔子何不即告孟孙，還告樊遲』者〔一九四〕。荅〔一九五〕曰：『欲厲於孟孫，言其不足委曲，即示也。』○所以獨告遅者。舊説云：『樊遅与孟孫狎，必問之。』一云：『孟孫問時，樊遅在側，孔子知孟孫不曉，必問樊遲，故告遅也。』

子游問孝。子曰：『今之孝者，是謂能養。至於犬馬，皆能有養。不敬，何以别乎？』『犬以守御，馬以代勞』云云。

此明子游問行孝之法於孔子，孔子荅之。言今之行孝者是謂能養於父母而不能敬，至於犬馬亦皆能有養。若人但知養而不敬，則無以别於犬馬也。此舉能養無敬非孝之例也。犬爲人守御〔一九六〕，馬能爲人負重載人，皆是能養而不能行敬，故云至於犬馬也。○後解者。言人所養乃至養於犬馬，若養犬馬，則不須敬；若養親而不敬，則与犬馬不殊。○引《孟子》證何事者。引《孟子》證後通也。言人畜養狆〔一九七〕豕，但以養〔一九八〕食之而不愛重也。又言人畜〔一九九〕養珍禽奇獸，亦愛重不恭敬也。○今之孝者。謂當孔子之時。

子夏問孝。子曰：『色難。有事，弟子服其勞；有酒食，先生饌，曾是以爲孝乎？』注云云。

此明子夏問孔子行孝之法。孔子荅云：言爲孝之道，必須承奉父母顔色，此事爲難。若家中役使之事，而弟子執持，不憚於勞。若有酒食，必以供奉飲食於父兄，故云先生饌。言爲子弟先勞苦後食，此乃是人子弟之常，誰謂此爲孝乎？言非孝也。○經云『色難』，其意如何者。故顔延之云：『夫氣色和則情志通，善養之志〔二〇〇〕者，必先和其顔色〔二〇一〕，故曰色難。』○案礼唯呼師爲先生，謂資爲弟子，而此謂先生爲父兄者。其有[二]〔二〇二〕意焉：一則既云問孝，孝是奉親之目；二則既釋先生爲父兄，欲寄在三事，同師親之〔二〇三〕情等也。○曾猶常〔二〇四〕也。言爲人子弟，先勞苦後食，此乃是人子弟之常事耳。故江熙云：『勞役居前〔二〇五〕，酒食處後，人[子]〔二〇六〕之常事，未足稱孝。』○然四人問孝是同，而夫子荅異者。或随疾与藥，或寄以弘教。懿

[子]〔二〇七〕武伯，皆由其人有失，故隨其失而荅之。子游、子夏，是寄以弘教也。故王弼云：『問同而荅異者，或攻其短，或矯其失〔二〇八〕，或成其志，或説其行。』又沈峭云：『夫應教紛紜，常係汲引〔二〇九〕，經營流世，每存急疾，[今世]万途，難以同對〔二一〇〕。互舉一事，以訓來問。來問之訓，縱横異轍，則孝道之廣，亦以明矣也。』

子曰：『視其所以，觀其所由，察其所安，人焉廋哉？人焉廋哉？』『廋，匿也。言觀人』云云〔二一一〕。

此明孔子欲觀知於[人]之法〔二一二〕。言若欲知彼人之行，當先視其即日所行用之見事〔二一三〕，又次觀彼從來所經歷之故事。有察其人之所安，意氣趍向。言用上三法以觀檢〔二一四〕，彼人安得藏匿其情哉！○再言之者。深明人情不可隱也。故江熙云：『言人誠難知，故以三者取之，近可識乎〔二一五〕？』○然用言視，由言觀，安言察者。各有以也。視，直視也。即日所用易見，故言視。觀，廣瞻也。而從來由經〔二一六〕，比即日爲難，故言觀。察，沉吟用心忖度之。情性所安，寂爲深隱，故云察也。

子曰：『人而無信，不知其可〔二一七〕。大車無輗，小車無軏，其何〔二一八〕行之哉！』『大車，牛車。輗者』云云。

此明孔子説人不可失信。言人若無信〔二一九〕，雖有他才異伎，不知其可也。若無信則不得立，猶如大小之車無輗軏，則其車何以行之哉？其餘，謂之他才伎也。○『大車，牛車』者。牛能引重，故曰大車。○『輗者，轅端』者。端，頭也。古作牛車，二轅不異即時，但轅頭安軛〔二二〇〕与今異也。今時車，軛用曲木，駕於牛頸〔二二一〕，仍縛軛兩頭着兩轅。古時則先取一横木縛着兩轅頭，又別取曲木爲梔〔二二二〕，以縛着横木以駕牛頸，即時一馬牽車，梔猶如此。○『小車，駟馬車』者。馬所載輕，故曰小車。駟馬〔二二三〕共牽一車，即今龍旂〔二二四〕車是也。○云『軏者，轅端上曲鉤衡』者。衡，横也。駟馬之車，唯中央有一轅，轅頭曲向上，以鉤駐〔二二五〕於横木，名此曲者爲軏〔二二六〕也。○所以須鉤〔二二七〕此横木者。一轅駕四馬，故先横一木於轅頭，而縛梔着此横木，此横木既爲四馬所牽〔二二八〕，恐其不坚，故特置曲鉤軏衰〔二二九〕，使牽之不脱。猶即時龍旂〔二三〇〕，轅端爲龍，置横在龍頭上曲處。鄭玄云：『輗穿轅端着之，軏因轅端節〔二三一〕之也。○可知人須信，猶車待輗軏者。故江熙云稱彦叔曰〔二三二〕：『車待輗軏而行，人須信義以立也。』

子張問：『十世可知〔二三三〕？』子曰：『殷因於夏礼，所損益，可知。[周因於殷禮，所損益，可知]〔二三四〕。其或繼周者，雖百世〔二三五〕，可知。』『物類相召』云云。

此明子張見五帝三王文質變改〔二三六〕，世代不同，故問孔子從今已後方來之事，假設十代之法，可得逆知以不。孔子舉前三代礼法相因，言殷代而因用夏礼，及所損益之事可得而知；周代因於殷礼，及有所損益者亦可得知。既因變有常，故從今以後，假令有繼周而王者，雖至百世，亦可逆知也。○『三經〔二三七〕五常』者。三經，夫婦、父子、君臣也。三事爲人［生］〔二三八〕之經領，故云三經。五常，謂仁、義、礼、知〔二三九〕、信也。就五行而論，則木爲仁，火爲礼，金爲義，水爲信，土爲智。人禀此五氣而生，則備有仁義礼智信之性也。木有博愛之德，謂之仁；金有嚴斷之德，爲義；火有明辯尊卑敬讓之德，爲礼；水有照了之德，爲信；土有信不虚忘之德，爲智。此五者是人性之恒，不可蹔捨，故謂五常。雖復時移代〔二四〇〕易，事歷今古，而三經五常之道不可變革。故世［世］〔二四一〕相因，百代仍襲也。○『所損益，謂質文〔二四二〕三統』者。夫質文再而復，正朔三而改。○『再復』者。若一代之君以質爲教者，則次代之君必以文爲教也。以文之後君則復質，質後復文，循環無窮者，故有損益。○『正朔三而改』者。案《尚書大傳》云：『王者始起，［改］〔二四三〕正朔，易服色。』夫正朔有三本，天〔二四四〕有三統。明王者受命各［統］〔二四五〕一正也。《尚書傳》云：『夏以建寅爲正，色尚黑，平旦爲朔；殷以建丑爲正，色尚白，以鷄鳴爲朔；周以建子爲正，色尚赤，以夜半爲朔〔二四六〕。』《白虎通》云：『王者受命，必改正朔者，明易姓，示不相襲。明受之於天，不受之於人，所以變易人心，革其耳目，以助化〔二四七〕。』故《禮記》『五帝殊時，不相沿樂；三王異代，不相習礼』也。又云：『天道左旋，改正右行者，非改天道，但改日月。日月右行，故改正右行。日尊於月，不言正日而言正月者，積日成月，物隨月而變，據物爲正。』○天質地文，周反天統何？質文再改，正朔三易，質文不相習，故正朔〔二四八〕不隨質文也。○然舊問云：『夏用建寅爲正，［物］初出，色黑〔二四九〕，故尚黑。今就草木初生皆青，而云黑何？』舊通云：『物初出乃青，遠望則黑。人功貴於廣遠故也。』○三正。所通有二家。一云在三代，［三］代之時澆〔二五〇〕，故須變革相示也。又一家云：『自從有書藉〔二五一〕而有三正。伏羲爲人統，神農爲地統，黄帝爲天統。少昊猶天統，言是黄帝之子，故不改統也。顓頊爲人統，帝嚳爲地統。帝堯是帝嚳之子，亦爲地統。帝舜爲天統，言夏爲人統，殷爲地統，周爲天統，此三正相承攝，若連環也。』今依後釋。○所以從人爲始者。三才須人乃成〔二五二〕，是故從人爲始。而礼家〔二五三〕從夏爲始者，夏是三王之始，故舉之也。○又不用建卯辰〔二五四〕爲正者。于時万物不齊，莫適所統也。○『其或繼周』，而言『或』者。尔時周猶在，不敢指斥後代，故云『其或』。○『物類相召』者。謂三經五常各以類相召而不變者也。○云『勢數相生』者。謂文質三統及五行相次各有勢數，如太昊木德，神農火德，黄帝土德，少昊金德，顓頊〔二五五〕水德，周而復始，其勢運相變生。○『其變有常，故可豫知』者。有因有變，各有其常，以此而推，百代可知也〔二五六〕。

論語疏第二

孔子謂季氏：『八佾儛〔二五七〕於庭，是可忍也，孰〔二五八〕不可忍也？』注『孰，誰也』云云。三家者以《雍》

徹。注『三家者』云云。子曰：『「相維辟公，天子穆穆」，奚取於三家之堂？』注云『辟公』云云。

此明孔子評論季氏豪强僭濫之事，故云謂季氏。○夫論評，有遥，有對面〔二五九〕，此是遥相評論。下文『謂冉有曰，汝不能救與』，對面而言。○特言『季氏』者。魯有三卿，並豪强僭濫。季氏僭濫之端，故特舉之。○天子八佾，以象八風。八風，八方八卦風：西北曰不周，北曰廣莫〔二六〇〕，東北曰條風，東曰明庶風，東南曰清明風，南曰景風，西南曰涼風，西曰閶闔風是。諸侯六，礼：降煞〔二六一〕以兩，則大夫四，士二。杜注《春秋》及《公羊傳》〔二六二〕皆云六者卅六人，四者十六人，二者二二四人。○注『八人爲列』者。舉天子之八佾人數〔二六三〕。○云『魯以周公故，受王者礼樂』。以周公輔相成王，六年制礼樂，七年致政還成王，成王賜之礼樂，是受王者礼樂，有八佾之舞。桓子三家之强〔二六四〕，起於文子、［武子］、悼子、平子，至桓子五代〔二六五〕，故下稱孔子曰『政逮於大夫四代矣』。今孔子所譏，譏其五代。○問『譏桓子』者。于時孔子正与桓子相值，故舉值者言之。三家並僭，故併言之。諸侯六放六律，大夫四放四時，士二放剛柔。又云：放，陰陽之氣。○『三家謂仲孫、叔孫、季孫』者。三家同是桓公之後。桓公適子庄公爲君，其庶子有公子慶父、公子叔牙、公子季友也。仲是慶父之後，叔是叔牙之後，季氏（是）季友之後。其後皆以其先仲、叔、季爲氏，故有此三是〔二六六〕，並是桓公子孫，故俱稱孫，亦曰三桓之子孫也。至仲孫篾，更改其氏曰孟氏。孟者，庶長之稱，言己是庶，不敢与庄爲伯仲之次，庶既次庄，故曰仲孫。○仰明《雍》詩者〔二六七〕。《詩》云：『有來〔二六八〕雍雍，至止肅肅。相維辟公，天子穆穆。』是言祭事畢，有容〔二六九〕甚自雍和而至止者，並皆肅敬。時助祭者有諸侯及二王之後，而天子威儀又自穆穆是也。孔子稱《雍》詩之曲，以譏三家。○何知穆穆天子之容者。《礼記》『天子穆穆，諸侯皇皇，大夫濟濟，士鏘鏘，庶人僬僬』，故言『穆穆，天子之容者』。今三家之祭，但有家臣。家臣，謂家相、邑宰之屬也。○問：『魯祭亦無二王後耶，亦歌此曲耶〔二七〇〕』？荅：既用天子樂，故歌天子詩。或通云：『既用天子礼，當祭時則亦備設此官。』或云：『魯不歌此《雍》詩。』季氏自僭天子礼，非僭魯也。辟訓君，君故是諸侯。二王後稱公，公故是二王後也。

林放問礼之本。子曰：『大哉問！礼，与其奢〔二七一〕，寧儉。喪，与其易也，寧戚也〔二七二〕。』注『易和易』云云。

此明林放問孔子求知礼〔二七三〕之本。孔子重林放能問礼之本，故美其問而稱之曰：『大哉言！礼与其奢，寧從其儉；喪与其易，寧從哀戚。』○或問曰：『何不荅以礼本，而言四失何？』通云：『舉其四失，則礼本可知。且時世〔二七四〕多失，故因舉失中之勝以誡當［時］〔二七五〕也。

子曰：『夷狄之有君，不如諸夏之亡〔二七六〕。』諸夏，中國。亡，無也。

此明孔子重中國，賤蠻夷。夷狄之有君主〔二七七〕，不如中國之無君，故云不如諸夏之亡。故孫綽云：『諸夏有時無君，道不都喪；夷狄强者爲師，理同禽獸。』○釋慧琳云：有君無礼，不如有礼無君。言季氏有君無礼。○謂爲『諸夏』者，中國礼大，故謂爲夏也。諸，之，語助之意。

季氏旅於泰山。子謂冉有曰：『汝不〔二七八〕能救與？』注云『旅祭名』云云。

此明孔子譏季氏旅祭於泰山。孔子問冉有曰：『言汝既事彼宰〔二七九〕，那不能諫止其濫礼〔二八〇〕乎？』○注云『旅，祭名』者。鄭注《周礼》云：『旅非常祭。』今季氏祭泰山，非是常祭，故曰旅祭。○注『礼，諸侯祭山川在其封内』者。太山在魯，君〔二八一〕宜祭之耳。○云『陪臣』者。陪，重也。魯是天子臣，而季氏是魯臣，於天子爲重臣。重臣而与天子俱祭名山，故爲非礼。○何知泰山在魯家泰山者。《詩》云：『泰山巖巖，魯邦所瞻。』○何知林放魯人者。泰山既是魯山，則知林放是魯人。

子曰：『君子無所爭，必也射乎！揖讓而升下，而飲。其爭也君子。』

此明孔子説射之可重。言君子恒讓卑〔二八二〕，無所鬬爭，必也於射而始有爭，言射儀之礼，初，主人揖賓而進之，交讓而升堂，及射竟，勝負已[決]〔二八三〕，下堂猶揖讓。不如者而飲罰爵，言君子之射，進退合礼，更相避讓，挹授〔二八四〕，不乖君子之容，故云其爭也君子。○問必須有射者。古者生男，必設喪弧〔二八五〕蓬矢，立〔二八六〕於門左。三日，使人負子出門而射，示此子方當有事於天地四方。故至年長，以射進士〔二八七〕。○問於射有爭者。礼，王者將祭，必擇士助祭，故四方諸侯並貢士於王，王試之於射宮。若形容合礼，節奏比樂而中多者，則得預祭。預祭者進其君爵土。若射不合礼樂而中少者，則不得預祭，黜其君爵土。此射事既重，非惟自辱，乃係纍己君〔二八八〕。子故〔二八九〕於射而後必有爭。○『而飲』者。謂射不如者而飲罰爵也。勝者當酌〔二九〇〕，跪飲不如者，云敬養。○所以然者。君子敬讓，不以己勝爲[能]〔二九一〕，不以彼負爲否。言彼射所以不中者，非彼〔二九二〕射不能中，正〔二九三〕由其有疾故也。酒能養病，故酌酒飲彼，將敬養彼之病也。所以《礼》云：『君使士射，士不能，則辞以〔二九四〕有疾，[懸]弧〔二九五〕之義也。』○若餘人讀，則云『揖讓而[升]』〔二九六〕，『升』屬上句。又云『下而飲』，『下而飲』屬下句，然此讀不及王意也。

子夏問曰〔二九七〕：『「巧咲倩〔二九八〕兮，美目盼兮，素以爲絢兮。」何謂也？』子曰：『繪事後素。』曰：『礼後乎？』『孔子』云云。

此明子夏引《衛風・碩人》，閔庄姜之詩，以問孔子。咲，咲之美者，言人可怜則笑巧倩倩兮而美，言人可怜則目美而皀〔二九九〕盼盼兮而好，言用素白〔三〇〇〕以分五采，使成文章。庄姜雖有容，而有礼約束，子夏讀詩，不達此語，故云何謂也，以問孔子。此是《衛風・碩人》閔庄姜之詩，美庄有礼，衛侯不好德而不荅，故衛人閔之。巧咲及美目，即見在《衛風・碩人》之二章。〇『其下一句逸』者。『素以爲絢』之一句。以〔三〇一〕散逸，則《衛風・碩〔人〕》〔三〇二〕所無也。〇上篇彼美子貢〔三〇三〕『告諸往而知來者』，此直言『起予者』何？彼〔三〇四〕非但解孔子旨，更廣理以荅，故云『告諸往而知來者』。此孔子『繪事後素』本旨，正以素喻礼。子夏荅云『礼後乎』，但解夫子語耳，理無所廣，故云起予而不〔云〕知來〔三〇五〕。〇注云『繪畫文』者。繪剌（刺）成文則謂之繡，畫以成文則謂爲繪也。

子曰：『夏礼，吾能言之，杞不足徵〔三〇六〕。殷礼，吾能言之，宋不足徵。』注云『徵，成也。杞宋』云云。

此明夏殷之後失礼也。夏礼，謂禹時礼，即孔子往杞所聞夏時之書也。殷礼，是殷湯之礼也，即孔子往宋得巛乹〔三〇七〕之書。言不足与共成，謂成其〔先〕〔三〇八〕代之礼。〇何知宋殷之後者。宋殷之後，紂失國，周封微子於宋，殷承夏後，封登婁公〔三〇九〕於杞也。

子曰：『禘自既灌而往者，吾不欲觀之矣。』或問禘之説。子曰：『不知也。』注云『荅以』云云。

此明孔子説魯祭失礼。言未灌以前，昭穆次弟猶有可觀；既灌以後，昭穆翻離而逆祀之，故孔子云『我不欲觀之矣』。《周礼》四時〔三一〇〕：春祠、夏礿、秋嘗、冬蒸。又四時之外，五年之中，別作二大祭禘、祫。而先儒論之不同，今不具説，且依注梗〔三一一〕概而談謂爲禘者。禘者，諦也，謂審禘昭穆。灌者，膚〔三一二〕也，酌鬱鬯之酒膚尸，尸灌地以求神。禘礼必以毀廟之主陳在太祖之廟〔三一三〕；未毀之主，亦升於太祖廟。序禘昭穆，而共合食堂上。未陳列主之前，王与祝人入太廟祖室中〔三一四〕，以酒膚尸〔三一五〕，尸以祭，灌於地以求神，竟而出堂，列定昭穆，備成祭礼。時魯家逆祀，尸主飜次，不當礼，若有灌時，未列昭穆，猶可觀。既灌以後，逆列以〔三一六〕定，故孔子云『不欲觀之』。〇不言祫而言禘者。隨尔時所見也。〇云『禘祫之礼爲序昭穆』者。列諸主在太祖之廟〔三一七〕堂，太祖之主在西壁下，東向；太祖之子爲昭，在太祖之東而南向；太祖之孫爲穆，對太祖之子而北向，以次弟〔三一八〕陳。在北者曰昭，在南者曰穆，所謂父昭子穆也。昭者，明也，父尊，南向，故曰明。穆者，敬也，子宜敬父也。〇注『毀廟之主及群廟之主〔三一九〕皆合食於父祖』者。孔及先儒義云：『禘祫礼同，皆取毀廟〔三二〇〕及未毀廟之主，並升列昭穆在太祖堂也。』〇注『灌者酌鬱鬯』者。鬱鬯，煑鬱金之草，取汁釀黑秬黍一稃〔三二一〕二米爲酒，酒成則氣芬芳調暢，故呼爲鬯。〇先儒説灌法不同，依疏明顯者。但先儒舊論灌法不同。一云太祖室裹龕前東向，以茅〔三二二〕置地上，而持鬯酒灌茅〔三二三〕上，使酒味滲入淵泉，以求神。而鄭康成不正〔三二四〕的道灌地。或云灌神，或云灌尸。故《郊特牲》云：『周人尚臭，灌用鬯臭。鬱合鬯，臭陰達於淵泉。灌以珪璋，用玉氣也。既灌然後迎牲，致陰氣也。』鄭玄云：『灌謂以圭瓚酌暢，始獻神。』又《祭統》云：『君執圭瓚灌尸，太宗執璋瓚亞灌。』鄭玄〔云〕〔三二五〕：『天子、諸侯之祭礼，先有灌尸之事，乃後迎牲。』案鄭二注，或灌地之神〔三二六〕。故解者或云：『灌神是灌地之礼，灌尸是灌人之礼。』而鄭注《尚書大傳》則云：『灌是獻尸，尸獻乃祭酒以灌地。』○問『而魯逆祀躋僖公』者。僖公、閔公俱是荘公之子，僖庶而長，閔適而小。荘公薨，而立閔爲君。僖爲臣，以事閔公。閔公薨〔三二七〕，而立僖爲君。僖後雖爲君，而實經是閔臣。至僖〔薨〕〔三二八〕，列主應在閔下，而魯之宗人夏父不忌阿倿僖公〔三二九〕之子文公，曰：『吾見〔三三〇〕新鬼大，故鬼小。』故升僖公於閔上，而逆礼〔三三一〕乱昭穆，故〔孔子〕〔三三二〕不欲觀之也。○然或人問孔子禘礼之事，孔子荅以不知，何以更言以說者。若遂更不說，則千載之後，長言禘祫之礼爲聖所不知，此事永絶。故更爲或人陳其方便，言欲知禘礼之說，甚自不難，於天下之人無不知矣。人人皆如求相示以掌中之物，無不知也。其如示諸斯乎？此記者所言以釋孔子語也。孔子既云易知，而更申掌，又一手〔三三三〕自指所申之掌以示或人，云：『其如示諸此。』是孔子自指掌也。

王孫賈問曰：『与其媚於奧，寧媚於竈，何謂也？』子曰：『不然。獲罪於天，無所禱也。』注『天以喻君』云云。

此明王孫賈引代〔三三四〕俗之言問於孔子曰。言人与其趍向於奧，寧趍向於竈，何謂也？○云『奧内』者。《尒雅》云：『室中西南隅曰奧。』東南開户，西南安牖，牖内爲隱奧無事。今尊者所居之處也。○竈，謂人家爲飲食處也。賈仕於衛，時孔子往衛，賈誦此舊語以感切孔子，欲令孔子求媚於己，如人媚竈也。○問孔子云『何謂』，使孔子以悟之也。欒肇云：『奧尊而無事，竈卑而有求。時周室衰微，權在諸侯。賈自周出仕衛，故託代〔三三五〕俗之言以自解於孔子。孔子云「獲罪於天，無所禱」者，明天神無上，王尊無二，當事尊，卑不足媚也。』王孫賈，周靈王之子孙〔三三六〕名賈也。○『入廟下』，更云『入太廟』者。對或人之時，下録平常行之礼，故兩出之也〔三三七〕。

子曰：『射不主皮。』注云『射有五善焉』云云。

此明孔子見周衰之日，礼壞樂崩，其有射者，無復威儀，競取主皮之中，故抑而解之云。言射不在主皮，爲善亦兼取容儀也。○此云『射不主皮』，定當何射者。今云不主皮，則是將祭擇士之大射。張布爲堋〔三三八〕，而用獸皮怗（帖）其中央，射之取中，故謂之主皮。○注『射有五善焉』者。引《周礼·鄉大夫》射五物之法以證之也。注云『一曰和志』，謂將射必先正志，志和則身體和韻，故云和也。二則使行步舉動和柔，所以有容儀也。注三曰『主皮能中質』，先和志，有容儀，後乃取中質。質，堋。注四曰『和頌合雅頌』，射時有歌樂，言雖能中質，而放捨節奏必令〔三三九〕与雅頌之聲相和合也。注五曰『興儛，与儛同』，非唯聲合雅頌而已，乃使射容与樂聲儛趍向相會，進退与儛同也。○然此注与鄉射五物小異。案《鄉大夫》射，『一曰和』，此云和至（志）；『二曰容』，此云和容；四曰『和容』，此云和頌。彼云和容，杜子《春秋》曰：『和容作頌。』其餘復不同，大意不異也。○仰明天子已下用何物爲節者。天子以〔三四〇〕《騶虞》爲節，諸侯以《狸首》爲節，大夫以《采蘋》爲節，士以《采蘩》爲節，故孔子云『何以射，何以聽』，言与射樂聲合如一。○云天子三侯，侯即射堋。謂爲侯者，天子中之，以威服諸侯；諸侯中之，則得爲諸侯。《尚書》云『侯以明之』，是也。○必取三獸者。三獸雄猛，今取之，示〔三四一〕能服猛。○問天子已下各射何物者。天子射虎，諸侯射熊，大夫射豹。○此豹先熊者。随便言之，無義例也。○注『以熊虎豹皮爲之』者。三獸之皮，各爲一侯，故有三侯。○或謂天子之侯縱廣一丈八尺，三分一以爲征。征者，今所謂烏朱也。前虎皮方六尺以怗（帖）堋上，名之爲鵠。鵠，水鳥，捷黠也，難射，故以爲名。

子貢欲去告朔之餼羊。注云『牲姓』〔三四二〕云云。

此明子貢見魯家昏乱，告朔之礼久廢，而空進其羊，故欲去其告朔之餼羊也。○天子、諸侯告朔之礼者。礼，天子每月〔之旦〕〔三四三〕居於明堂，告其時帝，布政讀《月令》之書畢，有還太廟，告於太祖。諸侯無明堂，但告於太廟，並用牲。特魯家昏乱，自文公而不復告，以至子貢之時也。君雖不告朔，而舊官猶進於告朔之羊。子貢以見告朔之礼久廢而空進其羊，故欲去其羊。○鄭云『牲生曰餼』者。鄭注《詩》云：『牛羊豕曰牲，繫養曰牢，熟曰雍〔三四四〕，腥曰餼，生曰牽。』而今云『牲生曰餼』者，當腥与生是餼之通名也。○必是腥，何以知然者。若猶生養，則子貢何所愛乎？正是煞而腥送之，故賜愛之。○告朔，天子、諸侯各用何生者。天子用牛，諸侯用羊。偈〔三四五〕案：魯既用天子礼，告朔應用牛，而今用羊。天子告時帝，事大，故用牛；魯不告時帝，故依諸侯用羊。○魯自文公始不視者。文公是僖公之子。起文公爲始而不視朔也。○始文公，凡經幾君者。經宣、成、襄、昭、定，至哀公時，凡經六君。子貢當於定末哀時。○然爲〔三四六〕月旦爲朔者。朔者，蘓也，生也。言前月已死，此月復生也。

哀公問社於宰我，宰我對曰：『夏后氏以松，殷人以栢，周人以栗，曰使人〔三四七〕戰栗。』注云『凡建邦』云云。

此明哀公見三代社樹不同，故問宰我。宰我曰：夏后氏以松樹爲社，殷人以栢樹爲社，周人以栗樹爲社。宰我見哀公〔失德』〔三四八〕，民不畏服。言周人所以用〔三四九〕栗者，謂欲使戰栗故也。○問夏稱后、殷周稱人者。《白虎通》云：『夏揖讓授〔三五〇〕禪爲君，故褒美之稱后。后，君也。又重其代〔三五一〕，故以氏係之。殷周以干戈取天下，故貶稱人。』《白虎通》云：『夏德授禪，是君与之，故稱君〔三五二〕。殷周從人心而取之，是由人士〔三五三〕，故曰人也。』○然訓曰爲謂者。猶『曰未仁』及『不曰如之何』類。○『各以其土所宜之木』者。出《周礼》也。○然社樹必以其土所宜之木者。社主土，土主生，生必令得宜，故用土所宜也。○夏何以要用松，殷何以要用栢者。夏居河東，河東宜松；殷居亳〔三五四〕，亳宜栢〔三五五〕；周居豊〔三五六〕鎬，豊鎬宜栗。○『宰我不本其意』者。本意在随土所宜，而宰我妄説其義，是不本意也。○注云『便云使人戰栗』，依注意，則不得如先儒言。曰『使人〔三五七〕戰栗』，是哀公語也。

子聞之，曰：『成事不説，遂事不諫，既往不咎。』注『事以往』云云。

此明孔子譏宰我。言種栗是随土所宜，此事之成，着乎三代。汝今妄説曰『使人〔三五八〕戰栗』，壞於正礼，故云『成事不説』。『遂事不諫』，此指哀公。爲惡已久，而人〔三五九〕不戰栗。其事已遂，此豈汝可諫止。『既往不咎』，此斥〔三六〇〕言宰我。汝不本樹意，妄爲他説，若餘人爲此，則可咎責。今汝好爲謬失，事既往，亦不可追咎，是責之深，猶『於予誅』之類也。○又一云：三曰語譏宰我也。李充云：『成事不説，哀疊〔三六一〕成矣；遂事不諫，哀謬遂矣；既往不咎，而哀政往矣。此已上併説孔子之言，斯譏宰我。』

子曰：『《關雎》樂而不淫，哀而不傷。』注『樂不至』云云。

此明孔子見時人不知《關雎》之義，而横生非毁，或言其淫，或言其傷，故孔［子］〔三六二〕解之。言《關雎》樂得淑女以配君子，是爲風政之美，而不淫。《關雎》之詩，自是哀窈窕，思賢才，而無傷善之心。故江熙云：『樂得淑女，疑於爲色。所樂者得〔三六三〕，故有樂而無淫。』○『哀而不傷』。李充云：『哀窈窕，思賢才，無傷善之心，是哀而不傷也。』鄭玄云：『樂得淑女以爲君子之好仇，不淫其色也。寤寐思之，哀世夫婦之道。不得此人，不爲感〔三六四〕傷其愛也。』

子曰：『管仲之器小哉！』或曰：『管仲儉乎？』曰：『管氏有三歸，官事不攝，焉得儉？』注云『三歸，取三』云云。

此明孔子説管仲之識量小哉。或人見孔子小之，言管仲儉乎？孔子荅或人不儉之事。言管仲取三國之女，而立官各有人，不須兼攝。既婦多官廣，焉得儉也。○管仲者。諸夷吾也〔三六五〕，齊謂之仲父，故呼其管仲。○『三歸』者。管仲取〔三六六〕三國女也。

○婦人謂嫁曰歸。礼，諸侯一取三國九女，以一大國女爲正夫人，夫人兄弟女一人，又夫人之妹一人，爲之姪娣，随夫人來爲妾；又二小國女來爲媵，亦各有姪娣自随。每國三人，三國九人也。大夫婚不越境，但取三女，以大女爲正妻，二女爲姪娣，從之爲妾。管仲是齊大夫，而取九女，故有三歸。○又諸侯國大事多，故言立官各主其職〔三六七〕，每人輒爲一官。若大夫則不得官置人，但每一人轉〔三六八〕攝領數事。管仲是大夫，立官各有人，不須兼攝，故云『官事不攝』也。○『器量小』者。言一姓者，相傳皆云此注誤。大夫稱家，大夫之臣曰家臣，家臣宜并事。今云『不攝』，是不并事，焉得儉也。

曰：『邦君樹塞門，管氏亦有〔三六九〕樹塞門。邦君爲兩君之好，有反坫〔三七〇〕，管氏亦有反坫。』注云『坫反』云云。

此明孔子荅或人管是〔三七一〕不知礼。言國君合立屏以鄣塞於門，管氏亦有立屏而塞於門；國君爲兩君之好有反坫之礼，管氏亦僭爲之，故云『亦有反坫』也。○『樹屏以蔽〔三七二〕之』。礼，天子、諸侯並有之也。臣來朝君，至屏而起敬然。○天子、諸侯門屏各施何所者。天子尊遠，故外屏，於路門之外爲之；諸侯尊近，故内屏，於内門之内爲之。若今黄閤是也。卿大夫以簾，士以帷，又並不得施之於門，故正在庭階之處耳。今管仲是大夫，亦於門立屏。○又礼，諸侯与隣國相見，共於廟〔三七三〕飲燕，有反坫之礼。坫者，築土爲之，形如土堆，在於兩楹之間，飲酒行獻酬之礼，更酌，酌畢，則各反其酒爵於坫上，故謂此堆爲[反]〔三七四〕坫。爵謂杯也。○兩楹之間者。古者屋當棟下隔之，棟後謂之室，棟前謂之堂。假三間堂，而中央之間堂無東西壁，其柱楹楹〔三七五〕而立，故謂柱爲楹。東柱爲東楹，西柱爲西楹。西楹之東，東楹之西，即謂此地爲兩楹之間也。○注『人君別内外於門』者。今黄閤用板爲障。古者未必用板，或用土，今太廟中門内作屋屏障之也。○『更酌之礼』者。初，主人酌酒与賓，曰獻。賓飲獻畢，而又酌與主人，曰酢。主人飲酢畢，又酌与賓，曰酬。○而云『更酬』者。古者賓主各杯，故云更酌。○云『皆僭爲之』者。卑者濫用尊者之物曰僭也。李充云：『齊桓公隆霸主〔三七六〕之業，管仲成一匡之功，免生人於左衽〔三七七〕，豈小也哉！然自非周才〔三七八〕，則才有偏失。好内極奢，桓公之病〔三七九〕也。管生方恢〔三八〇〕大勳，弘振義風，遺近節於當年〔三八一〕，期遠濟乎千載。寧分傍以安治〔三八二〕，不潔〔三八三〕己以求名。所〔三八四〕謂君子行道，忘其爲身者也。漏細行而全令畐〔三八五〕，惟大德乃堪之。季末奢淫愆〔三八六〕違礼，則聖人明經常之训，塞奢侈之源，故不得不貶以爲小人，其實非小人也。○孔子稱管仲爲仁，不用兵車，而今謂小者。管仲中人，寧得員〔三八七〕足，故雖有匡弼之功，猶不免此失也。

儀封請見者〔三八八〕。注『儀蓋』云云。

此明封人，掌衛邑封壃之人也，請見於孔子也。此人掌儀封圻之職也。守衛邑之堺[三八九]吏，周人謂守封「壃」[三九〇]之人爲封人。《左傳》云『潁考叔爲潁谷封人』[三九一]是也。

天將以夫子爲木鐸。注『木鐸施』云云。

此明封人説孔子聖道不亡失之由。言天下有道將興，故用孔子爲木鐸也。〇問文教、武教各用何物爲舌者。鐸用銅鐵爲舌。若行武教，則以銅鐵爲舌；若行文教，則以木鐸爲舌。將号令[三九二]，則執鐸振奮之使鳴，而言所教之事。故《檀[三九三]弓》云：『宰夫執木鐸以命於宫曰：「舍故而諱新。」』又《月令》：『奮「木」鐸以令兆人[三九四]，曰：「雷將發聲。」』是其事也。

子謂《韶》：『盡美矣，又盡善也。』謂《武》：『盡美矣，未盡善也。』注云『武，武王樂』云云。

此明[三九五]虞、周二代樂之勝否也。〇《韶》，舜樂名者[三九六]。夫聖人制樂，随人心而爲名。韶，「紹」[三九七]也。天下之人[三九八]樂舜揖讓，紹堯德，故舜有天下「而制」[三九九]樂名《韶》。〇美者，皆合當時之語。〇善者，理事不惡之名。夫理事不惡，亦未必會合當時，會合當時亦不必合於理事不惡。故美善有殊也。〇《韶》樂所以盡美有[四〇〇]盡善。天下万物樂舜係[四〇一]堯，而舜從人[四〇二]，是會合當時之心，故曰美；揖讓而「代」[四〇三]，於理事無失，故曰善。〇不釋盡善而釋盡美者。善者，釋異者也。〇謂武盡美矣，不言盡善者。天下百姓樂武王從民[四〇四]伐紂，是會合當時之心，故曰盡美。而臣伐君，於理事不善，故未善也。注亦釋其異也。

子曰：『里仁爲美。擇不處仁，焉得智[四〇五]？』注云云也。

此明孔子説人居宅必擇有仁者之里，是爲美也。言若求居而不擇仁以里而處之[四〇六]，安得爲智也。周家去王城百里爲[四〇七]之遠郊，遠郊之内有六鄉，鄉中五家爲比，五比爲閭，四閭[四〇八]爲族，五族爲黨，五黨爲州，五州爲鄉。百里外至二百里内謂之六遂，遂中五家爲隣，五隣爲里，四里爲酇，五酇爲鄙，五鄙爲縣，五縣爲遂。二百里外至王畿五百里内，並同六遂之制也。仁者，博施濟衆，言人居宅必選有仁者之里，所以爲美。里仁既美，則閭仁亦美可知也。〇經言美注云善者。夫美未必善，故鄭深明於仁之里必是善也。〇求居而不處仁，不得有智者。沈居士云：『言所居之里尚以於仁地爲美，説擇身所處而不處仁道，安得智也。』

子曰：『事父母幾諫，見志不從，又敬而[四〇九]不違，勞而不怨。』注云『見志』云云。

此明孔子説人子事父母義主恭從，若有過失，當須微微進納善言，不使額額[四一〇]。若見父母心不從己諫，又起孝起敬，不違父母之志。若諫不從，或至十日百日，則已不敢辭勞以怨於親也。○微諫之意憑何文者。《礼記》云『父母有過，下氣怡色，柔聲以諫〔四一一〕。諫若不入，起敬起孝，説則復諫』是也。○『勞而不怨』者。故《礼記》云『撻之流血〔四一二〕，不敢疾怨』是也。案〔四一三〕《檀弓》云：『事親有隱無犯，事君有犯無隱。』「則是隱」親之失，不「諫親之過；又」諫君之失〔四一四〕，不隱君過，爲可疑。舊通云：『君親並諫，同見《孝經》；微進善言，俱陳〔四一五〕記傳。故云「事父母幾諫」。』而《曲礼》云：『爲人臣者〔四一六〕不顯諫。』鄭玄云：『令〔四一七〕幾微諫之。』是知並宜微諫。又君親爲過太〔四一八〕甚，則亦不得犯於親顔。故《孝經》云：『父有争子，君有争臣。』又《内則》云：『子事親也，三諫而不從，則號泣而隨之。』又云：『臣之事君，三諫不從，而逃〔四一九〕之。』以就經記。並是極犯也。而《檀〔四二〇〕弓》所言，欲將其真假〔四二一〕本異，故其旨不同耳。○何者。父子真屬，天性〔四二二〕莫二，豈父有罪而向他説耶？故孔子云：『子爲父隱，父爲子隱，直在其中矣。』故云隱也。○而君「臣」〔四二三〕義合，有殊天性。若言君之過，於政有益，則不得不言，如齊晏子与晉叔向言，共言齊、晉二君之過是也。唯有益乃言，亦不恒爲口實。若言無益，則有隱也。如孔子荅陳思敗，云『昭公知礼』，是也。假使与他言父過有益，亦不得言也。○或問曰：『《春秋傳》晉魏戊告於閻没、女寛〔四二四〕，言父之過，此豈不言乎？』荅曰：『《春秋》之書，非復常准〔四二五〕。苟取權宜，不得格於正理。』又父子天性，義主恭敬，所言無犯，是其本也。君臣有犯，亦「其」〔四二六〕本也。○《檀弓》云『無犯無隱』者。師常居明鏡〔四二七〕，無失可隱，故云無犯。

○『遊必有方』者〔四二八〕。《礼記》云：『爲人子弟〔四二九〕，出必告，反必面，所遊必有常，所習必有業。』是必「有」〔四三〇〕方也。若無常，則貽累父母之憂也。（底卷抄寫至此止）

【校記】

〔一〕此行底卷『故』上殘缺約十二字，『云』下一字存右上角殘畫，兹據刊本擬補作『發』字，『發』字之下殘缺約五字。此行之前底卷另有一殘行，然僅存中部一字的左側殘畫，故不録。以下底卷中凡殘字、缺字補出者，均據刊本，不復一一注明。

〔二〕『學』上底卷殘缺約九字，自前行『發』至本行『學』刊本作『發然後禁，則扞格而不勝；時過然後學』。

〔三〕成，底卷殘存左上角。

〔四〕之數与方名，刊本『与』作『與』。『与』『與』二字古混用無別，敦煌寫本多用『与』字，後世刊本多改作『與』。下凡『与』字均不復出校。前行『成』字之下至行末底卷殘缺約五字，本行『之』字之上殘缺約七字，刊本作『是也既必須時故内則云六年教』十三字，另『方名』下刊本有『七年男女不同席』句，爲底卷所無。

〔五〕教之讓，刊本『教』前有『始』字。『之讓』均殘存左上角。案《内則》原文作『八年，出入門户及即席飲食，必後長者，始教之讓』，則皇侃引用時已有删削，或許本就未引『始』字。

〔六〕『計』字之上底卷殘缺約七字，刊本作『數日十年學書』六字。

〔七〕十三，刊本下有『年』字，《内則》作『十有三年』；下『十五』二字《内則》無，鄭玄注云『成童，十五以上』，可知『十五』二字乃皇侃以意添加，既然『十五』下無『年』字，『十三』下亦不應有。刊本『十三』、『十五』下皆有『年』字，當是後人所添。

〔八〕二就年中爲時，刊本下有『者』；『二』字之上底卷殘缺約十字，刊本作『舞象並是就身中爲時也』。

〔九〕受业則，刊本作『則受业』。

〔一〇〕故，底卷殘存下半。

〔一一〕礼，刊本作『禮』，『礼』爲古文『禮』字，敦煌寫本多用此字，後世刊本則多用『禮』字。下凡『礼』字不復出校。

〔一二〕則易入也，刊本『則易』間有『爲』字；『易』字縮微膠卷破損，此據國家圖書館藏王重民所攝照片。

〔一三〕所學並日日脩習不蹔癈也，刊本句前有『而』字，『脩』作『修』，『蹔』作『暫』，『癈』作『廢』；『脩』爲『修』之借字，『蹔』爲『暫』之後起换旁字，『癈』爲『廢』之俗字。下『脩』、『蹔』、『癈』皆同，不復出校。

〔一四〕息焉，刊本下有『游焉』二字。

〔一五〕亦猶重也，刊本前有『云不亦悦乎者』，當據補，以下『亦』、『悦』等句皆據此句生發。

〔一六〕寒温，刊本作『寒暑』。

〔一七〕無，底卷原無，當是脱漏，兹據刊本補。

〔一八〕明，刊本作『明』。『明』、『明』異體。下『明』字同。

〔一九〕弥，刊本作『彌』，『弥』即『彌』的俗字。下『弥』字同。

〔二〇〕然則朋踈，刊本無『則』字，『踈』作『疎』；『踈』、『疎』皆『疏』之俗字。

〔二一〕至，底卷原無，當是脱漏，兹據刊本補。

〔二二〕俱，底卷原作『但』，應是形誤字，兹據刊本改正。

〔二三〕皀，刊本作『貌』，《干禄字書·去聲》：『皀、皃、貌，上俗中通下正。』下『皀』字同。

〔二四〕向講習在我，『在』字縮微膠卷殘存右下角，此據國家圖書館藏王重民所攝照片；刊本『向』下有『得』字。

〔二五〕刑，刊本作『形』，『刑』爲『形』之借字。

〔二六〕熙，底卷原作『凞』，乃『熙』之俗訛字，今據刊本改正。下凡『江熙』之『熙』同。

〔二七〕俱，刊本作『且』，作『且』爲善。

〔二八〕何以注，刊本作『何集注』。

〔二九〕慱，『博』之後起換旁字，《干禄字書·入聲》：『慱、博，上通下正。』

〔三〇〕暎，刊本作『映』，『暎』爲『映』之別體。

〔三一〕不知，刊本作『不見知』。

〔三二〕『不知』兩字縮微膠卷均殘存左半，此據國家圖書館藏王重民所攝照片。

〔三三〕而不責備，刊本無『而』字，『責』作『求』；『責』『求』同義。

〔三四〕道，縮微膠卷殘存『辶』，此據國家圖書館藏王重民所攝照片。

〔三五〕恕之而不怒之，底卷『恕』原作『怒』，應是形誤，兹據刊本改正；刊本『怒』前有『愠』字，末有『也』字。

〔三六〕君，底卷殘存上半。

〔三七〕子曰，縮微膠卷「子」存左邊部分殘畫，「曰」字殘泐，此據國家圖書館藏王重民所攝照片。

〔三八〕導，縮微膠卷存右半，此據國家圖書館藏王重民所攝照片。

〔三九〕「注云導謂爲之云云」八字縮微膠卷唯「爲」字存左上角殘畫，餘皆殘泐，此據國家圖書館藏王重民所攝照片。

〔四〇〕縮微膠卷「此」僅存右側殘畫，「説」存右上角殘畫，「千乘大國」四字殘泐，此皆據國家圖書館藏王重民所攝照片。「説」下及「千乘大國」下至行末雙行注文的左右行均殘缺約四字。

〔四一〕「亦」字之下至行末底卷約缺四字。

〔四二〕田曩苴，刊本作「司馬穰苴」。案《史記·司馬穰苴列傳》：「司馬穰苴者，田完之苗裔也。」司馬貞《索隱》云：「穰苴，名，田氏之族，爲大司馬，故曰司馬穰苴。」「曩」爲「穰」之借字。

〔四三〕「兵」下一字底卷僅存上端殘畫，不識何字，此殘字下至行末底卷約缺五字，刊本此處有「其法中有此千乘之説也」句，「千」或「乘」字與殘字所存筆畫相近，然寫卷前一字作「兵」，與刊本不合。

〔四四〕「里」下一字底卷僅存上端殘畫，此殘字下至行末底卷約缺五字。

〔四五〕車，此字底卷僅存左端殘畫，《詩·小雅·信南山》「信彼南山，維禹甸之」鄭箋云：「六十四井爲甸，甸方八里，居一成之中，成方十里，出兵車一乘，以爲賦法。」故知此爲「車」之殘，兹據以擬補。

〔四六〕爲，刊本作「有」，「有」「爲」同義，然《禮記·王制》云：「方百里者，爲方十里者百。」疏語當出諸此，似作「爲」者善。

〔四七〕出，底卷殘存右上角。

〔四八〕乘，底卷殘存上半。

〔四九〕百，刊本作「百里」。

〔五〇〕則，刊本作「每」。

〔五一〕引百里相接，刊本作「引而接之」。

〔五二〕斷之，刊本「斷」作「斵」，無「之」字。《干禄字書·上聲》：「断、斷，上俗下正。」

〔五三〕設持埤前三百里者一，刊本「設」下有「法」字，「持」作「特」，「者一」作「南西二邊」。底卷「者」下「一」下均有重文符號，應是衍文，兹删之。

〔五四〕六，刊本作「方」，作「六」句不通，疑作「方」者是。

〔五五〕分，刊本無。

〔五六〕一百卌四，底卷「卌」原作「卅」，案四百减去二百五十六，應是一百四十四，刊本作「一百四十四」，是也；底卷當是誤「卌」爲「卅」，「卌」爲「四十」之合文，兹徑録正。

〔五七〕説，刊本作「設法」，邢昺《論語疏》作「復」。

〔五八〕「每邊」下底卷原有「則」字，應是衍文，兹據刊本删。

〔五九〕方，底卷存左端及下端殘畫。

〔六〇〕周礼上公方五百侯方四百伯方三百子二百男一百里，刊本「周礼」作「周制」，「五百」、「四百」、「三百」、「二百」下皆有「里」字，「子」、「男」下有「方」字。案：《周禮·地官·大司徒職》云：「凡建邦國，以土圭土其地而制其域：諸公之地，封疆方五百里，其食者半；諸侯之地，封疆方四百里，其食者参之一；諸伯之地，封疆方三百里，其食者参之一；諸子之地，封疆方二百里，其食者四之一；諸男之地，封疆方百里，其食者四之一。」邢疏亦引此文而有所删節，皇疏此文亦删節《周禮》而成。疑皇疏原作「周禮」，後傳抄者以爲此文不與《周禮》同，遂改爲「周制」也。又寫卷無「里」字者，在修辭上謂之因下省；無「方」字者，修辭上謂之蒙上省也。

〔六一〕千乘，底卷原無「千」字，案前言「一乘之車處地十里」，故不應無「千」字，且邢疏云「此千乘之國居地方三百一十六里有畸」，亦有「千」字，兹據刊本補。

〔六二〕伯地，底卷原無『伯』字，案云『地不能容』，其意不明。邢疏云：『伯、子、男自方三百而下則莫能容之。』因千乘需有地三百一十六里者方可承受，在伯地僅爲三百里，故下云『唯公侯之封乃能容之』，意即只有公、侯之國才能有千乘之賦。故據刊本補『伯』字。

〔六三〕而其賦税亦不得過出千乘也，底卷原無『得』字，案無『得』則句不通，底卷應是脱漏，兹據刊本補；刊本『其』下有『地』字。

〔六四〕夏殷大國百里次七十里小五十里，刊本『次』、『小』下均有『國』字，無『國』者，修辭之蒙上省也。

〔六五〕合，刊本作『令』。

〔六六〕成，刊本作『一城』。案《周禮·考工記·匠人職》：『方十里爲成。』則『城』爲『成』之借字。上『通十爲城，城出一乘』句中兩『城』字亦『成』之借。刊本『城』前有『一』字，案『一』之有否義無不同。

〔六七〕方百里者有方十里者百，底卷原無前『者』字、後『方』字、後『里』字，案下句云『方十里者有方一里者百』，當與此相對應，故據刊本擬補。

〔六八〕方十里者一出十乘，刊本作『方十里者出十乘』，少一『一』字。案：前句『方一里者十出一乘』，義即十個方一里者出一乘，那麼就是一百個方一里者出十乘。而一百個方一里者就是一個方十里者（前有『方十里者有方一里者百』句可證），也即『一個方十里者出十乘』，用皇疏的口氣可以説成是『方十里者一出十乘』也。刊本無『一』字，非也。底卷『十里者一出』五字重複，兹據刊本删。

〔六九〕民，底卷原缺末筆，避諱缺筆字，兹依刊本録正。

〔七〇〕『富有一國』下刊本有『之財』二字。

〔七一〕人，刊本作『民』，『人』爲諱改字。下『使人以時者』句之『人』同。

〔七二〕愛也，刊本作『愛人也』。

〔七三〕使謂理，『使』後刊本有『民』字，據此，或底卷『使』後當補一『人』字，『人』即『民』的諱改字；刊本『理』作

『治』,『理』爲諱改字。

〔七四〕謂歲不過三日而不妨奪農務也，刊本『歲』作『出』,『妨奪』下有『民』字。案《禮記·王制》云:『用民之力，歲不過三日。』此釋『使民以時』句，則疏中不必重申『民』字，又作『歲』字與《王制》合。

〔七五〕民是冥闇，底卷『民』字原缺末筆，避諱缺筆字，兹據刊本録正;刊本『冥』作『瞑』,『瞑』爲『冥』的後起增旁字。

〔七六〕人，刊本作『之』,案『人』是『民』之諱改字，『之』爲『人』之形誤也。

〔七七〕人，刊本作『仁』,『人』爲『仁』之借字。

〔七八〕『閭門』前刊本有『在』字。

〔七九〕兄弟，刊本作『兄長』。

〔八〇〕『親』前刊本有『在』字。

〔八一〕藉，刊本作『籍』,『籍』字是，敦煌寫卷⺮、艹不分所致也。

〔八二〕『此云』前刊本有『或問曰』三字。

〔八三〕躰，刊本作『體』,《玉篇·身部》:『躰，俗體字。』下『躰』字皆同。

〔八四〕亦將勸之辤，刊本『將』作『獎』,『辤』作『辭』,『亦』下有『是』，末有『也』;『將』爲『獎』之借字，『辤』『辭』古混用。下『辤』字同。

〔八五〕尊重，刊本作『猶尊重也』。

〔八六〕庄，刊本作『莊』,『庄』爲『莊』之俗字。下『庄』字同。

〔八七〕則勝己者豈友我乎，底卷原無『則勝己者』四字，應是抄脱，兹據刊本補;刊本『乎』作『耶』,二字義同。

〔八八〕或通，底卷原無『或』字，案僅一『通』字不辭，下有『或通』句，則此亦應如此，兹據刊本補『或』字。

〔八九〕故曰友，刊本作『故四友』。案:前『閎夭四賢，上慕文王』句乃釋『友』字而所舉之例也，同志曰友，此四賢皆上慕文王，所以總結云『故曰友』，若作『故四友』，語不通矣。『四』必爲『曰』字之誤。

〔九〇〕上同，刊本作『上同心』，『心』字疑衍。『四賢上同於文王』者，謂四賢向上與文王看齊，欲同志也，并不僅僅同心而已。

〔九一〕『非文王』三字底卷原無，案無此三字則句不通，故據刊本擬補。

〔九二〕言，刊本作『益』。案《季氏篇》云：『孔子曰：「益者三友，損者三友。友直，友諒，友多聞，益矣。友便辟，友善柔，友便佞，損矣。」』若此作『益』，則下句『誠』字當作『損』矣。刊本之『益』，必後人所誤改。

〔九三〕乎，刊本作『也』，二字義同。《經傳釋詞》云：『也猶乎也。』

〔九四〕之，底卷原無，案此處當有賓語，兹據刊本補。

〔九五〕人，刊本作『民』。『人』爲諱改字。

〔九六〕詩云，刊本作『一云』，當以底卷爲是。

〔九七〕熊悝，刊本作『熊埋』，底卷下文『子曰：吾十有五而志乎學』一章疏文引亦作『熊悝』。楊豔燕《〈經義考·論語考〉研究》（浙江大學二〇〇五年碩士論文）有『熊埋《論語説》一卷』條，云：『陸德明《經典釋文·序録》、《隋書·經籍志》、《舊唐書·經籍志》、《新唐書·藝文志》皆不載其釋《論語》，馬國翰據皇侃《義疏》所引六節，輯爲一卷，名曰《論語熊氏説》，收入《玉函山房輯佚書》。』悝、埋二字形近易混，《禮記·祭統》『故衛孔悝之鼎銘曰』之『悝』，斯二〇五三《禮記音》誤作『埋』，即其例也。此二字必有一誤。

〔九八〕忽，刊本作『忘』，二字義同。《説文·心部》：『忽，忘也。』

〔九九〕負，底卷原無，案此與上句儷偶，前作『欣新忽舊』四字，此亦當爲四字，故據刊本擬補。

〔一〇〇〕初，刊本作『始』，二字義同，《説文·衣部》：『初，始也。』

〔一〇一〕鮮，刊本作『尠』，《廣韻·獮韻》『鮮』條下云：『尠，俗。』

〔一〇二〕慎，刊本無。

〔一〇三〕喪爲人，底卷『人』下原有『子』字，應是涉下『人子』而衍，茲據刊本删之。

〔一〇四〕庿，底卷原作『庿』，『庿』的俗字，刊本作『廟』，《説文》以『庿』爲『廟』之古字。

〔一〇五〕人，刊本作『民』，『人』爲諱改字。

〔一〇六〕君上，底卷『君』原作『居』，案疏文第一句云『此明曾子説爲人君上能慎終盡其哀戚』，可知『居』乃形誤字，茲據刊本改正。

〔一〇七〕人，刊本作『民』，『人』爲諱改字。

〔一〇八〕『是邦』下刊本有『也』字。

〔一〇九〕夫子求之也，刊本『夫子』下有『之』字。

〔一一〇〕得之，底卷『得』字原缺，茲據刊本補。

〔一一一〕子禽問於子貢，刊本無前『子』字、『於』字；子禽爲陳亢之字，『子』字不應無。

〔一一二〕恠孔子每至之國，刊本『恠』作『怪』，『至之國』作『所至國』；『恠』爲『怪』之俗字。

〔一一三〕其國之政，刊本作『其風政』。

〔一一四〕云，刊本無，案『身經爲大夫』非經文語，此『云』字似不應有。

〔一一五〕敦柔，刊本作『敦美』，邢疏作『敦柔』。

〔一一六〕見人，刊本作『見其民』。

〔一一七〕教，底卷原無，當是誤脱，茲據刊本擬補。

〔一一八〕求乎己，刊本作『求知乎己』。

〔一一九〕上句『也』下底卷殘缺一字，刊本作『政』，茲據擬補。

〔一二〇〕民，底卷原缺末筆，避諱缺筆字，茲據刊本録正。

〔一二一〕悦，刊本作『喜』，二字同義。下句『悦』字同。

〔一二二〕善惡，底卷原無「善」字，應是誤脱，兹據刊本擬補。

〔一二三〕趍，刊本作「趨」，《廣韻·虞韻》「趨」字下云：「趍，俗。」下凡「趍」字皆同，不復出校。

〔一二四〕「哀毁」下刊本有「之深」二字。

〔一二五〕世，底卷原作「丗」，避諱缺筆字，兹據刊本録正。

〔一二六〕若，底卷原作「荅」，形誤字，兹據刊本改正。

〔一二七〕惡交傷人，刊本作「惡教傷民」，「交」爲「教」之借字，「人」爲「民」之諱改字。

〔一二八〕惡，底卷誤作「德」，兹據刊本改正。

〔一二九〕不，底卷殘存右部殘畫。

〔一三〇〕近於，刊本無。

〔一三一〕於其，刊本無。

〔一三二〕每，底卷原無，當是誤脱，兹據刊本擬補。

〔一三三〕忽暴水長，刊本作「急暴水漲」。

〔一三四〕信是，刊本作「是信」。

〔一三五〕遜順，刊本作「遜從」，「順」「從」同義。

〔一三六〕刊本無「正」字，上句「通」下有「也」字。

〔一三七〕宗，刊本作「宗敬」。武内義雄《論語皇疏校勘記》云：「余所見皇疏諸本皆然，唯久原本旁注云：『異本無敬字。』按此下孔注云：『所親不失其親，亦可宗敬也。』皇疏則云：『亦可宗者，亦猶重也，能親所親則是重爲可宗也。』疑皇侃所據經文本無『敬』字，今本有『敬』字，蓋涉注文而竄入者。」案阮刻《十三經注疏》本（下簡稱「阮刻本」）無「敬」字。《史記·仲尼弟子列傳》亦無「敬」。陳舜政《論語異文集釋》云：「『宗』下有『敬』者衍文。」

〔一三八〕乃義之与比，底卷「乃」原作「及」。案《里仁篇》：「子曰：『君子之於天下也，無適也，無莫也，義之與比。』」邢疏：「言君子於天下之人，無擇於富厚與窮薄者，但有義者則與相親也。」作「及」不通，兹據刊本改正。

〔一三九〕「亦可」下刊本有「宗」字。

〔一四〇〕諸，底卷原誤作「詩」，兹據刊本改正。

〔一四一〕爲，刊本作「有」，案「爲」字疑涉「行」字而誤。

〔一四二〕樂，刊本下有「道」字。案「道」字後人所添，經文無「道」字。説詳《論語集解》（一）校記〔一三三〕。

〔一四三〕迹，刊本作「亦」，「迹」字誤。

〔一四四〕貧好不樂，刊本作「貧者多憂而不樂」，義近：「好」謂容易，貧者易於憂愁不樂，故孔子以「貧而樂」作爲一種很高的境界。

〔一四五〕樂，刊本作「樂道」，「道」为後人所添，説見校記〔一四二〕。

〔一四六〕尔雅，刊本「尔」作「爾」，「尔」爲「尒」之手寫變體，「尒」「爾」古混用。下凡「尔」字不復出校。

〔一四七〕自是，刊本作「是自」。

〔一四八〕孔，刊本作「孔子也」。

〔一四九〕裁之，刊本作「戒以」。

〔一五〇〕以，刊本作「心」。

〔一五一〕万物皆得謂之德，「万」字刊本作「萬」，二字古異體；「得」下刊本有「性」字，皇疏下又云「得其性則歸之，失其性則違之」，則有「性」者是。下凡「万」字不復出校。

〔一五二〕北極紫微星所遊地也，刊本作「北極紫微星也所猶地也」；寫卷可讀爲「北極，紫微星所遊地也」，而刊本則需讀爲「北極，紫微星也，所猶地也」。王夫之《四書稗疏》云：「《集注》云：『北辰，北極，天之樞也。』於義自明。小注紛紜，乃指爲天樞星，誤矣。辰非星，星非辰也。北極有其所而無其迹，可以儀測而不可以像觀，與南極對立，而爲天旋運之紐。」《史記·天官書》『天行德，天子更立年』司馬貞《索隱》：『天，謂北極，紫微宫也。』北極爲紫微星所在，故又稱紫微宫。若如刊本，則以北極等同於紫微星也。刊本誤『遊』爲『猶』，遂於『星』下增『也』字。

〔一五三〕廿，刊本作『二十』，『廿』爲『二十』之合文。

〔一五四〕人，刊本作『民』，『人』爲『民』之諱改字。下句『人』字同。

〔一五五〕且，底卷原作『旦』，二字敦煌寫卷常混，兹據刊本改正。疏中『有恥且格』之『且』原皆誤作『旦』。

〔一五六〕人，刊本作『民』，『人』爲『民』之諱改字。下『人免而無恥』句同。

〔一五七〕刑制有常則可矯法避興則可避，刊本無『刑』字，『法避』作『法辟』；『辟』字是，法辟者，法律也（《説文·辟部》：『辟，法也。』）。

〔一五八〕可避則遠情而苟免，底卷重文符號原在『興』與『可』下，則無法句讀，應在『可』與『避』下，今從刊本改正；『遠』應是『違』之形誤。

〔一五九〕即去情而從制，刊本『即』作『則』，二字同義；『情』字刊本作『性』。

〔一六〇〕則無恥於化也不亦薄乎，刊本作『則無恥於物其於化不亦薄乎』，案化者，教化也，於教化不可謂無恥，此當從刊本，寫卷應有抄脱。

〔一六一〕以，底卷原無，應是抄脱，兹據刊本擬補。

〔一六二〕士，底卷原無，案下『子曰：里仁爲美』章疏文亦引『沈居士』説，此當是脱漏，兹據刊本擬補。

〔一六三〕情，刊本作『性』。

〔一六四〕智，刊本作『知』，此『智』爲『知』之借字。

〔一六五〕乎，刊本作『於』，阮刻本則作『于』，此三字古多通用。

〔一六六〕卅，刊本、阮刻本作「三十」，「卅」是「三十」之合文。下凡「卅」皆同。

〔一六七〕「卌」，刊本、阮刻本作「四十」，「卌」是「四十」之合文。下凡「卌」皆同。

〔一六八〕縱，刊本、阮刻本作「從」。陳鐵凡云：「此以作「縱」爲是。」案：從、縱古今字。疏中「縱心」之「縱」皆同。

〔一六九〕所，刊本、阮刻本無。

〔一七〇〕「或」爲「惑」之本字。

〔一七一〕五，底卷原脱，兹據刊本擬補。

〔一七二〕有，刊本作「又」，二字古通用，然此當以作「有」爲是。改作「又」者，蓋以爲此句乃相對一至十五歲而言，故以爲又十五年。其實此只是解釋爲什麽「三十而立」的原因，與前十五年無涉。

〔一七三〕「茂」下刊本有「成」字。

〔一七四〕家邦，刊本作「邦家」。

〔一七五〕足以，刊本作「以之」。

〔一七六〕天，刊本作「有」，作「天」爲長。

〔一七七〕假言之耳也，刊本作「假之言也」。

〔一七八〕衰，底卷原誤作「褱」，兹據刊本改正。

〔一七九〕盡，底卷原誤作「書」，兹據刊本改正。

〔一八〇〕此免學之至言也，底卷「免」原誤作「兔」，刊本作「勉」，「免」「勉」二字多通用，故改作「免」；「言」字底卷脱，兹據刊本擬補。

〔一八一〕别，刊本作「了」，二字同義。《禮記·鄉飲酒義》「貴賤之義别矣」鄭玄注：「别猶明也。」「了」亦明也。

〔一八二〕不以可否繫其治，底卷「以可」誤倒作「可以」，「治」形誤作「始」，「繫」前多一「以」字，皆據刊本删正；刊本「治」前有「理」字，蓋「理」爲諱改字，後人旁注「治」字，傳抄遂誤入正文也。

〔一八三〕理，刊本無，『理』置於此似無義，或爲衍文。

〔一八四〕順帝之則，底卷『則』前原有『事』，刊本無。案此乃引《詩·大雅·皇矣》『不識不知，順帝之則』句也，『則，法也』，『事法』不辭，兹據刊本删『事』字。又刊本『順』作『從』，或爲後人所改。

〔一八五〕代，刊本作『世』，『代』爲『世』之諱改字。

〔一八六〕資，刊本作『質』。

〔一八七〕乃，刊本作『功』。

〔一八八〕志，底卷原無，應是誤脱，兹據刊本擬補。

〔一八九〕約，底卷原作『行』，當是形誤，兹據刊本改正。

〔一九〇〕其在，底卷原倒作『在其』，兹據刊本乙正。

〔一九一〕『仰釋仲孫名字者』七字底卷原爲單行大字，案此疏文，應作小字，兹依例改。

〔一九二〕不，底卷原無，當是誤脱，兹據刊本補。

〔一九三〕『注謚』二字刊本無，疑衍。

〔一九四〕還告樊遲者，底卷『還』原誤作『遠』，兹據刊本改正；刊本『遲』作『遲』，『遲』爲『遲』之俗字。下『遲』字同。

〔一九五〕荅，刊本作『答』，『荅』『答』古今字。

〔一九六〕御，刊本作『禦』，『御』『禦』古今字。

〔一九七〕犺，『豚』之别體，見《廣韻·魂韻》。刊本無此字。

〔一九八〕養，刊本無。

〔一九九〕畜，刊本無。

〔三〇〇〕養之志，刊本作『養親之志』。

〔三〇一〕顔色，刊本無『顔』字，似有此字者義長。

〔三〇二〕二，底卷原無，當是誤脱，兹據刊本擬補。

〔三〇三〕之，刊本無。

〔三〇四〕常，刊本作『嘗』，二字古多通用。

〔三〇五〕『勞役居前』前底卷有『稱孟武子曰』五字。案此五字置於此實不倫，應是從别處羼入者，今删之。

〔三〇六〕子，底卷原無，當是誤脱，兹據刊本擬補。

〔三〇七〕子，底卷原無，當是誤脱，兹據刊本擬補。

〔三〇八〕失，底卷原誤作『夫』，兹據刊本改正。

〔三〇九〕汲引，底卷『汲』形誤作『仍』，兹據刊本改正。

〔三一〇〕今世万途難以同對，底卷原無『今世』二字，『同』誤作『周』，今據刊本補正。

〔三一一〕云云，底卷原誤作『之云』，兹依例改正。

〔三一二〕人之法，底卷原無『人』字，『之』誤作『云』，兹據刊本補正。

〔三一三〕視其即日所行用之見事，底卷『其即』原作『即其』，當是誤倒，下句言『從來所經歷』，則此句必言『即日』也，兹據刊本乙正；刊本無『見』字，『見』應讀爲『現』，見事者，當前之事也。

〔三一四〕檢，刊本作『驗』。

〔三一五〕乎，刊本作『也』，案『乎』、『也』古有通用者，此當作『也』。

〔三一六〕而從來由徑，刊本作『而從來經歷處』。

〔三一七〕『其可』下刊本、阮刻本有『也』字。

〔三一八〕其何，刊本、阮刻本下有『以』字，陳鐵凡云『尋繹文意，以有「以」字爲是』。

〔三一九〕無信，底卷『無』下有『若』字，應是涉上衍者，兹據刊本删。

〔三一〇〕軶，刊本作「梔」。《説文·車部》：「軶，轅前也。」段注：「隸書作軛。」《説文》無「梔」字，當是後起字。下「軛」字同。

〔三一一〕頸，刊本作「脰」，義同（《玉篇·肉部》：「脰，頸也。」）。下「頸」字同。

〔三一二〕梔，底卷原誤作「榐」，兹據刊本改正。

〔三一三〕駟馬，刊本作「四馬」，「四馬」是。下「駟馬」同。

〔三一四〕旂，底卷原誤作「祈」，兹據刊本改正。

〔三一五〕以鈎駐，刊本作「此拘駐」，「此」應是「以」之形誤，「鈎」「拘」同義。

〔三一六〕軏，底卷原誤作「輗」，兹據刊本改正。

〔三一七〕須鈎，刊本作「頭拘」，「頭」應是「須」之形誤，「鈎」「拘」同義。

〔三一八〕牽，刊本作「載」。

〔三一九〕曲鈎軏衰，刊本作「曲梔軏裹」，「鈎」應作「梔」，「衰」爲「裹」之誤。

〔三二〇〕龍旂，底卷「旂」原誤作「祈」，兹據刊本改正；刊本「旂」下有「車」字。

〔三二一〕節，刊本作「著」。

〔三二二〕江熙云稱彦叔曰，刊本無「云」字，底卷「云稱」二字當衍其一；又「叔」字刊本作「升」。程樹德《論語集釋》云：「《晉書》袁喬字彦叔，《七録》有袁喬《論語注釋》十卷，「升」疑「叔」字之訛也。」底卷作「叔」，可證程説之確。

〔三二三〕「可知」下刊本有「也」字。陳鐵凡云：「各本末有「也」字。案《釋文》出「十世可知也」，云：「一本作可知乎，鄭本作可知。」是鄭所見本亦無「也」字，與此正同。當以有「也」字爲是。下同。」案《定州漢墓竹簡論語》「也」作「與」，「也」爲句末助詞，亦可表疑問。

〔三二四〕周因於殷禮所損益可知，底卷無此十字，陳鐵凡云「皇卷脱」，兹據刊本補。

〔三三五〕世，底卷作「丗」，避諱缺筆字，兹據刊本録正。

〔三三六〕變改，刊本作「變易」。改、易義同。

〔三三七〕經，「綱」之俗字。下「經」字同。

〔三三八〕生，底卷原脱，兹據刊本擬補。

〔三三九〕知，刊本作「智」，「知」「智」古今字。

〔三四〇〕代，刊本作「世」。「代」爲諱改字。

〔三四一〕世世，底卷僅一「世」字（避諱缺筆「丗」），當是遺漏重文符號，兹據刊本補。

〔三四二〕質文，刊本作「文質」。下句「質文」同。

〔三四三〕改，底卷原脱，兹據刊本擬補。

〔三四四〕天，刊本作「亦」，「亦」爲「天」之形誤。《白虎通・三正》云：「正朔有三何？本天有三統，謂三微之月也。」

〔三四五〕統，底卷原無，案《白虎通・三正》云：「明王者當奉順而成之，故受命各統一正也，敬始重本也。」兹據刊本補。

〔三四六〕夏以建寅爲正色尚黑平旦爲朔殷以建丑爲正色尚白以鷄鳴爲朔周以建子爲正色尚赤以夜半爲朔，刊本「建寅」作「十三月」，「建丑」作「十二月」，「建子」作「十一月」。案《白虎通・三正》引《尚書大傳》曰：「夏以十三月爲正，色尚黑，以平旦爲朔。殷以十二月爲正，色尚白，以雞鳴爲朔。周以十一月爲正，色尚赤，以夜半爲朔。」與刊本同。《公羊傳・隱公元年》「王正月也」何休注：「夏以斗建寅之月爲正，平旦爲朔，法物見，色尚黑；殷以斗建丑之月爲正，雞鳴爲朔，法物牙，色尚白；周以斗建子之月爲正，夜半爲朔，法物萌，色尚赤。」寫卷似有所改動。

〔三四七〕所以變易人心革其耳目以助化，底卷「助」字原誤作「明」，兹據今本《白虎通・三正》改正（陳立《白虎通疏證》，中華書局點校本）；刊本無此字，應是脱漏；刊本及今本《白虎通》「人心」作「民心」，「人」为「民」之諱改字。

〔三四八〕正朔，刊本無「朔」字。《白虎通・三正》云：「質文再而復，正朔三而改。三微質文數不相配，故正不隨質文也。」亦無「朔」字。然陳立《白虎通疏證》云：「《宋志》引《推度災》云：『三而復者，正朔也。二而復者，文質也。』是文質正朔各自反復，本不相配合也。」「質文」與「正朔」相對，疑有「朔」者善。

〔三四九〕物初出色黑，底卷原無「物」，「黑」作「異」，案《禮記・檀弓上》「夏后氏尚黑」鄭玄注：「以建寅之月爲正，物生色黑。」「異」應是「黑」之誤字，兹據刊本補正。

〔三五〇〕三代之時澆，底卷「代」下有重文符號，而「三」下無，刊本「三代」二字重，故據補「三」字；刊本作「三代時相統」。

〔三五一〕藉，刊本作「籍」，當作「籍」，敦煌寫卷⺮、⺿不分所致也。

〔三五二〕成，底卷原誤作「民」，兹據刊本改正。

〔三五三〕家，底卷原誤作「象」，兹據刊本改正。

〔三五四〕建卯辰，刊本作「建卯建辰」。

〔三五五〕顓頊，底卷原倒作「頊顓」，兹據刊本乙正。

〔三五六〕百代可知也，刊本「代」作「世」，「代」爲「世」之諱改字；又「知」前刊本有「逆」字，「逆知」者，預知也。

〔三五七〕八佾儛，刊本「佾」作「佾」，「儛」作「舞」。《干禄字書・上聲》：「儛、舞，上俗下正。」「佾」爲「佾」之俗字，説詳《論語集解》（二）校記〔二〕，疏中「佾」字同。

〔三五八〕熟，刊本作「孰」，「熟」爲「孰」之借字。注中「熟」字同。

〔三五九〕夫論評有遥有對面，刊本作「夫相評論有對面而言有遥相稱評」，語義較爲完足。

〔三六〇〕廣莫，刊本作「廣漠風」，《史記・律書》、《淮南子・天文》皆作「廣莫風」「漠」「莫」音同義通；底卷「莫」下及前『西北曰不周』下亦當如刊本有『風』字。

〔三六一〕煞，刊本作『殺』。《干禄字書・入聲》以『煞』爲『殺』之俗字。下『煞』字同。

〔三六二〕杜注春秋及公羊傳，刊本作『杜注左氏傳及何注公羊傳』。案：『六者卅六人，四者十六人』等見於《左傳・隱公五年》杜注及《公羊傳・隱公五年》何注，則當以刊本爲是，寫卷有删節，或者本作『杜注春秋左氏傳及何注公羊傳』。

〔三六三〕舉天子之八佾人數，刊本『舉』作『據』，無『八』字；『據』當是『舉』之音誤。

〔三六四〕桓子三家之强，刊本作『桓子家之豪强』。季桓子掌魯國政柄，是魯三卿中最强者，當以寫卷爲長。

〔三六五〕起於文子武子悼子平子至桓子五代，底卷原無『武子』二字，案《左傳・襄公六年》『季文子卒』，《襄公七年》『季武子如晉見，且聽命』，杜注云『始代父爲卿見大國，且謝亡鄫，聽命受罪』，是武子繼文子而立，兹據刊本補；刊本『悼子平子』作『平子悼子』，顧棟高《春秋大事表・春秋列國卿大夫世系表・魯・季孫氏》列季孫氏世系爲：季文子、季武子、季悼子、季平子、季桓子，可知刊本誤倒；刊本『代』作『世』，『代』乃諱改字。疏中『四代』、『五代』皆同。刊本『起於』下有『季氏』二字，疑後人所添，作『季氏文子』不通。

〔三六六〕是，刊本作『氏』，『是』爲『氏』之音誤字。

〔三六七〕底卷『詩者』重複，當是换行而衍，兹删其一。

〔三六八〕來，刊本作『客』；此乃《周頌・雝》詩中句，作『客』誤。

〔三六九〕容，刊本作『客』，『客』字誤。

〔三七〇〕二『耶』字底卷分別作『⿰舟阝』、『⿰舟乚』，字形略有不同，就字形而言，其左部可定作『舟』或『冉』的俗寫，原字可楷定作『⿰舟阝』或『郍』，但『⿰舟阝』『郍』字書以爲皆『那』的俗字，義不合，文中應皆爲『耶』的訛俗字，刊本正作『耶』，兹徑據録正。

〔三七一〕『与其奢』下刊本有『也』字，陳鐵凡云：『「奢」下有「也」字爲是。』

〔三七二〕也，刊本無，陳鐵凡云：「此句末以無『也』字爲是。」

〔三七三〕求知礼，底卷原作「知求礼」，「知求」二字應是誤倒，兹據刊本乙正。

〔三七四〕且時世，刊本作「其時世」，底卷「旦」字無義，蓋爲「且」字之誤。

〔三七五〕時，底卷原脱，兹據刊本擬補。

〔三七六〕之亡，刊本、阮刻本下有「也」字，斯七〇〇三A、伯二六七六《論語集解》寫卷無「也」字。

〔三七七〕君主，底卷「主」原誤作「生」，兹據刊本改正。

〔三七八〕汝不，刊本作「女弗」，「女」「汝」古今字，「不」「弗」同義。

〔三七九〕事彼宰，刊本作「仕彼家」。

〔三八〇〕那不能諫止其濫礼，「那」此處應爲「郍」字俗寫，「郍」同「那」，刊本正作「那」，「那」猶如何、怎麽；又「礼」字刊本作「祀」，「祀」字義長。

〔三八一〕君，刊本作「魯君」，義長，底卷蓋脱重文符號。

〔三八二〕讓卑，刊本作「謙卑自牧退讓明禮」，底卷蓋有節略。

〔三八三〕決，底卷原脱，兹據刊本補。

〔三八四〕揖授，刊本作「跪授跪受」。

〔三八五〕喪弧，刊本作「桑弧」，「喪」爲「桑」之音誤字。

〔三八六〕立，刊本無。

〔三八七〕士，刊本作「仕」，「士」爲「仕」之借字。

〔三八八〕係纍已君，「係纍已」底卷原作「仰壘以」，「仰壘」不辭，當是「係纍」之形誤，「以」則「已」之音誤，「已」又「己」之形誤，刊本作「係累己」，「累」「纍」古異體字，兹據以校定如上。

〔三八九〕子故，刊本作「故君子之人」。

〔二九〇〕勝者當酌，刊本「當」作「黨」，「當」字是；又「酌」下刊本有「酒」字，義亦通。

〔二九一〕能，底卷原脱，兹據刊本擬補。

〔二九二〕佊，刊本作「彼」。《廣雅·釋詁》：「佊，衺也。」「佊」與「彼」可通假，説見王念孫《疏證》。然此處前句作「彼」，此作「佊」，當是形誤也。

〔二九三〕正，刊本作「政」，「政」爲「正」之借字。

〔二九四〕以，底卷原作「似」，兹據刊本改正。

〔二九五〕懸弧，底卷原無「懸」字，《郊特牲》作「縣」，「懸」之古字也，兹據刊本擬補「懸」。《禮記·郊特牲》云「士使之射，不能則辭以疾，縣弧之義也。」可參。

〔二九六〕升，底卷原脱，兹據刊本補。

〔二九七〕問曰，底卷原作「曰問」，陳鐵凡云：「『曰問』二字不辭，當是誤倒。」兹據刊本乙正。

〔二九八〕咲蒨，刊本作「笑倩」。《干禄字書·去聲》：「咲、笑，上通下正。」下「咲」字同。「蒨」應爲「倩」之加旁俗字，參張涌泉《漢語俗字叢考》二三三頁「蒨」字條。

〔二九九〕皀，刊本作「貌」，《干禄字書·去聲》：「皀、皃、貌，上俗中通下正。」

〔三〇〇〕素白，刊本作「白色」。

〔三〇一〕以，刊本作「已」，二字通用。

〔三〇二〕衛風碩人，底卷原無「人」字，蓋脱，兹以意補；刊本無「碩人」二字。

〔三〇三〕上篇彼美子貢，底卷原作「上篇云被美子貢云」，語甚不通，「告諸往而知來者」乃《學而篇》孔子之語，故以意改正。

〔三〇四〕彼，底卷原作「被」，兹以意改正。

〔三〇五〕故云起予而不云知來，底卷「予」原作「子」字，無下「云」字，兹據刊本補正。

〔三〇六〕不足徵，刊本、阮刻本下有「也」。下句「不足徵」同。

〔三〇七〕巛乹，刊本作「乾坤」。《干禄字書·平聲》：「巛、坤，上通下正。」黄侃《説文段注小箋》：「乾坤之坤有作巛者，此借川爲坤也。」（黄焯編次《説文箋識四種》一九四頁，上海古籍出版社，一九八三）「巛」爲後起字。「乹」爲「乾」之俗字。「巛乹」當是誤倒。

〔三〇八〕先，底卷原脱，兹據刊本擬補。

〔三〇九〕登婁公，刊本作「東婁公」。《史記·陳杞世家》云：「杞東樓公者，夏后禹之後苗裔也。殷時或封或絶。周武王克殷紂，求禹之後，得東樓公，封之於杞，以奉夏后氏祀。」此寫「東」爲「登」者，當是東、登二韻同用所致，例參洪藝芳《唐五代西北方音研究》一九九頁。

〔三一〇〕「四時」下刊本有「祭名」二字。

〔三一一〕梗，底卷原作「扌」，蓋僅抄半邊，刊本作「梗」，是也，敦煌寫卷扌、木不分。

〔三一二〕鬳，刊本作「獻」。《禮記·禮器》「灌用鬱鬯」鄭玄注：「灌，獻也。」底卷「獻」多作半邊寫爲「鬳」，不知何故。下同。

〔三一三〕毁庿之主陳在太祖之廟，底卷原前一「庿」字作「廣」，后一「庿」字作「庴」，「廣」、「庴」皆「庿」之訛字，「庿」爲「廟」之古字，刊本作「廟」。下句「太祖庿」之「庿」原亦誤作「庴」。

〔三一四〕太庿祖室中，刊本作「太祖廟室中」；底卷「庿」原誤作「庴」。

〔三一五〕尸，底卷原作「詩」，音誤字，兹據刊本改正。下句「尸」字底卷原爲重文符號。

〔三一六〕以，刊本作「已」，二字通用。

〔三一七〕庿，底卷原誤作「庴」。

〔三一八〕次弟，刊本作「次東」，「東」爲「弟」之誤。

〔三一九〕毁庿之主及群庿之主，底卷兩「庿」字原皆誤作「庴」。

〔三二〇〕庿，底卷原誤作「庴」。

〔三一〕秠，刊本作『秠』。《周禮·春官·敘官》『鬯人』鄭注：『鬯，釀秬爲酒，芬香條暢於上下也。秬如黑黍，一稃二米。』《説文·禾部》：『稃，穭也。』徐鍇《繫傳》曰：『稃即米殼也。』《説文》無『粰』字，乃是『稃』之後起换旁字。《説文·禾部》：『秠，一稃二米。』《爾雅·釋草》：『秬，黑黍。秠，一稃二米。』則『秠』乃一稃二米之黑黍也。刊本作『秠』者誤。

〔三二〕茅，底卷原作『弟』，當是誤字，兹據刊本改正。

〔三三〕茅，底卷原作『芓』，誤字，兹據刊本改正。

〔三四〕正，底卷原誤作『止』，兹據刊本改正。

〔三五〕云，底卷原脱，兹據刊本擬補。

〔三六〕或灌地之神，刊本作『或神或尸』，底卷有删削。

〔三七〕閔公薨，底卷『公』下原有『立』字，應是衍文，兹據刊本删；刊本作『閔薨』，無『公』字。

〔三八〕薨，底卷原無，當是脱漏，兹據刊本補。

〔三九〕魯之宗人夏父不忌阿倿僖公，底卷『宗』原誤作『宋』，兹據刊本改正；底卷『阿倿僖公』原作『阿僖倿公』，刊本作『佞僖公』，『倿』爲『佞』之俗字，『僖倿』二字當是誤倒，兹據文義乙正；刊本『不』作『弗』。

〔三〇〕見，刊本作『聞』，案作『聞』是。

〔三一〕礼，刊本作『祀』，『祀』字是。

〔三二〕孔子，底卷原無，當是脱漏，兹據刊本擬補。

〔三三〕手，底卷原作『守』，音誤字，兹據刊本改正。

〔三四〕代，刊本作『世』，『代』爲諱改字。

〔三五〕代，刊本作『世』，『代』爲諱改字。

〔三六〕子孫，刊本無『子』字。

〔三三七〕自「入廟下」至「故兩出之也」諸言應是「子入太廟」章之疏，而底卷并無此章經文，此疏文當爲删而未盡者。

〔三三八〕堋，刊本作「棚」，按「堋」指射堋、箭垜，合於文意，作「棚」無義，非是。下「堋」字同。

〔三三九〕令，底卷原作「合」，形誤字，兹據刊本改正。

〔三四〇〕底卷「以」前原有「已」字，乃涉「以」字而衍，「已」「以」同義，古多通用，故删之。

〔三四一〕示，底卷原作「尔」，形誤字，兹據刊本改正。

〔三四二〕牲姓，《集解》引鄭注有「牲生曰餼」句，「姓」當是「生」之誤。且疏中引曰「牲生曰餼」，亦可爲證。

〔三四三〕之旦，底卷原無，鄭注云「人君每月告朔」，故據刊本補此二字。

〔三四四〕雍，刊本作「饔」，《詩·小雅·瓠葉》鄭注作「饗」，「饔」、「饗」同字，「雍」蓋誤脱「食」旁也。

〔三四五〕偘，刊本作「侃」，《干禄字書·去聲》：「偘、侃，上俗下正。」

〔三四六〕爲，刊本作「謂」，「爲」乃「謂」之借字。

〔三四七〕人，刊本作「民」，「人」爲諱改字。

〔三四八〕失德，底卷原無，應是脱漏，兹據刊本擬補。

〔三四九〕用，底卷原作「戰」，應是涉下「戰栗」而誤，兹據刊本改正。

〔三五〇〕授，刊本作「受」，「授」爲「受」之借字。

〔三五一〕代，刊本作「世」，「代」爲諱改字。

〔三五二〕君，刊本作「后」，「后」字是也。

〔三五三〕人士，刊本作「人得之」。

〔三五四〕亳，底卷原誤作「毫」，兹據刊本改正。下句「亳」底卷原爲重文符號。

〔三五五〕栢，刊本作「柏」，《干禄字書·入聲》：「栢、柏，上俗下正。」

〔三五六〕豊，刊本作「酆」，《玉篇·豊部》：「豊，俗作豊。」「豊」「酆」古今字。下句「豊」底卷原爲重文符號。

〔三五七〕人，刊本作「民」，「人」爲諱改字。

〔三五八〕人，刊本作「民」，「人」爲諱改字。

〔三五九〕人，刊本作「民」，「人」爲諱改字。

〔三六〇〕㡿，刊本作「斥」，二字均「㡿」之隸變，説詳《敦煌俗字研究》下編三三一頁。

〔三六一〕璺，「釁」之俗字。《廣韻·震韻》「釁」字下云：「璺，俗。」

〔三六二〕子，底卷原脱，兹據刊本補。

〔三六三〕得，刊本作「德」，「得」爲「德」之借字。

〔三六四〕感，底卷原誤作「咸」，兹據刊本改正。

〔三六五〕諸夷吾也，刊本作「齊桓公之相管夷吾也」，底卷當有脱誤。

〔三六六〕取，刊本作「娶」，「取」「娶」古今字。此章中「取」皆同。

〔三六七〕軄，「職」之俗字。《玉篇·身部》：「軄，俗職字。」

〔三六八〕轉，刊本作「輒」。

〔三六九〕有，刊本、阮刻本無。

〔三七〇〕坫，刊本作「坫」。阮元《論語校勘記》云：「毛本「坫」竝誤「玷」。」下「坫」字同。

〔三七一〕是，應爲「氏」之音誤字。

〔三七二〕蔾，《集解》引鄭注作「蔽」，「蔾」爲「蔾」字俗寫，「蔾」又「蔽」的俗字。

〔三七三〕庿，底卷原作「廥」，乃「庿」之訛字，「庿」爲「廟」之古字，刊本作「廟」。

〔三七四〕反，底卷原無，當是脱漏，兹據刊本補。

〔三七五〕楹楹，刊本作「盈盈」，是也。

〔三七六〕霸主，刊本作「霸王」，作「霸主」是，桓公稱霸不稱王。

〔三七七〕生人於左衽，刊本「人」作「民」、「衽」作「袵」；「人」爲「民」的諱改字，「衽」爲「袵」的後起別體。

〔三七八〕周才，刊本作「大才」。《詩·周南·卷耳》「嗟我懷人，寘彼周行」朱熹《集傳》：「周行，大道也。」「周才」實即「大才」，後人不知，遂改「周」爲「大」也。

〔三七九〕病，底卷原誤作「属」，兹據刊本改正。

〔三八〇〕恢，底卷原誤作「怖」，兹據刊本改正。

〔三八一〕「年」下底卷原有一重文符號，此上下兩句句對偶，不當有此重文符號，兹據刊本删。

〔三八二〕分傍以安治，刊本作「謗分以要治」，「傍」爲「謗」之誤。

〔三八三〕潔，刊本作「潔」。《玉篇·氵部》「潔，俗絜字。」「潔」爲「絜」之後起字。

〔三八四〕所，底卷原誤作「行」，兹據刊本改正。

〔三八五〕漏細行而全令啚，底卷原作「篇論細行合人之啚」，底卷訛「漏」爲「論」、「全」爲「合」、「令」爲「人之」，又於句首衍「篇」字，兹皆據刊本改正。刊本「啚」作「圖」，《干禄字書·平聲》：「啚、圖，上俗下正。」

〔三八六〕愢，刊本作「愆」，《干禄字書·平聲》：「愢、愆，上俗下正。」

〔三八七〕員，刊本作「圓」，「員」「圓」古今字。

〔三八八〕儀封請見者，刊本作「儀封人請見」。陳鐵凡云：「各本「封」下有「人」字。案此當誤脱「人」字。各本「者」作「曰」。案作「者」與下文意不洽，當以作「曰」爲是。」

〔三八九〕堺，「界」之後起增旁字。

〔三九〇〕壃，底卷原無，刊本有「疆」字，底卷前有「封壃之人」句，《玉篇·土部》：「疆，又作壃。」是底卷「疆」寫作「壃」，故據補「壃」字。

〔三九一〕此句中兩「頬」字为「潁」之俗字，然《左傳·隱公元年》皆作「潁」，疑此为「潁」之誤。

〔三九二〕号令，刊本『号』作『號』，『号』『號』古今字。

〔三九三〕檀，底卷原誤作『壇』，兹據刊本改正。

〔三九四〕奮木鐸以令兆人，底卷原無『木』字，《禮記·月令》有，兹據刊本補；刊本『人』作『民』，《禮記·月令》亦作『民』，『人』乃諱改字。

〔三九五〕明，刊本作『詳』；據底卷體例，此字皆作『明』，刊本他處亦作『明』，應以『明』爲是。

〔三九六〕者，刊本作『也』，『者』字是。底卷凡疏解經文注文文句，例皆於引文後標一『者』以爲提示，此『者』字亦猶是也。

〔三九七〕紹，底卷原無，當是誤脱，兹據刊本補。

〔三九八〕人，刊本作『民』，『人』乃諱改字。

〔三九九〕『而制』二字底卷原無，則句不通，兹據刊本擬補。

〔四〇〇〕有，刊本作『又』，『有』爲『又』之借字。

〔四〇一〕係，刊本作『繼』，『係』爲『繼』之借字。

〔四〇二〕人，刊本作『民』，『人』乃諱改字。

〔四〇三〕代，底卷原無，當是脱漏，兹據刊本擬補。

〔四〇四〕民，底卷原缺末筆，避諱缺筆字，兹據刊本録正。

〔四〇五〕智，刊本作『知』，『知』『智』古今字。

〔四〇六〕不擇仁以里而處之，『以』字疑爲衍文當删，刊本作『不擇仁里而處之』，正無『以』字。

〔四〇七〕爲，刊本作『謂』，『爲』乃『謂』之借字。

〔四〇八〕四閭，刊本作『五閭』。《周禮·地官·大司徒職》云：『令五家爲比，使之相保；五比爲閭，使之相受；四閭爲族，使之相葬；五族爲黨，使之相救；五黨爲州，使之相賙；五州爲鄉，使之相賓。』刊本作『五閭』者，後人以意改也。

〔四〇九〕而，刊本無。

〔四一〇〕額額，刊本作「頟頟」，《説文·頁部》：「頟，顙也。」段注：「今隸作額。」

〔四一一〕下氣怡色柔聲以諫，刊本作「下氣柔聲怡色以諫」，《禮記·内則》與底卷同，刊本「柔聲」与「怡色」誤倒。

〔四一二〕洫，刊本作「血」，「洫」乃「血」涉上字類化增旁所誤。

〔四一三〕案，底卷原誤作「安」，兹據刊本改正。

〔四一四〕則是隱親之失不諫親之過又諫君之失，底卷原作「親之失不諫君之失」，脱漏嚴重，無法卒讀，兹據刊本補足。

〔四一五〕陳，底卷原誤作「諫」，兹據刊本改正。

〔四一六〕爲人臣者，刊本作「爲人臣之禮」，案《禮記·曲禮》與刊本同。

〔四一七〕令，刊本作「合」，作「合」較善。

〔四一八〕太，刊本作「大」，「大」「太」古今字。

〔四一九〕逃，底卷原作「兆」，《禮記·曲禮下》云：「三諫而不聽，則逃之。」兹據刊本改正。

〔四二〇〕檀，底卷原誤作「壇」，兹據刊本改正。

〔四二一〕將其真假，底卷「真」原作「冥」，應是誤字，兹據刊本改正；刊本「將其」作「顯」，疑「顯」字爲善。下「真屬」之「真」底卷亦誤作「冥」，徑改。

〔四二二〕性，底卷原作「牲」，形誤也，兹據刊本改正。

〔四二三〕臣，底卷原無，當是脱漏，兹據刊本補。

〔四二四〕魏戊告於閻没女寬，底卷「戊」作「成」，「没」作「設」，「女」作「汝」，兹據刊本改正。《左傳·昭公二十八年》云「魏戊謂閻没、女寬曰」，可證。「女寬」之「女」爲姓氏，作「汝」誤。

〔四二五〕准，刊本作『凖』，《玉篇·冫部》以『准』爲『凖』俗字。

〔四二六〕其，底卷原脱，兹據刊本補。

〔四二七〕明鏡，刊本作『明德』。

〔四二八〕遊必有方者，此下爲『父母在子不遠遊』章之疏，而底卷未見經文。

〔四二九〕爲人子弟，刊本作『爲人子之禮』，《禮記·曲礼上》作『夫爲人子者』，底卷略近，而刊本已爲後人所改。

〔四三〇〕有，底卷原無，當是脱漏，兹據刊本補。

論語摘抄

俄敦二一七四

【題解】

底卷編號爲俄敦二一七四，起《學而》『則勿憚改』，至《子罕》『唐棣之華』。《孟目》定名爲『《論語》摘録』；《俄藏》據以定名《論語摘抄》，兹從之。案此卷基本上摘抄《論語》經文，但第三行有一處摘録了《集解》之文，則其所據本爲何晏《論語集解》也。

《孟目》以爲寫卷所抄多爲『孔子否定或不讚成的東西』，韓鋒《讀俄藏敦煌文書〇二一七四號札記》（《敦煌學輯刊》二〇〇五年第一期）已提出質疑，認爲所抄『多爲崇尚仁德、修身養性、忠義勇敢以及在日常生活中要十分注意學習和運用的一些處世箴言和警句』，庶幾近之。該文還認爲這是一種學生教材或童蒙讀物，則誤。寫卷所抄多有破句、斷句，甚至有只摘録一字者，這極有可能是學生做的『課外作業』。

韓文曾對寫卷作過校記，然無可取者。今據《俄藏》影印本録文，以中華書局影印阮元刻《十三經注疏·論語注疏》爲校本（簡稱『刊本』），校録於後。由於每篇中所抄内容較少，不宜每章分段，故於兩章間加一『〇』號以别之。

（前缺）

□[一]則勿憚改。

□（爲）政□（二）[二]

▨▨（見義）不爲，▨（無）□[三]

▨▨（言之）〔四〕，杞不足徵也。○兩君之好，有反坫。

里仁四

違仁，造次必於是，顛沛必於是。造次，急速。顛沛，偃仆〔五〕。○又〔六〕好仁者，無以尚之。惡不仁者，其爲仁矣，不使不仁者加乎其身。○子曰：『君子之於天下也，無適也，無莫也，義之與比也〔七〕。』○子曰：『見賢思齊焉，見不賢而内自省也。』○事君數，斯辱矣。

公冶長五〔八〕

捊〔九〕○令尹子三仕爲之政無喜色〔一〇〕。三已之，無愠之〔一一〕。

雍也六

子曰：『誰能出不由户者〔一二〕？何莫由斯道也？』○子曰：『觚不觚。』

述而七

子之所慎：齊〔一三〕，戰，疾。○子不語怪、力、乱、神。○子曰〔一四〕温而厲，威而不猛，恭而安。

泰伯八

葸〔一五〕○籩豆之事，則有司存。○曾子曰：『以能問於不能，以多問於寡，有若無，實若虚，犯而不校。』○人而不仁，疾之已甚，乱也。○子曰：『狂而不直，侗而不愿，悾悾而不信，吾不知之矣。』○煥乎〔一六〕。○子曰〔一七〕：『才難，不其然乎？唐、虞之際，於斯爲盛。有婦人焉，九人而已。』○子曰：『禹，吾無間然矣。……卑宫室而盡力乎溝洫。禹，吾無間然矣。』

子罕九

子罕言利與命與人〔一八〕。○達巷黨〔一九〕。○子絶四：毋意，毋必，毋固，毋我。○叩其兩端而竭焉。

○子在川上曰：『逝者如斯夫！不舍晝夜。』○子曰：『語之而不惰者，回也與〔二〇〕！』○子曰：『三軍可奪帥也，匹夫不可奪志〔二一〕。』○唐棣之華。

（後缺）

【校記】

〔一〕底卷所存首行上部殘缺約八字。

〔二〕爲政二，底卷『爲』字殘泐，『政』下殘泐，此應爲《爲政篇》篇題，查底卷於篇名後皆省『第』字，故據刊本擬補『爲』、『二』兩字。以下凡底卷殘泐者，皆據刊本擬補，不復一一説明。

〔三〕見義不爲無，此《爲政》末句『見義不爲，無勇也』句，底卷『見』存左下角，『義』存左半，『無』存左上角殘畫；『無』下至行末底卷約缺五字。

〔四〕言之，底卷『言』字存左半，『之』字右部略有殘泐，『言』字之上底卷殘缺三至四字。

〔五〕造次急速顛沛偃仆，此《集解》引馬融《論語注》『急速』作『急遽』，此蓋抄者臆改。

〔六〕又，刊本無。此應是抄寫者所添，意爲又一條。

〔七〕也，刊本無。

〔八〕冶，底卷原作『治』，而且避諱缺末筆，乃是誤字，兹據刊本改正。

〔九〕捊，此『道不行，乘桴浮于海』句中文，『捊』乃因扌、木不分造成之俗寫。

〔一〇〕令尹子三仕爲之政無喜色，底卷多有脱誤，刊本作『令尹子文三仕爲令尹無喜色』。

〔一一〕之，誤字，刊本作『色』。

〔一二〕者，刊本無。

〔一三〕齊，刊本作『齋』。《史記·孔子世家》云：『所慎：齊，戰，疾。』正與寫卷同，齊、齋古今字。

〔一四〕曰，刊本無。

〔一五〕葸，此『慎而無禮則葸』句中文。

〔一六〕焕乎，此『焕乎，其有文章』句中文。

〔一七〕子曰，刊本作『孔子曰』。

〔一八〕人，刊本作『仁』，『人』爲『仁』之借字。

〔一九〕達巷黨，此『達巷黨人曰』句中文。

〔二〇〕回也與，刊本前有『其』。

〔二一〕刊本『志』後有『也』字。

論語目録

伯二八八〇

【題解】

伯二八八〇是册頁裝的《雜集時用要字》（張涌泉之定名，説詳本書『雜集時用要字』之八），其第二頁的左半與第十一頁的右半應是一張紙裁成上下兩截而成，爲的是作爲《雜集時用要字》的引首和拖尾，起到保護小册子的作用（至於第一頁與第十二頁則可視爲後加的封面與封底），這張紙上原抄有《論語》目録，後來又有人在上面畫了牛頭、人像的白描畫，並有其他雜寫（『庚辰年十月廿二日』等）。由於裁成上下兩截後與《雜集時用要字》的首頁、尾頁相粘接，故目録的中間有所殘缺。據其『庚辰年』的雜寫，知其抄寫時間不遲於唐德宗貞元十六年（八〇〇）。

今據《法藏》録文，校録於後。其首行『子路共之三臭而作論語卷第五』已校入《論語集解》（五），目録共有四行。

學而第一〔一〕　爲政□（第）二〔二〕　八俗（佾）第三

里仁第四　公冶▨□▨（長第五）〔三〕　雍也章第六

述而第七　泰伯□□（第八）〔四〕　子罕〔五〕第九

鄉黨第十（底卷抄寫至此止）

【校記】

〔一〕『苐』本爲『弟』之俗字，今字作『第』者，又由『苐』訛變産生的後起分化字。下皆同。

〔二〕『政』下底卷殘缺約一字，兹比照上下文擬補一『苐』字。

〔三〕『長』字底卷存模糊的筆畫，其下殘缺約一字，『五』字缺上一横，兹據殘形並比照上下文擬補『長苐五』三字。

〔四〕『伯』下底卷殘缺約二字，兹比照上下文擬補『苐八』二字。

〔五〕『穻』爲『罕』之俗字。

羣經類孝經之屬

孝經

伯三六九八（底卷）　伯三四一六C（甲卷）　伯二五四五（乙卷）
伯四八九七（丙卷）　伯四六二八（丁一）　俄敦二九六二（丁二）
伯三三七二（戊卷）　斯一三八六（己卷）　伯三三六九（庚一）
伯四七七五（庚二）　斯七二八（辛卷）　斯一〇〇五六A（壬一）
斯一〇〇六〇B（壬二）　伯三八三〇（癸卷）　斯五五四五（子卷）
斯九九五六（丑一）　斯五八二一（丑二）　俄敦一三一八（寅卷）
伯二七一五（卯卷）　伯三六四三碎一（辰卷）　俄敦四六四六（巳卷）
斯七〇七（午一）　斯一二九一一（午二）　伯二七四六（未卷）
俄敦八三八（申卷）　斯六一六五（酉卷）　敦研三六六（戌卷）

【題解】

底卷編號爲伯三六九八，存鄭玄《孝經序》及《孝經》全文，首題「孝經一卷并序」，尾題「孝經一卷」，白文無注，共八十八行，末六行下截殘泐，行距細密，當是兒童學書。尾題後殘存「己亥年十二月七」題字一行。卷背爲雜寫，其中有「于時肆年歲次己亥十二月十八日立契龍勒鄉百」、「靈嵒寺孝郎□」、「庚子年正月二日書記張富通」等。《索引》定名「孝經白文（全）」，兹依例定名爲《孝經》。沙知《敦煌契約文書輯校》定卷背雜寫之「己亥年」爲九三九年（五四二頁，江蘇古籍出版社一九九八），此爲《孝經》抄寫時間的下限。

甲卷編號爲伯三四一六C。伯三四一六號抄有三部分内容，第一部分爲《星占書》，第二部分爲《千字文》，第三部分爲《孝經》，故依例編《孝經》部分爲伯三四一六C。甲卷抄《孝經》一卷，首題「孝經一卷并序」，尾題「孝經一卷」，共九十八行，白文無注。卷中有數處破損。卷背裱紙有「乙未年二月十八日程虞候家榮葬名目」，其中的「乙未年」《敦煌社邑文書輯校》比定爲清泰二年（九三五），則正面《孝經》等所抄時間或應早於該年。《伯目》著録此卷云：「周興嗣《千字文》，《孝經》全本（一八章）無注。此卷以各種殘抄本補綴。」兹依例定名爲《孝經》。

乙卷編號爲伯二五四五，起首題「孝經一卷并序」，至《五刑章》「非聖人者無法」之「者」，凡六十一行，前九行下端殘泐，末九行下截亦殘缺，末行僅存二殘字，白文無注。字體拙劣，應是小兒所書。《伯目》定名爲《孝經》，兹依例定名爲《孝經（序—五刑）》。卷背有「同光三年乙酉」雜寫一行，同光爲後唐莊宗年號，此卷當是晚唐五代時期所抄。

丙卷編號爲伯四八九七，起首題「孝經一卷并序」，至《開宗明義章》「身體髮膚」之「髮」，十七殘行，白文無注。字體拙劣，小兒所書。《索引》著録此卷云：「孝經殘文（三小片存序及第一章）。」今依例定名爲《孝經（序—開宗明義）》。此當亦唐末五代寫本。

丁卷編號爲伯四六二八（丁一）+俄敦二九六二（丁二）。丁一起首題「孝經一卷并序」，至「受業身通達者七十二人』之『達者』，共十一行，末四行上下端均殘泐，所存者僅鄭玄《孝經序》。字迹惡劣，學童所書。《索引》著録此卷云：『孝經殘卷(僅存序文七行)。』其他諸家目録或作『孝經并序』，或作『孝經一卷并序』，乃據首題定名，非依内容而定也。今據内容定名爲《孝經序》。丁二爲殘片，起『懸車止聘』之『止』，至『乃刊詩書』之『乃』，僅存二殘行，八字半。《俄藏》定名『孔子傳』，許建平《俄藏敦煌文獻儒家經典類寫本的定名與綴合》首先比定其名爲鄭玄《孝經序》(《姜亮夫、蔣禮鴻、郭在貽先生紀念文集》三一四頁，上海教育出版社二〇〇三)。丁二是從丁一上掉下之碎片。丁一、丁二綴合圖如下所示：

戊卷編號爲伯三三七二，起首題『孝經一卷并序』，抄到《廣至德章》『非家至而日見之』句(寫卷『日』作『悦』)，共七十九行，白文無注。前五十九行與後二十行之字筆畫有粗細，但從筆法看，應是一人所書，蓋所用硬筆不同之故。《索引》著録此卷云：『孝經白文。殘存第一至十三章，依鄭玄注本，有序。背録社司轉帖。』著録詳細而正確。今依例定名爲《孝經(序—廣至德)》。卷背爲『壬申年十二月廿二日常年建福轉帖抄』，《敦煌社邑文書輯校》考定其爲九七三年抄本(二六六頁，江蘇古籍出版社一九九七)。疑《孝經》爲五代時抄寫。

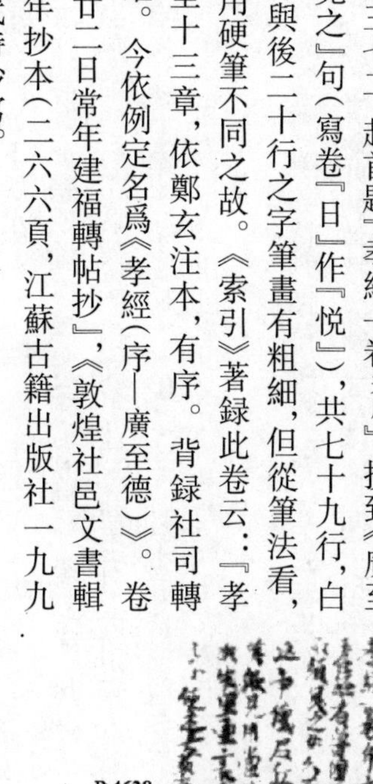

P.4628

Дx.02962

丁一與丁二綴合圖

己卷編號爲斯一三八六，起《孝經序》『簒弒由生』之『由』，至卷末，尾題『孝經一卷』，共九十八行，前八行下截殘泐，白文無注。尾題後有『維天福柒年壬寅歲十二月十二日永安寺學仕郎高清子書記了』題記一行。有數種字體，然尋其筆法，當是一人所寫，蓋硬筆易損，數次更換之故。本卷是永安寺學子高清子於後晉高祖天福七年(九四二)抄寫。《翟目》定名《孝經》，今依例定名爲《孝經(序—喪親)》。

庚卷編號爲伯三三六九(庚一)+伯四七七五(庚二)，庚一起《開宗明義章》首句『仲尼居』，至卷末，尾題

『孝經一卷』，共八十二行。白文無注。尾題後有人名雜寫及題記二條：『乾符三年十月二十一日學生索什德書記之也』、『咸通十五年五月八日沙州學郎索什德』，然字體與正文不類。《伯目》定名爲《孝經》。庚二起《开宗明義章》『終於立身』之『身』，止於《天子章》『兆民賴之』，共四殘行，正可綴接於庚一第五至第八行下。

兩卷綴合後，起《开宗明義章》，至《喪親》，今依例定名爲《孝經（開宗明義—喪親）》。局部綴合圖如下所示：

P.4775

P.3369

P.3369

庚一與庚二綴合圖（局部）

辛卷編號爲斯七二八，起《開宗明義章》『曾子避席曰』，至卷末，尾題『孝經一卷』，共九十五行，前四行下截殘泐，白文無注。卷末有『丙申年五月四日靈啚沙彌德榮寫過，後輩弟子梁子松』、『庚子年二月十五日靈啚寺學郎李再昌已』、『梁子松』題記三行，《翟目》定名爲《孝經》，今依例定名爲《孝經（開宗明義—喪親）》。

李德超《敦煌本孝經校讐》因辛卷與底卷均衍『事父孝故事天明；事母孝故事地察』十四字，故『疑彼此間傳抄所致，或係出自同一祖本』（一一七頁，《第二屆敦煌國際研討會論文集》，臺北漢學研究資料及服務中心一九九一）。案辛卷卷末題記曰『丙申年五月四日靈啚沙彌德榮寫過，後輩弟子梁子松』、『庚子年二月十五日靈啚寺學郎李再昌已』，底卷卷背亦有『靈啚寺學郎』及『庚子年』題記，可知兩寫卷均爲靈圖寺之物，它們應該是靈圖寺學郎所抄。辛卷是沙彌德榮於丙申年抄録，到庚子年時已成爲李再昌使用的課本。那麽底卷之抄寫時間極有可能在此前後，因而到己亥年（九三九）時亦爲他人所有，而在卷尾、卷背塗鴉雜寫。而且这兩個寫卷的錯訛亦多相同，李德超的懷疑應是正確的。

壬卷編號爲斯一〇〇五六A（壬一）+斯一〇〇六〇B（壬二）。壬一起《天子章》『不敢慢於人』之『慢』，至《諸侯章》『所以長守貴也』之『所』，存四殘行，白文無注。壬二起《諸侯章》『滿而不溢』，至《卿大夫行孝章》『行滿天下無怨惡』之『下』，七殘行。《榮目》最早定名並綴合二殘片，兹依例定名爲《孝經（天子—卿大夫行孝）》。壬一、壬二綴合圖如下所示：

癸卷編號爲伯三八三〇，起《天子章》『而德教加於百姓』之『加』，至《廣要道章》『敬而已矣』之『已』，共四十七行，末行僅存三字，白文無注。《索引》定名《孝經白文》，兹依例定名爲《孝經（天子—廣要道）》。此卷字體拙劣，乃小兒所書，當亦晚唐五代寫本。

子卷編號爲斯五五四五，起《卿大夫章》『非先王之德行不敢行』，至《三才章》『是以其教不肅而成』，共十行，白文無注。字體惡劣，小兒習書，內容多有脱漏。《索引》定名《孝經》，今依例定名爲《孝經（卿大夫—三才）》。

丑卷編號爲斯九九五六（丑一）+斯五八二一（丑二）。丑一起《士行孝章》『無忝爾所生』之『忝』，至《三才行孝章》『先王見教之可以化民也』之『以』，七個上半行。丑二起《三才章》『而民莫遺其親』之『莫』，至《聖治章》『則而象之』，《紀孝行章》之『紀』字存上半，共二十三上半行，末行僅存半字，倒數第二、三行各存兩字，白文無注。《翟目》著録丑二爲《孝經》，並謂丑一可與丑二綴合，兩卷綴合後，起《士行孝章》『無忝爾所生』之『忝』，至《聖治章》『則而象之』，共三十行，今依例定名爲《孝經（士行孝—聖治）》。丑一、丑二局部綴合圖如下頁所示：

S.10060B　S.10056A

壬一與壬二綴合圖

寅卷編號爲俄敦一三一八，起《三才章》『是以其教不肅而成』之『其』，至《聖治章》『子曰天地之性人爲貴』

之『曰』，十二行，前二行僅存中段，第三至六行及末行下端殘泐，白文無注。《孟目》定名爲《孝經》，并以之爲九至十一世紀的抄本，今依例定名爲《孝經（三才—聖治）》。

卯卷編號爲伯二七一五，起《三才章》『而民知禁』之『知』（存左下角殘畫），至卷末，尾題『孝經一卷』，六十七行，白文無注。尾題後有題記『孝經一卷丁亥年二月十四日寫畢點勘一無脱錯傳之後學請不疑慮記也此是魯國孔李七探討之書不勤□』三行。《伯目》首先比定其名爲《孝經》，今依例定名爲《孝經（三才—喪親）》。池田温疑丁亥年爲八〇七年（《中國古代寫本識語集録》三三三頁，東京大學東洋文化研究所一九九〇），然蕃佔期紀年多用地支，用干支者甚少，此丁亥年可能更在其後（八六七或九二七）。

辰卷編號爲伯三六四三碎一，伯三六四三號下共有十六件碎片，辰卷由四件碎片組成，起《孝治章》『況於公侯伯子男』之『於公侯』，止於『祭則鬼享之』之『祭則』，許建平《英倫法京所藏敦煌寫本殘片八種之定名并校録》首先比定其名（《敦煌學》第二四輯，樂學書局二〇〇三），今依例定名爲《孝經（孝治）》。

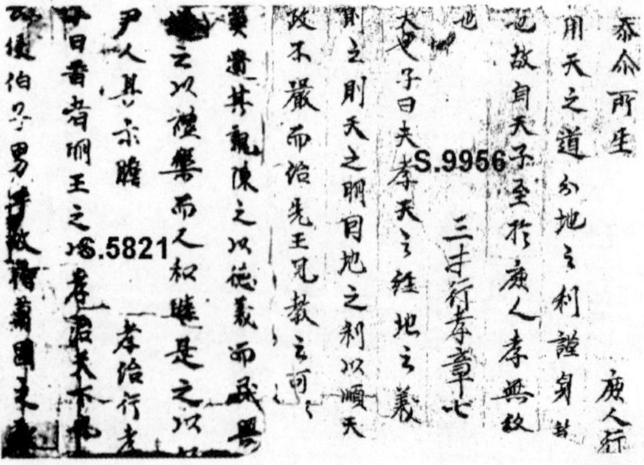

丑一與丑二綴合圖（局部）

巳卷編號爲俄敦四六四六，存《聖治章》内容，起『人之行莫大於孝』之『人』，至『昔者周公郊祀后稷以配天』之『以配』，共三行九字，據行款，知爲白文本。許建平《殘卷定名正補》首先比定其名爲《孝經·聖治章第九》（三〇〇頁，《二〇〇〇年敦煌學國際學術討論會文集·歷史文化卷》上，甘肅民族出版社二〇〇三），今依例定名爲《孝經（聖治）》。

午卷編號爲斯七〇七（午一）+斯一二九一一（午二）。午一起《聖治章》『民無則焉』之『無』，至卷末，尾題

『孝經一卷』，共四十一行，前十八行缺上截。尾題後有『同光三年乙酉歲十一月八日三界寺學仕郎君曹元深寫記』題記一行，則此乃曹元深於同光三年（九二五）在三界寺讀書時所抄。《翟目》首先比定其名爲《孝經》，今依例定名爲《孝經（聖治—喪親）》。午二爲殘片，起《廣至德章》『非至德』，至《廣揚名章》『君子之事親孝』之『之』，僅存二行十二字。《榮目》著録此卷云：『白文孝經，存《廣至德章》第十三末句和《廣揚名章》第十四首句。似爲斯七〇七上部殘紙片。』案《榮目》所言甚是，午二確爲午一第十七、十八行上截所缺之部分。午一、午二局部綴合圖如下所示：

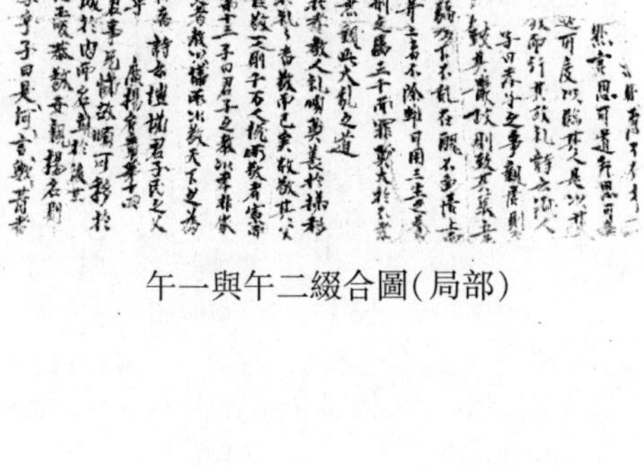

午一與午二綴合圖（局部）

未卷編號爲伯二七四六，存三十九行，首行僅存一『者』字，第二章存『十二』二字，據行款估計，『者』應是《紀孝行章》『三者不除』之『者』，『十二』則爲小題『五刑章第十一』之『十一』二字；尾題『孝經一卷』四字。是此卷殘存《紀孝行章》至《喪親章》共九章的内容。尾題下有『翟颻颩郎君翟颻颩詩卷』十字，後有題記『歲至庚辰，月造秋季，日逮第三，寫詩竟記，後有餘紙，輒造五言拙詩一首』二行及五言詩一首。《伯目》首先比定其名，今依例擬名爲《孝經（紀孝行—喪親）》。李正宇《敦煌學郎題記輯注》以此爲八六〇年抄本（《敦煌學輯刊》一九八七年第一期，三四頁）。

申卷編號爲俄敦八三八，起《廣要道章》『莫善於禮』之『善』，至《喪親章》『爲之棺椁衣衾而舉之』之『衾』，三十一下半行，白文無注。前九行與後二十二行的字體不同，而且正好是兩紙相接處，疑是將兩人書寫之物粘接於一處者，可能是兩個學童各抄寫部分，再行粘接。《孟目》定名《孝經》，《俄藏》即據以定名，今依例擬名爲《孝經（廣要道—喪親）》。《孟目》以之爲九至十一世紀抄本。

酉卷編號爲斯六一六五，起《廣至德章》「所以敬天下之爲人君者也」之「敬」，至卷末，尾題「孝經一卷」，共二十八行。第五至二十一行卷中有一橢圓形殘缺，末六行上截殘損。《翟目》首先比定其名，今依例擬名爲《孝經（廣至德—喪親）》。

戌卷編號爲敦研三六六，起《感應章》「必有先也」之「先」，至《喪親章》末，共十六行，卷末有題記「和平二年十一月六日唐豐國寫此孝經」一行。此寫卷是敦煌藝術研究所（今敦煌研究院）一九四四年八月在中寺後園中的土地廟殘塑體内發現的，關於土地廟遺書的情況請參《毛詩注（小雅巧言、何人斯）》題解。蘇瑩輝考定寫卷所據底本乃鄭玄《孝經注》（《北魏寫本孝經殘葉補校記》，《敦煌論集》二八九頁，學生書局一九八三），今依例擬名爲《孝經（感應—喪親）》。

斯二八九四爲《四分戒本含注》，其背爲雜寫，其中有關於《孝經》二行二十七字：「孝經一卷并序，孝經者魯國先師姓孔名丘字仲尼其父宿梁紇後以。」

斯七二八背的雜寫中有多處關於《孝經》内容：「夫然故生以配天」、「夫然故生則親安至制則貴享之是以天下和平哉害不生禍乱不作」、「孝經一卷　并序　孝經者」，涉及《孝經序》、《聖治章》、《孝治章》的内容。

斯三〇一一背爲雜寫，其中有二行凡十字爲《孝經・聖治章》内容：「言思可道幸」、「君子則不然」。

以上三種皆爲雜寫，故不作爲異本收入。

陳鐵凡《論鄭氏孝經序——孝經平議之二》（《大陸雜誌》第四十二卷第九期，一九七一。簡稱「陳鐵凡（一）」）對底卷及甲、乙、丙、丁一、戊、己諸卷作有校記，陳鐵凡《孝經鄭注校證》（臺北編譯館一九八七。簡稱「陳鐵凡（二）」）、李德超《敦煌本孝經校讐》（《第二届敦煌國際研討會論文集》，臺北漢學研究資料及服務中心一九九一。簡稱「李德超」）對底卷及甲、乙、丙、丁一、戊、己、庚一、辛、癸、子、丑二、卯、午一、未、酉、戌諸卷作有校記，蘇瑩輝《敦煌新出寫本毛詩孝經合考》（《東方雜誌》（渝版）第四十一卷三號，一九四五，簡稱「蘇瑩輝（一）」）、蘇瑩輝《敦煌北魏寫本孝經殘葉補校記》（《敦煌論集》，學生書局一九八三。簡稱「蘇瑩輝（二）」）對戌卷作有校記。

底卷據縮微膠卷録文，以甲至戌卷及中華書局影印阮元刻《十三經注疏·孝經注疏》爲校本（後者簡稱『刊本』），校録於後。

孝經一卷并序

孝經者，魯國先師姓孔名丘字仲尼，其父叔〔一〕梁紇，後娶顔氏〔二〕之女，久而無子，故祈〔三〕於尼丘山而生孔子，其首返宇〔四〕，像〔五〕尼丘山，故名丘字仲尼。有聖德，應聘諸國〔六〕，莫能見用。當春秋之末，文武道墜〔七〕，逆乱兹〔八〕甚，簒弑由生〔九〕。皇靈哀末▨▨（代之）黔黎〔一〇〕，愍倉生之莫救〔一一〕，故命孔子，使述六藝以待命▨（主）〔一二〕。▨（有）〔一三〕飛鳥遺文書於魯門，云：秦滅法，孔經存。孔子既□（覩）〔一四〕此書，懸車止聘〔一五〕。魯哀公十一年，自衛歸〔一六〕魯，修〔一七〕《春秋》，▨□▨（述《易》道）〔一八〕，乃刊〔一九〕《詩》、《書》，定禮〔二〇〕樂，教▨▨（於洙）泗〔二一〕之間。弟子四方之▨▨（者三）千〔二二〕餘人，受業身通達者七十□□（二人）〔二三〕，□（唯）有弟子□□□□（曾參有至）孝之性〔二四〕，故因閑居〔二五〕之中爲説孝之大理，弟子録之，名曰《孝經》。

夫孝者，蓋三才之經緯，五行之經紀〔二六〕。若無孝，則三才不成，五行僭序〔二七〕，是以在天則曰至德，在地則曰愍德〔二八〕，施之於人則曰孝德，故下文言『夫孝者，天之經，地之義，人之行』，三德同體而理明〔二九〕，蓋孝之殊途。經〔三〇〕者不易之稱，故曰《孝經》。

開宗明義章弟一〔三一〕

仲尼居〔三二〕，曾子侍〔三三〕。子曰：『先王有至德要道，以順天下，民用和穆〔三四〕，上下無怨。汝知之〔三五〕乎？』曾子避席〔三六〕曰：『參不敏〔三七〕，何足以知〔三八〕之？』▨▨（子曰）〔三九〕：『夫▨

（孝）〔四〇〕，德之本〔四一〕，教之所由生。復坐，吾語汝。身體髮膚〔四二〕，受之父母，不敢毁傷，孝之始也。立身行道〔四三〕，揚名於後世〔四四〕，以〔四五〕顯父母，孝之終也。夫孝，始於事親〔四六〕，忠〔四七〕於事君，終於立身〔四八〕。《大雅》云：「無念尔祖生〔四九〕，聿修〔五〇〕厥德。」』

天子章弟二

子曰：『愛親者，不敢惡於人；敬親者，不敢慢於人〔五一〕。愛敬盡於事親，而德教加〔五二〕於百姓，形〔五三〕于四海。盖天子之孝也。《吕形》〔五四〕云：「一人有慶，兆人賴之〔五五〕。」』

諸侯章弟三〔五六〕

『在上不驕〔五七〕，高而不危。制〔五八〕節謹度，滿而〔五九〕不溢。高而不危，所以長守貴〔六〇〕。滿而不溢，所以長守富〔六一〕。富貴不離〔六二〕其身，然後能〔六三〕保其社稷，而和其民人〔六四〕。盖諸侯〔六五〕之孝也。《詩》〔六六〕云：「戰戰兢兢，如臨深淵〔六七〕，如履薄氷〔六八〕。」』

卿大夫章弟四

『非先王之法服不敢［服，非先王之法言不敢道］〔六九〕，非先王之德行〔七〇〕不敢行。是故非法不言，非道不行；口無擇言，身無擇行〔七一〕。言滿天下無口過〔七二〕，行滿天下〔七三〕無怨惡。三者俻〔七四〕矣，然後能守其宗廟〔七五〕。盖卿大夫之孝也〔七六〕。《詩》云：「夙夜匪懈〔七七〕，以事〔七八〕一人。」』

士人章弟五〔七九〕

『資於事父以事母，而愛同〔八〇〕；資於事〔八一〕父以事君，而敬〔八二〕同。故母取其愛，而君取其敬〔八三〕，兼之者父也。故以孝事君則忠〔八四〕，以敬事長則順。忠順不失〔八五〕，可以事上〔八六〕，然後能保其禄位，而守其祭祀。盖士之孝［也］〔八七〕。《詩》云：「夙興夜寐〔八八〕，無忝尔所生〔八九〕。」』

庶人章弟六〔九〇〕

『用天之道，分地之利〔九一〕，謹身節用，以養父母。此庶人之孝〔九二〕。故自天子至于〔九三〕庶人，孝無終始，而患不及己者〔九四〕，未之〔九五〕有也。』

三才章弟七〔九六〕

曾子曰：『甚哉，孝之大也！』子曰：『夫孝〔九七〕，天之經〔九八〕，地之義，人〔九九〕之行。天〔一〇〇〕地之經，而人〔一〇一〕是則之。則天之明，因地之利，以順天下。是以其教不肅而成〔一〇二〕，其政不嚴而治。先王見教之可以化人〔一〇三〕也。是故先之以愽〔一〇四〕愛，而人莫遺其親〔一〇五〕。陳之以〔一〇六〕德義，而人興行〔一〇七〕。先之〔一〇八〕以敬讓，而人〔一〇九〕不争。道之以礼樂〔一一〇〕，而人〔一一一〕和睦。示之以〔一一二〕好惡，而人知禁〔一一三〕。《詩》云：「赫赫師尹〔一一四〕，民具尔瞻〔一一五〕。」』

孝治章弟八〔一一六〕

子曰：『昔者明王之以孝治天下〔一一七〕，不敢遺〔一一八〕小国（國）之臣，而况於公侯伯子男乎〔一一九〕？故得万國之歡心〔一二〇〕，以事其先王。治国（國）者，不敢侮於鰥寡〔一二一〕，而况於士人〔一二二〕乎？故得百姓〔一二三〕之歡心，以事其先君〔一二四〕。治家者，不敢失於臣妾之心〔一二五〕，而况於▨（妻）子〔一二六〕乎？故得人〔一二七〕之歡心，以事其親。夫然，故生則親安之，祭則〔一二八〕鬼享之。是□▨（以天）〔一二九〕下和平，灾〔一三〇〕害不生，禍〔一三一〕乱不作。故明王之以孝治天下如此〔一三二〕。《詩》云：「有覺德行〔一三三〕，四國順之。」』

聖治章弟九

曾子曰〔一三四〕：『敢問聖人之德〔一三五〕，無以加於〔一三六〕孝乎？』子曰〔一三七〕：『天地之姓人最爲貴〔一三八〕。人之行〔一三九〕莫大於孝，孝莫大於嚴父，嚴父莫大於配天，則周公其人也〔一四〇〕。昔者周公郊祀后稷以配天〔一四一〕，宗祀文王於明堂〔一四二〕，以配上帝〔一四三〕。是▨(以)〔一四四〕四海之内，各以其職來助祭〔一四五〕。夫聖人之德，又何〔一四六〕加於孝乎？故親生之〔一四七〕膝下，□▨(以養)〔一四八〕父母日嚴。聖人因嚴以教敬，因親以教愛〔一四九〕。［聖人之教不肅而成］〔一五〇〕，其政不嚴而治。其所〔一五一〕因者本也。□▨(父子)〔一五二〕之道，天姓也〔一五三〕，君臣之義〔一五四〕。父母生之，續莫大焉。君親臨之，厚莫重焉〔一五五〕。故不愛其親而愛他人親者〔一五六〕，謂之勃德〔一五七〕；不敬其親而敬他人親者〔一五八〕，謂之勃礼〔一五九〕。以順則逆，民無〔一六〇〕則焉。不在於善，而皆在於凶德〔一六一〕。雖得〔一六二〕之，君子所不貴〔一六三〕。君子則不然，言思可道，行思可樂。德義可尊，作事〔一六四〕可法。容止〔一六五〕可觀，進退可度。［以臨其民］〔一六六〕，是以其人〔一六七〕畏而愛之，則而像〔一六八〕之。故能成其德［教］〔一六九〕，而行其政令〔一七〇〕。《詩》〔一七一〕云：「淑〔一七二〕人君子，其義不□(忒)〔一七三〕。」』

紀孝行章第十〔一七四〕

子曰：『孝子之事親〔一七五〕，居則致其〔一七六〕敬，養則致〔一七七〕其樂，病則致其〔一七八〕憂，喪則致其哀〔一七九〕，祭則致其嚴〔一八〇〕。五者俻矣，然後能事親。事親者居上不驕〔一八一〕，爲下不〔一八二〕乱，在醜不争，居上而［驕］則亡〔一八三〕，爲下而乱則刑〔一八四〕，在醜而争則兵〔一八五〕。三者〔一八六〕不除，雖日用三牲〔一八七〕之養，猶爲不孝〔一八八〕。』

五形章第十一〔一八九〕

子曰：『五刑〔一九〇〕之屬三千，而〔一九一〕罪莫大於不孝。要君［者］〔一九二〕無上，非聖人者〔一九三〕無法，非孝者無親，此大乱之道〔一九四〕。』

廣要道章第十二

子曰：『教民〔一九五〕親愛，莫善於孝。教民礼順〔一九六〕，莫善於弟〔一九七〕。移風易俗，莫善於樂。安上治人，莫善於礼〔一九八〕。礼者，敬而已矣〔一九九〕。故敬其父則子悦，敬其兄則弟〔二〇〇〕悦，敬其君則臣悦，敬一人則千万人〔二〇一〕悦。所敬者寡而悦者衆。此之謂要道〔二〇二〕。』

廣至德章弟十三

子曰：『君子［之教］以孝〔二〇三〕，非家至而日見之〔二〇四〕。教以孝，所以敬天下之爲人父者〔二〇五〕。教以弟〔二〇六〕，所以敬天下之爲人兄者〔二〇七〕。教以臣，所以敬天下之爲人君者〔二〇八〕。《詩》云：「愷悌〔二〇九〕君子，人〔二一〇〕之父母。」非至德〔二一一〕，其熟能訓人如此其大者乎〔二一二〕！』

廣揚名章弟十四〔二一三〕

子曰：『君子之〔二一四〕事親孝，故忠可移於君；事兄弟〔二一五〕，故順可移於長；居家治〔二一六〕，理可移〔二一七〕於官。是以行成▨（於）內〔二一八〕，而名立於後世矣〔二一九〕。』

諫諍章弟十五〔二二〇〕

曾子曰：『若夫慈愛恭敬，安親揚名〔二二一〕，則聞命矣〔二二二〕。敢問子從父〔二二三〕之令，可謂孝乎〔二二四〕？』子曰〔二二五〕：『是何言與？是何言與〔二二六〕？昔者天子有争〔二二七〕臣七人，雖無道，不失其〔二二八〕天下。諸侯有争臣五人，雖無道，不失〔二二九〕其国（國）。大夫有争臣三人，雖無道，不失其家。事父孝，故事天明；事母孝，故事地察〔二三〇〕。士有争友〔二三一〕，則身不離於令名〔二三二〕。父有争子，則身▨（不）陷〔二三三〕於不義，故當不義〔二三四〕，［則子不可以不争於父，臣不可以不争於君。故當不義］〔二三五〕則争之，從父之令，又焉得爲孝乎〔二三六〕！』

感應章弟十六

子曰〔二三七〕：『昔〔二三八〕者明王事父孝，故事天明；事母孝，故事地▨（察）〔二三九〕。長幼〔二四〇〕順，故上下治。天地明察，神明彰矣〔二四一〕。故雖天子，必有尊〔二四二〕，言有父〔二四三〕；必有先〔二四四〕，言有兄〔二四五〕。宗廟致敬〔二四六〕，不忘親〔二四七〕。修〔二四八〕身慎行，恐辱先人〔二四九〕。宗廟致敬〔二五〇〕，鬼神著〔二五一〕矣。孝弟〔二五二〕之至，通於神明，光於〔二五三〕四海，無所〔二五四〕不通。《詩》云：「自東自西〔二五五〕，自南自北，無思不服。」』

事君章弟十七

子曰：『君子之事上〔二五六〕，進思盡忠，退思〔二五七〕補過，將順其美，匡救〔二五八〕其惡，故上下治〔二五九〕，能相親〔二六〇〕。《詩》云〔二六一〕：「心乎愛矣〔二六二〕，遐不謂矣。忠心〔二六三〕藏之，何日忘之？」』

喪親章弟十八

子曰：『孝子之喪親〔二六四〕，哭不哀〔二六五〕，禮無〔二六六〕容，［言不文，服美不安］〔二六七〕，聞樂不樂〔二六八〕，食旨不甘：此哀戚之情〔二六九〕。三日而食，教民無以死傷▨（生）〔二七〇〕，▨□□□（毁不滅性）〔二七一〕：□□□□□（此聖人之政）〔二七二〕。□□□□（喪不過三）年〔二七三〕，示人有終〔二七四〕。爲之棺□□□□□□（槨衣衾而舉之）〔二七五〕，□□□□□□□□（陳其簠簋而哀戚之）〔二七六〕，□□□□（擗踴哭泣）〔二七七〕，□□□（哀以送）〔二七八〕之。卜〔二七九〕其宅兆，而安措〔二八〇〕之。□□□□（爲之宗廟）〔二八一〕，□□□□（以鬼享之）〔二八二〕；□□□□（春秋祭祀）〔二八三〕，□□（以時）思之〔二八四〕。生事愛敬〔二八五〕，死事哀□（戚）〔二八六〕，□□□□□□（生人之本盡矣）〔二八七〕，□□□□□□（死生之義俻矣）〔二八八〕，□□（孝子）之事親終矣〔二八九〕。』

孝經一卷〔二九〇〕

【校記】

〔一〕叔，底卷原作『淑』，陳鐵凡（一）云『當以「叔」爲正』，案『淑』爲『叔』之誤字，兹據甲卷、丁一改正；斯二八九四卷背雜寫作『宿』，音誤字。

〔二〕娶顔氏，戊卷同，甲卷、丁一『娶』作『取』，『取』『娶』古今字；丁一『氏』誤作『民』。

〔三〕祈，底卷原作『其』，陳鐵凡（一）云『當以「祈」爲正』，案『其』爲『祈』之音誤字，兹據丙卷、丁一改正；甲卷、乙卷亦誤作『其』。

〔四〕其首返宇，底卷、甲卷『首』作『守』，陳鐵凡（一）云『當以「首」爲正』，案《論衡·講瑞》云：『皋陶馬口，孔子反宇。』黄暉《論衡校釋》曰：『「反宇」謂孔子首如尼丘山。蓋山形如反覆宇之狀也。』（第一册一一二頁，中华書局，一九九〇）是『守』爲『首』之音誤字，兹據丁一、戊卷改正。又甲卷『宇』誤作『用』；乙卷『返』作『反』，『返』爲『反』之借字。

〔五〕像，甲卷、乙卷、丁一同，戊卷作『象』，『象』『像』古今字。

〔六〕應娉諸國，底卷、丁一、戊卷『諸』作『之』，陳鐵凡（一）云『當以「諸」爲正』，案『之』爲『諸』之借字，唐五代西北方音止、遇二攝混用，然此處作『之』易誤作動詞，故據甲卷、乙卷改正；『娉』爲『聘』之俗字。下『娉』字同。

〔七〕文武道墜，底卷、甲卷原『文』前有『久』字，當是衍文，兹據丁卷删。

〔八〕兹，甲卷、乙卷、丙卷、戊卷同，丁一誤作『慈』。

〔九〕簒弑由生，『弑』字底卷形誤作『試』，乙卷誤作『飫』，戊卷誤作『所』，兹據甲卷、丁一改正；乙卷『由』作『猶』，爲『由』之借字；己卷起於『由』字。

〔一〇〕末代之黔黎，底卷『代』字殘存上半，『之』字存末筆，兹據甲卷、丁一補；底卷『黔』原誤作『鈴』，甲卷右部同底卷，左部又誤作『足』，兹據乙卷、丁一、己卷改正；『黎』，丁一作『梨』，戊卷作『犂』，皆形誤。

〔一一〕慜倉生之莫救，底卷「莫」原作「末」，「末」乃「莫」之音誤字，兹據甲卷、丁一、戊卷改正；「救」字底卷及戊卷作「久」，音誤字，兹據甲卷、丁一改正；「慜」字戊卷同，甲卷作「敏」，丁一作「愍」，案「敏」、「慜」皆「愍」之借字。

〔一二〕使述六藝以待命主，底卷「使」原作「所」，乃「使」之音誤字（唐五代西北方音止、遇二攝混用），故據甲卷、乙卷、丁一、己卷改正；底卷「述」原作「術」，亦音誤字，兹據甲卷、乙卷、丙卷、丁一、己卷改正；底卷「主」字原殘存上端一點，兹據甲卷、乙卷、丁一、戊卷、己卷補；「命」字甲卷、丁一同，乙卷、己卷作「明」，「命」爲「明」之借字；丁二「待」前有「代」字，陳鐵凡（二）以「代」爲衍文。

〔一三〕有，底卷殘存下端殘畫，兹據甲卷、乙卷、丁一、戊卷補。

〔一四〕覩，底卷殘泐，兹據甲卷、乙卷、丙卷、戊卷補。

〔一五〕懸車止聘，底卷、戊卷「止」作「之」，乃「止」之音誤字，兹據甲卷、乙卷、丁二改正；「懸」字乙卷、戊卷同，甲卷作「縣」，「縣」「懸」古今字。丁二起於「止」字。

〔一六〕歸，乙卷同，甲卷作「皈」，己卷作「⿰自反」，「皈」爲「⿰自反」之俗訛，「⿰自反」爲「歸」之會意俗字，説見《敦煌俗字研究》上編五九頁。

〔一七〕修，丁二、戊卷、己卷同，乙卷作「脩」，乃「修」之借字；甲卷音誤作「收」（《廣韻》「收」音式州切，山紐尤韻；「修」音息流切，心母尤韻，敦煌寫卷有心、山二紐混用者，例見洪藝芳《唐五代西北方音》三一頁，中國文化大學一九九五年碩士論文）。

〔一八〕述易道，底卷「述」存上端殘畫，「道」殘缺左上角，「易」字殘泐，兹據甲卷、乙卷、丁二、戊卷補。

〔一九〕乃刊，戊卷同；甲卷、丙卷「乃」誤作「及」；甲卷「刊」誤作「可」，乙卷誤作「看」。丁二止於「乃」字。

〔二〇〕禮，乙卷、己卷同，甲卷作「礼」，乃古文「禮」字，敦煌寫本多用此字，後世刊本則多用「禮」字。

〔二一〕於洙泗，底卷「於洙」二字殘存右边殘畫，兹據乙卷、丁一、己卷補；甲卷「洙」誤作「殊」；甲卷、丁一「泗」

誤作『四』。

〔二二〕弟子四方之者三千，底卷『者』存上半，『三』存左半，兹據甲卷、乙卷、戊卷補；甲卷、乙卷『之』作『至』，作『至』爲善；甲卷『弟』作『苐』，『苐』爲『弟』之俗字。甲卷凡『弟』皆作『苐』，下不復出。

〔二三〕通達者七十二人，底卷『二人』二字原殘泐，兹據甲卷、乙卷、戊卷、己卷補；丁一止於『達者』。

〔二四〕唯有弟子曾參有至孝之性，底卷『唯』及『曾參有至』五字殘泐，兹綜合甲卷、乙卷、戊卷、己卷諸卷所存補；底卷、乙卷、戊卷『性』原作『姓』，音誤字，兹據甲卷改正；戊卷『之』、『至』二字因音同而誤倒。

〔二五〕居，甲卷、丙卷、戊卷、己卷同，乙卷作『其』，音誤字，唐五代西北方音二字同音。

〔二六〕絰紀，乙卷同，『絰』爲『綱』之俗字，甲卷誤作『罰』，丙卷、戊卷誤作『網』；戊卷『紀』誤作『記』。

〔二七〕⿰亻悳，乙卷同，甲卷、戊卷、己卷作『德』，《干禄字書·平聲》：『⿰亻悳、德，上俗下正。』『⿰亻悳』亦『德』之俗字，敦煌寫卷亻、彳混用。

〔二八〕慜德，丙卷、戊卷、己卷同，乙卷『德』作『得』，乃『德』之借字。陳鐵凡《孝經鄭氏解斠詮》云：『《說文》無「慜」字，《廣韻·軫部》：「慜，聰也。」《周禮·師氏》：「二曰敏德，以爲行本。」』（臺灣燕京文化事業公司，一九七七）『慜』爲『敏』之借字。

〔二九〕理明，甲卷、乙卷、戊卷、己卷作『異名』，案此與『同體』相對，似以『異名』爲善。

〔三〇〕經，底卷原誤作『結』，兹據甲卷、乙卷、戊卷、己卷改正。

〔三一〕弟，戊卷、己卷同，甲卷、乙卷作『苐』，刊本作『第』，案『苐』爲『弟』之俗字，俗書竹頭多寫作草頭，俗據『苐』楷正，則成『第』字。下凡子目中『弟』字均不復出校。

〔三二〕仲尼居，庚一起於此。

〔三三〕侍，甲卷、戊卷、己卷、庚一、刊本同，乙卷誤作『時』，陳鐵凡（二）云『此以聲形俱近而譌』。

〔三四〕民用和穆，『民』字乙卷、戊卷、己卷、刊本同，甲卷作『人』，『人』爲『民』之諱改字；『穆』字甲卷、乙卷、戊卷、己卷、刊本作『睦』，『穆』爲『睦』之借字。下凡『人』、『民』之别而出校者，『人』字均爲『民』之諱改字，故不復贅校語。

〔三五〕知之，甲卷、乙卷、庚一、刊本同，戊卷、己卷作『之知』，李德超云『應係誤倒』，案唐五代西北方音『知』、『之』二字同音，故戊卷、己卷誤倒作『之知』。

〔三六〕曾子避席，『席』字甲卷、戊卷、刊本同，丙卷、己卷、庚一作『廗』，乙卷作『蓆』，案《干禄字書・入聲》：『廗、席，上俗下正。』『蓆』則因『避』而類化增旁。辛卷起於此。

〔三七〕敏，甲卷、己卷、刊本同，乙卷、丙卷、戊卷作『慜』，『慜』爲『敏』之借字。

〔三八〕知，乙卷、戊卷、己卷、刊本同，甲卷作『之』，乃『知』之音誤字。

〔三九〕子曰，底卷『子』存上半，『曰』存左下角殘畫，兹據甲卷、乙卷、戊卷、己卷、刊本補。

〔四〇〕孝，底卷殘脱右下角『子』的上部，兹據甲卷、乙卷、戊卷、己卷、庚一、刊本補。

〔四一〕德之本，甲卷、乙卷、戊卷、己卷、庚一、辛卷同，刊本下有『也』字。下句『生』下刊本亦有『也』字。

〔四二〕髪膚，甲卷、乙卷、己卷、刊本同，陳鐵凡（二）謂戊卷寫作『霄』，云：『「霄」爲「膚」之俗。「夫」爲旁記注音。』案此字戊卷下半模糊有塗抹，乃寫錯而塗抹者，並非『霄』形，旁注字『夫』並非旁記注音，而是同音别字，蓋『膚』字難寫，學童一寫不成，索性就用一個同音字代替了。丙卷止於『髪』（此字殘存右半）。

〔四三〕行道，戊卷、己卷、庚一、刊本同，乙卷誤作『之道』。

〔四四〕揚名於後世，底卷、乙卷『世』字作『廿』，避諱缺筆字，兹據甲卷、戊卷、己卷、刊本録正；乙卷、戊卷、己卷、庚一『揚』作『楊』，此扌、木不分所致也。

〔四五〕以，甲卷、戊卷、己卷、辛卷同，乙卷作『已』，二字古多通用。

〔四六〕夫孝始於事親，甲卷、戊卷、己卷、庚一同，乙卷無，陳鐵凡（二）謂乙卷脱。

〔四七〕忠，甲卷、乙卷、庚一同，戊卷、己卷作『終』，刊本作『中』，李德超云：『按文理，事君在始事親、終立身之間，應作「中」爲是。』案『忠』『終』皆『中』之音誤字。

〔四八〕終於立身，『終』字甲卷、乙卷、戊卷、己卷、庚一同，辛卷作『忠』，『忠』爲『終』之音誤字。庚二起於『身』字。

〔四九〕無念尔祖生，乙卷同，『尔』字戊卷、己卷作『尒』，辛卷作『示』，甲卷作『汝』，刊本作『爾』，甲卷、庚一、刊本無『生』字。陳鐵凡（二）云：『「汝」爲「爾」之譌。「生」字衍。』案《敦煌俗字研究》云：『「爾」「尒」古本非一字，後世則合二而一，字多寫作「爾」。』（下編第七頁）『尔』爲『尒』之手寫變體，『示』爲『尔』之形誤，『汝』爲後人臆改。《大雅·文王》作『無念爾祖』，『生』字疑因《小雅·小宛》『無忝爾所生』句而誤添。

〔五〇〕修，戊卷、辛卷同，甲卷、乙卷、己卷、庚一、刊本作『脩』，『脩』爲『修』之借字。

〔五一〕慢於人，壬一起於此三字（均殘存左半）。

〔五二〕加，甲卷、戊卷、己卷、辛卷、刊本同，庚一作『家』，陳鐵凡（二）云『殆以同音而譌』。癸卷起於此。

〔五三〕形，甲卷、辛卷同，乙卷、戊卷、己卷、庚一、刊本作『刑』，《經典釋文·孝經音義》出『形于』二字，云：『法也。字又作刑。』臧庸《孝經鄭氏解輯本》云：『此經「形于四海」，猶《感應章》「光于四海」，當從鄭作「形」，唐本作「刑」非也。』

〔五四〕吕形，辛卷同，甲卷、乙卷、戊卷、己卷、庚二、壬一、刊本作『甫刑』，皮錫瑞《孝經鄭注疏》云：『今文《尚書》作「甫刑」，古文《尚書》作「吕刑」。……要在周初，其國當稱「甫」，不當稱「吕」，今文《尚書》作「甫刑」爲得其實。』陳鐵凡（二）云：『隋唐後僞古文行，甫刑、吕刑多混。鄭注《孝經》，本之今文，當作「甫刑」。寫本頗有作「吕刑」者，正坐隋唐以後混淆之失也。』案伯三四二八＋伯二六七四號鄭玄《孝經注》正作『甫刑』，『形』爲『刑』之借字。

〔五五〕兆人賴之，『人』字甲卷、乙卷、戊卷、己卷、辛卷、癸卷同，刊本作『民』，庚二作『巳』，『人』爲『民』之諱改字，『巳』爲避諱缺筆字；『賴』字甲卷、乙卷、戊卷、己卷、庚二同，刊本作『頼』，『賴』爲『頼』之俗字，辛卷作「賚」，陳鐵凡（二）云：「「賴」正。「賚」以同音而譌。」庚二止於此句。

〔五六〕侯，甲卷、戊卷、己卷、庚一、辛卷、刊本同，乙卷、癸卷誤作「候」。

〔五七〕驕，甲卷、戊卷、己卷、庚一、辛卷、刊本同，乙卷作「憍」。《説文·馬部》「驕，一曰野馬」段注：「凡驕恣之義當是由此引伸，旁義行而本義廢矣。俗製嬌、憍字。」

〔五八〕制，甲卷、乙卷、戊卷、己卷、癸卷、刊本同，辛卷作「製」，陳鐵凡（二）云「制、製古今字」。

〔五九〕而，乙卷、己卷、辛卷、壬卷、癸卷同，戊卷作「如」，「如」爲「而」之借字。

〔六〇〕所以長守貴，甲卷、己卷、庚一同，「守」字乙卷、戊卷作「受」，辛卷作「壽」，陳鐵凡（二）云「「守」「壽」以音近而譌。「守」正，「壽」譌」，案「受」亦「守」之音誤字；刊本末有「也」字，甲卷、戊卷、己卷、庚一、辛卷皆同底卷，無此字；壬一止於「所」字。

〔六一〕「富」下刊本有「也」字，甲卷、乙卷、戊卷、己卷、辛卷、壬二、癸卷皆同底卷，無此字。

〔六二〕離，甲卷、乙卷、戊卷、己卷、辛卷、壬二、刊本同，癸卷作「治」，陳鐵凡（二）云：「「治」爲「離」之譌。」案此乃回改避諱字所致。蓋此版本系統原將「離」誤寫成「理」，後人又以「理」爲諱改字，遂回改爲「治」。

〔六三〕能，甲卷、乙卷、戊卷、己卷、庚一、辛卷、壬二同，癸卷脱。

〔六四〕民人，底卷原作「民民」，甲卷、乙卷、戊卷、己卷、辛卷作「人民」，陳鐵凡（二）云：「舊輯及諸刊俱作「民人」，是也。」案《吕氏春秋·先識覽·察微》、《白虎通·社稷》及《羣書治要》所引均作「民人」，兹據癸卷、刊本改作「民人」，其作「民民」者，傳抄者以「人」爲諱改字而回改也。

〔六五〕侯，甲卷、戊卷、己卷、辛卷、癸卷、刊本同，乙卷誤作「候」。

〔六六〕詩，甲卷、乙卷、戊卷、己卷、辛卷、壬二、刊本同，癸卷作「書」，陳鐵凡（二）云：「「詩」誤作「書」。」案唐五代西北方音止、遇二攝混用，詩、書二字同音致誤，如《論語集解》「何必讀書，然後爲學」，斯三〇一一《論語集解》寫卷「書」字即誤作「詩」。

〔六七〕渕，乙卷、戊卷、己卷、庚一、辛卷、癸卷同，刊本作『淵』，甲卷作『泉』，案『渕』爲『淵』之俗字，陳鐵凡（一一）云：『「淵」字作「泉」，殆避唐高祖諱。』

〔六八〕氷，甲卷、乙卷、戊卷、己卷、庚一、辛卷、癸卷同，刊本作『冰』，《字彙·水部》：『氷，俗冰字。』

〔六九〕『服非先王之法言不敢道』十字底卷原脱，兹據甲卷、戊卷、己卷、辛卷、癸卷、刊本補；乙卷『之』音誤作『諸』（唐五代西北方音止、遇二攝常混用）。

〔七〇〕非先王之德行，甲卷、乙卷、己卷、辛卷、癸卷、子卷、刊本同，戊卷脱『行』字。子卷起於『非』字。

〔七一〕口無擇言身無擇行，乙卷、戊卷、己卷、辛卷、子卷、刊本同，甲卷兩『擇』字均作『澤』，李德超認爲甲卷誤；癸卷脱『身無擇行』四字。

〔七二〕言滿天下無口過，甲卷、乙卷、己卷、辛卷、子卷、刊本同；癸卷脱『言』字；戊卷句末添一小字『也』，當是手民隨手而添。

〔七三〕行滿天下，壬二止於『下』字。

〔七四〕俻，甲卷、乙卷、戊卷、己卷、庚一、辛卷、癸卷同，刊本作『備』，《玉篇·人部》『備』條下云：『俻，同上，俗。』下凡『俻』字不復出校。

〔七五〕然後能守其宗庿，底卷、甲卷『庿』原作『厝』，己卷、辛卷、癸卷、刊本作『廟』，乙卷、戊卷作『廟』（敦煌寫卷從广、從厂之字多混），李德超云『《説文》以古文廟字作「庿」，其作「厝」者亦誤』，兹據以改正；癸卷脱『後』、『宗』二字。

〔七六〕蓋卿大夫之孝也，甲卷、乙卷、戊卷、己卷、庚一、辛卷、刊本同，癸卷『之』音誤作『諸』；子卷脱『無怨惡三者俻矣然後能守其宗庿蓋卿大夫之孝』二十字。

〔七七〕夙夜匪懈，甲卷、庚一、辛卷、癸卷、子卷、刊本同，乙卷、戊卷『夙』下多『興』字，李德超云『「興」字衍文』，案『興』當是因手民熟於『夙興夜寐』句而誤衍；戊卷、己卷『懈』作『解』，『解』『懈』古今字。

〔七八〕事，甲卷、乙卷、戊卷、己卷、辛卷、癸卷、刊本同，子卷作「庶」，陳鐵凡（二）云：「『事』之作『庶』，殆以音近而譌。」案《廣韻》「事」音鉏吏切，崇紐去聲志韻，「庶」音商署切，審紐去聲御韻，其聲爲濁音清化，其韻則止、遇二攝混同也。

〔七九〕士人章，甲卷、乙卷、戊卷、己卷、庚一、辛卷、癸卷同，刊本作「士章」，陳鐵凡（二）云：「《孝經》五孝—天子、諸侯、卿大夫、士、庶人—天子至士依爵號序次，士以上皆謂爵，惟『庶人』非爵。故經傳舉爵號無稱『士人』者。本章經及注如『士之孝也』『知義理謂之爲士』『士之行孝』『言士爲孝』……皆僅稱『士』。其作『士人』者，疑涉下章『庶人』而譌。」子卷誤作「庶人章」。

〔八〇〕而愛同，甲卷、乙卷、戊卷、己卷、庚一、辛卷、癸卷、刊本同，子卷脱「同」字。

〔八一〕事，甲卷、乙卷、戊卷、己卷、庚一、辛卷、癸卷、刊本同，子卷脱。

〔八二〕敬，甲卷、乙卷、己卷、庚一、辛卷、癸卷、子卷、刊本同，戊卷誤作「愛」。

〔八三〕君取其敬，甲卷、戊卷、己卷、庚一、辛卷、癸卷、刊本同；乙卷「其」字重，因换行而誤衍也；子卷脱「君」字。

〔八四〕則忠，甲卷、庚一、辛卷、癸卷、刊本同，戊卷、己卷「忠」作同音借字「中」，子卷脱「則」字。

〔八五〕忠順不失，甲卷、乙卷、戊卷、己卷、庚一、辛卷、癸卷、刊本同，子卷脱「忠順」二字，「失」誤作「矢」。

〔八六〕可以事上，辛卷同，甲卷、乙卷、戊卷、己卷、庚一、癸卷、子卷、刊本作「以事其上」，案伯三四二八＋伯二六七四鄭玄《孝經注》云：「二者不失，可以事上。」此白文《孝經》所據底本應是鄭注本。

〔八七〕蓋士之孝也，底卷、辛卷「士」原作「事」，無「也」字，案「事」爲「士」之音誤字，前天子章、諸侯章、卿大夫章此句皆謂「蓋某之孝也」，故此處亦應有「也」字，今據甲卷、乙卷、庚一、刊本補正；戊卷、己卷、癸卷作「蓋士人之孝也」，乃順子目而添「人」字，説參校記〔七九〕；子卷「士」誤作「王」。

〔八八〕寐，甲卷、乙卷、戊卷、己卷、庚一、辛卷、癸卷、刊本同，子卷誤作「麻」。

〔八九〕無忝尔所生，「尔」字底卷及乙卷、辛卷形誤作「亣」，癸卷誤作「余」，甲卷、戊卷、己卷、庚一、子卷、丑一作

『尒』，刊本作『爾』（尔、尒、爾之别參校記〔四九〕），兹循字形改正作『尔』；戊卷、己卷、癸卷、子卷『忝』作『念』，陳鐵凡（二）云『「忝」誤作「念」』。丑一起於『忝』。

〔九〇〕庶人章，甲卷、乙卷、戊卷、己卷、庚一、辛卷、子卷、刊本同，癸卷『庶』誤作『鹿』，本章中『庶』字癸卷皆誤作『鹿』；丑二『庶人』下有『行』字，以下殘泐，案丑一第四行有『三才行孝章』諸字，丑二第三行有『孝治行孝』四字，這是另一個系統的版本，内容無别，僅是在每個子目下加『行孝』二字。

〔九一〕用天之道分地之利，甲卷、乙卷、戊卷、己卷、庚一、辛卷、癸卷、刊本同；子卷前有『子曰』二字，『利』作『理』，陳鐵凡（二）云『「利」誤作「理」』。

〔九二〕庶人之孝，乙卷、辛卷同，甲卷、戊卷、己卷、庚一、癸卷、子卷、丑一、刊本下有『也』字。

〔九三〕自天子至于，乙卷、辛卷同，甲卷、戊卷、己卷、庚一、癸卷、子卷、丑一、刊本『于』作『於』，『于』『於』古多通用；子卷『自』誤作『白』。

〔九四〕而患不及己者，甲卷、乙卷『而』作『如』，『如』爲『而』之借字；刊本無『己』字，甲卷、乙卷、戊卷、己卷、庚一、辛卷、癸卷、子卷皆有，严可均云：『明皇本無「己」字，蓋臆删耳。據鄭注「患難不及己身」，身即己也。《正義》引劉瓛云「而患行孝不及己者」，又云「何患不及己者哉」，則經文元有「己」字。』（《孝經鄭注》輯本）

〔九五〕之，底卷原作『知』，陳鐵凡（二）云『「之」誤作「知」』，兹據甲卷、乙卷、戊卷、己卷、庚一、辛卷、癸卷、子卷、刊本改正。

〔九六〕三才章，諸卷皆同，唯丑一作『三才行孝章』。

〔九七〕夫孝，甲卷、乙卷、戊卷、己卷、庚一、辛卷、刊本同，子卷脱此二字；癸卷末有『也』字。

〔九八〕天之經，甲卷、乙卷、戊卷、己卷、庚一、辛卷、癸卷、丑一同，刊本末有『也』字。下『地之義』及『人之行』句末刊本均有『也』字。

〔九九〕 人，甲卷、乙卷、戊卷、己卷、庚一、癸卷同，辛卷、刊本作『民』。

〔一〇〇〕 『地之義人之行天』七字子卷脱。

〔一〇一〕 人，甲卷、子卷同，乙卷、戊卷、己卷、庚一、辛卷、癸卷、刊本作『民』。

〔一〇二〕 其教不肅而成，甲卷、乙卷、戊卷、己卷、辛卷、癸卷、子卷同，庚一『成』字作『城』，借字也。子卷止於此；寅卷起於『其』（存左端殘畫）。

〔一〇三〕 可以化人，『人』字甲卷、乙卷、庚一、辛卷、癸卷同，戊卷、己卷、刊本作『民』。丑一止於『以』殘字（殘存右边『人』）。

〔一〇四〕 慱，己卷、辛卷、癸卷同，甲卷、乙卷、戊卷、庚一、寅卷、刊本作『博』，《干禄字書·入聲》：『慱、博，上通下正。』

〔一〇五〕 而人莫遺其親，『人』字甲卷、庚一、寅卷同，乙卷、戊卷、己卷、辛卷、癸卷、刊本作『民』；癸卷『而民』倒作『民而』。丑二起於『莫』。

〔一〇六〕 以，甲卷、戊卷、庚一、癸卷、丑二同，乙卷、己卷、辛卷、刊本作『於』，吴昌瑩《經詞衍釋》云：『於猶以也。』

〔一〇七〕 而人興行，『人』字甲卷、庚一同，乙卷、戊卷、己卷、辛卷、癸卷、丑二、刊本作『民』；『行』字戊卷先寫作『行』，後在旁改成『之』，當是手民臆改。

〔一〇八〕 之，甲卷、乙卷、戊卷、庚一、辛卷、癸卷、寅卷、刊本同，己卷作『知』，陳鐵凡（二）云『知』字誤。

〔一〇九〕 人，甲卷、庚一同，乙卷、戊卷、己卷、辛卷、癸卷、寅卷、刊本作『民』。

〔一一〇〕 道之以礼樂，『道』字甲卷、乙卷、戊卷、己卷、庚一、辛卷、癸卷、丑二、寅卷同，刊本作『導』，『道』『導』古今字；『礼』字甲卷、乙卷、戊卷、己卷、庚一、辛卷、癸卷、寅卷同，丑二、刊本作『禮』。

〔一一一〕 人，甲卷、庚一、丑二同，乙卷、戊卷、己卷、辛卷、癸卷、刊本作『民』。

〔一一二〕 示之以，底卷、辛卷、丑二『示』原作『是』，音誤字，玆據甲卷、乙卷、戊卷、己卷、庚一、癸卷、丑二、刊本改正；甲卷『之』作『知』，亦音誤字；乙卷『以』作『与』，音借字。陳鐵凡（二）云：『「是」當爲「示」之誤，「與」爲「以」之誤，殆因音同、音近而譌也。』案《廣韻》『是』音承紙切，禪紐上聲紙韻，『示』音神至切，神紐去聲至韻，唐五代西北方音神、禪多混用（例見洪藝芳《唐五代西北方音研究》三〇頁），至於二字聲調之別，實濁上歸去之例，可見『是』『示』實同音字；『與』『以』二字，因止、遇二攝混同，實際亦是同音字。

〔一一三〕人知禁，『知』字底卷及乙卷、戊卷、己卷、庚一、辛卷、癸卷作『之』，陳鐵凡（二）云『「知」「之」互譌，寫本數見』，案『之』爲『知』之音誤字，兹據甲卷、寅卷、刊本改正；『人』字甲卷同，乙卷、戊卷、己卷、庚一、辛卷、癸卷、寅卷、刊本作『民』。卯卷起於此（『民』殘存下半）。

〔一一四〕赫赫師尹，下『赫』字各卷多作重文符號，唯寅卷誤作『之』；『尹』字甲卷、戊卷、己卷、庚一、辛卷、癸卷、丑二同，乙卷誤作『伊』。

〔一一五〕民具尔瞻，底卷、丑二『尔』原作『朩』，乃形誤字，甲卷、戊卷、己卷、庚一、癸卷、寅卷作『尒』，『尔』爲『尒』之别體，兹依例改正；乙卷、辛卷誤作『示』；刊本作『爾』，爾、尒、尔之别見校記〔四九〕；『民』字乙卷、戊卷、辛卷、癸卷、寅卷同，甲卷、庚一、丑二作『人』；己卷『民』下衍『人』字。

〔一一六〕孝治，甲卷、乙卷、戊卷、庚一、辛卷、癸卷、寅卷同，丑二作『孝治行孝』，己卷『治』作『利』。陳鐵凡（二）云：『「利」疑爲「理」之譌。蓋唐人避高宗諱，改「治」爲「理」。又以音近譌爲「利」。』蔡主賓《敦煌寫本儒家經籍異文考》云：『利、治二音，中古甚近，此「治」作「利」者，當涉音近而訛。』案陳氏是而蔡氏誤。

〔一一七〕明王之以孝治天下，甲卷、乙卷、庚一、辛卷、癸卷、卯卷、寅卷同，戊卷、己卷『明』作『名』，陳鐵凡（二）云『「明」以音同譌爲「名」』；丑二、刊本末有『也』字。

〔一一八〕敢遺，諸卷皆同，唯癸卷誤作『嚴』。

〔一一九〕況於公侯伯子男乎，刊本『況』作『况』，諸卷皆作『况』，《玉篇·冫部》『况，俗況字』；『伯』字己卷、庚一、辛卷、卯卷同，甲卷、戊卷誤作『佰』，癸卷誤作『百』；乙卷『侯』誤作『候』，『男』誤作『南』；辰卷起於『於』

公侯』。下『况』字同。

〔三〇〕得万國之歡心，『歡』字甲卷、乙卷、戊卷、庚一、辛卷、癸卷、丑二、卯卷同，刊本作『懽』，古異體字，己卷誤作『觀』；『得』字戊卷、己卷、庚一、辛卷、癸卷、丑二、卯卷同，甲卷、乙卷作『德』，『德』爲『得』之借字；『万』字戊卷、己卷、辛卷、寅卷同，甲卷、乙卷、庚一、癸卷、丑二、卯卷作『萬』，《玉篇·方部》『万，俗萬字。十千也』。本章中『歡』字刊本均作『懽』，下不復出。

〔三一〕侮於鰥寡，戊卷『侮』先寫作『侮』，後塗去『亻』加『攵』成『敏』，丑二作『悔』，蔡主賓《敦煌寫本儒家經籍異文考》云：『侮、悔同音通叚。』案『悔』、『敏』皆誤字；『鰥』字甲卷、辰卷同，乙卷、戊卷、己卷、庚一、辛卷、癸卷、丑二、寅卷、卯卷作『鱞』，『鱞』爲『鰥』之別體。

〔三二〕人，甲卷、庚一、辛卷、癸卷、丑二、寅卷同，乙卷、戊卷、己卷、卯卷、刊本作『民』。

〔三三〕得百姓，『得』字戊卷、己卷、庚一、辛卷、丑二、寅卷、卯卷同，甲卷、乙卷、癸卷作『德』，案『德』爲『得』之借字；『姓』字癸卷作『性』，陳鐵凡（二）云：『「姓」誤作「性」。』

〔三四〕事其先君，『先君』戊卷、己卷、庚一、辛卷、寅卷、卯卷、刊本同，甲卷、乙卷作『先王』；癸卷脫『其』字，『先君』誤倒作『君先』。

〔三五〕不敢失於臣妾之心，刊本無『之心』二字，諸卷皆有，李德超云：『古文《指解》暨孔氏傳與敦煌諸卷俱作「臣妾之心」，應信當時之經文如此。』又『妾』字乙卷作『接』，庚一作『椄』，皆爲誤字；癸卷脫『敢』字。

〔三六〕而况於妻子，底卷『妻』殘存下截『女』，兹據諸卷補；癸卷脫『而』字。

〔三七〕得人，『得』字戊卷、己卷、庚一、辛卷、癸卷、寅卷、卯卷同，甲卷、乙卷作『德』，案『德』爲『得』之借字；庚一無『人』字，李德超認爲庚一脫；卯卷『人』作『民』，案『民』字誤，乃手民誤以『人』爲諱改字而回改。

〔三八〕祭則，辛卷『祭』字右上角有一『製』字，《郝録》云：『此字爲小字，寫於「祭」字之右上端，或爲衍文，或爲「祭」字之注音。』案據《廣韻》，『祭』『製』二字僅聲母有精、照之別，然唐五代西北方音精、照二紐多有同用者（例詳洪藝芳《唐五代西北方音研究》三一頁），「製」蓋爲「祭」之旁注音，斯七二八背的雜寫此字作「制」，即爲「祭」之音誤字。辰卷止於此。

〔二九〕以天，底卷「以」字殘泐，「天」存右下端殘畫，茲據甲卷、乙卷、戊卷、己卷、辛卷、癸卷、寅卷、卯卷、刊本補；庚一脱「以」字。

〔三〇〕灾，甲卷、乙卷、戊卷、己卷、庚一、辛卷、丑二、寅卷、卯卷同，刊本作「災」，二字古異體；斯七二八背的雜寫作「哉」，音誤字；癸卷脱此字。

〔三一〕禍，諸卷皆同，唯癸卷誤作「福」。

〔三二〕明王之以孝治天下如此，刊本「天下」後有「也」字，而敦煌諸卷皆無；乙卷「明」誤作「名」；「此」字癸卷形誤作「比」，卯卷作「是」，同義詞；戊卷「之」作「知」，亦音誤字。

〔三三〕德行，甲卷、戊卷、己卷、辛卷、癸卷、丑二、寅卷、卯卷、刊本同，乙卷「德」作「得」，「得」爲「德」之借字；庚一脱「行」字。

〔三四〕曾子曰，甲卷、戊卷、己卷、庚一、辛卷、癸卷、丑二、寅卷、卯卷、刊本同；乙卷無，李德超以爲脱。

〔三五〕德，甲卷、乙卷、戊卷、庚一、辛卷、癸卷、丑二、寅卷、卯卷、刊本同，己卷作「得」，「得」爲「德」之借字。

〔三六〕於，甲卷、乙卷、戊卷、己卷、辛卷、癸卷、丑二、寅卷、卯卷、刊本同，庚一作「衣」，陳鐵凡（二）云「『於』誤作『衣』」，案「衣」爲「於」之音誤字，唐五代西北方音止、遇二攝混用所致。

〔三七〕子曰，寅卷止於此（「曰」殘存右上角）。

〔三八〕天地之姓人最爲貴，「姓」字己卷、辛卷同，甲卷、乙卷、戊卷、庚一、癸卷、刊本作「性」，陳鐵凡（二）云「『性』誤作『姓』」；「最」字辛卷作「㝡」，甲卷、乙卷、戊卷、己卷、庚一、卯卷、刊本無，癸卷作「罪」，「㝡」爲「最」之俗字，陳鐵凡（二）云：「『罪』以與『最』同音而譌。」

〔三九〕人之行，巳卷起於此。

〔四〇〕其人也，諸卷皆同，唯卯卷作「其人民」，陳鐵凡（二）云「『也』誤作『民』」，案此乃因「人」而連寫爲「人民」所致。

〔四一〕郊祀后稷以配天，戊卷、己卷、庚一、癸卷、丑二、卯卷、刊本同，乙卷「郊」作「効」；「后」字甲卷作「厚」，乙卷、辛卷作「後」；乙卷脱「天」字。陳鐵凡（二）云：「『郊』誤作『効』，『后』誤作『厚』。」案「後」亦「后」之誤。已卷止於此句。

〔四二〕宗祀文王於明堂，戊卷、己卷、辛卷、卯卷、刊本同；甲卷「祀」作「配」，陳鐵凡（二）云「『祀』誤作『配』」；癸卷脱「文」字；乙卷、庚一脱此句。

〔四三〕以配上帝，甲卷、戊卷、己卷、辛卷、癸卷、卯卷、刊本同，乙卷脱「以配」二字，庚一脱此句。

〔四四〕以，底卷原殘存右边「人」，兹據甲卷、乙卷、戊卷、己卷、庚一、辛卷、癸卷、卯卷、刊本補。

〔四五〕以其職來助祭，「職」字甲卷、乙卷、戊卷、己卷、庚一、癸卷、丑二、卯卷同，刊本作「職」，辛卷作「識」，《玉篇·身部》云「職，俗職字」，陳鐵凡（二）云「『職』誤作『識』」；「助」字甲卷、乙卷、戊卷、己卷、庚一、辛卷、癸卷、卯卷同，刊本無，李德超云：「敦煌本除伯三三八二外俱有『助』字，信當時之經文應如此。況玄宗注亦謂『各備其職來助祭也』。」

〔四六〕又何，戊卷「又」作「有」，「有」爲「又」之借字；刊本「何」下有「以」字，諸敦煌本皆無，李德超云：「敦煌諸本俱無『以』字，宜從寫卷。」

〔四七〕生之，諸卷皆同，唯癸卷脱。

〔四八〕以養，底卷「以」字殘泐，「養」殘脱上半，兹據甲卷、乙卷、戊卷、己卷、庚一、辛卷、卯卷、刊本補；癸卷「養」誤作「美」。

〔四九〕以教愛，卯卷無「以」字，陳鐵凡（二）以爲脱；癸卷「教愛」作「愛教」，他本均同底卷，陳鐵凡（二）云：「『教愛』二字誤倒。」

〔一五〇〕聖人之教不肅而成，底卷、辛卷無，兹據甲卷、乙卷、己卷、癸卷、卯卷、刊本補；庚一無『教』字，陳鐵凡（二）云『脱「教」字』；戊卷『而』作『以』，王引之《經傳釋詞》云：『而猶以也。』下句『而』字戊卷亦作『以』。

〔一五一〕其所，甲卷、戊卷、己卷、庚一、辛卷、癸卷、卯卷、刊本同，乙卷脱。

〔一五二〕父子，底卷『父』字殘泐，『子』殘存下半，兹據甲卷、乙卷、戊卷、己卷、庚一、辛卷、癸卷、丑二、卯卷、刊本補。

〔一五三〕天姓也，『姓』字甲卷、己卷、辛卷同，乙卷、戊卷、庚一、癸卷、丑二、卯卷、刊本作『性』，陳鐵凡（二）云『「性」誤作「姓」』；庚一無『也』字。

〔一五四〕君臣之義，甲卷、乙卷、戊卷、己卷、庚一、辛卷、癸卷同，卯卷、刊本下有『也』字。

〔一五五〕君親臨之厚莫重焉，戊卷、己卷、辛卷、癸卷同，甲卷、卯卷脱，乙卷『厚』作『享』，庚一、丑二『重』作『大』，陳鐵凡（二）云『「厚」誤作「享」，「大」字當涉上經文而誤，此應作「重」』。

〔一五六〕他人親者，甲卷、乙卷、戊卷、己卷、庚一、癸卷、卯卷同，刊本無『親』字，辛卷無『親者』二字。案伯三四二八＋伯二六七四鄭玄《孝經注》云：『不能敬其親而愛他人親者，謂之悖德。』陳鐵凡（二）云：『諸寫本經文「他人」下俱有「親」字，疑即鄭注所本者。其後經文傳抄誤奪，説者轉以鄭爲增文。』下句『敬他人親者』之『親』同。

〔一五七〕勃德，『勃』字甲卷、己卷、辛卷同，乙卷、戊卷、庚一、癸卷、卯卷、刊本作『悖』，庚一『德』作『得』，案『勃』爲『悖』之借字，『得』爲『德』之借字。下句『勃』字同。

〔一五八〕而敬他人親者，甲卷、戊卷、己卷、庚一、辛卷同，乙卷『敬』作『親』，卯卷『敬』字原寫作『愛』，旁注改爲『親』，案『不敬其親而敬他人親者』與上句『不愛其親而愛他人親者』相對，故當作『敬』；癸卷、刊本無『親』字，癸卷又無『者』字。

〔一五九〕 勃礼，癸卷作『悖德礼』，陳鐵凡〔二〕云『德』字衍。

〔一六〇〕 民無，『民』字乙卷、戊卷、己卷、庚一、辛卷、癸卷、卯卷、刊本同，甲卷作『人』。午一起於『無』字（殘存左下角兩點）。

〔一六一〕 而皆在於凶德，甲卷、戊卷、己卷、庚一、辛卷、卯卷同，乙卷無『而』字，癸卷『凶』字誤作『胷』，癸卷、丑二『德』字借作『得』。

〔一六二〕 得，己卷、庚一、辛卷、丑二、卯卷、刊本同，甲卷、乙卷、癸卷作『德』，戊卷脱，『德』爲『得』之借字。

〔一六三〕 君子所不貴，甲卷、乙卷、戊卷、辛卷、癸卷、卯卷同，庚一無『所』字，己卷『不貴』旁注有小字『也』，應置於『貴』之右下角，戊卷、刊本末亦有『也』字。

〔一六四〕 事，甲卷、乙卷、戊卷、己卷、庚一、辛卷、卯卷同，癸卷作『是』，陳鐵凡〔二〕謂作『是』誤。

〔一六五〕 容止，甲卷、己卷、辛卷、卯卷同，乙卷誤作『用政』；『止』字戊卷誤作『正』，癸卷誤作『上』。

〔一六六〕 以臨其民，底卷原無，陳鐵凡〔二〕謂底卷脱，兹據己卷、癸卷、刊本補；甲卷、戊卷、庚一、辛卷、卯卷、午一『民』作『人』。

〔一六七〕 是以其人，甲卷、戊卷、己卷、庚一、辛卷、卯卷同，癸卷無『以』字，刊本『人』作『民』，案癸卷『以』字誤脱。

〔一六八〕 像，甲卷、己卷、庚一、辛卷、癸卷同，乙卷、戊卷、卯卷、刊本作『象』，『象』『像』古今字。

〔一六九〕 德教，底卷原無『教』字，陳鐵凡〔二〕謂底卷脱，兹據甲卷、戊卷、己卷、庚一、辛卷、癸卷、卯卷、刊本補，乙卷、午一『教』字有殘損；乙卷『德』作『得』，『得』爲『德』之借字。

〔一七〇〕 令，午一誤作『礼』。

〔一七一〕 詩，戊卷、己卷、庚一、辛卷、卯卷、戊卷、刊本同，癸卷作『書』，陳鐵凡〔二〕云『「詩」誤作「書」』，案『書』爲『詩』之音誤，説參校記〔六六〕。

〔一七二〕 淑，甲卷、戊卷、庚一、辛卷、癸卷、卯卷、戊卷、刊本同，己卷誤作『叔』。

〔一七三〕 其義不忒，底卷『忒』字原殘泐，茲據甲卷、乙卷、戊卷、庚一、辛卷、癸卷、卯卷、刊本補，己卷誤作『惑』；『義』字甲卷、乙卷、辛卷、癸卷同，戊卷、刊本、己卷、庚一、卯卷作『儀』，『義』『儀』古今字。

〔一七四〕 紀，甲卷、戊卷、己卷、辛卷、癸卷、卯卷同，乙卷作『記』；丑二止於『紀』（殘存上半）。

〔一七五〕 事親，甲卷、己卷、庚一、辛卷、癸卷、卯卷、午一同，戊卷、刊本下有『也』字。

〔一七六〕 其，戊卷、己卷、庚一、辛卷、卯卷同，甲卷作『至』，陳鐵凡（二）云『「其」誤作「至」』；癸卷脱此字。

〔一七七〕 致，諸卷皆同，唯己卷脱。

〔一七八〕 其，甲卷、戊卷、己卷、庚一、辛卷、癸卷、卯卷、刊本同，乙卷、午一脱。

〔一七九〕 哀，甲卷、戊卷、己卷、庚一、辛卷、癸卷、卯卷、刊本同，午一作『嚴』，陳鐵凡（二）云『「哀」誤作「嚴」』。

〔一八〇〕 祭則致其嚴，甲卷、戊卷、己卷、辛卷、癸卷、卯卷、刊本同，午一『祭』作『政』，『嚴』字庚一作『敬』，午一作『哀』；陳鐵凡（二）云『「祭」誤作「政」，「嚴」誤作「哀」』，案作『敬』亦誤，前已言『居則致其敬』，此處不當重複。

〔一八一〕 居上不驕，甲卷、戊卷、己卷、辛卷、卯卷、午一、刊本同，癸卷『居』作『在』，庚一『驕』作『憍』，《説文・馬部》『驕，一曰野馬』段注：『凡驕恣之義當是由此引伸，旁義行而本義廢矣。俗製嬌、憍字。』

〔一八二〕 不，甲卷、戊卷、庚一、辛卷、癸卷、卯卷、午一、刊本同，己卷作『而』，陳鐵凡（二）云『「不」誤作「而」』。

〔一八三〕 驕則亡，底卷原無『驕』字，陳鐵凡（二）謂底卷脱，茲據甲卷、乙卷、戊卷、己卷、辛卷、癸卷、卯卷、刊本補，庚一作『憍』，後起字；癸卷『亡』作『忘』，陳鐵凡（二）云『「亡」誤作「忘」』。

〔一八四〕 乱則刑，戊卷、己卷、庚一、卯卷同，甲卷、辛卷、癸卷『刑』作『形』，『形』爲『刑』之借字；癸卷脱『乱』字。

〔一八五〕 兵，甲卷、戊卷、己卷、庚一、辛卷、癸卷、卯卷、刊本同，午一作『并』，陳鐵凡（二）云『「兵」誤作「并」』。

〔一八六〕 者，未卷起於此。

〔一八七〕 日用三牲，卯卷同，庚一『用』作『煞』，蓋傳抄者臆改；癸卷脱『日』字；『牲』字甲卷、戊卷、己卷、癸卷、午一作『生』，辛卷作『姓』，案『生』『牲』古多通用，『姓』爲『牲』之誤。

〔一八八〕不孝，甲卷、乙卷、戊卷、己卷、庚一、辛卷、癸卷、卯卷同，刊本下有『也』字。

〔一八九〕形，甲卷、癸卷同，乙卷、戊卷、己卷、庚一、辛卷、卯卷、刊本作『刑』，『形』爲『刑』之借字。

〔一九〇〕刑，戊卷、己卷、庚一、辛卷、卯卷、午一、刊本同，甲卷作『形』，『形』爲『刑』之借字。

〔一九一〕而，底卷、辛卷原作『之』，陳鐵凡（二）云『「而」誤作「之」』，茲據甲卷、戊卷、己卷、庚一、癸卷、卯卷、午一、刊本改正。

〔一九二〕者，底卷原脱，茲據甲卷、戊卷、己卷、庚一、辛卷、癸卷、卯卷、未卷、刊本補。

〔一九三〕者，乙卷止於此。

〔一九四〕之道，甲卷、戊卷、己卷、庚一、辛卷、癸卷、卯卷同，刊本下有『也』字。

〔一九五〕民，戊卷、辛卷、卯卷、刊本同，甲卷、己卷、庚一、癸卷作『人』。

〔一九六〕教民礼順，『民』字戊卷、己卷、辛卷、癸卷、卯卷、刊本同，甲卷、庚一、午一、未卷作『人』；又庚一誤倒作『教禮人順』。

〔一九七〕弟，辛卷、未卷同，甲卷、戊卷、己卷、庚一、癸卷、卯卷、午一、刊本作『悌』，『弟』『悌』古今字。

〔一九八〕樂安上治人莫善於礼，『人』字甲卷、戊卷、己卷、庚一、辛卷、午一同，未卷、刊本作『民』，卯卷脱『樂安上治人莫善於』八字。申卷起於『善』（殘存左半）。

〔一九九〕敬而已矣，甲卷、戊卷、己卷、庚一、卯卷、午一、刊本同，辛卷『矣』作『以』，陳鐵凡（二）云『「矣」誤作「以」』，案『以』爲『矣』之音誤字。癸卷止於『而已』（二字均殘存右半）。

〔二〇〇〕弟，甲卷、戊卷、己卷、辛卷、卯卷、申卷、刊本同，庚一作誤『第』，未卷誤作『悌』。

〔二〇一〕則千万人，『則』字戊卷、己卷、庚一、卯卷、午一同，甲卷、辛卷、刊本作『而』，《經傳釋詞》云『而犹則也』；庚一無『人』字，陳鐵凡（二）云『「萬」下脱「人」字』。

〔三〇二〕要道，甲卷、戊卷、己卷、庚一、辛卷、卯卷、未卷同，刊本下有「也」。

〔三〇三〕之教以孝，底卷原無「之教」二字，陳鐵凡(二)以爲脱，兹據甲卷、戊卷、己卷、庚一、辛卷、卯卷、午一、未卷、申卷、刊本補；刊本末有「也」字。

〔三〇四〕非家至而日見之，甲卷、己卷、辛卷、卯卷同，庚一「家至」倒作「至家」，脱「之」字；戊卷「日」作「悦」，陳鐵凡(二)云「悦」字誤；刊本末有「也」字。戊卷止於此句。

〔三〇五〕爲人父者，甲卷、己卷、庚一、辛卷、卯卷、午一、未卷同，刊本末有「也」字。

〔三〇六〕教以弟，辛卷同；「弟」字甲卷、己卷、庚一、卯卷、午一、未卷、刊本作「悌」，酉卷作「苐」，「苐」爲「弟」之俗字，「弟」「悌」古今字。酉卷起於此。

〔三〇七〕爲人兄者，甲卷、己卷、庚一、辛卷、卯卷、酉卷同，刊本末有「也」字。

〔三〇八〕敬天下之爲人君者，甲卷、己卷、庚一、辛卷、卯卷、午一、未卷、酉卷同，刊本末有「也」字。

〔三〇九〕愷悌，甲卷、己卷、庚一、辛卷、卯卷、午一、刊本同，酉卷「悌」作「苐」，「苐」爲「弟」之俗字，「弟」「悌」古今字。

〔三一〇〕人，甲卷、己卷、庚一、辛卷、卯卷同，午一、酉卷、刊本作「民」。

〔三一一〕非至德，甲卷、己卷、庚一、辛卷、卯卷、申卷、午二、刊本同；未卷「至」作「致」，「致」爲「至」之借字；酉卷「德」作「得」，「得」爲「德」之借字。午二起於此句。

〔三一二〕其熟能訓人如此其大者乎，「熟」字甲卷、己卷、庚一、辛卷、未卷、申卷、酉卷、午二同，卯卷、刊本作「孰」，「熟」爲「孰」之借字；「訓」字甲卷、己卷、庚一、卯卷、午二、未卷、酉卷、刊本作「順」，辛卷「訓」下有「順」字，案《廣雅·釋詁》「訓，順也」，王念孫《廣雅疏證》「訓、順古同聲」，「訓」爲「順」之借字，辛卷「訓順」必衍一字；「人」字甲卷、己卷、庚一、辛卷、未卷、酉卷同，卯卷、刊本作「民」；「如」字己卷、庚一、卯卷、未卷同，甲卷、辛卷、酉卷作「而」，二字古多通用。

〔二三〕廣揚名，『揚』字己卷、庚一、辛卷、卯卷、午一、刊本同，甲卷作『陽』，未卷作『楊』，案『陽』爲『揚』之借字，『楊』乃因扌、木混淆所致；酉卷『揚名』下有『行孝』二字，説參校記〔九〇〕。

〔二四〕君子之，午二止於此。

〔二五〕弟，己卷同，甲卷、酉卷作『苐』，庚一、辛卷、卯卷、午一、未卷、刊本作『悌』，『苐』爲『弟』之俗字，『弟』『悌』古今字。

〔二六〕治，甲卷、庚一、辛卷、卯卷、午一（殘存『氵』）、未卷、酉卷同，己卷、申卷、刊本作『理』，『理』應是『治』之諱改字。

〔二七〕理可移，『理』字庚一、卯卷、午一、未卷、酉卷同，辛卷作『里』，甲卷、己卷、申卷、刊本作『治』，案『里』爲『理』之音誤字，『理』蓋『治』之諱改字；庚一、申卷『移』作『以』，案『以』爲『移』之音誤字；刊本『治』前有『故』字，邢昺《孝經疏》云『先儒以爲「居家理」下闕一「故」字，御注加之』，阮元《孝經校勘記》云『《釋文》注云：「讀居家理故治。」與上異讀，似陸氏所據本亦無「故」字，後人依石臺本增入，非也』，則『故』字原無，乃唐玄宗注《孝經》時所添。

〔二八〕成於内，底卷『於』字模糊不可辨，兹據甲卷、己卷、庚一、卯卷、午一、未卷、刊本補；辛卷『於』作『之』，《經傳釋詞》云『於犹之也』；午一『成』作『城』，乃『成』之借字；酉卷『内』誤作『外』。

〔二九〕於後世矣，底卷、己卷、午一『世』字作『廿』，避諱缺筆字，兹據甲卷、庚一、辛卷、未卷、刊本録正；己卷脱『於』字，卯卷、午一、酉卷無『矣』字。

〔三〇〕諍，己卷、庚一、辛卷、卯卷、午一、酉卷、刊本同，甲卷、未卷作『争』，『争』『諍』古今字。

〔三一〕揚，己卷、庚一、辛卷、卯卷、午一、未卷、酉卷、刊本同，甲卷作『陽』，『陽』爲『揚』之借字。

〔三二〕則聞命矣，『聞』字己卷、庚一、卯卷、未卷同，甲卷、辛卷、午一作『問』，『問』爲『聞』之借字；酉卷『矣』作『以』，『以』爲『矣』之音誤字。

〔二三〕敢問子從父，「敢」字己卷、庚一、辛卷、卯卷、午一、未卷、酉卷、刊本同，甲卷作「感」，陳鐵凡（二）云「感」字誤；申卷「問」作「聞」，「聞」爲「問」之借字；未卷脱「父」字。

〔二四〕乎，己卷、庚一、辛卷、卯卷、午一、未卷同，甲卷作「矣」，酉卷作「以」，「乎」字是，「以」爲「矣」之音誤字，「矣」蓋涉上「則聞命矣」句而誤。

〔二五〕子曰，甲卷、己卷、庚一、辛卷、午一、未卷、酉卷、刊本同，卯卷脱。

〔二六〕是何言與是何言與，甲卷、酉卷同，己卷、庚一、辛卷、卯卷、午一、未卷「與」作「歟」，二字古多通用；庚一、酉卷脱漏一句。

〔二七〕争，甲卷、庚一、卯卷、未卷、申卷、刊本同，己卷、辛卷、午一作「諍」，「争」「諍」古今字。本章中凡「争」字不復出校。

〔二八〕其，甲卷、己卷、辛卷、午一、未卷同，卯卷、酉卷脱。

〔二九〕庚一脱「其天下諸侯有争臣五人雖無道不失」十四字。

〔三〇〕事父孝故事天明事母孝故事地察，辛卷同，其餘諸本均無，陳鐵凡（二）、李德超、《郝録》均以此爲衍文。

〔三一〕士有争友，「友」字庚一、辛卷、卯卷、午一、未卷同，甲卷、己卷作「有」，蔡主賓《敦煌寫本儒家經籍異文考》云「友、有因音同而誤」；申卷「士」下衍「人」字。

〔三二〕不離於令名，己卷、庚一、卯卷、午一、未卷、刊本同，甲卷「離」作「陷」，陳鐵凡（二）云「『離』誤作『陷』」；辛卷「名」作「明」，「明」爲「名」之借字。

〔三三〕不陷，底卷「不」字原模糊不可辨，兹據甲卷、己卷、庚一、辛卷、卯卷、午一、未卷、申卷、酉卷、刊本補；「陷」字申卷誤作「隱」。

〔三四〕故當不義，甲卷、己卷、庚一、辛卷、午一、未卷、刊本同，卯卷脱。

〔三五〕「則子不可以不争於父臣不可以不争於君故當不義」二十一字底卷、辛卷、未卷原脱，兹據甲卷、己卷、卯卷、刊本補；庚一脱「於父臣不可以不争」、「故當不義」十二字。

〔三三六〕從父之令又焉得爲孝乎，己卷、卯卷、午一同，庚一脱；酉卷「令」作「命」，「令」「命」義同；未卷、酉卷「又」作「有」，「有」「又」古多通用；甲卷、酉卷「得」作「德」，「德」爲「得」之借字；辛卷「爲」作「於」，「於」是「爲」之借字。

〔三三七〕子曰，未卷前有「又焉得爲孝乎」六字，陳鐵凡（二）云：「殆涉上章末誤衍。」

〔三三八〕昔，甲卷、己卷、庚一、辛卷、卯卷、未卷、申卷、酉卷、刊本同，午一作「借」，陳鐵凡（二）云：「『昔』誤作『借』。」

〔三三九〕察，底卷原模糊不可辨，兹據甲卷、己卷、庚一、辛卷、卯卷、午一、未卷、刊本補。

〔三四〇〕幼，己卷、庚一、辛卷、卯卷、午一、刊本同，甲卷、酉卷作「有」，陳鐵凡（二）云「『幼』誤作『有』」；未卷作「紉」，《字彙補·糸部》云「紉，幼字之譌」。

〔三四一〕天地明察神明彰矣，甲卷、己卷、庚一、辛卷、卯卷、午一、刊本同，未卷脱「地」字；申卷「彰」作「長」，「長」爲「彰」之音誤字。

〔三四二〕必有尊，庚一同，甲卷、己卷、辛卷、卯卷、午一、未卷、酉卷、刊本末有「也」字。

〔三四三〕言有父，卯卷、午一同，甲卷、己卷、辛卷、未卷、申卷、刊本下有「也」字，庚一「也」則作「者」。

〔三四四〕必有先，卯卷、戌卷同，甲卷、己卷、庚一、辛卷、午一、未卷、刊本末有「也」字。戌卷起於「先」。

〔三四五〕言有兄，卯卷同，甲卷、己卷、庚一、辛卷、午一、未卷、申卷、刊本末有「也」字，戌卷誤作「必有長」。

〔三四六〕宗廟致敬，底卷、己卷「廟」原作「庿」，「庿」之俗訛字，卯卷誤作「厝」，兹據甲卷、午一、申卷改正，庚一、辛卷、刊本作「廟」，「庿」爲「廟」之古字；甲卷「致」作「至」，借字；戌卷「致」下衍「其」字，未卷脱此句。

〔三四七〕不忘親，庚一、卯卷、戌卷同，甲卷、己卷、辛卷、酉卷、刊本下有「也」字；酉卷「不」作「思」，陳鐵凡（二）云「『不』誤作『思』」；未卷脱此句。

〔二四八〕修，辛卷同，己卷、庚一、卯卷、午一、未卷、戌卷、刊本作『脩』，『脩』爲『修』之借字。

〔二四九〕辱先人，己卷、辛卷、卯卷、未卷同，庚一、午一、刊本『先人』作『先也』，戌卷無『人』字，庚一『辱』誤作『𥞪』。

〔二五〇〕宗廟致敬，庚一、辛卷、未卷、戌卷同；『廟』字申卷作『庿』，己卷、午一作『庿』，卯卷作『厝』，『庿』爲『廟』之古字，『庿』、『厝』均『庿』之俗訛；甲卷、酉卷脱『脩身慎行恐辱先人宗廟致敬』十二字。

〔二五一〕著，甲卷、己卷、庚一、辛卷、卯卷、午一、未卷、申卷、戌卷、刊本同，酉卷作『致』，『致』應是『著』之音誤，唐五代西北方音止、遇二攝混用所致。

〔二五二〕孝弟之至，『弟』字辛卷、戌卷同，己卷、庚一、卯卷、午一、未卷、刊本作『悌』，甲卷作『苐』，『弟』『苐』正俗字，『弟』『悌』古今字；辛卷『之』作『知』，『知』爲『之』之音誤字。

〔二五三〕於，甲卷、己卷、庚一、辛卷、午一、未卷同，卯卷、刊本作『于』，戌卷作『乎』，『於』『于』『乎』三字古多通用。

〔二五四〕所，甲卷、己卷、庚一、辛卷、卯卷、午一、未卷、酉卷、戌卷、刊本同，申卷作『事』，『事』爲『所』之音誤字，唐五代西北方音止、遇二攝混用所致。

〔二五五〕自東自西，甲卷、己卷、庚一、辛卷、午一、未卷、申卷、酉卷、戌卷同，卯卷、刊本作『自西自東』。蘇瑩輝（一一）云：『此本作「自東自西」，自係傳寫之誤。』陳鐵凡（二二）云：『寫本作「自東自西」，當是誤倒；惟其致誤之由，無從論定。』李德超云：『《詩·大雅·文王有聲篇》原作「自西自東」，故伯三四一六等諸卷誤。』案《韩詩外傳》卷四、卷五兩次引皆作『自東自西』，故不能徑以作『自東自西』者爲誤。

〔二五六〕君子之事上，甲卷、庚一、辛卷、卯卷、午一、未卷、戌卷同，己卷、刊本末有『也』字，未卷脱『子』字。

〔二五七〕退思，甲卷、己卷、辛卷、卯卷、午一、未卷、戌卷、刊本同，酉卷作『邊忠』，應是『退思』之形誤。

〔二五八〕匡救，甲卷、己卷、庚一、辛卷、卯卷、午一、未卷、酉卷同，戌卷『匡』作『㔟』，案《説文》無『㔟』字，應是『匡』之增旁俗字，『匡』『救』同義；申卷『救』字誤作『及』。

〔三五九〕上下治，「治」字甲卷、己卷、辛卷、卯卷、午一、未卷同，庚一作「理」，「理」爲「治」之諱改字，戌卷、刊本無此字；己卷「下」誤作「不」。

〔三六〇〕相親，甲卷、己卷、庚一、辛卷、卯卷、午一、未卷、戌卷同，未卷「相」誤作「其」，刊本下有「也」字。阮元《孝經校勘記》云：「《唐石經》初刻作『故上下能相親』，磨改增『也』字，故此行十一字。」則「也」字爲後增。

〔三六一〕云，甲卷、己卷、庚一、辛卷、卯卷、午一、未卷、戌卷、刊本同，酉卷誤作「士」。

〔三六二〕矣，甲卷、己卷、辛卷、卯卷、未卷、酉卷、戌卷、刊本同，午一作「以」，「以」爲「矣」之音誤字。

〔三六三〕忠心，甲卷、己卷、辛卷、午一、申卷、戌卷同，卯卷、刊本作「中心」，「忠」爲「中」之借字；未卷作「心中」，陳鐵凡（二）云「『中心』誤倒作『心中』」。

〔三六四〕之喪親，甲卷、辛卷、卯卷、午一、申卷同，己卷、刊本下有「也」字，未卷脱「之」字。

〔三六五〕哀，己卷、辛卷、酉卷、戌卷同，甲卷、卯卷、午一、未卷、刊本作「偯」。《經典釋文·孝經音義》云：「偯，於豈反，俗作哀，非。《説文》作『㤝』（黄焯《經典釋文彙校》云：『「㤝」字誤，宋本、何校本作「㥋」。』），云：『痛聲也。』音同。」《説文·心部》：「㥋，痛聲也。从心依聲。《孝經》曰：『哭不㥋。』」段注：「作偯者，俗字。」臧鏞堂《孝經鄭氏解輯本》云：「《説文》無『偯』字，哀從口衣聲，依從人衣聲，依偯聲形皆相近，故誤。陸本作『依』，故云『《説文》作㥋，音同』，又云『俗作偯非』，以偯爲依之俗寫也。今『依』既誤『偯』，因改『偯』爲『哀』，然必不當有作『哭不哀』者，是可證『哀』爲『偯』之改，『偯』爲『依』之訛矣。」

〔三六六〕無，甲卷、己卷、庚一、卯卷、午一、未卷、酉卷、戌卷、刊本同，辛卷作「无」，案《説文·亾部》：「无，奇字無也。」

〔三六七〕言不文服美不安，底卷、辛卷原脱，兹據己卷、酉卷、刊本補；甲卷脱「服美不安」四字；甲卷、庚一、卯卷、午一、未卷、戌卷「文」作「聞」，陳鐵凡（二）云「『文』誤作『聞』」。

〔三六八〕聞樂不樂，甲卷脱此四字。

〔二六九〕哀戚之情，己卷、辛卷、午一、未卷、戌卷同；甲卷、卯卷「戚」作「慼」，「戚」「慼」古今字；刊本末有「也」字。

〔二七〇〕教民無以死傷生，底卷「生」字存右部殘畫，兹據甲卷、己卷、庚一、卯卷、午一、戌卷、刊本補；甲卷、庚一、未卷、酉卷「民」作「人」，酉卷「以」作「矣」，甲卷、酉卷「死」作「四」，辛卷「傷」作「相」，「矣」「四」「相」皆音誤字。

〔二七一〕毁不滅性，「毁」字底卷存右部殘畫，其下三字卷原殘泐，兹據己卷、庚一、辛卷、卯卷、午一、未卷、申卷、戌卷、刊本補；甲卷「性」作「姓」，陳鐵凡（二）云「『性』誤作『姓』」，案「姓」爲音誤字。

〔二七二〕此聖人之政，此五字底卷原殘泐，兹據甲卷、己卷、辛卷、午一、戌卷補；「政」字未卷作「正」，庚一、卯卷作「教」，案「正」爲「政」之借字；刊本末有「也」字。

〔二七三〕喪不過三年，底卷「喪不過三」四字原殘泐，兹據甲卷、庚一、卯卷、午一、未卷、戌卷、刊本補；辛卷脱此五字；己卷脱「過」字。

〔二七四〕示人有終，甲卷、庚一、未卷同，辛卷脱此四字；酉卷「示」作「是」，己卷、卯卷、戌卷、刊本「人」作「民」，甲卷、酉卷「終」作「忠」，刊本末有「也」字，案「是」「忠」皆音誤字。

〔二七五〕棺椁衣衾而舉之，底卷「椁衣衾而舉之」六字原殘泐，兹據己卷、庚一、辛卷、卯卷、午一、未卷補；酉卷「棺」作「官」，「衣」作「於」，陳鐵凡（二）云：「皆以同音而譌。」「椁」字戌卷作「漷」，刊本作「槨」，陳鐵凡（二）云：「槨、椁古今字。」案「漷」爲「槨」之形誤；「舉」字甲卷作「己」，戌卷作「奉」，蘇瑩輝（二）云：「或以爲奉、舉二字形近致誤，其實不然。徵之古籍，奉於持也、與也、送也諸義外，兼訓進也、獻也、養也、籍也。若與『舉』字比較，則『奉』於舁舉之義外，兼存孝敬之思。……是後世『奉安』一詞之所由來。」案蘇氏强爲之説而無實據，《經典釋文·孝經音義》有「可以亢」、「尸而起也」兩條，皮錫瑞《孝經鄭注疏》即以「可以亢尸而起也」連文，鄭玄「亢尸而起」即釋「舉之」也，若作「奉」，必不以「亢」字爲釋；甲卷作「己」者，音誤字，唐五代西北方音止、遇二攝混用所致；申卷止於「衾」。

〔二七六〕陳其簠簋而哀戚之，底卷此八字原殘泐，茲據己卷、庚一、午一、戌卷補（前「此哀戚之情」句底卷作「戚」，故此亦補「戚」），甲卷、卯卷、未卷、刊本「戚」作「慼」，案戚、慼古今字；辛卷、未卷「簠簋」作「富貴」，蔡主賓《敦煌寫本儒家經籍異文考》云：「簠簋誤作富貴，同音之故也。」庚一末衍「情」字。

〔二七七〕擗踊哭泣，底卷此四字原殘泐，茲據甲卷、庚一、刊本補，酉卷「擗」作「辦」，蔡主賓《敦煌寫本儒家經籍異文考》云：「辦擗音近而訛。」案當是形近而訛；己卷、辛卷、卯卷、午一、未卷、酉卷、戌卷「踊」作「踴」，「踴」爲後起別體。

〔二七八〕哀以送，底卷此三字原殘泐，茲據甲卷、己卷、庚一、卯卷、午一、未卷、酉卷、戌卷、刊本補；辛卷「送」作「宋」，案「宋」爲音誤字。

〔二七九〕卜，甲卷、庚一、辛卷、卯卷、午一、未卷、酉卷、戌卷、刊本同，己卷脱。

〔二八〇〕措，甲卷、己卷、庚一、辛卷、卯卷、午一、未卷、刊本同，戌卷作「錯」，案「錯」爲「措」之借字。

〔二八一〕爲之宗廟，底卷此四字原殘泐，茲據庚一、辛卷、卯卷、戌卷補；「廟」字甲卷作「厝」，己卷作「庿」，午一、酉卷作「庿」，案「庿」爲「廟」之古字，「厝」、「庿」皆「庿」之訛字；己卷脱「爲之」二字，未卷脱「之」字。

〔二八二〕以鬼享之，底卷此四字原殘泐，茲據甲卷、己卷、庚一、辛卷、卯卷、未卷、酉卷、戌卷、刊本補；午一「之」作「知」，「知」爲音誤字。

〔二八三〕春秋祭祀，底卷此四字原殘泐，茲據甲卷、己卷、庚一、辛卷、卯卷、酉卷、戌卷、刊本補；未卷脱此四字；午一「祭」作「際」，案「際」爲音誤字。

〔二八四〕以時思之，底卷「以時」二字原殘泐，茲據甲卷、己卷、庚一、辛卷、卯卷、午一、酉卷、戌卷、刊本補；未卷脱此四字。

〔二八五〕愛敬，甲卷、己卷、辛卷、卯卷、午一、未卷、戌卷、刊本同，庚一作「以愛」。

〔二八六〕死事哀戚，底卷「戚」字原殘泐，茲據己卷、庚一、辛卷、午一、未卷、酉卷、戌卷補；卯卷、刊本「戚」作「慼」，戚、感古今字。甲卷『哀』作『愛』，『愛』爲音誤字。

〔二八七〕生人之本盡矣，底卷此六字原殘泐，兹據己卷、庚一、辛卷、卯卷、午一、未卷、酉卷補（底卷『民』字多寫作『人』，故據以補『人』），戊卷、刊本『人』作『民』；甲卷『矣』作『以』，『以』乃音誤字。

〔二八八〕死生之義俻矣，底卷此六字原殘泐，兹據甲卷、己卷、庚一、辛卷、卯卷、午一、未卷、戊卷補；刊本『俻』作『備』，『俻』乃俗字。

〔二八九〕孝子之事親終矣，底卷『孝子』二字原殘泐，兹據甲卷、己卷、庚一、辛卷、卯卷、午一、未卷補；戊卷無『親』字，『終』作『衆』，蘇瑩輝（二）云：『一因「孝子之事衆矣」句共六字，正與其上「生民之本盡矣，死生之義備矣」相對爲句，再則「事親」二字涵義較狹，「事」字則不僅包括孝子於其親之生前備致愛敬，抑亦包括其死事哀戚以及所謂「顯揚光裕，毋忝所生」矣。』又云：『余初以爲「終」、「衆」二字或係音近致譌，繼思父母之恩，所謂欲報之德，昊天罔極，奚其有窮？』案：此皆蘇氏强爲之解。李德超云：『作「衆」者應誤。如《開宗明義章》亦有「以顯父母，孝之終也」句，則孝子之事親應有所終者也。』李德超又云：『蘇瑩輝老師以爲父母之恩，欲報之德，昊天罔極，奚其有窮，而遂以「衆」字爲不誤。竊以爲「終」之作「衆」，於古今文諸本並敦煌各卷，僅此一處，未必衆非而獨是。況《開宗明義章》亦有所謂孝之始終者，非謂孝思之有所終極也。父母之大恩固無窮，而人子之孝思亦靡盡，惟所事生敬養樂，以至於疾病喪亡，而棺槨斂埋，繼嚴祭祀者，則人子之責，亦庶幾盡之耳。故以爲終、衆二字，仍因音近而致誤者也。』

〔二九〇〕孝經一卷，甲卷、庚一、辛卷、卯卷、午一、未卷、酉卷同，戊卷無；己卷下又添『孝經一卷孝經』諸字，乃手民隨意爲之。

孝經注(開宗明義—喪親)

鄭玄

伯三四二八(底一)　伯二六七四(底二)　俄敦二七八四(甲卷)

俄敦二九七九(乙卷)　俄敦三八六七(丙卷)　斯三九九三(丁一)

斯九二一三(丁二)　伯二五五六碎(戊卷)　斯三八二四背一(己卷)

【題解】

底卷編號爲伯三四二八(底一)+伯二六七四(底二)。底一起《開宗明義章》『終於立身』之注，至《廣揚名章》子目，共八十八行，行二十六字左右。底二起《廣揚名章》首句，至卷末，共三十四行。縮微膠卷已經綴合，統一置於底一編號之下。《索引》著録底一云：『孝經殘卷(鄭玄注，存第二至十四章開端)。』著録底二云：『孝經殘卷(鄭玄注)。存第十四至十八章。』故知兩卷各自之起訖。林秀一《補訂敦煌出土孝經鄭注》有兩卷各自起訖位置的介紹及綴合説明(《書志學》第四卷第一號六二頁，一九三五)，此文撰寫於一九三五年，而《索引》之著録尚未言及綴合事，則首次綴合此兩寫卷的蓋爲林秀一。茲依例擬名爲《孝經注(開宗明義—喪親)》。林秀一據寫卷『世』、『民』二字避諱及裝裱紙上『咸通四年十一月廿七日書』雜寫，定爲唐寫本。

甲卷編號爲俄敦二七八四，起《聖治章》『父子之道，天性也，君臣之義也』之『臣』，至『續莫大焉』注，僅二殘行，字迹惡劣，小兒所書。《孟目》著録此卷云：『孝經，卷下，聖治章第九。』《俄藏》據以定名爲『孝經聖治章第九』，皆未言及注文。陳鐵凡《敦煌本〈孝經〉考略》(《東海學報》第十九期九頁，一九七八)定名爲《孝經鄭氏解》，是也。今依例定名爲《孝經注(聖治)》。

乙卷編號爲俄敦二九七九，起《聖治章》『君親臨之，厚莫重焉』注，至『其民畏而愛之』之『愛』，存八個上半行，《俄藏》定名『孝經聖治章第九』，案此乃鄭玄《孝經注》殘片，茲依例定名爲《孝經注（聖治）》。寫卷『民』缺筆，應爲唐寫本。

丙卷編號爲俄敦三八六七，起《紀孝行章》『喪則致其哀』之『致』，至《五刑章》『非孝者無親』注，九殘行，經文大字，小注雙行。許建平《殘卷定名正補》首先比定其名（《二〇〇〇年敦煌學國際學術討論會文集・歷史文化卷》上，三〇〇頁，甘肅民族出版社二〇〇三），今依例定名爲《孝經注（紀孝行、五刑）》。

丁卷編號爲斯三九九三（丁一）+斯九二一三（丁二）。丁一起《五刑章》『五刑之屬三千』注『形者有』，至《廣至德章》『教以臣，所以敬天下之爲人君者也』注『君厝（『庴』之誤），則君』，共十七行，林秀一首先考定其名（《敦煌遺書孝経鄭注復原に関する研究》，《孝經學論集》八五頁，東京明治書院一九七六）。丁二起《廣至德章》『教以臣，所以敬天下之爲人君者也』注『天下臣』，至《諫諍章》『不失其天下』，由三塊碎片組成，共十二行，《榮目》定名《孝經鄭氏解》，並認爲可與丁一綴合。《英藏》對三塊碎片的綴合是錯誤的，今附正確之綴合圖於下：

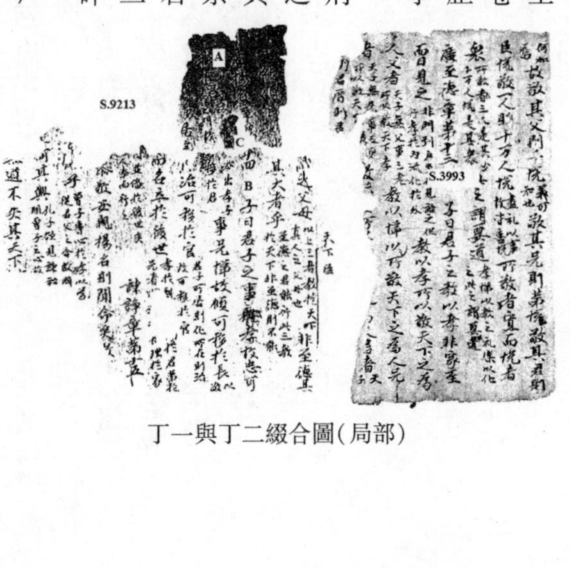

丁一與丁二綴合圖（局部）

兩卷綴合後，共二十八行，包括《五刑章》至《諫諍章》共五章的內容，茲依例定名爲《孝經注（五刑—諫諍）》。

戊卷編號爲伯二五五六碎，乃附於伯二五五六號後之碎片，當是伯二五五六號張敖《新集吉凶書儀》的卷背裱紙。此碎片起《喪親章》『聞樂不樂』注『故不樂也』，至『教民無以死傷生』之『以』，只有二殘行，存經文九字，注文五字。許建平《英倫法京所藏敦煌寫本殘片八種之定名並校録》首次比定其名爲鄭玄注《孝經・喪親章》(《敦煌學》第二四輯，一一一頁，樂學書局，二〇〇三)，兹依例擬名爲《孝經注(喪親)》。

己卷編號爲斯三八二四背一，八行，存《喪親》章内容。斯三八二四號背載有多項内容，陳鐵凡最先理清各部分之内容(《敦煌本〈孝經〉考略》，《東海學報》第十九期，一九七八)，以第一部分爲鄭玄《孝經注》，今依例定名爲《孝經注(喪親)》。據第二部分『御注孝經集義并注一卷』及第五部分『唐元和十四年己亥歲(八一九)具注曆日』，知其抄寫時間必在天寶二年(七四三)至元和十四年(八一九)之間。

林秀一《補訂敦煌出土〈孝經鄭注〉附校勘記(一—五)》(《書志學》第四卷一—五號，一九三五年。簡稱『林校』)對底卷作了詳細的校勘。林氏的録文乃據石濱純太郎從巴黎據原卷摹録的摹本，今所見底卷影本已有殘泐，非復石濱氏所見之舊，故據林氏本録出者謂之『林録』。陳鐵凡《孝經鄭注校證》(臺北編譯館一九八七。簡稱『陳鐵凡』)亦對底卷、甲卷、己卷作了校勘，其録文亦據巴黎所藏原卷，然其所見寫卷已不如石濱氏之善，不過仍優於今《法藏》影印本。

底卷據《法藏》録文，以甲至己卷對校，並參校以中華書局影印阮元刻《十三經注疏・孝經注疏》的經文(後者簡稱『刊本』)，校録於後。

(前缺)

□十[一]，耳目不聰明[二]，行步不及逮，退就田里。懸車□在[三]誨習孝道，以教弟子，足以立身揚[四]名而已。《大雅》云：□篇[五]名。云，言也。無念猶無忘。祖，先祖。聿脩之理[六]。厥，其。爲孝之道，無敢忘尒。先[七]□功[八]德。不言《詩》而言《雅》者何？詩者通辭，雅者正也。方始發章，欲以正爲始。孔□[九]。

□□□□□(天子章第二)[一〇]

子曰：『愛親者，不敢惡於[一一]□▨(慢)[一二]於人。己慢人之親，人亦慢己之親，故君子不孝爲也〔一三〕。愛敬盡於事親，盡□(愛)於母〔一四〕，□敬以直〔一五〕內，義以方外，是故德教流行，加於百姓〔一六〕。刑〔一七〕于四海。刑，見也。德教流行，見於四海，無所不通。蓋天子之〔一八〕□之□〔一九〕。《甫刑》云：「一人有慶，兆人〔二〇〕頼(賴)之。」』《甫刑》，《尚書》篇名。云，言也。一人，天子〔二一〕。土無二王，故言一人。慶，善也。頼(賴)，蒙也〔二二〕。□〔二三〕者何？《尚書》□像〔二四〕也。

諸侯章第三

□〔二五〕諸侯在人〔二六〕上，故言在上。敬上愛下，謂之不驕，是居高位而不〔二七〕危殆也。制節謹度，滿而不溢。費用約儉謂之〔二八〕□而不危〔二九〕，所以長守貴〔三〇〕。居高位而不驕，故能長守富貴。滿而不溢，所以□奢□〔三一〕。富貴〔三二〕不離其身，富能不奢，貴能不驕，故言不離其身也。然後能保□乃能安其〔三三〕社稷。社謂□功〔三四〕於人，故祭之。而和其人民〔三五〕。薄〔三六〕賦斂，省傜役，是以人民和也。蓋諸侯之□〔三七〕。《詩》云：「戰戰兢兢，如臨深淵〔三八〕，如履薄冰〔三九〕。」』引《詩》自明，即孔子〔四〇〕之謙，戰戰，恐懼。兢兢□〔四一〕。

卿大夫章第四

□服〔四二〕，先王制五服，天子服日月星晨〔四三〕，諸侯服山龍華虫(蟲)，卿〔四四〕大夫服藻〔四五〕火，士服粉米，皆謂□(文)〔四六〕繡。田獵戰伐，採藥卜筮，冠皮弁，衣素績〔四七〕，百王同之，不改易也〔四八〕。庶人雖富不〔四九〕服。□敢道〔五〇〕，口言《詩》、《書》，非先王之法言；不合《詩》、《書》，則不敢道也。非先王之德行不敢行。礼以儉奢，樂以〔五一〕□不言〔五二〕，非道不行；非礼法〔五三〕則不行。口無擇言，口言《詩》、《書》，有何可擇。身無擇行〔五四〕。□過〔五五〕，言《詩》、《書》滿天下，有何口過。行滿天下無怨惡。行礼樂滿天下，有何怨惡。三者備矣〔五六〕，□王服〔五七〕，言〔五八〕先王道，行先王德，則爲備矣。然後乃能守其宗廟。宗，尊也。廟，皃也。親雖〔五九〕□之若先〔六〇〕，爲作宮室，四時祭之，若見鬼神之容皃也。□府〔六一〕，謂之卿大夫。卿大夫行孝，當如此章也。《詩》云：「夙夜匪懈，以事一人。」』詩者，直謂□〔六二〕也。云，言也。夙，早［　］〔六三〕。

士人章第五〔六四〕

『資於事父以事母，而愛同；資者，人之行。事父与母［愛］同，敬不同〔六五〕。資於事父以事君，而敬同。愛不同也〔六六〕。故母取其愛，不取其敬。而君取其敬，不取其愛。兼之者父也。兼，并也。愛与母同，敬与君同，并此二者，事父之道。故以孝事君則忠，移事父孝以事於君，則爲忠矣。以敬事長則順。移事兄敬以事於長，則爲順矣〔六七〕。忠順不失，以事〔六八〕其上，事君忠，事長順〔六九〕，二者不失，可以事上。上謂天子，君忠〔七〇〕最尊者也。然後能保其禄位，而守其祭祀。内孝父母，外順君長，然後〔七一〕乃能安其禄位而守其祭〔七二〕祀。食廪曰禄，居官曰位。生□（爲）曰祭〔七三〕，繼世曰祀也。盖士之孝也。則〔七四〕是非，知義理，謂之爲士。士之行孝，當如此章。《詩》云：「夙興夜寐〔七五〕，無忝尒〔七六〕所生。」』詩者，直謂《詩》也。云，言也。夙，早也。興，起也。［夜］〔七七〕，暮；寐，卧；忝，辱。所生謂父母。言士爲孝，當早起夜卧，無辱其父母。而言所生者何？事〔七八〕知義理，則知父母己所從生也。

庶人章第六

『用天之道，春生、夏長、秋收、冬藏，順四時以舉，言天之道也。分地之利，分別五□□（土，視）其高□□（下，若）〔七九〕高田宜黍稷，下田宜稻麥，丘陵坂嶮〔八〇〕宜種桑棗，此分地之利。謹身節用，以養父母。行不爲非爲謹身，富不奢泰爲節用，度財爲費，什〔八一〕一而税，雖遭凶年，父母不乏。此〔八二〕庶人之孝也。庶，衆也。衆人爲孝，當如此章。上皆言盖者，孔子之謙。庶人至賤，無所復謙，故發此言。故自天子至於庶人，孝無終〔八三〕始，而患不及己〔八四〕者，未之有也。』惣説五孝，上從天子，下至庶人，皆當行孝無終始，能行〔八五〕孝道，故患難不及其身。未之有者，盖未有也。

三才章第七

曾子曰：『甚哉，孝之大也！』上孔子語曾子孝，［　］〔八六〕至庶人，皆當行孝□□□□□□（無終始曾子乃）知〔八七〕孝之爲大，故喟然嘆曰：甚哉，孝之爲大也。子曰：『夫孝，天之經〔八八〕，春秋冬夏，物有死生，天之經。地之義〔八九〕，山川高下，水泉流通，地之義。民之行〔九〇〕。□□（孝悌）恭〔九一〕敬，民之行。天地之經〔九二〕，而人〔九三〕是則之。天有四時，地有高下，人居其間，當是而則之也。則天之明〔九四〕，則，視也。視天之四時，無失其早晚。因地之利，因□（地）高□□（下所）宜何等□種之〔九五〕。以順天下。是以其教不肅而成，以，用也。［用］〔九六〕天時，順地利，則天下民皆樂之，是以其教不肅而成。其政不嚴而治。政□□（不煩）苛，□□（故不）〔九七〕嚴而治。先王見教之可以化人〔九八〕也。見因天地教化，人之易。是故先之以博愛，而民莫遺其親。先〔九九〕修人事，流化於人〔一〇〇〕。陳之以〔一〇一〕德義，而民興行。上好義則人〔一〇二〕莫敢不服。先之以敬讓，而民不爭。若文王敬讓於朝，□（虞）〔一〇三〕芮推畔於野，上行之，則下効之〔一〇四〕。道〔一〇五〕之以礼樂，而民和睦。上好礼則民莫▨（敢）不敬之〔一〇六〕。示之以好惡，而民［知禁］〔一〇七〕。善者賞之，惡者罸〔一〇八〕之，則民知有法令，不敢爲非也〔一〇九〕。《詩》〔一一〇〕云：「赫赫師尹，民具尒瞻。」』詩者，直謂《詩》也。云，言也。赫赫，明威皃。師尹，大臣，若冢〔一一一〕宰之屬。民已具矣，汝當視人，人亦視汝，汝善而人善矣，下之化上〔一一二〕，猶風之靡草。

孝治章第八

子曰：『昔者明王之以孝治天下〔一一三〕，不敢遺▨□□（小國之）〔一一四〕臣，古者諸侯歲遣大夫，聘〔一一五〕問天子無恙，天子待之以客礼，此不敢遺小國之臣。而況〔一一六〕於公侯伯子男乎？古者諸侯五年一朝〔一一七〕天子，天子使太子郊〔一一八〕迎，蒭（芻）和〔一一九〕百車，以客礼待之。晝〔一二〇〕坐正殿，夜設庭燎，思与相見，問其勞苦〔一二一〕，此天子以礼待諸侯、公侯伯子男乎？五等諸侯之尊爵也。公者正也，當爲王者正行天道。二王之後也稱公〔一二二〕，侯者候也〔一二三〕，當爲王伺候非常。伯者▨（長）〔一二四〕也，當爲王者長治百姓。子者慈也，當爲王者慈愛人民。男者任也，當爲王者任其職〔一二五〕治。及其封之，□〔一二六〕，伯七十里，子与男各五十里者，法雷也。雷震百里所潤同，七十里者半百里，五十里者半七十里。德不倍者，不異其爵；□□（功不）〔一二七〕倍者，不異其土。故轉相半，別優劣也。故得萬國之歡〔一二八〕心，以事其先王。古者天子五年一巡狩，勞来諸侯。諸侯□□（五年）〔一二九〕一朝天子，貢國所有，各以其職来助祭▨□（宗廟）〔一三〇〕，故［得］万國〔一三一〕之歡心，以事其先王。治國者，不敢侮於鰥〔一三二〕寡，而況於士人〔一三三〕乎？治國者，謂諸侯。六十二無妻曰□（鰥）〔一三四〕，五十無夫曰寡。士人中知義理，□（弱）〔一三五〕者不見侵，强者〔一三六〕不失職。故得百姓之歡心，以事其先君。綏强以礼，撫弱以仁，竟（競）奉所有，祭其先王也。治家者，不敢失於臣妾之心〔一三七〕，而况於妻子乎？治家者，謂諸卿大夫。臣，男子之賤稱。妾，婦〔一三八〕人名。妻子承奉宗廟〔一三九〕，家之貴者，務取和同。故得人之歡心，以事其親。小大盡節，恭敬安親。夫然，故生則親安之，養則致其樂，則親安之。祭則鬼享之。祭則致其嚴，故鬼享之也。是以天下和平，上下無怨，故曰和平。灾〔一四〇〕害不生，風雨時節，百穀熟成。禍亂不作。君惠臣忠，父慈子孝，是以天下禍乱無因得起。故明王之以孝治天下〔一四一〕如此。禍乱不作，以其孝治天下，故致如此。《詩》云：「有覺得〔一四二〕行，四國順之。」』覺，大也〔一四三〕。有大德□□（行，四）方□（之）〔一四四〕國順而於〔一四五〕之，化流明矣。

聖治章第九

□□□▨▨（曾子曰：『敢問）〔一四六〕聖人之德，無以加於孝乎？』曾子見上明王孝治天下，致於和平，灾害不生，禍乱〔一四七〕不作，以爲聖人合天地，當有異於孝乎？故問之也〔一四八〕。□□□□▨（子曰：『天地之）姓〔一四九〕人爲貴。貴其異於万物。人之行莫大於孝，孝者，德之本，又何加焉。孝莫大□□▨（於嚴父）〔一五〇〕，嚴父莫大於配天，尊嚴其父，莫大於配天也。則周公其人也。尊嚴〔一五一〕其父，莫大於尊嚴其父，教之若君。□〔一五二〕。昔者周公郊祀后稷以配天，郊者，祭天之名，在國之南郊，故謂之郊。后稷者，是堯臣〔一五三〕，周公之始祖。自外至者，無主不止，故推始祖，配天而食之〔一五四〕。□□□（宗祀文）〔一五五〕王於明堂，以配上帝。文王〔一五六〕，周公之父。明堂即天子布政之宫。上帝者，天之别名，神無二主，故異〔一五七〕其處，避后稷。明堂之制，八窓四闥，上圜下方，在國之南，故乃稱之曰□〔一五八〕海之内，各以其職來祭。周公行孝於朝，越常重譯来貢〔一五九〕，故得万國之歡心也。夫聖人之德，□□□□□（又何以加於）〔一六〇〕孝乎？孝悌之至，通於神明，豈聖人所能□（加）〔一六一〕也。故親生之膝下，以養父母日嚴。子親生之父母膝下〔一六二〕，是以養則致其樂〔一六三〕。□□▨（聖人因）〔一六四〕嚴以教敬，因親以教愛。因人尊嚴其父，教之以爲敬；親近於母，教之所順人情之事。聖人之教不肅〔一六五〕□□（而成）。

□□□□▨(聖人因人情)〔一六六〕而教之，人皆□□□▨(樂之，故不)〔一六七〕肅而成。其政不嚴而治。其身政〔一六八〕，不令而行，故不嚴而治。其所因者本也。本是孝也。孝道〔一六九〕流行，故乃不嚴而□(治)〔一七〇〕。□□□□(父子之道)，天性〔一七一〕，性，常也。父子相生，天之常道。君臣之義〔一七二〕。君臣非骨肉之親〔一七三〕，但義合耳。三諫不從，待放〔一七四〕而去。父母生之，▨(續)〔一七五〕莫大焉。父母生之，□(骨肉相連續，又何加焉)。□▨(君親)〔一七六〕臨之，厚莫重焉。君親擇賢〔一七七〕，顯之以爵，寵□□(之以)〔一七八〕祿，即厚之至〔一七九〕。故不愛其親而▨(愛)他人親者〔一八〇〕，□□(謂之)〔一八一〕悖德；不能愛其親而愛他人親者，謂之悖德〔一八二〕。不敬其親而敬他人親〔一八三〕者，謂之悖禮。不能敬其親而敬他人親者，謂之悖禮〔一八四〕。以順則逆，以悖爲順，則逆乱之道。民無則焉。則，法也。民無法則〔一八五〕，即逆乱之道〔一八六〕。不在於善，而皆在於凶德。惡人不能化善〔一八七〕，乃皆爲惡。若傑紂是〔一八八〕。雖得〔一八九〕之，君子所不貴〔一九〇〕。不以其道得之，故君子不貴也。君子則不然，君子則不爲□(逆)〔一九一〕乱之道也。言思可道，言中《詩》、《書》，故可道也。行思可樂。動中規〔一九二〕矩，故可樂也。德義可尊，可尊敬也。作事可法。可法則也。容止可觀，威儀中礼，故可觀也。進退可度。雖進而盡忠，亦退而補過。以臨其人〔一九三〕，是以其人畏而愛□(之)〔一九四〕，畏其刑罰，愛其德義。則而象之。効其漸也。故能成其德教，上下教而罰謂之虐，不教而煞謂〔一九五〕之暴，是以德成而教尊也。而行其政令。節用而愛人〔一九六〕，使人以時，是以政令而行也。《詩》云：「淑人君子，其儀不忒。」』淑，善。忒，差也。善人君子，則威儀不差失，故可法也〔一九七〕。

紀孝章第十〔一九八〕

子曰：『孝子之事親〔一九九〕，紀孝行也。居則致其敬，盡其礼也〔二〇〇〕。養則致其樂，樂竭歡心，以事其上。病則致其憂，容色不滿，行不正履。喪則致其哀〔二〇一〕，擗踴哭泣，盡其哀情。祭則致其嚴。齋必變〔二〇二〕食，居必遷坐，敬忌踧跡，若親存焉。五者俻矣，然後能事親。謂上五者孝道俻矣。然後乃能事其親也〔二〇三〕。事親者居上不驕〔二〇四〕，雖尊爲君而不驕也。爲下不乱，爲臣則忠，不敢爲乱也。在醜而〔二〇五〕争，同志爲友，齊年爲醜。醜〔二〇六〕，類也。以爲善惡不忿争也。居上而驕則〔二〇七〕亡，富貴不以其道得之，是以則亡。爲▨▨（下而）〔二〇八〕乱則刑，爲臣下好則乱〔二〇九〕，則刑罸［及］其身〔二一〇〕。在醜而争則兵。朋友之中好爲忿争，則推忍之道也。三者〔二一一〕不除，雖日用三牲之養，猶爲不孝〔二一二〕。』夫愛親者，不敢惡於人，今反驕乱忿争，雖日煞三牲之養，豈得孝乎？

五刑章第十一〔二一三〕

子曰：『五刑之屬三千，正刑有五，科條三千。五刑□□（者有）劓、墨、宫割、臏、大擗〔二一四〕，穿容□□（盜竊）者劓〔二一五〕，刼賊傷〔二一六〕人者墨，男女不以礼交者宫〔二一七〕割，逾人垣墻、開人關籥臏，手煞人大▨（辟）〔二一八〕，各以其所犯罪科之〔二一九〕。條有三千者，謂以事同罪之屬也。而罪莫大於不孝。□□□（之）罪莫□（大）於□（不）孝〔二二〇〕，聖人所以惡之〔二二一〕，故不書在三千條中〔二二二〕。要君者無上，事君，先事然後食〔二二三〕禄，今〔二二四〕反要君，是無上也。非聖人者無法，非侮聖人者不可法。非〔二二五〕孝者無親，既不自孝，又非他人爲孝，不可親也〔二二六〕。此大乱之道〔二二七〕。』事君不忠，非侮聖人、非孝行者，此則大乱之道。

□□▨（廣要道）章第十二〔二二八〕

子曰：『教人〔二二九〕親愛，莫善於孝。孝者，德之本，又何加焉〔二三〇〕。□□□□□（教民禮順，莫善）〔二三一〕於悌。先孝後悌，人行之次。移風易俗，莫善於樂。夫樂者，感〔二三二〕人情。樂正則心〔二三三〕正，樂淫則心淫，孔子〔二三四〕曰：『惡鄭□□□□（聲之乱樂）〔二三五〕。』□□□□▨（安上治民，莫善）〔二三六〕於礼。上好礼則人易使之〔二三七〕。礼者，敬而已矣。敬者，礼之本，又何加焉。故敬其父則□□□□□（子悦，義可知也。敬其）〔二三八〕兄則弟悦，敬其君則臣悦，敬一人而〔二三九〕千万人悦。盡礼□（以）事，故皆□□（喜悦）〔二四〇〕。敬□□□□□（所敬者寡而）〔二四一〕悦者衆。所敬〔二四二〕三人，是其少；千万〔二四三〕悦，是其衆。此之謂要道〔二四四〕。』孝悌以教之，礼樂以化之〔二四五〕，則爲要道也〔二四六〕。

□□□□□□（廣至德章第十三）〔二四七〕

子曰：『君子之教以孝〔二四八〕，非家至而日見之〔二四九〕。非門□□□□□□□□□□□□□（到戶至而見語之，但行孝於內，流化於外）〔二五〇〕。教以〔二五一〕孝，所以敬天下之爲人父者〔二五二〕。天子無父，事三老，所以教天下之爲〔二五三〕孝。教以弟〔二五四〕，所□□□□□□□（以敬天下之爲人）兄者〔二五五〕。天子〔二五六〕無兄，事五▨（更）〔二五七〕，所以［教］〔二五八〕天下弟也。教以臣，所以敬天下之爲人君者〔二五九〕。▯。□（《詩》）〔二六〇〕云：「愷悌君子，民之父母。」以上三者，教於天下，真是人之父母〔二六一〕。非至德，□□□□▨▨□□□□（其熟能順民如此其大者乎）〔二六二〕！』□（至）德〔二六三〕之君子，能行此三者〔二六四〕，教於□（天）下〔二六五〕，非至德，則不能如此〔二六六〕。

廣揚名章第十四〔二六七〕

子曰〔二六八〕：『君子之事親孝，故忠可移於君；欲求忠臣，必出孝子之門，故言可移於君。事兄悌，故順可移於長；以敬事長則順，故可移於長。居家理，治〔二六九〕可移於官。君子所居則化，所在則理〔二七〇〕，故可移於官。是以行成於內，而名立於後世矣〔二七一〕。』孝〔二七二〕於親者，可移於君；弟於兄者，可移於長；治〔二七三〕於家者，可移於官。三德並備於內，而名立於後世矣。若聖人制法［於］〔二七四〕古，後人奉而行之也。

▨（諫）諍章第十五〔二七五〕

曾子曰：『若夫慈愛恭敬，安親揚〔二七六〕名，則聞命矣。敢〔二七七〕問子從父之令，可謂孝乎？』曾子專心於孝，以爲臣子當委曲君父之令〔二七八〕，故問之也。子曰：『是何言與？是何言與？孔子欲見諫諍〔二七九〕之端，以開曾子心〔二八〇〕，故發此言也。昔者天子有諍〔二八一〕臣七人，雖無道，不失其天下〔二八二〕。七人，謂三公、左輔、右弼、前疑、後丞，維〔二八三〕持王者，使不歷危殆。不陷於不義〔二八四〕，故能長久不失其天下也。諸侯有諍臣五人，雖無道，不失其國。大夫有諍□▨（臣三）〔二八五〕人，雖無道，不失其家。尊卑轉少，未聞其當〔二八六〕。士有諍友，則身不離於令名。令，善也。士卑▨（無）〔二八七〕臣，故以友諍之。□（父）〔二八八〕有諍子，則身不陷於不義，君臣有諫諍之義，嫌父子至親，不當諫諍，若父有不義，子當諫之。故當不義，則子不可以不諍於父，臣不可以不諍於君。故當不義則諍之，君父有不義之事〔二八九〕，臣子當□（諫）〔二九〇〕諍之。從父之令，又焉得爲孝乎！』委曲從父之令，善亦爲善，惡亦爲惡，又焉得爲忠臣孝子乎？

□（感）應章第十六〔二九一〕

子曰：『昔者明王事父孝，故事天明；盡孝於父者〔二九二〕，故事天明。□（事）〔二九三〕母孝，故事地察。盡孝於母者，能察地之高下，視其分理。長幼順，故上下治。卑順於君，幼順於長〔二九四〕，故上下治。天地明察，神明彰矣。事天能明，事地能察，德合天地，謂之彰矣。故雖天子，必有尊也，言有父也；雖貴爲［天子］〔二九五〕，爲有所尊事之若父〔二九六〕，即三▨（老）〔二九七〕是。必有先也，言有兄也。必有所先，事之若兄，即五更是。宗廟致敬，不忘親也。設宗廟〔二九八〕四時齋戒以祭之，不□□□（忘其親）〔二九九〕。脩身慎行，恐辱先也。脩身者，不敢〔三〇〇〕毁傷；慎行者，不歷危殆，常恐毁辱先人。宗廟致敬，鬼神著矣。事生□□（者易）〔三〇一〕，事死者難，聖□□（人慎）〔三〇二〕之，故重其文。孝悌之至，通於神明，光於〔三〇三〕四海，無所不通。孝至於天，則風雨時節；孝至於地，則万□（物）熟〔三〇四〕成；孝至於人，則重▨（譯）〔三〇五〕来貢，是以無所不通也。《詩》云：「自東自西〔三〇六〕，自南自北，無思不服。」』孝道流行，莫敢不服，順而從之。

事君章第十七

子曰：『君子之事上〔三〇七〕，上陳諫諍之義已畢，未□□（及去）〔三〇八〕就之理，欲見進退之道，故發此言。進思盡忠，死君之難爲盡忠。退思補［過］〔三〇九〕，待放三年，服思其過，故□之。將順其美，善則稱君。匡救其惡，□則［　］〔三一〇〕。故上下治，能相親〔三一一〕。君臣同心，故乃相親。《詩》云：「心乎愛矣，遐不謂矣。心乎愛君矣，而不謂遠矣，念君之無□。忠〔三一二〕心藏之，何日忘之？」』忠心常藏善道，何能一日而忘君。□雖在□，心恒〔三一三〕

左右。

喪親章第十八

子曰：『孝子之喪親〔三一四〕，上陳孝道，生事已了〔三一五〕，死事未見，故發□（此）言。□□□（哭不偯）〔三一六〕，氣〔三一七〕竭而息，聲不〔三一八〕委曲。礼無容，不爲趍〔三一九〕翔。言不文，父母之□（喪）〔三二〇〕，唯而不對。服〔三二一〕美不安，去文繡之衣，以縗麻服之。□□□□（聞樂不樂）〔三二二〕，尚在悲哀，故不樂〔三二三〕。食旨不甘：不甞酸鹹，而食粥。▭〔三二四〕傷生，三日不食，恐傷及生人，故孝子不爲也。毁不▭〔三二五〕喪不過三年，示人有終〔三二六〕。三年▭企而及▭〔三二七〕。▨（爲）之棺槨〔三二八〕衣衾而舉之，周□□□□□□□□□□□□□□□□□□□□□（尸爲棺，周棺爲槨。衣謂身衣，衾謂單被。可以亢尸而起之）。□□□□□□□（陳其簠簋而哀慼）〔三二九〕之，簠簋，祭噐（器）之名，受斗二升，内員外方。祭不見親，故哀慼之。擗踊□□□□□□（哭泣哀以送之），□□□□（啼號竭情）。□□□□□□（卜其宅兆，而安厝）▨（之）〔三三〇〕。宅〔三三一〕，葬地；兆，得吉兆，乃葬之〔三三二〕，故云〔三三三〕。葬事大，故卜□□□□（之。慎之至也）〔三三四〕。爲之□□□□□（宗廟，以鬼享之）；□□□□□□□□□□□□□□□□□（葬事已畢，乃爲神室，祭則致其嚴，故鬼享之也）。□□□（春秋祭）▨（祀）〔三三五〕，以時思之。四時變易，物有成熟〔三三六〕，□□□□（將欲食之），即先薦先祖，念之若生存，□□□□（不忘親也）。□□□□□□□（生事愛敬，死事哀慼），□□□□（人情畢也）。□□□（生人之）▨（本）〔三三七〕盡矣，終始俻〔三三八〕矣。死生之義俻▨（矣）〔三三九〕，□□□□□□□□□□（無遺介。尋繹天經地義，允競人情也）。□□□□□□□（孝子之事親終矣）〔三四〇〕。』□（行）乃畢矣，孝乃成矣〔三四一〕，羅□（列）十八章〔三四二〕，各陳其情矣〔三四三〕。

孝經一卷

【校記】

〔一〕『十』上底一該行殘缺約十二個大字的空間，殘注所釋經文爲『終於立身』句。

〔二〕不聰明，底一原殘泐，此據林録；林録『明』原作『而』，林校云：『《文選集注》「而」作「明」，是也。』故徑據改正。

〔三〕在，底一原殘泐，此據林録。『在』上所缺爲雙行注文的左行，其上所缺注文小字較右行『十』上約少四字。參看校記〔一〕。

〔四〕楊，當作『揚』，乃扌、木二旁混淆所致。

〔五〕篇，底一原存下半，此據林録。『篇』上底一該行殘缺約十個大字的空間，林録補經文『無念尒祖，聿脩厥德』及注文『大雅者詩之』十三字。

〔六〕聿脩之理，陳鐵凡謂此處有脱文。

〔七〕先，底一原殘泐，此據林録。

〔八〕功，底一原殘泐，此據林録；『功』上注文底一殘缺約五字，林録擬補『祖當修治其』五字。

〔九〕『始孔』二字底一原殘泐，此據林録。又『孔』字底一在行末，次行上部底一殘泐約十個大字的空間，其中包括下章章名『天子章第二』五字及第一章末條注文與第二章章名之間應留的三字左右的空格，則『孔』下底一殘缺注文不過五六字而已。

〔一〇〕天子章第二，底一原殘泐，兹依下『諸侯章第三』例擬補。

〔一一〕於，底一殘泐，此據林録。

〔一二〕『慢』字底一殘存下半，『慢』上底一該行殘缺約九個大字的空間，刊本作『人敬親者不敢』，據《羣書治要》（下簡稱『治要』），『愛親者，不敢惡於人』下有鄭注『愛其親者不敢惡於他人之親』，從底一所缺空間看，底卷『愛親者，不敢惡於人』下應有注文。

〔一三〕不孝爲也，林校：「《義疏》、《治要》「不」下無「孝」字，是也。」（林氏所云《義疏》即伯三二七四《孝經鄭注義疏》）陳鐵凡云：「寫本「不」下「孝」字，當爲衍文。」

〔一四〕盡愛於母，底一「盡」存上半「⺺」，「母」殘泐，此據林録；「愛」字底一殘泐，林録據《治要》補，兹從之。

〔一五〕敬以直，底一原殘泐，此據林録；「敬」上底一該行殘缺約八個大字的空間，殘泐者應是經文「而德教加於百姓」七字。

〔一六〕姓，底一殘存左半「女」，此據林録。

〔一七〕刑，刊本同，《經典釋文·孝經音義》出「形于」二字，云：「法也。字又作刑。」臧鏞堂《孝經鄭氏解輯本》云：「此經「形于四海」，猶感應章「光于四海」，當從鄭作「形」，唐本作「刑」非也。」案《治要》亦作「形」。注中「刑」字亦當作「形」。

〔一八〕「之」字底一殘存上半，此據林録。

〔一九〕「天子之」三字底一在行末，次行上部殘缺約七個大字的空間，刊本「天子之」下有經文「孝也」二字，臧鏞堂《孝經鄭氏解輯本》據邢昺《疏》補鄭注「蓋者謙辭」四字，林録補爲「蓋者孔子之謙辞」，按底一所存注文「之」字在雙行注文右行之末，如按林補，則底一注文左行僅「謙辞」二字，而右行有「蓋者孔子之」五字，不夠協調，疑右行另有他字。

〔二〇〕人，刊本作「民」，「人」爲「民」之諱改字。

〔二一〕子，底一字形暗淡，此據林録。

〔二二〕「也」字底一模糊不可辨，此據林録。

〔二三〕此處和下「像」前缺文底一在該行上部，分别殘缺注文約二十二字左右。

〔二四〕像，底一殘泐，此據林録。

〔二五〕本章底一首行上部殘缺經文約八字，刊本作「在上不驕高而不危」八字；《治要》「人」作「民」，「人」爲諱改字。

〔二六〕「人」字《治要》作「民」，「人」爲諱改字。

〔二七〕「不」字底一殘泐，此據林録。

〔二八〕約儉謂之，底一「約」、「謂之」三字殘泐，「儉」存右半，此從林録。

〔二九〕而不危，底一「而不」殘泐，「危」殘存下半，此據林録；「而不危」上底一殘缺約八個大字的空間，其中「而」前林録補經文「高」字，上條注文「謂之」後林録據《治要》及《正義》補注文「制節，奉行天子法度謂之謹度，故能守法而不驕逸也。無礼爲驕，奢泰爲溢」。

〔三〇〕「守貴」下刊本有「也」字，案敦煌本白文《孝經》寫卷均無「也」字，伯三三七四《孝經鄭注義疏》亦無「也」字，有「也」字者蓋御注本也。

〔三一〕「奢」字底一原殘泐，此據林録。「所以」與「富貴」間底一殘缺約八個大字的空間（含「奢」字），「所以」下的經文爲「長守富也」，《治要》録鄭注全文爲「雖有一國之財而不奢泰故能長守富」。

〔三二〕富貴，底一「富」字殘泐，「貴」殘存下半，此據林録。

〔三三〕乃能安其，底一原殘泐，此據林録。「乃能」上底一殘缺約八個大字的空間，林録於「乃能」前補經文「其社稷」及注文「上能長守富貴，然後」。

〔三四〕功，底一原殘泐，此據林録。「功」字底一在雙行注文的右行，比照左行，其上殘缺注文小字約八個。

〔三五〕人民，刊本作「民人」，案《吕氏春秋·先識覽·察微》、《白虎通·社稷》及《治要》所引均作「民人」。

〔三六〕薄，底一存上下兩端殘畫，此據林録。

〔三七〕之，底一原殘泐，此據林録。「之」字底一在行末，次行上部殘缺約八個大字的空間，刊本有經文「孝也」二字，林録又據《周禮·大宗伯疏》補鄭注「列土封疆謂之諸侯」，可參。

〔三八〕淵，底一原作「渆」，「淵」之俗訛字，兹據刊本録正。

〔三九〕冰，刊本作『冰』，《字彙·水部》：『冰，俗冰字。』

〔四〇〕子，底一原殘泐，此據林録。

〔四一〕兢兢，下一『兢』字底一原無，林録作重文符號，此據林録補。『兢兢』底一在行末，次行上部殘缺約十四個注文小字的空間。

〔四二〕『服』上底一殘缺約八個大字的空間，刊本有經文『非先王之法服不敢』八字。

〔四三〕晨，林校云：『《義疏》、《周禮·小宗伯疏》、《書鈔》卷一百二十八「晨」作「辰」也，是也。』陳鐵凡改爲『辰』字，云：『寫本「辰」誤作「晨」。』

〔四四〕『卿』字底一模糊不可辨，兹據林録。

〔四五〕藻，底一殘存上部『艹』，兹據林録。

〔四六〕謂文，底一原殘泐，今據林録補『謂』，據《經典釋文·孝經音義》補『文』。

〔四七〕績，底一原作『續』，林校云：『《釋文》、《儀禮·少牢饋禮疏》「續」作「績」，是也。』兹據以改正。

〔四八〕也，底一原殘泐，此據林録。

〔四九〕雖富不，底一『雖』殘存上半，『富不』二字殘泐，此據林録。

〔五〇〕『敢道』上底一殘缺約八個大字的空間，刊本有經文『非先王之法言不』七字。

〔五一〕儉奢樂以，底卷『儉』、『樂』殘存上半，『以』字殘泐，此據林録。

〔五二〕『不言』上底一殘缺約八個大字的空間，林録於『樂以』後據伯三二七四《孝經鄭注義疏》及《治要》補注文『防淫不合礼樂則不敢行』十字，於『不言』前補經文『是故非法』四字，近是。

〔五三〕礼法，林校：『《治要》「法」作「樂」，是也。』陳鐵凡《孝經鄭氏解斠詮》云：『禮法爲舉止規範，人可資以循行。樂以陶情，功在教化，與禮法異趣。……人之行事，遵循規範，則合禮法，何有於樂！然則寫本此注，似較近理。』

〔五四〕擇行，底一「擇」右下部殘泐，「行」字殘泐，此據林録。

〔五五〕「過」上底一殘缺約七個大字的空間，林録補經文「言滿天下無口」六字，近是。

〔五六〕俻矣，底一「矣」字殘存上部「厶」，此據林録；刊本「俻」作「備」，《玉篇·人部》「備」條下云「俻，同上，俗」。下凡「俻」字不復出校。

〔五七〕「王服」上底一殘缺約八個大字的空間，林録補經文「然後能守其宗廟」及注文「法先」。

〔五八〕言，底一原殘泐，此據林録。

〔五九〕雖，底一原殘泐，此據林録。

〔六〇〕「之若先」三字底一原殘，此據林録；林録於「之」前據《詩經·清廟正義》補「亡没事」三字；林校：「《清廟正義》『先』作『生』，是也。」

〔六一〕府，底一殘存左下角，此據林録；「府」上殘缺約八個大字的空間，林録補經文「盖卿大夫之孝也」及注文「張官設」，近是。

〔六二〕「謂」字底一殘泐，此據林録補；林録據《士人章注》以「謂」下所缺之字爲「詩」。

〔六三〕「夙早」二字底一殘泐，此據林録。「夙早」二字底一處在行末，次行殘缺約二十四個注文小字的空間。

〔六四〕士人章，刊本無「人」字，敦煌諸白文本《孝經》皆無「人」字，陳鐵凡以「人」爲衍字，當是，説詳《孝經》校記〔七九〕。

〔六五〕愛同敬不同，底一原作「同愛不同」，林校：「《治要》『母』下有『愛』字，此本誤脱，今補。《治要》『愛』作『敬』，是也。」兹據以改正。

〔六六〕愛不同也，底一「愛」存上半，「不」、「也」殘泐，此據林録。

〔六七〕移事兄敬以事於長則爲順矣，底一原「兄敬」作「父孝」，「順」作「忠」，林校：「《治要》、《正義》『父』作『兄』，『孝』作『敬』，『忠』作『順』，是也。」兹據以改正。

〔六八〕事，底一殘存上半，此據林録。

〔六九〕順，底一殘泐，此據林録。

〔七〇〕忠，應是『中』之借字，伯三三七八《孝經注》此句作『上謂天子，中最尊者上也』（伯三三七八『中』前脱『君』字）。

〔七一〕父母外順君長然後，底一『母外』均殘存左半，『順』存右下角，『長』存左上角，『君』及『然後』殘泐，此據林録。

〔七二〕其祭，底一殘泐，此據林録。

〔七三〕生爲曰祭，底一『爲曰祭』三字殘泐，林録有『曰祭』二字，『爲』字林録據《釋文》補，兹從之；『生』當作『始』，考詳陳鐵凡《孝經鄭注校證》。

〔七四〕則，林校：『《釋文》「則」作「别」，是也。』陳鐵凡認爲底一本作『别』字不誤，案細審影本，確是作『則』。

〔七五〕𥨍，刊本作『寐』，案『𥨍』當是『寐』之俗訛字，《干禄字書·去聲》以『𥨊』爲『寐』之俗字，『𥨍』應是『𥨊』訛變。注中『𥨍』字同。

〔七六〕尒，刊本作『爾』，《敦煌俗字研究》云：『「爾」「尒」古本非一字，後世則合二而一，字多寫作「爾」。』（下編第七頁）下『尒』字不復出校。

〔七七〕夜，底一原無，林校：『《卿大夫章》「夙夜」注云：「夜，暮也。」此本「暮」上脱「夜」字，今補。』兹據以補。

〔七八〕事，陳鐵凡云：『「事」當爲「士」之譌。上注曰：「知義理謂之爲士。」』

〔七九〕五土視其高下若，底一殘存『其』字，『五』、『高』二字據林録；『土視』、『下若』四字林録分别據《治要》、《初學記》補，兹從之。

〔八〇〕獫，林校：『《釋文》、《初學記》卷五、《御覽》「獫」作「險」，是也。』

〔八一〕費什，底一殘泐，此據林録。

〔八二〕此，底一殘泐，此據林録。

〔八三〕終，底一殘存上半，此據林録。

〔八四〕己，刊本無，嚴可均云：「明皇本無『己』字，蓋臆删耳。據鄭注『患難不及己身』，身即己也。《正義》引劉瓛云『而患行孝不及己者』，又云『何患不及己者哉』，則經文元有『己』字。」（《孝經鄭注》輯本）

〔八五〕終始能行，底一「始」殘存左半「女」，「行」存右部殘畫，此據林録。

〔八六〕此處底一殘泐約小字五、六字的空間，《治要》有「上從天子下」五字。

〔八七〕自前行「孝」至此行「知」間底一殘泐，兹據《治要》補「無終始曾子乃」六字。

〔八八〕經，底一原作「絰」，形誤字，兹據刊本改正，注中「經」字同；刊本「經」下有「也」字。

〔八九〕地之義，刊本下有「也」字。

〔九〇〕行，底一存左边「彳」，此據林録；刊本下有「也」字。

〔九一〕孝悌恭，底一殘泐，此據林録補「恭」字，「孝悌」二字林録據《治要》補，兹從之。

〔九二〕經，底一原誤作「絰」，兹據刊本改正。

〔九三〕人，刊本作「民」，「人」爲諱改字。

〔九四〕明，刊本作「明」，明、明異體。下凡「明」字不復出校。

〔九五〕因地高下所宜何等□種之，底一「地」、「下所」、「種」四字殘泐，此據林録補「種」字，又據《治要》補「地」、「下所」三字。

〔九六〕用，底一原無，兹據《治要》補。

〔九七〕政不煩苛故不，底卷「政」、「不煩」、「故不」均殘泐，此據林録補「政」字，據《治要》補「不煩」、「故不」四字；《治要》「苛」作「苛」，案「苛」爲「苛」之借字。

〔九八〕人，刊本作「民」，「人」爲諱改字，吐魯番哈拉和卓出土《孝經·三才章》殘片（黄文弼《吐魯番考古記》第八四頁，中国科學院一九五四。下簡稱『黄文弼本』）亦作『民』。

〔九九〕先，底一殘泐，林録作『天』，林校以爲『先』之誤，案黄文弼本作『先』，兹據補。

〔一〇〇〕人，伯三三七四《孝經鄭注義疏》作『民』。

〔一〇一〕以，黄文弼本同，刊本作『於』，吴昌瑩《經詞衍釋》云：『於猶以也。』

〔一〇二〕人，伯三三七四《孝經鄭注義疏》作『民』。

〔一〇三〕虞，底一殘泐，兹據《治要》補。

〔一〇四〕則下効之，底一『則』字殘泐，此據林録；《治要》『効』作『效』，《玉篇·力部》：『効，俗效字。』

〔一〇五〕道，刊本作『導』，『道』『導』古今字。

〔一〇六〕莫敢不敬之，底一『敢』殘存左半，兹據黄文弼本補；黄文弼本、《治要》均無『之』。

〔一〇七〕知禁，底一原無，李德超《敦煌本孝經校讐》（《第二屆敦煌國際研討會論文集》，臺北漢學研究資料及服务中心一九九一。下簡稱『李德超』）謂底卷脱，兹據刊本補。

〔一〇八〕罰，《治要》作『罰』，《五經文字·罒部》：『罰、罸，上《説文》，下《石經》，五經多用上字。』

〔一〇九〕也，底一殘泐，此據林録。

〔一一〇〕詩，底一殘存上半，此據林録。

〔一一一〕家，底一原作『家』，林校：『《義疏》、《釋文》、《詩·節南山正義》「家」作「冢」，是也。』兹據以改正。

〔一一二〕下之化上，伯三三七四《孝經鄭注義疏》作『上之化下』，案底卷誤，《周易·觀卦》九五『觀我生，君子无咎』王弼注：『上之化下，猶風之靡草。』

〔一一三〕天下，刊本下有『也』字。

〔一一四〕小國之，底一『小』字殘存左半，『國之』二字殘泐，兹據刊本擬補。

〔一一五〕騁，《治要》作『聘』，《玉篇·身部》：『騁，俗聘字。』

〔二六〕況，刊本作『況』，《玉篇・冫部》：『况，俗況字。』

〔二七〕朝，底一殘泐，此據林録。

〔二八〕郊，底一殘泐，此據林録。

〔二九〕蒭和，《治要》作『蒭禾』，陳鐵凡云：『「芻」正「蒭」俗，「禾」正「和」譌。』

〔三〇〕晝，底一原作『晝』，陳鐵凡云：『寫本「晝」誤作「晝」。』兹據以改正。

〔三一〕苦，底一原誤作『若』，兹據《太平御覽》卷一四七所引改正。

〔三二〕二王之後也稱公，底一原作『二王知侯也稱公』，兹據陳鐵凡所考改正。

〔三三〕侯者候也，底一『侯』下原有『之』字，林校：『《釋文》、《法華玄義釋籤》「侯」下無「之」字，是也。』兹據以删。

〔三四〕長，底一殘存左上角，《釋文》出『伯者長』三字，兹據以補。

〔三五〕職，《玉篇・身部》云『俗職字』。

〔三六〕『及其封之』後底一殘泐，林録據《禮記・王制正義》補注文『公與侯各百里』六字。

〔三七〕功不，底一殘泐，林録據《禮記・王制正義》補，兹從之。

〔三八〕歡，刊本作『懽』，二字異體。下『歡』字不復出校。

〔三九〕侯諸侯五年，底一殘泐，『侯諸侯』三字據林録，『五年』二字據《治要》補。

〔四〇〕宗廟，底一『宗』字殘存左上角，『廟』字殘泐，兹據《治要》補。

〔四一〕得万國，底一原無『得』字，林録據《治要》補，今從之；《治要》『万』作『萬』，《玉篇・方部》：『万，俗萬字。十千也。』下『万』字同。

〔四二〕鰥，刊本作『鰥』，『鰥』爲『鰥』之别體。

〔四三〕人，刊本作『民』，『人』爲諱改字。

〔一三四〕六十二無妻曰鰥，底一『妻曰鰥』三字殘泐，『妻曰』二字據林録，『鰥』字林録據《廣韻》所引補，茲從之；林校：『《桃夭序》正義、《王制》正義、《廣韻》「六十」下無「二」字，是也。』陳鐵凡據以删『二』字。

〔一三五〕弱，底一殘泐，據伯三三七四《孝經鄭注義疏》補。

〔一三六〕者，底一原作『有』，句不通，茲據伯三三七四《孝經鄭注義疏》改正。

〔一三七〕之心，刊本無，李德超云：『古文《指解》暨孔氏傳與敦煌諸卷俱作「臣妾之心」，應信當時之經文如此。』

〔一三八〕『婦』字底一殘破，此據林録。

〔一三九〕庿，底一原作『厝』，『庿』誤字，『庿』爲『廟』之古字，茲以意改正。

〔一四〇〕灾，刊本作『災』，『烖』之或體作『灾』，籀文作『災』，見《説文·火部》『烖』篆下説解。

〔一四一〕『天下』下刊本有『也』字。

〔一四二〕得，刊本作『德』，『得』爲『德』之借字。

〔一四三〕也，底一殘泐，此據林録。

〔一四四〕大德行四方之，底一僅存『方』字，『大德』二字據林録（底一『大』原作『天』，林録據《正義》、《治要》改正），『行四』『之』三字據《治要》補。

〔一四五〕於，林校：『《治要》「於」作「行」，似是。』陳鐵凡云：『「行」誤作「於」。』

〔一四六〕曾子曰敢問，底一『敢』存右下角殘畫，『問』存右边『亅』，『曾子曰』三字殘缺，茲據刊本擬補。

〔一四七〕乱，底一原殘泐，此據林録。

〔一四八〕也，底一原殘泐，此據林録。

〔一四九〕子曰天地之姓，底一『之』字存左下角殘畫，茲據刊本補；『之』上底一殘泐，林録補經文『子曰天地』四字，茲從之；刊本『姓』作『性』，『姓』爲『性』之借字。

〔一五〇〕於嚴父，底一『於嚴』二字殘泐，『父』殘存下半，茲據刊本擬補。

〔一五一〕嚴，底一原殘泐，此據林録。

〔一五二〕『尊嚴其父』底一在行末，次行上端底一殘缺約注文小字八字的空間，林録據《治要》補注文『配食天者周公爲之』八字，可從。

〔一五三〕堯臣，底一原殘泐，此據林録。

〔一五四〕食之，底一『食』殘存『人』字頭，『之』殘泐，此據林録。

〔一五五〕『宗祀文』三字底一殘泐，此據刊本擬補。

〔一五六〕文王，底一原殘泐，此據林録。

〔一五七〕故異，底一『故』字殘存上半，『異』字殘泐，此據林録。

〔一五八〕『海』上底一殘缺約三個大字的空間，林録補注文『明堂』二字及經文『是以四』三字。

〔一五九〕貢，底一殘存下半，此據林録。

〔一六〇〕缺字處底一殘缺約三個大字的空間，刊本作『又何以加於』五字，故暫據擬補如上。

〔一六一〕加，底一殘泐，林録據《治要》補，茲從之。

〔一六二〕下，底一原殘泐，此據林録。

〔一六三〕樂，底一原殘泐，此據林録。

〔一六四〕『因』字底一殘存右下角殘畫，其上殘缺約二個半大字的空間，茲姑據刊本補『聖人』二字。

〔一六五〕肅，底一原殘泐，此據林録。

〔一六六〕『情』字底一殘存下半，此據《治要》補；『情』上底一殘缺約三個半大字的空間，茲從林録擬補經文『而成』二字及注文『聖人因人』四字。

〔一六七〕樂之故不，底一『樂之故』三字殘泐，『不』字存下半，茲據《治要》補。

〔一六八〕政，《治要》作『正』，案此出《論語・子路》，『政』爲『正』之借字。

〔一六九〕『道』字底一模糊難辨，林録作『遺』，認爲是『道』之誤；陳鐵凡認爲底一原即寫作『道』，兹從之。

〔一七〇〕『治』字底一殘泐，林録據文意補，兹從之。

〔一七一〕『天性』上底一殘缺約四個大字的空間，兹據刊本補『父子之道』四字；刊本『性』下有『也』字。

〔一七二〕君臣之義，刊本下有『也』字；甲卷起於『臣』（殘存下半）。

〔一七三〕非骨肉之親，甲卷『非』下有『有』字。

〔一七四〕放，甲卷作『敬』，形誤字。《白虎通·諫諍》云：『《援神契》曰：「三諫，待放復三年，盡惓惓也。」所以言放者，臣爲君諱，若言有罪放之也。』

〔一七五〕續，底一左上角殘泐，兹據刊本補。

〔一七六〕『親』字底一存右下角殘畫，兹據刊本補；『親』上殘缺約三個大字的空間，兹據刊本擬補經文『君』字，另據甲卷於『君』上補注文『骨肉相連續又何加焉』九字（『加』字甲卷亦殘泐，此據《治要》補）。甲卷止於『焉』字。

〔一七七〕君親擇賢，乙卷起於此。

〔一七八〕之以，底一殘泐，此據乙卷補。

〔一七九〕即厚之至，乙卷、《治要》作『厚之至也』。

〔一八〇〕愛他人親者，底一『愛』殘存右半，兹據刊本補；『親』字底一旁注，乙卷殘存上半，刊本無，説參《孝經》校注〔一五六〕。

〔一八一〕謂之，底一殘泐，兹據刊本補。

〔一八二〕謂之悖德，乙卷前有『是』。

〔一八三〕親，刊本無，案此句與上『不愛其親而愛他人親者』相對，上句有『親』字，此句應同。

〔一八四〕不能敬其親而敬他人親者謂之悖禮，底一前一『敬』字、『而敬他人』、『謂』殘泐，此據林録；乙卷末有

〔一八五〕「也」字。則，底一殘泐，此據林録。

〔一八六〕逆乱之道，乙卷作「逆乱道也」。

〔一八七〕化善，乙卷作「化爲善」。

〔一八八〕傑紂是，「傑」當讀作「桀」，乙卷末有「也」字。

〔一八九〕得，刊本同，乙卷作「德」，借字也。

〔一九〇〕所不貴，刊本無「所」字，乙卷、刊本末有「也」字。

〔一九一〕逆，底一殘泐，兹據乙卷補。

〔一九二〕䂓，乙卷同，《正字通·矢部》：「䂓，規本字。」

〔一九三〕人，刊本作「民」，「人」爲諱改字。

〔一九四〕其人畏而愛之，底一「之」字殘泐，兹據刊本補；「人」字刊本作「民」，「人」爲諱改字，乙卷「民」缺末筆，避諱缺筆字；乙卷止於「愛」字。

〔一九五〕煞謂，底一「謂」殘存右半「胃」，此據林録；「煞」爲「殺」之俗字。

〔一九六〕「人」爲「民」之諱改字，下句「人」字同。

〔一九七〕也，底一殘泐，此據林録。

〔一九八〕紀孝，刊本作「紀孝行」，底卷蓋脱「行」字。

〔一九九〕「事親」下刊本有「也」字。

〔二〇〇〕礼也，底一「礼」字右下角殘損，「也」字殘泐，此據林録。

〔二〇一〕致其哀，丙卷起於此。

〔二〇二〕變，底一模糊不清，此據林録。

〔二〇三〕然後乃能事其親也，丙卷作「然能事其親」，有脱漏。

〔二〇四〕不驕，底一殘泐，此據林録。

〔二〇五〕而，刊本作「不」，林校：「《治要》、《釋文》、御注「而」作「不」，是也。」

〔二〇六〕後一「醜」字底一原作「之」，陳鐵凡云：「當爲重文符號「〻」之訛。」《廣雅·釋詁》：「醜，類也。」兹據以改正，林録作「〻」。

〔二〇七〕則，底一殘泐，此據林録。

〔二〇八〕下而，底一「下」字存上部殘畫，「而」存下半，此據丙卷補。

〔二〇九〕臣下好則乱，林校以《治要》「則」作「作」爲是，是也，丙卷即作「作」；丙卷「臣」誤作「足」。

〔二一〇〕及其身，底一原無「及」字，林録據《治要》補，案丙卷亦有「及」字，兹據以補；丙卷末有「也」字。

〔二一一〕者，底一殘存下半，此據林録。

〔二一二〕不孝，丙卷同，刊本下有「也」字。

〔二一三〕五刑，底一均殘存左半，此據林録。

〔二一四〕五刑者有劓墨宫割臏大擗，底一「者有」二字殘泐，兹據丁一補；《治要》「有」作「謂」；《治要》「劓墨宫割臏大擗」作「墨劓臏宫大辟」，案丁一殘存「宫（存下部「吕」）割臏大」四字；「擗」爲「辟」之誤字。

〔二一五〕穿容盜竊者劓，底一「容」存上部，「者」字殘泐，「劓」字右上角殘泐，兹據林録；「盜竊」二字林録據《釋文》補，兹從之；《釋文》「容」作「窬」，林校謂《釋文》是。

〔二一六〕傷，丙卷誤作「蕩」。

〔二一七〕宫，丙卷誤作「害」。

〔二一八〕手煞人大辟，底一「煞」原「然」，林校以爲「煞之譌」，兹據丙卷改正；「辟」底一存下部，兹據《釋文》補，丙卷作「僻」，誤字。

〔二九〕所犯罪科之，丙卷脱『所』字，丁一無『之』字。

〔三〇〕□□之罪莫大於不孝，底一殘泐（個别字有殘筆），林録有『罪莫』、『於』、『孝』四字，丁一有『之罪莫大於』五字；陳鐵凡認爲『之罪』前殘泐者爲『三千』二字，然丙卷『罪』前爲『中』字，『中』前一字殘存下半，則丙卷并非『三千』二字，故仍作缺文而不補；『不』字據丙卷補；丙卷『於』作『于』，二字古多通用。

〔三一〕所以惡之，丁一作『所惡』。

〔三二〕故不書在三千條中，丙卷無『故』，末有『也』字。

〔三三〕食，底一作『能』，陳鐵凡云：『寫本「食」作「能」，其旁以朱筆改注「食」字。』兹據以改正。

〔三四〕今，底一作『而』，陳鐵凡云：『「而」旁以朱筆「今」字改之。』兹據以改正。

〔三五〕非，底一模糊不清，此據林録。

〔三六〕不可親也，丁一無『也』字；丙卷止於『不』。

〔三七〕『之道』下刊本有『也』字。

〔三八〕廣要道，底一『廣要』殘泐，『道』殘存右下角，兹據丁一補。

〔三九〕人，丁一、刊本作『民』，『人』爲諱改字。

〔四〇〕加焉，底卷『加』下原有『於』字，丁一無，陳鐵凡云：『「加」下衍「於」字。』兹據以删。

〔四一〕教民禮順莫善，底一殘泐，兹據丁一補。

〔四二〕感，底一原作『咸』，陳鐵凡云：『「感」誤作「咸」。』案伯三三七四《孝經鄭注義疏》即作『感』，兹據以改正。

〔四三〕心，底一殘泐，此據林録。

〔四四〕子，底一殘泐，此據林録。

〔四五〕惡鄭聲之乱樂，底一『聲之乱樂』四字殘泐，兹據丁一補；《論語·陽貨》：『惡鄭聲之亂雅樂也。』底卷脱『雅』字。

〔三三六〕安上治民莫善，底卷僅『善』字殘存下部，餘皆殘泐，茲據丁一補。
〔三三七〕之，丁一無。
〔三三八〕則子悦義可知也敬其，底一殘泐，此據林録補『則』字，據丁一補『子悦義可知也敬其』八字。
〔三三九〕而，刊本同，丁一作『則』，《經傳釋詞》云：『而犹則也。』
〔三四〇〕盡礼以事故皆喜悦，底卷存『盡』、『事』二字，『故』字存上部，此據林録補『礼』、『故皆』三字，據丁一補『以』、『喜悦』三字。
〔三四一〕所敬者寡而，底一殘泐，兹據丁一補。
〔三四二〕『所敬』下丁一有『者』字。
〔三四三〕『千万』下丁一有『人』字。
〔三四四〕要道，丁一同，刊本下有『也』字。
〔三四五〕礼樂以化之，底一原作『教之礼無以化之』，林校：『《治要》不重「教之」二字，「無」作「樂」，並是也。』兹據丁一改正。
〔三四六〕則爲要道也，丁一作『此之謂要道』。
〔三四七〕廣至德章第十三，底一殘泐，此據丁一補。
〔三四八〕以孝，丁一同，刊本下有『也』字。
〔三四九〕見之，丁一同，刊本下有『也』字。
〔三五〇〕『到户』至『於外』十六字底一殘泐，兹據丁一補。
〔三五一〕教以，底一殘泐，此據林録。
〔三五二〕父者，丁一同，刊本下有『也』字。
〔三五三〕之爲，丁一無。

〔二五四〕苐，丁一、刊本作『悌』，『苐』爲『弟』之俗字，『弟』『悌』古今字。

〔二五五〕以敬天下之爲人兄者，底一『以敬天下之爲人』七字殘泐，茲據丁一補；刊本末有『也』字。

〔二五六〕天子，底一殘存右半，此據林録。

〔二五七〕更，底一殘破，茲據丁一補。

〔二五八〕教，底一原無，林録據《治要》補，茲從之。

〔二五九〕君者，丁一同，刊本下有『也』字。

〔二六〇〕『詩』字底一殘泐，茲據刊本補。『詩』上底一殘缺約五個大字的空間，所缺丁卷係上條注文，存『天子□則君厝（庴）則君□天下臣』，《治要》作『天子郊則君事天廟則君事尸所以敎天下臣』，則丁一『則君』下有脱漏。丁一止於『厝則君』，丁二起於『天下臣』。

〔二六一〕真是人之父母，丁二作『真人之父母也』。

〔二六二〕其熟能順民如此其大者乎，底一殘泐，茲據丁二補；丁二『如此』二字殘存左半，此據刊本擬補；刊本『熟』作『孰』，『熟』爲『孰』之借字。

〔二六三〕至德，底一殘泐，此據丁二補『至』字，據林録補『德』字。

〔二六四〕者，丁二無。

〔二六五〕天下，底一殘泐，此據丁二補『天』字，據林録補『下』字。

〔二六六〕如此，丁二無。

〔二六七〕廣揚名章第十四，底一止於此。

〔二六八〕子曰，底二起於此。

〔二六九〕治，丁二同，刊本前有『故』，邢昺《孝經疏》云：『先儒以爲「居家理」下闕一「故」字，御注加之。』阮元《孝經校勘記》云：『《釋文》注云：「讀居家理故治。」與上異讀，似陸氏所據本亦無「故」字，後人依石臺本增入，非也。』則『故』字原無，乃唐玄宗注《孝經》時所添。

〔二七〇〕理，丁二作『治』，案『理』爲諱改字，伯三三七四《孝經鄭注義疏》即作『治』。

〔二七一〕後世矣，底二『世』字原作『廿』，避諱缺筆字，兹據丁二録正；丁二無『矣』字。注中『世』字同。

〔二七二〕孝，底二原作『行』，林校認爲是『孝』之誤，丁二作『孝』，可證林校之善，今據以改正。

〔二七三〕治，丁二作『理』，『理』爲諱改字。

〔二七四〕於，底二無，兹從林録據伯三三七四《孝經鄭注義疏》補。

〔二七五〕諫，底二殘存右下角，此據丁二補。

〔二七六〕揚，底二原作『楊』，扌、木不分之故也，兹據丁二改爲『揚』。

〔二七七〕敢，底二殘泐，此據林録。

〔二七八〕委曲君父之令，丁二『君父』前有『從』字。

〔二七九〕孔子欲見諫諍，底二僅存『孔』、『諍』二字，此據林録。

〔二八〇〕曾子心，丁二作『曾子之心』。

〔二八一〕諍，刊本作『争』，『争』、『諍』古今字。下『諍』字同。

〔二八二〕不失其天下，丁二止於此。

〔二八三〕維，底二殘存模糊之右半，林録作『雖』，據《治要》改作『維』；案伯三三七四《孝經鄭注義疏》作『維』，陳鐵凡亦認爲底二本是『維』字，今從之。

〔二八四〕義，底二殘泐，此據林録。

〔二八五〕臣三，底二『臣』字殘泐，『三』殘脱上面一横，兹據刊本補。

〔二八六〕尊卑轉少未聞其當，《治要》作『尊卑輔善未聞其官』，陳鐵凡以《治要》为是，云：『寫本「輔」誤作「轉」，「善」誤作「少」，「官」誤作「當」。』

〔二八七〕無，底二殘存上半，此據《治要》補。

〔二八八〕父，底二殘泐，此據刊本補。

〔二八九〕事，底二存下端殘畫，此據林録。

〔二九〇〕諫，底二殘泐，林録以意補，兹從之。

〔二九一〕感，底二殘泐，此據刊本補。

〔二九二〕盡孝於父者，底二原作「盡於孝父者」，在「孝父」旁有乙字符，《治要》作「盡孝於父」，則乙字符當在「於孝」二字間，底二誤置，兹依《治要》乙正。

〔二九三〕事，底二殘泐，此據刊本補。

〔二九四〕紉順於長，底二「於」字殘泐，此據林録。《字彙補·糸部》：「紉，幼字之譌。」

〔二九五〕天子，底二原無，林録據《治要》補，兹從之。

〔二九六〕若父，底二殘泐，兹據林録。

〔二九七〕老，底二存右边殘畫，林録據《治要》補，今從之。

〔二九八〕庿，底二原作「庿」，俗誤，今録正。

〔二九九〕不忘其親，底二殘泐，「不」字據林録；「忘其親」三字林録據《治要》補，今從之。

〔三〇〇〕敢，底二原作「取」，林校：「《治要》「取」作「敢」，是也。」兹據以改正。

〔三〇一〕者易，底二殘泐，林録據《治要》補，今從之。

〔三〇二〕人慎，底二殘泐，林録據《治要》補，今從之。

〔三〇三〕於，刊本作「于」，二字古多通用。

〔三〇四〕物熟，底二殘泐，「熟」字據林録，林録據《治要》補「物」字，今從之。

〔三〇五〕譯，底二僅存左下部，林録據《治要》補，今從之。

〔三〇六〕自東自西，刊本作『自西自東』，説参《孝經》校記〔三五五〕。

〔三〇七〕『事上』下刊本有『也』字。

〔三〇八〕及去，底二殘泐，林校以意補，陳鐵凡從之。

〔三〇九〕過，底二原脱，兹據刊本補。

〔三一〇〕注文『則』字底二在行末，次行上部殘缺注文小字四字的空間。

〔三一一〕故上下治能相親，伯三三七四《孝經鄭注義疏》同，刊本無『治』字，末有『也』字。

〔三一二〕忠，底二殘存下截『心』，此據林録，刊本作『中』，『忠』爲『中』之借字。注中『忠』字同。

〔三一三〕恒，底二殘存右边『日』，此據林録。

〔三一四〕孝子之喪親，底二『孝』字殘泐，此據林録；刊本末有『也』字。

〔三一五〕已了，底二殘泐，此據林録。

〔三一六〕『此言』二字底二殘泐，『言』字據林録；林録據《正義》補『此』，今從之。『此言』下底二殘缺約三個大字的空間，兹據刊本擬補『哭不偯』三字。

〔三一七〕氣，底二殘泐，此據林録。

〔三一八〕聲不，底二僅見殘畫，此據林録。

〔三一九〕趍，《廣韻·虞韻》『趨』字下云：『趍，俗。』

〔三二〇〕喪，底二殘泐，今據伯三三七四《孝經鄭注義疏》補。

〔三二一〕服，底二殘存左半『月』，此據林録。

〔三二二〕『服之』下底二殘缺約四個大字的空間，刊本有經文『聞樂不樂』四字，兹據擬補

〔三二三〕故不樂，戊卷末有『也』字，戊卷起於此。

〔三二四〕『食粥』下底二殘缺約十五個大字的空間，刊本有經文『此哀戚之情也三日而食教民無以死』諸字，戊卷殘

存『食教人無以』五字，『人』爲『民』之諱改字；戊卷止於此。

〔三五〕『毁不』下底二殘缺約十五個大字的空間，刊本有經文『滅性此聖人之政也』，經文下應另有注文二十字左右。

〔三六〕示人有終，刊本『人』作『民』，末有『也』，『人』爲『民』之諱改字。

〔三七〕注文『三年』底二在雙行注文的右行，『企而及』在雙行注文的左行，其下殘缺約十五個大字的空間，林録於『三年』下補『之喪天下達礼不肖者』九字，『企而及』下補『之賢者俯而就之』七字，遠不足所缺空間可抄字數；己卷存注文『其再基卄五月』六字，備參。案《儀禮・士虞禮・記》『朞而小祥』鄭注：『古文「朞」皆作「基」。』此『基』應是『朞』之借字；己卷起於此。

〔三八〕爲之棺槨，底二『爲』字殘存下半，此據刊本擬補；刊本『槨』作『椁』，『椁』『槨』古今字。

〔三九〕上條注文『周』下底二殘缺約十五個大字的空間，兹據己卷補注文『尸爲棺周棺爲槨衣謂身衣衾謂單被可以亢尸而起之』二十二字，補經文『陳其簠簋而哀慼』七字，己卷『簠簋』二字之『⺮』原皆作『卄』，此俗体⺮、卄不分之故，兹依刊本録正。

〔三〇〕後『之』字底二存下部殘畫，兹據己卷補。『擗踊』下底二殘缺約十五個大字的空間，兹據刊本補經文『哭泣哀以送之』六字，據己卷補注文『啼號竭情』四字及經文『卜其宅兆而安厝』七字。《釋文》出『啼號』、『竭情也』兩條，則前條注文末有『也』字。『踴』字刊本作『踊』，『踴』爲『踊』之後起別體。『厝』字刊本作『措』，『厝』爲『措』之借字。己卷脱『擗踴哭泣哀以送之』八字。

〔三一〕宅，己卷下衍『兆』字。

〔三二〕得吉兆乃葬之，林校云：『《書鈔》作「兆，吉兆也」。』案己卷正作『兆，吉兆也』。

〔三三〕故云，己卷無，林校謂《書鈔》亦無。

〔三四〕之慎之至也，底二殘泐，兹據己卷補。

〔三三五〕『祀』字底二存下部殘畫，兹據己卷補。『爲之』下底二殘缺約十五個大字的空間，兹據己卷擬補如上。

〔三三六〕熟，底二殘泐，此據林録；己卷作『孰』，『孰』『熟』古今字。

〔三三七〕『本』字底二僅存殘畫，兹據己卷補。『以時思之』下注文『物有成熟』在雙行注文的右行，『念之若生存』在雙行注文的左行，其下底二殘缺約十五個大字的空間，兹據己卷補注文『將欲食之』四字，從林録據《太平御覽》補注文『不忘親也』四字，據己卷補『生事愛敬』以下經文及注文。『生人』之刊本作『民』，『人』爲諱改字。

〔三三八〕俻，底二原作『終』，己卷作『俻』，陳鐵凡《敦煌本〈孝經〉考略》：『今得此卷（指斯三八二四背），知下一「終」字實爲「備」字之譌。』（《东海學報》第十九期第十頁）兹據以改正。

〔三三九〕矣，底二殘存上部『厶』，此據己卷補。

〔三四〇〕『死生之義俻矣』之下底二殘缺約十四個大字的空間，兹據己卷擬補如上。《釋文》『遺介』之『介』作『纖』，『允競』作『究竟』，當據正。

〔三四一〕行乃畢矣孝乃成矣，底二『行』字殘泐，此據己卷補；己卷此句作『行畢孝成』，與《釋文》同。

〔三四二〕羅列十八章，底二『列』字殘泐，此據己卷補；己卷脱『八』字。

〔三四三〕矣，己卷作『也』；己卷止於此。

孝經注（聖治）

斯六〇一九

李隆基

【題解】

底卷起《聖治章》『夫聖人之德』，至『不敬其親而敬他人親者』注『其親然』，共十行，末三行上截殘缺。《翟目》著録此卷云：『《孝經》第十章「夫聖人之德」—十二章「悖德不敬」。破碎殘片。有注，出現在唐明皇御注《孝經》的初注本中。』兹依例擬名爲《孝經注（聖治）》。

今據《英藏》録文，以《覆卷子本唐開元御注孝經》（黎庶昌《古逸叢書》本，簡稱『刊本』）對校，校録於後。

（前缺）

夫聖人之德，又何□□▨（以加於）〔一〕孝乎？言無大於孝者〔二〕。故親生之膝下，以養父母日嚴。▨子▨幼〔三〕，養於父母膝下，即須教之，▨（使）〔四〕爲則爲，使止則止，示［无］〔五〕誑，聽不傾，提□□（則捧）〔六〕手，對則掩口，故曰漸加嚴敬也。聖人因嚴以教敬，因親以教愛。父子之道，簡則慈孝不接，狎則怠慢生焉。故出以就傅，趍而過庭，以教敬也；抑搔癢痛，懸衾篋枕，以教愛〔七〕。聖人之教不肅而成，其政不嚴而治。聖人順群心以行愛敬，制礼則以施政教，亦不待嚴肅而成理〔八〕。其所因者本也。本▨（謂）〔九〕孝也。父子之道，天性也，君臣之義也。父子之道，自然慈孝，本乎〔一〇〕天性，則生愛敬之心。加以尊嚴，又有君臣之義也。父母生之，續莫大焉。□親〔一一〕臨之，厚莫〔一二〕重焉。謂▨▨（父爲）〔一三〕君，以臨於己。▨（恩）〔一四〕義之厚□▨▨（爱他）〔一五〕□▨▨（悖德）〔一六〕；不敬□▨其親然〔一七〕

（後缺）

【校記】

〔一〕以加於，底卷『以加』二字殘缺，『於』殘存下半，兹據刊本擬補。

〔二〕無大於孝者，刊本『無』作『无』，末有『也』字。《説文·亾部》：『无，奇字無也。』

〔三〕『幼』前三字中底卷第一字殘破不可辨識，第三字殘存右边『亥』，刊本分别爲『言』、『咳』，明皇重注本（《十三經注疏·孝經注疏》所收即明皇重注本）有注文『膝下，謂孩幼之時也』句。《説文·口部》：『咳，小兒笑也。古文孩从子。』

〔四〕使，底卷殘存右半，兹據刊本補。

〔五〕示无，底卷原脱『无』字，兹據刊本補；刊本『示』作『視』，《詩·小雅·鹿鳴》『視民不恌』鄭箋：『視，古示字也。』

〔六〕則捧，底卷殘泐，此據刊本擬補。

〔七〕『教愛』下刊本有『也』字。

〔八〕『成理』下刊本有『也』字。

〔九〕謂，底卷殘存右下角，此據刊本擬補。

〔一〇〕乎，刊本作『于』，二字古通用。

〔一一〕『親』上底卷殘泐，按經文大字計，約可抄七字，刊本作『父母生子傳體相續人倫之道莫大於斯也君』。

〔一二〕莫，刊本作『無』，案作『莫』爲善。

〔一三〕父爲，底卷『父』殘存上半，『爲』存右下角，此據刊本擬補。

〔一四〕恩，底卷殘存上端，此據刊本擬補。

〔一五〕愛他，底卷均存右端殘畫，此據刊本擬補；『愛』上底卷殘泐，按經文大字計，約可抄八字，刊本作『莫重於斯也故不愛其親而」。

〔一六〕悖德，底卷「悖」殘存右边「孛」，「德」字中部略有殘泐，此據刊本擬補；「悖」上底卷殘泐，按經文大字計，約可抄三字，刊本作「人者謂之」。

〔一七〕「其親然」三字底卷在行末（爲雙行注文的右行），其上一字存下部（近似「争」的殘字），此殘字之上底卷殘泐，按經文大字計，約可抄十六字，據刊本，所缺應爲經文「其親而敬他人親（此『親』字刊本無，據伯三四二八號《孝經注》增）者，謂之悖禮」十二字及注文十字左右，刊本本條注文作「言盡愛敬之道，然後施教於人，違此則於德礼爲悖也」。

孝經注

孝經注（一）（開宗明義—三才）

斯六一七七（底一）

伯三三七八（底二）

【題解】

底卷編號爲斯六一七七（底一）+伯三三七八（底二）。底一起《開宗明義章》「身體髮膚，受之父母」注「能受父母血氣而生」，至《諸侯章》「而和其民人」之「其」，十五行，末四行殘損嚴重，經文大字，小注雙行，每行大字二十五字左右。《翟目》以爲鄭玄《孝經注》，《向目》、《索引》、《黄目》、《施目》、《金岡目》均題爲《孝經》，《金目》糾正了《翟目》以爲鄭玄注之誤，謂「撰者不詳」。底二起《諸侯章》「在上不驕」之「驕」（存左下角殘畫），至《三才章》「則天之明」，共六十二行，前三行下截殘泐，而且第一行僅存半邊。《伯目》定爲《孝經》，諸家目録亦未考出其注主名。陳鐵凡《敦煌本孝經類纂弁言》（《孔孟月刊》第十六卷第一期）首次綴合了底一與底二。底卷綴合圖見下頁。

潘重規《簡談幾個敦煌寫本儒家經典》認爲這是無名氏講説《孝經》的講經文（《孔孟月刊》第二十五卷十二期），極有見地，兹依例定名爲《孝經注（開宗明義—三才）》。底卷「但」字缺筆而「旦」則不缺筆，則此卷之抄寫應不早於睿宗時期。

潘重規《敦煌變文與儒生解經》有底一、底二的部分録校（《静宜文理學院學報》一九八一年第四期，簡稱「潘重規」），陳鐵凡《孝經鄭注校證》（臺北編譯館，一九八七。簡稱「陳鐵凡」）對底一、底二有録校。

底一與底二綴合圖（局部）

今底一據中國國家圖書館國際敦煌項目網站上的照片録文，底二據縮微膠卷及《法藏》録文，參校以中華書局影印阮元刻《十三經注疏·孝經注疏》的經文（簡稱『刊本』），校録於後。

（前缺）

能受父母血氣而生，無有犯罪，形像其身，是孝道之本始。立身行道，揚名於後世，以顯父母，孝之終也。揚者，揚其善名，能立身，恒處於人〔一〕義孝道之行。佋〔二〕嗣先祖，身有傳及後〔三〕世，亦能光〔四〕顯其父，而能如此，孝道之終始。夫孝，夫者，發言之端；孝者，百行之本，得〔五〕義之基業。始於事親，事親用孝。忠〔六〕於事君，事君用忠。終於立身。事親能孝，事君能忠，終得立身，恒處於仁義之道。《大雅》云：《大雅》者，《詩》之篇名。其正事，故稱『《大雅》云』是也。「無念尒〔七〕祖，聿脩厥德。」』無，毋；尔〔八〕，汝；聿，脩；厥，其。每事當念先祖善功德，繼而行之，不可使不及。言此周公戒成王之詩，引證之，欲使明其孝，慎終，未使殞〔九〕墮先祖之基業。

天子章第二

子曰：『愛親者，不敢惡於人；愛親者〔一〇〕，天子行孝，人能尊其己之親，必愛他人之親，亦如己親之親，天下稱孝。敬親者，不敢慢於人。欲得天下衆人謹己敬親者，先須敬他人之親，言惡慢他人之親，亦慢己其〔一一〕親，天下稱惡。愛敬盡於事親，言天子教人行孝，盡有愛敬之道，事父唯敬，事母唯愛，盡在其二親也。而德教在己曰德，施之人曰教。加於百姓，天子敬以治內，義以方外，是以德教加於及百姓。刑于四海。刑，正。言其正教及於四海，皆被服文王之德，〔德〕〔一二〕教加於百姓。天子有三公、九卿、八十一元士大夫〔一三〕，從至上下，官有百名，是百官之姓，慕從善化之也。蓋天子之孝。蓋此章天子之所行孝。《吕刑》〔一四〕云：吕刑者，《尚書》篇名；云者，言。「一人有慶，兆人〔一五〕賴（賴）之。」』一人謂天子。土無二王，故曰一人。慶，善。十千爲万，十万爲億，十億曰兆。諸侯封國，故稱万人。天子有善德之行，故稱兆人皆蒙賴（賴）其利。

諸侯章第三

『在上不驕〔一六〕，在上者，諸侯行孝於万人之上，在天子已下，故能敬上愛下，謂之不驕也〔一七〕。高而不危〔一八〕。身居位雖高，終不敢危敗。制節謹度，制節〔一九〕者，制其身。費用約儉謂之制節；謹度者，奉天法度謂之謹度也〔二〇〕。滿而不溢〔二一〕。禄位雖滿而無盈溢，位之〔二二〕『滿而不溢』也。高而不危，所以長守貴〔二三〕。身居官雖高，不敢傾危，謂之長守其貴〔二四〕。滿而不溢，所以長守富〔二五〕。家雖富貴，有一國之財，終不奢泰驕慢於天下，是以長守富〔二六〕。富貴不離其身，人能備行六事於天下，富之与貴不離其身。然後能保其社稷〔二七〕，而和其人民〔二八〕。保，安。然後故能社稷於民〔二九〕，上薄賦斂，省傜役，而人民和也。重解社云〔三〇〕：社者是五穀主。社者，天子封五色土以爲主壇，東方青土，南方赤土，西方白土，北方黑土，中央〔三一〕黄土，舉高三尺，方丈，上監木，長一尺二寸，法十二月；鑿四孔，法四時；二門者，亦法晝夜；上起八達，以相八風。八風者：孟春條風，季春〔三二〕清風；孟夏明風，季夏暑風；孟秋涼風，季秋高風；孟冬昌風，季冬厲風。知其條適而月如而社者〔三三〕，使万物敷甲，而生人令殘殤。八月而祭社者，報其生長结實養育之恩。自夏殷以来，不復置立。其王隨其土地所宜之木以爲社者。伏羲之後，神農之前，有共王於九州善化，万民不稱其生。祝融者，言鈆谷爲鐵，大神德，生子勾龍，能持山決海，率九州水王，有功於天，後死，故祠爲社。稷，神農之恨入婦〔三四〕，年五歲，即能分别五穀，教人播種，故爲社稷神，祠後以周帝伐之。帝同時是姜原之子，爲堯稷官，亦能教人播種五穀。至殷湯時，遭六年大旱，雖求社稷神桑，雨不能得。湯謂子杼曰：『汝等是朽老之神，不能興雲致雨，我當零〔三五〕去。』以周弃代〔三六〕之爲社稷。雖祠周弃，猶未能隣降。太史占之曰：『准燧人祭天，然後可降。』湯曰〔三七〕：『朕治天下，緩化〔三八〕不合天心，而遭此旱，百姓燋枯，亦在朕身，今以人祭天，當以身祭天。』於是使人積柴如山，湯自在其上，遣人於下燒之，火始欲盛，四方起雲，須臾之間，雨水激流，火滅，因即活湯命，可謂咸德〔三九〕天心也。蓋諸侯之孝〔四〇〕。蓋此章諸侯之所行孝。《詩》云：「戰戰兢兢，如臨深泉〔四一〕，如履薄冰。」』《詩》云者，《詩》言也。戰戰，恐懼；兢兢，戒慎。如臨深泉者，恐墮；如履薄冰者，喻如涉其春冰〔四二〕，恐陷。居位上，憂王事，如陷虎〔四三〕尾，恒當恐懼，不勉獨殆堕也〔四四〕。

卿大夫章第四

『非先王之法服不敢服，非先王者，大夫行者，自天子已下，至於卿大夫、士服之法制，不敢改服者。天子服平天冠，▨▨（薄）▨〔四五〕日月星辰。天子万國之明，並如日月，故已衣冠法日月星辰；諸侯山龍華虫；大夫服藻火粉米，大夫能和陰陽，誕育万物，故服藻火粉米，士服黼黻絺繡。所以黼黻，士居下司，断割其事，若之斫物，故服斧鐵之蒙〔四六〕。天子乘玉輅，朱輪四輈；諸侯乘木輅；大夫乘草輅。藻，文者；火，字；粉若聖米〔四七〕，黼若斧形，黻爲兩已相背，葛之精者曰絺，五色錯彩曰繡。先王制服，各有定服。上得兼下，下不得僭上，故不敢忘[四八]服之。非先王之法言不敢道，言者，堯舜禹湯《尚書》典法之言。《尚書》者，上所作，下所書，故曰《尚書》。堯舜者，爲人聖盛明德；[曰][四九]堯舜。禹者[五〇]，水泉通流曰禹。湯者，雲雨施，曰湯也。非先王之德行不敢行。行者，六德之行。仁義礼智忠信，是爲六德。好生惡死曰仁，而臨財不欲、有難相濟曰義，尊卑慎序曰礼，智深識遠曰智，平直不移曰忠，信義可覆曰信[五一]，故謂六德。若非此者，嚴行朝廷。是故非法不言，非是《詩》、《書》則不言也。非道不行；非行人[五二]義，則不敢行。口無擇言，口言《詩》、《書》，有何可擇[五三]。身無擇行。身行仁義礼智，有何可擇。擇者，醜惡之須。言滿天下無口過，出言依《詩》，滿天下，有何口過也。行滿天下無怨惡。行人[五四]義，滿天下，有何怨惡？是以先王之制後奉行。三者偹矣，一法先王服，二法先[王][五五]行，三法先王道，則爲偹矣。然後能守其宗廟[五六]。宗者尊也，廟者狠[五七]。親雖亡没，事之若生。爲作宫室，死則立廟，四時祭之，若見鬼神之容貎[五八]。盖卿大夫之孝[五九]。盖此章卿大夫之孝。《詩》云：「夙夜匪解[六〇]，以事一人。」』夙，早；匪，非。一人謂天子。言大夫夜寐晨興，所以敬事天子之命。《傳》曰：趙遁[六一]盛服。昔趙遁者，是晋零公[六二]大夫，爲恭肅，常假寐而早朝，忠節無有休失[六三]。而零公爲人好食能掌宍[六四]，常[六五]使厨士煮之，少時不熟，公即嗔怒，以稠杖[六六]叩煞之。公自思忖[六七]，以食煞人，不彰路[六八]，亦不用人諫。於是即使人解剔厨士，支節，以畚盛之，以菜覆其上。辰[六九]旦，密遣人擔出。會於外道遂逢趙遁大夫欲來入朝，獨見使人一擔畚而出。遁問此人：『是何物？』使人荅曰：『菜耳。』趙大夫曰：『菜當從外而入，何因從内而出？』使者荅曰：『大夫不信，公自[七〇]看之。』遁便即看之，其菜下乃見一死人。趙大夫歎曰，問[七一]：『何致然？』使人報言：『此厨士，公使煮熊掌，少時不熟，公嗔，即以銅杖叩煞之。』趙遁曰：『食是小事，如何煞人乎！』諫曰：『爲臣當朝於君，不其君返[七二]朝臣，陰陽逆順，何然也？』遁朝訖即還。而零公自耻其意，即懷惡心，欲煞趙遁。使人言大夫趙遁作驕奢，乃事伎樂，私生異心。過於寡人，猶尚如此，盖(蓋)[七三]有君臣之義。零公即便問：『誰有如鉏倪勇健者？往遣[七四]煞遁。』鉏倪依命，往至趙大夫門，聽之寂然，無音樂之聲。又入中閤，闃無所見。便復前進閤内，乃見遁左右相只見一妻二妻食魚食飯而已。鉏倪等便還白零公曰：『都無公所言，緣無音樂。又見遁左右相一妻二妻食飯之時，[應殺]以不？』零公[曰][七五]：『但[七六]往煞之，何須覆聽。』鉏倪奉命，更往[七七]，欲煞趙遁。鉏倪等思忖[七八]：遁一國忠賢之臣，如何得煞！我等鉏倪只得爲趙大夫死。便即叩頭在槐樹，自絞而死。因方便遁還活。大夫於後出境，勸課人民。乃見道桑下有餓人，氣息惙然，口不能語。遁因下車，傾壺中酪，口含數口与之，飢人便得甦活。遁問曰：『君是何人？在此弊卧。』飢人荅曰〔七九〕：『僕晉零公，字輒，指〔八〇〕於齊遊學，今欲還家，賫粮計日應達，道路急逢天雨，粮食乏少，至此弊卧。』遁聞此語以（已），歎曰：『男女窮達有時。』遁併与餘人粮食，使達前所。所去飢人歸還到家，遂乃得事晉零公。恒欲煞遁，不知有何方便煞之。各勑諸臣，至明清旦施設大會，蜜〔八一〕潛隱伏兵著門外。公語左右曰：『設會訖，汝往就遁索劒，如得，便即刺。』往日桑下飢人得作零公左右，今欲報遁恩，私地語遁曰：『你明日自察自覺，有人煞你，你在陛下會，實莫拔劒与他人，但内着敞中，速取階而去。』遁承命即去，遁得脱。零公煞之。公語左右曰：『吾有一犬，名曰夫遨，但解人語，甚能噛人煞。如汝等左右将此夫遨從遁後行，趣階而去。趙遁但舉脚，汝等放遨便噛煞着。』尔時趙遁有左右弥明，以脚蹴遨口下唅而出血，遂不能噛。趙遁啓公曰：『君之放遨，何以臣遨。』遁歎曰傷。門外有伏兵，將者是往日桑下餓人，故來報恩。發應之。遁便乘車出境，勸道百姓，逢遲雨轍〔八二〕跡不通車路，兼復粮食乏短。往日桑下之人見遁，乃濟粱〔八三〕食，扶上車，并復扶輪出於遲難，進而路去。遁問曰：『君是何人，而能濟人之命，復扶輪？』此人荅曰：『我蒙君傾壺之義，今有扶輪之〔囗〕〔八四〕，我是桑下飢人。』遁即歎曰：『一飡之惠，乃有存身之報！』何謂有德之義。此之即爲孝道，以治万人，善明史〔八五〕策乎也。

士仁章第五〔八六〕

『資於事父以事母，而愛同；資者，士之行者，資取事父之以事母，其同等。資於事父以事君，而敬同。資取以其事敬以事君，其敬同等。故母取其愛，而君取其敬，取事父之愛以事母，取其事父之敬以事君也。兼之者父也。唯取事父之道，兼以敬愛。故以孝事君則忠，以，用。事父之孝所移事君，則爲忠臣。所以知之，欲求忠臣，必出孝子之門。昔楚國相申明至孝，其時乃有白公返〔八七〕乱，以楚王兄子，遂征白公。頻不勝，楚王歎曰：『緣吾無忠臣故。』楚聞申明至孝，復能用兵，即遣〔八八〕人往召之爲相，申明不肯就。明父曰：『楚以汝爲相，何故不就？』申明對父曰：『豈可捨父事君。』父曰：『汝但爲國相，吾死不恨耳。』申明承父之命，遂往應楚。楚王即封申明爲上相，領兵遂伐白公。白公〔曰〕〔八九〕：『若申明爲軍師〔九〇〕，吾必敗矣！』白公即使人往縛取申君父。白公使人即作書与申明，謂曰：『子与吾同心者，即共汝國半治。若不同者，吾必當煞子父。』申明曰：『仕若食其禄，何有避之難？非爲忠。』則便前進，而与白公合戰。即勝，白公乃煞父。申明還爲父報讎，亦煞白公。捉至楚王，楚王歡喜，即遇金〔九一〕千斤，封邑万户。是申明辞退，不愛楚王爵禄。申明口云：『煞父事君，非爲孝也。』

遂辭楚王歸，還葬父，治服〔九二〕三年，如父故。改服畢訖，乃以自刎而死。此之謂也。以敬事長則順。以，用。用事兄敬，可移事於長，如此之人，作事必順之。忠順不失，可以事上〔九三〕，上謂君長。忠順不失，可事於君；〔□□〕不失〔九四〕，可以〔九五〕於長。二義不失，可事其上。上謂天子，〔君〕〔九六〕中最尊者上也。然後能保其禄位，保，安。然後能安其禄位也。而守其祭祀。仕祭伍祀〔九七〕。伍祀者，春祀社，夏祀竈，秋祀門，冬祀井，季夏祀虛中庭。祀者，世爲祀也。盖士之孝〔九八〕。盖此章士之所行孝〔九九〕。《詩》云：「夙興夜寐〔一〇〇〕，無忝尒所生。」』夙，早；興，起；寐，眠；忝辱尔所生。謂當早起夜卧，以治其職〔一〇一〕事，無取毀辱其父母。

庶人章第六

『用天之道，用天者，庶人行孝。庶人既無唯用之道，四時行謂春生、夏長、秋收、冬藏内室也。分地之利，分别土地高下，所宜何等，高田宜黍粟，下田宜麻麥，丘陵宜桑棗，是爲分地之利。謹身節用，謹身者，謹約其身；節用者，既（即）量其財而用之也。以養父母。以，用。言庶人能值天時隨利，躬者爲身。身耕田力作，用供養父母，使不匱乏少食也。此庶人之孝〔一〇二〕。庶，衆。天下庶人行孝，甞〔一〇三〕須如此也。故自天子以下至于庶人〔一〇四〕，上從天子，下至庶人，雖貴賤位殊，行孝是同也。孝無終始，而患不及己〔一〇五〕者，未之有也。』此惣说五孝，言人行孝事父母，上至君，或有始而無終，或有終而無始。爲行如此，未有不及於患難同禍所及其身。是以行孝事父母無終始，遺體必傷；事君無終始，形〔一〇六〕戮及身也。

三□（才）章第七〔一〇七〕

曾子曰：『甚哉，孝之大也！』曾子問仲尼説陳列▨▨▨〔一〇八〕行孝子乃心問意，遂自喟然嘆曰：甚哉，▨（唯）〔一〇九〕孝行最爲大。子曰：『夫孝，天之經〔一一〇〕，地之義，民之行。經者言常，義者宜。孝者，民之所行，王者不能改；万代之行，亦不能軌度；百行之本，聖人所貴，履而行之，故言常。立天之道〔以陰〕〔一一一〕以陽，南北爲經，東西爲緯。立地之道，以柔以經〔一一二〕。地之數分，南北相去九億三万三千五百七十四里廿五步，東西短，減少五分里之三，周六十五億万七百十三里廿五步，去天一十二兆四億六千七百八十七里，厚薄正与天等。孝道從行中而生，布散以合人之孝道以義，故君子法而行之，万世不絶。天之長、地之宜是所。故一人行於天地，法天尊地卑，乾巛（坤）定矣。乾者天，巛者地，陰陽合得〔一一三〕，天地順，故曰民之所行。天地之經，而民〔一一四〕是則之。則之言法先王天尊地卑之義。伏羲乃畫八卦，寘列日月星辰，探繫神明，揆度吉〔一一五〕凶，達万物之精，扶与天地相化，近法諸身，遠法諸〔物〕〔一一六〕，千變万行，不可窮極。地有高下，民居其間，見天尊地卑之義，乃知君父有尊，臣子爲卑，於是而法則之。則天之明

（後缺）

【校記】

〔一〕人，『仁』之借字。

〔二〕佋，陳鐵凡以爲當作『紹』，是也，『佋』應是『紹』之形誤。

〔三〕後，底一原作『湲』，『復』之俗字，陳鐵凡改作『後』，『湲』與『後』之俗字『滃』形近而誤，兹據以改正。

〔四〕光，底一原作『先』，誤，此據陳鐵凡改正。

〔五〕得，陳鐵凡以爲『德』之借，是也。

〔六〕忠，刊本作『中』，刊本此句作『夫孝，始於事親，中於事君，終於立身』，則『中』爲中間之『中』，然此卷注云『事君用忠』，是作者所見《孝經》已作『忠』，並以此『忠』爲忠心之『忠』。

〔七〕尒，刊本作『爾』，《敦煌俗字研究》云：『「爾」「尒」古本非一字，後世則合二而一，字多寫作「爾」。』（下編第七頁）下凡『尒』字同，不復出校。

〔八〕尔，『尒』之變體。

〔九〕殞，底一原作『殯』，應是形誤，兹以意改正；陳鐵凡録作『殞』。

〔一〇〕者，底一原作『草』，陳鐵凡以爲『者』之誤，今從之。

〔一一〕其，陳鐵凡以爲當作『之』，是也。

〔一二〕『德』字底一原無，陳鐵凡添此字，案底一應是脱漏重文符號，今從陳氏補。

〔一三〕八十一元[illegible]大夫，『元』下一字似爲『堯』字俗寫，陳鐵凡以爲『老』字，並改爲『士』，然『士』與『老』形不近，無由致誤，且下『大夫』二字無所從屬，考《禮記・王制》有云：『天子三公、九卿、二十七大夫、八十一元士。』底一此句應從《王制》而來，『九卿』下應爲『二十七大夫』諸字而非『八十一元士』，頗疑手民於『九卿』下誤綴『八十一元士』，後發現其誤，遂於『士』上寫『二七』，故遂有此字形。

〔一四〕吕刑，刊本作『甫刑』，説參《孝經》（白文）校記〔五〕。

〔一五〕人，刊本作『民』，『人』爲『民』之諱改字。

〔一六〕在上不驕，『在』之左上角、『驕』之左下角皆在底二，底二起於此。

〔一七〕『子已下故能敬上愛下謂之不驕也』十四字在底二，其中『驕』字底一存右半，底二存左半。

〔一八〕高而不危，底一存右半，底二存左半。

〔一九〕『制節』二字，『制』在底二，『節』字底一存右下部分，底二存左上部分。

〔二〇〕『者制其身費用約儉謂之制節謹度者奉天法度謂之謹度也』二十四字爲底二文。

〔二一〕『滿而不溢』四字在底二。

〔二二〕『位之』二字在底二（『之』右下角在底一），『之』前一字底二作『[illegible]』，略感模糊，字形與上句『禄位』之『位』略同，可斷爲『位』字，『位』蓋涉上句『禄位』之『位』而誤（二字讀音亦近）；陳鐵凡疑爲『伍』字，非是。

〔二三〕『危所以長守貴』六字在底二，刊本末有『也』字。

〔二四〕『身居官雖高不敢傾危謂之長守其貴』十五字在底二。

〔二五〕滿而不溢所以長守富，『滿而不溢所以長守』八字在底二，刊本末有『也』字。

〔二六〕『是以長守富』五字在底二。

〔二七〕『富貴不離其身』至『然後能保其社稷』諸字在底二(『稷』之右下角在底一)。

〔二八〕而和其人民，『而和其』三字底一存右半，底二存左半；底一止於『其』字；刊本『人民』作『民人』，陳鐵凡云：『舊輯及諸刊俱作「民人」，是也。』案《呂氏春秋·先識覽·察微》、《白虎通·社稷》及《治要》所引均作『民人』。

〔二九〕能社稷於民，陳鐵凡懷疑『能』下脱『安』字。

〔三〇〕『重解社云』四字底二原爲大字，與體例不符，今改爲小字。

〔三一〕『殃』爲『央』之音誤字。

〔三二〕季春，底二原作『孟春』，案後秋、冬分别以孟、季言，此亦當同，故據改。下『季夏』原亦誤作『孟夏』。

〔三三〕知其條適而月如而社者，此句不可句讀，疑有訛脱。

〔三四〕神農之恨入婦，此句不可句讀，疑有訛脱。

〔三五〕零，當是『令』之借。

〔三六〕代，底二原作『伐』，敦煌寫卷代、伐二字常混用，兹以意改正。

〔三七〕『湯曰』前底二另有『湯自』二字，蓋誤書而未塗去者，兹删去。

〔三八〕緩化，據底二，前一字應是『緩』，然『緩化』不辭，疑有誤。

〔三九〕德，『得』之借字。

〔四〇〕『之孝』下刊本有『也』字。

〔四一〕泉，刊本作『淵』，李德超《敦煌本孝經校讐》云：『《詩·小雅·小旻篇》原作「深淵」，故作「深泉」者應誤。』(《第二屆敦煌國際研討會論文集》第一〇三頁，臺北漢學研究資料及服務中心一九九一)陳鐵凡云：『「淵」字作「泉」，殆避唐高祖諱。』案陳説是也。

〔四二〕涉其春氷，底二『涉』原作『沙』，此據陳鐵凡改爲『涉』；《字彙·水部》：『氷，俗冰字。』

〔四三〕虎，底二原作『⿸虍冂』，『⿸虍巾』之避諱缺筆字，『⿸虍巾』者，『虎』之俗寫。
〔四四〕不勉獨殆墮也，此句義不可解，疑有誤字。
〔四五〕『薄』字前後一字底二模糊難辨。
〔四六〕蒙，陳鐵凡以爲『象』之誤字。
〔四七〕藻文者火字粉若聖米，《尚書·益稷》『藻、火、粉、米』僞孔傳：『藻，水草有文者。火爲火字，粉若粟冰，米若聚米。』底二當有脱誤。
〔四八〕忘，陳鐵凡以爲『妄』之誤，當是。
〔四九〕底二原無『曰』字，後有『曰禹』、『曰湯』，故據以擬補。
〔五〇〕禹者，底二原作『禹湯者』，據後言『湯者』，此當是衍文，故以意删。
〔五一〕信，底二原作『德』，陳鐵凡以爲『信』之誤，茲據改正。
〔五二〕『人』爲『仁』之借字。
〔五三〕擇，底二原誤作『譯』，茲據下句注文『有何可擇』改正。
〔五四〕『人』爲『仁』之借字。
〔五五〕王，底二原無，茲依文意補。
〔五六〕庿，底二原作『厝』，乃『庿』之形誤字，『庿』爲『廟』之古字，刊本作『廟』。注中『庿』字本皆作『厝』。
〔五七〕狠，『貌』俗字『貇』的換旁俗字。
〔五八〕猊，『貌』之俗字。
〔五九〕『之孝』下刊本有『也』字。
〔六〇〕解，刊本作『懈』，『解』『懈』古今字。
〔六一〕遁，『盾』之借字。下『遁』字同。

〔六二〕零公，『零』爲『靈』之音借字。下『零』字同。

〔六三〕失，潘重規以爲『佚』之借字，案失、佚古今字。

〔六四〕能掌宍，『能』爲『熊』之誤，『宍』爲『肉』之俗。

〔六五〕常，『嘗』之借字。

〔六六〕桐杖，潘重規以爲當作『銅杖』，案下云『銅杖』，潘説是也。

〔六七〕忖，底二原作『村』，潘重規以爲『忖』之誤字，今據以改正。

〔六八〕路，潘重規以爲『露』之借。

〔六九〕辰，潘重規以爲『晨』之借。

〔七〇〕『自』上底二另有一『日』字，蓋即『自』字誤書（『日』字底二右側有一鈎形符號，或即指此字當删），此不録。

〔七一〕曰問，潘重規云：『二字疑倒。』

〔七二〕不其君返，『其』字潘重規以爲『期』之借字；『返』字當讀作『反』，謂反而。

〔七三〕蓋，潘重規以爲『盍』之借字。

〔七四〕遺，底二原作『遣』，兹據潘重規改正。

〔七五〕應殺以不零公曰，底二原作『以不零公』四字，潘重規改『不』爲『報』；張涌泉認爲『以不』前蓋脱『應煞』一類文字，『應煞以不』乃鋤俔徵詢靈公之語，故『零公』二字當屬下句，脱一『曰』字。

〔七六〕但，右上部『日』底二無中横，下『但』字皆同，蓋避唐睿宗李旦諱缺筆字，兹徑録正。

〔七七〕往，底二原作『注』，當是形誤字，兹據潘重規改正。

〔七八〕忖，底二原作『村』，誤字，兹據潘重規改正。

〔七九〕曰，底二原重複，當是因換行而誤衍，今删其一。

〔八〇〕指，潘重規以爲當作『詣』。

〔八一〕蜜，潘重規認爲是『密』之借。

〔八二〕轍，底二原作『激』，潘重規録作『轍』，案『激』應是『轍』之形誤字，兹據以改正。

〔八三〕梁，潘重規以爲『粮』字之誤，案此蓋爲『梁』之誤。

〔八四〕『之』下應脱一字，或爲『舉』、『報』之類。

〔八五〕史，底二原作『吏』，今從潘重規改正。

〔八六〕士仁章，刊本作『士章』。伯三六九八、伯三四一六C、伯二五四五、伯三三七二、斯一三八六、伯三三六九、斯七二八、伯三八三〇諸《孝經》寫卷作『士人章』，『仁』爲『人』之借字，陳鐵凡云：『《孝經》五孝—天子、諸侯、卿大夫、士、庶人—天子至士依爵號序次，士以上皆謂爵，惟「庶人」非爵。故經傳舉爵號無稱「士人」者。本章經及注如「士之孝也」「知義理謂之爲士」「士之行孝」「言士爲孝」……皆僅稱「士」。其作「士人」者，疑涉下章「庶人」而譌。』

〔八七〕返，潘重規以爲『反』之借字。

〔八八〕遺，底二原作『遺』，兹據潘重規改正。

〔八九〕曰，底二原無，兹據潘重規補。

〔九〇〕師，潘重規以爲『帥』之誤。

〔九一〕遇金，此處當是『賞金』之意，然『遇』無『賞』義，『遇』字蓋有誤；潘重規以『遇』爲『過』之誤，似不可從。

〔九二〕『治服』指辦理喪事，守孝當作『持服』，『治』應是『持』之借字。

〔九三〕可以事上，刊本作『以事其上』，伯三四二八+伯二六七四鄭玄《孝經注》云：『二者不失，可以事上。』寫卷所據蓋鄭注本。

〔九四〕『不失』前應有脱字，兹以意擬補二脱字符。

〔九五〕以，疑爲「事」之誤。

〔九六〕君，底二原無，陳鐵凡云：「『中』字上疑脱『君』字。」案伯三四二八＋伯二六七四鄭玄《孝經注》此句作「上謂天子，君忠最尊者也」，兹據以補。

〔九七〕仕祭伍祀，「仕」爲「士」之借字，「伍」爲「五」之借字。下句「伍」字同。

〔九八〕士之孝，底二「士之」二字原誤倒，此據刊本乙正；刊本末有「也」字。

〔九九〕盖此章士之所行孝，底二原作「盖此~章之所行孝之也」，案《天子章》此句作「盖此章天子之所行孝」，《諸侯章》作「盖此章諸侯之所行孝」，《卿大夫章》作「盖此章卿大夫之孝」，底二此處「此」下蓋衍重文符號，「章」下脱「士」字，「之也」二字乃爲雙行對齊而添，今以意改正。

〔一〇〇〕寐，刊本作「寐」，案「寐」當是「寐」之俗訛字，説參《孝經注》（鄭玄）校記〔七五〕。

〔一〇一〕軄，《玉篇·身部》云「俗職字」。

〔一〇二〕「之孝」下刊本有「也」字。

〔一〇三〕「甞」蓋爲「常」之借字。

〔一〇四〕天子以下至于庶人，刊本無「以下」二字，「于」作「於」，陳鐵凡云：「衍『以下』二字。」于、於古多通用。

〔一〇五〕己，刊本無，嚴可均云：「明皇本無『己』字，蓋臆刪耳。據鄭注『患難不及己身』，身即己也。《正義》引劉瓛云『而患行孝不及己者』，又云『何患不及己者哉』，則經文元有『己』字。」（《孝經鄭注》輯本）

〔一〇六〕形，「刑」之借字。

〔一〇七〕底二「才」字殘泐，此據刊本補。

〔一〇八〕此三字底二殘存左半且模糊不可辨。

〔一〇九〕唯，底二殘存左半「口」，此據陳鐵凡擬補。

〔一一〇〕「天之經」下刊本有「也」字，案敦煌諸《孝經》寫卷均無「也」字。下二句末刊本亦有「也」字。

〔一一〕以陰，底二原無，陳鐵凡據《説卦》補，今從之。

〔一二〕以柔以綎，底二『柔』原作『矛』，誤字，茲據陳鐵凡改正；『綎』爲『綱』之俗字。

〔一三〕得，陳鐵凡認爲『德』之借字。

〔一四〕民，底二原缺末筆，避諱缺筆字，茲據刊本録正。注中『民』字同。

〔一五〕吉，底二原誤作『告』，茲以意改正。

〔一六〕物，底二原無，案《周易·繫辭下》云：『近取諸身，遠取諸物。』故據以擬補。

孝經注（二）（三才—聖治）

伯三三八二

【題解】

底卷編號爲伯三三八二，起《三才章》『地之義』注，至《聖治章》『聖人因嚴以教敬』注，共七十四行，前十行下截殘泐，末四行下截亦殘損。經文大字，小注雙行，每行大字十九字左右。《伯目》以爲鄭玄《孝經注》；《索引》不從伯希和鄭注之説，只稱『孝經殘卷（有注）』，諸家目録均從《索引》。傅振倫認爲這是孔安國所注之《古文孝經》（《敦煌寫本古文孝經殘卷》一卷，《續修四庫全書總目提要·經部》下册八一七頁，中華書局一九九三）；林秀一認爲是六朝人所注（《敦煌遺書孝経考》，《孝經學論集》三六頁，東京明治書院一九七六），陳鐵凡亦認爲是六朝義疏之屬（《敦煌本〈孝經〉考略》，《東海學報》第十九期，一九七八）；舒大剛《敦煌文獻伯三三八二號〈孝經注〉作者初探》（《中華文史論叢》第七六輯，上海古籍出版社二〇〇四）則認爲是三國時韋昭之著作，可能即是韋昭之《孝經解贊》。潘重規《簡談幾個敦煌寫本儒家經典》認爲這是無名氏講説《孝經》的講經文（《孔孟月刊》第二十五卷十二期），極有見地，當從之。今擬其名爲《孝經注（三才—聖治）》。《索引》以爲此卷與伯三三七八是同書而不同寫本，其説至確。底卷『但』字缺筆而『旦』則不缺筆，則此卷之抄寫應不早於睿宗時期。

潘重規《敦煌變文與儒生解經》對底卷有部分録校（《静宜文理學院學報》一九八一年第四期，簡稱『潘重規』），陳鐵凡《孝經鄭注校證》（臺北編譯館一九八七，簡稱『陳鐵凡』）亦對底卷有録校。

今據縮微膠卷録文，參校以中華書局影印阮元刻《十三經注疏·孝經注疏》的經文（簡稱『刊本』），校録於後。

（前缺）

穀▨□〔一〕食▨□〔二〕毒▨（藥）□〔三〕山中得黍▨□〔四〕農遂以教▨□〔五〕以順天下。□教化天下▨〔六〕□之民〔七〕，誰能用善治民，不加肅□而自爲之。修治。〔八〕先王見教之可以化天下〔九〕。先王周▨□下民▨□〔一〇〕故先之以博愛，而民莫遺其□〔一一〕無敢遺忘其二親。陳之以〔一二〕德義，而民興□〔一三〕學行也矣。先之以敬讓，而民不爭。▨□天下□〔一四〕讓畔，行者讓路，路不拾遺，男女路别。文王築靈臺之時▨□〔一五〕蒙其崇恩擇〔一六〕。将有〔一七〕境外有虞、芮二國諍田，久而▨（不）〔一八〕斷，聞□〔一九〕往就文王方欲斷之。既入周境，乃見行者讓路，耕者讓畔。入其▨▨〔二〇〕，見班白不雜，國人迭送。［入］〔二一〕其朝，仕〔二二〕讓爲大夫，大夫讓爲公卿。人仕濟濟鏘鏘，競行礼義。風化蕩蕩，歌聲盈路，獄無繫囚。於是二國之人自相謂曰：『吾等是小人哉，乃争此田。觀周之化，我等二國，非是人乎？不可使君子知之。』即便還國，各自相讓，不▨〔二三〕此田，遂爲閑田。當此之時，卌餘國，一時歸附文王德化。所謂見教讓之道，皆無忿争之心。道〔二四〕　之以礼樂，而民和穆〔二五〕。尊教道，化以敦新〔二六〕，樂以和性。言先王用礼樂之道教人，無不和邕，皆相親穆。示之以好惡，而民知禁。皆相▨（親）▨□□〔二七〕謂賞善。善者賞之於朝，以衆舉之。惡者罸之於市〔二八〕，法之，以衆人弃之。見以而□〔二九〕知禁，不敢爲非，有所畏罪也。此法制人民，不敢怨，有罪徳〔三〇〕也。《詩》云：「赫赫師尹，民具尔瞻。」』《詩》云者，言《詩》。赫赫，天之盛明之皃〔三一〕。《詩》云者，政教也。云仕衆有不尊敬者，俱共瞻視之，共治人書〔三二〕行孝義也。

孝治章弟八〔三三〕

子曰：『昔者明王子者，夫子。曰，语辞。昔者明王，故昔〔三四〕時堯舜禹湯是也。之以孝治天下〔三五〕，以，用。明王孝道治天下也。不敢遺小國之臣，小國謂男、子之國〔三六〕。卿大夫若以四［時］〔三七〕春秋來丞〔三八〕王命，接之以礼，不敢遺忽之也。而况〔三九〕於公侯伯子男乎？公地方百里，侯地方七十里，子男五十里。文王依礼封法之，下臣來朝尚之，接下以礼，既於公侯百〔四〇〕子之貴者，明須接也。故得万國之歡〔四一〕心，子男下臣依礼方朝於上，先王以礼接於下。以是故，故得万國衆人歡悦之心。以事其先王。言万國皆歡悦行孝道，故各以其諸國方有琦珍來貢〔四二〕，助祭先王之廟。治國者，不敢侮於鰥〔四三〕寡，而况於士民乎？治國者，諸侯稱國之道，尚不敢輕慢於鰥寡孤獨之人，而况於仕人乎也矣〔四四〕。故得百姓之歡心，以事其先君。文王依教誨以下，百姓莫不歡悦，以時礼於先君。治家者，不敢失於臣妾之心〔四五〕，而况於妻子乎？卿大夫稱家，家有三人輔之。士有一妻二妾，子貴臣妾賤。治家之道，尚不敢失於臣妾之心，况能薄於妻子乎？當接之以礼〔四六〕。故得人之歡心，以事其親。治家者猶由不失臣之心〔四七〕，故知歡悦衆人之心，可以奉養二親。夫然，故生則親安之，然猶能。能用敬外，用順於内外不失，能養其二親，安悦而無所憂。祭則鬼享之。鬼者，歸也。言人死化，精神上歸於天，穴下歸於地。孝子四時祭祀，齊嚴享，神靈應之也。是以天下和平，天下和，政教平。灾〔四八〕害不生，禍乱不作。若有灾害，大反敘曰灾，傷暴人物曰害。政敗民逆曰乱，國事喪破曰禍。禍乱無緣得起曰作。古昔明王，陰陽和順，寒暑隨時，万物兹榮，鳳凰祥〔四九〕集，騏驎來應，幽泉涌出，甘露降庭，天下清泰，虫蝗不暴，五穀熟成，盗賊不起，八方安寧，故曰灾害不生，禍乱不作。故明王故者，昔時明王是也。之以孝治天下〔五〇〕如此。以，用。用孝道治天下當如是。《詩》云：「有覺德行，四國順之。」』《詩》云者，言《詩》也。覺者，大。言天子有大德之行於天下，則四方之國莫不從使者乎？

聖治章弟九

曾子曰：『敢問聖人之德無以加於孝乎？』曾子見上用孝道治德天下，使無灾害，禍乱不生，以爲聖人之德不能復加於孝乎？上清〔五一〕敢問也。子曰：『天地之性人寂〔五二〕爲貴。孔子道唯人爲貴者，人頭方，法天之刑〔五三〕，足方法地。天有四時，人有四支；天有五行，人有五藏；天有六律，地有六府；天有七星，人有七孔；天有八風，人有八節；地有九州，人有九竅；天有十二月，人有十二經脉；天有廿四氣，人有廿四喻〔五四〕；天有三百六十日爲一歲，人有三百六十骨節；天有晝夜，人有嬰角；天有日月，人有耳目；天有雷電，人有嗔怒；天有風雨，人有涕泣；天有陰陽，人有寒暑；地生草木，人有毛髮；地有金石，人有骨齒。是故法天地，人最爲貴。又解云：所以天生万物，人最爲貴。人受五常之性，天地之象，人躰有三百六十小骨，九万九千毛。人有九孔，膿血常流；身如五屏，含垢在中。不自知覺，身中有四百四病，一病不調百病生。躰有八万四千户虫，虫户別有三千小虫，虫有三毒。貪世間財色，忍不能得，即捐敗其身，催人命盡。君能忍得〔五五〕此三毒，即是立身之本，即合天地常性。

當知人一身中，法天而制：天有北斗七星，人有九（七）孔；天有五行，人有五官；地有五岳四瀆，人有五藏脾腎肺肝膽；魂心意[五六]，各自相持，假合共立此身，腎爲太常，魂爲游擊將軍，膽居中，合爲天地之象。頭圓法天，足圓[五七]法地。南廣北[□][五八]，使人足前闊後斂。四支法四時，五藏通五行。上下以天地共人相應。以人最爲贵，內合五常，外受五經《詩》、《書》[五九]、《礼》、《樂》、《易》。《尚書》在東方爲仁，《礼》在南方爲音，《詩》在西方爲義，易在西方[六〇]爲智，樂在中央爲信。五經配五常，五常配五行，五行配五官。五官以持人、以治身[六一]，五行治天地。[天][六二]子雖有羣臣，脾腎肺膽二制猶天子心膽[六三]，是故以則法天地而生。古人法天，人最爲貴也。**人之行莫大於孝，**莫，無。人既貴於万物，人能唯以孝行爲大。**孝莫大於嚴父，**莫，無；嚴，尊。人脩己孝行，唯嚴尊父母是最爲大也。**嚴父莫大於配天，**尊嚴其父，大於配天神也。**則周公其人也。**尊嚴其父以配天而癸者[六四]，唯周公如此[六五]。**昔者周公郊祀后稷以配天，**郊者是祭天名，在其南郊。謂之后稷也者，周公、武王廿四世祖，姓姬名弃。當時稷父帝嚳祭南郊，皇帝姜嫄從後到郊上，見一大人脚，足履大人脚跡，乃滿大人一大[六六]母指，姜嫄因以躰[□]然[六七]如有娠也。日月充滿，乃生后稷。后稷醜陋，姜嫄恥慙，不忍留養。以糞箕成[六八]之，弃着林野之中。時有狼犳獝狩[六九]，臨上乳之，又不肯死。後復徙着五道郊上，使牛馬踏煞，其牛羊等乃見避之，不得踏死。復遣着於深泉水上[七〇]，遂有一神鳥鳳凰，一翼補[七一]之，一翼覆之，夕後不死，始知后稷有賢德乃聖。因收還，遂寄周公養之，長大成人，明曉爲堯稷，言能教人播種百穀。礼後生湯爲稷已。此是皇后稷姜嫄履大人跡而生，故名后稷。后稷以糞箕成，以弃之於林野，因以姓姬名弃，受周公養，長大成人，故号周公。后稷有大至聖，所以身自不爲王，但[七二]有三被禄食。在於林野深淋[七三]之難，世脩其業。後世時王至姬旦[七四]，旦爲殷西伯，天下歸之。及子發，伐紂而有天下，爲武王。周公旦投武王苐[七五]，有聖德，攝政七年，乃追念爲尊先祖，拜爲后稷。神祀南郊，配祀后稷以配天，是也。一解云：皇帝姜嫄見聖人跡，長三丈，皇后姜嫄[七六]敬而履之，政滿拇指[七七]，姜嫄躰中貪然[七八]而有神通，日月充滿，即生一小兒，爲無大智。姜后恥羞不養，遂与糞箕成之，弃着巷中，欲使牛羊踏死。牛羊避之不踏，亦不死。更着深林之中，驎鳳百狩[七九]皆來乳之。姜嫄之[八〇]有聖德，即收養之，長大成人。堯舜爲皇后官，故曰后稷。箕弃之，因姓姬。弃不收，故号爲名弃。周公武王伐紂，尅定天下，号爲周公。追尊先祖，拜爲后稷，爲配南郊，配祭於天，故爲《孝經》『郊祀后稷以配天』。**宗祀文王於明堂以配上帝。**宗者尊，廟者猊[八一]。宗祀於明堂，於明堂者，是周公追尊爲其父於西伯。天子已造明堂，配五帝[八二]而祭之於明堂，[明]堂[八三]者，是帝之廟，上圓下方，八牕四闥，卌六牖[八四]，遶之四相，以求依天圓而案之。九九八十一尺，時堂舉高八十一尺；九十二過避，七十二尺，七九六十三尺；六九五十四畲，椆下五十四尺；五九四十五户，闊四丈五尺；二九十八，基高丈八。南北九仞，法九明；東西七延〔八五〕，法北斗七星。上圓法天，下圓〔八六〕法地，八節四闥法四時，卅六牖法三百六十日爲一歲，三耕爲一月法三公，以水遶之法陰陽，東西南北中法日月五星合爲七政。故爲明堂太廟〔八七〕。周公祭五帝，東方清帝〔八八〕名曰靈威仰，此歲星東方動万物，所以正月一日開東門，取明王在東依時而祭，使節氣調和皆合，万物蠢動，草木敷甲而生。▨〔八九〕有殘殤，保至三月卅日。四月一日夏，付南方赤帝名曰赤摽怒，此是熒或星，方所▨〔九〇〕開南門，取明王氣在依。依時而祭者，使節氣調適，万物兹茂，不令夭殤，保至六月卅日。七月一日，付西方白帝名曰娊矩〔九一〕，此是太白星，方所以開西門，取明王氣，在西方白帝名。依時而祭，使節氣調通，万物結實，當吏受其身，保至九月卅日。付十月一日入冬，付北方黑帝名曰執劉紀，此是北辰星，北方悳心，藏万物，所以依四時祭者，使節再調適，不令復動，保至十一月卅日。十二月祭中央黄帝名曰含珠紐，此是鎮星，祭祀西方，周而復始，此是五行之帝。讚曰：滿滿明天，望此是咨，太微聖帝，文王魏巍，周公制礼，四海所歸，焉無所不通，流傳万代。是以四海之內，各以其職〔九二〕來祭。四海者，南蠻、北狄、東▨（夷）、▨▨（西戎）〔九三〕謂之四海。周公行孝［于］〔九四〕内，越常重驛來貢獻之，各以其方賄珍琦來助祭於先王之廟〔九五〕也。夫聖□□□□□（人之德又何）〔九六〕以加於孝乎？聖人德廣大田，復不能加於孝乎？故親生▨□□□□（之膝下以養）〔九七〕父母日嚴。育，養。父生之，母養之，及至長大成人，當須供父母▨（尊）□〔九八〕。□□□□□□□（聖人因嚴以教敬）〔九九〕，聖人見孝子有尊嚴▨□〔一〇〇〕

（後缺）

【校記】

〔一〕『穀』下一字底卷殘存左上角，其下底卷殘缺。

〔二〕『食』下一字底卷模糊難辨（左部似作犭旁），其下底卷殘缺。

〔三〕藥，底卷殘脱下部『木』，兹據殘形擬定；『藥』下底卷殘缺。

〔四〕『黍』下一字底卷模糊難辨，其下底卷殘缺。

〔五〕『教』下一字底卷殘存左上部，近似『化』字殘形，其下底卷殘缺。

〔六〕『以順天下』四字底卷在行首，其下注文雙行小字的右行殘缺，左行存『教化天下』四字，『下』後一字底卷殘存左上角，其下底卷殘缺。

〔七〕民，底卷原缺末筆，避諱缺筆字，兹依例録正。底卷凡『民』字皆缺筆，下均録正，不復出校。

〔八〕『之民』至『不加肅』底卷爲雙行注文的右行，『肅』下殘缺，『而自爲之』爲雙行注文的左行，其下空白未書。『修治』則爲下一行行首的注文。按正文大字計，底卷一般每行抄十九字左右，底卷上一行行首經文『以順天下』與下文所見『先王見教之可以化天下』句間經文尚有『是以其教不肅而成，其政不嚴而治』十四字，而底卷相應位置没有容納這十四字的空間，疑底卷『修治』前二行抄寫有脱誤。

〔九〕天下，刊本作『民也』，陳鐵凡云：『「天下」二字當涉上經「以順天下」而譌。』

〔一〇〕『先王周』在雙行注文的右行，『周』下一字底卷僅存上端殘畫；『下民』在雙行注文的左行，『民』下一字底卷模糊難辨；此雙行注文下底卷殘缺約七個大字的空間，其中末字應爲經文『是』字。

〔一一〕『其』下底卷殘缺約九個大字的空間，其中前一字應爲經文『親』字。

〔一二〕以，刊本作『於』，説參《孝經》（白文）校記〔一〇六〕。

〔一三〕『興』下底卷殘缺約十個大字的空間，其中前一字應爲經文『行』字。

〔一四〕『而民不争』下雙行注文右行首字底卷僅存上端殘畫，此殘字下殘缺注文約十五字，其左行『天下』下殘缺注文約十四字。

〔一五〕『時』下一字底卷殘存上半，殘形與『愛』上半近似；此殘字下殘缺注文約十字。

〔一六〕『擇』蓋爲『澤』之誤字。

〔一七〕将有，疑『将』爲『時』之形誤，『有』字衍文。

〔一八〕『而』下一字底卷殘存左下角，應是『不』之殘存。

〔一九〕『聞』下底卷殘缺注文約六字。

〔二〇〕「其」下二字底卷皆存左边殘筆。

〔二一〕入，底卷原無，《詩・大雅・緜》「虞芮質厥成，文王蹶厥生」毛傳：「入其朝，士讓爲大夫，大夫讓爲卿。」兹據以擬補。

〔二二〕仕，「士」之借字。下「人仕」之「仕」同。

〔二三〕「不」下一字底卷殘破，上端一撇可辨，或爲「争」字。

〔二四〕道，刊本作「導」，道、導古今字。

〔二五〕穆，刊本作「睦」，「穆」爲「睦」之借字。

〔二六〕化以敦新，陳鐵凡録作「禮以敦新」，並以「新」爲「親」之誤，案「化」應是「礼」之形誤。

〔二七〕「相」下一字底卷存右边「見」，蓋爲「親」字；「親」下一字中間殘破，存左右側殘畫，此殘字下約缺二字。

〔二八〕市，底卷原作「示」，陳鐵凡以爲「市」之誤，兹據以改。

〔二九〕缺字陳鐵凡擬補作「民」。

〔三〇〕慂，《干禄字書・平聲》：「慂、慫，上俗下正。」「慂」亦「慫」之俗字，敦煌寫卷亻、彳混用。

〔三一〕猊，「貌」之别體。

〔三二〕書，疑爲「善」之誤。

〔三三〕弟，刊本作「第」，「弟」「第」古今字。下「聖治章弟九」之「弟」同。

〔三四〕故昔，陳鐵凡以「故」爲「古」之借，是也。

〔三五〕天下，刊本下有「也」字。

〔三六〕男子之國，伯三二七四《孝經鄭注義疏》云：「小國，子男國。」陳鐵凡謂底卷「男子」乃「子男」誤倒，是也。

〔三七〕時，底卷原無，陳鐵凡補此字，今從之。

〔三八〕「丞」蓋「承」之借字。

〔三九〕況，刊本作『况』，《玉篇・冫部》：『况，俗況字。』下『況』字同。

〔四〇〕百，『伯』之借字。

〔四一〕歡，刊本作『懽』，二字異體。下經文『歡』字皆同。

〔四二〕琦珍來貢，底卷原作『琦來珍貢』，『來珍』二字應是誤倒，兹以意乙正。

〔四三〕鰥，刊本作『鰥』，『鰥』爲『鰥』之別體。

〔四四〕仕人乎也矣，底卷原作『仕乎人也矣』，陳鐵凡以『仕』爲『士』之借，是也，然陳氏疑『人』爲衍文，則非，『乎人』二字應是誤倒，兹以意乙正；『也矣』二字當是因雙行對齊而添。

〔四五〕之心，刊本無，李德超《敦煌本孝經校讐》（《第二届敦煌國際研討會論文集》，臺北漢學研究資料及服務中心一九九一）云：『古文《指解》暨孔氏傳與敦煌諸卷俱作「臣妾之心」，應信當時之經文如此。』

〔四六〕『礼』下原有『之』字，應是爲雙行對齊而添，今删之。

〔四七〕猶由不失臣之心，陳鐵凡謂『由』字衍，『臣』下奪『妾』字，可從。

〔四八〕灾，刊本作『災』，二字古異體。

〔四九〕祥，陳鐵凡認爲『翔』之借字，是。

〔五〇〕『天下』下刊本有『也』字。

〔五一〕清，陳鐵凡録作『請』，案『清』應是『請』之誤字。

〔五二〕冣，刊本無，案斯七二八《孝經》亦作『冣』，『冣』爲『最』俗字『㝡』之變體。

〔五三〕人頭方法天之刑，陳鐵凡認爲『方』當作『圓』，『刑』爲『形』之借，是也。

〔五四〕『喻』蓋爲『腧』之形訛，『腧』有穴及脉之意，中医脉法有廿四脉之说。

〔五五〕『得』字原重複，今以意删其一。

〔五六〕魂心意，『魂』下疑脱『魄』字。

〔五七〕『圓』應作『方』，上文稱『足方法地』，可證。

〔五八〕『北』下應缺一字，或爲『狹』字。明章潢《圖書編》卷二九：『震旦地形，南廣北狹。』可證。

〔五九〕書，底卷原作『云』，誤，今以意改。

〔六〇〕西方，應是『北方』之誤。

〔六一〕五官以持人以治身，底卷應有誤，似當作『五經以持人、五官以治身』，『持』、『治』通用。

〔六二〕天，底卷原無，蓋脱漏，兹以意擬補。

〔六三〕脾腎肺膽二制猶天子心膽，此句不可句讀，疑有訛脱。

〔六四〕癸者，『癸』應是『祭』之誤。

〔六五〕『如此』下底卷原有『之』字，乃爲雙行對齊而添，今删之。

〔六六〕大，底卷原作『女』，潘重規以爲『大』之誤，兹據以改。

〔六七〕□然，據文意，『然』前當有一字，底卷應是誤脱，兹以意補一缺字符。

〔六八〕糞箕成，底卷『糞』原作『binary』，《敦煌俗字研究》謂是俗訛字（下編四九九頁），兹據以改正；潘重規以『成』爲『盛』之借字。下兩『糞箕成』句皆同。

〔六九〕狼犳獡狩，『犳』爲『豹』的換旁俗字；『獡』字《類篇·犬部》音抽知切，釋『鷙獸』，《集韻·支韻》有『獡』字，音義同，潘重規以爲『獡狩』當讀作『禽獸』，甚是，『狩』『獸』古通用，此處『獡（獡）』則爲『禽』的增旁類化字，慧琳《音義》卷三五《蘇悉地經》音義、卷四四《佛説佛印三昧經》音義皆云『禽獸』經文『作獡狩，非也』，可比勘。

〔七〇〕水上，『水』疑爲『氷』之誤，『氷』爲『冰』之俗字。

〔七一〕補，潘重規以爲當作『輔』。

〔七二〕但，右上部『日』底卷無中横，蓋避唐睿宗李旦諱缺筆字，兹徑録正。

〔七三〕深淋，「淋」當是「林」之誤，下有「更着深林之中」句，可證。

〔七四〕旦，潘重規以爲「昌」之誤，是也。下句「旦」字同。

〔七五〕投武王苐，「投」字疑誤；潘重規録「苐」爲「弟」，案「苐」本即「弟」的俗字。

〔七六〕姜嫄，底卷誤倒作「嫄姜」，兹以意乙正。

〔七七〕政滿挴指，潘重規以「政」爲「正」之借，是也；「挴」字底卷原作「梅」，案「梅」當是「挴」之誤，扌、木不分所致，「挴」則爲「拇」之别體（《方言》有「挴」字，則另爲一字），古從每、從母之字常混，如「娒」或寫作「姆」。

〔七八〕貪然，「貪」疑有誤。

〔七九〕狩，潘重規以爲「獸」之借。

〔八〇〕之，潘重規以爲「知」之借。

〔八一〕庿者猊，底卷「庿」原作「厝」，乃「庿」之俗誤，今正；「猊」爲「貌」之别體。下「帝之庿」之「庿」原亦從俗作「厝」。

〔八二〕五帝，底卷「帝」原作「常」，陳鐵凡認爲「常」爲「帝」之誤，今據以改正。

〔八三〕明堂，底卷「堂」字原作重文符號，然「明」下無重文符號，當是誤脱，兹以意補。

〔八四〕卌六牖，明堂九室，不当有卌六牖，「卌」當是「卅」之形訛，後有「卅六牖法三百六十日爲一歲」句，可證。

〔八五〕延，《大戴禮記·明堂》云：「東西九筵，南北七筵。」「延」为「筵」之借字。

〔八六〕圓，當是「方」之誤。

〔八七〕「庿」，底卷原作「厝」，乃「庿」之俗訛，此録正。

〔八八〕清帝，「清」爲「青」之借字。

〔八九〕「生」下一字底卷殘破。

〔九〇〕「所」下一字底卷殘破。

〔九一〕 規矩，《晉書・天文志上》：「西方白帝，白招矩之神也。」褚少孫補《史記・孝武本紀》「泰一佐曰五帝」張守節《正義》引《國語》云：「蒼帝靈威仰，赤帝赤熛怒，白帝白招矩，黑帝叶光紀，黄帝含樞紐。」未見有作「規矩」者，「規」字疑为臆改；底卷應是脱漏「白」字。

〔九二〕 職，《玉篇・身部》以爲「俗職字」，刊本正作「職」。

〔九三〕 「東」下三字底卷皆存右側殘筆，《禮記・曲禮下》「其在東夷、北狄、西戎、南蠻」孔疏：「《爾雅》云：「九夷、八狄、七戎、六蠻，謂之四海。」」茲據以補「夷西戎」三字。

〔九四〕 「于」字底卷原無，陳鐵凡以意補，今從之。

〔九五〕 庴，底卷從俗作「厝」，今正。

〔九六〕 「聖」下底卷殘泐約四個大字的空間，刊本作「人之德又何」，故據以擬補如上。

〔九七〕 「之」字底卷左下角殘脱，茲據刊本擬補；「之」下底卷殘泐約四個大字的空間，刊本作「膝下以養」，故據以擬補如上。

〔九八〕 「尊」字底卷殘存上部「酋」，陳鐵凡以爲「尊」字之殘，茲據補；「尊」爲底卷雙行注文左行末字，其下殘泐，比照注文右行，「尊」下尚有半字的空間，下或殘缺一字，故擬補一缺字符。

〔九九〕 上條注文之下底卷殘泐近七個大字的空間，次行首字存右下部捺形筆畫，據殘筆判斷，應爲經文大字，上文「以養父母日嚴」下經文爲「聖人因嚴以教敬」句，與底卷殘缺空間略合，故據以擬補如上。

〔一〇〇〕 「嚴」下一字底卷僅存右部殘畫，此殘字下底卷殘泐。

孝經鄭注義疏

伯三二七四

【題解】

底卷編號爲伯三二七四，起《開宗明義章》「教之所由生也」注「言教從孝而生」之「生」，至《喪親章》末，共四百零四行。卷末有題記「天寶元年十一月八日於郡學鳥（寫）了」。末有天寶元年題識。」言「治道」、「孝道」，不《伯目》著録此卷云：「《孝經注》，今存爲《治道》《孝道》二部。知其所云。《索引》認爲是唐元行沖所撰《御注孝經疏》，《施目》、《法藏》皆從之；而《黄目》則題爲《孝經》，似不從王説。王利器《敦煌本孝經義疏跋》（《圖書季刊》新九卷三、四合期，一九四八）認爲是孔穎達之《孝經義疏》；林秀一《敦煌遺書孝経鄭注義疏の研究》（《孝經學論集》，东京明治書院一九七六）則懷疑是皇侃或其同門生所作，並定名爲《孝經鄭注義疏》；陳鐵凡《敦煌本孝經類纂弁言》（《孔孟月刊》第十六卷第一期）亦不認同元行沖《孝經疏》之説；陳金木《敦煌本孝經鄭氏解義疏作者問題重探》（《嘉義師院學報》第四期，一九九〇）認爲此卷的性質是疏釋鄭氏解之書，其作者非元行沖，亦非皇侃或其同門生，乃是天寶元年以前之《孝經》學者所撰。既然此卷爲疏釋鄭玄《孝經注》之作，故今從林秀一擬定爲《孝經鄭注義疏》。

林秀一《敦煌遺書孝經鄭注義疏の研究》（簡稱「林秀一」）有校録，陳鐵凡《孝經鄭注校證》（臺北編譯館，一九八七，簡稱「陳鐵凡」）、陳金木《敦煌本孝經鄭氏解義疏作者問題重探》（簡稱「陳金木」）亦對底卷作了校録。

底卷雖有經、注、疏三部分内容，大概由於輾轉傳抄的原因，不僅字號大小没有區别，而且經、注内容已有大量的删削，所存並非完本。今將字號大小加以區分，經文用小四號字，疏文用小五號字，注文用小五號加粗（因爲寫卷對鄭玄注文未按格式録寫，而是隨文摘録）。底卷有時於兩語段之間留有一字空格，録文時改爲〇，原有的空格則不再保留。

今據《法藏》録文，參校以中華書局影印阮元刻《十三經注疏・孝經注疏》的經文（簡稱『刊本』），校録於後。

（前缺）

生〔一〕。復坐，吾語▨（汝）。□〔二〕故令復坐。身體髮膚，▨（受）□〔三〕體科，復分爲三段。從『復坐▨（吾）□〔四〕終始，從『夫孝，始於事親』至『▨（終）□〔五〕雅》〔六〕云』至章末引《詩》，佁〔七〕成孝體科，□者，據手足爲語，髮者鬢鬚之▨〔八〕□畏〔九〕懼也，毁者瘦瘠減秏之目，□禁煞戮，見血爲傷，是也。故樂正▨（子）□〔一〇〕猶有憂色。諸弟子云：▨（何）〔一一〕有憂□仲尼。身體髮膚，受之父母，不敢▨（毁）□〔一二〕夫孝，始於事親，中於事君，▨（終）□〔一三〕弟二段明事人終始，而明脩身▨（始）〔一四〕□始終悉就他上作説，事人王〔一五〕□教。**注卌强而事，卌是不惑**□**□（行）步不及逯**〔一六〕，行是足移□至於下，言老人步進不能及前，□朝庭曰退。**懸車**，懸挂焚〔一七〕仕之□致其所掌之職。子弟或是□〔一八〕云：無念爾祖，聿修厥▨（德）〔一九〕。□成孝體科。

天子章第二

□〔二〇〕之人，人中之尊，莫過天子，故開〔二一〕此□子曰：『愛親者，不敢▨▨▨（惡於人）□〔二二〕。孝以愛敬爲體，愛者蒸蒸至惜。▨（親）〔二三〕□者，憎害也。人者，他人之親也。言天□及物，不敢憎害他人之親。▨〔二四〕□他人亦報害己親，故孝子所不敢□者，肅栗拜伏。○慢者輕侮之□人之親。○**故君子不爲**。不云孝□唯指人子，言君子雖爲人主，亦不敢也，□也。○而德教加於百姓。○而者，因□加益於百姓，百姓本有孝分而□百官爲百姓者，古者官有世▨〔二五〕□**以方外**〔二六〕。賀步兵：敬以直内，即▨（愛）〔二七〕□德教加於百姓，敬是〔二八〕。親親□云敬以直内。○義是裁限，裁限非□方制亦爲四方，四方皆直爲外，□皆被及四海，四海不波是也。四海□雅》〔二九〕：『九夷、八狄、七戎、六蠻，謂之四□行〔三〇〕，見於四海，無所不通。即感▨（應）〔三一〕□明，光於四海，無所不通是也。○盖□以未定於理，故云謙。方制即義□服内，是《白虎通》云：『王者父天而▨(母)〔三二〕□慶〔三三〕，兆人〔三四〕賴（賴）之。○《尚書》中名《吕刑》，▨〔三五〕□國侯，後爲甫國侯，二名也，當▨〔三六〕□故當孔子時，已久呼爲甫□人之義有二：若天子自稱即書□耳，与一不異，是謙也。若臣人稱□而已，莫之敵也。○《礼記》：『天無二日，▨(土)〔三七〕□。

□□□□□(諸侯章第三)〔三八〕

在上不驕，高而不危。前明天▨(子)〔三九〕，天□〔四〇〕爲戒，諸侯貴有南面之尊，富有□自至，富不与侈期，而侈自來。此解□一國之上，不驕者，驕謂陵虐，言▨(諸)〔四一〕□下不虐，臣人若能不驕，則□尚▨〔四二〕□侯。若上敬天子，下愛臣人，則長處高□制節謹度，滿而不溢。○制，制□皆自節不奢華。○謹，謹慎，度▨〔四三〕□法度，故能長守富貴。滿而不□溢，因溢戒驕，無礼即是陵上虐□〔四四〕富貴不離其身。明不驕溢之功。□前每云貴，後云富，恐物疑，或貴爲▨(急)〔四五〕□富貴俱急。及其傾危，則二事恒等。□前也。○然後能保其社稷。然猶如也。保，安也。若使富貴不離其身，如此之後，乃能安其社稷。○《昭廿九年》：共工氏之子曰勾龍，然會即以爲□於社。烈山氏之子曰柱，食能植爲穀爲稷，自夏已來食之。周弃亦爲稷，自湯已來祀之。○《孝經援神》云：社者，土地之主；稷者，原隰之中。又云：社〔四六〕，五穀之長。勾龍及稷配食而已。天子諸侯各有社，大夫以下以樹識之，無封土也。○而和其民〔四七〕人。既有社稷可保，有民人可和，謂薄賦斂，省傜役也。民人言人者何？民是廣遠之稱，人是脩識仁義，即▨(府)〔四八〕史徒，賦斂謂丘賦貢税之稱。城出革車一乘，什一而税，是薄賦也。○傜役謂城道力役之事，使之以時，歲不過三日〔四九〕，不奪農，是省也。戰戰兢兢，「如臨深淵，如履薄冰」。《小雅·小旻》篇。戰戰，佁〔五〇〕富；臨深，戒貴；兢兢，結貴；履「薄」〔五一〕，戒富。臨深不敢動摇，恐有墜落；履氷不敢放縱，恐有陷没。

「卿大夫章第四」〔五二〕

大夫則以服及言行爲孝〔五三〕。非先王之法服不敢服。先王即是禹身。法服者，有法之服也。服猶着也。而非先王所制有法之服，則不敢服着之。先王制五服：天子服日月星辰，諸侯服山龍華虫，卿大夫服藻火，士服粉米，四；就下田獵，爲五。《易·繫辝》云：『垂衣裳而天下治，盖取諸乾巛〔五四〕。』玄衣法天，黄裳法地，衣裳從黄帝。而有虞已來，虞夏之制，天子祭服十二：日一，月二，星辰三，山四，龍五，華虫六，皆畫於衣，法天之陽氣六律；宗七，藻八，火九，粉米十，黼十一，黻十二，皆繡於裳，法地之陰氣六吕。周礼九章，法陽數極九之義，与夏法不同。鑽龜曰卜，揲〔五五〕蓍曰筮。非先王之法言不敢道。出口曰言，道猶傳説。非先王之德行不敢行。德行，礼樂也。○礼以撿奢，奢華在外，故云礼以撿奢。樂以防淫，而淫泆在内，故云樂以防淫。○是故非法不言，是，是上；故，故下。非道不行。道猶德也。○口無擇言。擇者，除麁取善。今言行善，則無麁可擇。○言滿天下無口過，行滿天下無怨惡。滿，遍也。過者，愆〔五六〕闕。□之發，榮辱之□〔五七〕。出言不善，則千里違之；出言若善，則千里應之。故言遍滿天下無口過〔五八〕。[三]〔五九〕者偹矣，然後能守其宗廟〔六〇〕，正爲大夫〔六一〕不失，故能守宗廟。諸侯言保，[大]夫〔六二〕言守，保以安鎮爲義，别〔六三〕爲公，社稷公也；守以守視爲語，則爲知〔六四〕，故宗廟私也。天子七廟，諸侯五廟，大夫三廟，士二廟，庶人無廟，祭於覆室〔六五〕。四時祭之，春祀、夏礿、秋甞、冬蒸。盖卿大夫之孝。卿，明也。既有貴德，故有明稱。夫之言扶也，言能扶弼於君，張官設府〔六六〕。府，署也〔六七〕。○《詩》云：『夙夜▨（匪）〔六八〕懈，以事一人。』《大雅·蒸民》，尹吉甫美宣王之詩也。

士章[第五]〔六九〕

[『資於事父以事母，而愛同；資於事父以事君，而敬同。』]〔七〇〕辯愛敬同異者，士始升朝，離親辝愛，聖人所難，以義斷恩，物情不易，故曰〔七一〕士始升朝也。○解鄭意：人不生則已，既生則以行業爲資。劉先生以爲資用之資，王肅以爲資取之資。夫資取用俱歸其一也。故以孝事君則忠。故者連上起下之辝。『夫居家理，治可移於官』，若能極孝父者，用此孝心，移於事君，則必爲忠也。以敬事長則順。此敬取事兄之悌。長者，長於己也。長己有二：一則卿大夫官勝於士，二則卌爲士，五十爲大夫，年亦長士也。若移事兄悌，以事朝廷之長，則並爲順序。忠順不失，以事其上，明忠孝之功云。言其功，故先陳功之所由也。○士升朝，禄足代耕〔七二〕，故取士也。然後能保其禄位，而守其祭祀。若内能孝悌於父兄，資之以事君長，内外無失，然後乃能保其禄位。禄者，食廩之名；位者，居官之稱。禄位是公，故云保；祭祀是私，故云守也。士亦有廟〔七三〕，而云祭祀，避大夫也。○又諸侯及卿大夫，唯云社稷宗廟，不言禄位，而士帶言者，士始升朝，既而始有禄位，故帶言，大夫

諸侯從可知。注云『始爲曰祭，繼世爲祀』者，言一世爲士，謂之爲祭；係世爲士，謂之爲祀。所以然者，祭者際也，亦察也；祀，似也；言始得爲士，由德明察，繼世爲士，似象不絶。一解云：父子曰祭，自祖以上曰祀。所以然者，祭者際也。父曰〔七四〕相接，故曰祭也。祀之言不已也，自祖以上，相傳不已也。《詩》云：『夙夜匪懈。』〔七五〕《小雅·小□（宛）〔七六〕》之詩。

〔庶人章第六〕〔七七〕

用天之道，庶人至賤，無禄可居，唯躬耕（耕）爲孝。用者，動運之名；天者，蒼蒼之稱；道者，四時代謝，循環不息。分地之利。分者殊別，地〔七八〕者盤礴，利者土地所生出，与人財利。庶人上依天時，下随地利，而分別播種。《周礼》五土：一曰山林，鄭云：『積石曰山，竹木曰林。』二曰川澤，鄭云：『注瀆曰川，水鍾曰澤。』三曰丘陵，鄭云：『土高曰丘，大阜曰陵。』四曰墳衍，鄭云：『水崖曰墳，下平曰衍。』五曰原隰，鄭云〔七九〕：『高平曰原，下濕曰隰。』《周礼》又云：山林動植毛皂〔八〇〕、鱗膏〔八一〕、羽核〔八二〕、介莢、贏蘗〔八三〕。五土十地，坡阪險，蕀〔八四〕即棗，棗有易種，故《詩》云『阪有蕀』，鄭云：『蕀，棗也。』○凡引《詩》，美其德行，庶人無德，故不引《詩》。不云庶民〔八五〕，而言庶人，合庶合府史也。府史禄未足代耕（耕），故同民庶。謹身節用。謹，誠慎也。節，制割也。行不爲非，不毁傷也。富不奢泰，不甘酒也。度財爲費，度，計也。雖遭凶年，若湯遭七年大旱，堯遭洪水九年，什一而出，三年耕（耕）必有一年之食。○故自天子至于庶人，孝無終始。然五孝不別爲章，而寄庶人章者，欲明貴賤理同，故於庶人而結之。王肅云：『無終始而患不及其身者，未有此也。』謝万云：『行孝之事無終始，恒患不及，戰戰兢兢，日夜不怠解矣，未之有者，歎少之辞也。』谢安云：『既不全其始，又不能保其終，此無終始。終始，患之所不及。』按三家之説，亦各有道陻〔八六〕。劉先生云：『礼不下庶人，今行孝冥極，雖貴爲天子，賤爲庶人，其奉於父母，恐〔八七〕後不以天子爲始，庶人爲終。』鄭意云：上從天子，下至庶人，皆當行孝無終始，能行孝道，故患難不及其身，未之有者。言各能行孝道，故患難不及其身，此之爲善之意，故云未之有也。○袁司空問〔八八〕何不言三卿及事師之孝者，至於三公論道經邦，燮理陰陽，官不必備，唯其人。其人必賢，故不假戒。又不云事師孝者，孝法出師，師當示以規矩，故不教資事師孝。

三才章〔第七〕〔八九〕

天地謂之二儀，以人参之，謂之三才。此章明孝通天地人。曾子曰：『甚哉〔九〇〕。』甚者，過重之辞；哉者，歎深之意。云甚哉孝道如此大也。子曰：『夫孝，天之經〔九一〕。夫者，其理深弘，上起夫也。孝者，至順之名。經者，常也。天有至順，故得其常。常者，四時生煞得時，是天之常。地之義。義者宜也。地有至順，故得其宜。宜者山川高下，水泉流通，是得其宜。民〔九二〕之行。行者施用之名，謂孝悌恭敬，人有至順，故得其恭敬孝悌。則天之明，春生秋煞，是天之明。則，視也。當視天之明察。因地之利。因之言依，依其所宜，而收其所宜。而收其利焉。是以其教不肅而成。既利以從民心作教，故民皆樂之。其教不假威肅，而民自成，教肅爲輕，政嚴爲重。是故先之以博愛，而民莫遺其親。是，是上；故，故下。上既因天地爲教，而民不假肅嚴，自然成德。先之以博愛，博，廣也；愛，施惠也。王者先從民本性，大小行仁愛，故人皆樂之，所以親屬更不相遺忘，故云莫遺其親。**先脩人事**，解先之以博愛，人事謂仁義礼智。**流化於民**，解而民莫遺其親。後諸條皆是先脩人事，流化於民。陳之以〔九三〕德義，而民興行。陳猶列也。德者得理，義者裁斷。裁斷得理，謂之德義。▨〔九四〕列於朝用爲官，則下民莫不興起賢行。**上好義則民▨（莫）**〔九五〕**敢不服**，此注是孔子罵樊遲之言。○先之以敬讓，而民不争，王身自行敬讓於上，則下不敢復漫争。文王者，武王父，名昌。于時爲紂雍州西伯，有聖德，行敬讓於朝，而名流於四海。時有虞芮〔九六〕二國争田，紂既昏乱，不就紂制，往詣文王求決，既至其境，見行者讓路，秏（耕）者讓畔，又入至朝，則人士濟濟，群臣肅穆。二人於是自相謂曰：『我等小人，久争此田，不可使君子知之。』於是各還其國，遂兩相推讓，不復秏（耕）也。注『**上行之則下効之**』。《詩》云：『尔之教矣〔九七〕，民胥效矣。』○示之以好惡，示猶見也。○《詩》云：『赫赫師尹，［民具爾瞻］〔九八〕。』此《節南山》之詩。○師，太師也。尹，大師姓；具，俻也；尒，汝也。汝，太師。瞻，視也。言太師居民上明盛，而民已俻具，汝當視民，民亦視汝所爲從之。**詩者直謂《詩》**，不取《正義》，唯《大雅》取《正義》。**大臣若冢宰**，《周礼·天官·冢宰》，是大臣也。○**上之化下，猶風之靡草**，《論语》『君子之德風，小人之德草。』

［孝治章第八］〔九九〕

子曰：『昔者明王之以孝治天下〔一〇〇〕。』『子曰』二字，記者所書方法。中有三階：一明天子，二明諸侯，三明卿大夫。此明天子也。明王即亦禹也。非今之帝，故稱昔也。照臨四方，曰明治，天子用孝，故曰孝治。不敢遺小國之臣。不敢者，恐懼。遺，忽略也。小國，子男國。國有五等，今云小國，故知是子男之國也。今古者悉在《王制》，諸侯之於天子，比年一小聘〔一〇一〕，三年一大聘，五年一朝。比年，每歲。小聘使大夫，大聘使卿，朝則君自行。**歲遣大夫聘問天子安否**，問，問無病。而况於公侯伯子男[一〇二]？况，比也。天子尚礼，接其臣之卑者，况復其君之尊，而不盡礼乎？**天子使太子郊迎**，諸侯既至，使太子郊迎之。周則遣大[夫][一〇三]至關，大夫至郊。**萱**[一〇四]**禾百車**，萱，茭也；禾，合穗穀也。礼，君行師從，卿行旅從，其人馬衆多，故給以萱禾。**晝坐正殿**，猶《周礼》路寢，如今太極殿。**夜設庭燎**，但恐諸侯者來晚闇，故於正殿之前，設大炬火，以照燎之。但庭燎之形，一云百炬火共在一柱頭，一云各自竪也。故《詩》[一〇五]云：『夜如何其，夜未央，庭燎之光，君子至止，鸞聲鏘鏘[一〇六]。』是明諸侯朝夜入時也。**問其勞苦**有二，一[一〇七]則道經山川，二則保土[一〇八]有勤，並是勞苦，故思見慰問。云『**二王後**』者，周則杞、宋是也。〇虞夏列爵惟五，分土惟三，殷爵土皆五等，周初亦如虞夏。《白虎通》[一〇九]云：『雷是陰中之陽。』**功不倍者**，公与▨▨（侯德）[一一〇]異，故異其爵，而功略同，故同其土。侯与伯德倍，故異其爵，而功亦倍。故之人異子男上然也。故得万國之歡[一一一]心，事其先王[一一二]。先王，禹父。〇**五年一巡狩**，巡，行也；狩，守也。因行而田▨（獵）[一一三]，五服侯甸男采衛[一一四]。

[治國者，不敢侮於鰥寡，而况於士民乎][一一五]？鰥寡者，《白虎通》云：『鰥，矜也，言爲人所矜；寡，頋也，人君宜頋恤之。』[一一六]〇《大戴礼》：男子八月生齒，八歲微齒，二八十六男德成。陽齒[一一七]，七歲微齒，二七十四陰德通，有孕之道。七七[一一八]四十九閇[一一九]房，無傷彦生。『**弱者不見侵**』釋『不侮鰥寡』，『**强者不失職**』釋『况於士民』[一二〇]。綏[一二一]强安士民以上，撫弱恩恤鰥寡臣妾僮僕[一二二]之屬也。[治家者，不敢失於臣妾之心，而况於妻子乎][一二三]？**妻子承奉**，妻爲内主，助薦菹醢，子爲傳代，或親親示奠，皆永奉宗廟[一二四]，故爲家[一二五]之貴者。[故得人之歡心，以事其親][一二六]。得人謂其家之人也。[灾害不生，禍亂不作][一二七]。天反時爲灾，反時[謂][一二八]風雨水旱失節；地反物爲害，反物謂百[一二九]穀爲風雨水旱所傷；善而逢殃曰禍；君臣反逆曰乱。『**風雨時節**』解『不生[一三〇]』，『**百穀用**[一三一]**成**』解『不作』，『**君惠**』解『不遺』、『不侮』，『**臣忠**』釋『公侯伯子[男]』[一三二]及『百姓之歡心』，『**父慈**』解『不失[一三三]妻子』之義，『**子孝**』釋『得人之歡心』。有覺德行，《大雅·蕩之什·抑》篇語，讚明王也。此不云先親，而直云親者，其有以也。王侯繼世，故繼者先君，而卿大夫不保世，唯賢是授，身爲大夫，其父或在今，故漫言其親[一三四]。

聖治章[第九][一三五]

[曾子曰：『敢問聖人之德，無以加於孝乎？』][一三六] 聖人与天地合德，日月齊明，其德行當有異於孝，故問

之。敢者，果決之辤。○乎，不定辤。○子曰：『天地之性，人爲貴。性者，生也。○貴者可重，言一切万品，皆爲天地生。天地生之中，唯人㝡可重，故云人爲貴。賀步兵云：『天地之物，有性靈者，唯人㝡爲貴。貴者少進之理，故《論語》云：「子曰：性相近，習相遠。」』「人之行莫大於孝」〔一三七〕，百行殊塗，同歸於孝。孝爲德本，本故難加。昔者周公郊祀后稷以配天。周公者，文王之子，武王之弟，成王之叔，名旦〔一三八〕。謂爲周公者，周是歧〔一三九〕山之陽，地名也。武王克商後，以此地与旦爲菜地。旦爲周之三公，故謂爲周公。南郊者，王畿五十里近郊，此地是君遣大夫迎賓与之郊接之地，因名郊也。今亦於此地，以人交接於神也。祭天曰祀。祀者似象而祭之，不敢褻近，於南郊而祭，故云郊祀也。后稷者，周公始祖也。天，謂東方青帝靈威仰，是帝而謂之天者，尊之也。周公於郊祭所出之帝靈威仰，而用於始祖后稷配之而祭，故云郊祀后稷以配天。靈威仰木帝，周木德王，是木德而生后稷也。宗祀文王於明堂，以配上帝，此以父配天也。宗者，尊也。宗祀謂祖有功，宗有德。既有功可尊，可尊亦可祖。不云配五帝，而云配上帝，示尊之故也。○**明堂，天子布政之宮。**天子每▨（朔）〔一四〇〕必於明堂中聽政布教，故云布政之宮。**上帝者，天之別▨（名）**〔一四一〕，▨（總）〔一四二〕則曰天，別則名帝。**神無二主，故異其處，避后稷。**《祭法》云『大德配衆，小德配寡』〔一四三〕是也。度堂以筵——筵，席也——筵長九尺。**明堂之制，**東西九〔筵〕〔一四四〕，九九〔一四五〕八十一，是東西八丈一尺；南北七筵，七九六十三，是南北六十三尺也。就明堂基上作一大員屋，而於屋下分爲五室。室方二筵，布在四角及中央也。東北曰木室，▨▨（東南）〔一四六〕曰火室，西南曰今〔一四七〕室，西北曰水室，中央曰土室。五室▨▨▨（四面開）〔一四八〕户，每夾户兩邊皆有窓，四户故八窓，凡廿户卌窓。**上員，**謂屋也；**下方，**謂堂基也。天子每朔來明堂，室外堂▨（上）〔一四九〕聽政，隨十二時所在，**在國之南，南是明陽之地，**在國之陽，三里之外，七里之内，景巳〔一五〇〕之地，就陽位布政。夏曰世室，殷曰重屋，周曰明堂。是以四海之内，是，是上；以，以下。四海，謂蠻夷戎狄。言内即要服内也。越常屬廣州，曰南郡。越常感化而貢白雉象牙之屬，知中國遥遠，恐一驛不至。既已遣〔一五一〕使，而更重遣，而後二使並達王庭，故言重驛。驛，使也。或云：重驛，謂言語不可領解之，重譯之，乃通也。故親生之膝下，以養父母日嚴。親者愛也，膝下是父母膝下也。養者謂怡顔悦色，以奉温清〔一五二〕也。日者日日也，嚴者尊敬之極也。彼言父母冥愛，故爲愛之情，生起於父母膝下也。及至子稍成長有識，故能知緣愛而生養，日日加益尊敬之極，故曰嚴。一云：親謂父母也，父母生於膝下，故云親生之膝下。父母既生子於膝下，故子奉養於父母，日日加尊嚴。子親生父母膝下。君臣之義，義者宜也，君得宜則合，失宜則不合。三諫不從，待放而去。若諫不從，則出居境上，三年望君自改，君自改則与臣環，而臣便〔一五三〕還；不改与臣故〔一五四〕玦，而臣便去，此是待君見放。**父母生之，續莫大焉。**言父子骨血連續，冥愛之重，重莫大焉。**君親臨之，**言君雖無親，而尊高在上，親自臨臣，与之爵稷〔一五五〕，此之恩合實爲不輕，故云厚。大者廣遠之目，重是稱量之名。重不及大，臨者自上親下之謂也。**不愛其親，**悖逆也。其親則己父母，他人謂君也。**在於凶德，**在猶存也，德者得也。若得善理，則單謂爲德；若得惡理，故曰凶德。**言思可道，**言者出己之辝，思者謀慮深計之意，可者堪可之稱，道者傳述之名。言思在我，可道屬物。**行思可樂，**行者己所行之迹，樂者貪慕之名。員曰規，方曰矩，如曲尺。**德義可尊，**德義，德合宜之事，謂舉賢用能。**作事可法，**使民以時，是。**容止可觀，**爲礼不敬，臨喪不哀，吾何以觀之哉。**進退可度，**進謂昇朝仕進之時，退謂三諫出境而去。**難進而盡忠，**謂初事君時，必先景而後入，入而竭忠，是也。**易退而補過者，**君若有失，則臣必諫之，諫若不從，則必待放。出境而去，是易退難去。適他國而不說君惡，唯自言己之不智，是補過。**淑人君子，「其儀不忒」。』**〔一五六〕引《曹風·鳲鳩》之詩〔一五七〕，結君子之德，不忒〔一五八〕結言思以下事。

「紀孝行章第十」〔一五九〕

「**祭則致其嚴**」〔一六〇〕。**齋必變食，**散齊於路門外，致齊於路門内，正寢〔一六一〕之中，是居必移坐，徙易也。〇「**在醜不争**」〔一六二〕，**同志爲友，**朋黨也，言其伹〔一六三〕在師門之黨類。友，有也，齊執一心相知友也。夫齊年亦好相争，故《曲禮》云『在醜夷不争』是也。「**三者不除，雖日用三牲之養，猶爲不孝也**」〔一六四〕。三者謂居上不除驕，爲下不除乱，在醜不除争，此上三事不除，假令日煞三牲，以養其親，親終不安，所以猶爲不孝。

「五刑章第十一」〔一六五〕

子曰：『五刑「之屬三千，而罪莫大於不孝」〔一六六〕。刑辟之事有五也。三千者，犯罪科條三千。故《大戴礼》〔一六七〕云：『罪多而刑五，喪多而服五，上附下附。』是《周礼》五刑，唯有二千五百條；《尚書》『訓夏贖刑』，科條三千。五刑謂劓、墨、宫、臏、大辟。割鼻曰劓。鑿額而涅墨曰墨。宫割者，丈夫則割其勢，女則閇於宫中。臏者則斷足，周則改臏爲刖〔一六八〕，《吕刑》改刖爲剕，是廣其名耳，劉先生云『斷右足謂之刖』。煞刑大辟，不直云煞人而云手煞人者，若誤煞非手足，故爲刖不死，宜有贖。五帝畫象，三王有肉刑，至漢孝文帝十三年除肉刑。三千之科，無不孝之罪，夫聖人之所不制也。要君者無上，要，求也。上者尊崇之稱。言臣事君，當竭力致身，國家之事，知無不爲，若不爲國，而恒諂詐以要求於禄，此人是無崇君之心。非聖人者無法，此明師也。非謂鄙薄誹謗，聖人謂周公、孔子之典籍。非孝者無親，此明親也。人子當爲至心以奉己親。既不自孝，此是無親之人。此大乱之道。』故犯其一，則爲大乱。

［廣要道章第十二］〔一六九〕

移風易俗，［莫善於樂］〔一七〇〕。移者轉徙之名，易者改代之稱。移不必易，易必有移。風者君上之教，俗者民下所行。俗有二種：一是從習時君所得，二是習土地常行。何謂從君所得？猶如晉魏君儉，民〔一七一〕皆褊急；曹檜國奢，民皆華侈。故《詩序》云：『國異政，家殊俗。』此是習君上所爲。土地俗者，如吴楚土薄水淺，民性閒急；齊魯土厚水深，民性遲緩。故《王制》云：『廣谷大川異制，人居其閒異俗〔一七二〕。』此是習土地之俗，不可推移。○夫樂感人情，感，動也。人情善惡，皆由王者之樂感動也。樂正則心正，如堯舜之民，比屋可封是。樂淫則心淫，桑閒濮上，長夜靡靡，如桀紂之民，比屋可誅。○安上治民，安者不危之名，治者不乱之目，民是廣遠之名，上是對下之名，下是對上之目〔一七三〕。君在上能安，則民下不乱，上謂君，下謂民也。

［廣至德章第十三］〔一七四〕

子曰：『君子之教以孝〔一七五〕，［非家至而日見之也。教以孝］〔一七六〕，所以敬天下之爲人父者〔一七七〕。』天子自於太學，事三老爲父，事五更爲兄。鄭云：『三老，致仕三公一人；五更，致仕卿一人〔一七八〕。』《樂記》云：『三老知三德，五更知五事〔一七九〕。』三德者，即《周禮》至德、敏德、孝德；五事即《尚書》皃、言、視、聽、思。又注《文王世子》云：『三老法三辰，五更法五星。』〔一八〇〕三辰者，日月及廿八宿；五星者，東方歲星，［南］方〔一八一〕熒或，西方太白〔一八二〕，北方辰星，中央鎮星。《詩》云：『愷悌君子。』是《生民·泂酌》〔一八三〕，邵康［公］戒成王詩〔一八四〕。愷，樂；悌，易也。凡引《詩》皆在章末，而此獨在中央者，爲義然也。欲并〔一八五〕結《要道》、《至德》二章，故異恒例。

［廣揚名章第十四］〔一八六〕

子曰：『事親孝〔一八七〕。』居家脩理，則爲治之法，可移於官。一讀云：居家理治，治屬上句，故者連上之辭。所居則化，解『居家理治』；**所在則治**，釋『可移於官』。是以行成於内，而名立於後世。内謂平生百年之内，後謂百年之後，万歲之外。聖人制法於古，後人奉而行之。如周孔制法，而至今人猶傳行之，即揚名後世也。

[諫諍章第十五]〔一八八〕

曾子曰：若夫慈愛恭敬。若夫者，揔束下所聞之事也。慈者，接下之别名；愛者，奉上之通稱；恭者，是和順之迹；敬者，是兼備之形〔一八九〕。[昔者天子有争臣七人，雖無道，不失其天下]〔一九〇〕。**七人者謂三公**：太師、太傅、太保。**維持王者**，維者四方之名。四輔，四面扶持諫争，故天子不危殆也。[諸侯有争臣五人，雖無道，不失其國。大夫有争臣三人，雖無道，不失其家]〔一九一〕。五人者，王肅云：『三卿、内史、外史。』三人者，大夫有室老、家相、邑宰。

[感應章第十六]〔一九二〕

[子曰：『昔者明王事父孝，故事天明]〔一九三〕：事父故天應之而明也，謂四時之燭〔一九四〕，陰陽調和也。父是己之天，天故應。事母[孝]〔一九五〕故事地察，察猶量察也。明王能盡孝事母，故地理育生万物，其可得鑒察也。神明彰矣。神明，天地之神明章著〔一九六〕也。神明之功著，即万物皆生，天降膏露，地出醴泉，天不愛道，地不愛寶。劉[先]生云〔一九七〕：『眇然不測〔一九八〕謂之神。』神猶幽也，明猶言顯也。其道微妙，不可測知，故曰神。[宗廟致敬，鬼神著矣]〔一九九〕。鬼者歸也，言人未生在世，則泯然無矣。既其誕育，則爲有矣。至於死後，刑躰〔二〇〇〕消盡，与未生不異，是歸於無，故曰歸也。孝悌之至，通於神明，神明即天神明也。[光於四海，無所不通]〔二〇一〕。光者充也，見也，既通天達地，復光見四海，海水不波，重驛送貢，是無所不通。**孝至於天**，天不愛道。**孝至於地**，地不愛寶。**孝至於人者**，舟▨（車）〔二〇二〕所至，人力所通，畢集王庭。[《詩》云：「自東自西，自南自北，無思不服。」]〔二〇三〕自東自西，此得〔二〇四〕《大雅·文王有聲》詩。

[事君章第十七]〔二〇五〕

子曰：『君子之事上〔二〇六〕，君子謂賢臣也，上謂君，明賢臣事君法。不云君而云上者，崇君之稱。進思盡忠，進謂初量未入之時，忠謂盡於忠心，國家之事，知無不爲，忠也。退思補過，退謂待放己出境時，己既三諫不從，已出在境，當自思計在己所行，有過失〔二〇七〕事与不？既伏思過，是也。將順其美，將者扶也，君有美，已則應扶將以順成其美，其者其君也。匡救其惡。匡，正也，君若有過，已則當匡之。故上下治，能相親〔二〇八〕。不言君臣，而云上下者，未進及已去，無復君臣而猶有尊卑，故言上下也。《詩》云「心乎愛矣」，至「何日忘之」〔二〇九〕。此《魚藻》、《隰桑》之詩。遐，遠也。臣心既愛於君，雖復已去在遠，而愛猶篤，不謂遠也。

〔喪親章第十八〕〔二一〇〕

〔子曰：『孝子之喪親也，哭不偯〕〔二一一〕，孝子喪親，傷其肝腎〔二一二〕，心如斬截。曲折曰偯，故聲直〔二一三〕出而不曲折。〔礼無容，**不爲趍翔**〕〔二一四〕，張足曰趍，張拱曰翔。〔言不文，**父母之喪，唯而不對**〕〔二一五〕，文者飾也，《礼》云：斬衰之喪唯而不對，齋衰〔二一六〕之喪對而不言。《尚書》云：三年不言。皆是在喪不言也。哀戚之情〔二一七〕，不云心而云情者，心神之宅，事無定主，而喜怒哀樂，謂之〔二一八〕爲情，此既是哀，故云情也。〔三日而食，教民無以死傷生〕〔二一九〕，《礼》云『三日不食』，此云三日而食，二文不同者，礼舉全數，則猶如喪言三年，而實廿五月，士死雖數往日，大斂殯後，可有食矣。是在▨□▨(三日内)〔二二〇〕而食，士礼則三日殯竟而食。若大夫以上死，亦數來日，故三日後乃食。此通士礼，故三日而食。毀不滅性，居喪之礼，毀瘠不形，是許毀而不得滅性，滅性而死，君子謂之無子，故孝不滅性。喪不過三年，人子喪親，本有終身之憂，昊天之報，豈期斷以年月，限以再周者乎？所以必三年者，子生三年之内，未有知識，父母懷抱，孩念㝡甚，鍾於此時。故孔子云：『子生三年，然後免於父母之懷。』故以三年爲文。**天下之達礼**。達猶通也。〔**不肖者企而及之，賢者俯而就之**〕〔二二一〕，肖，似也。起踵曰企〔二二二〕，下頭曰俯。譬如人取長物，當起踵取及。賢者情深，亦不得過限，其令必屈。譬如人取短物，則下頭而取得，但欲俱會三年之義，故無二法，所以再朞〔二二三〕，共得三年也。爲之棺槨〔衣衾而舉之〕〔二二四〕，棺是亡者所須，故生人爲造之送亡也。**周身曰衣，周衣曰棺**〔二二五〕，**周棺曰槨**。棺，完也，宜完密。槨，廓也。令開〔二二六〕廓不使土侵棺，古死者不棺，但送屍於野，孝子捉彈守烏鳥，須消歇乃歸。及至虞世，當陶，則用之〔二二七〕爲棺。殷人始用木〔二二八〕爲棺，天子五重，諸侯三重，大夫再重，士庶人一重。衣者衣尸之衣，衾當爲紟〔二二九〕，紟者單被，藉尸所用也。舉者謂衣裝尸畢，用紟抗舉尸，遷内棺中。陳其簠簋［而哀感之］〔二三〇〕，簠簋，黍稷器（器）也。方曰簠，圓曰簋。［擗踴哭泣，哀以送之］〔二三一〕。擗踴［哭泣］〔二三二〕，手撫心曰擗，足絶地曰踴，有淚有聲曰哭，［有］〔二三三〕淚無聲曰泣。賀步兵云：『女雀踊而已。』啼號〔二三四〕竭情，如中路嬰兒失母，故無常，所以或泣或啼或號。卜其宅兆［而安厝之］〔二三五〕，宅者葬地，兆者以卜之吉兆。厝，置也，謂卜地得吉而安厝，置其親於中也，畏其葬地有盤石涌泉，故卜其所託之吉兆，而安厝之。爲之宗廟，以鬼［享］之〔二三六〕。享，向也，孝子爲親立廟，而盡心向之，如鬼神必在，故神鬼臨之。春秋祭祀，［以時思之］〔二三七〕。此謂三年後，孝子感霜露之□〔二三八〕，思親而後致祭祀也。生民〔二三九〕之本，愛敬哀戚，是存亡孝行之科。［死生之義備矣，孝子之事親終矣］〔二四〇〕。』死生之義，事存奉終義備，故此死生之宜，吉凶之礼，我説備矣也。

【校記】

〔一〕生，應是經文『教之所由生也』之疏語。

〔二〕汝，底卷殘存上端殘畫，玆據刊本擬補；『汝』下底卷殘缺約十六個字的空間。

〔三〕受，底卷殘存上半，玆據刊本擬補。『受』下底卷殘缺約十四個字的空間，林秀一於『受』下補經文『之父母』三字；按『身體髮膚』與底卷下文所見『夫孝，始於事親』間經文有『受之父母，不敢毀傷，孝之始也。立身行道，揚名於後世，以顯父母，孝之終也』等句，底卷『受』下應補經文起訖不詳。又底卷從本行起至第六十一行每行下半大多殘缺十一至十四字不等，其確切字數則難以詳考，故以下不逐一出校説明。

〔四〕『坐』字下底卷殘存上半『五』，其下殘缺約十四個字的空間，林秀一據經文於『坐』下補『吾語汝』三字，玆據以擬定殘字爲『吾』。

〔五〕『至』下一字底卷殘存上半，其下殘缺約十四個字的空間，林秀一據經文補『終於立身』四字，玆據以擬定殘字爲『終』。

〔六〕林秀一據經文於『雅』前補『大』字。

〔七〕佁，林秀一云：「『佁』疑『結』字之譌。」

〔八〕「之」下一字底卷存上端。

〔九〕「畏」字《法藏》殘存左邊三分之一，此據國家圖書館藏王重民所攝照片。

〔一〇〕「正」下一字底卷存上半，兹從林秀一定作「子」字；「子」下底卷殘缺約十二個字的空間，林秀一據《禮記·祭義》於「子」下補「春下堂而傷其足數月不出」十一字。

〔一一〕何，此字底卷存右邊「丁」，兹從林秀一録作「何」字。

〔一二〕「敢」下一字底卷存上半，兹從林秀一定作「毁」字；「毁」下底卷殘缺約十二個字的空間，林秀一據經文於「毁」下補一「傷」字。

〔一三〕「君」下一字底卷殘存上部三分之一，兹據刊本擬補「終」字；「終」下底卷殘缺約十一個字的空間，林秀一據經文於「終」下補「於立身」三字。

〔一四〕「身」下一字底卷殘存右邊「台」，林秀一録作「始」，兹從之。

〔一五〕林秀一云：「『王』疑『主』字之譌。」陳金木「王」下有一「若」字。

〔一六〕行步不及逮，底卷「行」字原殘泐，兹據伯三四二八＋伯二六七四鄭玄《孝經注》補；「逮」爲「逮」之俗字。

〔一七〕樊，林秀一、陳金木均録作「樊」。

〔一八〕「或是」下底卷殘缺約十四個字的空間，其中末二字林秀一據經文補「《大雅》」二字，可從。

〔一九〕德，底卷殘存左上角，兹據刊本擬補。

〔二〇〕缺字底卷接於「天子章第二」之下，所缺約六字左右。

〔二一〕「開」字《法藏》從中間斷開，此據國家圖書館藏王重民所攝照片。

〔二二〕惡於人，底卷「惡」下半「心」略有殘泐，「於」存左邊「扌」（「於」之俗字左旁作「扌」），「人」存上半，兹據刊本補；「惡於人」下底卷殘缺約九字的空間，刊本有經文「敬親者，不敢慢於人」八字，可據擬補。

〔二三〕缺字底卷殘存上半，林秀一、陳金木均録作『親』，兹從補。

〔二四〕缺字底卷殘存上半『且』，陳鐵凡録作『且』，疑非；林秀一、陳金木皆未録此字。

〔二五〕『世』下一字底卷殘存上端殘畫。

〔二六〕『以方外』前的一個缺字伯三四二八+伯二六七四鄭玄《孝經注》爲『義』字，可據補。

〔二七〕『即』下一字底卷殘存上半，林秀一、陳鐵凡、陳金木皆録作『愛』，兹據補。

〔二八〕『敬是』下底卷空兩格，疑是朱筆，林秀一、陳金木皆添兩『□』。

〔二九〕林秀一於『雅』上補『爾』字，可從，下引『九夷』云云出《爾雅·釋地》。

〔三〇〕『四』下底卷殘缺約九字的空間，林秀一據《爾雅·釋地》於『四』下補『海』字，據鄭玄《孝經注》於『行』前補『德教流』三字，近是。

〔三一〕『感』下一字底卷殘存左上角，林秀一、陳金木皆録作『應』，兹據補。

〔三二〕『而』下一字底卷殘存上半，林秀一、陳金木録作『母』，兹據補。

〔三三〕上行『王者父天而母』下底卷殘缺約九字的空間，其中末六字應爲經文『《吕刑》云一人有』。

〔三四〕人，刊本作『民』，『人』爲『民』之諱改字。

〔三五〕缺字底卷殘存上端。

〔三六〕『當』下一字底卷殘存上端。

〔三七〕『日』下一字底卷存上半，兹據《禮記·曾子問》補，《禮記》下有『無二王』三字。

〔三八〕上行『天無二日士』下至行末底卷殘缺約十字的空間，其中也許含括『諸侯章第三』五字，故據擬補如上。

〔三九〕『天』下一字底卷殘存上半，林秀一疑此爲『子』字，是也。

〔四〇〕天，此字原爲重文符號。

〔四一〕『諸』字《法藏》殘存上半，此據國家圖書館藏王重民所攝照片。

〔四二〕「尚」下一字底卷殘存上半。

〔四三〕「度」下一字底卷殘存右上角殘畫。

〔四四〕「虐」下底卷殘缺約十字的空間，底卷經文「滿而不溢」與「富貴不離其身」間尚缺經文「高而不危，所以長守貴。滿而不溢，所以長守富」，不知底卷「虐」下所缺文字是否包括其中部分文字。

〔四五〕「爲」下一字底卷殘存上半，陳金木録作「急」，茲據補。

〔四六〕社，林秀一云：「《孝經援神契》「社」作「稷」，是也。」

〔四七〕民，底卷原缺末筆，避諱缺筆字，茲據刊本録正。下疏中三「民」字同。

〔四八〕「即」下一字底卷殘存下半，林秀一據《孝經正義》所引皇侃疏補「府」字，茲從之。

〔四九〕三日，「三」字底卷筆畫殘破，林秀一、陳金木録作「二」，陳鐵凡録作「三」，案《禮記・王制》云：「用民之力，歲不過三日。」故據陳鐵凡録作「三」。

〔五〇〕「佁」疑爲「結」之誤。

〔五一〕薄，底卷原無，林秀一認爲缺「薄」字，茲從之。

〔五二〕卿大夫章第四，底卷脱漏，茲據刊本擬補。

〔五三〕「大夫則以服及言行爲孝」句底卷原在「非先王之法服不敢服」下，然「爲孝」下有一分段符「┐」，而「大」字右側有一「乚」形近似於鈎乙符的標記，疑「大夫則以服及言行爲孝」句是釋章題「卿大夫」，「天子章第二」下亦有釋章題之語，故據乙至章題之下。

〔五四〕巛，《周易》作「坤」，《干禄字書・平聲》：「巛、坤，上通下正。」林秀一、陳金木誤録作「以」。

〔五五〕揲，底卷原作「楪」，林秀一云：「「楪」當作「揲」。」茲據以改正。

〔五六〕僁，底卷原作「偲」，林秀一懷疑當作「愆」，陳鐵凡云：「殆伭或僁之變。伭、僁皆愆之俗字，見《廣韻》。」案陳説是，此應是「僁」之訛體，「僁」爲「愆」之俗字，《干禄字書・平聲》：「僁、愆，上俗下正。」今改爲「僁」。

〔五七〕『之發』前『榮辱之』後底卷皆有一空格，林秀一據《周易·繫辭傳》懷疑『榮辱之』下缺『主』字，陳鐵凡云：『準此，則此「之發」之上，依《繫辭傳》疑亦缺「機樞」二字。』然『之發』前底卷所空者似僅一格位置，陳補未知確否。

〔五八〕無口過，底卷前有『卜』字，林秀一云：『卜字衍。』故據以删之。

〔五九〕三，底卷原無，陳鐵凡補『三』字，茲從之。

〔六〇〕庿，底卷原作『厝』，『庿』之俗訛，今以意改正，刊本作『廟』，『庿』爲『廟』之古字。疏中『庿』字同。

〔六一〕大夫，底卷原作『不夫』，陳鐵凡認爲『不』當作『大』，茲據改正。

〔六二〕大夫，底卷原無『大』字，林秀一補此字，今從之。

〔六三〕别，林秀一認爲當作『則』，陳鐵凡、陳金木校同。

〔六四〕知，林秀一認爲是『私』之誤，陳鐵凡、陳金木同。

〔六五〕覆室，林秀一據《禮記·王制》以『覆』爲『寢』之誤。

〔六六〕張官設府，底卷原作『限官設苻』，林秀一云：『案敦煌遺書孝經鄭注，「限」作「張」，「苻」作「府」，並是也。』茲據以改正。

〔六七〕府署也，底卷『府』字原爲重文符號，茲依上條之説改爲『府』；『署』字底卷本作『暑』，林秀一云：『「暑」當作「署」。』茲據以改正。

〔六八〕匪，底卷旁注，且僅存下半，茲參刊本擬補。

〔六九〕第五，底卷原無，林秀一、陳金木補此二字，今從之。

〔七〇〕本章首二十字底卷原無，然下疏文即釋此句，故據刊本擬補。

〔七一〕曰，底卷原作『目』，林秀一云『「目」當作「曰」』，茲據以改正。

〔七二〕耕，底卷原作『秏』，應是『秏』之誤，『秏』爲『耕』之俗字，故改正；林秀一録爲『科』，并以爲是『耕』之誤。

〔七三〕 庿，底卷原作『厝』，『庿』之形誤字，兹改正。疏中『庿』字同。

〔七四〕 日，陳鐵凡云『疑爲「子」字』，陳金木録作『子』。

〔七五〕 夙夜匪懈，刊本作『夙興夜寐』，陳金木以『夜匪懈』爲『興夜寐』之誤，林秀一謂爲『興夜寢』之誤，則誤讀『寐』爲『寢』也。案《卿大夫章》引《詩》作『夙夜匪懈』，此當是混淆所致。

〔七六〕 宛，底卷此處空缺，林秀一補『宛』字，是也。

〔七七〕 庶人章第六，底卷無，此據刊本擬補。

〔七八〕 地，底卷原作『他』，林秀一云：『「他」當作「地」。』兹據以改正。

〔七九〕 云，底卷原作『玄』，林秀一云：『以上文例之，「玄」當作「云」。』兹據以改正。

〔八〇〕 皁，《周禮·大司徒》作『早』，《玉篇·土部》『地』條下引作『皁』，《説文·艸部》『草』篆下徐鉉云：『今俗以此爲艸木之艸，别作「皁」字爲黑色之皁。案：櫟實可以染帛爲黑色，故曰草，通用爲草棧字。今俗書「皁」或从白从十，或从白从七，皆無意義，無以下筆。』

〔八一〕 鱗膏，底卷『膏』原作『索』，林秀一云：『索當作膏。』《周禮·大司徒》云：『其動物宜鱗物，其植物宜膏物。』兹據以改。

〔八二〕 羽核，《周禮·大司徒》云：『其動物宜羽物，其植物宜覈物。』『核』爲『覈』之借字。

〔八三〕 贏藂，《周禮·大司徒》云：『其動物宜贏物，其植物宜叢物。』《玉篇·丵部》：『叢，俗作藂。』

〔八四〕 糵，『蕀』之俗字。下『糵』字同。

〔八五〕 民，底卷原缺末筆，避諱缺筆字，兹依例録正。下『故同民庶』之『民』同。

〔八六〕 陧，林秀一云：『當作「理」。』

〔八七〕 恐，底卷原似『如小』二字，林秀一疑爲『恐』之誤，今從之。

〔八八〕 閅，林秀一懷疑爲『問』之誤。

〔八九〕『第七』二字底卷原無，茲據刊本補。

〔九〇〕甚哉，刊本下有『孝之大也』句。

〔九一〕天之經，刊本下有『也』。後『地之義』、『民之行』下同。

〔九二〕民，底卷原缺末筆，避諱缺筆字，茲據刊本録正。本章中『民』字皆同。

〔九三〕以，刊本作『於』，吴昌瑩《經詞衍釋》云『於猶以也』。

〔九四〕『義』下一字底卷殘存右半且模糊，林秀一、陳金木録作『陳』。

〔九五〕莫，底卷殘脱下部『大』，茲參《論語・子路》擬補。

〔九六〕芮，『芮』之俗寫。

〔九七〕教矣，底卷原作『教天』，林秀一云：『《詩・小雅・庭燎》「天」作「矣」，是也。』案此出《詩・小雅・角弓》。

〔九八〕民具爾瞻，底卷無，據下疏文應有，茲據刊本擬補。

〔九九〕孝治章第八，底卷無，當是脱漏，茲據刊本擬補。

〔一〇〇〕『天下』下刊本有『也』字。

〔一〇一〕䠲，《玉篇・身部》云『俗聘字』。下同。

〔一〇二〕况於公侯伯子男，『况』字刊本作『況』，《玉篇・冫部》：『况，俗況字。』下同；刊本末有『乎』字。

〔一〇三〕遺大夫，底卷『遺』原作『遺』，無『夫』字。林秀一云：『「遺」當作「遺」，「大」下脱「夫」字。』今據以補正。

〔一〇四〕荁，『蒭』之俗訛，《玉篇・艸部》：『芻，俗作蒭。』下同。

〔一〇五〕詩，底卷原作『諸』，林秀一云：『「諸」當作「詩」。』茲據以改正。

〔一〇六〕鏘鏘，今本《詩經・小雅・庭燎》作『將將』，『將』爲『鏘』之借字，『鏘』爲『將』之後起別體，説見陳玉树《毛詩異文箋》。

〔一〇七〕二一，底卷原作『三』，今據林秀一改正。

〔一〇八〕二則保土，底卷「則」原作「列」，林秀一云：「『列』當作『則』。」茲據以改正。

〔一〇九〕「虎」字底卷原作「虞」，林秀一云「『虞』當作『虎』」，茲據以改正。

〔一一〇〕侯德，二字底卷均殘存右半，茲從林秀一、陳金木録補。

〔一一一〕歡，刊本作「懽」，「懽」「歡」古異體。下「歡」字同。

〔一一二〕「事其先王」前刊本有「以」字。

〔一一三〕獦，底卷殘存右半，「獦」爲「獵」之俗字。

〔一一四〕侯甸男采衛，底卷「甸」誤作「旬」，「衛」誤作「衍」，今據林秀一改正。

〔一一五〕經文「治國者不敢侮於鰥寡而況於士民乎」十五字底卷原無，然「鰥寡」以下之疏文乃釋此句，故據刊本擬補。

〔一一六〕今本《白虎通》無此語。

〔一一七〕「陽齒」二字不可解，《大戴禮記·本命》作「女七月生齒」，故林秀一於「陽齒」前補「女子七月」四字，陳鐵凡則改「陽」爲「生」，於前補「女子七」三字。

〔一一八〕七七，底卷原作「七十」，林秀一認爲應作「七〻」，茲據以改正。

〔一一九〕閇，「閉」之俗字。

〔一二〇〕强者不失職釋況於士民，底卷「强」誤「張」，「失」誤「先」，今據伯三四二八+伯二六七四鄭玄《孝經注》改正；「民」字底卷原缺筆，避諱缺筆字，茲依例改正。下句「民」字同。

〔一二一〕綏，底卷原作「佞」，茲據陳鐵凡改。

〔一二二〕撫弱恩恤鰥寡臣妾僮僕，底卷「撫」作「拄」、「僮」作「僮」，茲據林秀一改。

〔一二三〕經文「治家者不敢失於臣妾之心而況於妻子乎」十七字底卷原無，然「妻子承奉」以下之疏文乃釋此句，故據伯三四二八+伯二六七四鄭玄《孝經注》擬補。

〔二二四〕庿，底卷原作「庿」，俗訛，兹以意改正。

〔二二五〕家，底卷原作「宗」，兹據林秀一改正。

〔二二六〕經文「故得人之歡心以事其親」底卷原無，然疏文「得人謂其家之人也」即釋此句，故據伯三四二八＋伯二六七四鄭玄《孝經注》擬補。

〔二二七〕經文「灾害不生，禍亂不作」底卷原無，然「天反時爲灾」以下疏文乃疏此句，故據伯三四二八＋伯二六七四鄭玄《孝經注》擬補。

〔二二八〕謂，底卷原無，此據陳鐵凡補。

〔二二九〕百，底卷原作「白」（林秀一録作「自」），今以意改正。

〔二三〇〕生，底卷原作「灾」，此據林秀一改正。

〔二三一〕用，底卷原有兩「用」字，其一乃因换行而衍。林秀一云：「《敦煌遺書孝經鄭注》上「用」字作「熟」，是也。下「用」字衍。」

〔二三二〕男，底卷原無，此據林秀一補。

〔二三三〕失，底卷原作「生」，此據林秀一改正。

〔二三四〕從「此不云先親」至「漫言其親」，據文義，乃是釋「其親」二字，應該在「得人謂其家之人也」下，疑錯簡至此者。

〔二三五〕「第九」二字底卷原無，然第二章作「天子章第二」，故據刊本補「第九」兩字。

〔二三六〕經文「曾子曰敢問聖人之德無以加於孝乎」底卷原無，然「聖人与天地合德」以下疏文乃疏此句，故據刊本擬補。

〔二三七〕經文「人之行莫大於孝」底卷原無，然「百行殊塗」下疏文乃釋此句，故據伯三四二八＋伯二六七四鄭玄《孝經注》擬補。

〔三八〕旦，底卷上部『日』字無中横，蓋避唐睿宗李旦諱缺筆字，茲徑録正。下『旦』字皆同。

〔三九〕歧，『岐』之借字。

〔四〇〕朔，底卷殘存左半，茲從林秀一、陳金木所録。

〔四一〕名，底卷破損，茲據伯三四二八＋伯二六七四鄭玄《孝經注》擬補。

〔四二〕總，底卷破損，茲從林秀一、陳金木所録。

〔四三〕『大德配衆小德配寡』乃《禮記·祭法》鄭玄注，鄭注作『小德配寡，大德配衆』。

〔四四〕筵，底卷原無，茲據林秀一補。

〔四五〕九九，底卷原作『五二』，茲據林秀一改正。

〔四六〕『東南』二字底卷破損，此從林秀一、陳金木所録。

〔四七〕今，林秀一云：『「今」當作「金」。』『今』爲『金』之同音借字。

〔四八〕『四面開』三字底卷破損，此從林秀一、陳金木所録。

〔四九〕上，底卷殘存下部『一』，此從林秀一、陳金木所録。

〔五〇〕景巳，林秀一云：『「丙」作「景」，避唐高祖父諱。』

〔五一〕遺，底卷原誤作『遺』，陳金木《皇侃之經學》録作『遺』，茲據以改。

〔五二〕清，底卷原誤作『清』，今以意改。

〔五三〕便，底卷原作『使』，林秀一云：『「使」疑「便」字之譌。』陳鐵凡、陳金木均以爲『便』之誤，茲據以改正。

〔五四〕故，林秀一、陳鐵凡皆以爲衍文。

〔五五〕稷，林秀一云：『「稷」疑「禄」字之譌。』陳鐵凡、陳金木均以爲『禄』之誤。

〔五六〕經文『其義不忒』四字底卷原無，然下疏文『不忒結言思以下事』乃疏此句，故據刊本擬補。

〔五七〕詩，底卷誤作『請』，此據林秀一改正。

〔一五八〕忒，底卷誤作『我』，此據林秀一改正。
〔一五九〕此章題底卷原無，今據刊本擬補。
〔一六〇〕經文『祭則致其嚴』五字底卷原無，然下疏文乃疏此句，故據刊本擬補。
〔一六一〕寝，底卷原作『寑』，乃形誤也，今改正；『寑』爲『寝』之俗字，『寝』與『寢』隸變之異。
〔一六二〕經文『在醜不争』四字底卷原無，然下疏文乃疏此句，故據刊本擬補。
〔一六三〕但，林秀一『疑「俱」字之謁』，陳鐵凡録作『但』，林校是。
〔一六四〕經文『三者不除，雖日用三牲之養，猶爲不孝也』十六字底卷原無，然下疏文乃疏此句，故據刊本擬補。
〔一六五〕此章題底卷原無，今據刊本擬補。
〔一六六〕經文『之屬三千而罪莫大於不孝』十一字底卷原無，然下疏文乃疏此句，故據刊本擬補。
〔一六七〕大戴礼，此下引文見於《禮記·間傳》。
〔一六八〕刖，底卷原誤作『則』，此據林秀一改正。下『刖』字同。
〔一六九〕此章題底卷原無，今據刊本擬補。
〔一七〇〕經文『莫善於樂』四字底卷原無，然下疏文有疏此句者，故據刊本擬補。
〔一七一〕民，底卷原缺末筆，避諱缺筆字，今録正。本章中『民』皆同。
〔一七二〕人居其閒異俗，今本《禮記·王制》作『民生其間者異俗』，『人』爲『民』之諱改字。
〔一七三〕目，底卷原誤作『自』，此據林秀一改正。
〔一七四〕此章題底卷原無，今據刊本擬補。
〔一七五〕『教以孝』下刊本有『也』字。
〔一七六〕『非家至而日見之也教以孝』諸字底卷無，當是因手民看錯『教以孝』三字而誤脱，茲據刊本補。
〔一七七〕『爲人父者』下刊本有『也』字。

〔一七八〕三老致仕三公一人五更致仕卿一人，鄭玄《孝經注》無此語，《禮記·文王世子》「遂設三老、五更羣老之席位焉」鄭玄注：「三老五更各一人也，皆年老更事致仕者也。」疑爲改寫此句而成。

〔一七九〕三老知三德五更知五事，《禮記·樂記》無此語，《樂記》「食三老、五更於大學」鄭注云：「三老五更，互言之耳，皆老人更知三德五事者也。」此句當是改寫鄭注而成。

〔一八〇〕又注文王世子云三老法三辰五更法五星，底卷「注」下原有「云」，「文」作「友」，林秀一云：「『友』當作『文』。」案林氏是也，《禮記·文王世子》「遂設三老、五更羣老之席位焉」鄭注云：「名以三五者，取象三辰五星。」此句乃改寫《文王世子》鄭注而成，今删「注」下之「云」。

〔一八一〕南方，底卷「南」處空缺，今據林秀一補。

〔一八二〕白，底卷原誤作「百」，今以意改，林秀一、陳金木録作「白」。

〔一八三〕生民洞酌，底卷「民」字缺末筆，「洞」作「泂」，今並録正。

〔一八四〕邵康公戒成王詩，底卷原無「公」字，案此句出《洞酌》小序，小序云：「召康公戒成王也。」茲據補「公」字。「召」「邵」古今字。

〔一八五〕并，底卷原作「葬」，林秀一云：「《孝經正義》所引皇侃疏『葬』作『并』字，似是。」陳鐵凡、陳金木均據以作「并」，今從之。

〔一八六〕此章題底卷原無，今據刊本擬補。

〔一八七〕子曰事親孝，據後面之疏文，此處經文已有省略，經文原作「君子之事親孝，故忠可移於君；事兄悌，故順可移於長；居家理，故治可移於官」。

〔一八八〕此章題底卷原無，今據刊本擬補。

〔一八九〕形，底卷原作「那」，林秀一云「『那』疑『形』字之譌」，陳鐵凡、陳金木從之，茲據以改。

〔一九〇〕「昔者天子有争臣七人雖無道不失其天下」十七字底卷原無，據下疏文應有，茲據刊本補。

〔一九一〕『諸侯有争臣五人雖無道不失其國大夫有争臣三人雖無道不失其家』二十八字底卷原無，據下疏文應有，茲據刊本補。

〔一九二〕此章題底卷原無，今據刊本擬補。

〔一九三〕『子曰昔者明王事父孝故事天明』十三字底卷原無，據下疏文應有，茲據刊本補。

〔一九四〕之燭，林秀一據《爾雅·釋天》『四氣和謂之玉燭』以爲『之』爲『玉』之誤，陳鐵凡、陳金木從之。

〔一九五〕孝，底卷原脱，茲據刊本補。

〔一九六〕章著，底卷原作『章者』，林秀一云：『「章者」當作「彰著」。』案『章』『彰』古今字，不煩改；『者』爲『著』之形誤。

〔一九七〕劉先生云，底卷原無『先』字，『云』作『之』，林秀一云：『「劉」下脱「先」字，「之」當作「云」。』案前皆云『劉先生』，此不當獨謂之『劉生』，茲據林説補正。

〔一九八〕測，底卷原作『側』，《周易·繫辭上》：『陰陽不測之謂神。』今據以改正。

〔一九九〕『宗廟致敬鬼神著矣』八字底卷原無，據下疏文應有，茲據刊本補。

〔二〇〇〕刑躰，『刑』爲『形』之借字，『躰』爲『體』之俗字。

〔二〇一〕『光於四海無所不通』八字底卷原無，據下疏文應有，今據伯三四二八+伯二六七四鄭玄《孝經注》補。

〔二〇二〕車，底卷殘存左及下端殘畫，林秀一録作『車』字，茲據以補。

〔二〇三〕『詩云自東自西自南自北無思不服』十四字底卷原無，據下疏文應有，今據伯三四二八+伯二六七四鄭玄《孝經注》補；今本《詩經》『自東自西』作『自西自東』，説詳《孝經》校記〔三五六〕。

〔二〇四〕得，林秀一云：『「得」疑「詩」字之訛。』

〔二〇五〕此章題底卷原無，今據刊本擬補。

〔二〇六〕事上，伯三四二八+伯二六七四鄭玄《孝經注》同，刊本下有『也』字。

〔三〇七〕失，底卷誤作「朱」，今以意改正，林秀一、陳鐵凡、陳金木皆徑録作「失」。

〔三〇八〕故上下治能相親，伯三四二八＋伯二六七四鄭玄《孝經注》同，刊本無「治」字，末有「也」字。

〔三〇九〕詩云心乎愛矣至何日忘之，刊本作「詩云心乎愛矣遐不謂矣中心藏之何日忘之」，此當是手民省略。

〔三一〇〕此章題底卷原無，今據刊本擬補。

〔三一一〕「子曰孝子之喪親也哭不偯」十一字底卷原無，據下疏文應有，兹據刊本補。

〔三一二〕腎，底卷原誤作「賢」，兹據林秀一改正。

〔三一三〕直，底卷原作「克」，林秀一謂「直」之誤，今從之。

〔三一四〕礼無容不爲趍翔，「礼無容」爲經文，「不爲趍翔」爲鄭注，底卷原無此七字，據下疏文應有，兹據伯三四二八＋伯二六七四鄭玄《孝經注》補；《廣韻·虞韻》以「趍」爲俗「趨」字。

〔三一五〕言不文父母之喪唯而不對，「言不文」爲經文，「父母之喪唯而不對」爲鄭注，底卷原無，據下疏文應有，兹據伯三四二八＋伯二六七四鄭玄《孝經注》補（「喪」字則據《北堂書鈔》補）。

〔三一六〕齋衰，《禮記·間傳》云：「斬衰唯而不對，齊衰對而不言。」底卷「齋」應作「齊」。

〔三一七〕哀戚之情，刊本作「此哀戚之情也」。

〔三一八〕之，底卷原作「云」，林秀一云「『云』當作『之』」，兹據以改正。

〔三一九〕「三日而食教民無以死傷生」十一字底卷原無，據下疏文應有，兹據刊本補。

〔三二〇〕三日内，底卷「三」字殘脱右下角，「内」殘存左半，林秀一録作「三内」，并以爲底卷「三」下脱一字而補「日」字，陳鐵凡、陳金木從之；今據影本行款，「三内」兩字間可容納一字位置，故擬補如上。

〔三二一〕「不肖者企而及之賢者俯而就之」爲鄭注，底卷原無，然據下疏文應有，兹據《釋文》補。

〔三二二〕企，底卷原作「佡」，通常爲「仙」之别體，俗書山、止相亂，故亦有混同「企」者，兹據伯三四二八＋伯二六七四鄭玄《孝經注》改正爲「企」。

〔二二三〕朞，『期』之古文。

〔二二四〕『衣衾而舉之』五字底卷原無，據下疏文應有，兹據刊本補。

〔二二五〕周衣曰棺，陳金木云：『「周衣曰棺」當係「周尸曰棺」之誤。』案斯三八二四背一鄭玄《孝經注》殘存『尸曰棺』三字，可證陳説之善。

〔二二六〕令開，底卷原作『今問』，林秀一據《白虎通·崩薨》篇認爲『問』當作『開』，《白虎通·崩薨》：『椁之爲言廓，所以開廓辟土無令迫棺也。』故陳鐵凡又據以改『今』爲『令』，故併從之改正。

〔二二七〕之，底卷原文似『主』，林秀一、陳鐵凡、陳金木皆録作『瓦』，今謂此蓋『之』之形誤，指代『陶』字，謂以陶器爲棺也，故以意改。

〔二二八〕木，底卷原誤作『不』，兹從林秀一改正。

〔二二九〕紷，底卷原作『給』，兹從林秀一改正。

〔二三〇〕經文『而哀慼之』四字底卷原無，據下疏文應有，兹據刊本補。

〔二三一〕經文『擗踊哭泣哀以送之』八字底卷原無，據下疏文應有，兹據刊本補。

〔二三二〕『哭泣』二字底卷原無，據下疏文應有，兹從陳金木補。

〔二三三〕有，底卷原無，兹從林秀一補。

〔二三四〕『號』字底卷原誤作『蹄』，兹據斯三八二四背一鄭玄《孝經注》改正。下『或啼或號』之『號』底卷原亦誤作『蹄』。

〔二三五〕卜其宅兆而安厝之，底卷『卜』原作『上』，兹據林秀一改正；『而安厝之』四字底卷無，據下疏文應有，故據伯三四二八+伯二六七四鄭玄《孝經注》補。

〔二三六〕爲之宗庿以鬼享之，底卷『庿』原誤作『厝』，刊本作『廟』，『庿』爲『廟』之古字，故據以改正；底卷『享』字處空白，林秀一謂其缺，故據刊本補。疏中『庿』字原亦誤作『厝』。

〔三三七〕『以時思之』四字底卷無，據下疏文應有，故據刊本補。

〔三三八〕『之』下底卷空一格，疑爲朱筆。

〔三三九〕『民』字底卷缺末筆，避諱缺筆字，兹依例録正。

〔三四〇〕『死生之義備矣，孝子之事親終矣』十三字底卷無，據下疏文應有，故據刊本補。

孝經疏（喪親）

伯二七五七背

【題解】

伯二七五七爲《太上業報因緣經》卷第七，卷背爲《齋文》（《寶藏》之定名），然第三行起爲《孝經疏》，共九行，行約十九字，第十一行上端有一浮籤，題『孝經疏』三字。陳鐵凡《敦煌本孝經類纂弁言》云：『若此凸出標籤，則僅此一見。』按斯六一六二《周易注》寫卷亦有此類浮籤，不過位置不在卷面上端，而在卷首。《伯目》首先比定其名，《索引》從之，然《寶藏》及《施目》、《金岡目》、《法藏》均以伯二七五七背爲《齋文》而未提及《孝經疏》。

陳鐵凡《敦煌本〈孝經〉考略》（《東海學報》第十九期，一九七八）謂此爲《喪親章》之疏文，故依例擬名爲《孝經疏（喪親）》。

今據縮微膠卷録文，因卷面晦暗，字迹草率，不易識讀，姑録可辨識者如下，不一一出校説明。

孝經則性人賢易殂不留白日之休損依，黃泉之客至孝，可謂▨心酷裂，▨[一]性靡分，泣血▨（絶）[二]漿，竭情殞滅，此至孝之心也。注不解冠屨▨（無）[三]補盡君▨室，久寢兇廬，此云孝之儀粗飯▨▨瓦，酸醎不常，言合匪文，唯而無對，此之▨（孝）[四]□行也，庭不呈客，堂不虧礼，唯想唯▨，念茲▨（在）[五]□（茲）[六]，此至孝之想，思極則哭哀，何以時櫛沐，未曾□聲無綴，此云孝之極也。敬之若生，祭之如在，修齋以▨，飲膳以▨，此至孝▨[七]。

【校記】

〔一〕此字左半爲「忄」，右半不能辨識。

〔二〕絶，底卷殘存上端，陳鐵凡録作「絶」。

〔三〕無，底卷殘存上半，陳鐵凡録作「無」。

〔四〕孝，底卷殘存上半，陳鐵凡録作「孝」。

〔五〕在，底卷殘存上端，陳鐵凡録作「在」。

〔六〕兹，底卷殘泐，《尚書·大禹謨》云：「念兹在兹，釋兹在兹。」故據補。

〔七〕《孝經疏》部分抄寫至此止，以下爲齋文，與本篇無關。

羣經類爾雅之屬

爾雅（釋詁—釋訓）

伯三七一九（底卷）

斯一二〇七三背（甲卷）

【題解】

底卷編號爲伯三七一九，起《釋詁下》「話、猷、載、行、訛，言也」之「也」，抄至《釋訓》「委委他他，美也」而結束，共八十四行，白文無注。卷背爲「浣溪沙」舞譜三行。《索引》定名爲「《爾雅》白文」，兹依例擬名爲《爾雅（釋詁—釋訓）》。王重民《敘録》以爲唐寫本。案寫本行距細密，書法拙劣，而且其卷背所抄「浣溪沙」舞譜爲晚唐作品（柴劍虹《敦煌舞譜的整理與分析》，《敦煌吐魯番學論稿》一四二頁，浙江教育出版社二〇〇〇），則此卷應是中晚唐時期抄本。

甲卷編號爲斯一二〇七三背，正面爲失名古籍，背爲本篇（《榮目》以失名古籍爲背面，今從《英藏》），首尾殘，存五殘行（第一行間或存有左側一二殘筆，故不計），僅第二行完整，第一行上半殘泐，末三行下部殘泐，而且模糊極甚。起《釋言》「懈怠也」條，至「間俔也」條，殘存旁注音九個（多有模糊不可辨者）。《榮目》擬題「字書」，云「爲解釋字義書，間有注音」；《英藏》題「失名字書」。張涌泉首先定名爲《爾雅（釋言）》，今從之。寫卷書法拙劣，蓋亦唐中期以後之抄本。

底卷據縮微膠卷及《法藏》録文，以甲卷及中華書局影印阮元刻《十三經注疏·爾雅注疏》爲校本（後者簡稱『刊本』），校録於後。底卷不分段，各條均接抄，今爲醒目計，條與條之間加○以別之。

（前缺）

也[一]。○遘[二]、逢，遇也。遘、逢、遇，遻也。遘、逢、遇、遻，見也。○顯、昭、覲[三]、覿，見也。○▨（監）[四]、▨（瞻）[五]、臨、蒞[六]、覭[七]、相[八]，視也。○鞫、訩、溢，盈也。○孔、魄、哉、延、虛、無、▨（之）[九]、言，間也。○瘞、幽、隱、匿、蔽、竄，微也。○訖、徽、妥、懷、安、按、替、戾、▨、▨[一〇]、妮[一一]、定[一二]、曷、遏，止也。○豫、射，猒[一三]也。○列[一四]、績，業也。績、勳，功也。○功、績、質、登、平、明、考、就，成也。○梏、梗、較、頲、庭、道，直也。○密、康，静也。○豫、寧、綏、康、柔，安也。○平、均、夷、弟，易也。○矢，弛也。［弛］[一五]，易也。○▨（希）[一六]、寡、鮮，罕[一七]也。鮮，寡也。○酬、作[一八]、侑，報也。○毗劉，暴樂也。○覭▨（髳）[一九]，茀離也。○蠱、諂、貳，疑也。○楨[二〇]、翰、儀，幹[二一]也。○弼、棐、輔、比，俌也。○疆、界、邊[二二]、衛、圉，垂也。○昌、敵、彊、應、丁，當也。○教[二三]、肩、摇、動、蠢、迪、俶、厲，作也。○兹、斯、咨、呰、已，此也。○嗟、咨，▨（嗟）[二四]也。○閑、狎、▨（串）[二五]、貫，習也。○曩、塵、佇、滯淹[二六]、留，久也。○逮[二七]、及、暨[二八]，与[二九]也。○騭、假、格、陟、躋、登，昇[三〇]也。○揮、盝、歇、涸，竭也。○挋[三一]、拭、刷，清也。○鴻、昏[三二]、於、顯、間，代也。○饁、餉[三三]，饋也。○遷、運，徙也。○秉、拱，執也。○廞、熙，興也。○衛、蹶、假，嘉也。○癈[三四]、脱[三五]、赦，舍也。○棲[三六]、遲[三七]、憩、休、勞苦[三八]、▨（歒）[三九]、齂、呬，息也。○供、峙、共，具也。○慄、憐、惠，愛也。○娠、蠢、震、戁、妯、騷、感、訛、蹶，動也。○覆、察、副，審也。○契、滅、殄，絶也。○郡、臻、仍、乃、侯，迺也[四〇]。○通[四一]、繇、訓，導[四二]也。○僉、咸、胥[四三]，皆也。○育、孟、耆、▨（艾）[四四]、正、伯，長也。○艾、歷也。○

歷〔四五〕、秭、筭〔四六〕，數也。○歷，傅也。○艾、歷、覛、胥，相也。○乂、亂、靖、神、弗、淈，治也。○頤、艾、育〔四七〕，養也。○汱〔四八〕、渾、隕，墜也。○際、接、翜〔四九〕，捷也。○毖、神、逸〔五〇〕，慎也。○俾、鬱、陶、繇，喜也。○馘、穧，穫〔五一〕也。○阻、艱，難也。○剡、絜，利也。○允、任，佞也〔五二〕。○俾、拼、抨〔五三〕，使也。▨（俾）〔五四〕、拼、抨、使，從也。○儴、仍，因也。○董、篤〔五五〕，正也。○享，孝也。○珍、享，獻也。○縱、縮，乱也。○探、篡、俘，取也。○徂、在，存也。○在、存、省、事〔五六〕，察也。○烈、枿，餘也。○迓，迎也。元、良〔五七〕，首也。○薦〔五八〕、摯，臻也。○賡、揚，▨（續）〔五九〕也。○附〔六〇〕、袝，祖也。○即，尼也。○尼，定也。○迩〔六一〕、幾、昵〔六二〕，近也。○妥，坐也〔六三〕。○貉、縮，綸也。○貉、莫〔六四〕、安，定也。○伊，維也。○伊、維，侯也。○時、寔，是也。○卒、猷、假、輟，已也。○求、酋、在、卒、就，終也。○崩、薨、無禄、卒、殂〔六五〕落、▨（殪）〔六六〕，死也。

釋言第二〔六七〕

殷、齊，中也。○斯、誃，離也。○謖、興，起也。○還、復，返也。○宣、徇，徧也。○馹、遽，轉〔六八〕也。○蒙、荒，奄也。○告、謁，請也。○肅、雍〔六九〕，聲也。○格、懷〔七〇〕，來也。○畛、底，▨（致）〔七一〕也。○恀、怙，恃也。○律、遹，述也。○俞、盒，然也。○豫、臚，敘也。○庶幾，上〔七二〕也。○觀、指，示也。○若、惠，順也。○敖、憮〔七三〕，傲也。○幼、鞠，稚也。○逸、愆〔七四〕，過也。○疑、休，戾也。○疾、齊，壯也。○悈、褊，急也。○貿、賈，市也。○厞、陋，隱也。○遏、遾，逮［也］〔七五〕。○征、邁，行也。○圮、敗，覆也。○荐、原，再也。○憮〔七六〕、敉，撫▨（也）〔七七〕。○臞、脙，瘠也。○桄、熲〔七八〕，充也。○屢、暱，亟也。○靡、罔，無也。○爽，差也。○爽，忒也。○佴，貳也。○劑、翦，齊也。○饙、餾，稔也。○媵、將，送也。○作、造，爲也。○餥、餱，食也。○鞫〔七九〕、究，窮也。

○滷、矜、鹹〔八〇〕，苦也。○干〔八一〕、流，求也。○流，覃也。○覃，延也。○佻，偷也。○潛，深也。○潛、深，測也。○穀、鞠，生也。○啜，茹也。○茹、虞，度也。○試、式，用也。○告〔八二〕、誓，謹也〔八三〕。○覽〔八四〕、逐，強〔八五〕也。○禦、圉，禁也。○窒、霾〔八六〕，塞也。○黼、黻，彰也。○膺、身，親也。○愷、悌，發▨（也）〔八七〕。○髦士，官也。○畯，農夫也。○盖〔八八〕、割，裂也。○邕、支，載也。○誣諉，累也。○莫、察，清也〔八九〕。○庇、庥〔九〇〕，蔭〔九一〕也。○穀〔九二〕、履，［禄也。○履］〔九三〕，禮也。○隱，占也。○迓，迎也〔九四〕。○憯，憯〔九五〕也。○增，益也。○窶，貧也。○薆，隱也。○僾，唈也。○基，經也。○基，▨（設）〔九六〕也。○祺，祥也。○祺，吉也。○兆，域也。○肇，敏也。○挾，藏也。○浹，徹也。○替，廢也。○替，滅也。○速，徵也。○徵，召也。○琛，寶也。○探，試也。○髦，選也。○髦，俊也。○俾，職〔九七〕也。○紕，飾也。○凌〔九八〕，慄也。○慄，慼也。○藹，明也。○茅〔九九〕，明也。○明，朗也。○▨（猷）〔一〇〇〕，圖也。○猷，若也。○稱〔一〇一〕，舉也。○稱，好也。○坎、律，詮〔一〇二〕也。○矢〔一〇三〕，誓也。○舫，舟也。○泳，游也。○迨，及也。○冥，幼也。○降，下也。○傭，均［也］〔一〇四〕。○強，暴也。○窕〔一〇五〕，肆也。○▨（肆）〔一〇六〕，力也。○求，載也〔一〇七〕。○瘞，幽也。○氂〔一〇八〕，罽也。○烘，燎也。○煁，烓也。○陪，朝也。○康，苛也。○樊，潘〔一〇九〕也。○賦，量〔一一〇〕也。○粻，糧也。○庶，侈也。○庶，幸也。筑，拾也。○奘，駔也。○集，會也。○舫，泭也。○洵，均［也。○洵］，龕也〔一一一〕。○逮，遝也。○是，則也。○▨（畫）〔一一二〕，形也。○賑，富也。○扃〔一一三〕，分也。○懠，怒也。○僁，聲也。○葵〔一一四〕，揆也。○揆，度也。○逮，及也。○惄，飢也。○眕，重也。○獵，虐也。○土，田也。○戍，遏也。○師，人也。○硈，鞏也。○弃〔一一五〕，忘也。○囂，閑也。○謀，心也。○獻，聖也。○里，邑也。○襄，除也。○振，古也。○

懟，怨[也]〔一一六〕。○縭，介也。○號，謼也。○凶，咎也。○苞，稹也。○逜，寤〔一一七〕也。○頲，題也。猷、肯〔一一八〕，可也。○務，侮也。○貽，遺也。貿，賈〔一一九〕也。○賄，財也。○甲，狎也。○荚，萑〔一二〇〕也。○荚，藡也。○粲，殘〔一二一〕也。○渝，▨(變)〔一二二〕也。○宜，肴也。○夷，悅也。○顛，頂也。○耋，老也。○輶，輕也。○俴，淺[也]〔一二三〕。○綯，絞也。○訛，化也。○跋，躐也。○疐〔一二四〕，跲也。○烝，塵也。○戎，相也。○飫，私也。○碼〔一二五〕，厲(屬)也。○幕，暮[也]〔一二六〕。○扇，熾也〔一二七〕。○熾，盛也〔一二八〕。○柢〔一二九〕，本也。○窕，閑〔一三〇〕也。○淪，率也。○罹，毒也。○撿〔一三一〕，同也。○郵，過也。○遜，遯也。○斃，踣也。○僨，僵也。○畛，殄也。○遏，合也〔一三二〕。○虹，潰也。○隋，闇▨(也)〔一三三〕。○剡〔一三四〕，膠也。○孔，甚也。○厥，其也。○戛，禮也。○闍〔一三五〕，臺也。○囚，拘也。○攸，所也。○展，適也。○鬱，氣也。○宅，居也。○休，慶也。○祈，叫〔一三六〕也。○濬、幽，深也。○哲，智也。○弄，玩也。○尹，正也。○皇、匡，正也。○服，整也。○鴨〔一三七〕，問也。○媿〔一三八〕，慙也。○殛，誅也。○克，能也。○翌，明也。○訩，訟也。○晦，冥也。○奔，走也。○逡，退也。○疐〔一三九〕，仆也。○亞，次也。○諗，念也。○屆，極也。○弇，同也。○弇，▨(蓋)〔一四〇〕也。○恫，痛也。○握，具也。○振，訊也。○鬩，恨也。○越，楊〔一四一〕也。○菿，遂也〔一四二〕。○燬，火也。○懈，怠也〔一四三〕。○宣，緩也。○遇，偶也。○曩，曏也。○偟〔一四四〕，暇也。○宵，夜也。○懊，忨〔一四五〕也。○愒，貪▨(也)〔一四六〕。○揞，拄也〔一四七〕。○裁，節也。○並，併也。○卆〔一四八〕，既也。○慒，慮也。○將，咨〔一四九〕也。○黹，紩也〔一五〇〕。○遞，迭[也]〔一五一〕。○矧，況〔一五二〕也。○廩，廯也。○涫〔一五三〕，逃也。○訏〔一五四〕，言也。○間，俔也〔一五五〕。○沄，▨(沆)〔一五六〕也。○干，扞〔一五七〕也。○趾，足也。○跸，刖也。○襄，駕也。○忝，辱也。○

燠，煖也。○塊，堛也。○將，齊也。○餬，饘也。○啓[一五八]，跪也。○矏，密也。○開[一五九]，闢也。○袍，襺[一六〇]也。○鄣[一六一]，畛也。○靦，姡[一六二]也。○鬻，糜[也][一六三]。○舒，緩也。○翢，纛也。○纛，翳也。○隍，壑也。○芼，搴[一六四]也。○典，經也。○威，則也。○苛，妎也。○茀[一六五]，小也。○迷，惑也。○狃[一六六]，復也。○逼，迫也。○般，還也。○班，賦也。○濟，渡也。○濟，成也。○濟，益也。○緍，綸也。○辟，歷也。○黎[一六七]，▨（盄）[一六八]也。○寬，綽也。○袞，黻也。○華，皇也。○昆，後也。○弥[一六九]，終也。

釋訓弟三

明明、斤斤，察也。○條條、秩秩，智也。○穆穆、肅肅，敬也。○諸諸、便便，辯也。○肅肅、翼翼，恭也。○雍雍[一七〇]、優優，和也。○兢兢、憴憴，戒也。○戰戰、蹌蹌，動也。○晏晏、温温，柔也。○業業、翹翹，危也。○惴惴、憢憢，懼也。○番番、矯矯，勇也。○桓桓、烈烈，威也。○洸洸、赳赳，武也。○藹藹、濟濟，止也。○悠悠、揚揚[一七一]，思也。○蹶蹶、踖踖，敏也。○薨薨、增增，衆也。○烝烝、遂遂，作也。○委委、他他[一七二]，美也。（底卷抄至此）

【校記】

[一]『也』字應屬『話、猷、載、行、訛，言也』條末字。

[二]『遘』之右上角底卷本作『云』，『遘』字俗寫右上角作『世』，唐代從『世』旁之字避諱多寫作『云』，兹據刊本録正。下兩『遘』字同，亦皆依例録正。

[三]覯，刊本下有『釗』字，案底卷下『覯』字爲旁注補字，蓋『釗』字亦脱漏而未補。

[四]監，底卷殘存右半，兹據刊本擬補。

〔五〕瞻，底卷殘存左上角及右下角殘畫，兹據刊本擬補。

〔六〕菈，刊本作『涖』，嚴元照《爾雅匡名》云：『「涖」當作「竦」，案《説文·立部》「竦，臨也，从立，隶聲」，經典相承作「涖」，或作「莅」，皆俗體。』『菈』字至《集韻》始收載，又『莅』之增旁俗字。《正字通·艸部》云：『菈，俗莅字。』

〔七〕覜，刊本作『頫』，阮元《爾雅校勘記》（中華書局《十三經注疏》本，下簡稱『阮校』）云：『頫，閩本、監本、毛本同，《釋文》、《唐石經》、單疏本、雪牕本、元本作「覜」，當據以訂正。按《説文·見部》：「覜，視也。」本此。《頁部》「頫，低頭也」，大史卜書「頫仰」字如此，義別。』嚴元照《爾雅匡名》云：『覜，俗本誤作「頫」。』

〔八〕相，底卷左部『木』原誤作『礻』，蓋涉下字類化偏旁，兹據刊本改正。

〔九〕之，底卷殘存下部一捺，兹據刊本擬補。

〔一〇〕所缺二字底卷殘損嚴重，前一字存左下部殘畫，後一字『广』旁可辨，刊本作『底廢』，與殘形略合。阮校云：『「廢」，注疏本同，誤也。葉鈔《釋文》、《唐石經》作「底」，單疏本引注亦作「底」，當據以訂正。』

〔一一〕妮，刊本作『尼』，『妮』字不見於《説文》、《玉篇》，《集韻》始見，當誤。

〔一二〕『定』下底卷原有『也』字，據郭璞注先言『妥者，坐也』，末言『今以逆相止爲遏。徽，未詳』，知此條被釋字始『訖』止『遏』，『定』下不當有『也』字，兹據刊本刪。

〔一三〕猒，刊本作『厭』，嚴元照《爾雅匡名》云：『「厭」，《石經》、單疏本皆作「猒」，案《説文》「猒，飽也」，……「厭」訓笮，與「猒」義異，當從《石經》。』

〔一四〕列，刊本作『烈』，王闓運《爾雅集解》云：『烈，上云光，烈業字當作「列」……列骨爲陳列，與業陳樂器同。』

〔一五〕弛，底卷原無，《經典釋文·爾雅音義》（下簡稱『釋文』）出『弛也』、『弛易』兩條，故據刊本補『弛』字，『弛』者，『弛』之俗字。

〔一六〕希，底卷左上角殘泐，兹據刊本擬補。

〔一七〕 穽，「穽」的俗字，刊本正作「穽」。

〔一八〕 作，刊本作「酢」，《禮記·少儀》「介爵、酢爵、僎爵」鄭注：「酢或爲作。」酢、作通假，然《爾雅》爲辭書，酬酢字不應寫作「作」，「作」蓋涉「侑」類化偏旁而誤。

〔一九〕 「髦」字底卷殘存左下角及下端殘畫，兹據刊本擬補。

〔二〇〕 楨，底卷原作「禎」，乃因敦煌寫卷「木」「ネ」相混所致，兹據刊本改正。

〔二一〕 榦，刊本作「幹」，《説文·木部》「榦」篆下段注：「榦，俗作幹。」

〔二二〕 「邊」下底卷原有「旁」字，然此字右下側有一「く」形符號，或指此字當删，故不録。

〔二三〕 敎，刊本作「浡」，《説文》無「浡」字，《集韻·没韻》：「敎，或从攵。」是「敎」爲「勃」之後起别體，錢大昕《經典文字考異》云：「《爾雅》：『浡，作也。』疏引《左傳》：『其興也浡。』然『浡』即『勃』也。」則「浡」爲「勃」之後起換旁字。

〔二四〕 蹉，底卷殘存右边「差」，兹據刊本擬補。

〔二五〕 串，底卷殘存下半，兹據刊本擬補。

〔二六〕 滯淹，刊本無「滯」字，案郭璞注云：「塵垢、佇企、淹滯，皆稽久。」邢昺疏云：「曩昴、塵垢、佇企、淹滯、留止，皆稽久也。」「滯」應是手民據注文羼入。

〔二七〕 逮，底卷原誤作「建」，兹據刊本改正。

〔二八〕 曁，底卷此字下部「日」缺中横，蓋避唐睿宗李旦之諱，兹據刊本録正。

〔二九〕 与，刊本作「與」，二字古混用無别，敦煌寫本多用「与」字，後世刊本多改作「與」。

〔三〇〕 昇，刊本作「陞」，姚正父《爾雅啓蒙》云：「陞者，升之俗字。」《廣韻·蒸韻》：「昇，日上，本亦作升。俗加日。」

〔三一〕 拒，底卷原誤作「拒」，兹據刊本改正。

〔三二〕昏，刊本作『昬』，二字古異體，唐代避太宗諱，則多用『昏』字。

〔三三〕餉，刊本作『饟』，周名煇《漢書古字箋證》云：『《説文解字·食部》云：「饟，周人謂餉曰饟。从食，襄聲。」又云：「餉，饟也。从食，向聲。」本書《嚴助傳》云「輓車奉饟者」，師古云：「饟亦餉字。」是饟、餉本同字，緣方言而殊也。』（《學原》第二卷第八期四七頁，一九四八）

〔三四〕癈，刊本作『廢』，『癈』爲『廢』之俗字。

〔三五〕脱，刊本作『税』。郝懿行《爾雅義疏》云：『税者，車之舍也。《方言》以舍車爲税，郭注：「税犹脱也。」是以解脱爲義。「脱」乃「挩」之叚音。《説文》：「挩，解挩也。」經典「挩」俱作「脱」，而又通借作「税」。』

〔三六〕棲，底卷原作『捿』，扌、木混淆之故，茲據刊本録正。

〔三七〕遟，刊本作『遲』，案『遟』爲『遲』之俗字，據《説文》，『遲』爲小篆隸定字，『遟』爲籀文隸定字。

〔三八〕勞苦，刊本無『勞』字，王重民《敘録》云：『今本缺「勞」字，按郭注云：「苦勞者宜止息」，似郭本有「勞」字。』案王説誤，此郭璞釋詞之通例，如『曩、塵、佇、淹、留，久也』條注云：『塵垢、佇企、淹滯，皆稽久。』『抯、拭、刷，清也』條注云：『振訊、拭拭、掃刷，皆所以爲絜清。』此『勞』字乃手民據郭注羼入。

〔三九〕畝，底卷殘存左下角，茲據刊本擬補。

〔四〇〕乃侯迺也，刊本『乃』『迺』二字互換，案郭璞注云：『迺即乃。』慧琳《音義》卷十六《法鏡經》上卷『迺汝』條注、卷五五《龍王兄弟經》『迺臣』條注：『《爾雅》「迺，乃也。」』又卷七三《丘世阿毗曇論》卷四『迺至』條注：『《尒雅》「迺，乃也。」』應以刊本爲善。

〔四一〕通，刊本作『迪』，案郭璞注云：『義皆見《詩》、《書》。』然《詩》、《書》無釋『通』爲『道』或『導』者，『通』當是『迪』之形誤，《尚書·大禹謨》『惠迪吉，從逆凶，惟影響』僞孔傳：『迪，道也。』

〔四二〕導，刊本作『道』，『道』『導』古今字。

〔四三〕底卷『胥』下原有『也』字，茲據刊本删。

〔四四〕 艾，底卷殘存捺筆，兹據刊本擬補。

〔四五〕 歷，刊本作「厤」。「厤」「歷」古今字。

〔四六〕 筭，刊本作「算」。嚴元照《爾雅匡名》云：「算、筭音義皆同。」案「筭」「算」皆見於《説文》，筭指算器，算指計算，「筭數」的「筭」，本當以作「算」爲正，但此二字古多混用不别，從古人的實際使用情況來看，唐代以前似多用「筭」字，宋以後多用「算」字，一些古書中的「筭」字宋以後刻本中多有被改刻作「算」的情況。

〔四七〕 「育」字上部底卷原誤作「立」，兹據刊本改正。

〔四八〕 汱，底卷原誤作「伏」，兹據刊本改正。

〔四九〕 翜，刊本作「翜」，案《説文·羽部》：「翜，捷也，飛之捷也。」又「翣，棺羽飾也。」作「翣」誤。

〔五〇〕 逸，刊本作「溢」，郭璞注云：「神，未詳。餘見《詩》、《書》。」案《詩·周頌·維天之命》「假以溢我」毛傳：「溢，慎。」此作「逸」者，音誤字。

〔五一〕 穫，刊本作「獲」，邵晉涵《爾雅正義》云：「俘獲之「獲」，收穫之「穫」，俱通作「獲」，此合而釋之也。」今寫作「穫」，則亦可謂「俱通作「穫」」也，不知何者爲原貌。

〔五二〕 任佞也，刊本「任」下有「壬」字，「佞」作「佞」，「佞」爲「佞」之俗字。

〔五三〕 拼抨，底卷原作「栟枰」，《釋文》云：「拼，北萌反，以利使人曰拼，從手；抨，普耕反，案字書拼、抨並音普耕、補耕二反，訓義亦同，今既二字相隨，故多互其讀也。亦從手，彈也。」此從木者，扌、木混淆故也，下條「拼」「抨」仍從扌，是也，兹據刊本録正。

〔五四〕 俾，底卷殘脱右上角，兹據刊本擬補。

〔五五〕 篤，刊本作「督」，「篤」「督」二字古多通用，然《釋文》出「督」字，玄應《音義》卷十六《舍利弗問經》引《爾雅》云：「督，正也。」彼二氏所見《爾雅》皆作「督」。

〔五六〕 事，刊本作「士」，《説文·士部》：「士，事也。」二字古多通用，郭璞注云：「士，理官，亦主聽察。」是其所見者作『士』也。

〔五七〕『良』前底卷原有『退』字，字書無此字，當是手民『良』字誤寫而未加删字符，兹據刊本删。

〔五八〕鳸，刊本作『鳶』，案當以『鳶』爲正，敦煌寫卷『鳶』多寫作『鳸』。

〔五九〕揚續，底卷『揚』原作『楊』，案此扌、木混淆之故，故據刊本録正；底卷『續』殘存下半，兹據刊本擬補。

〔六〇〕附，刊本作『祔』，案《禮記·雜記上》『大夫附於士，士不附於大夫，附於大夫之昆弟』鄭注：『附讀皆爲祔。』附、祔同源，《説文·示部》：『祔，後死者合食於先祖。』俞樾《群經平議》云：『《説文》以祪、祔、祖三篆相次，正本此經之文。』此應以作『祔』爲是。

〔六一〕迩，刊本作『邇』，『迩』爲『邇』之古文『迩』的變體，説詳《敦煌俗字研究》下編五八四頁。

〔六二〕昵，刊本作『暱』，《説文·日部》：『暱，日近也。从日，匿聲。或从尼。』

〔六三〕妥坐也，刊本作『妥安坐也』，邵晉涵《爾雅正義》斷爲『妥，安坐也』，郝懿行《爾雅義疏》、王引之《經義述聞》斷爲『妥、安，坐也』，今寫卷無『安』字，似乎可息争論。

〔六四〕莫，刊本作『嘆』，《釋文》云：『嘆，音莫，本亦作莫。』

〔六五〕殂，刊本作『徂』，《説文·辵部》：『退，往也。从辵，且聲。或从彳。』又歺部：『殂，往死也。』王力《同源字典》云：『古人諱死言「徂」，等於諱死言「逝」。「殂」就是「徂」，也就是「往」。《説文》解作「往死」，是强爲之説。』

〔六六〕殪，底卷殘存右边『壹』，兹據刊本擬補。

〔六七〕弟，刊本作『第』，『第』爲『弟』之俗字『苐』的楷正字。下『釋訓弟三』之『弟』同。

〔六八〕轉，刊本作『傳』，阮校：『傳，單疏本、雪牕本、元本、閩本、監本同，《釋文》音經「傳也」：「張戀反，注同。」此本「傳」誤「轉」，今訂正；單疏本經中「傳」字亦誤「轉」。』

〔六九〕雍，刊本作『嗈』，嚴元照《爾雅匡名》云：『嗈，俗字，當作雝。』案『雍』爲『雝』之隸變。

〔七〇〕懷，底卷原誤作「壞」，兹據刊本改正。

〔七一〕致，底卷殘存右半「攴」，「致」之俗字右边寫作「支」，兹據刊本擬補。

〔七二〕上，刊本作「尚」，《説文·八部》：「尚，曾也，庶幾也。」「上」爲「尚」之借字。

〔七三〕憮，刊本作「幠」，《釋文》云：「幠，郭火孤反，沈亡甫反。」阮校：「『幠』，《釋文》、《唐石經》、雪牕本、元本同；單疏本作『撫』，閩本、監本、毛本作『憮』，皆誤。」周春《十三經音略》云：「郭火孤翻，音呼；沈亡甫翻，音武。案从巾者訓大訓傲，竝音呼；从心者同㦟及憮然之憮，竝音武。此从巾，訓傲；沈音武，非。」

〔七四〕愆，刊本作「㑎」，據《説文》，「愆」爲小篆隸定字，「㑎」爲籀文隸定字。

〔七五〕也，底卷原脱，兹據刊本擬補。

〔七六〕憮，刊本作「撫」，劉光蕡《爾雅注疏校勘札記》云：「《方言》：『憮，哀也。』《説文》：『憮，爱也。』雖與『撫』義同，然此以『撫』釋『憮』字，則上字應作『憮』。」

〔七七〕也，底卷右上角殘缺，兹據刊本擬補。

〔七八〕頒，底卷左下部原誤作「天」，兹據刊本改正。

〔七九〕鞫，刊本作「鞠」，《釋文》：「鞠，居六反，字又作鞫，同。」陸錦燧《讀爾雅日記》云：「『鞠』乃俗字，《説文》所無，據《釋文》云『鞠，本又作鞫』，知古本《爾雅》从匊作『鞫』。」

〔八〇〕矜鰥，底卷原作「䂯」，應是手民粗疏，誤將「矜」「鰥」兩字之半綴爲一字，今據刊本録正。

〔八一〕「干」下底卷原衍「求」字，兹據刊本删。

〔八二〕告，刊本作「誥」，「告」「誥」古今字。

〔八三〕底卷原有兩「也」字，兹據刊本删其一。

〔八四〕竟，刊本作「競」，「竟」爲「競」之俗字。

〔八五〕強，刊本作「彊」，「彊」爲「強」之本字，説詳裘錫圭《文字學概要》（二六八頁，商務印書館，一九八八）。

〔八六〕霾，刊本作『薶』，案《説文·艸部》：『薶，瘞也。』又雨部：『霾，風雨土也。』寫卷作『霾』者，音誤字。

〔八七〕也，底卷殘存左下角殘畫，茲據刊本擬補。

〔八八〕盖，刊本作『蓋』，《正字通·皿部》：『盖，俗蓋字。』

〔八九〕莫察清也，底卷『清』原作『情』，案《説文·水部》：『漠，一曰清也。』茲據刊本改正；刊本『莫』作『漠』，『莫』『漠』字通。

〔九〇〕麻，底卷誤作『麻』，茲據刊本改正。

〔九一〕蔭，刊本作『廕』，郝懿行《爾雅義疏》云：『廕者，「蔭」之或體也。』

〔九二〕穀，底卷原誤作『穀』，茲據刊本改正。

〔九三〕『禄也履』三字底卷原無，當是手民看錯『履』字而誤脱，茲據刊本補。

〔九四〕迓迎也，刊本『迓』作『逆』，案《釋詁》另有『迓，迎也』條，此不當重，應從刊本作『逆，迎也』。

〔九五〕憎，刊本作『曾』，案『憎』乃是因『憯』字類化所致，當從刊本。

〔九六〕設，底卷殘脱右上角『几』，茲據刊本擬補。

〔九七〕軄，刊本作『職』，《玉篇·身部》：『軄，俗職字。』

〔九八〕凌，刊本作『淩』，《釋文》云：『淩，力升反。案郭注意當作「陵」，《埤蒼》云：「淩，慄也。」樊注作「凌，冰凜也」，力膺反。』邵晉涵《爾雅正義》云：『《釋文》引樊光註作「凌，冰凜也」，當從之。』

〔九九〕茅，底卷原誤作『苐』，茲據刊本改正。

〔一〇〇〕猷，底卷右上角殘缺，茲據刊本擬補。

〔一〇一〕稱，刊本作『偁』，葉蕙心《爾雅古注斠》云：『《文選》引《爾雅》「稱，舉也」。案《説文》「偁，揚也」，揚與舉義同，字當作偁。』

〔一〇二〕詮，刊本作『銓』，案汪柏年《爾雅補釋》、李雱《讀雅筆記》、胡承珙《爾雅古義》皆謂『銓』爲『詮』之誤，正與寫卷合。

〔一〇三〕 秂，刊本作「矢」，案「秂」爲「矢」之俗字。

〔一〇四〕 也，底卷原脱，兹據刊本補。

〔一〇五〕 窕，刊本作「宨」，江藩《爾雅小箋》云：「《説文》無「宨」字，「窕」訓深肆極也，義本《爾雅》。「宨」乃「窕」之俗體耳。」嚴元照《爾雅匡名》云：「《爾雅》訓「宨」爲肆，《説文》引「窕」爲深肆極也，其義正同，安得別有从宀之「宨」乎？」

〔一〇六〕 肆，底卷殘存右边「聿」，兹據刊本擬補。

〔一〇七〕 求載也，刊本作「俅戴也」，阮校：「戴弁俅俅，單疏本、元本、閩本、毛本同，雪牕本、監本「戴」改「載」，按《毛詩·絲衣》「載弁俅俅」，箋云：「載猶戴也。」蓋古文作「載」，今文作「戴」，《韓》、《魯詩》當有作「戴」者。《玉篇·頁部》引《詩》「戴弁俅俅」可證。」王樹柟《爾雅郭注佚存補訂》云：「雪牕本、監本作「載」，從《毛詩》改也。」案寫卷經文作「載」，或許郭注引《詩》即作「載」，與傳本《毛詩》同。至於阮元據《玉篇·頁部》所引以爲今文三家有作「戴」者，亦未必，因《玉篇·人部》「俅」字下引《詩》作「載」，并不作「戴」，作「戴」者，蓋二字古多通用故也；至於底卷作「求」者，盖誤，《説文·人部》有「俅」字。

〔一〇八〕 氂，底卷原作「氂」，此誤字也，蓋後人以爲「敉」爲聲旁而改爲「秎」，兹據刊本改正。

〔一〇九〕 潘，刊本作「藩」，《説文·爻部》：「棥，藩也。」林義光《文源》云：「經傳皆以樊爲棥，實與棥同字。」案《詩·小雅·青蠅》「營營青蠅，止于樊」毛傳：「樊，藩也。」雖然「藩」、「潘」同從番聲，此應以作「藩」爲是，作「潘」者蓋誤字。

〔一一〇〕 量，刊本作「量」，「量」爲「量」之俗字。下句「糧」亦「糧」之俗。

〔一一一〕 洵均也洵龕也，底卷原無「也洵」二字，此处前後詞例皆「某，某也」，不可能突兀出現「某、某，某也」之詞例，蓋手民以爲同是釋「洵」而予以合併，前有「庶侈也庶幸也」條，可爲例，兹據刊本補「也洵」二字；刊本

「龕」作「龕」，《九經字樣・雜辨部》云：「龕，龍皃也，從龍從今聲。作「龕」訛。」

〔一二二〕畫，底卷殘存下半，兹據刊本擬補。

〔一二三〕扃，刊本作「局」，「扃」爲「局」之俗字。

〔一二四〕葵，底卷原誤作「蔡」，兹據刊本改正。

〔一二五〕弃，刊本作「棄」，《説文》以「弃」爲古文「棄」字，唐代避太宗嫌諱，多用「弃」字。

〔一二六〕也，底卷原無，當是脱漏，兹據刊本擬補。

〔一二七〕寤，刊本作「寤」，「寤」爲「寤」之俗字，敦煌寫卷宀部、穴部常混淆。

〔一二八〕肯，刊本作「肯」，「肯」爲「肯」之别體。

〔一二九〕賈，刊本作「買」，《説文・貝部》「賈，賈（段玉裁認爲此字當删）市也」，段注云：「凡賣者之所得，買者之所出，皆曰賈。」案《説文》又云「買，市也」，是買、賈同義。

〔一三〇〕萑，刊本作「鵻」，周祖謨《爾雅校箋》云：「唐寫本作「萑」，蓋誤。」案：王樹枏《爾雅説詩》云：「《王風・大車》「毳衣如菼」《毛傳》云：「菼，鵻也。蘆之初生者也。」……彼《釋文》云：「鵻，本亦作萑，音隹。」案《詩》作「鵻」從鳥，《爾雅》作「騅」從馬，鄭謂「青者如鵻」，郭謂「菼，草色如騅，在青白之間」，皆非也。鵻、騅皆爲「萑」之假借，故《詩》釋文云「本亦作萑」也，「萑」爲正字。」繆楷《爾雅稗疏》云：「《詩・大車》傳之「鵻」，《釋文》本作「萑」，則今本《毛傳》之作「鵻」，或後人依《箋》説而改之，亦未可知。而要之此「萑」字，正可謂正字之僅存者。」則作「萑」者是。

〔一三一〕飱，刊本作「餐」，《釋文》云：「飱，謝素昆反。《説文》云：「餔也。」《字林》云：「水澆飯也。」本又作餐，施七丹反，《字林》作「飱」，云：「吞食。」」

〔一三二〕變，底卷殘存下半，兹據刊本擬補。

〔一三三〕也，底卷原無，當是脱漏，兹據刊本擬補。

〔二四〕寁，刊本作『疐』，《詩·邶風·終風》『寤言不寐，願言則嚏』，《釋文》出『疌』，云：『本又作嚏，又作疐，舊竹利反，又丁四反，又豬吏反，或竹季反，劫也。鄭作嚏，音都麗反。』阮元《毛詩校勘記》云：『段玉裁云：毛作「疐，跲也」，鄭云「疐讀爲不敢嚏咳之嚏」，此鄭改字。《唐石經》以下經傳皆從口，是用鄭廢毛，「嚏」不得訓「跲」明矣。今考《正義》本傳是「跲」也，則其經當是「疐」字。《釋文》「疌」即「嚏」之變體。《狼跋》釋文「疐，本又作疌」可證也，與《説文·止部》之「疌」字迥不相涉。若經字作止部之「疌」，鄭不得讀爲「嚏」，《釋文》亦不當作竹利等反矣。』是《釋文》之『疌』乃『疐』之誤字。《説文·宀部》：『寁，居之速也。』王筠《説文釋例》云：『寁字之意，重速不重居也，與「疌」同意同音。』且《釋詁》有『寁，速也』條，『速』與此『跲』義相反，則『寁』亦『疐』之形誤也。

〔二五〕[石壽]，底卷原作『[石惪]』，乃『[石壽]』之形誤，故正之，『[石壽]』者，『[石需]』之俗寫。

〔二六〕也，底卷原無，當是脱漏，兹據刊本擬補。

〔二七〕扇熾也，底卷『熾』右部訛作『幾』，兹據刊本改正；刊本『扇』作『煽』，《詩·小雅·日月之交》：『豔妻煽方處。』《説文·人部》：『偏，熾盛也。《詩》曰：「豔妻偏方處。」』段玉裁注：『《詩》本作「偏」，後人以訓熾之故肊造「煽」字耳。古通作「扇」。《魯詩》：「閻妻扇方處。」』案《漢書·谷永傳》『閻妻驕扇，日以不臧』師古注引作『閻妻扇方處』，並云：『扇，熾也。』《漢書·敘傳下》『子夫既興，扇而不終』師古注：『扇，熾也。』段玉裁謂顏師古所引爲《魯詩》，王先謙《詩三家義集疏·序例》謂《爾雅》所釋《詩》字訓義皆爲《魯詩》，正與寫卷作『扇』同。

〔二八〕熾盛也，底卷原作『扇熾也盛』，案前條即爲『扇熾也』，則此不應重複，當從刊本作『熾盛也』，底卷衍『扇』字，倒『盛也』爲『也盛』，兹據刊本正。

〔二九〕柢，底卷原作『袛』，形誤也，兹據刊本改正。

〔三〇〕閑，刊本作『閒』，『閑』爲『閒』之借字，説見段玉裁《説文·門部》『閒』篆下注。

〔一三一〕撿，刊本作『檢』，案底卷作『撿』者，扌、木不分所致也。
〔一三二〕遏合也，刊本作『曷盍也』，周祖謨《爾雅校箋》認爲寫本誤。
〔一三三〕也，底卷殘存下截，玆據刊本擬補。
〔一三四〕剡，底卷右部『刃』原誤作『月』，玆據刊本改正。
〔一三五〕闔，底卷原誤作『鬧』，玆據刊本改正。
〔一三六〕𠮞，刊本作『叫』，『𠮞』爲『叫』之俗字，説見《敦煌俗字研究》下编一二六頁。
〔一三七〕娉，底卷原作『躬』，刊本作『聘』，『聘』之俗字作『娉』，『躬』應是其形誤，玆據以改正。
〔一三八〕媿，刊本作『愧』，據《説文》，『愧』爲『媿』之或體。
〔一三九〕𤴓，刊本作『疐』，『𤴓』應是『疐』之形誤，説見校記〔二四〕。
〔一四〇〕蓋，底卷存下端殘畫，玆據刊本擬補。
〔一四一〕楊，刊本作『揚』，案底卷作『楊』者，扌、木混淆所致也。
〔一四二〕菿遂也，底卷『遂』原誤作『逐』，玆據刊本改正；『菿』刊本作『對』，《干禄字書·去聲》：『菿、對，上俗下正。』
〔一四三〕懈怠也，甲卷起於此。
〔一四四〕偟，甲卷有旁注音，據殘存之左半，應是『皇』字。
〔一四五〕忨，甲卷有旁注音『翫』。
〔一四六〕愒貪也，底卷『也』字殘存右下角殘畫，玆據甲卷補；甲卷『愒』旁有旁注音，惜模糊極甚，不可辨識。
〔一四七〕搘拄也，甲卷、刊本『搘拄』作『榰柱』，《釋文》：『搘，音枝，《説文》作「榰」。拄，音注，《説文》作「柱」，皆從木旁。』郝懿行《爾雅義疏》謂《釋文》『俱从手旁，非也』。甲卷『榰』旁有旁注音『支』。
〔一四八〕卆，刊本作『卒』，『卆』爲『卒』之俗字。

〔二四九〕咨，刊本作「資」，郭璞注：「謂資裝。」是郭氏所見本作「資」，郝懿行《爾雅義疏》云：「資者，齎之叚音也。」「咨」亦借音字，「咨」「資」古多通用，例見高亨《古字通假會典》。

〔二五〇〕黹紩也，甲卷「黹」作「薾」，王樹枏《爾雅郭注佚存補訂》云：「唐殘本《玉篇・薾部》「薾」下引《爾雅》「薾，紩也」，……「薾」爲「黹」之譌體，雪牕本亦作「薾」。」甲卷有旁注字「尔猪几反豫」五字，《廣韻・止韻》「黹」音猪几切，「尔」應是誤字「薾」之直音，「豫」字不知所屬。

〔二五一〕遞迭也，底卷原無「也」字，當是脱漏，兹據甲卷補；甲卷「遞」旁有旁注音，惜中間殘損，殘存上下端，不知何字。

〔二五二〕况，刊本作「況」，《干禄字書・去聲》：「况、況，上俗下正。」

〔二五三〕涫，刊本作「逭」，《説文・辵部》：「逭，逃也。」「涫」應是誤字。

〔二五四〕誶，刊本作「訊」，周祖謨《爾雅校箋》云：「原本《玉篇》言部「誶」音息悸反，注云：「《周禮》：用情誶之，鄭玄曰：誶，告也。《爾雅》亦云。郭璞曰：相問誶也。」案「相問誶也」即此條注文。據此可知顧氏所據《爾雅》郭注本「訊」亦作「誶」。」

〔二五五〕間俔也，甲卷「間」旁有旁注音「諫」，「俔」旁有旁注音「現」。甲卷止於此。

〔二五六〕沆，底卷左上角殘泐，兹據刊本擬補。

〔二五七〕扞，底卷原作「抗」，當是涉上「沆」字而誤，兹據刊本改正。

〔二五八〕啔，刊本作「啓」，《龍龕・口部》以「啔」爲「啓」之古字。

〔二五九〕開，底卷「門」内之「开」原誤作「井」，兹據刊本改正。

〔二六〇〕襧，底卷右部原誤作「爾」形，兹據刊本改正。

〔二六一〕鄣，刊本作「障」，《釋文》：「障，知亮反。《説文》云：「隔也。」又界也，蔽也。亦作鄣。」嚴元照《爾雅匡名》云：「《説文》「障，隔也。从𨸏，章聲」，又「鄣，紀邑也。从邑，章聲」，二字音同義異，隸變𨸏、邑偏旁皆作阝，故「障」亦作「鄣」，而不知一轉移間已非。』

〔一六二〕姡，底卷原誤作『姡』，茲據刊本改正。

〔一六三〕也，底卷原無，當是脱漏，茲據刊本擬補。

〔一六四〕搴，底卷下部的『手』原誤作『王』，茲據刊本改正。

〔一六五〕茀，底卷原作『苐』，刊本作『芾』，案芾、茀通用，『苐』應是『茀』之形誤。

〔一六六〕狃，底卷右部原誤作『刃』，茲據刊本改正。

〔一六七〕穄，底卷原作『穄』，此誤字也，蓋後人以爲『敊』爲聲旁而改爲『秎』，茲據刊本改正。

〔一六八〕盉，底卷原殘去上端『彐』，茲據刊本擬補。

〔一六九〕弥，刊本作『彌』，『弥』爲『彌』之俗字。

〔一七〇〕雍雍，刊本作『廱廱』，葉蕙心《爾雅古注斠》云：『《文選・笙賦》注引《爾雅》作「雍雍和也」，《四子講德論》注又作「邕邕和也」。廱，《説文》爲辟廱字，作雝、作邕，隸之省；作雍者，隸之變。』

〔一七一〕揚揚，刊本作『洋洋』，羣經中無『揚揚』詞，疑此乃涉『悠揚』詞而誤。

〔一七二〕他他，刊本作『佗佗』，『他』爲『佗』之俗字。

爾雅注（釋天—釋水）

郭　璞

伯二六六一（底一）

伯三七三五（底二）

【題解】

底卷編號爲伯二六六一（底一）+伯三七三五（底二），底一起《釋天》「秋爲收成」（第一行首字有殘筆，今不計），至《釋地》「岠齊州以南戴日爲丹穴」之「岠」（底一左下角殘泐），九十三行；底二起《釋地》「東至於泰遠」，至《釋水》末，七十二行。底二第二至四行恰爲底一第九十一至九十三行殘泐之下部，兩卷正可綴合，説詳王重民《敘録》，縮微膠卷及《法藏》所收已是綴合後之影本，綴合後共一百六十一行。此爲郭璞注本《爾雅》，經文大字，小注雙行，今依例擬名爲《爾雅注（釋天—釋水）》。

底二尾題「尒雅卷中」四字，尾題後有題記五條：大曆九年二月廿七日書主尹朝宗書記　[illegible]別去不分君[illegible]意　大曆年月日尹宗記　天寶八載八月廿九日寫　張真乾元二年十月十四日略[illegible]乃知時所重亦不妄也。王重民《敘録》認爲寫卷不避唐諱，是六朝寫本，卷末題記均閱者所爲，不得據以定年。

寫卷有小字旁注音四十個（本篇録文時用括弧括出），其中經文之注音三十三個，郭注之注音七個，皆當爲閱者所加。注音中反切二十八個，直音十二個，與《經典釋文·爾雅音義》及《釋文》所引郭璞《爾雅音》相合者十七條。

諫侯《唐寫本郭璞注爾雅校記》（《圖書月刊》第一卷第五期，一九四六。簡稱「諫侯」）、周祖謨《爾雅郭璞注古本跋》（《問學集》，中華書局，一九六六。簡稱「周祖謨」）對底卷有詳細的校勘。

底卷據縮微膠卷及《敦煌秘籍留真新編》録文，以中華書局影印阮元刻《十三經注疏·爾雅注疏》爲校本

（簡稱『刊本』），校録於後。《敦煌秘籍留真新編》（《敦煌叢刊初集》第十三册，臺北新文豐出版公司一九八五）所收寫卷照片爲神田喜一郎二十世紀三十年代拍攝於巴黎，今所見底卷影本已有殘泐，非復神田氏所見之舊，故據《敦煌秘籍留真新編》本録出者謂之『《留真新編》』。

（前缺）

秋爲收成，冬爲□〔一〕▨（謂）〔二〕之景風。所以致景風。甘雨時降，▨（萬）□〔三〕祥。

穀不孰〔四〕爲饑，□〔五〕果不孰爲荒。果，木子也〔六〕。仍饑爲荐。□〔七〕

太歲在甲曰閼逢〔八〕，在乙曰旃蒙，▨（在）□〔九〕戊曰著雝〔一〇〕，在己曰屠維，在庚曰▨（上）□〔一一〕玄黓，在癸曰昭陽。▨□（歲陽）〔一二〕

太歲在寅曰攝提格，在卯曰單□〔一三〕，在午曰敦〔一四〕牂，在未曰協〔一五〕洽，在□〔一六〕曰閹茂，在亥曰大淵獻，在子曰□〔一七〕夏曰歲，取歲星行一次。商曰祀，取四時一終也〔一八〕。周曰□〔一九〕

歲名〔二〇〕

月在甲曰畢，在乙曰橘，在丙曰▨（修）□〔二一〕曰則，在庚曰窒，在辛曰塞，在壬曰□〔二二〕

正月爲陬，《離騷》云：『攝提貞于〔二三〕孟陬。』二月爲如，三月爲寎，四▨（月）□〔二四〕爲臯，六月爲且，七月爲相，八月爲壯，九月爲玄。《國語》曰：『至于玄月。』〔二五〕是也。十月爲陽，純陰用事，嫌於無陽，故以名云。十一月爲辜〔二六〕，十二月爲涂（唐吾）〔二七〕。皆月之别名也〔二八〕。自歲陽至此，其事義皆所未能〔二九〕詳通者，故闕而不論也〔三〇〕。

月名

風謂之飄〔三一〕風，《詩》曰：『飄風自南。』東風謂之谷風，《詩》曰『習習谷風』也〔三二〕。北風謂之颷〔三三〕風，

《詩》曰〔三四〕：『北風其飄。』西風謂之泰風。《詩》曰：『泰風有隧。』焚〔三五〕輪謂之積，▨（暴）風從上下也〔三六〕。颫飖〔三七〕謂之猋。暴風從下上也。風與火爲庉。炖炖〔三八〕，熾盛之㒵也〔三九〕。回〔四〇〕風爲飄（瓢）〔四一〕。旋風也。日出而風爲暴，《詩》曰〔四二〕：『終風且暴。』風而雨（芋）〔四三〕土爲霾，《詩》曰〔四四〕：『終風且霾。』陰而風爲曀。《詩》曰〔四五〕：『終風且曀。』天氣下，地不應，曰雺；言濛昧也〔四六〕。地氣發，天不應，曰霧。霧謂之晦。言昬冥也〔四七〕。螮蝀▨（謂）之丁〔四八〕。螮蝀，虹也。俗名爲美人〔四九〕。江東呼雩。音芋〔五〇〕。蜺爲挈貳。蜺，雌虹也，見《離騷》。挈貳，其別名，見《尸子》也〔五一〕。弇日爲蔽雲。即暈氣五采覆日〔五二〕也。疾雷爲霆霓。雷之急激者謂之霹靂也〔五三〕。雨霓爲消〔五四〕雪。《詩》曰〔五五〕：『如彼雨雪，先集唯霓〔五六〕。』霓，水雪雜下者，故謂之消雪也〔五七〕。暴雨謂之涷，今江東人呼夏月大〔五八〕暴雨爲涷雨。故〔五九〕《離騷》云『令飄風兮先驅，使涷雨兮灑塵』是也。涷音東西之東也〔六〇〕。小雨謂之霢〔六一〕霂，《詩》曰『益之以霢霂』也〔六二〕。久雨謂之淫，《左傳》曰『天作淫雨』也〔六三〕。淫謂之霖。雨自三日以上爲霖也〔六四〕。濟謂之霽。今南陽人呼雨止爲霽。音薺菜也〔六五〕。

風雨

壽星，角、亢也。數起角、亢，列宿之長，故曰壽也〔六六〕。天根，氐也。角亢下繫氐，若木之有根也〔六七〕。天駟，房也。龍爲天馬〔六八〕，故房四星謂之天駟。大辰，房、心、尾〔六九〕也。龍星明〔七〇〕者，以爲時候，故曰大辰。大火謂之大辰。大火，心也，在中㝡明，故時候主也〔七一〕。析〔七二〕木謂之津。即漢津也。箕、斗之間，漢津也。箕，龍尾。斗，南斗。天漢之津梁。星紀，斗、牽牛也。牽牛、斗者，日月五星之所終始，故謂之星紀也〔七三〕。玄枵，虛也，虛在正北，北方色黑。枵之言秏也，秏亦虛意也〔七四〕。顓頊之虛，虛也〔七五〕。顓頊水德，位在北方。北陸，虛也。虛星之名凡四。營室謂之定。定，正也。作宮室皆以營室中爲正。娵觜（子移）〔七六〕之口，營室、東壁也。營室、東壁星，四方似口，因以〔七七〕名云。降婁，奎、婁也。奎爲溝〔七八〕瀆，故曰降也〔七九〕。大梁，昴也。西陸，昴也。昴，西方之宿，別名旄頭也〔八〇〕。濁謂之畢。掩菟〔八一〕之畢，或呼爲濁，因星形似名之〔八二〕。咮謂之柳。咮，朱鳥之口也〔八三〕。柳，鶉〔八四〕火也。鶉，鳥名。火屬南方也〔八五〕。北極謂之北辰。北極，天之中，以正四時也〔八六〕。何鼓〔八七〕謂之牽牛。今荆楚人呼牽牛星爲擔(大甘)〔八八〕鼓。擔者，何〔八九〕也。明星謂之启明〔九〇〕。太白星也。晨見東方，爲启明；昏見西方，爲太白也〔九一〕。彗星爲欃槍。亦謂之孛，言其形孛孛▨(似)掃彗〔九二〕。奔星爲彴〔九三〕約(於略)〔九四〕。流星也〔九五〕。星〔九六〕

春祭曰祠，祠之言食也〔九七〕。夏祭曰礿(餘弱)〔九八〕，新菜可汋也〔九九〕。秋祭曰嘗。嘗新穀也〔一〇〇〕。冬祭曰蒸。進品物也。祭天曰燔(煩)〔一〇一〕柴，既祭，積薪燒之。祭地曰瘞薶，既祭，薶藏之也〔一〇二〕。祭山曰庪縣，或庪或縣，置之於山。《山經》〔一〇三〕曰『縣以吉玉』是也。祭川曰浮沉〔一〇四〕，投祭水中，或浮或沉。祭星曰布，布散祭於地也〔一〇五〕。祭風曰磔。今俗當大道中磔狗，云以止風。此其像也〔一〇六〕。是禷是禡，師祭也。師出征〔一〇七〕伐，禷〔一〇八〕於上帝，禡於所征之地也〔一〇九〕。既伯既禱〔一一〇〕，馬祭也。伯，祭馬祖也。將用馬力，必先祭其先也〔一一一〕。禘，大祭也。五季一大祭也〔一一二〕。繹〔一一三〕，又祭也。祭之明日尋繹復祭也〔一一四〕。周曰繹，《春秋經》曰：『壬午猶繹。』商曰肜，《書》曰：『高宗肜日。』夏曰復胙。未見義所出也〔一一五〕。祭名

春獵爲蒐，搜索取不任也〔一一六〕。夏獵爲苗，爲苗稼除害也〔一一七〕。秋獵爲獮，順殺氣也。冬獵爲狩。得獸取之，無所擇也〔一一八〕。宵田爲獠，《管子》曰：『獠獵畢弋〔一一九〕。』今江東亦呼獵爲獠，音▨(遼)〔一二〇〕。▨(或)曰即今夜獵戴鑪照也〔一二一〕。火田爲狩。以火〔一二二〕燒草獵，亦爲狩也〔一二三〕。乃立冢土，戎醜攸行。冢土，大社。戎醜，大衆也〔一二四〕。起〔一二五〕大事，動大衆，必先有事乎社而後出，謂之宜。有事祭也。《周官》所謂『宜乎社』也〔一二六〕。振旅〔一二七〕闐闐。振旅，整衆也〔一二八〕。闐闐，羣行聲也〔一二九〕。出爲治▨(兵)〔一三〇〕，▨(尚)〔一三一〕威武也。幼賤在前〔一三二〕，貴勇力也〔一三三〕。入爲振旅，反尊卑也。尊老在前，復常宜〔一三四〕也。▨(講)〔一三五〕武

素錦綢杠，以白地錦韜旗之竿也〔一三六〕。纁帛縿，纁，帛絳也。縿，衆旒所著。素陞龍于縿，畫白龍於縿，令上向。練旒九，練，絳練也。飾以組，用綦組飾旒之邊也〔一三七〕。維以▨(縷)〔一三八〕。□(用)朱縷維連持之，不欲令曳地。

《周禮》曰『六人維王之太常〔一三九〕』是也。緇廣充幅長尋曰旐，帛全〔一四〇〕幅長八尺。繼旐曰旆。白續旐末爲燕尾也〔一四一〕，義見《詩》也〔一四二〕。注旄首曰旌〔一四三〕。戴〔一四四〕旄於竿頭，如今之幢，亦有旒也〔一四五〕。有鈴曰旂。縣鈴於竿〔一四六〕，畫交〔一四七〕龍於旒。錯〔一四八〕革鳥曰旟。此謂合剥鳥皮毛置之竿頭也〔一四九〕，即《禮記》所云載鴻及載鳴鳶也〔一五〇〕。因章曰旃〔一五一〕。以白〔一五二〕練爲▨▨（旒，因）〔一五三〕其文章，不復畫之。《周□（禮）》□（云）『通白爲旃』是〔一五四〕。旌旗〔一五五〕

釋地〔第〕九〔一五六〕

兩河閒曰冀州，自東河至西河。河南曰豫州，自河南〔一五七〕至漢。河西曰雝〔一五八〕州，自河西〔一五九〕至黑水。漢南曰荆州，自漢南至衡山之陽。江南曰楊州，自江至南海〔一六〇〕。濟河閒曰兖州，自河東至濟。濟東曰徐州，自濟東至海也〔一六一〕。鄰〔一六二〕曰幽州，自易水至北狄。齊曰營州。自岱東至海。此蓋殷制。九州

魯有大野，今高平鉅野縣東北大澤是也。晉有大陸，▨▨（今鉅）〔一六三〕鹿北廣河澤是也。秦有楊陓（烏侯）〔一六四〕，今在扶風汧（牽）陽縣西也〔一六五〕。宋有孟諸，今在梁國濉〔一六六〕陽縣東北。楚有雲夢，今南▨（郡）華容縣東南▨（巴）丘湖〔一六七〕是也。吴越之閒有具區，今吴縣南太湖〔一六八〕，即震澤是〔一六九〕。齊有海隅〔一七〇〕，海濱廣斥〔一七一〕。鄰〔一七二〕有昭余祁，今太原鄔陵縣北九澤是〔一七三〕。鄭有圃田，今滎陽〔一七四〕中牟縣西圃田澤是也。周有焦護。今扶風池陽縣瓠中是也。十藪

東陵，阠。南陵，息慎。西陵，威夷。中陵〔一七五〕，朱滕。北陵，西隃，鴈門是也。即鴈門山是〔一七六〕也。陵莫大於加陵，今所在未聞也〔一七七〕。▨（梁）〔一七八〕莫大於溴梁，溴，水名。梁，隄也。墳莫大於河墳。墳，大防也〔一七九〕。八陵

東方之美者，有醫無閭之珣玗琪焉〔一八〇〕。醫〔一八一〕無閭，山名，今在遼東。珣玗琪，玉屬也〔一八二〕。東南之

美者，有會稽之竹箭〔一八三〕焉。會稽，山名，▨（今）〔一八四〕在山陰縣南。竹箭，篠〔一八五〕。南方之美者，有梁山之犀象焉。犀牛皮角、象牙骨也〔一八六〕。西南之美者，有崐〔一八七〕山之金石焉。黄金礝（而兖）石之屬也〔一八八〕。西方之美者，有霍山之多珠玉焉。霍山，今在平陽永安縣東北。珠，如今雜珠而精好也〔一八九〕。西北之美者，有崑崙〔一九〇〕虚之璆琳琅玕焉。璆琳，美玉名。琅玕，狀似珠也。《山海經》云〔一九一〕：崑崙山上有琅玕樹焉〔一九二〕。北方之美者，有幽都之筋角焉。幽都，山名。謂野牛筋角也〔一九三〕。東北之美者，有斥山之文皮焉。虎豹之屬，皮有縟綵〔一九四〕。中有岱岳，與其五穀魚鹽生焉。言泰山有魚鹽之饒焉〔一九五〕。九府

東方有比目魚焉，不比不行，其名謂之鰈。狀似牛脾，鱗細，紫黑色，一眼，兩片相合乃得行。今水中所在有之，今江東又呼爲王餘魚也〔一九六〕。南〔一九七〕方有比翼鳥焉，不比不飛，其名謂之鶼鶼。似鳧，青赤色，一目一翼〔一九八〕，相得乃飛。山海經云〔一九九〕。西方有比肩獸焉，與邛邛岠虚比，爲邛邛岠虚齧甘草。即有難，邛邛岠虚負而走〔二〇〇〕，其名謂之蟨。《吕氏春秋》云〔二〇一〕：『北方有獸，其名爲蟨，鼠葥而菟後，趍則頓，走則顛。』〔二〇二〕然則邛邛岠虚亦宜鼠後而菟葥，葥高不得取甘草，故須蟨食之。今鴈門廣武縣夏屋山中有獸，形如菟而大，相負而〔二〇三〕共行，土俗名之爲蟨鼠。音厥也〔二〇四〕。北方有比肩民焉，迭食而迭望。此即半體〔二〇五〕之人，各有一目、一鼻孔〔二〇六〕、一臂、一脚，▨（亦）猶魚鼠之相合耳〔二〇七〕。更望備驚急。中有枳（巨宜）〔二〇八〕首蛇焉。岐頭蛇也。或曰：今江東呼▨（兩）〔二〇九〕頭蛇爲越王約髮，亦名弩絃者是〔二一〇〕。此四方中國之異氣也。五方

邑外謂之郊，郊外謂之牧，牧外謂之野，野外謂之林，林外謂之坰。邑，國都也。假令百里之國，五十〔二一一〕里之界，界各十里也。下溼曰隰，大野曰平，廣平曰原，高平曰陸，大陸曰阜〔二一二〕，大阜曰陵，大陵曰阿。可食者曰原。可種穀給食。坡者曰阪〔二一三〕。阪，地不平也〔二一四〕。下者曰隰。《公羊傳》曰：『下平曰隰。』田一歲曰菑，今江東呼初耕地▨（反）草爲菑〔二一五〕。二歲曰新田，《詩》曰：『于彼新田。』三歲曰畬。《易》曰：『不菑畬。』野

東至於泰遠，西至於邠國，南至▨(於)□〔二一六〕極。皆四方極遠之國也〔二一七〕。觚竹、北户、西王母、日下，▨▨▨(謂之四荒)。□〔二一八〕▨▨(在西)□〔二一九〕昏〔二二〇〕荒之國，次四極者。九夷〔二二一〕、八狄、七戎、六蠻，謂之四海。九夷在東，八狄在北，七戎在西，六蠻在南，次四荒也〔二二二〕。岠齊州〔二二三〕以南戴日爲丹穴。岠，去也。齊，中也。北戴斗極，爲空桐。戴，頂也〔二二四〕。東至〔二二五〕日所出，爲太平〔二二六〕；西至日所入，爲太蒙。即蒙汜也。太平之人仁，丹□(穴)〔二二七〕之人智，太蒙之人信，空桐之人武。地氣使之然也。

四極

釋丠第十〔二二八〕

丠，一成爲敦丠，成猶重也。《周禮》曰：『爲壇三成。』今江東呼地高堆爲敦丘也〔二二九〕。再成爲▨(陶)〔二三〇〕丠，濟陰〔二三一〕定陶城中有陶丠。再成鋭上爲融丠，鐵〔二三二〕頂者。三成爲崑崙丠。崑崙山三重，故以名云。如椉者，椉丠；形似車椉也。或云：椉謂稻田塍埒也〔二三三〕。如陼者，陼丠。水中小洲爲陼也〔二三四〕。水潦所止，坭〔二三五〕丠。頂上汙下〔二三六〕。方丠，胡丠。形四方也〔二三七〕。絶高爲之京。人力所作也〔二三八〕。非人爲之丠。地自然生也〔二三九〕。水潦所還，埒〔二四〇〕丠。謂丘▨(邊)〔二四一〕有界埒，水繞還〔二四二〕之。上正，章。頂平也〔二四三〕。澤中有丠，都。在池澤中也〔二四四〕。當途，梧丠。途，道也〔二四五〕。途出其右而還之，畫丠。言爲道所規畫。途出其蒯(前)〔二四六〕，戴丠。道出丠南也〔二四七〕。▨(途)〔二四八〕出其後，昌丠。道出丠北也〔二四九〕。水出其蒯〔二五〇〕，渻丠；水出其後，沮丠；水出其右，正丠；水出其左，營丠。今齊之營丘，淄〔二五一〕水過其南及東。如覆敦者，敦丠。敦，盂也。邐迆〔二五二〕，沙丠〔二五三〕。旁行連延者〔二五四〕。左高，咸丠；右高，臨丠；蒯高，旄丠；《詩》曰〔二五五〕：『旄丠之葛兮。』後高，陵丠；偏高，阿丠。詩曰：『陟〔二五六〕彼阿丠。』宛中，宛丘，宛謂中央隆高也〔二五七〕。丠背負丠〔二五八〕。此解宛丠中央隆峻，狀如負一丠於背上也〔二五九〕。左澤，定丠；右〔二六〇〕陵，泰丠。宋有太〔二六一〕丠社，亡，見《史記》。如畝〔二六二〕，畝丠。丠有壟界如田畝〔二六三〕。如陵，陵丠。陵，大阜也。丠上有丠爲宛丠。嫌人不憭〔二六四〕，故重曉之。陳有宛丠，今在陳郡陳縣。晉有潛丠，今在太原晉陽縣。淮南有州黎丠，今在壽春縣也〔二六五〕。天下有名丠五，其〔二六六〕三在河南，一〔二六七〕在河北。説者多以州黎、宛、營爲河南，潛、敦爲河北者，案此方稱天下之名丠，恐此諸丠碌碌，未足用當之也〔二六八〕，殆自别更有魁梧桀〔二六九〕大者五，但未詳其名号〔二七〇〕、今者所在耳。

丠

望厓洒而高，岸。厓，水邊。洒謂深也。視厓峻而水深者曰岸也〔二七一〕。夷上洒下，不漘。厓上平坦而下水深者爲漘。不，發聲也〔二七二〕。隩，隈。今江東呼爲浦隩。《淮南》曰『漁者不争隈』也〔二七三〕。厓内爲隩，外爲垠〔二七四〕（弓入）〔二七五〕。别崖〔二七六〕表裏之名。畢〔二七七〕，堂牆。今終南山道名畢，其邊若堂之牆。重厓，岸。兩厓累者爲岸也〔二七八〕。岸上，滸。山上地也〔二七九〕。墳，大防。謂隄也〔二八〇〕。涘（仕）〔二八一〕爲厓。謂水邊也〔二八二〕。窮瀆，汜；水無所通〔二八三〕。谷者，溦（亡悲）〔二八四〕通於谷也。

厓岸

釋山第十一

河南崋，崋陰山也〔二八六〕。河西岳〔二八七〕，吴岳也〔二八八〕。河東岱，岱宗，泰山。河北恒，北岳，恒山也〔二八九〕。江南衡。衡山，南岳也〔二九〇〕。山三襲，陟；襲亦重也〔二九一〕。再成〔二九二〕，英；兩山相重。一成，坯。《書》曰：『至于大坯〔二九三〕。』山大而高，崧；今中岳崧〔二九四〕高山蓋依此名。小而高〔二九五〕，岑；言岑崟也〔二九六〕。鋭而高，嶠（橋）〔二九七〕；言鐵峻也〔二九八〕。卑而大，扈〔二九九〕（户）〔三〇〇〕；扈，廣皀也〔三〇一〕。小而衆，巋（丘軌）〔三〇二〕。小山叢羅也〔三〇三〕。小山岌大山，峘（丸）〔三〇四〕。岌謂高過之也〔三〇五〕。屬者，嶧；言駱驛相連也〔三〇六〕。獨者，蜀。蜀亦孤獨也〔三〇七〕。上正，章；山上平也〔三〇八〕。宛中，隆；山中央高。山脊，岡〔三〇九〕。謂長▨（脊）也〔三一〇〕。未及上，翠微。近上旁坡者也〔三一一〕。山頂，冢。山之顛也〔三一二〕。崒者，厜㕒。謂山峯頭巉嵒（牛今）也〔三一三〕。山▨（如）〔三一四〕堂者，密；形似堂室者也〔三一五〕。《尸子》曰『松栢〔三一六〕之鼠，不知堂密之有美樅（七庸）〔三一七〕』是。如防者，盛。防，隄也〔三一八〕。巒，山嶞〔三一九〕（他果）〔三二〇〕。謂山形長狹者，荊州謂之巒。《詩》曰『嶞山喬岳』也〔三二一〕。重甗，隒。謂山形□（如）〔三二二〕累兩甗。甗，甑也〔三二三〕。山狀〔三二四〕似之，因以名云。左右有岸，厒（口荅）〔三二五〕。夾山有岸。大山▨（宮）〔三二六〕小山，霍。宮謂圍繞之也〔三二七〕。《禮記》曰『君爲廬，宮之』是〔三二八〕。小山別（碑列）〔三二九〕大山，鮮。不相連也〔三三〇〕。山絶，陘。連山中斷絶也〔三三一〕。多小石，磝（五角、五交）〔三三二〕；多礓（居羊）〔三三三〕礫者也〔三三四〕。多大石，礐（苦角、胡角、又覺）〔三三五〕。多磐石也〔三三六〕。多草木，岵；無草木，峐。皆見《詩》。山上有水，埒。有渟泉也〔三三七〕。夏有水，冬無〔三三八〕，㶑。有渟潦也〔三三九〕。山豄無所通，谿。所謂窮瀆也〔三四〇〕，雖無所通，与水注川同名也〔三四一〕。石戴土謂之崔嵬；石山上有土者也〔三四二〕。土戴石爲砠。土山上有石者。山夾水，澗；陵夾水，澞。別山陵間有水者之名也〔三四三〕。山有穴爲岫。謂巖穴也〔三四四〕。山西曰夕陽，暮乃見日。山東曰朝陽。旦即見日。泰山爲東嶽，崋山爲西嶽，霍山爲南嶽，即天柱山也〔三四五〕，潛水所出。恒山爲北嶽，常山也〔三四六〕。嵩高爲中嶽。太〔三四七〕室山也。梁山，晉望也。晉國所望祭者也〔三四八〕，今在馮翊夏陽縣西北臨沂上也〔三四九〕。詩曰并〔三五〇〕。

山〔三五一〕

釋水第十二

泉一見（胡燕）〔三五二〕一否爲瀸（子兼）〔三五三〕。瀸瀸，纔有皀（皃）〔三五四〕。井一有水一無水爲瀱（▨例）汋（野斫）〔三五五〕。《山海經》曰：『天井，夏有水，冬無〔三五六〕。』即此類也。濫（艦）〔三五七〕泉正出。正出，涌出也。《公羊傳》云〔三五八〕『直出』，直猶正也。沃泉縣出。縣出，下出也。從上霤下也〔三五九〕。氿（軌）〔三六〇〕泉穴出。［穴］出〔三六一〕，仄出也。從旁出也。湀（揆）〔三六二〕闢，流川。通流也〔三六三〕。過辨（片）〔三六四〕，回川。旋流也〔三六五〕。灉，反入。即河水決出復還入者也〔三六六〕。河之有灉，猶江之有氾也〔三六七〕。潬（徒坦）〔三六八〕，沙出。今江東呼水中沙堆爲潬。音但。汧，出不流。水泉潛出，便自停成汙池。歸異出同流，肥。《毛詩傳》曰『所出同、所歸異爲肥』也〔三六九〕。濆（匹問)〔三七〇〕，大出尾下。今河東汾陰〔三七一〕有水口如車輪許，濆沸涌出，其深無限，名之爲瀵。馮翊郃〔三七二〕陽縣復有瀵，亦如之。相去數里而夾河，河中渚上又有一瀵，瀵源皆潛相通。在汾陰者，人壅〔三七三〕其流以爲陂，種稻，呼其本所出處爲瀵魁，此是也。尾猶底耳〔三七四〕。水醮曰厬(軌)〔三七五〕。謂水醮盡也〔三七六〕。水自河出爲灉。《書》曰『灉沮會同』也〔三七七〕。濟爲濋，汶爲瀾(昌善)〔三七八〕，洛爲波，漢爲潛，《書》曰：『沱〔三七九〕潛既道。』淮爲滸，江爲沱，《書》曰：『岷山導江，東別爲沱。』過(古和)〔三八〇〕爲洵，潁爲沙，汝爲濆。《詩》曰：『遵彼汝濆〔三八一〕。』皆大水溢出，別□(爲)〔三八二〕小水之名。水決之澤爲汧，水決入澤中者亦名爲汧也〔三八三〕。決復入爲氾。水出去復還也〔三八四〕。『河水清且瀾漪〔三八五〕』，大波爲瀾〔三八六〕，言渙瀾也〔三八七〕。小波爲淪，言蘊淪也〔三八八〕。直波爲涇〔三八九〕(古定)〔三九〇〕。□(言)涇涏(徒丁)也〔三九一〕。江有沱，河有灉，汝有濆。此故上水別出耳。所作者重見。滸，水厓。水邊地也〔三九二〕。水草交爲湄。《詩》曰：『居河之湄。』『濟有深涉，謂濟渡之處也〔三九三〕。深則厲〔三九四〕，淺則揭』。揭者，揭衣也。謂褰裳也。以衣涉〔三九五〕爲厲，衣謂褌也〔三九六〕。繇厀〔三九七〕以下爲揭；繇厀以上爲涉，繇帶以上爲厲。繇猶〔三九八〕自也。潛行爲泳。水底行也。《晏子春秋》云『潛行，逆流百步，順流七里』也〔三九九〕。

『汎汎楊舟，紼縭維之。』紼，繂〔四〇〇〕也。縭，緌也。繂，索也〔四〇一〕。緌，繫也〔四〇二〕。天子造舟，比船爲橋也〔四〇三〕。諸侯維舟，維連四船。大夫方舟，併(蒲茗)〔四〇四〕兩船。士特舟，單船也〔四〇五〕。

水注川曰谿，注谿曰谷，注谷曰溝，注溝曰澮，注澮曰瀆。此皆道水轉相灌注所入之處名也〔四〇六〕。逆流而上曰泝〔四〇七〕洄，順流而下曰泝游。皆見《詩》。正絕流曰亂。直橫渡也。《書》曰：『亂于河。』江、河、淮、濟爲四瀆。四瀆者，發源注海者也。

水泉

水中可居者曰洲。小洲曰陼，小陼曰沚，小沚曰坻(直基)〔四〇八〕。人所爲爲潏。人力所作也〔四〇九〕。

水中

河出崑崙墟〔四一〇〕，色白。《山海經》曰：『河出崑崙西北嵎〔四一一〕。』墟，山下基也。所渠并千七百，一川色黄。潛流地中，汩（于筆）漱〔四一二〕沙壤，所受渠多，衆水溷淆，宜其濁黄。百里一小曲，千里一曲一直。《公羊傳》曰：「河曲流，河千里一曲一直也〔四一三〕。」河曲

徒駭、今在成平縣，義所未詳〔四一四〕。太史、今所在未詳。馬頰、河勢上廣下狹，狀如馬頰也〔四一五〕。覆〔四一六〕鬴、水中可居，往往而有〔四一七〕，狀如覆釜也〔四一八〕。胡蘇、東莞縣今有胡蘇亭，義所未詳〔四一九〕。簡、水道簡易者也〔四二〇〕。絜（胡結）〔四二一〕、水多約絜也〔四二二〕。鉤般〔四二三〕、水曲如鉤，流般桓也。鬲津。水多阨陜〔四二四〕，可隔以爲津而横渡也〔四二五〕。

九河

從《釋地》已下至九河，皆禹所名也〔四二六〕。

尒雅卷中

【校記】

〔一〕爲，膠卷殘存左上角，兹據《留真新編》補；「爲」下底一殘泐，刊本作「安寧此亦四時之别號尸子皆以爲大平祥風四時和爲通正通平暢也」。

〔二〕謂，底卷左上角殘泐，兹據刊本擬補。以下凡底卷中殘字、缺字、脱字補出者，均據刊本，不復一一注明。

〔三〕萬，底一殘存上半；「萬」下底一殘泐，刊本作「物以嘉莫不善之謂之醴泉所以出醴泉」。

〔四〕孰，刊本作「熟」，「孰」爲「孰」篆文的隸定字，「孰」「熟」古今字。下句「孰」字同。

〔五〕「饑」下底一殘泐，刊本作「五穀不成蔬不熟爲饉凡草菜可食者通名爲蔬」。

〔六〕也，刊本無。

〔七〕「荐」下底一殘泐，刊本作「連歲不熟左傳曰今又荐饑災」。

〔八〕太歲在甲曰閼逢，刊本「太」作「大」，「逢」作「逢」。案「大」「太」古今字。《干禄字書·平聲》：「逢、逢，

上俗下正。」下「太歲在寅曰攝提格」之「太」同。

〔九〕在，底一存上端殘畫；「在」下底一殘泐，刊本作「丙曰柔兆在丁曰强圉在」。

〔一〇〕廱，刊本作「雍」，案「雍」爲「雝」之隸變，而「廱」則爲「辟雝」字之後起本字，「廱」「雍」同音通假。

〔一一〕上，底一存上端殘畫；「上」下底一殘泐，刊本作「章在辛曰重光在壬曰」。

〔一二〕歲陽，底一「歲」存上部「止」，「陽」字殘泐。

〔一三〕「單」下底一殘泐，刊本作「閼在辰曰執徐在巳曰大荒落」。

〔一四〕敦，刊本作「敦」；「敦」「敦」隸變之異。下凡「敦」字同。

〔一五〕愶，刊本作「協」；「愶」爲「協」之俗字。

〔一六〕「在」下底一殘泐，刊本作「申曰涒灘在酉曰作噩在戌」。

〔一七〕「曰」下底一殘泐，刊本作「困敦在丑曰赤奮若載歲也」。

〔一八〕也，刊本無。

〔一九〕「周曰」下底一殘泐，刊本作「年取禾一熟唐虞曰載取物終更始」。

〔二〇〕歲名，郝懿行《爾雅義疏》於「在丑曰赤奮若」後補「歲陰」二字，謂前「大歲在甲曰閼逢」章末有「歲陽」二字，此亦應有「歲陰」二字；姜兆錫《爾雅注疏參義》云：「章凡二節，先釋太歲在辰之名，而因釋歷代稱歲者之異也。上章稱歲陽，此章稱歲名者，甲至癸爲十日，日爲陽；寅至丑爲十二辰，辰爲陰。十二辰爲陰，不稱歲陰而稱歲名者，日辰干支合而後名爲歲，故稱歲名也。」黄侃《爾雅音訓》云：「歲名與下月名文例正同，或改爲歲陰，又或於前『在丑曰赤奮若』下補『歲陰』二字，皆非也。」（一六八頁，上海古籍出版社，一九八三）案黄説是也，底一「在午曰」這一行下部殘泐十一字，此「曰閹茂」行殘泐之位置同，亦應殘去十一字，今據刊本，知所殘者恰爲十一字，若原有「歲陰」二字，則殘泐者應爲十三字。

〔二一〕修，底一下端殘泐；「修」下底一殘泐，刊本作「在丁曰圉在戊曰厲在己」。

〔二二〕「曰」下底一殘泐，刊本作「終在癸曰極月陽」。

〔二三〕于，刊本作「於」，二字古多通用。

〔二四〕底一「月」字殘存上半，「月」下底一殘泐，刊本作「爲余五月」。

〔二五〕國語曰至于玄月，刊本「曰」作「云」，「于」作「於」，案「曰」「云」同義，「于」「於」通用。

〔二六〕享，刊本作「辜」，《龍龕·古部》：「享，俗；辜，正。」

〔二七〕「唐吾」二字底卷小字注於「涂」字右上側，爲「涂」之切音。

〔二八〕也，刊本無。

〔二九〕能，刊本無，諫侯云：「奪一「能」字，讀着就嫌不順。」

〔三〇〕也，刊本無。

〔三一〕颽，刊本作「凱」，諫侯云：「「颽」應是古寫字。」案「颽」乃「凱」之後起别體。注中「颽」字同。

〔三二〕詩曰習習谷風也，刊本「曰」作「云」，無「也」字。下句「詩曰」之「曰」刊本亦作「云」。

〔三三〕䬆，刊本作「涼」，案《經典釋文·爾雅音義》（下簡稱「釋文」）云：「涼，本或作古「䬆」字。」《説文·風部》：「䬆，北風謂之䬆，从風，涼省聲。」王筠《説文釋例》卷三「省聲」云：「此篆蓋後人增也，《釋天》釋文且目爲古字。」注中「䬆」字同。

〔三四〕曰，刊本作「云」。

〔三五〕棼，刊本作「焚」，《釋文》云：「棼，符云反，本或作焚。」《黄侃手批爾雅正名》云：「焚輪疊韻字，猶言紛綸也。」（武漢大學出版社一九八六）周祖謨《爾雅校箋》（江蘇教育出版社一九八四）云：「「棼輪」爲象聲詞，「棼輪」疊韻，故「棼」或作「焚」。」

〔三六〕㬥風從上下也，底一「㬥」殘存下截，刊本作「暴」，案「㬥」爲小篆隸定字，「暴」爲隸變字，茲據下句注「㬥風從下上也」之「㬥」擬補，下一「㬥」字刊本亦作「暴」，後凡「㬥」字同此；刊本無「也」字，下句注中「也」

字亦無。

〔三七〕颰颻，刊本作『扶摇』，《釋文》謂《字林》作『颰颻』，嚴元照《爾雅匡名》（下簡稱『嚴元照』）謂『颰颻』皆爲俗體。

〔三八〕炖炖，刊本作『庉庉』，諫侯云：『邢疏曰「言風自火出，火因風熾」，這當然以「炖」爲近古，「庉」爲後起字了。』案《釋文》云：『庉，徒衮、徒昆二反，本或作炖字，同。』王引之《經義述聞》云：『《玉篇》「炖，風與火也」，《方言》「炖、焃煓，赫也」，郭彼注曰：「皆火盛熾之貌。」然則炖者，火得風而炖炖然盛，非謂風自火出也。古無「炖」字，故借「庉」爲之。』

〔三九〕皀也，刊本『皀』作『貌』，無『也』字，案『皀』應是『皃』之變體，『皀』爲『皃』之俗字，《干禄字書·去聲》：『皀、皃、貌，上俗中通下正。』

〔四〇〕回，刊本作『迴』，《説文·風部》：『飄，回風也。』『迴』爲後起字。

〔四一〕『飄』字底卷小字注於『飄』字右側，爲旁注直音。

〔四二〕曰，刊本作『云』。

〔四三〕『芋』爲『雨』之旁注直音。

〔四四〕曰，刊本作『云』。

〔四五〕曰，刊本作『云』。

〔四六〕言濛昧也，刊本『濛』作『蒙』，無『也』字，案『蒙』『濛』古今字。

〔四七〕昬冥也，刊本『昬』作『晦』，無『也』字。諫侯云：『按經文「天不應曰霿霿謂之晦」，是「冥」字是解釋「晦」字的，如《春秋·僖十五年》「己卯晦，震夷伯之廟」，《公羊》、《穀梁》皆曰「晦，冥也」，一字解一字，其義終覺不暢，且郭注很少有重字，仍以「昏冥也」來解釋一「晦」字爲恰當。』周祖謨云：『《文選》顔延年《北使洛詩》注引《爾雅》郭注作「昬冥」，今本注作「晦冥」，或因正文而誤。』

〔四八〕謂之丁，底一「謂」字右下角殘泐，刊本「丁」作「雩」，案底二注中作「雩」，則此「丁」應是誤字。

〔四九〕美人，刊本下有「虹」字，案《釋名·釋天》：「虹，攻也，純陽攻陰氣也。又曰蝃蝀……又曰美人。」《太平御覽》卷十四引《異苑》曰：「古語有之曰：「古者有夫妻，荒年菜食而死，俱化成青虹，故俗呼爲美人。」」則蝃蝀、美人、雩皆虹之異名，若曰「美人虹」，則非異名矣，刊本「虹」字當是後人所添。

〔五〇〕音芋，刊本無，阮元《爾雅校勘記》（中華書局影印《十三經注疏》本，下簡稱「阮校」）云：「江東呼雩音芋，雪牎本同，注疏本删下二字。按《釋文》云「雩，今借爲芋，音于付反」，本注云然也。」

〔五一〕也，刊本無。

〔五二〕五采覆日，刊本「采」作「彩」，「覆」作「覆」，案「采」「彩」古今字，「覆」爲小篆隸定字，「覆」爲隸變字。

〔五三〕急激者謂之霹靂也，刊本「激」作「擊」，刊本無「之」、「也」二字，周祖謨謂寫卷是。

〔五四〕消，刊本作「霄」，《釋文》云：「霄，音消，本亦作消。《説文》曰：「雨霓爲霄。」齊語也。」

〔五五〕曰，刊本作「云」。

〔五六〕唯霓，刊本「唯」作「維」，「唯」「維」古多通用；《詩·小雅·頍弁》「唯霓」作「維霰」，阮校云：「霓，雪牎本、舊本、閩本、監本同，毛本「霓」作「霰」，蓋據《毛詩》改。《釋文》：「霓，本或作霰、霹，同。」《詩》釋文云：「霰，字亦作霓。」《五經文字》：「霰、霓，二同，上見《詩》，下見《爾雅》。」按《説文》「霰，積雪也，从雨，散聲。霓，霰或从見。」是霓、霰同字。郭氏所據《詩》蓋本作「霓」。」

〔五七〕故謂之消雪也，刊本無「故」、「也」二字。

〔五八〕大，刊本無。

〔五九〕故，刊本無。

〔六〇〕也，刊本無。

〔六一〕霢，刊本作「霡」，《五經文字·雨部》：「霢、霡，上《説文》，下經典相承隸省。」下「霢」字同。

〔六二〕詩曰益之以霢霂也，刊本「曰」作「云」，無「也」字。

〔六三〕也，刊本無。

〔六四〕以上爲霖也，刊本「以」作「已」，無「也」字，案「已」爲「以」之借字。

〔六五〕音薺菜也，刊本無，盧文弨《爾雅音義考證》云：「宋刻郭注本有「音薺」二字，俗本多删。」陳邦懷《敦煌寫本叢殘跋語》云：「或疑「菜」爲衍文。余曰：景純舉物名以注音不僅見於此。《方言》注中則數見之。」（《史學集刊》一九八四年第三期第三頁）

〔六六〕也，刊本無。

〔六七〕角亢下繫氏若木之有根也，刊本「繫」下有「於」字，無「也」字，《史記・天官書》「氐爲天根」司馬貞《索隱》云：「孫炎以爲角、亢下繫於氏，若木之有根也。」

〔六八〕天馬，底一原作「天駟」，乃涉經文「天駟」而誤，兹據刊本改正。

〔六九〕尾，刊本作「尾」，案「尾」爲小篆隸定字，「尾」爲隸變字。下「尾」字皆同。

〔七〇〕明，刊本作「明」，二字異體。下「明」字同。

〔七一〕在中宜明故時候主也，刊本「宜」作「最」，「也」作「焉」，案「宜」爲「最」之俗字。

〔七二〕枡，刊本作「析」，《干禄字書・入聲》：「枡、析，上俗下正。」

〔七三〕也，刊本無。

〔七四〕枵之言秏也秏亦虚意也，刊本「秏」皆作「耗」，無兩「也」字，案「耗」爲「秏」之後起别體。

〔七五〕顓頊之虚也，刊本「虚」字重，《左傳・昭公十年》「今兹歲在顓頊之虚」杜預注：「顓頊之虚，謂玄枵。」則下一「虚」字爲衍文也。

〔七六〕「子移」爲「觜」之旁注音。

〔七七〕以，刊本無，周祖謨云：「今本脱「以」字。」

〔七八〕溝，底卷右上部作「世」，俗寫，下「溝」字皆同。此亦底卷不避唐諱之例。

〔七九〕故曰降也，刊本「曰」作「名」，無「也」字，諫侯云：「經文曰『降婁奎婁也』，《漢書·天文志》『曰奎曰封豨，爲溝瀆是也』，『故曰降也』于義協。」

〔八〇〕也，刊本無。

〔八一〕菟，刊本作「兔」，案「菟」爲「兔」之俗字。下凡「菟」字同。

〔八二〕似名之，刊本「似」作「以」，無「之」字，案「似」當是「以」之誤。

〔八三〕也，刊本無。

〔八四〕鶉，刊本作「鶉」，「鶉」爲小篆隸定字，「鶉」爲隸變字。注中「鶉」字同。

〔八五〕也，刊本無。

〔八六〕也，刊本無。

〔八七〕皷，底一原作「皷」，應是「皷」之訛，「皷」爲「鼓」之俗字，注中作「皷」可證，故據以改正，刊本作「鼓」。

〔八八〕「大甘」爲「擔」之旁注音。

〔八九〕何，刊本作「荷」，「何」「荷」古今字。

〔九〇〕朙星謂之启朙，刊本「朙」均作「明」，案《説文》以「明」爲「朙」之古文。

〔九一〕也，刊本無。

〔九二〕似掃彗，底一「似」字殘存上半；刊本「掃」作「埽」，《干禄字書·上聲》：「掃、埽，上通下正。」

〔九三〕杓，刊本作「彴」，阮校：「單疏本、雪牕本、注疏本同，《唐石經》闕。段玉裁云：『彴，《釋文》誤從彳，今依《玉篇》、《佩觿》正之。』按《廣韻》十八藥：『彴，彴約，流星。』《開元占經》卷七十一引此注曰：『彴約，流星别名也。』字皆從『彳』。」

〔九四〕「於略」爲「約」之旁注音。

〔九五〕也，刊本無。

〔九六〕星，刊本作「星名」。

〔九七〕也，刊本無。

〔九八〕「餘弱」爲「礿」之旁注音。

〔九九〕也，刊本無。

〔一〇〇〕也，刊本無。

〔一〇一〕「煩」爲「燔」之旁注音。

〔一〇二〕薶藏之也，刊本「薶」作「埋」，無「也」字，《説文・艸部》「薶」篆下段注：「今俗作埋。」

〔一〇三〕山經，刊本作「山海經」，案「縣以吉玉」句見《山海經・中山經》。

〔一〇四〕沉，刊本作「沈」，《玉篇・水部》「沈」條下云：「沉，同上，俗。」注中「沉」字同。

〔一〇五〕也，刊本無。

〔一〇六〕像也，刊本「像」作「象」，無「也」字；「象」「像」古今字。

〔一〇七〕征，底一原作「征」，應是因「伐」字而類化，兹據刊本改正。下「征」字同。

〔一〇八〕瀕，刊本作「類」，阮校：「此經作『瀕』，注作『類』，爲異文之證。」

〔一〇九〕也，刊本無。

〔一一〇〕禱，刊本作「禱」，「禱」爲小篆隸定字，「禱」爲隸變字，「禱」則「禱」之俗訛。

〔一一一〕也，刊本無。

〔一一二〕五秊一大祭也，刊本「秊」作「年」，無「也」字，案「秊」爲小篆隸定字，「年」隸變字。

〔一一三〕襗，刊本作「繹」，《釋文》：「繹，以石反。五經及《爾雅》皆作此字，本或作『襗』，字書爲䭞、鐸，二字同。」嚴元照云：「从示从食者皆俗字，从金者義異，當从系旁作。」下「襗」字同。

〔二四〕復祭也，刊本「復」作「復」，無「也」字，案「復」爲小篆隸定字，「復」爲隸變字。下凡「復」字同。

〔二五〕也，刊本無。

〔二六〕挍索取不任也，刊本「挍」作「搜」，「索」作「索」，「也」作「者」；案「挍」爲小篆隸定字，「搜」爲隸變字；「索」爲「索」之借字。

〔二七〕也，刊本無。

〔二八〕也，刊本無。

〔二九〕罼雉，刊本作「畢弋」，今本《管子》亦作「畢弋」，案「畢」「罼」、「弋」「雉」皆古今字。

〔三〇〕遼，底一僅存上端之殘畫。

〔三一〕或曰即今夜獵戴鑪照也，底一「或」字僅存下端殘畫；刊本「戴」作「載」，二字古多通用。

〔三二〕以火，刊本作「放火」。

〔三三〕也，刊本無。

〔三四〕也，刊本無。

〔三五〕起，刊本作「起」，案「起」爲小篆隸定字，「起」爲隸變字。

〔三六〕也，刊本無。

〔三七〕㫃，刊本作「旅」，案「㫃」爲小篆隸定字，「旅」爲隸變字。下「㫃」字同。

〔三八〕敕衆也，刊本「敕」作「整」，無「也」字；「敕」爲「整」之俗字。

〔三九〕也，刊本無。

〔三〇〕兵，底一殘存上截。

〔三一〕尚，底一殘存右下角。

〔三二〕歬，刊本作「前」，《説文·止部》：「前，不行而進謂之歬。」段玉裁注：「後人以齊斷之「前」爲前後字。」案齊斷之『前』小篆作『[illegible]』，隸定作『歬』。下『歬』字同。

〔一三三〕也，刊本無。

〔一三四〕宜，刊本作『儀』，諫侯云：『經文有云「起大事，動大衆必先有事乎社而後出謂之宜」，郭注引「《周官》所謂宜予社」，《春官・大祝職》亦云「出師宜於社造於祖是也」，是郭注「復常宜也」承上而言，作「儀」是錯的。』

〔一三五〕講，底一存左上角及左下角殘畫。

〔一三六〕也，刊本無。

〔一三七〕⿱艹⿱目⿱大糸組飾旒之邊也，刊本『⿱艹⿱目⿱大糸』作『綦』，無『也』字，郝懿行《爾雅義疏》云：『據《釋文》「綦，本亦作纂」，《説文》「纂，似組而赤」，以此注上下推之，知郭本「綦」必作「纂」矣。』俗書艹、⺮混淆，『⿱艹⿱目⿱大糸』實即『纂』之俗字，刊本作『綦』者，『⿱艹⿱目⿱大糸』之誤字也。

〔一三八〕縷，底一模糊，右邊之『婁』尚可辨識。

〔一三九〕太常，刊本作『大常』，案《周禮・夏官・節服氏》作『太常』，『大』『太』古今字。

〔一四〇〕全，底一原作『令』，『全』之俗訛，茲據刊本改正。

〔一四一〕白續旐末爲燕尾也，刊本『白』作『帛』，『也』作『者』；案『白』爲『帛』之借字。

〔一四二〕也，刊本無。

〔一四三〕旌，刊本作『旌』，『旌』疑爲『旌』之訛。

〔一四四〕戴，刊本作『載』，諫侯云：『經文「有鈴曰旂」下郭注曰「縣鈴於竿頭」，戴、縣兩字對舉極洽當，《曲禮》有云「前有水則載青旌」，「前有塵埃則載鳴鳶」云云，是「戴」與「載」義確不同，當然以「戴」爲是，「戴」是戴在竿頭上的意思，「載」則有導之意矣。』

〔一四五〕也，刊本無。

〔四六〕竿，刊本作『竿頭』，諫侯云：『觀於上節，「竿」下應是漏書「頭」字。』

〔四七〕交，刊本作『蛟』，阮校：『蛟，注疏本同，誤也。單疏本「蛟」作「交」，《詩·載見》正義、《公羊·宣十二年》疏皆引作「交龍」，當據以訂正。』

〔四八〕鐕，刊本作『錯』，《集韻·鐸韻》：『錯，古作鐕。』

〔四九〕也，刊本無。

〔五〇〕所云戴鴻及戴鳴鳶也，刊本無『所』、『也』二字，前一『戴』作『載』，無後一『戴』字，周祖謨云：『〔今本〕脱「所」字。《禮記·曲禮》云：「前有塵埃，則載鳴鳶；前有車騎，則載飛鴻。」載、戴唐以前寫本多混。今本「鳴鳶」上脱「載」字，句尾應有「也」字。』

〔五一〕旃，縮微膠卷左下角殘泐，此據國家圖書館藏王重民所攝照片。

〔五二〕白，刊本作『帛』，『白』爲『帛』之借字。

〔五三〕旒因，底一『旒』殘存上半，『因』殘存左下角。

〔五四〕通白爲旃是，刊本『白』作『帛』，無『是』字；案『白』爲『帛』之借字。

〔五五〕旗，刊本作『旂』。

〔五六〕苐九，底一原無『苐』字，按後《釋丘》、《釋山》、《釋水》篇皆有，茲據以補；刊本『苐』作『第』，『苐』爲『弟』之俗字，俗書竹頭多寫作草頭，俗據『苐』楷正，則成『第』字。下『苐』字不復出校。

〔五七〕河南，刊本作『南河』，周祖謨《爾雅校箋》云：『唐寫本「南河」作「河南」，蓋因正文而誤。』

〔五八〕灘，刊本作『雝』，周祖謨《爾雅校箋》云：『「雝」唐寫本作「灘」，誤。灘，水名。』

〔五九〕河西，刊本作『西河』，周祖謨《爾雅校箋》云：『《尚書·禹貢》云：「黑水西河惟雍州。」《公羊傳》莊公十年疏引鄭注云：「雍州界自黑水，而東至于西河也。」是當作「西河」。唐寫本作「河西」者，蓋因正文而誤。』

〔二六〇〕自江至南海，刊本作「自江南至海」，周祖謨《爾雅校箋》云：「《公羊傳》莊公十年疏及《御覽》卷一百五十七引與唐寫本同。案《尚書·禹貢》云：「淮海惟揚州。」《公羊》疏引鄭注云：「揚州界自淮而南，至海以東也。」《爾雅》郭注言江，不言淮，是以江爲界，由江而南至海爲揚州也，文例與下言徐州自濟東至海相同。唐寫本及《公羊》疏引作「至南海」，蓋傳寫之誤。」

〔二六一〕也，刊本無。

〔二六二〕酀，刊本作「燕」，「燕」「酀」古今字。

〔二六三〕「今鉅」二字底一均殘存右半。

〔二六四〕「烏侯」爲「陓」之旁注音。

〔二六五〕汧牽陽縣西也，刊本無「陽」、「也」二字，案「陽」字底一本爲小字而置於「汧」之右下角，當是後加，《晉書·地理志上》扶風郡下有汧縣，《元和郡縣圖志》隴州轄下有汧陽縣，云：「周武帝置汧陽郡及縣，尋省郡，以縣屬隴州。」《新唐書·地理志一》隴州汧陽郡轄下有「汧陽縣」，是晉时無「汧陽縣」，「縣」字必後人所添；「牽」爲「汧」之旁注音。

〔二六六〕濉，刊本作「睢」，周祖謨《爾雅校箋》云：「《淮南子·墬形篇》高誘注云：「孟諸在梁國睢陽東北澤。」《晉書·地理志》云：「梁國睢陽，春秋时宋都。」字並作「睢」。」

〔二六七〕南郡華容縣東南巴丘湖，底一「郡」殘存左上角「尹」，「巴」殘存上半。

〔二六八〕太湖，刊本作「大湖」，「大」「太」古今字。

〔二六九〕是，刊本下有「也」字。

〔二七〇〕隅，縮微膠卷原殘破，此據國家圖書館藏王重民所攝照片。

〔二七一〕庍，刊本作「斥」，「庍」爲「㡿」之隸變，「斥」又爲「庍」之變體。下「庍」字同。

〔二七二〕酀，刊本作「燕」，燕、酀古今字。

〔一七三〕太原鄢陵縣北九澤是，刊本「鄢」作「鄔」，末有「也」字，邵晉涵《爾雅正義》云：「《晉書·地理志》太原國鄔縣，注衍「陵」字。」郝懿行《爾雅義疏》云：「《漢志》「太原郡」：「鄔，九澤在北，是爲昭余祁，并州藪。」郭注本此。鄔陵「陵」字衍也。」鄢陵縣在今河南省，豫州地，晉時屬潁川郡，「鄢」應是「鄔」之誤。《左傳·昭公二十八年》「分祁氏之田以爲七縣」杜預注：「七縣，鄔、祁、平陵、梗陽、塗水、馬首、盂也。」伯二九八一《春秋左氏經傳集解》「鄔」字亦誤作「鄢」。

〔一七四〕滎陽，刊本作「熒陽」，阮校：「凡古書「熒陽」字皆從火，有從水者淺人所改。」

〔一七五〕中陵，縮微膠卷「中」字殘存上端及右半，「陵」左上角殘泐，此據國家圖書館藏王重民所攝照片。

〔一七六〕是，刊本無。

〔一七七〕也，刊本無。

〔一七八〕梁，底一殘去下截「木」。

〔一七九〕墳大防也，刊本無，案郝懿行《爾雅義疏》本有。

〔一八〇〕「焉」字縮微膠卷殘破，此據國家圖書館藏王重民所攝照片。

〔一八一〕「醫」字縮微膠卷左邊小半殘泐，此據國家圖書館藏王重民所攝照片。

〔一八二〕玉屬也，「玉」字縮微膠卷殘破，此據國家圖書館藏王重民所攝照片；刊本無「也」字。

〔一八三〕箭，刊本作「箭」，「箭」爲小篆隸定字，「箭」爲隸變字。

〔一八四〕「今」字底一殘存下端殘畫。

〔一八五〕篠，刊本下有「也」字。

〔一八六〕也，刊本無。

〔一八七〕崋，刊本作「華」，案「華」字小篆隸定作「崋」，「華」爲隸變字，而「崋」則爲「崋」之變體。下凡「崋」字同。

〔一八八〕碝而究石之屬也，刊本「碝」作「礝」，無「也」字。案《説文·石部》「碝」篆下段注云：「耎多訛需，故《山海經》誤作「礝」，《玉藻》誤作「瑞」。」「而究」爲「碝」之旁注音。

〔一八九〕也，刊本無。

〔一九〇〕崑崙，刊本作「崐崘」，「崑崙」爲俗字。下「崑崙」皆同。

〔一九一〕云，刊本作「曰」。

〔一九二〕崑崙山上有琅玕樹焉，刊本無「上」、「焉」二字；案《山海經·海内西經》云：「服常樹，其上有三頭人，伺琅玕樹。」

〔一九三〕謂野牛筋角也，刊本「謂」下有「多」字，無「也」字。

〔一九四〕繀綵，刊本下有「者」字。

〔一九五〕焉，刊本無。

〔一九六〕今江東又呼爲王餘魚也，刊本無「今」字；「也」字縮微膠卷殘存左邊小半，刊本無，此據國家圖書館藏王重民所攝照片。

〔一九七〕南，縮微膠卷殘存右半，此據國家圖書館藏王重民所攝照片。

〔一九八〕翼，縮微膠卷殘存下端殘畫，此據國家圖書館藏王重民所攝照片。

〔一九九〕「山海經云」四字刊本無。案《山海經·西次三經·崇吾之山》云：「有鳥焉，其狀如鳧，而一翼一目，相得乃飛。」此應是郭注所本。疑原有「山海經云」四字。「云」字縮微膠卷殘泐，此據國家圖書館藏王重民所攝照片。

〔二〇〇〕邛邛岠虚負而夵，刊本「岠」作「岠」，「夵」作「走」，案前後皆作「岠」，此亦當同，作「岠」者形誤；「夵」爲小篆隸定字，「走」爲隸變字。下「夵」字同。

〔二〇一〕云，刊本作「曰」。

〔二〇二〕北方有獸其名爲蟨鼠前而菟後趍則頓夵則蹎，刊本「趍」作「趨」，「蹎」作「顛」，案「趍」、「蹎」爲「趨」、

『顛』之俗字；今本《吕氏春秋・慎大覽・不廣》作『北方有獸，名曰蹶，鼠前而兔後，趨則跲，走則顛。』

〔二〇三〕而，刊本無。

〔二〇四〕也，刊本無。

〔二〇五〕軆，刊本作『體』，《玉篇・身部》以『軆』爲『體』之俗字。

〔二〇六〕一鼻孔，刊本作『一鼻一孔』，阮校：『李善注《文選・三月三日曲水詩序》引「一鼻一孔」作「一鼻孔」，其義爲是，今本下「一」字係誤衍。』

〔二〇七〕亦猶魚鼠之相合耳，底一『亦』字殘存右下角；刊本『魚鼠』作『魚鳥』，無『耳』字，案魚謂比目魚，鼠則謂蟨也，後人以經文無『鼠』，故改『鼠』爲『鳥』，不知比肩獸蟨亦鼠類也，郭注云『土俗名之爲蟨鼠』是也，《文選》卷四十六王融《三月三日曲水詩序》『離身反踵之君』李善注引郭璞《爾雅注》即作『魚鼠』，不誤。

〔二〇八〕『巨宜』爲『枳』之旁注音。

〔二〇九〕兩，底一存下端殘畫。

〔二一〇〕弩絃者是，刊本『絃』作『弦』，無『者是』二字；案《説文》無『絃』字，『絃』爲『弦』之後起別體。

〔二一一〕五十，底一原作『五百』，諫侯云：『按上文有云「百里之國」，是不應有五百里之界。』兹據刊本改正。

〔二一二〕阜，底一原誤作『皁』，兹據刊本改正。下句『阜』字同。

〔二一三〕坡者曰阪，刊本『坡』作『陂』，《釋文》：『陂，彼宜反，《字林》或彼義反。又作坡，郭音普何反。』案《説文・土部》無『坡』字，《詩・秦風・車鄰》『阪有漆，隰有栗』毛傳：『陂者曰阪，下濕曰隰。』應以作『陂』爲是。

〔二一四〕阪地不平也，刊本作『陂陀不平』，王樹柟《爾雅郭注佚存補訂》云：『希麟《新大方廣佛華嚴經十五卷音義》、《根本説一切有部毘奈耶藥事四卷音義》俱引「《爾雅》陂者曰阪，郭注云地不平也」，與今本不同。或原注「陂陀」下落「地」字。』案希麟所引正與寫卷同；諫侯云：『邢昺疏曰「此三者地形雖有高下不平，皆可種穀」，是應作「地不平」。』

〔二一五〕反草爲蓄，底一「反」字殘存下部；「蓄」爲「菑」之俗訛，刊本正作「菑」。下「蓄」字同。

〔二一六〕於，底一存上端二殘點；「於」下底一殘泐，刊本作「濮鉛北至於祝栗謂之四」。

〔二一七〕也，刊本無。

〔二一八〕謂之四荒，底一「謂」存上半，底二起於「之四荒」三字，「之」存左下角殘畫，「四」、「荒」均存左半；「荒」下底二殘泐，刊本作注文「觚竹在北北户在南西王母」。

〔二一九〕在西，底二「在」脱右下角，「西」存左上角；「西」下底二殘泐，刊本作注文「日下在東皆四方」。

〔二二〇〕昬，刊本作「昏」，二字異體。

〔二二一〕狭，刊本作「夷」，案「狭」乃因「狄」而類化偏旁所致。

〔二二二〕「四海九夷在東八狄在北七戎在西六蠻在南次四荒也」諸字爲底二文；刊本「也」作「者」。

〔二二三〕岠齊州，「岠」字在底一，「齊州」二字在底二，「齊」字僅存左側殘畫，「州」字右上角殘泐，兹據《留真新編》補；「岠」字刊本作「岠」，嚴元照云：「《釋言》篇注引『距齊州以南』，《釋文》云：『距，又作岠，同。』案《説文·山部》無『岠』字，足部：『距，雞距也。』非此義。當作『岠』。」注中「岠」字同。

〔二二四〕頂也，刊本「頂」作「值」，無「也」字，周祖謨《爾雅校箋》云：「『頂』蓋『值』字之誤。值者，當也。《淮南子·氾論篇》高誘注云：『丹穴南方，當日下之地，空洞戴斗極下之地。』郭璞訓『戴』爲『值』是也。」

〔二二五〕至，縮微膠卷殘存下端一横，此據國家圖書館藏王重民所攝照片。

〔二二六〕太平，刊本作「大平」，「大」「太」古今字。下「太蒙」及「太平」同。

〔二二七〕穴，底二殘泐。

〔二二八〕北，底二原作「业」，《龍龕·一部》以「业」爲「丘」之古文，案「丘」字小篆作「[小篆]」，隸定作「北」，隸變作「丘」，「业」應是「北」之變體，爲避免與簡體字「业」字混淆，今將底卷之「业」均改爲「北」。

〔二二九〕高堆爲敦丘也，刊本「高堆」下有「者」字，無「丘也」二字，案郭璞釋「敦」字而非釋「敦丘」，「丘」字不應有，底二「丘」字旁注，應是後人所添，可謂蛇足。

〔三〇〕陶，底二右半殘泐。

〔三一〕「濟陰」前刊本有「今」字。

〔三二〕鐵，刊本作「纖」，《釋文》作「鐵」，盧文弨《經典釋文考證》云：「邢本作「纖」，非。」

〔三三〕桀謂稻田塍埒也，刊本「桀」下有「者」，無「也」字。

〔三四〕也，刊本無。

〔三五〕坭，刊本作「泥」，《釋文》：「泥，乃兮反，依字作尼，又作坭。」繆楷《爾雅稗疏》云：「陸氏訂「泥」爲「尼」，是也。尼丘但取水潦所止之止義，《釋詁》：「尼，止也。」是也。後人因丘名遂制「屔」字，故《説文》有「屔」字。」「坭」爲小篆隸定字，「屔」爲隸變字。

〔三六〕汙下，刊本「汙」作「汚」，末有「者」字。案「汙」「汚」異體。

〔三七〕也，刊本無。

〔三八〕也，刊本無。

〔三九〕也，刊本無。

〔四〇〕埒，刊本下有「丘」字，下「上正章」、「澤中有丘都」下亦有「丘」字，周祖謨《爾雅校箋》云：「唐寫本「埒」下脱「丘」字，下「章丘」、「都丘」亦脱「丘」字。」諫侯云：「今本「埒」下「章」下「都」下并有丘字。這倒是《校勘記》所未及，如是不説牠是奪了三個「丘」字，於句讀、經義兩方面都很有出入了。不過試讀一下，有「丘」字固然三句三讀非常通順，且和全篇語句相同，如果奪三「丘」字，讀爲「水潦所还埒，上正章，澤中有丘都」，也很讀得下去，而且一句之中上下和協，不象定名，很象説景的口氣，再看郭注「丘邊有界埒水繞还之」與「在池澤中」明是一種丘不能再分別了，「頂平也」注「上正章」三字非常恰當，如果是注「上正章丘」則似乎「上正」二字容納不了「頂平也」三個注吧！ 所以我覺得這三個「丘」字倒非常關係重大，未經前人道過者，決非奪字。」

〔二四一〕邊，底二存右上角殘畫。

〔二四二〕繞還，刊本作「環繞」，《釋文》：「還，户關反，又音患，下同。施音旋。」案「環」無「旋」音，「還」古多通作「旋」，故多以「旋」音之，作「環」誤。

〔二四三〕也，刊本無。

〔二四四〕也，刊本無。

〔二四五〕也，刊本無。

〔二四六〕「前」應是「葥」之旁注直音。

〔二四七〕也，刊本無。

〔二四八〕途，底二右下角殘泐。

〔二四九〕也，刊本無。

〔二五〇〕葥，底二在此字上用粗筆改爲「前」，案底卷「前」字皆寫作「葥」，此必後閲者所改，今仍其舊作葥。下「葥高旄丘」與此同。

〔二五一〕湽，刊本作「淄」，案「湽」爲俗字。

〔二五二〕迆，刊本作「迤」，案「迤」爲「迆」之後起別體。

〔二五三〕北，縮微膠卷僅存右上角，此據國家圖書館藏王重民所攝照片。

〔二五四〕者，刊本無，周祖謨云：「今本脱「者」字。」

〔二五五〕曰，刊本作「云」。

〔二五六〕詩曰陟，縮微膠卷「詩」存左上角殘畫，「陟」存左半「阝」，「曰」字殘泐，此據國家圖書館藏王重民所攝照片；刊本「曰」作「云」。

〔三五七〕也，刊本無。

〔三五八〕丠背負丠，刊本作「丘背有丘爲負丘」，王重民《敘録》云：「今本作『丘背有丘爲負丘』，郭注云：『此解宛丘中央隆峻，狀如負一丘於背上』，郝懿行《義疏》云：『此自别爲一丘，郭意欲爲宛丘作解，蓋失之矣。』今按郝意，蓋不知郭本經文有誤，因疑其失；下云『丘上有丘爲宛丘』，正爲上之經文作注，故郭注又云『嫌人不了，故重曉之』也。」諫侯云：「王重民先生解釋得非常好。……這正是千年未宣之秘，不然不但『嫌人不了故重曉之』二句無所屬，試問『丘背』『丘上』亦有何分别處，其中毛病是出在中間隔了四句，後人讀『丘背負丘』不解，於是添了『有丘爲』三字，這裏一定是有了脱簡，連郭璞也没有見到的。」案寫卷即是郭注本，不可謂郭璞没有見到。『宛中宛丘』與『丘背負丘』乃是一句，不可分爲兩句，『丘背負丘』是解釋『宛丘』的，細味郭注，明白無誤。『宛謂中央隆高也』釋『宛』字之義，後『此解宛丘中央隆峻，狀如負一丘於背上也』方是釋『宛丘』也。

〔三五九〕也，刊本無。

〔三六〇〕右，底二原誤作「左」，兹據刊本改正。

〔三六一〕太，刊本作「泰」，「太」「泰」古今字。

〔三六二〕畝，刊本作「畝」，案「畝」爲小篆隸定字，「畝」爲隸變字。下「畝」字同。

〔三六三〕畞，刊本作「畝」，案二字異體。

〔三六四〕憭，刊本作「了」，「了」爲「憭」之借字。

〔三六五〕也，刊本無。

〔三六六〕其，刊本無。

〔三六七〕二，刊本作「其二」。

〔三六八〕也，刊本無。

〔二六九〕傑，刊本作『桀』，『桀』『傑』古今字。

〔二七〇〕詳其名号，縮微膠卷『詳』字右半『羊』殘缺，此據國家圖書館藏王重民所攝照片；刊本『号』作『號』，『号』『號』古今字。

〔二七一〕也，刊本無。

〔二七二〕也，刊本無。

〔二七三〕淮南曰漁者不争隈也，刊本『淮南』作『淮南子』，無『也』字。

〔二七四〕垠，刊本作『隈』，《釋文》出『鞫』字，注云：『如字。《字林》作「垠」，云：「隈，厓外也。九六反。」』（案《字林》『隈』字應是後人所添）邢昺疏云：『隈當作鞫，傳寫誤也。《詩·大雅·公劉》云：「芮鞫之即。」毛傳云：「水之外曰鞫。」然則厓在水曲，其内名隩，又名隈，其外名「鞫」，又作「垠」，音義同。今以隩隈一事分爲外内之名，故知誤也。』

〔二七五〕『弓入』爲『垠』的旁注音，周祖謨《爾雅校箋》云：『即「弓」之入聲。』

〔二七六〕崖，刊本作『厓』，『厓』『崖』古今字。

〔二七七〕崥，刊本作『畢』，《釋文》：『畢，本又作崥，卑吉反。』案《説文》無『崥』字，『崥』乃後起本字。注中『崥』字同。

〔二七八〕也，刊本無。

〔二七九〕山上地也，刊本『山』作『岸』，無『也』字。

〔二八〇〕也，刊本無。

〔二八一〕『仕』爲『涘』之旁注音。

〔二八二〕也，刊本無。

〔二八三〕『無所通』下刊本有『者』字。

〔三八四〕「亡悲」爲「泚」之旁注音。

〔三八五〕也，刊本無。

〔三八六〕也，刊本無。

〔三八七〕岳，刊本作「嶽」，「岳」爲「嶽」之古文。注及下「岳」字同。

〔三八八〕也，刊本無。

〔三八九〕也，刊本無。

〔三九〇〕也，刊本無。

〔三九一〕也，刊本無。

〔三九二〕成，縮微膠卷殘存左邊一撇，此據國家圖書館藏王重民所攝照片。

〔三九三〕坯，刊本作「伾」，《釋文》云：「坯，或作伾，備悲反，又備美反，沈五窟反，韋昭音軯，《説文》作「坏」。」錢坫《爾雅古義》云：「坏，正字；坯、伾並别字。」傳本《尚書》亦作「伾」。

〔三九四〕崧，刊本作「嵩」，《五經文字·山部》：「崧，作「嵩」同。」案《説文》無此二字，邵晉涵《爾雅正義》云：「「嵩」爲「崇」之或體，字亦作「崧」。」

〔三九五〕小而高，刊本作「山小而高」，諫侯云：「「小而高岑」係下「鋭而高嶠卑而大扈」而言，「山」應是衍字。」案查此處經文，云「山大而高，崧；山小而高，岑；鋭而高，嶠；卑而大，扈；小而衆，巋」（據刊本），鋭、卑、小前皆無「山」字，此乃一種修辭方式，楊樹達謂之爲「承上省」，第一句「山大而高，崧」已有「山」字，後諸句之「山」皆可省略，「山小而高」句之「山」當是衍文。

〔三九六〕岑崟也，刊本「崟」作「嵾」，無「也」字，案《説文》作「嵾」，「崟」爲偏旁移位字。

〔三九七〕「橋」爲「嶠」之旁注音。

〔三九八〕也，刊本無。

〔二九九〕⿱山扈，刊本作『扈』，《釋文》云：『⿱山扈，音户，或作扈。』案《説文》無『⿱山扈』字，『⿱山扈』乃後起本字。注中『⿱山扈』字同。

〔三〇〇〕『户』爲『⿱山扈』之旁注音。

〔三〇一〕皀也，刊本『皀』作『貌』，無『也』字，案『皀』應是『皀』之變體，『皀』爲『皃』之俗字，《干禄字書·去聲》：『皀、皃、貌，上俗中通下正。』

〔三〇二〕『丘軌』爲『巋』之旁注音。

〔三〇三〕也，刊本無。

〔三〇四〕『丸』爲『峘』之旁注音。

〔三〇五〕之也，刊本無，應是爲双行對齊而添。

〔三〇六〕相連也，刊本作『相連屬』，劉玉麐《爾雅校議》云：『《初學記》及《御覽》卷卅八、四十二並引郭注云：「言駱驛相連。」』亦無『屬』字。

〔三〇七〕也，刊本無。

〔三〇八〕也，刊本無。

〔三〇九〕罡，刊本作『岡』，『罡』爲俗字。

〔三一〇〕謂長脊也，底二『脊』字存下端殘畫；刊本『謂』下有『山』字，無『也』字。

〔三一一〕坡者也，刊本『坡』作『陂』，無『者也』二字，案『陂』『坡』二字音義皆同。

〔三一二〕山之顛也，刊本作『山巔』，無『也』字，案『顛』爲『顛』之俗字，『顛』『巔』古今字。

〔三一三〕山峯頭巉嵒牛今也，刊本『峯』作『峰』，『嵒』作『巖』，無『也』字。案《説文·山部》有『峯』字，『峰』爲後起偏旁移位字；『巉嵒』聯緜詞，故亦可寫作『巉巖』；『牛今』爲『嵒』之旁注音，《釋文》：『嵒，五咸反。』《廣韻·咸韻》『嵒』音五咸切，而『今』字在侵韻，查《廣韻·侵韻》小韻魚金切下有『厰』字，云：『崟厰，山崖狀也。』《辭通》列『巉嵒』、『崟厰』於同條。

〔三一四〕如，底二存左上角殘畫。

〔三一五〕形似堂室者也，刊本「似」作「如」，無「也」字，案「似」「如」義同。

〔三一六〕栢，刊本作「柏」，《干禄字書·入聲》：「栢、柏，上俗下正。」

〔三一七〕「七庸」爲「樅」之旁注音。

〔三一八〕也，刊本無。

〔三一九〕隋，刊本作「墮」，《釋文》出「隋」字，案《説文》有「隋」字，郝懿行《爾雅義疏》云：「墮者，「隋」之假借。」

〔三二〇〕「他果」爲「隋」之旁注音。

〔三二一〕也，刊本無。

〔三二二〕如，底二殘泐。

〔三二三〕也，刊本無。

〔三二四〕狀，刊本作「形狀」。

〔三二五〕「口荅」爲「厒」之旁注音。

〔三二六〕宫，底二右上角殘泐。

〔三二七〕也，刊本無。

〔三二八〕「是」下刊本有「也」字。

〔三二九〕「碑列」爲「别」之旁注音。

〔三三〇〕也，刊本無。

〔三三一〕連山中斷絶也，刊本無「山」、「也」二字，諫侯云：「邢疏曰「謂山形連延中忽斷絶者名陘」，是應有「山」字。」

〔三三二〕「五角，五交」爲「礉」之旁注音。

〔三三三〕「居羊」爲「殭」之旁注音。

〔三三四〕者也，刊本無，案此當是爲雙行對齊而添。

〔三三五〕「苦角、胡角，又覺」爲「砉」之旁注音。

〔三三六〕磐石也，刊本「磐」作「盤」，無「也」字，案《説文》有「盤」無「磐」，「磐」爲後起别體。

〔三三七〕渟泉也，刊本「渟」作「停」，無「也」字，案《説文·高部》：「亭，民所安定也。」停、渟皆「亭」之後起字，人止作「停」，水止作「渟」。下「渟」字同。

〔三三八〕「冬無」下刊本有「水」字。

〔三三九〕也，刊本無。

〔三四〇〕窮瀆也，刊本「窮」作「窮」，「也」作「者」。案《説文·穴部》：「窮，極也。」邵瑛《羣經正字》云：「窮，今經典作「窮」，蓋「船」字《説文》或體作「躬」。經典「窮」字從或體「躬」也。」

〔三四一〕与水注川同名也，刊本「与」作「與」，無「也」字。案「与」「與」二字古混用無别，敦煌寫本多用「与」字，後世刊本多改作「與」。

〔三四二〕也，刊本無。

〔三四三〕也，刊本無。

〔三四四〕也，刊本無。

〔三四五〕也，刊本無。

〔三四六〕也，刊本無。

〔三四七〕太，刊本作「大」，「大」「太」古今字。

〔三四八〕也，刊本無。

〔三四九〕臨沂上也，刊本「沂」作「河」，無「也」字，《釋文》出「臨河」，云：「河或作魚依反。」吴承仕《經籍舊音辨證》

云：「以聲類求之，應云『河或作沂』，然沂爲青州之浸，與梁山晉望邈不相接，疑《爾雅》郭注『臨河』本誤作『臨沂』，德明不審而誤爲之音。」（頁一七二，中華書局一九八六）黄侃《經籍舊音辨證箋識》云：「沂借爲圻岸之圻，《漢書·敘傳》『研桑心計于無圻』是也。此『沂』即後世磯碕字，郭注或本作『沂』，蓋承上文而言望祭之處也。」（同上書，頁二八〇）

〔三五〇〕詩曰并，刊本無，案此三字已在界欄之外，蓋後人所添。

〔三五一〕山，刊本無，案此《釋山》篇各條均釋山，此字不必有。

〔三五二〕「胡燕」爲「見」之旁注音。

〔三五三〕「子兼」爲「瀸」之旁注音。

〔三五四〕瀸瀸纔有皀，刊本僅一「瀸」，周祖謨云：「今本作『瀸纔有貌』，脱一『瀸』字。『瀸瀸』爲疊音詞。」

〔三五五〕濁▨例汋野斫，「濁」爲「灟」之俗字；「▨例」爲「灟」之旁注音，切上字底二殘存下半，似爲「居」字；「野斫」爲「汋」之旁注音。

〔三五六〕冬無，刊本下有「水」字，諫侯云：「漏書『水』字也。」案《山海經·中山經》云：「有井焉，名曰天井，夏有水，冬竭。」不可謂必有「水」字也。

〔三五七〕「艦」爲「濫」之旁注音。

〔三五八〕云，刊本作「曰」。

〔三五九〕從上霤下也，刊本「霤」作「溜」，無「也」字，《説文·雨部》：「霤，屋水流也。」水部：「溜，溜水，出鬱林郡。」黄侃《説文段注小箋》云：「訓水急流者借爲『霤』。」（一九二頁，《説文箋識四種》，上海古籍出版社一九八三）

〔三六〇〕「軌」爲「氿」之旁注音。

〔三六一〕穴出，底二「出」本爲重文符號，然上句「穴」下無，當是誤脱重文符號，茲據以補。

〔三六二〕『揆』爲『湀』之旁注音。

〔三六三〕也，刊本無。

〔三六四〕『片』爲『辨』之旁注音。

〔三六五〕也，刊本無。

〔三六六〕也，刊本無。

〔三六七〕有汜也，刊本『汜』作『沱』，無『也』字。阮校：『沱，雪牕本、元本同，閩本、監本、毛本「沱」作「汜」，《釋文》：「沱，徒河反，或作汜，音似。」按下經「決復入爲汜」，《詩·江有汜》毛傳曰：「決復入爲汜。」《江有沱》毛傳曰：「沱，江之别者。」是「汜」與「沱」不同。此經云「反入」，即「復入」，注當言「江之有汜矣」，作「沱」非。』

〔三六八〕『徒坦』爲『潬』之旁注音。

〔三六九〕也，刊本無。

〔三七〇〕『匹問』爲『濆』之旁注音。

〔三七一〕『汾陰』下刊本有『縣』字。

〔三七二〕陪，刊本作『部』，『陪』應是『部』之偏旁移位俗字。

〔三七三〕壅，刊本作『壅』，二字異體。

〔三七四〕耳，刊本作『也』。

〔三七五〕『軌』爲『厬』之旁注音。

〔三七六〕也，刊本無。

〔三七七〕也，刊本無。

〔三七八〕『昌善』爲『瀾』之旁注音。

〔三七九〕 淹，刊本作「沱」，《玉篇·水部》「沱」條下云：「淹，同上，俗。」今本《尚書》作「沱」。下「淹」字同。

〔三八〇〕 「古和」爲「過」之旁注音。

〔三八一〕 濆，刊本作「墳」，今本《詩經》亦作「墳」，陳奐《詩毛氏傳疏》云：「濆、墳字别而義實通。」

〔三八二〕 爲，底二存上端殘畫。

〔三八三〕 也，刊本無。

〔三八四〕 也，刊本無。

〔三八五〕 瀾漪，底二「漪」原誤作「漪」，兹據刊本改正；今本《詩經》作「漣猗」，臧琳《經義雜記》卷七「瀾漣文同」條云：「《毛詩》爲古文作「漣」，《爾雅》爲今文作「瀾」，《説文》亦以「瀾」爲正字。」《説文·水部》「瀾」篆下段玉裁注：「此字以从蘭，與大波之瀾别，而古書通用。」王引之《經義述聞》云：「「猗」字因「漣」字而誤加水。」

〔三八六〕 瀾，刊本作「瀾」，説見上條。注中「瀾」字同。

〔三八七〕 也，刊本無。

〔三八八〕 也，刊本無。

〔三八九〕 涇，刊本作「徑」，《釋文》云：「徑，古定反，字或作徑。」阮校：「字或作「徑」，當爲「涇」。《釋名》云：「水直波曰涇。涇，徑也，言如道徑也。」經「大波爲瀾，小波爲淪」，字皆從水，此當作「直波爲涇」，注云：「言徑侹。」則作「徑」，爲經注異文之證。徑、徑同。」案阮氏以經文當作「涇」，是也，然以注當作「徑」，則誤，注文亦作「涇」也。

〔三九〇〕 「古定」爲「涇」之旁注音。

〔三九一〕 言涇涏徒丁也，縮微膠卷「言」殘存上部「亠」，此據國家圖書館藏王重民所攝照片；刊本無「也」字；「徒丁」爲「涏」之旁注音。

〔三九二〕也，刊本無。

〔三九三〕也，刊本無。

〔三九四〕濿，刊本作「厲」，《説文·水部》：「砅，履石渡水也。濿，砅或从厲。」「濿」爲「砅」之或體，「厲」爲「濿」之借字。下「濿」字同。

〔三九五〕「涉」下刊本有「水」字。

〔三九六〕也，刊本無。

〔三九七〕厀，刊本作「膝」，底二旁注一「膝」字，《説文·卪部》「厀」篆下段注：「俗作膝。」下句「厀」字同。

〔三九八〕猶，刊本無。

〔三九九〕云潛行逆流百步順流七里也，刊本「云」作「曰」，無「也」字。

〔四〇〇〕繂，刊本作「繂」，《説文·素部》有「繂」字，段玉裁注云：「从素之字古亦从糸，故繂字或作繂。」「繂」爲「繂」之變體。注中「繂」字同。

〔四〇一〕繂索也，刊本無「也」字；刊本此注文在「紼，繂也」下。

〔四〇二〕綏繫也，刊本「綏」作「緌」，無「也」字，《説文·糸部》：「緌，系冠纓也。」「綏，車中靶也。」此處經文作「緌」，則注文之「綏」應是誤字。

〔四〇三〕也，刊本無。

〔四〇四〕「蒲茗」爲「併」之旁注音。

〔四〇五〕士特舟單船也，刊本無「也」字；刊本此條下有「庶人乘泭併木以渡」條。

〔四〇六〕也，刊本無。

〔四〇七〕泝，刊本作「泝」，「泝」爲「㴑」之隸變，「泝」又爲「泝」之變體。下「泝」字同。

〔四〇八〕「直基」爲「坻」之旁注音。

〔四〇九〕也，刊本無。

〔四一〇〕墟，刊本作「虚」，「虚」「墟」古今字。注中「墟」字同。

〔四一一〕西北嵎，刊本「嵎」作「隅」，「嵎」「隅」同字，偏旁阜、山之别耳。《山海經·海内西經》云：「河水出東北隅。」與此作「西北」不同。

〔四一二〕汩于筆漱，刊本「漱」作「潄」，二字異體；「于筆」爲「汩」之旁注音。

〔四一三〕河曲流河千里一曲一直也，刊本無「也」字；《公羊傳·文公十三年》作「河曲流矣，河千里而一曲也」（刊本「流」原誤作「疏」，此據阮元《校勘記》改正）。

〔四一四〕未詳，刊本作「未聞」。

〔四一五〕也，刊本無。

〔四一六〕覆，刊本作「覆」，「覆」爲小篆隸定字，「覆」爲隸變字。下「覆」字同。

〔四一七〕水中可居往往而有，刊本作「水中可居住而有」，阮校云：「雪牕本作「水中可居，往往而有，狀如覆釜」，按《釋文》曰：「李、孫、郭並云：水中多渚，往往而有，可居之處狀如覆釜之形。」《疏》引李巡曰：「水中多渚，往往而可居處，形如覆釜。」則此注當從雪牕本矣。此本「住者」二字剜改，蓋原刻本作「往往」。」寫卷可證阮校之善。

〔四一八〕也，刊本無。

〔四一九〕義所未詳，刊本作「其義未詳」。

〔四二〇〕者也，刊本無。

〔四二一〕「胡結」爲「絜」之旁注音。

〔四二二〕也，刊本無。

〔四二三〕般，刊本作「盤」，「般」「盤」古今字。注中「般」字同。

〔四二四〕陜，刊本作「狹」，諫侯云：「此「陜」可能卷子本誤。」案「狹」爲「陜」之後起字。

〔四二五〕也，刊本無。

〔四二六〕「從釋地已下至九河皆禹所名也」十三字刊本爲小字注文，黄侃《爾雅音訓》云：「此郭注「九河」下文，邵、郝皆以爲《爾雅》原文，未知其説。《石經》及陸佃《新義》已經爲經文，惟吴元恭本及阮刻注疏本以爲「九河」下注。又案此文非經，非郭注，不知何時以爲郭注，又不知何時以爲經。」（頁二〇三）案寫卷所據已以之爲經文。

光 编著

资治通鉴

三

中華書局

光 编著

資治通鑑

三

中華書局